Fundamentals of Data Engineering

Engineering

견고한 데이터 엔지니어링

| 표지 설명 |

표지 동물은 남아메리카 중부의 넓은 지역에 걸쳐 서식하는 흰귀 물푸레새white-eared puffbird (학명: *Nystalus chacuru*)입니다. 귀에 있는 흰색 반점과 푹신한 깃털 때문에 이러한 이름이 붙었습니다. 이 작고 둥근 새는 앉아서 기다리는 사냥꾼으로, 열린 공간에 오랫동안 앉아 있다가 곤충, 도마뱀, 심지어는 작은 포유류까지도 기회만 된다면 잡아먹습니다. 대부분 한 마리 또는 한 쌍으로 발견되는 이 새는 비교적 조용하며 소리를 내는 경우가 드뭅니다.

국제자연보전연맹(IUCN)은 흰귀 물푸레새의 넓은 서식 범위와 안정적인 개체 수를 이유로 이 새를 멸종위기종 중 가장 우려가 적은 종으로 분류했습니다.

오라일리 표지에 실린 많은 동물은 멸종 위기에 처해 있으며 모두 소중한 존재입니다.

표지 삽화는 조지 쇼George Shaw의 『Zoology』를 바탕으로 캐런 몽고메리Karen Montgomery가 그렸습니다.

견고한 데이터 엔지니어링

데이터 파이프라인 설계와 구축의 핵심 원칙

초판 1쇄 발행 2023년 6월 26일

지은이 조 라이스, 맷 하우슬리 / **옮긴이** 김인범 / **펴낸이** 김태헌
베타리더 고강빈, 권성민, 문종건, 안지훈, 안종문, 오시영, 이기황, 이상동, 임수민, 정진필, 정현준, 조힘찬빛, 한정윤
펴낸곳 한빛미디어(주) / **주소** 서울시 서대문구 연희로2길 62 한빛미디어(주) IT출판2부
전화 02-325-5544 / **팩스** 02-336-7124
등록 1999년 6월 24일 제25100-2017-000058호 / **ISBN** 979-11-6921-122-2 93000

총괄 송경석 / **책임편집** 서현 / **기획** 서현 / **편집** 박지영
디자인 표지 박정우 내지 박정화 / **전산편집** 이경숙
영업 김형진, 장경환, 조유미 / **마케팅** 박상용, 한종진, 이행은, 김선아, 고광일, 성화정, 김한솔 / **제작** 박성우, 김정우

이 책에 대한 의견이나 오탈자 및 잘못된 내용에 대한 수정 정보는 한빛미디어(주)의 홈페이지나 아래 이메일로 알려주십시오. 잘못된 책은 구입하신 서점에서 교환해드립니다. 책값은 뒤표지에 표시되어 있습니다.

한빛미디어 홈페이지 www.hanbit.co.kr / **이메일** ask@hanbit.co.kr

지금 하지 않으면 할 수 없는 일이 있습니다.
책으로 펴내고 싶은 아이디어나 원고를 메일(writer@hanbit.co.kr)로 보내주세요.
한빛미디어(주)는 여러분의 소중한 경험과 지식을 기다리고 있습니다.

Fundamentals of Data Engineering

견고한 데이터 엔지니어링

O'REILLY® 한빛미디어
Hanbit Media, Inc.

지은이 소개

지은이 **조 라이스** Joe Reis

데이터 업계에 20년 동안 몸담은 비즈니스 마인드의 데이터 괴짜. 통계 모델링, 예측, 머신러닝, 데이터 엔지니어링, 데이터 아키텍처 등 다양한 업무를 담당했다. 미국 유타주 솔트레이크 시티에 위치한 데이터 엔지니어링 및 아키텍처 컨설팅 업체인 터너리 데이터$^{Ternary\ Data}$의 CEO이자 공동 설립자다. 현재 여러 기술 그룹에서 자원봉사를 하고 있으며 유타 대학교에서 강의도 한다. 여가 시간에는 암벽 등반, 전자 음악 제작 등을 즐기며, 아이들과 함께 멋진 모험을 떠나는 것을 좋아한다.

지은이 **맷 하우슬리** Matt Housley

데이터 엔지니어링 컨설턴트이자 클라우드 전문가. 로고, 베이직, 6502 어셈블리 등으로 프로그래밍을 처음 경험했으며 유타 대학교에서 수학 박사 학위를 받았다. 이후에는 데이터 과학 분야에서 일을 시작했으며 현재는 클라우드 기반 데이터 엔지니어링을 전문으로 활동한다. 공저자인 조 라이스와 함께 터너리 데이터$^{Ternary\ Data}$를 설립했다. 자신의 교육 경험을 활용해 미래의 데이터 엔지니어를 양성함과 동시에, 많은 팀을 대상으로 강력한 데이터 아키텍처에 관한 조언을 제공하고 있다.

조 라이스와 맷 하우슬리는 'Monday Morning Data Chat'을 통해서 많은 개발자와 소통한다.

- https://www.youtube.com/c/TernaryData

옮긴이 소개

옮긴이 김인범road.to.dataengineer@gmail.com

알스퀘어RSQUARE 데이터 엔지니어. 이전에는 SK 주식회사 C&C의 클라우드 컴퓨팅 기술 팀, 클라우드 아키텍트 유닛을 거쳐 CNCITY 에너지 AI 설루션 팀에서 데이터 엔지니어로 근무했다. 몽고DB 사용자 그룹MongoDB Korea (https://web.facebook.com/groups/krmug)에서 운영진으로 활동하고 있다. 다양한 분야의 데이터에 관심이 많으며 글쓰기를 좋아한다.

제가 처음 데이터 엔지니어링 업무를 시작할 때 이 책의 도움을 받을 수 있었더라면 고생을 훨씬 덜 했을 것입니다. 현업에서 데이터 엔지니어링을 경험한 이들이 암묵적으로 쌓아온 지식을 집대성한 이 책은 최신 데이터 엔지니어링의 전체적인 내용을 다룹니다. 나아가 데이터 엔지니어가 반드시 고려해야 할 점은 무엇인지 함께 짚어줍니다.

특히 좋았던 부분은 데이터 성숙도를 정의하고 각 단계에서 데이터 엔지니어링이 어떤 목표를 가져야 하는지, 어떤 문제가 생길 수 있는지를 알려주는 1장입니다. 실제로 경험해보지 않은 영역이더라도, 이 내용을 토대로 앞으로 나아갈 방향을 간접적으로나마 생각해볼 수 있습니다.

이 책을 추천하는 대상 독자는 다음과 같습니다

- 데이터 엔지니어링 분야의 큰 그림을 그리고 싶은 분
- 데이터 엔지니어 업무를 희망하는 분
- 데이터 엔지니어 업무를 하고 계신 분
- 데이터 분석가, 데이터 과학자 직무 담당자로서 데이터 엔지니어링을 이해하려는 분

지금부터 데이터 엔지니어링 분야를 공부하고 싶다면, 이 책으로 시작해서 실제로 사용할 오픈소스를 익히는 형태로 진행해볼 수 있을 것입니다. 동료들과 스터디를 진행하면서 데이터 엔지니어링 분야에 몰입해보는 경험을 해보는 건 어떨까요? 시간이 흘러도 계속 찾아보게 되는 지침서와 같은 책으로, 데이터 엔지니어링에 관심 있는 모든 분께 추천합니다.

변성윤_ 카일스쿨 데이터 코치

이 책을 한마디로 정의하자면 '데이터 엔지니어에게 필요한 기본기를 단단하게 쌓아주는 책'입니다. 데이터 엔지니어링이란 무엇인지, 데이터 엔지니어가 해야 하는 일과 그렇지 않은 일은 무엇인지, 해당 분야의 전문가가 되려면 알아야 할 주요 개념과 용어는 무엇인지를 명확하게 설명합니다. 단순히 이론을 나열하는 대신, 실제 현장에서 활용되는 데이터 엔지니어링의 실제적인 개념과 원리를 설명함으로써 이론과 실제 사이의 간극을 줄이고 데이터 엔지니어로서의 기본기를 쌓는 데 도움을 받을 수 있습니다.

특히 개인적으로 흥미로웠던 내용은 데이터 엔지니어링의 발전 과정을 상세하게 설명하는 부분이었습니다. 데이터 웨어하우스를 구축하던 BI 엔지니어에서 오늘날 이야기하는 '데이터 엔지니어'로의 변화를 설명하는 과정에서 데이터 웨어하우스와 데이터 마트 모델링 방법론의 핵심 인물인 빌 인먼과 랄프 킴벌이 언급될 때는, 저 역시 BI 엔지니어로서 처음 데이터 엔지니어링을 시작하고 하둡과 스파크를 사용했던 만큼 더 몰입해서 읽을 수 있었습니다. 이후 빅데이터와 하둡이 데이터 엔지니어링 분야에서 어떻게 중요한 화두로 떠올랐는지에 관한 내용들도 풍부하게 다룹니다. 이처럼 해당 분야의 발전 과정과 역사를 다루는 과정에서 데이터 엔지니어링이 어떻게 현재의 모습을 갖추게 되었는지에 대한 시대적 흐름을 함께 이해할 수 있습니다.

이 책을 다 읽고 나면 데이터 엔지니어링의 핵심 원칙을 이해하고, 본인의 업무를 더 높은 수준에서 이해하고 효과적으로 수행할 수 있을 것입니다. 데이터 엔지니어링을 배우고자 하는 모든 분께 추천하는 책입니다.

이진형_ 빅쏠, 데이터인사이트팀 팀장

베타리더 후기

저는 기술 서적을 볼 때 번역본을 그다지 선호하지 않는 편입니다. 실제 현업에서 사용하지 않는 '모호한 번역'이 몰입을 해치고 이해도를 떨어뜨리기 때문입니다. 이 책은 그런 관점에서 매우 좋은 번역서입니다. 깔끔한 설명과 적절한 용어 선정은 독자가 빠르게 책에 집중할 수 있도록 돕습니다. 전반적인 짜임새도 매우 좋고 구성 또한 알찹니다. 데이터 엔지니어링의 전체 수명 주기를 기준으로 삼은 이 책은 단순히 이론만 늘어놓거나 실무에만 치우치지 않는 균형 잡힌 구성으로 진행됩니다. 진행 순서 역시 적절하게 배치되어 목차대로 따라가기만 해도 술술 읽힙니다. 특히 체계적인 현업 경험이 없다면 놓치기 쉬운 보안 주제까지 다루는 점이 마음에 들었습니다. 데이터 엔지니어는 물론 데이터를 다루는 모든 직군 관계자가 읽어보기를 권합니다.

고강빈_ 의료인공지능센터, AI 연구원

데이터 엔지니어링이란 무엇인지, 각각의 단계에서 어떤 작업을 수행하는지를 자세하게 소개하는 책입니다. 데이터 엔지니어링을 기본부터 알고 싶거나 파이프라인 설계 시 고려할 사항들이 궁금하다면 많은 도움이 될 것입니다.

권성민_ 스마트레이더시스템

데이터 엔지니어링의 개념이 궁금한 독자에게 적합한 책입니다. 실무에 필요한 고려 사항과 데이터 엔지니어로서 초점을 맞춰야 할 부분을 알려주는 좋은 가이드북입니다. 저 역시 요구 사항에 맞는 데이터 아키텍처를 구축해나가는 과정에서 스스로 확신이 없었던 부분들에 관해 많은 도움을 받았습니다. 이 책에서 설명하는 데이터 아키텍처와 방법론은 (데이터 엔지니어링 업무 담당자가 아니더라도) 데이터 생명 주기의 전반적인 이해도를 높이는 데 큰 도움이 될 것입니다.

문종건_ 몰로코, ExpLab

'데이터 엔지니어는 무슨 일을 어떻게 할까?'라는 질문의 답을 알려주는 데이터 엔지니어링 기본서입니다. 데이터 엔지니어링 수명 주기라는 핵심 주제를 중심으로 데이터 엔지니어가 어떤 역할을 하는지, 어떤 기술을 쓰는지, 비즈니스에 어떻게 기여하는지를 설명합니다. 특정 기술을 자세히 설명하기보다는 데이터 엔지니어링의 근간이 되는 개념을 다루므로, 기술에 대한 이해가 낮아도 읽는 데 무리가 없습니다. 저 역시 이 책을 통해 데이터 엔지니어링 실무를 하면서 경험적으로는 알고 있었지만 남에게 설명하기에는 모호했던 개념들, 그리고 데이터 엔지니어링 특정 기술의 근간이 되는 개념들을 확실히 파악할 수 있었습니다. 데이터 엔지니어를 꿈꾸는 학생이나 주니어 데이터 엔지니어에게 강력히 추천합니다.

안지훈_ SKT AIX, AI Data Platform팀

데이터 엔지니어로 일하는 사람뿐만 아니라 데이터를 다루는 모든 분에게 도움이 될 개념서입니다. 저는 그동안 데이터 엔지니어링 분야에서 종사하면서, 근본적인 문제 해결에 집중하기보다는 기술과 도구에만 매몰되어 있었다는 사실을 깨달았습니다. 이 책을 통해 현재 속한 조직의 데이터 성숙도를 평가하고, 다음 단계로 나아갈 계획을 세울 수 있었습니다. 데이터와 연관된 각 직군 간의 수행 업무 범위나, 데이터를 다루는 조직에서 필요한 각종 개념을 명확하게 정립할 수 있습니다. 데이터를 다루는 일에 조금이라도 관심이 있는 분이라면 꼭 읽어보길 강력히 추천합니다.

안종문_ EA Korea, DataOps팀

이 책은 처음부터 끝까지 일관되게 명확한 질문을 던집니다. '비즈니스에 가치를 더하는' 적절한 데이터 엔지니어링이란 무엇일까요? 데이터 엔지니어가 고민해야 할 요소들은 무엇일까요? 그리고 독자가 그러한 질문에 스스로 답하는 데 도움이 될지를 고려하면서 내용을 전개합니다. 그 과정에서 전체를 다루는 사례 모음이 아닌, 저자가 보기에 핵심적이고 적절한 활용 사례에 집중합니다. 따라서 실무에서 데이터 엔지니어링을 담당하지만 특정 패턴에만 익숙한 엔

지니어, 또는 데이터 엔지니어링의 일부 역할을 맡고 있지만 아직 시스템 아키텍처 관련 지식이 부족한 분들이 읽으면 좋을 듯합니다.

비즈니스의 전략적 목표를 충족하는 데이터 아키텍처의 구현(무엇을, 왜, 언제)과, 이를 실행하는 도구(기술)라는 관점에서 특정 기술에 침착하다가 나무만 보지 않도록 큰 그림을 그려냅니다. 데이터 엔지니어링이 기술 특성을 파악하고 설계하는 고립된 일이 아니라는 점과, 데이터 엔지니어링에서 (비즈니스 의사결정권자, 매니저, 데이터 관련 팀과의) 협업이 필수 요소라는 점을 함께 짚어냅니다. 저자가 표현한 대로 이 책은 데이터 엔지니어링 엔지니어와 그 여정을 함께 할 이들을 위한 '일종의 여행 안내서'입니다.

오시영_ 코딩하러 오시영

이 책의 원제(Fundamentals of Data Engineering)에서 알 수 있듯이 데이터 엔지니어링의 근본 원리와 기초를 충실히 소개합니다. 데이터 엔지니어링을 특정 데이터 기술의 집합으로 보는 관점에서 벗어나 '데이터 엔지니어링 수명 주기'라는 맥락에서 그 위치와 역할을 명확히 설명합니다. 이를 통해 독자들은 단편적으로 또는 어렴풋이, 심지어 부정확하게 알고 있던 데이터 엔지니어링의 다양한 요소에 이름을 붙이고, 클라우드를 포함한 최신 데이터 환경 속에서 그 의미를 파악할 수 있습니다. 이 책으로부터 가장 큰 도움을 얻을 독자는 당연하게도 현업 데이터 엔지니어입니다. 그 밖에도 데이터 관련 비즈니스를 영위하는 분이라면 누구나 실용적이면서도 미래를 향해 열린 통찰을 얻을 수 있을 것입니다.

이기황_ 주식회사 바이브컴퍼니, 인공지능빅데이터연구소

통계학을 공부하던 시절, 각종 데이터를 통해 얻었던 통계적 결과물을 보면서 강한 의문이 들었습니다. '이렇게 적은 수의 표본으로 어떻게 모집단을 대표할 수 있을까?'라는 질문이 그 시작점이었습니다. 데이터를 다루는 일을 업(業)으로 삼고 있지만, 얼마나 많은 데이터를 어떻게 모으고 활용해야 더 좋은 의사결정을 내릴 수 있을까라는 부분에서는 항상 고민합니다.

총 500여 쪽이 넘는 방대한 분량의 이 책은 그간 실무를 하면서 잊고 지냈던 점들을 상기시켜 줍니다. 데이터를 업으로 삼는 사람들이 각자의 분야에서 사용 중인 아키텍처나 프레임워크를 넘어 더 다양한 데이터 관련 지식을 간접 경험할 수 있는 기회를 제공합니다.

우리는 이미 빅데이터와 AI 시대를 살고 있습니다. 즉, 각자 어떤 분야에서 어떤 일을 하든지 다양한 소스에서 수집된 데이터를 활용해서 더 부가가치가 높은 정보와 지식으로 발전시켜야 만 살아남을 수 있는 시대를 관통하고 있다는 의미입니다. 다양한 직무에서 데이터를 다루는 데이터 엔지니어들이 이 책을 통해 본인이 가진 지식을 더욱 견고하게 보완할 수 있기를 바랍 니다.

이상동_ 고려제강(주) 전략기획본부

최근 클라우드 개발 환경은 서버가 없고serverless, 코드 개발이 많지 않은codeless 형태로 바뀌고 있 습니다. 데이터 엔지니어링 측면에서도 예외는 아닙니다. 관리형 클라우드 업체가 매니지드 데 이터베이스, 하둡 EMR, 카프카, 스트림 데이터, 일래스틱서치 등의 플랫폼을 제공하므로 직접 설치할 필요가 없고 그 운영도 단순해졌습니다. 작업자는 오로지 설계, 핵심 로직 개발에만 집 중할 수 있으며, 그에 따라 단순 작업보다는 AWS Well-Architected 프레임워크를 갖춘 아 키텍처가 중요하게 여겨지고 있습니다. 이 책은 이러한 트렌드를 반영해 기업들의 데이터 엔지 니어링 관련 실제 사례, 스트림 데이터 처리와 AWS 등에서 관련 서비스의 아키텍처, 데이터 플랫폼 운용 방식 등을 소개합니다. 설계를 앞둔 데이터 엔지니어의 이해를 도울 좋은 개념서 로 활용할 수 있을 것입니다.

임수민_ 보잉코리아 기술연구소(BR&T), R&D팀, 데이터 사이언티스트

데이터 엔지니어링이 전문화된 영역으로 진화하면서 관련 기술도 빠르게 변화하고 있습니다. 그에 따라 데이터 엔지니어에게도 다양한 기술적 지식이 요구되고 있습니다. 하지만 특정 기 술의 사용 방법을 다루는 책들은 많아도 데이터 엔지니어의 역할과 기본 개념을 제대로 다루는

도서는 찾기 어려웠는데요. 바로 그러한 갈증을 풀어줄 소중한 책입니다.

개인적으로는 원서로 이 책을 처음 접했고, 팀원들과 스터디를 함께 진행했습니다. 그 과정에서 우리가 하는 작업들이 올바른 방향으로 진행되고 있는지, 적절한 기술과 아키텍처를 고려하고 있는지를 점검할 좋은 기회가 되었습니다. 베타 리뷰를 진행하면서 번역서를 다시 곱씹어보니, 기술이 계속 변화하더라도 데이터 분야 종사자라면 두고두고 언제든 꺼내볼 수 있는 바이블 같은 책이라는 생각이 들었습니다. 데이터 엔지니어링에 입문하거나 데이터 엔지니어로서 셀프 점검이 필요한 분에게 이 책을 적극 추천합니다.

정진필_ 네이버, NOW Growth&Data 리더

빅데이터는 이미 지나간 유행어가 되었지만, 그렇기에 데이터 엔지니어링 자체의 중요도는 훨씬 더 올라갔다고 생각합니다. 데이터 엔지니어가 되려는 분, 혹은 이미 해당 분야에서 활동하는 분이라면 데이터 엔지니어링의 현재와 미래, 좋은 아키텍처, 보안까지 크게 조망할 수 있는 좋은 책입니다. 어느 분야든지 초기에는 절차나 관리보다는 실행해서 결과를 얻는 게 중요합니다. '빅데이터'라는 용어가 유행하던 시기에는 데이터를 많이 모아서 처리하는 것만으로도 가치가 있다고 여겨졌습니다. 하지만 지금은 오히려 저장 비용이나 관리 측면에서 어려움을 겪을 수 있습니다. 어떤 일이 가치를 창출하려면 절차가 필요하고 기본적으로 갖춰야 할 부분이 있는데, 이 책을 통해 그러한 부분을 돌아보고 배울 수 있었습니다.

정현준_ 개발자

시스템 도입과 구축에 관해 자문을 구할 전문가가 드물 뿐만 아니라, 어렵게 모셔온 당사자가 기대에 미치지 못하는 경우도 많습니다. 지식과 경험의 부재로, 시키는 대로만 따라가거나 납품 업체를 전적으로 신뢰했다가 시스템 도입이 끝난 뒤 만족스럽지 못한 결과를 맞이한 경험은 누구에게나 있을 것입니다. 특히 빅데이터 시스템 등 유행에 민감한 분야라면 더욱 그렇습니다. 이 책은 그러한 상황에 대비할 수 있도록 빅데이터 엔지니어링 분야의 다양한 개념을 간단

한 설명과 함께 열거합니다. 실무 관련 세세한 분야보다는 빅데이터 시스템의 개괄과 하위 개념, 좋은 빅데이터 시스템이 지향해야 할 점 등을 개략적으로 설명하는 '빅데이터 거대 담론[Big Data grand narratives]'을 소개합니다. 이를 통해 빅데이터 시스템 운영 및 구축 과정에서 조직의 방향성을 찾는 데 도움을 받을 수 있습니다.

나무만 보고 숲을 보지 못하는 한 명의 팀원이자 개발자로서, 이 책을 계기로 시스템 관리자의 관점에서 시스템을 바라보는 신선한 경험을 했습니다. 언젠가 이 책에서 배운 내용들을 저 자신도 모르게 사용하게 될 날을 기다립니다. 빅데이터 시스템을 이미 구축한 IT 조직의 관리자로 발돋움하려는 분, 또는 시스템 도입 과정에 연관된 모든 분께 이 책을 추천합니다.

조힘찬빛_ SK실트론, DT전략팀

빅데이터 시대의 중요한 업무 역할[role]을 꼽으라면 분명 데이터 엔지니어링일 것입니다. 이 책은 데이터 엔지니어링의 기본에 관한 알찬 내용을 담고 있습니다. 1부에서는 데이터 엔지니어링의 정의와 역할, 그리고 데이터 엔지니어링 수명 주기에 대해 알아봅니다. 2부에서는 이러한 수명 주기를 상세히 파고들면서, 데이터 엔지니어링의 전체적인 이해와 활용 방안 및 해법들을 살펴봅니다. 3부에서는 또 하나의 중요한 의제인 데이터 보안과 개인정보보호를 이야기합니다. 그리고 재밌게 읽을 수 있는 데이터 엔지니어링의 미래에 관해 이야기하며 마무리합니다. 데이터 엔지니어링을 이해하려는 소프트웨어 엔지니어, 데이터 과학자, 데이터 분석가, 나아가 자신의 지식을 더 체계적으로 정리하고자 하는 현업 데이터 엔지니어를 위한 훌륭한 안내서입니다.

한정윤_ ADA Korea, CDP Solution Engineering

옮긴이의 말

데이터를 바라보는 일은 언제나 흥미롭지만 그 과정은 항상 어렵고 복잡합니다. 데이터는 수많은 비즈니스 로직에 따른 결과로써 존재하고, 그 데이터를 통해 가치를 창출하는 과정에서 해당 기업의 문화와 소통방식을 엿볼 수 있습니다. 이 책은 데이터를 수집하고 결과를 도출하는 단계까지 전 과정에 걸쳐 필요한 요소들을 설명해줍니다. 데이터를 다루는 업무 프로세스를 겪어보지 않았다면, 이 책은 그러한 생소함을 덜어줄 좋은 출발선이 될 수 있습니다.

여러 회사를 거치는 과정에서 데이터와 관련된 어려움을 겪을 때마다 제가 놓쳤던 부분들을 이 책에서 다시 발견할 때마다 한심했던 스스로를 반성할 수 있었습니다(이 책 뒷부분의 '에피소드'에서 따로 다루겠습니다). 물론 이 책에서 제안하는 내용들을 모두 옳다 또는 그르다 같은 이분법적 사고로 특정할 수는 없습니다. 모든 원칙은 그 원칙이 적용되는 환경에 맞춰서 커스터마이징되어야 하며, 그 역할을 수행할 주체는 바로 여러분이 될 것입니다.

그런 의미에서 이 책은 단순한 지식 전달의 매개체를 넘어, 깊이 생각할 화두를 던져줄 좋은 시발점이 될 것입니다. 책 곳곳에서 여러분의 의견과 다른 내용을 발견할 수 있습니다. 그러한 부분에 관해서는 여러분의 팀원이나 업무 관계자 여러분과 함께 의견을 나눠보기를 권합니다.

이 책에는 코드가 없지만, 코드로 설명할 수 없는 많은 내용을 다룹니다. 생각하기에 따라서는 쉬워 보일 수도 있고 어려워 보일 수도 있습니다. 다만, 여러분이 지금까지 하나의 관점에서만 바라보던 주제들을 더 넓은 관점에서 살펴볼 수 있도록 도와주리라 확신합니다.

데이터와 관련한 어려운 문제들과 그 해결책은 시간이 흘러도 여전히 다양하며 정답이 없는 영역입니다. 저 역시 그러한 어려운 상황을 오늘도, 앞으로도 겪어 나가겠지요. 저와 비슷한 고민을 하셨을 여러분께도 이 책이 좋은 위로와 친구가 될 수 있기를 기원합니다.

언제나 그렇듯 (의도한 건 아니지만) 마감일을 훌쩍 넘겨도 너그러이 지원해주시는 서현 팀장님과 박지영 편집자님께 무한한 감사를 드립니다. 너무나 훌륭한 도서인데 행여 제가 망치지 않았기를 간절히 기도합니다. 더불어 흔쾌히 이 책의 베타리딩을 맡아주신 변성윤 님과 이진형 님, 그리고 한빛미디어의 프리뷰어스Previewers 기획단 여러분께도 귀한 시간을 내주신 것에 대해 감사드립니다.

언제나 많은 도움을 주시는 RSQUARE 멤버들께 고마운 마음을 전합니다. 또한 항상 흥미로운 대화로 인사이트를 주시는 ARM 서버 만드는 명환 형, LINE의 종민 형, 메가존의 학범 형께도 감사의 인사를 전합니다.

마지막으로 항상 사랑으로 지켜봐주는 아내 다현에게도 사랑의 마음과 감사함을 전합니다.

김인범

이 책에 대하여

이 책은 어떻게 탄생했을까? 그 기원은 데이터 과학data science에서 데이터 공학data engineering, 즉 데이터 엔지니어링으로 나아가는 여정에 깊이 뿌리를 두고 있다. 우리는 종종 농담 삼아 스스로를 '회복 중인 데이터 과학자'라 부른다. 필자들은 데이터 과학 프로젝트에 투입된 경험이 있는데, 제대로 된 지식 기반이 부족하다 보니 이러한 프로젝트를 실행하고자 매번 고군분투했다. 데이터 엔지니어링을 향한 우리의 여정은 이러한 기반과 인프라를 구축하는 데이터 엔지니어링 작업에 착수했을 때 비로소 시작됐다.

데이터 과학이 부상함에 따라 기업들은 풍부한 보상을 기대하며 데이터 과학 인재에 아낌없이 투자했다. 데이터 과학자는 종종 데이터 수집, 정제, 접근, 변환 및 데이터 인프라 등 자신의 배경지식과 교육으로는 해결할 수 없는 기본적인 문제들 때문에 어려움을 겪었다. 바로 이러한 것들이 데이터 엔지니어링이 해결하고자 하는 문제다.

다루는 내용

이 책은 특정 도구, 기술 또는 플랫폼을 사용하는 데이터 엔지니어링을 다루지 않는다. 이러한 관점에서 데이터 엔지니어링 관련 기술에 접근하는 도서는 많지만, 그런 책들은 수명이 짧다. 대신 이 책은 데이터 엔지니어링 이면의 기본 개념에 초점을 맞춘다.

이 책의 목표는 현재의 데이터 엔지니어링 관련 내용과 자료의 공백을 메우는 것이다. 특정 데이터 엔지니어링 도구와 기술을 다루는 기술 자원이 부족한 것은 아니지만, 사람들은 이러한 구성 요소들을 실제 세계에 적용되는 일관된 전체적 결과물로 조립하는 방법을 이해하는 데 어려움을 겪는다. 이 책은 데이터 수명 주기의 시작 단계부터 최종 단계에 이르기까지 모든 단계를 살펴본다. 특히 분석가, 데이터 과학자, 머신러닝 엔지니어와 같은 다운스트림 데이터 소비자의 요구를 충족하기 위해 다양한 기술을 결합하는 방법을 보여준다. 한편으로는 특정 기술, 플랫폼, 프로그래밍 언어의 세부 사항을 다루는 오라일리 도서들을 보완하는 역할을 한다.

이 책의 주요 내용은 데이터 생성, 저장, 수집, 변환, 서빙 등을 다루는 **데이터 엔지니어링 수명**

주기다. 데이터의 태동기 이후 우리는 수많은 특정 기술과 공급업체 제품의 흥망성쇠를 목격했지만, 데이터 엔지니어링 수명 주기 단계는 본질적으로 바뀌지 않았다. 이 프레임워크를 통해 독자는 기술을 실제 비즈니스 문제에 적용하는 데 필요한 올바른 이해를 얻을 수 있다.

여기서 우리의 목표는 두 가지 축을 아우르는 원칙을 세우는 것이다. 첫째, 데이터 엔지니어링을 **모든 관련 기술을 포괄하는 원칙**으로 정제하고자 한다. 둘째, **오랜 시간이 지나도 변함없는 원칙**을 제시하고자 한다. 이러한 아이디어가 지난 20년간의 데이터 기술 격변기를 거치며 얻은 교훈을 반영하고, 우리의 내적 프레임워크가 미래에도 10년 이상 유용하게 유지되기를 바란다.

한 가지 유의할 점은 대부분 변명의 여지 없이 클라우드 우선 접근 방식을 취한다는 것이다. 클라우드는 앞으로도 수십 년 동안 지속될 '근본적으로 혁신적인 발전'으로 여겨진다.

대부분의 사내^{on-premise} 데이터 시스템과 워크로드는 결국 클라우드 호스팅으로 옮겨갈 것이다. 인프라와 시스템은 **임시적**^{ephemeral}이고 **확장 가능**^{scalable}하며, 데이터 엔지니어는 클라우드에 관리형 서비스를 배포하는 방향으로 기울 것이라 가정한다. 그렇다고 하더라도, 이 책이 다루는 대부분의 개념은 클라우드가 아닌 환경에도 적용할 수 있다.

대상 독자

이 책의 주요 독자는 기술 실무자, 중/고급 소프트웨어 엔지니어, 데이터 과학자, 데이터 엔지니어링 분야로 전환하려는 분석가, 특정 기술 분야에서 일하지만 더 포괄적인 관점을 개발하려는 데이터 엔지니어다. 2차 대상 독자는 데이터 엔지니어 팀을 감독하는 기술 배경을 가진 데이터 팀 리더 또는 온프레미스 환경에서 클라우드 기반 솔루션으로 마이그레이션하려는 데이터 웨어하우징 책임자 등, 기술 실무자와 연계해 작업하는 데이터 이해관계자다.

여러분은 데이터 웨어하우징과 데이터 레이크, 배치 및 스트리밍 시스템, 오케스트레이션, 모델링, 관리, 분석, 클라우드 기술 개발 등을 다루는 각종 도서와 기사를 통해 최신 데이터 기술과 동향에 관한 정보를 얻을 수 있다. 이 책은 여러분이 지금까지 파악한 내용을 기술 및 패러다임 전반에 걸친 데이터 엔지니어링의 완전한 그림으로 엮어내는 데 도움이 될 것이다.

이 책의 목표

실제 데이터 엔지니어링 문제를 해결하기 위한 탄탄한 기반을 구축하는 데 도움을 주고자 한다. 다 읽고 나면 다음과 같은 내용을 이해하게 될 것이다.

- 데이터 과학자, 소프트웨어 엔지니어, 데이터 팀 리더 등의 현재 역할에 데이터 엔지니어링이 미치는 영향
- 마케팅 과대광고를 가려내고 적합한 기술, 데이터 아키텍처, 프로세스를 선택하는 방법
- 데이터 엔지니어링 수명 주기를 사용해 강력한 아키텍처를 설계하고 구축하는 방법
- 데이터 수명 주기의 각 단계에 대한 모범 사례

나아가 다음과 같은 역할을 수행할 수 있다.

- 데이터 과학자, 분석가, 소프트웨어 엔지니어, 데이터 팀 리더 등의 현재 역할에 데이터 엔지니어링 원칙을 통합
- 다양한 클라우드 기술을 통합하여 다운스트림 데이터 소비자의 요구 사항을 충족
- 모범 사례의 종단간end-to-end 프레임워크를 사용하여 데이터 엔지니어링 문제에 접근
- 데이터 엔지니어링 수명 주기 전반에 걸친 데이터 거버넌스 및 보안의 통합

이 책의 구성

이 책은 다음과 같이 구성된다.

- 1부: 데이터 엔지니어링 기반 구축하기
- 2부: 데이터 엔지니어링 수명 주기 심층 분석
- 3부: 보안, 개인정보보호 및 데이터 엔지니어링의 미래
- 부록: 직렬화, 압축 및 클라우드 네트워킹

1부는 1장에서 데이터 엔지니어링을 정의하는 것부터 시작한다. 2장에서는 데이터 엔지니어

링 수명 주기를 설계한다. 3장에서는 좋은 아키텍처good architecture에 관해 논의한다. 4장에서는 적합한 기술을 선택하기 위한 프레임워크를 소개한다. 기술과 아키텍처를 서로 혼동하는 경우가 많지만, 실제로는 서로 매우 다른 주제다.

2부에서는 2장을 기반으로 데이터 엔지니어링 수명 주기를 더 깊이 있게 다룬다. 데이터 생성, 저장, 수집, 변환, 서빙과 같은 각 수명 주기 단계를 각 장에서 다룬다. 2부는 이 책의 핵심이라고 할 수 있으며, 다른 장은 여기서 다루는 핵심 아이디어를 뒷받침하는 내용으로 구성된다.

3부에서는 추가 주제를 다룬다. 10장에서는 보안과 개인정보보호를 논의한다. 보안은 데이터 엔지니어링 업계에서 늘 중요한 요소였지만, 영리 목적의 해킹과 국가가 지원하는 사이버 공격이 증가하면서 더욱 중요해졌다. 그렇다면 개인정보보호에 관해 구체적으로 무엇을 이야기할수 있을까? 기업 프라이버시 허무주의의 시대는 끝났다. 어떤 회사도 엉성한 프라이버시 관행에 관한 기사의 헤드라인에 자사가 언급되는 걸 원하지 않는다. 개인 데이터의 무분별한 취급은 GDPR, CCPA 및 기타 규정의 출현과 함께 중대한 법적 결과를 초래할 수 있다. 즉, 보안 및 개인정보보호는 모든 데이터 엔지니어링 작업에서 최우선 순위가 되어야 한다.

필자들은 데이터 엔지니어링 분야에서 근무하고, 이 책을 집필하고, 수많은 전문가를 인터뷰하는 과정에서 해당 분야가 장단기적으로 어느 방향으로 나아가고 있는지에 관한 고민을 거듭했다. 11장에서는 데이터 엔지니어링의 미래에 대한 필자들의 이러한 개인적 생각을 요약해 제시한다. 본질적으로 미래는 예측하기 어렵다. 시간이 지나면 필자들의 아이디어 중 일부가 맞는지 아닌지를 알 수 있을 것이다. 우리는 미래에 대한 여러분의 비전이 이 책에서 제시하는 비전과 어떻게 일치하는지 혹은 어떻게 다른지에 대한 의견을 듣고자 한다.

부록에서는 일상적인 데이터 엔지니어링 실무와 매우 관련 있지만, 본문에는 포함되지 않은 몇가지 기술 주제를 다룬다. 특히 엔지니어는 데이터 파일로 직접 작업하고 데이터 시스템의 성능 고려 사항을 평가하기 위해 직렬화 및 압축을 이해해야 한다(부록 A 참조). 데이터 엔지니어링이 클라우드로 이동함에 따라 클라우드 네트워킹 역시 중요한 주제가 되었다(부록 B 참조).

시작하기 전에

이 책은 여러분이 기업 환경에서 찾아볼 수 있는 데이터 시스템 유형을 어느 정도 이해한다고 가정한다. 또한 SQL 및 파이썬(또는 다른 프로그래밍 언어)에 꽤 익숙하고 클라우드 서비스 관련 경험이 있다고 가정한다.

데이터 엔지니어 지망생들이 파이썬과 SQL을 연습할 수 있는 다양한 리소스가 있다. 실제로 무료 온라인 리소스(블로그 게시물, 튜토리얼 사이트, 유튜브 동영상)가 풍부하며, 매년 많은 새로운 파이썬 도서가 출간된다.

클라우드는 데이터 도구 관련 실무 경험을 쌓을 수 있는 전례 없는 기회를 제공한다. 데이터 엔지니어 지망생이라면 AWS, 애저, 구글 클라우드 플랫폼, 스노우플레이크, 데이터브릭스 등의 클라우드 서비스의 계정을 만들어보기를 권한다. 이러한 플랫폼 중 상당수는 프리 티어free tier 옵션을 제공하지만, 여러분이 클라우드에서 직접 테스트하고 연구할 때는 그 비용을 면밀히 주시하는 한편 소량의 데이터와 단일 노드 클러스터로 작업해야 한다.

기업 환경 외부에서 기업 데이터 시스템에 익숙해지기란 여전히 어려운 일이다. 이는 아직 첫 번째 데이터 작업을 수행하지 못한 데이터 엔지니어 지망생에게 심리적 장벽을 세운다. 이 책은 그러한 측면에서 도움을 줄 수 있다. 데이터 초보자라면 이 책을 통해 이미 도출된 높은 수준의 아이디어를 확인할 수 있다. 나아가 각 장의 끝부분에 있는 참고 문헌 목록을 살펴볼 것을 권한다.

이 책을 두 번 이상 읽을 때는 낯선 용어와 기술에 주목하자. 여러분은 구글, 위키피디아, 블로그 게시물, 유튜브 동영상 및 공급업체 사이트를 활용해 새로운 용어에 익숙해지고 이해의 공백을 메울 수 있다.

감사의 글

이 책을 집필하기 시작했을 때, 필자는 주변으로부터 어려운 과제에 직면할 것이라는 수많은 경고를 받았다. 이런 종류의 책은 바뀌는 내용이 워낙 많은 데다가 데이터 엔지니어링 분야를 포괄적으로 다루는 만큼 수많은 연구와 인터뷰, 토론, 깊이 있는 사고가 필요하기 때문이다. 이 책에 데이터 엔지니어링의 모든 뉘앙스를 다 담았다고 주장하지는 않겠지만, 그 결과물이 여러분에게 나름의 반향을 일으키기를 바란다. 수많은 전문가가 이 책에 기여했으며 그들의 지원에 감사의 마음을 전한다.

먼저, 훌륭한 기술 리뷰 팀에 감사한다. 여러 차례에 걸쳐 원고를 꼼꼼히 읽어보고 귀중한(그리고 때로는 무자비할 정도로 직설적인) 피드백을 제공해주었다. 이들의 노력이 없었다면 이 책의 완성도는 크게 떨어졌을 것이다. (특별한 순서 없이) 빌 인먼Bill Inmon, 앤디 페트렐라Andy Petrella, 맷 샤프Matt Sharp, 토드 한스만Tod Hansmann, 크리스 탭Chris Tabb, 대니 레브지언Danny Lebzyon, 마틴 클렙먼Martin Kleppman, 스콧 로리모르Scott Lorimor, 닉 슈록Nick Schrock, 리사 슈테크먼Lisa Steckman, 베로니카 두르긴Veronika Durgin, 알렉스 울퍼드Alex Woolford에게 무한한 감사를 전한다.

둘째, 라이브 쇼와 팟캐스트, 밋업, 그리고 끝없는 통화를 통해 데이터 분야의 최고 전문가들과 이야기할 특별한 기회를 얻었다. 그들의 아이디어가 이 책을 완성하는 데 도움이 되었다. 일일이 이름을 언급하기엔 너무 많지만, 특히 다음 분들에게 감사의 말을 전한다.

조던 티가니Jordan Tigani, 자막 데가니Zhamak Dehghani, 아난스 팩킬두라이Ananth Packkildurai, 슈루티 바트Shruti Bhat, 에릭 체터Eric Tschetter, 벤 스탠실Benn Stancil, 케빈 후Kevin Hu, 마이클 로고브Michael Rogove, 라이언 라이트Ryan Wright, 아디 폴락Adi Polak, 김신지Shinji Kim, 안드레아스 크레츠Andreas Kretz, 에고르 그리야즈노프Egor Gryaznov, 채드 샌더슨Chad Sanderson, 줄리 프라이스Julie Price, 매트 터크Matt Turck, 모니카 로가티Monica Rogati, 마스 란Mars Lan, 파두 건남Pardhu Gunnam, 브라이언 석Brian Suk, 바모세스Barr Moses, 리오르 개비시Lior Gavish, 브루노 아지자Bruno Aziza, 지안 멀리노Gian Merlino, 드바리스 브라운DeVaris Brown, 토드 보쉔Todd Beauchene, 튜더 거바Tudor Girba, 스콧 테일러Scott Taylor, 오리 라파엘Ori Rafael, 리 에드워즈Lee Edwards, 브라이언 오풋Bryan Offutt, 올리 휴즈Ollie Hughes, 길버트 아이켈렌붐Gilbert Eijkelenboom, 크리스 버그Chris Bergh, 파비아나 클레멘테Fabiana Clemente, 안드레아

스 크레츠 Andreas Kretz, 오리 레셰프 Ori Reshef, 닉 싱 Nick Singh, 마크 발케넨데 Mark Balkenende, 켄텐 다나스 Kenten Danas, 브라이언 올슨 Brian Olsen, 라구 머티 Rhaghu Murthy, 그렉 코킬로 Greg Coquillo, 데이비드 아폰테 David Aponte, 데메트리오스 브링크만 Demetrios Brinkmann, 사라 카탄자로 Sarah Catanzaro, 미셸 트리코 Michel Tricot, 레비 데이비스 Levi Davis, 테드 워커 Ted Walker, 카를로스 케메니 Carlos Kemeny, 조쉬 베남람 Josh Benamram, 채닌 난타세나마트 Chanin Nantasenamat, 조지 피리칸 George Firican, 조던 골드메이어 Jordan Goldmeir, 민하즈 레맘 Minhaaj Rehmam, 루이지 파트루노 Luigi Patruno, 빈 바시스타 Vin Vashista, 대니 마 Danny Ma, 제시 앤더슨 Jesse Anderson, 알레샤 비스닉 Alessya Visnjic, 비샬 싱 Vishal Singh, 데이브 랭거 Dave Langer, 로이 해슨 Roy Hasson, 토드 오데스 Todd Odess, 체 샤르마 Che Sharma, 스콧 브라이트노더 Scott Breitenother, 벤 테일러 Ben Taylor, 톰 아이브스 Thom Ives, 존 톰슨 John Thompson, 브렌트 다이크스 Brent Dykes, 조쉬 토빈 Josh Tobin, 마크 코시바 Mark Kosiba, 타일러 푸글리세 Tyler Pugliese, 도웨 만 Douwe Maan, 마틴 트라베르소 Martin Traverso, 커티스 코왈스키 Curtis Kowalski, 밥 데이비스 Bob Davis, 쿠 핑 셩 Koo Ping Shung, 에드 체나드 Ed Chenard, 매트 시오마 Matt Sciorma, 타일러 포크맨 Tyler Folkman, 제프 베어드 Jeff Baird, 테자스 마노하르 Tejas Manohar, 폴 싱먼 Paul Singman, 케빈 스텀프 Kevin Stumpf, 윌렘 피네아르 Willem Pineaar, 텍톤의 마이클 델 발소 Michael Del Balso from Tecton, 엠마 달 Emma Dahl, 하프릿 사호타 Harpreet Sahota, 켄 지 Ken Jee, 스콧 테일러 Scott Taylor, 케이트 스트라크니 Kate Strachnyi, 크리스틴 케러 Kristen Kehrer, 테일러 밀러 Taylor Miller, 에이브 공 Abe Gong, 벤 캐슬튼 Ben Castleton, 벤 로고잔 Ben Rogojan, 데이비드 메르츠 David Mertz, 엠마누엘 라지 Emmanuel Raj, 앤드류 존스 Andrew Jones, 에이버리 스미스 Avery Smith, 브록 쿠퍼 Brock Cooper, 제프 라슨 Jeff Larson, 존 킹 Jon King, 홀든 애커먼 Holden Ackerman, 미리아 피터슨 Miriah Peterson, 펠리페 호파 Felipe Hoffa, 데이비드 곤잘레스 David Gonzalez, 리처드 웰맨 Richard Wellman, 수잔 월시 Susan Walsh, 라빗 자인 Ravit Jain, 로렌 발릭 Lauren Balik, 미키코 바젤리 Mikiko Bazeley, 마크 프리먼 Mark Freeman, 마이크 위머 Mike Wimmer, 알렉세이 슈체드린 Alexey Shchedrin, 메리 클레어 톰슨 Mary Clair Thompson, 줄리 버로스 Julie Burroughs, 제이슨 페들리 Jason Pedley, 프레디 드레넌 Freddy Drennan, 제이슨 페들리 Jason Pedley, 켈리와 매트 필립스 Kelly and Matt Phillipps, 브라이언 캠벨 Brian Campbell, 파리스 체빕 Faris Chebib, 딜런 그레거슨 Dylan Gregerson, 켄 마이어스 Ken Myers, 제이크 카터 Jake Carter, 세스 폴 Seth Paul, 에단 아론 Ethan Aaron

또한 터너리 데이터Ternary Data 팀(콜린 매콜리Colleen McAuley, 마이크 웰스Maike Wells, 패트릭 달Patrick Dahl, 에런 헌사커Aaron Hunsaker 등), 우리 학생들, 그리고 우리를 지지해준 전 세계 수많은 여러분께 감사한다. 세계가 매우 작은 곳이라는 사실을 크게 일깨워주었다.

오라일리 편집 팀과의 협업은 정말 놀라운 경험이었다. 책 제안 과정에서 우리를 믿어준 제스 하베르만Jess Haberman, 놀랍고 인내심 강한 개발 편집자 니콜 타셰Nicole Taché와 미셸 크로닌Michele Cronin이 보여준 귀중한 편집과 피드백, 지원에 특별히 감사의 말을 전한다. 오라일리의 훌륭한 제작 팀에도 감사한다.

조 라이스는 그의 가족인 캐시Cassie, 마일로Milo, 이선Ethan이 책을 쓰도록 지지해준 것에 감사한다(그들은 많이 인내해야 했고, 조는 다시는 책을 쓰지 않겠다고 일단 약속했다). 맷 하우슬리 역시 친구들과 가족이 보여준 인내심과 그들의 성원에 감사한다. 그는 여전히 세네카Seneca가 휴가철에 가족과의 시간을 놓쳤을 뿐만 아니라 많이 고생했다는 점을 감안해서 별 5개짜리 리뷰를 주리라 기대하고 있다.

CONTENTS

PART ▌ 데이터 엔지니어링 기반 구축하기

CHAPTER 1 데이터 엔지니어링 상세

CHAPTER 2 데이터 엔지니어링 수명 주기

CONTENTS

CHAPTER **4** 데이터 엔지니어링 수명 주기 전체에 걸친 기술 선택

CONTENTS

CHAPTER **5** 1단계: 원천 시스템에서의 데이터 생성

CONTENTS

CHAPTER 6 2단계: 데이터 저장

CONTENTS

CHAPTER 7 3단계: 데이터 수집

CONTENTS

CHAPTER **8** 4단계: 쿼리 모델링 및 데이터 변환

CHAPTER 9 5단계: 분석, 머신러닝 및 역 ETL을 위한 데이터 서빙

CONTENTS

PART III 보안, 개인정보보호 및 데이터 엔지니어링의 미래

CHAPTER **10 보안과 개인정보보호**

CONTENTS

CHAPTER 11 데이터 엔지니어링의 미래

데이터 엔지니어링 기반 구축하기

1부는 1장에서 데이터 엔지니어링을 정의하는 것부터 시작한다. 2장에서는 데이터 엔지니어링 수명 주기를 설계한다. 3장에서는 좋은 아키텍처good architecture에 관해 논의한다. 4장에서는 적합한 기술을 선택하기 위한 프레임워크를 소개한다. 기술과 아키텍처를 서로 혼동하는 경우가 많지만, 실제로는 서로 매우 다른 주제다.

Part I

데이터 엔지니어링 기반
구축하기

데이터 엔지니어링 상세

여러분이 데이터나 소프트웨어 분야에서 일한다면, 데이터 엔지니어링이 마침내 어둠의 영역에서 벗어나 데이터 과학과 대등한 지위를 누리게 되었다는 사실을 깨달았을 것이다. 실제 운영 환경에서 데이터 과학 및 분석에 필요한 기반을 구축하는 데이터 엔지니어링은 데이터와 기술 부문에서 가장 인기 있는 주제 중 하나다.

1장에서는 데이터 엔지니어링이 무엇인지, 데이터 엔지니어링 분야가 어떻게 탄생하고 진화했는지를 살펴본다. 또한 데이터 엔지니어의 기술들을 알아보고 데이터 엔지니어가 누구와 함께 일하는지 살펴본다.

1.1 데이터 엔지니어링이란?

데이터 엔지니어링의 인기는 높아졌지만 데이터 엔지니어링이 실제로 무엇을 의미하는지, 데이터 엔지니어가 무엇을 하는지에 관해서는 여전히 많은 사람이 혼란스러워한다. 데이터 엔지니어링은 기업이 데이터를 활용하는 작업(예를 들면 예측 분석, 기술 분석, 보고서 등)을 시작한 이후 어떤 형태로든 존재해 왔으며, 2010년대 데이터 과학의 부상과 함께 급격히 주목받기 시작했다. 이 책의 목적을 달성하려면 먼저 **데이터 엔지니어링**data engineering과 **데이터 엔지니어**data engineer가 의미하는 바부터 정의해야 한다.

먼저 데이터 엔지니어링이 어떻게 묘사되는지를 살펴보고 이 책 전반에 걸쳐 사용할 몇 가지 용어를 정립하겠다. **데이터 엔지니어링**이라는 용어에는 수많은 정의가 존재한다. 2022년 초기준으로 '데이터 엔지니어링이란 무엇인가?'라는 질문에 대한 구글의 정확한 일치 검색은 91,000개 이상의 고유한 결과를 보여준다. 우리 나름의 정의를 내리기에 앞서 이 분야의 일부 전문가들이 데이터 엔지니어링을 정의하는 몇 가지 예문을 살펴보자.

> 데이터 엔지니어링은 데이터 과학자, 데이터 분석가, 비즈니스 인텔리전스 개발자, 그리고 조직 내의 다른 전문가가 데이터를 사용할 수 있도록 만드는 일련의 작업이다. 대규모의 데이터를 수집 및 저장하면서 추가 분석을 수행할 수 있는 데이터를 준비하기 위한 시스템을 설계하고 구축하려면 데이터 엔지니어와 같은 전담 전문가가 필요하다. 간단히 말해서, 데이터 엔지니어는 조직의 데이터 인프라를 구축하고 운영해 데이터 분석가와 데이터 과학자가 추가 분석을 수행할 수 있도록 준비한다.
>
> — 알렉스소프트AltexSoft[1]의 '데이터 엔지니어링의 개념, 프로세스 및 도구'

> 데이터 엔지니어링의 첫 번째 유형은 SQL 중심이다. 데이터의 작업 및 기본 저장소는 관계형 데이터베이스에 있다. 모든 데이터 처리는 SQL 또는 SQL 기반 언어로 수행된다. 때때로 이러한 데이터 처리는 ETL 도구를 사용해 수행된다.[2]
>
> 데이터 엔지니어링의 두 번째 유형은 빅데이터 중심이다. 데이터 작업 및 기본 스토리지는 하둡Hadoop, 카산드라Cassandra, HBase와 같은 빅데이터 기술에 기반한다. 모든 데이터 처리는 맵리듀스MapReduce, 스파크Spark, 플링크Flink와 같은 빅데이터 프레임워크에서 수행된다. SQL이 사용되는 동안 기본 처리는 자바, 스칼라, 파이썬과 같은 프로그래밍 언어로 이뤄진다.
>
> — 제시 앤더슨Jesse Anderson[3]

기존 역할과 관련해 데이터 엔지니어링 분야는 소프트웨어 엔지니어링에서 더 많은 요소를 가져오는 비즈니스 인텔리전스와 데이터 웨어하우징의 상위집합superset으로 생각할 수

---

1 'Data Engineering and Its Main Concepts', AlexSoft, last updated August 26, 2021, `https://oreil.ly/e94py`

2 ETL stands for extract, transform, load, a common pattern we cover in the book.

3 Jesse Anderson, 'The Two Types of Data Engineering', June 27, 2018, `https://oreil.ly/dxDt6`

있다. 이 분야는 확장된 하둡 생태계, 스트림 처리, 규모에 따른 컴퓨팅에 대한 개념과 함께 소위 '빅데이터' 분산 시스템의 운영에 관한 전문화를 통합한다.

– 막심 보슈만Maxime Beauchemin[4]

데이터 엔지니어링은 데이터의 이동, 조작, 관리에 관한 모든 것이다.

– 루이스 개빈Lewis Gavin[5]

데이터 엔지니어링이 무엇인지 혼란스러웠다면 이제 충분히 이해했을 것이다. 하지만 이는 단지 소수의 정의일 뿐이며, 데이터 엔지니어링의 의미에 관한 다양한 의견을 보여줄 뿐이다.

1.1.1 데이터 엔지니어링 정의

다양한 사람이 데이터 엔지니어링을 어떻게 정의하는가에 관한 공통된 맥락을 풀어보면 '데이터 엔지니어가 데이터를 가져와 저장하고, 데이터 과학자나 분석가 등이 사용할 수 있도록 준비한다'라는 분명한 패턴이 나타난다. 이 책에서는 데이터 엔지니어링과 데이터 엔지니어를 다음과 같이 정의한다.

데이터 엔지니어링은 원시 데이터raw data를 가져와 분석 및 머신러닝과 같은 다운스트림 사용 사례를 지원하는, 고품질의 일관된 정보를 생성하는 시스템과 프로세스의 개발, 구현 및 유지 관리이다. 데이터 엔지니어링은 보안, 데이터 관리, 데이터 운영, 데이터 아키텍처, 오케스트레이션, 소프트웨어 엔지니어링의 교차점이다.

데이터 엔지니어는 원천 시스템에서 데이터를 가져오는 것부터 시작해 분석 또는 머신러닝과 같은 사용 사례에 데이터를 제공하는 것으로 끝나는 데이터 엔지니어링 수명 주기를 관리한다.

---

4 Maxime Beauchemin, 'The Rise of the Data Engineer', January 20, 2017, `https://oreil.ly/kNDmd`
5 Lewis Gavin, 'What Is Data Engineering?' (Sebastapol, CA: O'Reilly, 2020), `https://oreil.ly/ELxLi`

1.1.2 데이터 엔지니어링 수명 주기

근시안적으로 기술에 집착하면 더 큰 그림을 놓치기 쉽다. 이 책에서는 **데이터 엔지니어링 수명 주기**data engineering lifecycle라는 거대한 아이디어를 중심으로 설명한다(그림 1-1). 이를 통해 데이터 엔지니어들이 자신의 역할을 파악할 수 있는 전체적인 맥락을 제공한다고 가정한다.

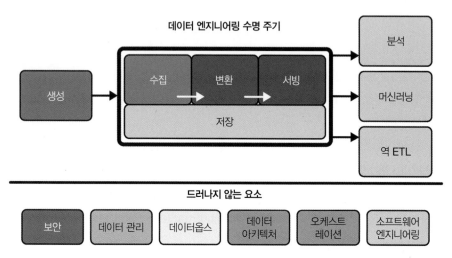

그림 1-1 데이터 엔지니어링 수명 주기

데이터 엔지니어링 수명 주기는 기술에서 벗어나, 데이터 자체와 데이터가 제공해야 하는 최종 목표에 관한 논의로 전환한다. 데이터 엔지니어링 수명 주기의 단계는 다음과 같다.

- 데이터 생성generation
- 데이터 저장storage
- 데이터 수집ingestion
- 데이터 변환transformation
- 데이터 서빙serving

데이터 엔지니어링 수명 주기는 전체 수명 주기에 걸쳐 중요한 아이디어인 **드러나지 않는 요소**undercurrent라는 개념을 포함한다. 여기에는 보안, 데이터 관리, 데이터옵스, 데이터 아키텍처, 오케스트레이션, 소프트웨어 엔지니어링이 포함된다. 이후 2장에서 데이터 엔지니어링 수명 주기와 드러나지 않는 요소를 더 광범위하게 다룰 것이다. 다만 여기서는 데이터 엔지니어링에 관한 우리의 정의와 이번 장에서 이어질 논의에 필수적인 내용인 만큼 먼저 간단히 소개하겠다.

데이터 엔지니어링의 정의와 수명 주기에 관한 소개를 마쳤으니 한 걸음 뒤로 물러나 역사를 살펴보자.

1.1.3 데이터 엔지니어의 진화

> 역사는 그대로 반복되지 않지만, 그 흐름은 분명 반복된다.
>
> — 마크 트웨인Mark Twain

현재와 미래의 데이터 엔지니어링을 이해하려면 해당 분야가 어떻게 발전했는지에 관한 맥락부터 파악해야 한다. 이 절이 역사를 다루는 부분은 아니지만, 과거를 돌아보는 작업은 오늘날 우리가 어디에 있고 상황이 어디로 흘러가는지를 이해하는 데 매우 중요하다. 공통된 주제는 끊임없이 다시 나타나며, 오래된 것들은 다시 새로워지기 마련이다.

1980년부터 2000년까지: 데이터 웨어하우징에서 웹으로

데이터 엔지니어의 탄생은 1970년대까지 거슬러 올라가는 데이터 웨어하우징에 뿌리를 둔다. **비즈니스 데이터 웨어하우스**business data warehouse라는 용어는 1980년대에 형성되었으며, 1989년에 이르러 빌 인먼Bill Inmon이 **데이터 웨어하우스**라는 용어를 공식적으로 만들었다. IBM의 엔지니어들이 관계형 데이터베이스와 구조적 질의 언어Structured Query Language(SQL)를 개발한 이후 오라클은 이 기술을 대중화했다. 초기 데이터 시스템의 성장에 따라 기업은 보고와 비즈니스 인텔리전스(BI)를 위한 전용 툴과 데이터 파이프라인이 필요했다. 랄프 킴벌Ralph Kimball과 빌 인먼은 사람들이 데이터 웨어하우스에서 비즈니스 로직business logic을 올바르게 모델링할 수 있도록 돕고자, 오늘날에도 널리 쓰이는 (각자의 이름을 딴) 데이터 모델링 기법과 접근 방식을 개발했다.

데이터 웨어하우징은 시장에 출시되는 대량의 데이터를 처리하고 전례 없는 막대한 양의 데이터를 지원하고자, 다수의 프로세서를 사용하는 새로운 대규모 병렬 처리(MPP) 데이터베이스로 확장성 있는 분석의 첫 시대를 열었다. BI 엔지니어, ETL 개발자, 데이터 웨어하우스 엔지니어와 같은 역할은 데이터 웨어하우스의 다양한 요구 사항을 해결했다. 데이터 웨어하우스와 BI 엔지니어링은 오늘날의 데이터 엔지니어링의 선구자였으며 여전히 이 분야에서 중심적인 역할을 한다.

인터넷은 1990년대 중반에 주류를 이루었고 AOL, 야후Yahoo, 아마존Amazon과 같은 새로운 세대의 웹 우선web-first 기업을 탄생시켰다. 닷컴 열풍은 웹 애플리케이션과 이를 지원하는 백엔드 시스템(서버, 데이터베이스, 스토리지)에서 엄청난 활동을 만들어냈다. 대부분의 인프라는 비용이 많이 들고, 거대했으며, 라이선스의 부담이 매우 컸다. 이러한 백엔드 시스템 벤더들은 웹 애플리케이션이 생성할 데이터의 어마어마한 규모를 예상하지 못했을 것이다.

2000년대 초: 현대 데이터 엔지니어링의 탄생

잠시 2000년대 초로 빠르게 되돌아가보자. 90년대 후반의 닷컴 열풍이 무너지고 작은 무리의 생존자들만이 남겨진다. 이러한 생존자 중 일부인 야후, 구글, 아마존과 같은 기업들은 강력한 기술 기업으로 성장한다. 처음에는 이들 기업이 1990년대의 전통적인 모놀리식 관계형 데이터베이스와 데이터 웨어하우스에 계속 의존하면서 그러한 시스템을 한계까지 몰아붙였다. 하지만 해당 시스템이 불안정해짐에 따라 데이터 증가를 처리할 최신화된 접근 방식이 필요했다. 차세대 시스템은 비용 효율적이고, 확장성과 가용성이 있으며, 안정적이어야 했다.

데이터의 폭발적 증가와 함께 서버, RAM, 디스크, 플래시 드라이브와 같은 범용 하드웨어도 저렴해지고 어디서나 사용할 수 있게 됐다. 몇 가지 혁신은 대규모 컴퓨팅 클러스터에서의 분산 연산 및 저장을 실현했다. 이러한 혁신은 전통적인 모놀리식 서비스를 분산하고 분리하기 시작했다. 이른바 '빅데이터' 시대가 시작된 것이다.

옥스퍼드 영어 사전은 빅데이터를 '특히 인간의 행동 및 상호 작용과 관련한 패턴, 경향, 연관성을 밝히고자 계산적으로 분석될 수 있는 큰 데이터셋'이라 정의한다. 빅데이터에 대한 또 다른 유명하고 간결한 설명은 데이터의 **3V**, 즉 속도velocity, 다양성variety, 크기volume이다.

2003년 구글은 구글 파일 시스템Google File System에 관한 논문을 발표했고, 그 직후인 2004년에는 초확장 데이터 처리 패러다임인 맵리듀스에 대한 논문을 발표했다. 사실 빅데이터는 실험 물리학 프로젝트를 위한 MPP 데이터 웨어하우스와 데이터 관리 분야에서 이미 선례가 있었지만, 구글의 논문은 오늘날 우리가 아는 데이터 기술과 데이터 엔지니어링의 문화적 근간을 위한 '빅뱅'을 일으켰다(MPP 시스템과 맵리듀스에 대한 자세한 내용은 각각 3장과 8장에서 살펴볼 수 있다).

구글의 논문들은 야후의 엔지니어들이 2006년에 아파치 하둡을 개발하고 나중에 오픈 소스화하는 데 영감을 주었다.[6] 이때 개발된 하둡의 영향력은 데이터 엔지니어링 전체에 영향을 미쳤다. 대규모 데이터 문제에 관심이 있는 소프트웨어 엔지니어들은 이 새로운 오픈 소스 기술 생태계의 가능성에 주목했다. 모든 규모와 유형의 기업들이 다루는 데이터가 테라바이트, 심지어 페타바이트 규모로 증가하면서 빅데이터 엔지니어의 시대가 탄생했다.

비슷한 시기에 아마존은 폭발적으로 증가하는 데이터 요구에 대응해야 했다. 아마존은 탄력적인 컴퓨팅 환경인 EC2Amazon Elastic Compute Cloud, 무한 확장이 가능한 스토리지 시스템인 S3Amazon Simple Storage Service, 확장성이 뛰어난 NoSQL 데이터베이스인 다이나모DB를 비롯한 많은 핵심 데이터 빌딩 블록을 구축했다.[7] 아마존은 **아마존 웹 서비스**Amazon Web Services(AWS)를 통해 이러한 서비스들을 내외부 소비용으로 제공하기로 했고, 가장 인기 있는 퍼블릭 클라우드 서비스가 됐다. AWS는 방대한 범용 하드웨어 풀을 가상화하고 재판매해 매우 유연한 종량제 자원 시장을 만들어냈다. 데이터센터용 하드웨어를 구입하는 대신 개발자는 AWS에서 컴퓨팅과 스토리지 자원을 대여할 수 있었다.

AWS가 아마존의 높은 수익성을 책임지는 성장 엔진이 되면서 구글 클라우드Google Cloud, 마이크로소프트 애저Microsoft Azure, 디지털오션DigitalOcean과 같은 다른 퍼블릭 클라우드가 잇따라 등장하기 시작했다. 퍼블릭 클라우드가 21세기의 매우 중요한 혁신의 하나인 것은 부인할 수 없는 사실이며, 소프트웨어와 데이터 애플리케이션의 개발 및 배포 방식에 혁명을 일으켰다.

초기 빅데이터 도구와 퍼블릭 클라우드는 오늘날 데이터 생태계의 토대를 마련했다. 현대 데이터 환경과 우리가 지금 아는 데이터 엔지니어링은 이러한 혁신이 없었다면 존재하지 않았을 것이다.

2000년대와 2010년대: 빅데이터 엔지니어링

하둡 생태계의 오픈 소스 빅데이터 도구는 빠르게 성숙했고, 실리콘밸리에서 전 세계의 최신 기술에 정통한 기업들로 빠르게 확산했다. 모든 기업이 처음으로 최고 수준의 기술 업체에서 사용하는 것과 동일한 최첨단 데이터 도구에 접근할 수 있었다. 배치 컴퓨팅에서 이벤트 스트

---

6 Cade Metz, 'How Yahoo Spawned Hadoop, the Future of Big Data', Wired, October 18, 2011, `https://oreil.ly/iaD9G`

7 Ron Miller, 'How AWS Came to Be', TechCrunch, July 2, 2016, `https://oreil.ly/VJehv`

리밍으로의 전환과 함께 또 다른 혁명이 발생했고 '실시간 빅데이터'의 새로운 시대를 열었다. 이 책 전반에 걸쳐 배치 및 이벤트 스트리밍에 관해 살펴볼 것이다.

엔지니어는 하둡, 피그^{Apache Pig}, 하이브^{Apache Hive}, 드레멜^{Dremel}, HBase^{Apache HBase}, 스톰^{Apache Storm}, 카산드라, 스파크, 프레스토^{Presto} 및 실제 업무 현장에 등장한 수많은 기타 신기술 중에서 가장 뛰어난 최신 기술을 선택할 수 있었다. 기존의 엔터프라이즈 지향적이고 GUI 기반인 데이터 도구는 갑자기 구식으로 느껴졌고, 맵리듀스의 출현으로 코드 우선^{code-first} 엔지니어링이 유행했다. 필자 역시 그러한 시기를 겪었고, 빅데이터라는 제단 위에서 오래된 교리가 갑자기 무너진 것처럼 느꼈다.

2000년대 후반과 2010년대에 데이터 도구가 폭발적으로 증가하면서 **빅데이터 엔지니어**^{big data engineer}가 탄생했다. 하둡, 얀^{YARN}, HDFS^{Hadoop Distributed File System}, 맵리듀스를 포함하는 하둡 생태계 같은 도구와 기술을 효과적으로 사용하려면 빅데이터 엔지니어가 소프트웨어 개발 및 저수준의 인프라 해킹에 능숙해야 했지만, 강조점이 바뀌게 됐다. 빅데이터 엔지니어는 보통 대규모 데이터를 제공하고자 상용 하드웨어의 대규모 클러스터를 유지 관리했다. 때때로 하둡 핵심 코드에 풀 리퀘스트^{pull request}를 보낼 수도 있었지만, 그들은 핵심 기술 개발에서 데이터 전달로 초점을 옮겼다.

빅데이터는 순식간에 성공의 희생양이 됐다. **빅데이터**는 2000년대 초반부터 2010년대 중반까지 인기 있는 유행어였다. 빅데이터는 점점 증가하는 데이터양과 빅데이터 도구 및 서비스를 판매하는 기업들이 펼치는 파렴치한 마케팅의 끝없는 공세 속에서 이를 이해하려는 기업들의 상상력을 사로잡았다. 엄청난 과대광고의 영향으로 기업들이 작은 데이터 문제에도 빅데이터 도구를 사용하는 예를 흔히 볼 수 있었고, 때로는 몇 기가바이트를 처리하는 데 하둡 클러스터를 사용하는 경우도 있었다. 모두가 빅데이터 작업에 참여하기를 원하는 듯 보였다. 댄 아리엘리^{Dan Ariely}는 트위터(https://oreil.ly/cpL26)에서 "빅데이터는 10대의 섹스와 같다. 모두가 그것에 관해 이야기하지만, 실제로 어떻게 하는지 아는 사람은 아무도 없다. 하지만 다른 모든 사람이 그것을 하고 있다고 생각하기 때문에, 자신도 그것을 한다고 주장한다"고 말했다.

[그림 1-2]는 빅데이터의 흥망성쇠를 파악하는 검색어 'big data'의 구글 트렌드 스냅숏을 보여준다.

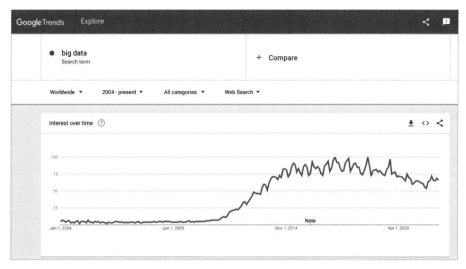

그림 1-2 'big data'를 구글 트렌드에서 검색한 결과(2022년 3월 기준)

하지만 용어 자체의 인기에도 불구하고 막상 빅데이터는 점차 활력을 잃게 됐다. 과연 무슨 일이 발생했을까?

한마디로 말하자면 **단순화**simplification였다. 오픈 소스 빅데이터 도구는 강력하면서도 정교했지만, 이를 관리하려면 많은 작업과 지속적인 관심이 필요했다. 이따금 몇몇 회사는 이러한 플랫폼을 관리하고자 연간 수백만 달러의 비용을 들여 빅데이터 엔지니어들을 팀 단위로 고용했다. 빅데이터 엔지니어는 복잡한 도구를 유지 관리하는 데 과도한 시간을 할애하고, 비즈니스의 통찰력과 가치를 제공하는 데는 많은 시간을 소비하지 않는 경우가 많았다.

오픈 소스 개발자와 클라우드 업체, 서드파티 업체들은 높은 관리 오버헤드와 클러스터 관리 비용 그리고 오픈 소스 코드의 설치, 구성, 업그레이드 없이 빅데이터를 추상화하고 단순화하며 사용 가능하게 만드는 방법을 찾기 시작했다. **빅데이터**라는 용어는 본질적으로 많은 양의 데이터를 처리하는 특정 시간과 접근 방식을 설명하는 유물과 같다.

오늘날 데이터는 그 어느 때보다 빠르게 이동하고 점점 더 커지고 있지만, 빅데이터 처리는 더 이상 별도의 용어를 사용할 가치가 없을 만큼 접근성이 좋아졌다. 모든 회사는 실제 데이터 크기와 관계없이 데이터 문제를 해결하는 것을 목표로 한다. 이제 빅데이터 엔지니어는 그저 **데이터 엔지니어**이다.

2020년대: 데이터 수명 주기를 위한 엔지니어링

이 책을 쓰는 지금도 데이터 엔지니어링의 역할은 빠르게 진화하고 있다. 우리는 이러한 진화가 앞으로도 빠른 속도로 지속되기를 기대한다. 데이터 엔지니어는 역사적으로 하둡, 스파크 또는 인포매티카Informatica와 같은 모놀리식 프레임워크의 저수준의 세부 정보를 사용하는 경향이 있었다. 하지만 이제는 그 트렌드가 분산되고, 모듈화되고, 관리되고, 고도로 추상화된 도구로 이동 중이다.

실제로 데이터 도구는 놀라운 속도로 확산했다(그림 1-3). 2020년대 초반의 인기 있는 트렌드는 분석가의 삶을 더 쉽게 만들고자 조립된 상용 오픈 소스와 서드파티 제품들의 모음을 나타내는 **모던 데이터 스택**modern data stack을 포함한다. 동시에 데이터 원천data source과 데이터 형식은 그 다양성과 크기가 계속 증가하고 있다. 데이터 엔지니어링은 점차 궁극적인 비즈니스 목표를 달성하고자 다양한 기술을 마치 레고 블록처럼 연결하고 상호 운용interoperability하는 분야가 되고 있다.

2012   2021

그림 1-3 2012년과 2021년 맷 투르크Matt Turck의 데이터 환경(https://oreil.ly/TWTfM)

이 책에서 논의하는 데이터 엔지니어는 더 정확하게 묘사하자면 **데이터 수명 주기 엔지니어**data lifecycle engineer로 표현할 수 있다. 데이터 수명 주기 엔지니어는 더 강화된 추상화와 단순화 덕분에 더는 과거 빅데이터 프레임워크의 끔찍한 세부 사항의 방해를 받지 않는다. 데이터 엔지니어는 여전히 저수준의 데이터 프로그래밍 기술을 유지하고 필요에 따라 이를 사용한다. 하지만 보안, 데이터 관리, 데이터옵스, 데이터 아키텍처, 오케스트레이션 및 일반 데이터 수명 주기

관리와 같은 가치 사슬의 상위 영역에 자신의 역할이 점점 더 집중되고 있음을 발견한다.[8]

도구와 워크플로가 단순해짐에 따라 데이터 엔지니어의 태도에도 눈에 띄는 변화가 나타났다. 누가 '가장 큰 데이터'를 보유하는지에 초점을 맞추는 대신, 오픈 소스 프로젝트와 서비스는 데이터 관리와 통제, 사용 및 발견의 용이성, 그리고 품질 향상에 점점 더 많은 관심을 기울이고 있다. 데이터 엔지니어는 이제 **CCPA**와 **GDPR** 같은 약어[9]에 정통하다. 파이프라인을 설계할 때는 개인정보보호, 익명화, 데이터 가비지 수집 및 규정 준수에 관심을 가지고 고민한다.

오래된 것이 다시 새로운 것이 된다. (데이터 품질과 거버넌스를 포함하는) 데이터 관리와 같은 '기업화enterprisey' 사항들은 빅데이터 이전 시대의 대기업에서는 일반적이었지만, 소규모 기업에서는 널리 채택되지 않았다. 과거 데이터 시스템의 많은 도전적인 문제가 해결되고, 깔끔하게 제품화되고, 패키지화되면서 기술자와 기업가는 '기업화' 사항들로 다시 초점을 옮겼지만, 전통적인 기업의 지휘 통제 접근 방식과는 대조적으로 탈중앙화decentralization와 민첩성agility에 중점을 두고 있다.

우리는 현재를 데이터 수명 주기 관리의 황금기로 본다. 데이터 엔지니어링 수명 주기를 관리하는 데이터 엔지니어는 그 어느 때보다 더 나은 도구와 기술을 보유하고 있다. 다음 장에서는 데이터 엔지니어링 수명 주기와 드러나지 않는 항목들을 더 자세히 논의한다.

1.1.4 데이터 엔지니어링과 데이터 과학

데이터 엔지니어링은 데이터 과학과 어떤 관련이 있을까? 데이터 엔지니어링이 데이터 과학의 하위 분야라는 주장과 함께 일부 논쟁이 벌어지고 있다. 이 책에서는 데이터 엔지니어링이 데이터 과학 및 분석과 **별개**separate라고 가정한다. 이들은 서로를 보완하지만, 분명히 다른 개념이다. 데이터 엔지니어링은 데이터 과학의 업스트림에 위치한다(그림 1-4). 데이터 엔지니어는 데이터 과학자가 사용할 입력값을 제공하며, 데이터 과학자는 이렇게 입력된 값들을 유용한 결과로 변환한다는 의미다.

---

8 데이터옵스(DataOps)는 데이터 작업(data operations)의 약어이며 2장에서 다룬다. 추가적인 내용은 DataOps Manifesto (https://oreil.ly/jGoHM)을 참고하자.

9 이 약어는 각각 캘리포니아 소비자 개인정보 보호법(California Consumer Privacy Act)과 일반 데이터 보호 규정(General Data Protection Regulation)을 나타낸다.

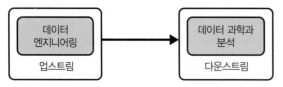

그림 1-4 데이터 엔지니어링은 데이터 과학의 업스트림에 위치

데이터 과학 욕구 단계를 살펴보자(그림 1-5). 2017년 모니카 로가티 Monica Rogati는 기사[10]를 통해 [그림 1-5]와 같은 계층 구조를 발표했다. 이 계층 구조는 AI와 머신러닝(ML)이 데이터 이동 및 저장, 수집, 인프라와 같은 더 '평이한' 영역에 근접했음을 보여준다.

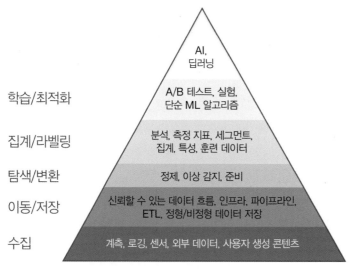

그림 1-5 데이터 과학 욕구 단계(https://oreil.ly/pGg9U)

많은 데이터 과학자가 ML 모델을 구축하고 튜닝하기를 원하지만, 실제 작업 시간의 70~80%는 계층 구조상 하위 세 부분(데이터 수집, 데이터 정리, 데이터 처리)에 시간을 소비하는 것으로 추정되며, 분석과 ML에 할애하는 시간은 극히 일부에 불과하다. 로가티는 기업이 AI나 ML과 같은 영역을 다루기 전에 견고한 데이터 기반(계층 구조의 하위 3개 수준)을 구축해야 한다고 주장한다.

데이터 과학자는 보통 상용 제품 수준의 데이터 시스템을 엔지니어링하도록 훈련받지 않으며,

---

10 https://oreil.ly/pGg9U

데이터 엔지니어의 기술적 지원과 리소스resource의 부족 때문에 이러한 작업을 닥치는 대로 수행한다. 이상적인 환경에서 데이터 과학자는 분석, 실험 및 ML과 같은 피라미드의 최상위 계층에 90% 이상의 시간을 집중해야 한다. 데이터 엔지니어가 계층 구조의 최하단에 있는 작업에 집중할 때, 데이터 과학자가 성공할 수 있는 견고한 기반을 구축할 수 있다.

데이터 과학이 고급 분석과 ML을 주도하는 가운데, 데이터 엔지니어링은 데이터를 얻는 것과 데이터에서 가치를 얻는 것 사이의 경계를 넘나든다(그림 1-6). 우리는 데이터 엔지니어링이 데이터 과학과 똑같이 중요하고 가시성을 지니며, 데이터 엔지니어가 데이터 과학을 실제 현장에서 성공하도록 만드는 데 중요한 역할을 수행하리라 믿는다.

그림 1-6 데이터 엔지니어는 데이터를 수집하고 데이터로부터 가치를 제공

1.2 데이터 엔지니어링 기술과 활동

데이터 엔지니어의 기술 역량skill set에는 보안, 데이터 관리, 데이터옵스, 데이터 아키텍처 및 소프트웨어 엔지니어링과 같은 데이터 엔지니어링의 '드러나지 않는 요소'가 포함된다. 이러한 기술 역량을 사용하려면, 데이터 도구들을 평가하는 방법과 데이터 엔지니어링 수명 주기 전반에 걸쳐 이 도구들이 어떻게 조합되는지를 이해해야 한다. 원천 시스템에서 어떻게 데이터가 생성되는지, 데이터를 처리하고 선별한 후에 분석가와 데이터 과학자가 이를 어떻게 소비하고 가치를 창출할지 파악하는 것도 중요하다. 마지막으로, 데이터 엔지니어는 수많은 복잡한 가변적 요소를 처리하고 비용, 민첩성, 확장성, 단순성, 재사용성, 상호 운용성의 축에 따라 지속해서 최적화를 수행해야 한다(그림 1-7). 이러한 주제들은 이후 장에서 자세하게 다룰 것이다.

그림 1-7 데이터 엔지니어링의 균형 잡기

앞서 설명한 바와 같이, 최근까지 데이터 엔지니어는 데이터 솔루션을 구축하기 위해 몇몇 강력하고 모놀리식한 기술을 사용하는 방법을 알고 이해해야 했다. 이러한 기술을 활용하려면 소프트웨어 엔지니어링, 네트워킹, 분산 컴퓨팅, 스토리지 또는 기타 저수준의 세부 사항을 정교하게 이해해야 한다. 이들은 클러스터 관리와 유지 보수, 오버헤드 관리, 파이프라인 작업job과 변환 작업 생성 등의 업무를 담당한다.

오늘날 데이터 도구 환경은 관리 및 구현하기에 훨씬 간편해졌다. 최신 데이터 도구는 워크플로를 상당히 추상화하고 단순화한다. 그 결과 데이터 엔지니어는 비즈니스에 가치를 제공하는, 가장 단순하고 비용 효율적인 업계 최고 수준의 서비스 간 균형을 맞추는 데 주력하고 있다. 또한 데이터 엔지니어는 새로운 트렌드가 출현함에 따라 진화하는 민첩한 데이터 아키텍처를 구축하리라 예상된다.

데이터 엔지니어가 **하지 않는 일**은 무엇일까? 보통 데이터 엔지니어는 ML 모델을 직접 구축하거나, 보고서 또는 대시보드를 만들거나, 데이터 분석을 수행하거나, 주요 성능 측정 지표(KPI)를 구축하거나, 소프트웨어 애플리케이션을 개발하지는 않는다. 다만 데이터 엔지니어가 이해관계자에게 최선의 서비스를 제공하려면 이러한 영역에 관한 적절한 기능적 이해가 필요하다.

1.2.1 데이터 성숙도와 데이터 엔지니어

기업 내 데이터 엔지니어링 복잡성의 수준은 기업의 데이터 성숙도에 따라 크게 달라진다. 이는 데이터 엔지니어의 일상적인 업무 책임과 경력 향상에 큰 영향을 미치기도 한다. 그렇다면 데이터 성숙도란 정확히 무엇일까?

데이터 성숙도data maturity는 조직 전체에 걸쳐 더 높은 데이터 활용률utilization, 기능capability, 통합integration을 향해 나아가는 과정이지만, 단순히 기업 연혁이나 매출에 따라 결정되지는 않는다. 초기 단계의 스타트업이 연간 수십억 달러에 달하는 매출을 올리는 100년 된 기업보다 데이터 성숙도가 더 높을 수 있다. 중요한 것은 데이터가 경쟁 우위로 활용되는 방식이다.

데이터 성숙도 모델에는 데이터 관리 성숙도data management maturity(DMM) 등 여러 종류가 있으며, 데이터 엔지니어링에 유용하면서도 단순한 모델을 하나만 고르기는 쉽지 않다. 그래서 이 책에서는 우리만의 단순화된 데이터 성숙도 모델을 만들고자 한다. 이 책의 데이터 성숙도 모델(그림 1-8)은 '데이터로 시작하기, 데이터로 확장하기, 데이터로 선도하기'의 세 단계로 구성된다. 이러한 단계들과, 각 단계에서 데이터 엔지니어가 일반적으로 수행하는 작업을 살펴보자.

그림 1-8 단순화된 기업용 데이터 성숙도 모델

1단계: 데이터로 시작하기

데이터를 이제 막 시작하는 기업은 정의상 데이터 성숙도 모델의 초기 단계에 있다. 회사에는 애매모호하고 느슨하게 정의된 목표가 있거나, 아예 목표가 없을 수도 있다. 데이터 아키텍처와 인프라는 계획 및 개발의 초기 단계에 있으며, 채택 및 활용률은 낮거나 아예 존재하지 않을 가능성이 있다. 데이터 팀의 규모는 작으며 대개 한 자릿수의 인원을 보유한다. 이 단계에서 데이터 엔지니어는 보통 제너럴리스트이며, 데이터 과학자나 소프트웨어 엔지니어 등 여러 가지 다른 역할을 수행한다. 데이터 엔지니어의 목표는 빠르게 움직이고, 견인력을 얻고(관심을 끌고), 부가가치를 창출하는 것이다.

데이터로부터 가치를 창출하는 일의 실용성은 일반적으로 잘 알려지지 않았지만, 그 수요는 존재한다. 보고서나 분석에는 형식적인 구조가 결여되어 있으며, 대부분의 데이터 요청은 일시적으로 이뤄진다. 이 단계에서는 ML에 먼저 뛰어들고 싶겠지만, 권장하지 않는다. 이미 수많은 데이터 팀이 견고한 데이터 기반을 구축하지 못한 상태에서 ML에 뛰어들려다가 어려움을 많이 겪었다.

'데이터로 시작하기' 단계에서 ML로 성과를 얻을 수 없다는 말은 아니다. 드물지만 가능한 일이다. 확실한 데이터 기반이 없다면 신뢰할 수 있는 ML 모델을 학습할 데이터도, 이러한 모델을 확장 및 반복 가능한 방식으로 운영 환경에 도입할 수단도 없을 것이다. 우리는 적절한 데이터 성숙도나 데이터 엔지니어링 지원 없이 성급한 데이터 과학 프로젝트에 참여한 개인적 경험을 바탕으로, 스스로를 우스갯소리로 '회복 중인 데이터 과학자'[11]라 부르기도 한다.

데이터로 시작하는 조직의 데이터 엔지니어는 다음과 같은 사항에 중점을 두어야 한다.

- 경영진을 포함한 주요 관계자로부터 지원을 받을 수 있어야 한다. 데이터 엔지니어는 기업의 목표를 지원하는 데이터 아키텍처를 설계하고 구축하는 중요한 계획에 대한 스폰서를 확보하는 것이 이상적이다.
- 적절한 데이터 아키텍처를 정의한다(데이터 아키텍트가 없을 가능성이 높으므로 보통 홀로 진행한다). 이는 데이터 이니셔티브를 통해 달성하려는 경영 목표와 경쟁 우위를 결정한다는 의미로, 이러한 목표를 지원하는 데이터 아키텍처를 구축한다. '우수한' 데이터 아키텍처에 관한 조언은 3장에서 살펴볼 수 있다.
- 주요 이니셔티브를 지원하면서 여러분이 설계한 데이터 아키텍처 내에서 작동할 데이터를 확인하고 검수 audit한다.
- 미래의 데이터 분석가와 데이터 과학자가 경쟁력 있는 가치를 제공하는 보고서와 모델을 생성할 수 있도록 견고한 데이터 기반을 구축한다. 한편, 이러한 팀이 채용될 때까지 앞서 말한 유형의 보고서와 모델을 생성해야 할 수도 있다.

이는 함정이 많은 까다로운 단계이므로 몇 가지 팁을 소개한다.

- 데이터로 가시적인 성공을 많이 만들지 못하면 조직의 의지가 약해질 수 있다. 조기에 성과를 거두면 조직 내에서 데이터의 중요성이 확립될 것이다. 하지만 조기 성과는 기술 부채를 야기할 수 있다는 점 역시 명심하기를 바란다. 이러한 기술 부채를 줄일 계획을 세워야 하며, 그렇지 않으면 향후 서비스 제공과 관련해 불필요한 마찰이 더해질 것이다.
- 내부에 갇혀서 작업하는 것을 피하고, 밖으로 나가 사람들과 대화하라. 우리는 종종 데이터 팀이 부서 외부의 사람들과 소통하지 않고 경영 이해관계자들의 관점과 피드백도 들어보지 않은 채 고립된 환경에서 일하는 것을 볼 수 있다.
- 구분되지 않는 과중한 업무들을 감당하지 않도록 주의하자. 불필요한 기술적 복잡성에 얽매이지 말자. 가능하다면 기성 턴키 솔루션 turnkey solution을 사용하자.
- 경쟁 우위를 창출할 수 있는 경우에만 맞춤형 솔루션과 코드를 구축하자.

2단계: 데이터로 확장하기

이 시점에서 기업은 임시 데이터 요청에서 벗어나 공식적인 데이터 요청 관행 practice을 가진다. 이제 다음 과제는 확장성 있는 데이터 아키텍처를 구축하고, 기업이 진정으로 데이터 중심인 미래를 계획하는 것이다. 데이터 엔지니어링 역할은 일반 기술자에서 전문가로 전환되며, 사람들은 데이터 엔지니어링 수명 주기의 특정 측면에 초점을 맞춘다.

---

11 https://oreil.ly/2wXbD

데이터 성숙도 2단계에 진입한 조직에서 데이터 엔지니어의 목표는 다음과 같다.

- 공식적인 데이터 관행 수립
- 확장성 있고 견고한 데이터 아키텍처 구축
- 데브옵스 및 데이터옵스 관행 채택
- ML을 지원하는 시스템 구축
- 차별화되지 않은 과중한 업무를 피하고, 경쟁 우위를 확보할 때만 커스터마이징

이 책의 후반부에서 이러한 각각의 목표를 살펴볼 것이다. 주의 깊게 살펴볼 문제는 다음과 같다.

- 데이터가 점점 정교해짐에 따라, 실리콘밸리 기업들의 사회적 검증에 기반한 최첨단 기술을 채택하고 싶다는 유혹이 생긴다. 하지만 이러한 최첨단 기술은 대부분 당신의 시간과 에너지를 적절히 사용하지 못하는 경우가 많다. 모든 기술적 의사결정은 고객에게 제공하는 가치에 따라 결정되어야 한다.
- 확장의 주요 병목 현상은 클러스터 노드, 스토리지 또는 기술이 아니라 데이터 엔지니어링 팀이다. 팀의 처리량을 확장하려면 배포와 관리가 쉬운 솔루션에 집중하자.
- 당신은 스스로를 '마법 같은 제품을 제공할 수 있는 데이터 천재이자 기술자'로 포장하고 싶어질 것이다. 대신 실용적인 리더십으로 초점을 전환하고, 다음 성숙 단계로 전환하자. 데이터의 실질적인 유용성에 관해 다른 팀과 소통하고 조직에 데이터 사용과 활용 방법을 교육하자.

3단계: 데이터로 선도하기

이 단계에서 기업은 데이터 중심이다. 데이터 엔지니어가 작성한 자동화된 파이프라인과 시스템을 통해, 사내 직원은 셀프서비스 분석과 ML을 수행할 수 있다. 새로운 데이터 원천을 매끄럽게seamless 배포하고 실질적인 가치를 창출할 수 있다. 데이터 엔지니어는 사용자와 시스템이 항상 데이터를 활용할 수 있도록 돕는 적절한 제어와 실질 사례를 구현한다. 데이터 엔지니어링 역할은 2단계보다 더 깊이 전문화된다.

데이터 성숙도 3단계에 도달한 조직에서 데이터 엔지니어는 이전 단계를 계속해 구축함과 동시에 다음과 같은 작업을 수행한다.

- 새로운 데이터의 매끄러운 배포와 사용을 위한 자동화를 구축한다.
- 경쟁 우위로서 데이터를 활용하는 사용자 정의 도구와 시스템 구축에 주력한다.
- 데이터 관리(데이터 거버넌스와 품질을 포함) 및 데이터옵스와 같은 데이터의 '기업적' 측면에 집중한다.
- 데이터 카탈로그, 데이터 계보data lineage 도구, 메타데이터 관리 시스템을 포함해 데이터를 조직 전체에 노출하고 전파하는 도구를 배포한다.

- 소프트웨어 엔지니어, ML 엔지니어, 분석가 등과 효율적으로 협업한다.
- 역할이나 직책과 관계없이 사람들이 협업하고 공개적으로 토론할 수 있는 커뮤니티와 환경을 구축한다.

주의 깊게 살펴볼 문제는 다음과 같다.

- 이 단계에서 현재 상태에 안주하는 것은 중대한 위협 요소이다. 조직이 일단 3단계에 도달하면 항상 유지 보수와 개선에 집중해야 하며, 그렇지 않으면 이전 단계로 후퇴할 위험이 있다.
- 이 단계에서 기술의 산만함은 다른 단계보다 더 큰 위협 요소이다. 비즈니스에 가치를 제공하지 않는 값비싼 취미 프로젝트를 추구하려는 유혹에 빠질 수 있다. 경쟁 우위를 제공하는 경우에만 직접 구축한 기술을 활용하자.

1.2.2 데이터 엔지니어의 배경과 기술

데이터 엔지니어링은 빠르게 성장하는 분야이지만, 데이터 엔지니어가 되는 방법에 관해서는 많은 의문점이 남아 있다. 데이터 엔지니어링은 비교적 새로운 분야인 만큼 현장 투입에 필요한 정식 교육은 거의 제공되지 않는다. 대학에는 표준적인 데이터 엔지니어링 커리큘럼이 없다. 몇몇 소수의 데이터 엔지니어링 부트캠프나 온라인 튜토리얼에서 임의의 주제를 다루기는 하지만, 그 주제에 관한 공통 커리큘럼은 아직 없다.

데이터 엔지니어링에 입문하는 사람들은 교육, 경력, 기술 역량$^{skill\ set}$ 등에서 다양한 배경을 가진다. 이 분야에 진출하는 모든 사람은 독학하는 데 상당한 시간을 투자할 것으로 예상해야 한다. 그런 점에서 이 책을 읽는 것은 좋은 출발점이다. 이 책의 주요 목표 중 하나는 데이터 엔지니어로서 성공하는 데 필요한 지식과 기술의 기초를 제공하는 것이다.

데이터 엔지니어링으로 경력을 전환하려는 경우에는 소프트웨어 엔지니어링, ETL 개발, 데이터베이스 관리, 데이터 과학, 데이터 분석과 같은 인접한 분야에서 전환하기가 가장 쉽다. 이러한 분야들은 '데이터 인식' 경향이 있고 조직 내 데이터 역할에 적합한 컨텍스트^{context}를 제공한다. 또한 데이터 엔지니어링 문제를 해결하는 데 필요한 기술적 능력과 컨텍스트도 갖추게 해 준다.

공식화된 경로는 없지만, 데이터 엔지니어가 성공하는 데 필수적인 지식이 있다. 데이터 엔지니어는 정의상 데이터와 기술을 모두 이해해야 한다. 데이터 측면에서는 데이터 관리의 다양한 모범 사례를 알아야 한다. 기술 측면에서는 데이터 엔지니어가 도구들의 다양한 옵션, 상호 작용 및 상충 관계를 알아야 한다. 그러려면 소프트웨어 엔지니어링, 데이터옵스 및 데이터 아키텍처를 이해해야 한다.

요약하자면, 데이터 엔지니어는 데이터 소비자(데이터 분석가 및 데이터 과학자)의 요구 사항과 조직 전체에 걸친 데이터의 광범위한 의미를 이해해야 한다. 데이터 엔지니어링은 전체적인 (종합적인) 실무이며, 최고의 데이터 엔지니어는 비즈니스 및 기술적 관점에서 그들의 책임을 판단한다.

1.2.3 비즈니스 책임

이 절에서 설명하는 거시적 책임macro responsibility은 데이터 엔지니어에게만 국한되지 않으며 데이터 또는 기술 분야의 모든 종사자에게 매우 중요하다. 간단한 구글 검색만으로도 이러한 영역에 관해 알아볼 수 있는 수많은 자료를 얻을 수 있다. 여기서는 간략하게 나열해보겠다.

비기술자 및 기술자와의 커뮤니케이션 방법 파악

소통, 즉 커뮤니케이션이 핵심이다. 조직 전체 사람들과 관계를 맺고 신뢰를 확립할 수 있어야 한다. 조직의 계층 구조는 어떤지, 누가 누구에게 보고하는지, 사람들이 어떻게 소통하는지, 어떤 사일로silos[12]가 존재하는지 등의 사안에 관심을 둘 것을 권장한다. 이러한 관찰은 당신의 성공에 매우 중요한 역할을 할 것이다.

비즈니스 요건과 제품 요건을 살펴보고 수집하는 방법 이해

무엇을 구축해야 하는지 파악하고, 이해관계자가 여러분의 평가에 동의하는지 확인해야 한다. 또한 데이터 및 기술 결정이 비즈니스에 어떤 영향을 미치는지를 파악한다.

애자일, 데브옵스, 데이터옵스의 문화적 기반 이해

많은 기술 분야 전문가는 이러한 관행이 기술을 통해 해결된다는 잘못된 믿음을 가진다. 하지만 이것은 위험할 정도로 잘못된 생각이다. 애자일, 데브옵스, 데이터옵스는 조직 전체에 걸쳐 동의가 필요한, 근본적으로 문화적인 요소이다.

비용 관리

뛰어난 가치를 제공하면서도 비용을 절감할 수 있다면 매우 성공적일 것이다. 가치 실현

---

12 옮긴이_ 조직의 각 부서가 서로 다른 부서와 담을 쌓고, 자기 부서의 이익만 추구하는 현상을 가리킨다.

시간, 총소유비용 및 기회비용에 맞게 최적화하는 방법을 알아보자. 예상치 못한 상황을 피할 수 있도록 비용을 모니터링하는 방법을 배우자.

지속적 학습

데이터 분야는 빛의 속도로 변화하고 있다. 이러한 시대에 해당 분야에서 성공하는 사람들은 토대가 되는 기본 지식을 익히는 한편 새로운 것을 습득하는 데 능숙하다. 또한 어떤 새로운 개발이 자신의 업무와 가장 관련이 있는지, 어떤 기술이 아직은 성숙하지 못했는지, 어떤 것이 일시적인 유행인지를 판단하고 필터링하는 일에 매우 능숙하다. 해당 분야에서 흐름에 뒤처지지 않고 학습하는 방법을 익히자.

성공적인 데이터 엔지니어는 항상 전체적인 큰 그림을 이해하고 비즈니스 가치를 극대화하는 방법을 파악하고자 한다. 커뮤니케이션은 기술자와 비기술자 모두에게 필수 요소다. 데이터 팀은 다른 이해관계자와의 커뮤니케이션을 바탕으로 성공하는 경우가 많으며, 따라서 성공이나 실패 여부가 기술적인 이슈에 따라 결정되는 경우는 거의 없다. 조직을 탐색하고, 요건을 파악하고, 비용을 관리하고, 지속해서 학습하는 방법을 알면 경력을 쌓고자 기술적 능력에만 의존하는 데이터 엔지니어와 차별화할 수 있다.

1.2.4 기술 책임

미리 패키지화된 컴포넌트 또는 자체 개발한 컴포넌트를 사용해 성능과 비용을 높은 수준으로 최적화하는 아키텍처를 구축하는 방법을 이해해야 한다. 궁극적으로, 아키텍처와 구성 기술은 데이터 엔지니어링 수명 주기를 지원하는 구성 요소다. 이 시점에서 데이터 엔지니어링 수명 주기의 단계를 다시 한번 살펴보자.

- 데이터 생성
- 데이터 저장
- 데이터 수집
- 데이터 변환
- 데이터 서빙

데이터 엔지니어링 수명 주기의 드러나지 않는 요소는 다음과 같다.

- 보안
- 데이터 관리
- 데이터옵스
- 데이터 아키텍처
- 오케스트레이션
- 소프트웨어 엔지니어링

조금 더 확대해서, 이 절에서는 데이터 엔지니어로서 필요한 전술적인 데이터와 전문 기술을 설명한다(이러한 기술은 다음 장에서 더 자세하게 설명한다).

사람들은 종종 데이터 엔지니어가 코딩하는 방법을 알아야 하는지 질문한다. 간단하게 대답하자면 '그렇다'. 데이터 엔지니어는 상용 제품 수준의 소프트웨어 엔지니어링 기술을 갖추어야 한다. 지난 몇 년 동안 데이터 엔지니어가 수행하는 소프트웨어 개발 프로젝트의 성격은 근본적으로 바뀌었다. 최근 들어 완전 관리형 서비스는 과거 엔지니어들에게 요구되던 수많은 저수준 프로그래밍 작업을 상당 부분 대체하게 됐다. 이제 엔지니어는 관리형 오픈 소스와 단순한 플러그 앤 플레이 SaaS^software-as-a-service 제품을 사용한다. 예를 들어 데이터 엔지니어는 이제 고수준의 추상화에 주력하거나 오케스트레이션 프레임워크 내에서 파이프라인을 코드로 작성하는 작업에 더 집중한다.

더 추상적인 세계에서도 소프트웨어 엔지니어링의 모범 사례는 경쟁 우위성을 제공한다. 코드베이스의 상세한 아키텍처를 깊게 들여다볼 수 있는 데이터 엔지니어는 특정 기술 요구 사항이 발생했을 때 기업에 우위를 제공한다. 즉, 실제 상용 제품 수준의 코드를 작성할 수 없는 데이터 엔지니어는 어려움을 겪게 되며 이러한 기조는 당분간 바뀌지 않으리라 예상된다. 이처럼 데이터 엔지니어는 다른 많은 역할이 있지만, 여전히 소프트웨어 엔지니어로 남아 있다.

데이터 엔지니어는 어떤 언어를 알아야 할까? 이 책에서는 데이터 엔지니어링 프로그래밍 언어를 크게 1차 범주(주요 언어)와 2차 범주(보조 언어)로 나눴다. 이 책을 쓰는 시점 기준으로 데이터 엔지니어링의 주요 언어는 SQL, 파이썬^Python, (자바 또는 스칼라 등) 자바 가상 머신^java virtual machine (JVM) 언어 및 배시^bash 등이다.

SQL

데이터베이스와 데이터 레이크data lake[13]의 가장 일반적인 인터페이스다. 빅데이터 처리를 위한 맞춤형 맵리듀스 코드 작성의 필요성 때문에 잠시 외면받았던 SQL은 (다양한 형태의) 데이터 공용어로 다시 부상했다.

파이썬

데이터 엔지니어링과 데이터 과학에서 모두 사용되는 통용 언어다. 점점 더 많은 데이터 엔지니어링 도구가 파이썬으로 작성되거나 파이썬 API를 가진다. 파이썬은 '모든 면에서 차선책의 언어'로 알려졌으며 판다스pandas, 넘파이NumPy, 에어플로Airflow, 사이킷런sci-kit learn, 텐서플로TensorFlow, 파이토치PyTorch, 파이스파크PySpark 등 인기 있는 데이터 도구의 기저를 이룬다. 파이썬은 기본 컴포넌트 간의 접착제와 같은 역할을 하며 프레임워크와의 인터페이스를 위한 일류 API 언어이기도 하다.

JVM 언어

스파크, 하이브, 드루이드Druid와 같은 아파치 오픈 소스 프로젝트에 널리 쓰인다. JVM은 보통 파이썬보다 성능이 우수하며, (예를 들면 스파크와 빔Beam 등의 경우) 파이썬 API보다 저수준의 특성feature에 접근할 수 있다. 널리 쓰이는 오픈 소스 데이터 프레임워크를 사용한다면 자바 또는 스칼라와 같은 언어를 이해하는 것이 유용하다.

배시

리눅스 운영 체제용 명령행 인터페이스다. 스크립트를 작성하거나 OS 명령을 수행해야 할 때, 배시 명령어를 알고 CLI 사용에 능숙하면 생산성과 워크플로가 대폭 향상한다. 오늘날에도 데이터 엔지니어는 데이터 파이프라인에서 파일 처리를 위해 awk 또는 sed와 같은 명령행 도구를 자주 사용하며, 오케스트레이션 프레임워크에서 bash 명령어를 호출하기도 한다. 윈도우를 사용한다면 배시 대신 파워셸PowerShell을 사용하자.

---

13 옮긴이_ 데이터 레이크는 대규모의 원시 데이터셋을 기본 형식으로 저장하는 리포지터리를 뜻한다(출처_redhat.com).

SQL의 불합리한 유효성

맵리듀스의 등장과 빅데이터 시대의 영향으로 SQL은 유행이 지난 구시대의 유물로 전락했다. 이후 다양한 개발이 진행되면서 데이터 엔지니어링 수명 주기에서 SQL의 효용성이 대폭 향상했다. 스파크 SQL, 구글 빅쿼리Google BigQuery, 스노우플레이크Snowflake, 하이브 및 기타 여러 데이터 도구는 선언적이고 집합론적인 SQL 시맨틱semantic을 사용해 대량의 데이터를 처리할 수 있다. SQL은 아파치 플링크, 빔, 카프카Kafka와 같은 많은 스트리밍 프레임워크에서도 지원된다. 유능한 데이터 엔지니어는 SQL에 매우 능숙해져야 한다.

그렇다면 SQL이 가장 중요한 언어라는 뜻일까? 전혀 그렇지 않다. SQL은 복잡한 분석 및 데이터 변환 문제를 신속하게 해결할 수 있는 강력한 도구다. 데이터 엔지니어링 팀의 처리량에 있어 시간이 주요 제약 사항이라는 점을 고려하면, 엔지니어는 단순함과 높은 생산성을 겸비한 도구를 채택해야 한다. 데이터 엔지니어는 스파크나 플링크 같은 프레임워크 내에서, 또는 오케스트레이션을 사용해 여러 도구를 결합함으로써 SQL을 다른 작업과 함께 구성하는 데 필요한 전문 지식을 습득해야 한다. 더불어 데이터 엔지니어는 자바스크립트 객체 표기법JavaScript Object Notation(JSON) 구문 분석 및 중첩된 데이터를 처리하는 최신 SQL 시맨틱을 학습하고, 데이터 빌드 도구data build tool(dbt)와 같은 SQL 관리 프레임워크의 활용을 고려해야 한다.

숙련된 데이터 엔지니어는 SQL이 작업에 적합한 도구가 아닌 경우를 인식하고 적절한 대안을 선택해 코드화할 수 있다. SQL 전문가는 자연어처리(NLP) 파이프라인에서 원시 텍스트를 추출하고 토큰화하는 쿼리를 작성할 수도 있지만, 네이티브 스파크로 코딩하는 편이 이러한 마조히즘적masochistic 작업보다 훨씬 더 나은 대안이라는 것을 인식할 것이다.

데이터 엔지니어는 R, 자바스크립트, 고Go, 러스트Rust, C/C++, C#, 줄리아Julia 등의 이차적인(보조적인) 프로그래밍 언어도 익혀야 할 수 있다. 사내에서 널리 쓰이는 인기 있는 언어일 때나 도메인 고유의 데이터 도구와 함께 사용될 때는 이러한 언어로 개발하는 게 필요할 수 있다. 예를 들어 자바스크립트는 클라우드 데이터 웨어하우스에서 사용자 정의 함수용 언어로 널리 쓰인다. 동시에 애저와 마이크로소프트의 생태계를 활용하는 기업에서는 C#과 파워셸이 필수다.

> **빠르게 변하는 분야에서 뒤처지지 않는 법**
>
> 새로운 기술이 등장했을 때, 그 흐름에 동참하지 못하면 도태될 것이다.
>
> — 스튜어트 브랜던Stewart Brand
>
> 데이터 엔지니어링처럼 빠르게 변화하는 분야에서 어떻게 기술적인 수준을 최신 상태로 유지할
> 수 있을까? 최신 도구에 집중해야 할까? 아니면 기본에 충실해야 할까? 이 책의 조언은 다음과
> 같다. 변화하지 않는 것을 이해할 수 있도록 기본에 충실하되, 분야가 어느 방향으로 전개될지를
> 파악할 수 있도록 지속적인 개발에 관심을 기울이자. 새로운 패러다임과 관행이 항상 도입되므
> 로, 항상 최신 상태를 유지하는 것이 여러분의 의무이다. 새로운 기술이 데이터 엔지니어링 수명
> 주기에 어떻게 도움이 되는지 이해하도록 노력하자.

1.2.5 A에서 B로 이어지는 데이터 엔지니어링 역할의 연속성

직무기술서에 따르면 데이터 엔지니어는 상상할 수 있는 모든 데이터 기술을 보유해야 하는
'유니콘'으로 묘사되지만, 데이터 엔지니어가 모두 같은 유형의 작업을 수행하거나 똑같은 기술
을 보유하지는 않는다. 데이터 성숙도는 기업이 데이터 역량data capability을 확장함에 따라 직면
하게 될 데이터 문제의 유형을 이해하는 데 도움이 되는 가이드다. 데이터 엔지니어가 수행하
는 작업 유형에서 몇 가지 중요한 차이점을 살펴보는 것이 좋다. 이러한 구분은 단순하지만, 데
이터 과학자와 데이터 엔지니어가 수행하는 작업을 명확히 하고 두 역할을 유니콘의 범주unicorn
bucket에 함께 묶어버리는 것을 방지한다.

데이터 과학에는 A형 데이터 과학자와 B형 데이터 과학자라는 개념이 있다.[14] **A형 데이터 과학
자**(여기서 **A**는 **분석**analysis을 나타냄)는 데이터를 이해하고 그로부터 통찰력insight을 얻는 데 주
력한다. **B형 데이터 과학자**(여기서 **B**는 **구축**build을 나타냄)는 A형 데이터 과학자와 비슷한 배경
을 공유하며 강력한 프로그래밍 기술을 보유한다. B형 데이터 과학자는 데이터 과학이 실제 운
영 제품에서 작동할 수 있는 시스템을 구축한다.

---

14 Robert Chang, 'Doing Data Science at Twitter', 2015년 6월 20일, Medium, https://oreil.ly/xqjAx

이러한 데이터 과학자의 연속체를 차용해, 우리는 다음 두 가지 유형의 데이터 엔지니어에 대해서도 유사하게 구분해볼 것이다.

A형 데이터 엔지니어

A는 **추상화**abstraction를 의미한다. 이 경우 데이터 엔지니어는 차별화되지 않은 과중한 작업을 피하고, 데이터 아키텍처를 가능한 한 추상적이고 단순하게 유지함으로써 시간 낭비를 피한다. A형 데이터 엔지니어는 주로 시판되는 기성 제품, 관리형 서비스와 도구들을 사용해 데이터 엔지니어링 수명 주기를 관리한다. A형 데이터 엔지니어는 데이터 성숙도 수준에 상관없이 산업계 전반에 걸쳐 다양한 회사에서 근무한다.

B형 데이터 엔지니어

B는 **구축**build을 의미한다. B형 데이터 엔지니어는 기업의 핵심 역량과 경쟁 우위를 확장하고 활용할 데이터 도구와 시스템을 구축한다. B형 데이터 엔지니어는 데이터 성숙도 범위에서 (데이터로 확장하고 선도하는) 2단계 및 3단계에 해당하거나, 초기 데이터 사용 사례가 매우 독특하고 중요해서 작업을 시작하려면 맞춤형 데이터 도구가 필요한 회사에서 더 많이 찾아볼 수 있다.

A형과 B형의 데이터 엔지니어는 같은 회사에 근무할 수도 있고 같은 사람일 수도 있다. 일반적으로는 A형 데이터 엔지니어가 기반 확립을 위해 먼저 채용되며, B형 데이터 엔지니어 기술은 사내에서 필요에 따라 학습하거나 인재를 고용함으로써 해결한다.

1.3 조직 내 데이터 엔지니어

데이터 엔지니어는 아무것도 없는 상태에서 일하지 않는다. 작업 내용에 따라 기술자 및 비기술자와 소통하며, 서로 다른 방향(내부 및 외부)에 직면하게 된다. 조직 내에서 데이터 엔지니어가 어떤 일을 하고 누구와 소통하는지 살펴보자.

1.3.1 내부 vs 외부 대면 데이터 엔지니어

데이터 엔지니어는 여러 최종 사용자에게 서비스를 제공하면서 다양한 내부 및 외부 방향성에 직면한다(그림 1-9). 모든 데이터 엔지니어링 업무량과 책임이 같지는 않으므로, 데이터 엔지니어가 누구에게 서비스를 제공하는지를 이해해야 한다. 최종 사용 사례에 따라 데이터 엔지니어의 주요 업무는 외부 대면, 내부 대면 또는 이 둘의 혼합이 될 수 있다.

그림 1-9 데이터 엔지니어가 직면하는 방향성

외부 대면external-facing **데이터 엔지니어**는 일반적으로 소셜 미디어 앱, 사물 인터넷(IoT) 장치, 전자 상거래e-commerce 플랫폼과 같은 외부용 애플리케이션의 사용자와 연계한다. 이 데이터 엔지니어는 이러한 애플리케이션에서 발생하는 트랜잭션 및 이벤트 데이터를 수집, 저장, 처리하는 시스템을 설계, 구축, 관리한다. 이러한 데이터 엔지니어가 구축한 시스템에는 애플리케이션에서 데이터 파이프라인으로, 그리고 다시 애플리케이션으로 향하는 피드백 루프가 있다(그림 1-10).

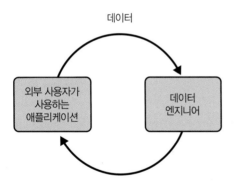

그림 1-10 외부 대면 데이터 엔지니어 시스템

외부 대면 데이터 엔지니어링에는 일련의 고유한 문제가 있다. 외부 대면 쿼리 엔진은 내부 대면 시스템보다 훨씬 더 큰 동시성 부하를 처리하는 경우가 많다. 엔지니어는 사용자가 실행할 수 있는 쿼리에 엄격한 제한을 두어 단일 사용자가 인프라에 미치는 영향을 제한해야 한다. 또한 보안은 외부 쿼리에서 훨씬 더 복잡하고 민감한 문제이며, 특히 쿼리되는 데이터가 (많은

고객의 데이터가 단일 테이블에 저장되는) 멀티테넌트^{multitenant}인 경우라면 더욱 그렇다.

내부 대면^{internal-facing} **데이터 엔지니어**는 일반적으로 비즈니스 및 내부 이해관계자의 요구 사항에 중요한 활동에 집중한다(그림 1-11). 예를 들면 BI 대시보드, 보고서, 비즈니스 프로세스, 데이터 과학, ML 모델용 데이터 파이프라인과 데이터 웨어하우스의 생성 및 유지 보수 등이 포함된다.

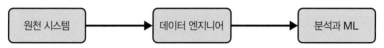

그림 1-11 내부 대면 데이터 엔지니어

외부 대면 업무와 내부 대면 업무는 종종 혼합될 수 있다. 실제로, 내부 대면 데이터는 일반적으로 외부 대면 데이터의 근간이기도 하다. 데이터 엔지니어는 쿼리 동시성이나 보안 등의 요구 사항이 매우 다른 두 그룹의 사용자를 가진다.

1.3.2 데이터 엔지니어와 기타 기술 역할

실제로 데이터 엔지니어링 수명 주기는 여러 작업 영역에 걸쳐 있다. 데이터 엔지니어는 다양한 역할의 연결점이며, 직접 또는 관리자를 통해 많은 조직 단위와 소통한다.

데이터 엔지니어가 누구에게 영향을 미칠 수 있는지 살펴보자. 이 절에서는 데이터 엔지니어링과 관련한 기술적 역할을 설명한다(그림 1-12).

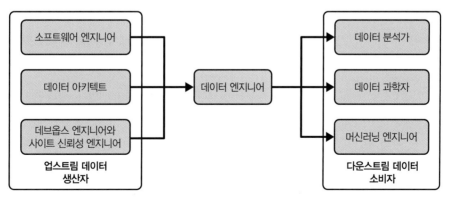

그림 1-12 데이터 엔지니어링의 주요 기술 관계자

데이터 엔지니어는 소프트웨어 엔지니어, 데이터 아키텍트, 데브옵스 엔지니어 또는 사이트 신뢰성 엔지니어(SRE) 같은 **데이터 생산자**^data producer와 데이터 분석가, 데이터 과학자, ML 엔지니어 등과 같은 **데이터 소비자**^data consumer 사이에서 허브 역할을 한다. 또한 데이터 엔지니어는 데브옵스 엔지니어와 같이 운영 역할을 하는 사람들과 소통한다.

하지만 새로운 데이터 역할이 유행하는 속도를 감안하면(분석가와 ML 엔지니어가 떠오를 수 있다) 이는 결코 완전한 목록이 아니다.

업스트림 이해관계자

데이터 엔지니어로 성공하려면 사용 중이거나 설계 중인 데이터 아키텍처와, 여러분이 필요한 데이터를 생성하는 원천 시스템^source system을 이해해야 한다. 다음으로 데이터 아키텍트, 소프트웨어 엔지니어 및 데브옵스 엔지니어 등 친숙한 업스트림 이해관계자에 관해 설명한다.

데이터 아키텍트

데이터 아키텍트는 데이터 엔지니어와 매우 비슷한 추상화 수준에서 역할을 수행한다. 데이터 아키텍트는 조직 내 데이터 관리를 위한 청사진을 설계하고, 프로세스와 전체 데이터 아키텍처 및 시스템을 매핑한다.[15] 또한 조직의 기술적 측면과 비기술적 측면을 연결하는 가교 역할을 수행한다. 성공적인 데이터 아키텍트는 보통 광범위한 엔지니어링 경험에서 얻은 '전투의 상처'가 있으므로, 비기술적인 비즈니스 관계자에게 엔지니어링 과제를 성공적으로 전달하는 동안 엔지니어를 안내하고 지원할 수 있다.

데이터 아키텍트는 사일로 및 사업부 전체에 걸쳐 데이터를 관리하는 정책을 구현하고, 데이터 관리 및 데이터 거버넌스와 같은 글로벌 전략을 조율하며, 중요한 이니셔티브를 안내한다. 데이터 아키텍트는 클라우드 마이그레이션^migration과 신규 클라우드 설계에서 중심적인 역할을 수행하는 경우가 많다.

클라우드의 등장으로 데이터 아키텍처와 데이터 엔지니어링의 경계가 바뀌었다. 클라우드 데이터 아키텍처는 온프레미스 시스템보다 훨씬 유동적이다. 기존에 이루어지던 광범위한 연구, 긴 리드 타임, 구매 계약 및 하드웨어 설치와 관련한 아키텍처 결정이 이제는 구현 프로세스 중

---

15 Paramita (Guha) Ghosh, 'Data Architect vs. Data Engineer', Dataversity, November 12, 2021,
https://oreil.ly/TlyZY

에 이루어지는데, 이는 더 거대한 전략의 한 단계에 불과하다. 그래도 데이터 아키텍트는 데이터 엔지니어와 협업해 아키텍처 관행 및 데이터 전략의 큰 그림을 결정하면서 여전히 기업의 영향력 있는 선구자로 남을 것이다.

기업의 데이터 성숙도와 규모에 따라 데이터 엔지니어는 데이터 아키텍트와 책임이 중복되거나 다른 업무를 떠맡을 수 있다. 따라서 데이터 엔지니어는 아키텍처의 모범 사례와 접근 방식을 잘 이해해야 한다.

여기서는 **업스트림 이해관계자** 항목에 데이터 아키텍트를 배치했다. 데이터 아키텍트는 종종 데이터 엔지니어를 위한 원천 시스템인 애플리케이션 데이터 계층을 설계하는 데 도움을 준다. 또한 데이터 아키텍트는 데이터 엔지니어링 수명 주기의 다양한 여러 단계에서 데이터 엔지니어와 소통할 수도 있다. 이후 3장에서 '우수한' 데이터 아키텍처를 다룰 것이다.

소프트웨어 엔지니어

소프트웨어 엔지니어는 비즈니스를 운영하는 소프트웨어와 시스템을 구축한다. 이들은 데이터 엔지니어가 소비하고 처리하는 **내부 데이터**internal data의 생성 업무에 큰 책임이 있다. 소프트웨어 엔지니어가 구축한 시스템은 보통 애플리케이션 이벤트 데이터와 로그를 생성하는데, 이는 그 자체로 중요한 자산이다. 이러한 내부 데이터는 SaaS 플랫폼 또는 파트너 비즈니스에서 가져온 **외부 데이터**external data와 대조된다. 잘 운영되는 기술 조직에서는 소프트웨어 엔지니어와 데이터 엔지니어가 분석 및 ML 애플리케이션에서 사용할 애플리케이션 데이터를 설계하고자 신규 프로젝트의 시작 단계부터 협업한다.

데이터 엔지니어는 소프트웨어 엔지니어와 협력해서 데이터를 생성하는 애플리케이션과 생성된 데이터의 양, 빈도, 형식, 데이터 보안 및 규정 준수와 같은 데이터 엔지니어링 수명 주기에 영향을 미치는 기타 모든 사항을 파악해야 한다. 이는 예를 들어 데이터 소프트웨어 엔지니어가 작업을 수행하는 데 필요한 사항에 대한 업스트림 기대치를 설정하는 것을 의미할 수 있다. 데이터 엔지니어는 소프트웨어 엔지니어와 긴밀히 협력해야 한다.

데브옵스 엔지니어와 사이트 신뢰성 엔지니어

데브옵스 엔지니어와 사이트 신뢰성 엔지니어(SRE)는 종종 운영 모니터링을 통해 데이터를 생성한다. 이 책에서는 이들을 데이터 엔지니어의 업스트림으로 분류하지만, 대시보드를 통해 데이터를 소비하거나 데이터 시스템 운영을 조정할 때 데이터 엔지니어와 직접 소통하는 다운스트림일 수도 있다.

다운스트림 이해관계자

데이터 엔지니어링은 다운스트림 데이터 소비자와 사용 사례를 지원한다. 이 절에서는 데이터 엔지니어가 다양한 다운스트림 역할과 소통하는 방식을 설명한다. 또한 중앙 집중식 데이터 엔지니어링 팀과 복합 기능 팀을 포함한 몇 가지 서비스 모델도 소개한다.

데이터 과학자

데이터 과학자는 예측과 추천을 위한 미래 지향적인 모델을 구축한다. 그런 다음 이러한 모델을 라이브 데이터로 평가해 다양한 방식으로 가치를 제공한다. 예를 들어 모델 스코어링은 실시간 조건에 대응해 자동화된 작업을 결정하고, 현재 세션의 검색 기록에 기반해 고객에게 제품을 추천하거나, 트레이더가 사용하는 실시간 경제 예측을 할 수 있다.

일반적인 업계 통념에 따르면 데이터 과학자는 데이터 수집, 정제, 준비 과정에 업무 시간의 70~80%를 소비한다.[16] 경험상 이러한 수치들은 종종 미숙한 데이터 과학 및 데이터 엔지니어링 관행을 반영하는 경우가 많다. 특히 널리 사용되는 수많은 데이터 과학 프레임워크는 적절히 확장되지 않으면 병목 현상이 발생할 수 있다. 단일 워크스테이션에서만 작업하는 데이터 과학자는 데이터 다운샘플링을 강요당해 데이터 준비가 상당히 복잡해지고 만들어낸 모델의 품질이 저하될 가능성이 있다. 게다가 로컬에서 개발된 코드와 환경은 실제 운영 환경에서 배포하기 어렵고, 자동화가 부족하면 데이터 과학 워크플로에 크게 방해가 된다. 데이터 엔지니어가 자신의 작업을 수행하고 성공적으로 협업한다면, 데이터 과학자는 초기 탐색 작업 후 데이터 수집, 정제 및 준비에 시간을 할애해서는 안 된다. 데이터 엔지니어는 이 작업을 가능한 한 자동화해야 한다.

제품 단계 수준의 데이터 과학의 필요성은 데이터 엔지니어라는 전문가가 등장하게 된 중요한 원동력이다. 데이터 엔지니어는 데이터 과학자가 그들의 작업 결과물을 제작할 경로를 설정할

---

16 이 개념은 다양하게 언급됐다. 상투적인 표현으로서 널리 알려졌지만, 다른 실무 환경에서 타당성에 관한 건전한 논쟁이 일어났다. 자세한 내용은 리 도즈(Leigh Dodds)의 'Do Data Scientists Spend 80% of Their Time Cleaning Data? Turns Out, No?'(https://oreil.ly/szFww)와, 알렉스 우디(Alex Woodie)의 'Data Prep Still Dominates Data Scientists' Time, Survey Finds'(https://oreil.ly/jDVWF)를 살펴보자.

수 있도록 지원해야 한다. 실제로 필자는 이러한 근본적인 필요성을 인식한 후 데이터 과학에서 데이터 엔지니어링으로 전환했다. 데이터 엔지니어는 데이터 과학을 더 효율적으로 만드는 데이터 자동화와 확장성을 제공하고자 노력한다.

데이터 분석가

데이터 분석가(또는 비즈니스 분석가)는 비즈니스 성과와 동향을 파악하고자 한다. 데이터 과학자가 미래지향적이라면 데이터 분석가는 보통 과거 또는 현재에 초점을 맞춘다. 데이터 분석가는 일반적으로 데이터 웨어하우스 또는 데이터 레이크에서 SQL 쿼리를 실행한다. 또한 계산 및 분석을 위해 스프레드시트를 활용하며 마이크로소프트 파워 BI$^{\text{Microsoft Power BI}}$, 루커^{Looker}, 태블로^{Tableau} 등의 다양한 BI 도구를 사용할 수도 있다. 데이터 분석가는 자주 사용하는 데이터의 도메인 전문가로서 데이터 정의, 특징^{characteristic} 및 품질 문제에 정통하다. 데이터 분석가의 일반적인 다운스트림 고객은 비즈니스 사용자, 경영진 및 임원이다.

데이터 엔지니어는 데이터 분석가와 협업해 비즈니스에 필요한 새로운 데이터 원천용 파이프라인을 구축한다. 데이터 분석가의 주제별 전문 지식은 데이터 품질을 개선하는 데 매우 유용하며, 이러한 역량을 바탕으로 데이터 엔지니어와 자주 협업한다.

머신러닝 엔지니어와 인공지능 연구원

머신러닝 엔지니어(ML 엔지니어)는 데이터 엔지니어 및 데이터 과학자와 겹치는 부분이 많다. ML 엔지니어는 고급 ML 기술을 개발하고, 모델을 훈련하며, 확장된 운영 환경에서 ML 프로세스를 실행하는 인프라를 설계하고 유지 관리한다. ML 엔지니어는 종종 ML과 파이토치 또는 텐서플로와 같은 딥러닝 기술 및 프레임워크에 대한 고급 실무 지식을 갖추고 있다.

또한 ML 엔지니어는 운영 환경에서의 모델 훈련과 모델 배포를 위해 이러한 프레임워크를 실행하는 데 필요한 하드웨어와 서비스 및 시스템을 이해한다. ML 워크플로는 보통 ML 엔지니어가 온디맨드 방식으로 인프라 자원을 스핀업하고 확장하거나 관리형 서비스에 의존할 수 있는 클라우드 환경에서 실행된다.

앞서 언급했듯이 ML 엔지니어링, 데이터 엔지니어링, 데이터 과학 사이의 경계는 모호하다. 데이터 엔지니어는 ML 시스템의 운영에 관한 책임을 일부 질 수 있으며, 데이터 과학자는 ML 엔지니어링과 긴밀히 협력해 고급 ML 프로세스를 설계할 수 있다.

ML 엔지니어링 분야의 규모는 눈덩이처럼 불어나고 있으며 데이터 엔지니어링에서도 이와 유사한 많은 발전이 진행되고 있다. 몇 년 전만 해도 ML의 관심은 모델 구축 방법에 집중되었지만, 현재 ML 엔지니어링에서는 MLOps의 성공적인 사례와 이전에 소프트웨어 엔지니어링 및 데브옵스에 채택된 기타 성숙한 관행들의 통합을 점점 더 강조하고 있다.

인공지능 연구원들은 새롭고 진보된 ML 기술을 연구한다. 인공지능 연구자는 대형 기술 업체, (오픈 AI^OpenAI나 딥마인드^DeepMind 같은) 전문 지식재산권 스타트업 또는 학술 기관에서 일할 수 있다. 일부 실무자는 사내 ML 엔지니어링 업무와 관련해 파트타임으로 연구에 전념한다. 전문 ML 연구소에서 일하는 사람들은 대개 100% 연구에만 전념한다. 연구 과제는 AI의 즉각적인 실제 응용이나 더 추상적인 시연^demonstration을 목표로 할 수 있다. ML 연구 프로젝트의 좋은 예로는 DALL-E, Gato AI, AlphaGo, GPT-3/ GPT-4 등이 있다. ML의 발전 속도를 고려할 때 이러한 사례들은 몇 년 안에 희귀한 것이 될 가능성이 높다(1.5절에서 그에 관한 참고 자료를 제공한다).

자금력이 풍부한 조직의 AI 연구자는 고도로 전문화되어 있으며, 업무를 더 매끄럽게 수행할 수 있도록 지원 엔지니어 팀과 함께 운영된다. 학계의 ML 엔지니어는 보통 자원이 적지만, 대학원생이나 박사 후 연구원, 대학 직원으로 구성된 팀에 의존해 엔지니어링 지원을 제공한다. 연구에 부분적으로 전념하는 ML 엔지니어는 종종 연구와 운영을 위해 동일한 지원 팀에 의존한다.

1.3.3 데이터 엔지니어와 비즈니스 리더십

지금까지 데이터 엔지니어가 상호 작용하는 기술적 역할을 설명했다. 하지만 데이터 엔지니어는 조직의 커넥터로서 더 폭넓게 운용할 수도 있으며 종종 비기술적 역할을 수행한다. 기업은 점점 더 많은 제품 또는 제품 자체의 핵심 부분으로서 데이터에 의존하게 됐다. 이제 데이터 엔지니어는 전략적 계획에 참여하고 IT의 경계를 넘어서는 주요 이니셔티브를 주도한다. 데이터 엔지니어는 종종 비즈니스와 데이터 과학/분석의 결합체 역할을 함으로써 데이터 아키텍트를 지원한다.

최고 경영진의 데이터

최고 경영진C-suite이 데이터와 분석에 점점 더 깊게 관여하고 있다. 데이터와 분석이 현대 비즈니스에서 중요한 자산으로 인식되기 때문이다. 예를 들어 CEO는 이제 클라우드 마이그레이션이나 새로운 고객 데이터 플랫폼 배포와 같이 한때 IT의 전유물이었던 이니셔티브에 관심을 가진다.

최고 경영자(CEO)

비기술nontech 기업의 최고 경영자(CEO)는 일반적으로 데이터 프레임워크와 소프트웨어의 본질에는 관심을 두지 않는다. 대신 그들은 기술 책임자 및 기업 데이터 리더십과 협력해 비전을 정의한다. 데이터 엔지니어는 데이터로 무엇을 할 수 있는지를 보여주는 윈도window(창)를 제공한다. 데이터 엔지니어와 그들의 관리자는 조직에서 (조직 내부적으로 그리고 서드파티로부터) 어떤 데이터를 언제까지 사용할 수 있는지에 관한 맵을 유지 관리한다. 또한 다른 엔지니어링 역할과 협력해 주요 데이터 아키텍처 변경 사항을 연구해야 한다. 예를 들어 데이터 엔지니어는 클라우드 마이그레이션이나 새로운 데이터 시스템으로의 마이그레이션 또는 스트리밍 기술 배포에 깊이 관여할 때가 많다.

최고 정보 책임자(CIO)

최고 정보 책임자(CIO)는 조직 내에서 정보기술(IT)을 담당하는 시니어 최고 책임자(CEO)로, 내부 대면의 역할을 담당한다. CIO는 정보기술과 비즈니스 프로세스에 관한 깊은 지식을 보유해야 하며 어느 하나만으로는 충분하지 않다. CIO는 IT 조직을 지휘하고 CEO의 지시에 따라 중요한 이니셔티브를 정의하고 실행하는 동시에 지속적인 정책을 수립한다.

CIO는 데이터 문화가 잘 발달한 조직의 데이터 엔지니어링 리더십과 협업하는 경우가 많다. 조직의 데이터 완성도가 높지 않은 경우 CIO는 일반적으로 데이터 문화 형성을 지원한다. CIO는 엔지니어 및 아키텍트와 협력해 주요 이니셔티브를 수립하고, 전사적 자원 관리(ERP) 및 고객 관계 관리(CRM) 시스템, 클라우드 마이그레이션, 데이터 시스템, 내부 대면 IT와 같은 주요 아키텍처 요소를 채택하기 위한 전략적 결정을 내린다.

최고 기술 책임자(CTO)

최고 기술 책임자(CTO)는 CIO와 비슷하지만 외부 대면 요소에 더 중점을 둔다. CTO는 모바일, 웹 애플리케이션 및 IoT와 같은 외부 애플리케이션에 관한 핵심 기술 전략과 아키텍처를 보유한다. 이 모든 것은 데이터 엔지니어에게 중요한 데이터 원천^{data source}이다. CTO는 숙련된 기술자일 가능성이 높으며 소프트웨어 엔지니어링의 기초와 시스템 아키텍처에 대한 감각이 뛰어나다. CIO가 없는 일부 조직에서는 CTO 또는 최고 운영 책임자(COO)가 CIO 역할을 수행한다. 데이터 엔지니어는 CTO를 통해 직간접적으로 보고하는 경우가 많다.

최고 데이터 책임자(CDO)

최고 데이터 책임자(CDO)는 비즈니스 자산으로서 데이터의 중요성이 커짐에 따라 2002년 캐피탈 원^{Capital One}에서 창설됐다. CDO는 기업의 데이터 자산과 전략을 담당한다. CDO는 데이터의 비즈니스 유틸리티에 중점을 두지만, 강력한 기술적 기반을 갖추고 있어야 한다. CDO는 데이터 제품, 전략, 이니셔티브 및 마스터 데이터 관리나 개인정보보호와 같은 핵심 기능을 감독한다. 가끔 CDO는 비즈니스 분석 및 데이터 엔지니어링을 관리하기도 한다.

최고 분석 책임자(CAO)

최고 분석 책임자(CAO)는 CDO 역할의 변형이다. 두 역할이 모두 존재하는 경우 CDO는 데이터 제공에 필요한 기술과 조직에 초점을 맞춘다. CAO는 비즈니스 분석, 전략 및 의사결정을 담당한다. CAO는 데이터 과학과 ML을 감독할 수도 있지만, 이는 주로 회사의 CDO 또는 CTO 역할이 있는지에 따라 달라진다.

최고 알고리즘 책임자(CAO-2)

최고 알고리즘 책임자(CAO-2)는 최고 경영진의 최근 혁신 직책으로, 특히 데이터 과학과 ML에 초점을 맞춘 고도의 기술적 역할을 담당한다. CAO-2는 일반적으로 데이터 과학 또는 ML 프로젝트에서 개별 기여자 및 팀 리더로서의 경험이 있다. 이들은 ML 연구 경력 및 관련 고급 학위를 보유한 경우가 많다.

CAO-2는 최신 ML 연구에 정통하고 회사의 ML 이니셔티브에 관한 깊은 기술적 지식이 있어야 한다. 비즈니스 이니셔티브를 만드는 것 이외에도 기술적 리더십을 발휘하고 연구 개발 어젠다를 설정해 연구 팀을 구축한다.

데이터 엔지니어 및 프로젝트 매니저

데이터 엔지니어는 잠재적으로 수년에 걸쳐 중요한 프로젝트에 종사한다. 이 책을 쓰는 시점에도 많은 데이터 엔지니어가 클라우드 마이그레이션과 파이프라인 및 웨어하우스를 차세대 데이터 도구로 마이그레이션하는 작업을 수행하고 있다. 다른 데이터 엔지니어들은 신규 프로젝트를 시작하고, 놀라울 정도로 많은 동종 최고의 아키텍처 및 도구 옵션을 선택해 새로운 데이터 아키텍처를 처음부터 구성한다.

이러한 대규모 이니셔티브는 종종 **프로젝트 관리**project management에서 혜택을 받는다(제품 관리와는 대조적이며, 이에 관해서는 다음에 설명한다). 데이터 엔지니어는 인프라와 서비스 제공 능력에서 역할을 발휘하지만, 프로젝트 매니저는 트래픽을 총괄하고 게이트키퍼 역할을 한다. 대부분의 프로젝트 매니저는 애자일Agile과 스크럼Scrum의 일부 변형variation 범주 내에서 운영하며, 워터폴 방식도 여전히 가끔 나타난다. 비즈니스는 절대 중단되지 않고 돌아가므로, 비즈니스 이해관계자들이 대처해야 할 업무와 새로운 계획initiative이 밀려 산더미처럼 쌓이는 경우가 많다. 프로젝트 매니저는 프로젝트를 순조롭게 진행하고 회사에 더 나은 서비스를 제공하기 위해 수많은 요청 목록을 필터링하고 중요한 성과물에 우선순위를 부여해야 한다.

데이터 엔지니어는 프로젝트 매니저와 협업하며, 종종 프로젝트를 위한 스프린트를 계획하고 스프린트와 관련한 후속 스탠드업(계획을 공유하는 간단한 회의)을 수행한다. 피드백은 양방향으로 진행되는데, 데이터 엔지니어는 프로젝트 매니저 및 기타 이해관계자에게 진척 상황과 장애 요인을 알리고, 프로젝트 매니저는 끊임없이 변화하는 비즈니스 요구 사항에 맞춰 기술 팀의 전체적인 속도를 조정한다.

데이터 엔지니어와 제품 관리자

제품 관리자product manager는 제품 개발을 감독하며, 종종 제품 라인 전체를 관장하기도 한다. 데이터 엔지니어의 맥락에서 이러한 제품을 **데이터 제품**data product이라고 한다. 데이터 제품은 처음부터 새로 구축되거나 기존 제품에서 점진적으로 개선된다. 기업 세계가 데이터 중심의 관점으로 세상을 바라보기 시작하면서 데이터 엔지니어와 **제품 관리자**의 협업은 더욱 빈번하게 이뤄진다. 프로젝트 매니저와 마찬가지로 제품 관리자는 기술 팀의 활동과 고객 및 비즈니스의 요구를 균형 있게 조정한다.

데이터 엔지니어와 기타 관리 역할

데이터 엔지니어는 프로젝트 관리자와 제품 관리자 외에도 다양한 매니저와 소통한다. 그러나 이러한 상호 작용은 보통 서비스 또는 교차 기능 모델cross-functional model을 따른다. 데이터 엔지니어는 중앙 집중식 팀으로서 다양한 수신 요청을 처리하거나 특정 관리자, 프로젝트 또는 제품에 할당된 자원으로 작업한다.[17]

> **NOTE_** 기업은 단순히 코드를 해킹하려고 엔지니어를 고용하지 않는다. 엔지니어는 자신의 직책에 걸맞게 직접 해결해야 할 문제, 자유자재로 사용할 수 있는 기술 도구, 함께 일하고 서비스하는 사람을 깊이 이해해야 한다.

1.4 결론

1장에서는 데이터 엔지니어링 환경의 개요를 다음과 같이 간략히 설명했다.

- 데이터 엔지니어링의 정의와 데이터 엔지니어가 하는 일
- 기업의 데이터 성숙도 유형
- A형과 B형 데이터 엔지니어
- 데이터 엔지니어가 함께 협업하는 대상

지금까지 살펴본 내용이 소프트웨어 개발 실무자, 데이터 과학자, ML 엔지니어, 비즈니스 이해관계자, 기업가, 벤처 캐피털리스트 등 많은 분의 호기심을 자극했기를 바란다. 물론 다음 장에서 설명할 내용이 아직 많이 남았다. 2장에서는 데이터 엔지니어링 수명 주기를 다루며, 3장에서는 아키텍처를 다룬다. 4장에서는 수명 주기의 각 부분에 대한 기술 결정의 핵심을 다룬다. 전체 데이터 필드는 유동적이며, 각 장에서는 끊임없는 변화 속에서 수년 동안 유효할 불변의 관점에 초점을 맞추고 있다.

---

17 데이터 팀에 관한 내용과 데이터 팀을 구성하는 방법을 다룬 도서로는 존 톰프슨(John Thompson)의 『Building Analytics Teams』(Packt, 2020)와 제시 앤더슨(Jesse Anderson)의 『Data Teams』(Apress, 2020)를 추천한다. 두 도서 모두 데이터를 보유한 경영진의 역할, 채용 대상자 및 회사에 가장 효과적인 데이터 팀을 구성하는 방법에 관한 강력한 프레임워크와 관점을 제공한다.

1.5 참고 문헌

- 'The AI Hierarchy of Needs' (`https://oreil.ly/1RJOR`) by Monica Rogati
- The AlphaGo research web page (`https://oreil.ly/mNB6b`)
- 'Big Data Will Be Dead in Five Years' (`https://oreil.ly/R2Rus`) by Lewis Gavin
- Building Analytics Teams by John K. Thompson (Packt)
- Chapter 1 of 'What Is Data Engineering?' (`https://oreil.ly/7LSon`) by Lewis Gavin (O'Reilly)
- 'Data as a Product vs. Data as a Service' (`https://oreil.ly/iOUug`) by Justin Gage
- 'Data Engineering: A Quick and Simple Definition' (`https://oreil.ly/eNAnS`) by James Furbush (O'Reilly)
- Data Teams by Jesse Anderson (Apress)
- 'Doing Data Science at Twitter' (`https://oreil.ly/8rcYh`) by Robert Chang
- 'The Downfall of the Data Engineer' (`https://oreil.ly/qxg6y`) by Maxime Beauchemin
- 'The Future of Data Engineering Is the Convergence of Disciplines' (`https://oreil.ly/rDiqj`) by Liam Hausmann
- 'How CEOs Can Lead a Data-Driven Culture' (`https://oreil.ly/7Kp6R`) by Thomas H. Davenport and Nitin Mittal
- 'How Creating a Data-Driven Culture Can Drive Success' (`https://oreil.ly/UgzIZ`) by Frederik Bussler
- The Information Management Body of Knowledge website (`https://www.imbok.info`)
- 'Information Management Body of Knowledge' Wikipedia page (`https://oreil.ly/Jk0KW`)
- 'Information Management' Wikipedia page (`https://oreil.ly/SWj8k`)
- 'On Complexity in Big Data' (`https://oreil.ly/r0jkK`) by Jesse Anderson (O'Reilly)
- 'OpenAI's New Language Generator GPT-3 Is Shockingly Good—and Completely Mindless' (`https://oreil.ly/hKYeB`) by Will Douglas Heaven
- 'The Rise of the Data Engineer' (`https://oreil.ly/R0QwP`) by Maxime Beauchemin
- 'A Short History of Big Data' (`https://oreil.ly/BgzWe`) by Mark van Rijmenam
- 'Skills of the Data Architect' (`https://oreil.ly/gImx2`) by Bob Lambert
- 'The Three Levels of Data Analysis: A Framework for Assessing Data Organization Maturity' (`https://oreil.ly/bTTd0`) by Emilie Schario

- 'What Is a Data Architect? IT's Data Framework Visionary' (`https://oreil.ly/2QBcv`) by Thor Olavsrud

- 'Which Profession Is More Complex to Become, a Data Engineer or a Data Scientist?' thread on Quora (`https://oreil.ly/1MAR8`)

CHAPTER 2

데이터 엔지니어링 수명 주기

이 책의 주요 목표는 데이터 엔지니어링을 특정 데이터 기술의 집합으로 보는 관점에서 벗어나도록 장려하는 것이다. 데이터 환경은 새로운 데이터 기술과 관행들의 폭발적 증가를 겪고 있으며, 추상화 수준과 사용 편의성이 계속 높아지고 있다. 기술적인 추상화가 확대됨에 따라 데이터 엔지니어는 점점 데이터 수명 주기 관리 **원칙**^{principle}의 관점에서 사고하고 운용하는 **데이터 수명 주기 엔지니어**가 될 것이다.

2장에서는 이 책의 중심 주제인 **데이터 엔지니어링 수명 주기**를 설명한다. 데이터 엔지니어링 수명 주기는 요람에서 무덤까지(즉, 그 생성부터 소멸까지) 데이터 엔지니어링을 설명하는 프레임워크다. 또한 모든 데이터 엔지니어링 작업을 지원하는 주요 기반인, 데이터 엔지니어링 수명 주기의 드러나지 않는 요소도 살펴볼 것이다.

2.1 데이터 엔지니어링 수명 주기란?

데이터 엔지니어링 수명 주기는 원시 데이터^{raw data}의 요소를 분석가, 데이터 과학자, ML 엔지니어 등이 사용할 수 있는 유용한 최종 제품으로 전환하는 단계로 구성된다. 2장에서는 데이터 엔지니어링 수명 주기의 주요 단계를 소개한다. 단계별 핵심 개념에 초점을 맞추어 설명하되, 자세한 내용은 이후에 살펴볼 것이다.

데이터 엔지니어링 수명 주기는 다음 5단계로 나눌 수 있다([그림 2-1], 위).

- 데이터 생성
- 데이터 저장
- 데이터 수집
- 데이터 변환
- 데이터 서빙

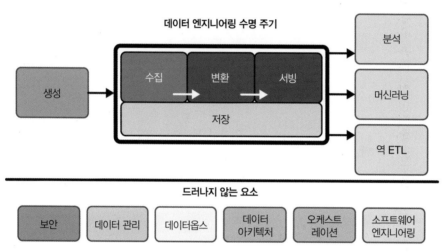

그림 2-1 데이터 엔지니어링 수명 주기의 컴포넌트와 드러나지 않는 요소

데이터 엔지니어링 수명 주기는 원천 시스템에서 데이터를 가져와 저장하는 것에서 시작한다. 다음으로 데이터를 변환한 뒤 분석가, 데이터 과학자, ML 엔지니어 등에게 데이터를 제공한다는 주요 목표를 향해 나아간다. 실제로 데이터 저장은 데이터가 처음부터 끝까지 흐르면서 수명 주기 전체에 걸쳐 발생한다. 따라서 앞의 다이어그램에서는 '저장 단계'가 다른 단계들을 뒷받침하는 기반이 된다.

일반적으로 중간 단계인 저장, 수집, 변환 단계는 다소 뒤섞일 수 있지만 상관없다. 데이터 엔지니어링 수명 주기의 각 부분을 뚜렷하게 분리하기는 했지만, 항상 깔끔하고 지속적인 흐름을 보이지는 않는다. 수명 주기의 여러 단계는 반복되거나, 순서가 어긋나거나, 겹치거나, 흥미롭고 예상치 못한 방식으로 만들어질 수 있다.

기반이 되는 것은 데이터 엔지니어링 수명 주기의 여러 단계에 걸쳐 존재하는 **드러나지 않는**

요소undercurrent다. 보안, 데이터 관리, 데이터옵스, 데이터 아키텍처, 오케스트레이션 및 소프트웨어 엔지니어링 등이 그에 해당한다. 이러한 요소 없이는 데이터 엔지니어링 수명 주기의 어떤 부분도 적절하게 작동할 수 없다.

2.1.1 데이터 수명 주기 vs 데이터 엔지니어링 수명 주기

전반적인 데이터 수명 주기와 데이터 엔지니어링 수명 주기의 차이점이 궁금할 수 있는데, 그둘 사이에는 미묘한 차이가 있다. 데이터 엔지니어링 수명 주기는 전체 데이터 수명 주기의 하위집합subset이다(그림 2-2). 전체 데이터 수명 주기는 데이터의 전체 수명을 포괄하는 반면, 데이터 엔지니어링 수명 주기는 데이터 엔지니어가 제어하는 단계에 초점을 맞춘다.

그림 2-2 데이터 엔지니어링 수명 주기는 전체 데이터 수명 주기의 하위집합

2.1.2 데이터 생성

원천 시스템source system은 데이터 엔지니어링 수명 주기에서 사용되는 데이터의 원본이다. 예를들어 원천 시스템은 IoT 장치, 애플리케이션 메시지 대기열 또는 트랜잭션 데이터베이스일 수있다. 데이터 엔지니어는 원천 시스템의 데이터를 소비하지만, 일반적으로 원천 시스템 자체를소유하거나 제어하지는 않는다. 데이터 엔지니어는 원천 시스템의 작동 방식, 데이터 생성 방식, 데이터의 빈도 및 속도, 생성되는 데이터의 다양성을 실무적으로 이해해야 한다.

또한 엔지니어는 데이터 파이프라인과 분석을 중단할 수 있는 변경 사항에 대해 원천 시스템소유자와 개방적인 소통 라인을 유지해야 한다. 애플리케이션 코드가 필드의 데이터 구조를 변경하거나, 애플리케이션 팀이 백엔드를 완전히 새로운 데이터베이스 기술로 마이그레이션하는경우도 있다.

데이터 엔지니어링의 가장 큰 과제는 엔지니어가 작업하고 이해해야 하는 데이터 원천 시스템의 방대한 배열이다. 예를 들어 일반적인 원천 시스템 두 가지를 살펴보자. 하나는 매우 전통적인 시스템(애플리케이션 데이터베이스)이고 다른 하나는 최신 시스템(IoT 스웜swarm)이다.

[그림 2-3]은 데이터베이스가 지원하는 여러 애플리케이션 서버를 가진 전통적인 원천 시스템을 나타낸다. 이 원천 시스템 패턴은 1980년대에 관계형 데이터베이스 관리 시스템(RDBMS)의 폭발적인 성공과 함께 널리 보급됐다. 애플리케이션 + 데이터베이스 패턴은 소프트웨어 개발 관행의 다양한 현대적 진화와 함께 오늘날에도 여전히 인기를 끌고 있다. 예를 들어 애플리케이션은 종종 단일 모놀리스monolith가 아닌, 마이크로서비스를 사용하는 다수의 소규모 서비스/데이터베이스 쌍으로 구성된다.

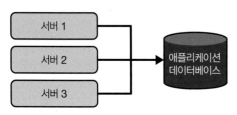

그림 2-3 원천 시스템 예: 애플리케이션 데이터베이스

원천 시스템의 또 다른 예를 살펴보자. [그림 2-4]는 IoT 스웜을 보여주는데, 원 모양의 장치device들이 직사각형 모양의 데이터 메시지를 중앙 수집 시스템에 송신한다. 이러한 IoT 원천 시스템은 센서, 스마트 단말 등 IoT 장치가 늘어나면서 점점 더 보편화되고 있다.

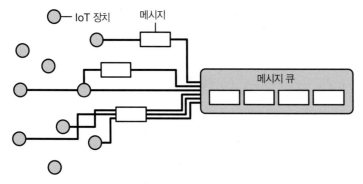

그림 2-4 원천 시스템 예: IoT 스웜과 메시지 큐

원천 시스템 평가: 주요 엔지니어링 고려 사항

원천 시스템을 평가할 때는 시스템의 수집, 상태 및 데이터 생성을 처리하는 방법 등 여러 가지 사항을 고려해야 한다. 다음은 데이터 엔지니어가 고려할 원천 시스템의 평가 질문 스타터 킷^{starter kit}이다.

- 데이터 원천의 본질적인 특징은 무엇인가? 데이터 원천은 애플리케이션인가? IoT 장치의 스웜인가?
- 원천 시스템에서 데이터는 어떻게 유지되는가? 데이터는 장기간 보존되는가? 아니면 일시적이고 빠르게 삭제되는가?
- 데이터는 어느 정도의 속도로 생성되는가? 초당 몇 개의 이벤트가 발생할까? 시간당 몇 기가바이트인가?
- 데이터 엔지니어는 출력 데이터에서 어느 정도의 일관성을 기대할 수 있는가? 출력 데이터에 대해 데이터 품질 검사를 실행할 때, 예상치 못한 출력값(예를 들면 null 값)이나 잘못된 데이터 포맷과 같은 데이터 불일치 사례는 얼마나 자주 발생할까?
- 에러는 얼마나 자주 발생하는가?
- 데이터에 중복이 포함되지는 않는가?
- 일부 데이터값이 동시에 생성되는 다른 메시지보다 훨씬 늦게 도착할 수 있는가?
- 수집된 데이터의 스키마는 무엇인가? 데이터 엔지니어가 데이터를 완전히 파악하려면 여러 테이블 또는 여러 시스템에 걸쳐 조인을 수행해야 하는가?
- 스키마가 변경되면(예를 들어 새로운 열이 추가되었을 때) 어떻게 대처하고 다운스트림 이해관계자에게 전달할 수 있는가?
- 원천 시스템에서 데이터를 얼마나 자주 가져와야 하는가?
- (고객 계정 정보를 추적하는 데이터베이스 등) 상태가 있는 시스템^{stateful system}의 경우, 데이터는 정기적인 스냅숏으로 제공되는가? 아니면 변경 데이터 캡처^{change data capture}(CDC)로부터의 갱신 이벤트로 제공되는가? 변경은 어떻게 수행되며, 원천 데이터베이스에서 이러한 변경을 어떻게 추적하는가?
- 다운스트림 사용을 위한 데이터를 전송하는 데이터 제공업체는 누구(무엇)인가?
- 데이터 원천에서의 데이터 조회가 성능에 영향을 미치는가?
- 원천 시스템에 업스트림 데이터 의존 관계가 있는가? 이러한 업스트림 시스템의 특징은 무엇인가?
- 늦거나 누락된 데이터 확인용으로 데이터 품질 검사가 실시되고 있는가?

원천은 사람이 생성한 스프레드시트, IoT 센서, 웹앱, 모바일앱 등 다운스트림 시스템에서 사용되는 데이터를 생성한다. 각 원천에는 고유한 데이터양과 데이터 생성 주기가 있다. 데이터 엔지니어는 원천으로부터 데이터를 생성하는 방법(관련 문제나 미묘한 차이점 포함)을 알아야 한다. 또한 데이터 엔지니어는 상호 작용하는 원천 시스템의 한계를 이해해야 한다.

예를 들어 원천 애플리케이션 데이터베이스에 대한 분석 쿼리는 자원 경합 및 성능 문제를 일으킬 수 있을까?

원천 데이터의 까다로운 차이점 중 하나는 **스키마**^{schema}다. 스키마는 데이터의 계층 구성을 정의한다. 논리적으로, 우리는 전체 원천 시스템 수준에서 데이터를 개별 테이블로 드릴다운해 각 필드의 구조에 이르기까지 생각할 수 있다. 원천 시스템이 제공하는 데이터의 스키마는 다양한 방식으로 처리된다. 그중에서도 널리 쓰이는 두 가지 옵션은 스키마리스 방식과 고정 스키마 방식이다.

스키마리스^{schemaless} **방식**은 스키마가 없다는 뜻은 아니다. 애플리케이션은 메시지 대기열^{message queue}, 플랫 파일^{flat file}, BLOB 또는 몽고 DB와 같은 도큐먼트 데이터베이스에 데이터가 기록될 때 스키마를 정의한다. 한편, 관계형 데이터베이스 스토리지^{storage}를 기반으로 구축된 더 전통적인 모델은 데이터베이스에 적용된 **고정 스키마**^{fixed schema} **방식**을 사용하는데, 애플리케이션 쓰기는 이 스키마를 준수해야 한다.

이들 모델 중 어느 쪽이든 데이터 엔지니어에게는 어려운 과제다. 스키마는 시간이 지나면서 변화한다. 실제로 스키마의 진화는 소프트웨어 개발에 대한 애자일 접근 방식에서 장려된다. 데이터 엔지니어가 하는 일의 핵심은 원천 시스템 스키마에서 원시 데이터를 입력받고, 이를 분석에 유용한 출력으로 변환하는 것이다. 원천 스키마가 진화함에 따라 이러한 작업은 더욱 어려워진다.

우리는 5장에서 원천 시스템을 자세히 살펴볼 것이다. 이어서 6장과 8장에서는 각각 스키마와 데이터 모델링을 다룰 것이다.

2.1.3 데이터 저장

데이터를 저장할 공간이 필요하다. 스토리지 설루션^{storage solution}을 선택하는 것은 나머지 데이터 수명 주기에서 성공을 거두기 위한 열쇠이면서, 다음과 같은 다양한 이유로 데이터 수명 주기에서 가장 복잡한 단계의 하나이기도 하다.

첫째, 클라우드의 데이터 아키텍처는 종종 여러 스토리지 설루션을 활용한다. 둘째, 복잡한 변환 쿼리를 지원하는 데이터 스토리지 설루션은 순수하게 스토리지로서만 작동하는 경우가 거의 없으며 많은 설루션이 복잡한 변환 쿼리를 지원한다. 심지어 객체 스토리지 설루션도 Amazon S3 Select[1]와 같은 강력한 쿼리 기능을 지원할 수 있다. 셋째, 저장은 데이터 엔지니어링 수명 주기의 한 단계이지만 수집, 변환 및 서비스 제공과 같은 다른 단계에도 자주 관여한다.

저장은 종종 데이터 파이프라인의 여러 위치에서 발생하며 원천 시스템, 수집, 변환 및 서빙과 교차하는 스토리지 시스템을 통해 전체 데이터 엔지니어링 수명 주기에 걸쳐 실행된다. 데이터 저장 방식은 데이터 엔지니어링 수명 주기의 모든 단계에서 데이터 사용 방식에 여러 가지로 영향을 미친다. 예를 들어 클라우드 데이터 웨어하우스는 데이터를 저장하고 파이프라인에 데이터를 처리해 분석가에게 제공할 수 있다. 아파치 카프카와 펄사Pulsar 같은 스트리밍 프레임워크는 데이터 전송을 위한 표준 계층인 객체 저장과 함께 메시지의 수집, 저장, 쿼리 시스템으로서 동시에 작동할 수 있다.

스토리지 시스템 평가: 주요 엔지니어링 고려 사항

다음은 데이터 웨어하우스, 데이터 레이크하우스data lakehouse, 데이터베이스 또는 객체 스토리지object storage를 위한 스토리지 시스템을 선택할 때 확인할 몇 가지 핵심 엔지니어링 질문이다.

- 이 스토리지 설루션은 아키텍처에서 요구하는 쓰기 및 읽기 속도와 잘 맞는가?
- 스토리지가 다운스트림 프로세스의 병목 현상을 초래하지는 않는가?
- 이 스토리지 기술이 작동하는 방식을 인지하고 있는가? 스토리지 시스템을 최적으로 활용하는가? 아니면 부자연스러운 행동을 하는가? 예를 들어 객체 스토리지 시스템에 높은 비율의 임의 접근random access 갱신을 적용하고 있지는 않은가?(이것은 성능 오버헤드가 큰 안티패턴anti-pattern이다).
- 이 스토리지 시스템은 향후 예상되는 확장을 처리할 수 있는가? 사용 가능한 총 스토리지, 읽기 작업 속도, 쓰기 볼륨 등 스토리지 시스템의 모든 용량 제한을 고려해야 한다.
- 다운스트림 사용자와 프로세스가 필요한 서비스 수준 협약service-level agreement (SLA)에 따라 데이터를 취득할 수 있는가?
- 스키마 진화, 데이터 흐름, 데이터 계보 등에 대한 메타데이터metadata를 캡처하고 있는가? 메타데이터는 데이터 활용성에 큰 영향을 미친다. 메타데이터는 미래에 대한 투자로, 검색 가능성과 제도적 지식을 획기적으로 향상시켜 미래의 프로젝트 및 아키텍처 변경을 간소화한다.
- 순수 스토리지 설루션(객체 스토리지)인가? 아니면 복잡한 쿼리 패턴(예: 클라우드 데이터 웨어하우스)을 지원하는가?

---

1 https://oreil.ly/XzcKh

- 스토리지 시스템이 스키마에 구애받지는 않는가(객체 스토리지)? 유연한 스키마(카산드라)인가? 강제 적용된 스키마(클라우드 데이터 웨어하우스)인가?
- 데이터 거버넌스^{data governance}를 위해 마스터 데이터, 골든 레코드 데이터 품질 및 데이터 계보를 어떻게 추적하고 있는가?(더 자세한 내용은 2.2.2절에서 살펴볼 것이다).
- 법령 준수 및 데이터 주권에 어떻게 대처하고 있는가? 예를 들어 특정 지리적 위치에는 데이터를 저장하고 다른 위치에는 저장하지 않을 수 있는가?

데이터 접근 빈도 이해

모든 데이터가 같은 방식으로 액세스되지는 않는다. 검색 패턴은 저장 및 쿼리되는 데이터에 따라 크게 달라진다. 그에 따라 데이터의 '온도'라는 개념이 나타났는데, 데이터 접근 빈도에 따라 데이터 온도가 결정된다.

가장 자주 액세스되는 데이터를 **핫 데이터**^{hot data}라고 한다. 핫 데이터는 일반적으로 하루에 여러 번(예를 들어 사용자 요청을 처리하는 시스템에서는 초당 여러 번) 검색된다. 이러한 데이터는 빠른 검색용으로 저장되어야 하는데, 여기서 '빠른'은 사용 사례에 따라 달라진다. **미온적 데이터**^{lukewarm data}는 가끔(예를 들면 매주 또는 매월) 액세스되는 데이터다.

콜드 데이터^{cold data}는 거의 쿼리되지 않으며 아카이브 시스템에 저장하는 데 적합하다. 콜드 데이터는 규정 준수의 목적으로 보관되거나, 다른 시스템에 심각한 장애가 발생했을 때 보관되는 경우가 많다. 옛날에는 콜드 데이터를 테이프에 저장해 원격 아카이브 시설로 운송했다. 클라우드 환경에서는 벤더가 월 스토리지 비용은 매우 저렴하지만 데이터 검색 비용은 높은 특화된 스토리지 계층을 제공한다.

스토리지 시스템 선택

어떤 유형의 스토리지 설루션을 사용해야 할까? 이는 수집되는 데이터의 사용 사례, 데이터 볼륨, 수집 빈도, 형식 및 크기에 따라 달라지는데, 기본적인 주요 고려 사항은 앞에서 살펴본 질문 목록에 나열되어 있다. 언제나 두루 적용될 수 있는 범용 스토리지 권장 사항은 없다. 모든 스토리지 기술에는 장단점, 즉 트레이드오프^{trade-off}가 있다. 수많은 스토리지 기술이 존재하다 보니 막상 데이터 아키텍처에 가장 적합한 옵션을 결정할 때 압도당하기 쉽다.

6장에서는 스토리지 모범 사례와 접근 방식을 자세히 다루고, 스토리지와 다른 수명 주기 단계 간의 교차점도 살펴볼 것이다.

2.1.4 데이터 수집

데이터 원천과, 사용 중인 원천 시스템의 특징characteristic 및 데이터 저장 방법을 이해한 뒤에 데이터를 수집해야 한다. 데이터 엔지니어링 수명 주기의 다음 단계는 원천 시스템에서 데이터를 수집하는 것이다.

지금까지의 경험으로 미루어 볼 때 원천 시스템과 데이터 수집은 데이터 엔지니어링 수명 주기에서 가장 큰 병목 현상을 나타낸다. 원천 시스템은 보통 직접 관리할 수 없으며, 임의로 응답하지 않거나 품질이 낮은 데이터를 제공할 수 있다. 또는 여러 가지 이유로 데이터 수집 서비스가 작동하지 않을 수도 있다. 그 결과 데이터 흐름이 멈추거나 저장, 처리 및 서비스에 필요한 불충분한 데이터가 제공된다.

신뢰할 수 없는 원천 및 수집 시스템은 데이터 엔지니어링 수명 주기 전반에 걸쳐 파급 효과를 가져올 수 있다. 하지만 원천 시스템에 대한 중요한 질문에 대한 답을 찾았다면 여러분은 상황이 좋은 편이다.

수집 단계에서의 주요 엔지니어링 고려 사항

시스템 설계 또는 구축을 준비할 때 수집 단계에 대한 몇 가지 주요 질문은 다음과 같다.

- 수집 중인 데이터의 사용 사례는 무엇인가? 같은 데이터셋의 여러 버전을 생성하는 대신 이 데이터를 재사용할 수 있는가?
- 시스템이 이 데이터를 안정적으로 생성하고 수집하고 있는가? 필요할 때 해당 데이터를 사용할 수 있는가?
- 수집 후 데이터 목적지destination는 어디인가?
- 데이터에 얼마나 자주 접근해야 하는가?
- 데이터는 보통 어느 정도의 용량으로 도착하는가?
- 데이터 형식은 무엇인가? 다운스트림 스토리지 및 변환 시스템에서 이 형식을 처리할 수 있는가?
- 원천 데이터는 다운스트림에서 즉시 사용할 수 있는 양호한 상태인가? 그렇다면 얼마나 오래 사용할 수 있으며, 사용할 수 없게 되는 요인은 무엇인가?
- 데이터가 스트리밍 소스에서 전송된 경우, 목적지에 도달하기 전에 데이터를 변환해야 하는가? 데이터가 스트림 자체 내에서 변환되는 형태의 변환이 적절할까?

이러한 질문은 수집할 때 고려할 요소의 예에 불과하며, 더 자세한 내용은 7장에서 다룰 것이다. 그 전에 배치 vs 스트리밍과 푸시 vs 풀이라는 두 가지 주요 데이터 수집 개념을 간단히 살펴보겠다.

배치 vs 스트리밍

우리가 다루는 대부분의 데이터는 본질적으로 **스트리밍**streaming이다. 데이터는 거의 항상 원천source에서 지속해 생성되고 갱신된다. **배치 수집**batch ingestion은 이 스트림을 큰 청크chunk로 처리하는 전문적이고 편리한 방법이다. 예를 들어 하루 분량의 데이터를 단일 배치 방식으로 처리한다.

스트리밍 수집을 사용하면 다른 애플리케이션이나 데이터베이스 또는 분석 시스템 등의 다운스트림 시스템에 데이터를 실시간으로 연속해 제공할 수 있다. 여기서 **실시간**(또는 **실시간에 가까운**)이란, 데이터가 생성된 지 얼마 지나지 않은 짧은 시간(예: 1초 미만)에 다운스트림 시스템에서 데이터를 사용할 수 있음을 의미한다. 실시간 인증에 필요한 지연 시간은 도메인 및 요건 사항에 따라 다르다.

배치 데이터는 미리 설정된 시간 간격에 따라, 또는 데이터가 미리 설정된 크기 임곗값에 도달하면 수집된다. 배치 수집은 한 방향으로만 이루어지며, 데이터가 배치로 분할되면 다운스트림 소비자의 지연 시간이 본질적으로 제한된다. 레거시 시스템의 제약 때문에 오랫동안 배치가 기본적인 데이터 수집 방식이었다. 배치 처리는 특히 분석 및 머신러닝(ML)에서 다운스트림을 사용할 때 데이터를 수집하는 매우 인기 있는 방법이다.

그러나 많은 시스템에서 스토리지와 컴퓨팅 자원이 분리되고 이벤트 스트리밍과 처리 플랫폼이 보편화됨에 따라, 데이터 스트림의 지속적인 처리에 대한 접근성과 인기가 더욱 높아지고 있다. 이에 대한 선택은 주로 사용 사례와 데이터 적시성에 대한 기대치에 따라 달라진다.

배치와 스트림 수집의 주요 고려 사항

스트리밍부터 시작해보면 어떨까? 다만 스트리밍 우선 접근 방식의 매력에도 불구하고, 이해하고 고려해야 할 많은 트레이드오프가 있다. 다음은 스트리밍 수집이 배치 수집보다 적절한 선택인지 여부를 판단할 때 자문해봐야 할 몇 가지 질문이다.

- 데이터를 실시간으로 수집하면 다운스트림 스토리지 시스템이 데이터 흐름 속도를 처리할 수 있는가?
- 밀리초 단위의 실시간 데이터 수집이 필요할까? 아니면 매분마다 데이터를 축적하고 수집하는 마이크로 배치 접근 방식이 효과가 있을까?

- 스트리밍 수집의 사용 사례로는 무엇이 있을까? 스트리밍을 구현하면 구체적으로 어떤 이점을 얻을 수 있을까? 데이터를 실시간으로 가져올 수 있다면, 배치 방식에 비해 개선될 수 있는 데이터에 대해 어떤 조치를 취할 수 있을까?
- 스트리밍 우선 접근 방식은 단순 배치 방식보다 시간, 비용, 유지 보수, 다운타임 및 기회비용 측면에서 더 많은 비용을 소비할까?
- 인프라에 장애가 발생했을 때 스트리밍 파이프라인과 시스템이 안정적이고 다중화되어 있는가?
- 사용 사례에 가장 적합한 도구는 무엇인가? 관리형 서비스(아마존 키네시스^{Amazon Kinesis}, 구글 클라우드 Pub/Sub, 구글 클라우드 데이터플로^{Google Cloud Dataflow})를 사용해야 하는가? 아니면 카프카, 플링크, 스파크, 펄사 등의 인스턴스를 구축해야 할까? 후자를 선택한다면 누가 관리의 역할을 맡을 것인가? 비용과 트레이드오프는 무엇일까?
- ML 모델을 배포했을 때 온라인 예측 및 지속적인 훈련으로 얻을 수 있는 이점은 무엇일까?
- 실제 운영 인스턴스에서 데이터를 가져오는가? 그렇다면 이 원천 시스템에 대한 수집 프로세스의 영향도는 얼마나 될까?

방금 살펴본 것처럼, 스트리밍 우선 방식은 좋은 아이디어처럼 보일 수 있지만 항상 간단하지는 않으며 기본적으로 추가 비용과 복잡성이 발생한다. 수많은 훌륭한 수집 프레임워크는 배치 및 마이크로 배치 수집 스타일을 모두 처리한다. 우리는 모델 훈련이나 주간 리포트와 같은 많은 일반적인 사용 사례에서 배치야말로 뛰어난 접근 방식이라고 생각한다. 다만 배치 사용에 대한 트레이드오프를 정당화하는 비즈니스 사용 사례를 파악한 뒤에만 진정한 실시간 스트리밍을 채택하기를 권장한다.

푸시 vs 풀

데이터 수집의 **푸시**^{push} 모델에서 원천 시스템은 데이터베이스, 객체 저장소 또는 파일 시스템과 관계없이 타깃에 데이터를 쓴다. 한편 **풀**^{pull} 모델에서는 원천 시스템에서 데이터를 검색한다. 푸시 패러다임과 풀 패러다임 사이의 경계가 상당히 모호할 수 있다. 데이터는 데이터 파이프라인의 여러 단계를 거치면서 종종 푸시 및 풀링된다.

예를 들어 배치 지향 수집 워크플로에서 일반적으로 사용되는 **추출–변환–적재**^{extract–transform–load}(**ETL**) **프로세스**를 생각해보자. ETL의 추출(E) 부분은 풀 수집 모델을 다루고 있음을 명확히 보여준다. 기존 ETL에서는 수집 시스템이 정해진 일정에 따라 현재 소스 테이블의 스냅숏을 쿼리한다. 이 책 전반에 걸쳐 ETL 및 **추출–적재–변환**^{extract–load–transform}(**ELT**) **프로세스**의 자세한 내용을 알아볼 것이다.

또 다른 예로, 몇 가지 방법으로 달성되는 연속적인 CDC를 생각해보자. 일반적인 방법의 하나는 원천 데이터베이스에서 행이 변경될 때마다 메시지를 트리거하는 것이다. 이 메시지는 큐에 푸시되며, 수집 시스템이 해당 메시지를 가져간다. 또 다른 일반적인 CDC 방식은 데이터베이스에 대한 모든 커밋을 기록하는 바이너리 로그를 사용하는 것인데, 데이터베이스가 로그를 푸시한다. 수집 시스템은 로그를 읽지만, 그 외에는 데이터베이스와 직접 상호 작용하지 않는다. 그에 따라 원천 데이터베이스에 대한 추가 부하는 거의 없거나 또는 전혀 추가되지 않는다. 배치 CDC의 일부 버전에서는 풀 패턴을 사용한다. 예를 들어 타임스탬프 기반 CDC에서는 수집 시스템이 원천 데이터베이스를 쿼리하고 이전 갱신 이후에 변경된 행을 가져온다.

데이터는 스트리밍 수집을 통해 백엔드 데이터베이스를 우회하여 이벤트 스트리밍 플랫폼의 데이터 버퍼 부분으로 들어간다. 이 패턴은 센서 데이터를 만들어내는 일련의 IoT 센서에 유용하다. 현재 상태를 유지하고자 데이터베이스에 의존하기보다는, 기록된 각 판독치를 하나의 이벤트로 판단한다. 또한 이 패턴은 실시간 처리를 단순화하고, 앱 개발자가 다운스트림 분석에 맞게 메시지를 조정할 수 있으며, 데이터 엔지니어의 업무를 크게 간소화해 소프트웨어 애플리케이션에서도 인기가 높아지고 있다.

수집의 모범 사례와 기술은 이후 7장에서 자세히 다룬다. 다음으로는 데이터 엔지니어링 수명 주기의 변환 단계를 살펴보자.

2.1.5 데이터 변환

데이터를 수집하고 저장한 뒤에는 해당 데이터를 사용해 무언가 작업을 수행해야 한다. 데이터 엔지니어링 수명 주기의 다음 단계는 **변환**transformation이다. 즉, 데이터를 원래 형태에서 다운스트림 사용 사례에 유용한 형태로 변경해야 한다. 적절한 변환이 이루어지지 않으면 데이터는 비활성 상태로 유지되며 보고서, 분석 또는 ML에 유용하지 않은 형식으로 남는다. 일반적으로 변환 단계는 데이터가 다운스트림 사용자의 데이터 소비를 위한 가치를 창출하기 시작하는 단계다.

수집 직후에는 기본 변환을 통해 데이터를 올바른 유형으로 매핑하고(예를 들어 수집된 문자열 데이터를 숫자 및 날짜 유형으로 변경), 레코드를 표준 형식으로 지정하고, 잘못된 유형은 제거한다. 변환 이후 단계에서는 데이터 스키마를 변환하고 정규화를 적용할 수 있다. 다운스트림에서는 보고서 작성에 대규모 집계를 적용하거나 ML 프로세스를 위한 데이터를 구체화할 수 있다.

변환 단계에서의 주요 고려 사항

데이터 엔지니어링 수명 주기 내에서 데이터를 변환할 때는 다음 사항을 고려해야 한다.

- 변환에 드는 비용과 투자수익률(ROI)은 얼마인가? 관련된 비즈니스 가치는 무엇인가?
- 변환은 가능한 한 단순하고 독립적인가?
- 변환이 지원하는 비즈니스 규칙은 무엇인가?

데이터는 배치 변환하거나 스트리밍 중에 변환할 수 있다. 앞서 2.1.4절에서 언급한 바와 같이 사실상 모든 데이터는 연속적인 스트림으로 시작된다. 배치는 데이터 스트림을 처리하는 특화된 방법일 뿐이다. 배치 변환은 여전히 압도적으로 인기 있지만, 스트림 처리 솔루션의 인기가 높아지고 스트리밍 데이터양이 전반적으로 증가함에 따라 스트리밍 변환의 인기도 계속 높아져 특정 도메인에서 배치 처리를 완전히 대체할 것으로 예상된다.

논리적으로는 변환이 데이터 엔지니어링 수명 주기의 독립형 영역으로 취급되지만, 실제 수명 주기의 현실은 훨씬 복잡할 수 있다. 변환은 수명 주기의 다른 단계와 얽히는 경우가 많다. 일반적으로 데이터는 원천 시스템에서 변환되거나 수집 중에 변환된다. 예를 들어 원천 시스템은 수집 프로세스에 전송하기 전에 이벤트 타임스탬프를 레코드에 추가할 수 있다. 또는 스트리밍 파이프라인 내의 레코드가 데이터 웨어하우스로 전송되기 전에 추가 필드 및 계산을 통해 '보강'될 수 있다. 변환은 수명 주기의 여러 부분에서 흔히 볼 수 있다. 데이터 준비, 데이터 랭글링^{data wrangling}, 데이터 정제와 같은 변환 작업은 데이터의 최종 소비자에게 가치를 더해준다.

비즈니스 로직^{business logic}은 종종 데이터 모델링에서 데이터 변환의 주요 원인이다. 데이터는 비즈니스 로직을 재사용 가능한 요소로 변환한다. 예를 들어 '판매'는 '누군가가 나에게서 12개의 사진 프레임을 개당 30달러, 총 360달러에 구입했다'는 의미다. 이때 누군가는 12개의 액자를 개당 30달러에 구입했다. 데이터 모델링은 비즈니스 프로세스를 명확하고 최신화된 상태로 파악할 때 매우 중요하다. CFO가 재무 건전성을 명확하게 파악할 수 있도록 회계 규칙의 논리를 추가하지 않으면 원시 소매 거래에 대한 단순한 뷰는 유용하지 않을 수 있다. 변환 전반에 걸쳐 비즈니스 로직을 구현하는 표준 접근 방식을 보장해야 한다.

ML의 데이터 특성화^{data featurization}는 또 다른 데이터 변환 프로세스다. 특성화는 ML 모델 훈련에 유용한 데이터 특성^{feature}을 추출하고 강화하려는 것이다. 특성화는 (예측에 중요한 기능을 특정하고자) 도메인 전문 지식과 데이터 과학의 광범위한 경험을 결합한 주술^{dark art}일 수 있다. 이 책의 주요 요점은 일단 데이터 과학자가 데이터를 특징짓는 방법을 결정하면, 데이터 파이프라인의 변환 단계에서 데이터 엔지니어가 특성화 프로세스를 자동화할 수 있다는 것이다.

변환은 심오한 주제이므로 이 간단한 소개만으로는 정의할 수 없다. 이후 8장에서 쿼리, 데이터 모델링, 다양한 변환 사례와 미묘한 처리를 자세히 살펴볼 것이다.

2.1.6 데이터 서빙

데이터 엔지니어링 수명 주기의 마지막 단계에 도달했다. 데이터를 수집하고 저장한 뒤에 일관성 있고 유용한 구조로 변환했으니, 이제 데이터로부터 가치를 창출할 때다. 이때 데이터로부터의 '가치 창출'은 사용자마다 다른 의미를 갖는다.

데이터는 실용적인 목적으로 사용될 때 **가치**^{value}가 있다. 소비되지 않거나 쿼리되지 않는 데이터는 단순히 비활성 상태일 뿐이다. 데이터 허영^{data vanity} 프로젝트는 기업의 주요 리스크다. 많은 기업이 빅데이터 시대에 불필요한 프로젝트를 추진해, 어떤 유용한 방법으로도 소비되지 않는 데이터 레이크에서 대규모 데이터셋을 수집했다. 특히 클라우드 시대는 모던 데이터 웨어하우스, 객체 스토리지 시스템 및 스트리밍 기술을 기반으로 구축된 새로운 비즈니스(허영^{vanity}) 프로젝트의 물결을 일으키고 있다. 데이터 프로젝트는 수명 주기 전반에 걸쳐 다분히 의도적이어야 한다. 그렇다면 이렇게 세심하게 수집, 정리, 저장되는 데이터의 궁극적인 비즈니스 목표는 무엇일까?

데이터 서빙^{data serving}은 데이터 엔지니어링 수명 주기에서 가장 흥미로운 부분이며, 여기서 마법이 펼쳐질 수 있다. 데이터 전달 단계에서 ML 엔지니어가 가장 고도의 기술을 적용할 수 있는 부분이기도 하다. 그러면 지금부터 분석, 머신러닝, 역 ETL과 같은 인기 있는 데이터 사용에 관해 살펴보자.

분석

분석은 대부분의 데이터 작업의 핵심이다. 데이터가 저장되고 변환되면 보고서 또는 대시보드를 생성하고 데이터에 대한 임시 분석을 수행할 수 있다. 기존에는 대부분의 분석이 비즈니스 인텔리전스business intelligence(BI)를 포함했지만, 이제는 운영 분석 및 임베디드 분석과 같은 다른 측면도 포함한다(그림 2-5). 이러한 다양한 분석을 간략히 살펴보자.

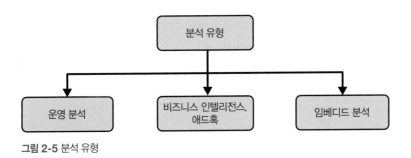

그림 2-5 분석 유형

비즈니스 인텔리전스(BI)

비즈니스 인텔리전스(BI)는 기업 경영의 과거와 현재 상태를 설명하기 위해 데이터를 수집한다. BI는 비즈니스 로직을 사용해 원시 데이터를 처리해야 한다. 분석용 데이터 서빙은 데이터 엔지니어링 수명 주기의 단계를 복잡하게 만들 수 있는 또 다른 영역이라는 점에 주의하자. 앞에서 설명한 바와 같이 비즈니스 로직은 데이터 엔지니어링 수명 주기의 변환 단계에서 데이터에 적용되는 경우가 많지만, (데이터를 읽는 시점에 로직을 확인하는) 읽기 로직logic-on-read 접근법이 점차 보편화되고 있다. 데이터는 깔끔하지만 상당히 원시적인 형태로 저장되며, 후처리 비즈니스 로직은 최소화된다. BI 시스템은 비즈니스 로직과 정의에 대한 리포지터리를 유지 관리한다. 이 비즈니스 로직은 보고서와 대시보드가 비즈니스 정의와 일치하도록 데이터 웨어하우스를 쿼리하는 데 사용된다.

기업의 데이터 성숙도가 높아짐에 따라 기업은 애드혹ad hoc 데이터 분석에서 셀프서비스 분석으로 전환해 IT 부서의 개입 없이도 비즈니스 사용자가 데이터에 접근할 수 있게 된다. 이때 셀프서비스 분석을 수행하는 기능은 조직의 전체 인원이 데이터에 직접 접근하고, 원하는 방식으로 데이터를 분석하고, 즉각적인 통찰력을 얻을 수 있을 만큼 충분히 양호한 데이터라고 가정한다. 셀프서비스 분석은 이론상으로는 간단하지만, 실제로 성공하기는 어렵다. 주된 이유는 데이터 품질 저하, 조직 사일로silos 현상, 적절한 데이터 기술 부족 등의 문제가 광범위한 분석에 방해되기 때문이다.

운영 분석

운영 분석은 운영의 상세 사항에 중점을 두고 보고서 사용자가 즉시 수행할 수 있는 작업을 촉진한다. 운영 분석은 재고 물품에 대한 실시간 뷰 또는 웹사이트나 애플리케이션 상태에 대한 실시간 대시보드dashboard가 될 수 있다. 이 경우 데이터는 원천 시스템에서 직접 소비되거나 스트리밍 데이터 파이프라인에서 실시간으로 소비된다. 운영 분석의 통찰 유형은 전통적인 BI와는 달리 현재에 중점을 두며 과거의 동향과는 관련이 없다.

임베디드 분석

임베디드 분석(고객 대면 분석)을 BI와 별도로 분류한 이유가 궁금할 수 있다. 실제로 SaaS 플랫폼에서 고객에게 제공되는 분석에는 별도의 요구 사항과 복잡성이 따른다. 내부 BI는 제한된 대상자를 상대하며, 보통은 제한된 수의 통합 뷰를 제공한다. 접근 제어는 매우 중요하지만 특별히 복잡하지는 않으며, 소수의 역할 및 접근 계층을 사용해 관리된다.

임베디드 분석을 사용하면 보고서 요청 비율과 그에 따른 분석 시스템의 부담이 매우 커지며, 접근 제어 역시 훨씬 더 복잡해지고 중요해진다. 기업은 수천 명 이상의 고객에게 별도의 분석 및 데이터를 제공할 수 있다. 이때 각 고객은 자신의 데이터만 확인할 수 있어야 한다. 기업 내부의 데이터 접근 오류는 절차적 검토로 이어질 수 있다. 고객 간 데이터 유출은 중대한 신뢰 위반으로 간주되어 언론의 주목을 받고 고객 감소로 이어질 수 있다. 따라서 데이터 유출 및 보안 취약성과 관련한 피해 범위를 최소화하자. 스토리지를 비롯해 데이터 유출 가능성이 있는 모든 장소에서 테넌트 또는 데이터 수준의 보안을 적용한다.

멀티테넌시

현재 많은 스토리지 및 분석 시스템은 다양한 방법으로 멀티테넌시multitenancy를 지원한다. 데이터 엔지니어는 내부 분석 및 ML을 위한 통합된 뷰를 제공하기 위해 공통 테이블에 많은 고객 데이터를 저장할 수 있다. 이 데이터는 적절하게 정의된 제어 및 필터가 있는 논리 뷰를 통해 개별 고객에게 외부적으로 제공된다. 데이터 엔지니어는 완벽한 데이터 보안과 분리를 보장하기 위해 배포하는 시스템에서 멀티테넌시의 세부 사항을 이해해야 한다.

머신러닝

머신러닝의 출현과 성공은 가장 흥미로운 기술 혁명의 하나다. 조직이 높은 수준의 데이터 성숙도에 도달하면 ML에 적합한 문제를 파악하고 이를 중심으로 업무 구성을 시작할 수 있다.

데이터 엔지니어의 책임은 분석과 ML에서 상당 부분 겹치므로 데이터 엔지니어링, ML 엔지니어링, 분석 엔지니어링 간의 경계가 모호해질 수 있다. 예를 들어 데이터 엔지니어는 분석 파이프라인과 ML 모델 훈련을 용이하게 하는 스파크 클러스터를 지원해야 할 수 있다. 또한 팀 간의 작업을 조정하고, 데이터 기록과 계보를 추적하는 메타데이터 및 카탈로그 시스템을 지원해야 할 수도 있다. 이러한 책임 영역과 관련 보고 구조를 설정하는 것은 조직 차원에서의 중요한 결정이다.

특성 저장소feature store는 데이터 엔지니어링과 ML 엔지니어링을 결합한 최신 개발 도구다. 특성 저장소는 특성 이력과 버전을 유지하고, 팀 간 특성 공유를 지원하며, 백필링backfilling 같은 기본적인 운영 및 조정 기능을 제공함으로써 ML 엔지니어의 운영 부담을 줄이도록 설계됐다. 실제로 데이터 엔지니어는 ML 엔지니어링을 지원하는 특성 저장소를 위한 핵심 지원 팀에 속한다.

데이터 엔지니어는 ML에 익숙해야 할까? 그렇다면 확실히 도움이 된다. 데이터 엔지니어링, ML 엔지니어링, 비즈니스 분석 등의 운영 경계와 관계없이 데이터 엔지니어는 팀에 대한 운영 지식을 유지해야 한다. 우수한 데이터 엔지니어는 기본 ML 기술과 관련한 데이터 처리 요구 사항, 회사 내 모델의 사용 사례 및 조직의 다양한 분석 팀의 책무를 잘 알아야 한다. 이를 통해 효율적인 커뮤니케이션을 유지하고 협업을 촉진할 수 있다. 이상적인 데이터 엔지니어는 다른 팀과 협력해 (다른 어느 팀도 독립적으로 만들 수 없는) 도구를 구축한다.

이 책에서는 ML을 깊게 다루지 않는다. 더 자세한 내용을 알고 싶다면 관련 도서, 동영상, 기사, 커뮤니티 등의 생태계를 이용하자.

다음은 ML 관련 데이터 서빙 단계에서 고려할 사항이다.

- 신뢰할 수 있는 특성 엔지니어링을 수행하기에 충분한 품질의 데이터인가? 품질 요구 사항 및 평가는 데이터를 사용하는 팀과 긴밀히 협력해 개발된다.
- 데이터를 검색할 수 있는가? 데이터 과학자와 ML 엔지니어는 가치 있는 데이터를 쉽게 찾을 수 있는가?
- 데이터 엔지니어링과 ML 엔지니어링 간의 기술적 및 조직적 경계는 어디인가? 이러한 조직 차원의 질문은 아키텍처에 큰 영향을 미친다.
- 데이터셋이 실제 상황을 제대로 나타내고 있는가? 불공평하게 편향되어 있지는 않은가?

ML은 분명 흥미로운 기술이지만, 많은 기업이 종종 성급하게 ML에 뛰어들곤 한다. ML에 막대한 자원을 투자하기 전에 시간을 들여 견고한 데이터 기반을 구축해야 한다. 즉, 데이터 엔지니어링과 ML 수명 주기 전체에 걸쳐 최적의 시스템과 아키텍처를 구성하는 것이다. 일반적으로는 ML로 전환하기 전에 분석 역량을 개발하는 것이 가장 좋다. 실제로 많은 기업이 적절한 기반 없이 이니셔티브를 수행한 결과 ML의 꿈을 접을 수밖에 없었다.

역 ETL

역 ETLreverse ETL은 오랫동안 데이터상에 실질적으로 존재해왔지만, 굳이 언급하거나 그럴듯한 명칭을 붙이기 꺼려지는 안티 패턴으로 간주됐다. 다음 [그림 2-6]에서 볼 수 있듯이 역 ETL은 데이터 엔지니어링 수명 주기의 출력 측에서 처리한 데이터를 가져와 원천 시스템에 다시 공급한다. 실제로 이러한 흐름은 유익하고 종종 필요하다. 역 ETL을 사용하면 분석, 평가 모델 등을 가져와 운영 시스템 또는 SaaS 플랫폼에 다시 제공할 수 있다.

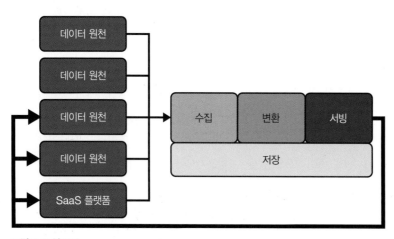

그림 2-6 역 ETL

마케팅 분석가는 데이터 웨어하우스의 데이터를 사용해 엑셀에서 입찰가를 계산한 다음 구글 애즈Google Ads에 업로드할 수 있다. 이 과정은 종종 전체적으로 수동적이고 원시적으로 이루어졌다.

이 책의 집필 시점을 기준으로 여러 벤더vendor가 역 ETL의 개념을 채택하고 이를 기반으로 하이터치Hightouch 및 센서스Census와 같은 제품을 개발했다. 역 ETL은 아직 초기 단계에 머물러 있지만, 필자는 앞으로도 계속해 사용될 것이라 예상한다.

기업이 SaaS 및 외부 플랫폼에 점점 더 많이 의존하게 되면서 역 ETL은 특히 중요해지고 있다. 예를 들어 기업은 데이터 웨어하우스에서 고객 데이터 플랫폼 또는 CRM 시스템으로 특정한 측정 지표^{metric}를 푸시할 수 있다. 또 다른 일상적인 사용 사례로는 구글 애즈와 같은 광고 플랫폼이 있다. 데이터 엔지니어링과 ML 엔지니어링 모두를 통틀어 역 ETL에서 더 많은 활동이 발생할 것이다.

역 ETL이라는 용어가 자리 잡을지는 아직 확실하지 않으며 관행이 더 진화할 수도 있다. 일부 엔지니어는 이벤트 스트림에서 데이터 변환을 처리하고 필요에 따라 해당 이벤트를 원천 시스템으로 전송함으로써 역 ETL을 제거할 수 있다고 주장한다. 이러한 패턴을 비즈니스 전반에 걸쳐 폭넓게 적용하는 것은 또 다른 문제다. 핵심은, 변환된 데이터가 원천 시스템과 관련한 올바른 계통과 비즈니스 프로세스를 통해 어떤 방식으로든 원천 시스템에 반환되어야 한다는 것이다.

2.2 데이터 엔지니어링 수명 주기의 드러나지 않는 주요 요소

데이터 엔지니어링이 빠르게 발전하고 있다. 데이터 엔지니어링의 이전 주기는 단순히 기술 계층에 초점을 맞췄지만, 도구와 관행의 지속적인 추상화와 단순화는 이러한 관점을 바꿔놨다. 데이터 엔지니어링은 이제 도구와 기술보다 훨씬 더 많은 것을 포함한다. 이 분야는 이제 데이터 관리 및 비용 최적화와 같은 전통적인 엔터프라이즈 관행과, 데이터옵스와 같은 새로운 관행을 통합해 가치 사슬을 위쪽으로 끌어올리고 있다.

우리는 이러한 관행(보안, 데이터 관리, 데이터옵스, 데이터 아키텍처, 오케스트레이션, 소프트웨어 엔지니어링 등)을 **드러나지 않는 요소**^{undercurrent}라 부르는데, 이 요소는 데이터 엔지니어링 수명 주기의 모든 측면을 지원한다(그림 2-7). 이 절에서는 이러한 드러나지 않는 요소과 주요 컴포넌트를 간략하게 설명한다. 더 구체적인 내용은 이 책 전반에 걸쳐 자세히 설명할 것이다.

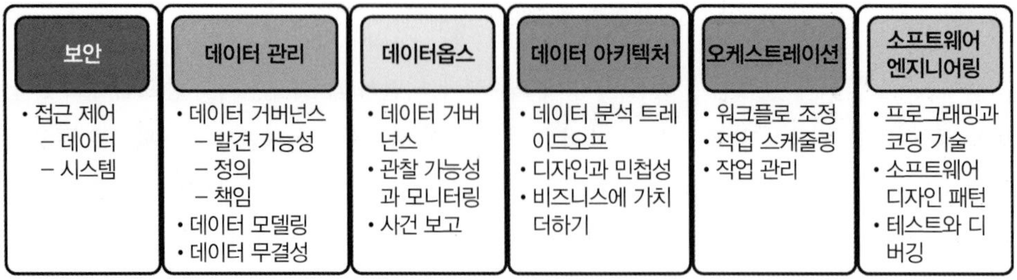

보안	데이터 관리	데이터옵스	데이터 아키텍처	오케스트레이션	소프트웨어 엔지니어링
• 접근 제어 　－ 데이터 　－ 시스템	• 데이터 거버넌스 　－ 발견 가능성 　－ 정의 　－ 책임 • 데이터 모델링 • 데이터 무결성	• 데이터 거버넌스 • 관찰 가능성과 모니터링 • 사건 보고	• 데이터 분석 트레이드오프 • 디자인과 민첩성 • 비즈니스에 가치 더하기	• 워크플로 조정 • 작업 스케줄링 • 작업 관리	• 프로그래밍과 코딩 기술 • 소프트웨어 디자인 패턴 • 테스트와 디버깅

그림 2-7 데이터 엔지니어링의 드러나지 않는 주요 요소

2.2.1 보안

데이터 엔지니어는 보안을 최우선으로 생각해야 하며, 이를 무시하는 사람은 위험을 감수해야한다. 보안이 드러나지 않는 요소의 첫 번째 요소인 이유다. 데이터 엔지니어는 데이터와 접근보안을 모두 이해하고 최소 권한 원칙principle of least privilege[2]을 실행해야 한다. 최소 권한 원칙이란사용자 또는 시스템이 의도된 기능을 수행하는 데 필수적인 데이터와 자원에만 접근할 수 있는것을 의미한다. 보안 경험이 적은 데이터 엔지니어의 일반적인 안티 패턴은 모든 사용자에게관리자 권한을 부여하는 것이다. 이는 대재앙으로 이어지는 행위다.

사용자에게 현재 업무를 수행하는 데 필요한 접근 권한만 부여하고 그 이상은 부여하지 않는다. 표준 사용자 접근 권한을 가진 가시적인 파일만 찾을 때는 루트 셸root shell에서 작업하지 않는다. 역할이 낮은 테이블을 쿼리할 때는 데이터베이스에서 슈퍼유저superuser 역할을 사용하지않는다. 자신에게 최소 권한 원칙을 강제함으로써 우발적인 피해를 방지하고 안전제일의 사고방식을 유지할 수 있다.

인력과 조직 구조는 항상 모든 기업에서 가장 큰 보안 취약점이다. 언론에서 떠드는 중대한 보안 침해 관련 소식들은 보통 회사의 누군가가 기본적인 예방책을 무시했거나, 피싱 공격의 희생양이 되었거나, 무책임한 행동을 한 결과인 경우가 많다. 데이터 보안의 첫 번째 방어선은 조직에 스며들 수 있는 보안 문화를 구축하는 것이다. 데이터에 접근할 수 있는 모든 개인은 회사의 기밀 데이터와 고객을 보호할 책임이 있음을 이해해야 한다.

데이터 보안은 또한 접근 타이밍과 관련 있다. 데이터 보안에 접근해야 하는 사람과 시스템에

---

2 https://oreil.ly/6RGAq

정확하게 데이터 접근을 제공하되, **해당 작업을 수행하는 데 필요한 기간 동안만 허용**한다. 암호화encryption, 토큰화tokenization, 데이터 마스킹data masking, 난독화obfuscation 및 단순하고 견고한 접근 제어access control를 사용해 이동 중인 데이터와 저장된 데이터 모두 원치 않는 가시성visibility으로부터 보호해야 한다.

데이터 엔지니어는 보안이 자신들의 영역에 속하므로 유능한 보안 관리자여야 한다. 데이터 엔지니어는 클라우드와 온프레미스 환경 모두에 대한 보안 모범 사례를 이해해야 한다. 사용자 및 ID 접근 관리identity access management(IAM)의 역할, 정책, 그룹, 네트워크 보안, 암호 정책password policy, 암호화 등은 보안 관련 지식을 쌓기에 좋은 출발점이다.

이 책에서는 데이터 엔지니어링 수명 주기에서 보안을 최우선으로 고려해야 할 분야를 중점적으로 다룬다. 또한 10장에서는 보안에 관한 더 자세한 정보를 얻을 수 있다.

2.2.2 데이터 관리

데이터 관리data management라는 용어가 매우 기업적corporate으로 들릴 수도 있다. '구식' 데이터 관리 관행은 데이터 및 ML 엔지니어링에 적용된다. 오래된 것이 다시 새로운 것이 된다. 데이터 관리는 지난 수십 년 동안 존재했지만, 최근까지 데이터 엔지니어링 분야에서 큰 주목을 받지 못했다. 데이터 도구가 단순해지면서 데이터 엔지니어가 관리할 복잡성도 줄어들고 있다. 그 결과 데이터 엔지니어는 가치사슬에서 다음 단계의 모범 사례로 이동하고 있다. 이전에는 데이터 거버넌스, 마스터 데이터 관리, 데이터 품질 관리, 메타데이터 관리 등 대기업의 전유물이었던 데이터 모범 사례가, 이제는 기업 규모와 성숙도와 관계없이 모든 기업으로 확대되고 있다. 데이터 엔지니어링은 '기업화'되고 있다. 이것은 궁극적으로 대단한 일이다.

DAMA[3]에서 발행하는 데이터 관리 지식 체계 가이드북인 DMBOK[4]은 다음과 같은 정의를 제공한다.

> 데이터 관리는 수명 주기 전체에 걸쳐 데이터와 정보 자산의 가치를 제공, 제어, 보호 및 향상할 계획, 정책, 프로그램과 사례를 개발, 실행 및 감독하는 것이다.

....

[3] 옮긴이_ DAMA(Data Management Association International)은 정보 관리 및 데이터 관리에 관한 개념과 관행을 발전시키는 것이 목표인 글로벌 비영리 협회다.

[4] 옮긴이_ DAMA는 기업 데이터 관리를 위한 공통 용어와 모범 사례에 관한 제안을 포함하는 DMBOK(Data Management Body of Knowledge)를 발행했다. 초판(DAMA-DMBOK)은 2015년 4월 출간되었으며 2판(DMBOK2)은 2017년 7월 출간됐다.

다소 긴 이 문장이 데이터 엔지니어링과 어떻게 관련되는지 살펴보자. 데이터 엔지니어는 데이터 수명 주기를 관리하며, 데이터 관리는 데이터 엔지니어가 이 작업을 수행할 때 기술적 또는 전략적으로 활용하는 일련의 모범 사례를 포함한다. 데이터 관리 프레임워크가 없다면 데이터 엔지니어는 공백 상태에서 작업하는 기술자에 불과하다. 데이터 엔지니어에게는 원천 시스템에서 최고 경영진에 이르기까지, 그리고 그 사이의 모든 장소에 걸쳐 조직 전체의 데이터 활용에 대한 폭 넓은 관점이 필요하다.

데이터 관리가 중요한 이유는 무엇일까? 데이터 관리는 기업이 재무 자원, 완제품 또는 부동산을 자산으로 보는 것과 마찬가지로, 일상적인 운영에 데이터가 필수 요소라는 것을 보여준다. 데이터 관리 관행은 조직이 데이터로부터 가치를 얻고 적절히 처리할 수 있도록 모든 사람이 채택할 수 있는 일관된 프레임워크를 형성한다.

데이터 관리에는 다음과 같은 여러 측면이 있다.

- 발견 가능성discoverability 및 책임accountability을 포함한 데이터 거버넌스
- 데이터 모델링 및 설계
- 데이터 계보lineage
- 저장 및 운영
- 데이터 통합 및 상호 운용성
- 데이터 수명 주기 관리
- 고급 분석 및 ML을 위한 데이터 시스템
- 윤리 및 개인정보보호

이 책은 데이터 관리를 포괄적으로 다루지는 않지만, 데이터 엔지니어링과 관련한 각 분야의 몇 가지 주요 사항을 간략히 살펴보겠다.

데이터 거버넌스

에브렌 에리우렉Evren Eryurek의 저서[5]에 따르면 '데이터 거버넌스는 무엇보다도 조직이 수집한 데이터의 품질, 무결성integrity, 보안 및 사용성usability을 보장하기 위한 데이터 관리 기능'이다.

이 정의를 확장하면 데이터 거버넌스는 적절한 보안 제어로 데이터를 보호하면서, 조직 전체의

---

[5] Evren Eryurek et al., Data Governance: The Definitive Guide (Sebastopol, CA: O'Reilly, 2021)

데이터 가치를 극대화하기 위해 인력, 프로세스 및 기술을 활용한다고 할 수 있다. 효과적인 데이터 거버넌스는 조직이 의도적으로 개발하고 지원한다. 데이터 거버넌스가 우발적이고 무계획적으로 이루어질 경우에는 신뢰할 수 없는 데이터부터 보안 침해에 이르기까지 다양한 부작용이 발생할 수 있다. 데이터 거버넌스에 대해 의도적으로 대처하면 조직의 데이터 역량과 데이터에서 창출되는 가치를 극대화할 수 있다. 또한 의심스럽거나 완전히 무모한 데이터 관행 때문에 회사가 뉴스 헤드라인을 장식하는 사태를 방지할 수 있다.

데이터 거버넌스가 제대로 이루어지지 않은 전형적인 사례를 생각해보자. 비즈니스 분석가는 보고서 요청을 받았지만, 질문에 답변하는 데 필요한 데이터가 무엇인지를 알지 못한다. 트랜잭션 데이터베이스의 수십 개의 테이블을 뒤적이며 어떤 필드가 유용할지 추측하는 데만 몇 시간씩 소비할 수 있다. 분석가는 '방향적으로 올바른' 보고서를 작성하지만, 보고서의 기본 데이터가 정확하거나 건전한지는 완전히 확신할 수 없다. 보고서 수신자 또한 데이터의 타당성에 의문을 제기한다. 분석가 및 회사 시스템에 있는 모든 데이터의 유효성^{validity}에 의문이 제기된다. 회사는 성과에 대해 혼란스러워하고 사업 계획을 세울 수 없다.

데이터 거버넌스는 데이터 중심 비즈니스 사례의 토대이며 데이터 엔지니어링 수명 주기의 매우 중요한 부분이다. 데이터 거버넌스가 잘 실행되면 사람, 프로세스 및 기술이 연계되어 데이터를 주요 비즈니스 동력으로 취급하고, 데이터 문제가 발생하면 신속하게 처리할 수 있다.

데이터 거버넌스의 핵심 범주는 발견 가능성, 보안, 책임이다.[6] 이러한 핵심 범주에는 데이터 품질, 메타데이터 및 개인정보보호와 같은 하위 범주가 있다. 각 핵심 범주를 차례로 살펴보자.

발견 가능성

데이터 중심 기업에서는 데이터를 사용할 수 있고 검색할 수 있어야 한다. 최종 사용자는 작업에 필요한 데이터에 신속하고 안정적으로 접근할 수 있어야 한다. 그리고 데이터의 출처가 어디인지, 이 데이터가 다른 데이터와 어떤 관계가 있는지, 데이터의 의미는 무엇인지 알아야 한다.

데이터 발견 가능성의 주요 분야로는 메타데이터 관리 및 마스터 데이터 관리 등이 있다. 이러한 분야들을 간략하게 살펴보자.

---

6 Evren Eryurek et al., Data Governance: The Definitive Guide (Sebastopol, CA: O'Reilly, 2021)

메타데이터

메타데이터^{metadata}는 '데이터에 관한 데이터'로, 데이터 엔지니어링 수명 주기의 모든 부분을 뒷받침한다. 메타데이터는 데이터를 검색하고 제어하는 데 필요한 데이터다.

메타데이터는 크게 자동 생성 데이터와 인간 생성 데이터의 두 가지 범주로 나뉜다. 현대 데이터 엔지니어링은 자동화를 중심으로 진행되지만, 메타데이터 수집은 수작업이고 오류가 발생하기 쉽다.

기술은 이 프로세스를 지원하므로 수동 메타데이터 수집에서 오류가 발생하기 쉬운 작업을 상당 부분 제거할 수 있다. 데이터 카탈로그, 데이터 계보 추적 시스템과 메타데이터 관리 도구는 급증하고 있다. 이러한 도구는 데이터베이스를 탐색해 관계를 찾고, 데이터 파이프라인을 모니터링해 데이터의 출처와 타깃을 추적할 수 있다. 정확도가 낮은 수동 접근 방식은 조직 내에서 다양한 이해관계자가 메타데이터 수집을 크라우드소싱하는 등 내부 주도적인 노력이 필요하다. 이러한 데이터 관리 도구는 대부분의 데이터 엔지니어링 수명 주기를 저해하는 만큼, 이 책 전체에 걸쳐 자세히 설명할 것이다.

메타데이터는 데이터 및 데이터 프로세스의 부산물이 된다. 하지만 중요한 과제가 남아 있다. 특히 상호 운용성^{interoperability}과 표준이 아직 미비하다. 메타데이터 도구는 데이터 시스템에 대한 커넥터 및 메타데이터 공유 기능에 따라 달라진다. 또한 자동화된 메타데이터 도구가 인간을 완전히 배제해서는 안 된다.

데이터에는 사회적 요소가 있다. 각 조직은 프로세스, 데이터셋 및 파이프라인에 대한 사회적 자본과 지식을 축적한다. 인간 중심의 메타데이터 시스템은 메타데이터의 사회적 측면에 초점을 맞춘다. 이는 에어비앤비^{Airbnb}가 데이터 도구, 특히 데이터포털^{dataportal} 개념에 관한 다양한 블로그 게시물에서 강조한 것이다.[7] 이러한 도구는 데이터 소유자, 데이터 소비자 및 도메인 전문가를 공개하는 장소를 제공해야 한다. 문서화 및 내부 위키 도구는 메타데이터 관리의 주요 기반을 제공하지만, 이러한 도구는 자동화된 데이터 카탈로그 작성에도 통합되어야 한다. 예를 들어 데이터 검사 도구는 관련 데이터 객체^{object}에 대한 링크가 포함된 위키 페이지를 생성할 수 있다.

메타데이터 시스템과 프로세스가 있으면 데이터 엔지니어는 유용한 방식으로 메타데이터를

---

7 Chris Williams et al., 'Democratizing Data at Airbnb', The Airbnb Tech Blog, May 12, 2017, `https://oreil.ly/dM332`

사용할 수 있다. 메타데이터는 수명 주기 전체에 걸쳐 파이프라인을 설계하고 데이터를 관리하는 기반이 된다.

DMBOK는 데이터 엔지니어에게 유용한 메타데이터의 네 가지 주요 범주를 다음과 같이 식별한다.

- 비즈니스 메타데이터
- 기술 메타데이터
- 운영 메타데이터
- 참조 메타데이터

각 메타데이터 카테고리를 간단히 살펴보자.

비즈니스 메타데이터business metadata는 비즈니스와 데이터 정의, 데이터 규칙과 로직, 데이터 사용 방법과 장소, 데이터 소유자 등 비즈니스에서 데이터가 사용되는 방식과 관련이 있다.

데이터 엔지니어는 비즈니스 메타데이터를 사용해 누가, 어디서, 무엇을, 어떻게 하는지에 대한 비기술적 질문에 답한다. 예를 들어 데이터 엔지니어는 고객 판매 분석을 위한 데이터 파이프라인을 작성하는 업무를 수행할 수 있다. 하지만 여기서 고객이란 누구를 가리키는 용어일까? 지난 90일 이내에 구매한 사람을 의미할까? 아니면 영업 개시 이후 시기에 상관없이 구매한 사람들을 의미할까? 데이터 엔지니어는 올바른 데이터를 사용해 비즈니스 메타데이터(데이터 사전 또는 데이터 카탈로그)를 참조해서 어떻게 '고객'을 정의했는지 찾아본다. 비즈니스 메타데이터는 데이터 엔지니어에게 데이터를 적절하게 사용하는 올바른 콘텍스트context와 정의를 제공한다.

기술 메타데이터technical metadata는 데이터 엔지니어링 수명 주기 전반에 걸쳐 시스템이 생성하고 사용하는 데이터를 의미한다. 여기에는 데이터 모델과 스키마, 데이터 계보, 필드 매핑 및 파이프라인 워크플로가 포함된다. 데이터 엔지니어는 기술 메타데이터를 사용해 데이터 엔지니어링 수명 주기 전반에 걸쳐 다양한 시스템을 생성하고, 연결하고, 모니터링한다.

데이터 엔지니어가 사용하는 일반적인 유형의 기술 메타데이터는 다음과 같다.

- 파이프라인 메타데이터(종종 오케스트레이션 시스템에서 생성됨)
- 데이터 계보
- 스키마

오케스트레이션은 다양한 시스템에서 워크플로를 조정하는 중앙 허브다. 오케스트레이션 시스템에서 캡처된 **파이프라인 메타데이터**^{pipeline metadata}는 워크플로 일정, 시스템과 데이터 종속성, 구성, 연결 세부 정보 등을 제공한다.

데이터 계보 메타데이터^{data-lineage metadata}는 데이터 원본과 변경 사항, 데이터 종속성을 시간에 따라 추적한다. 데이터는 데이터 엔지니어링 수명 주기를 통과하면서 변환되거나 다른 데이터와 결합되며 진화한다. 데이터 계보는 데이터가 다양한 시스템과 워크플로를 거치는 동안 데이터의 진화에 대한 감사 추적^{audit trail}을 제공한다.

스키마 메타데이터^{schema metadata}는 데이터베이스, 데이터 웨어하우스, 데이터 레이크^{data lake} 또는 파일 시스템과 같은 시스템에 저장된 데이터 구조를 설명한다. 이 구조는 다양한 스토리지 시스템의 주요 차별화 요소 중 하나다. 예를 들어 객체 저장소는 스키마 메타데이터를 관리하지 않으며 대신 **메타스토어**^{metastore}에서 관리해야 한다. 반면 클라우드 데이터 웨어하우스는 스키마 메타데이터를 내부적으로 관리한다.

이는 데이터 엔지니어가 알아야 할 기술 메타데이터의 몇 가지 예에 불과하다. 완전한 목록은 아니며, 이 책 전체에 걸쳐 기술 메타데이터의 추가적인 측면을 다룬다.

운영 메타데이터^{operational metadata}는 다양한 시스템의 운영 결과를 설명하며 프로세스, 작업 ID, 애플리케이션 런타임 로그, 프로세스에서 사용되는 데이터 및 오류 로그에 대한 통계를 포함한다. 데이터 엔지니어는 운영 메타데이터를 사용해서 프로세스의 성공 또는 실패 여부와 그 프로세스에 관련된 데이터를 판단한다.

오케스트레이션 시스템은 운영 메타데이터에 대한 제한된 그림을 제공할 수 있지만, 운영 메타데이터는 여전히 많은 시스템에 분산되는 경향이 있다. 더 나은 품질의 운용 메타데이터와 메타데이터 관리의 필요성은 차세대 오케스트레이션과 메타데이터 관리 시스템의 주요 동기다.

참조 메타데이터^{reference metadata}는 다른 데이터를 분류하는 데 필요한 데이터로, 조회 데이터^{lookup data}라고도 한다. 참조 데이터의 표준 사례로는 내부 코드, 지리적 코드, 측정 단위 및 내부 달력 표준 등이 있다. 대부분의 참조 데이터는 내부적으로 완벽하게 관리되지만, 지리 코드와 같은 항목은 표준 외부 참조에서 가져올 수 있다. 참조 데이터는 기본적으로 다른 데이터를 해석하기 위한 표준이므로 데이터가 변경되면 시간이 지남에 따라 서서히 변경된다.

데이터 책임

데이터 책임data accountability이란 데이터의 일부를 관리할 개인을 지정하는 것을 의미한다. 그런 다음 책임자는 다른 이해관계자의 거버넌스 활동을 조정한다. 문제가 있는 데이터에 대해 책임지는 사람이 없으면 데이터 품질 관리가 어렵다.

데이터 엔지니어가 반드시 데이터를 책임질 담당자일 필요는 없다. 책임자는 소프트웨어 엔지니어나 제품 관리자 또는 다른 역할을 수행하는 사람일 수 있다. 또한 책임자는 일반적으로 데이터 품질을 유지하는 데 필요한 모든 자원을 보유하지 않는다. 대신 데이터 엔지니어를 포함해 데이터를 다루는 모든 사람과 협력한다.

데이터 책임은 다양한 수준에서 발생할 수 있다. 책임은 테이블 또는 로그 스트림 수준에서 발생할 수도 있지만, 여러 테이블에 걸쳐 발생하는 단일 필드 엔티티entity처럼 세분화될 수도 있다. 한 개인은 여러 시스템에서 고객 ID를 관리할 수 있다. 기업 데이터 관리의 경우 데이터 도메인은 이 ID 예시에서처럼 특정 필드 유형에 대해 발생할 수 있는 모든 가능한 값의 집합이다. 이는 지나치게 관료적이고 꼼꼼해 보일 수 있지만, 데이터 품질에 큰 영향을 미칠 수 있다.

데이터 품질

> 이 데이터를 신뢰해도 될까요?
>
> — 비즈니스 관계자 전원

데이터 품질data quality은 데이터를 원하는 상태로 최적화하는 것으로 '기대하는 것과 비교해 어떤 결과를 얻을 수 있을까?'라는 질문을 중심으로 한다. 데이터는 비즈니스 메타데이터의 기대치에 부합해야 한다. 데이터가 비즈니스에 의해 합의된 정의와 일치하는가?

데이터 엔지니어는 데이터 엔지니어링 수명 주기 전체에 걸쳐 데이터 품질을 보장한다. 여기에는 데이터 품질 테스트를 수행하고, 스키마 기대치, 데이터 완전성 및 정밀도에 대한 데이터 준수를 보장하는 것이 포함된다.

에브렌 에리우렉의 저서[8]에 따르면, 데이터 품질은 다음 3가지 주요 특징으로 정의된다.

① **정확도** accuracy

수집된 데이터가 실제로 정확한가? 중복된 값이 있는가? 수치가 정확한가?

② **완전성** completeness

기록은 완전한가? 모든 필수 필드에 유횻값이 포함되는가?

③ **적시성** timeliness

기록을 시기 적절하게 이용할 수 있는가?

각 특징은 상당히 미묘한 차이가 있다. 예를 들어 웹 이벤트 데이터를 다룰 때 봇과 웹 스크레이퍼에 관해 어떻게 생각하는가? 고객의 여정을 분석하려면 사람과 기계가 생성하는 트래픽을 서로 분리할 수 있는 프로세스가 필요하다. 봇에서 생성된 이벤트는 현재 데이터 정확도 문제로 '**인간**'으로 잘못 분류될 수 있으며 그 반대 경우도 마찬가지다.

완전성과 적시성에 관해서도 다양하고 흥미로운 문제들이 발생한다. 데이터플로 dataflow 모델을 소개하는 구글 논문에서 저자들은 광고를 표시하는 오프라인 비디오 플랫폼의 예를 제시한다.[9] 이 플랫폼은 연결되는 동안 비디오와 광고를 다운로드하고, 사용자가 오프라인 상태에서 시청할 수 있도록 한 다음, 다시 연결되면 광고 시청 데이터를 업로드한다. 이 데이터는 광고를 시청한 이후 뒤늦게 도착할 수 있다. 그렇다면 플랫폼에서는 광고에 대한 과금을 어떻게 처리할까?

근본적으로 이 문제는 순전히 기술적인 방법으로는 해결할 수 없다. 오히려 엔지니어는 늦게 도착하는 데이터에 대한 표준을 결정하고 다양한 기술 도구를 사용해 이를 균일하게 적용해야 한다.

---

8 Evren Eryurek et al., Data Governance: The Definitive Guide (Sebastopol, CA: O'Reilly, 2021)

9 Tyler Akidau et al., 'The Dataflow Model: A Practical Approach to Balancing Correctness, Latency, and Cost in Massive-Scale, Unbounded, Out-of-Order Data Processing,' Proceedings of the VLDB Endowment 8 (2015): 1792-1803. https://oreil.ly/Z6XYy

> ## 마스터 데이터 관리
>
> **마스터 데이터**master data는 직원, 고객, 제품 및 위치와 같은 비즈니스 엔티티에 대한 데이터다. 조직이 유기적인 성장과 인수를 통해 규모가 커지고 복잡해지며 다른 비즈니스와의 협업이 이루어짐에 따라, 엔티티와 아이덴티티에 대한 일관된 그림을 유지하기가 점점 더 어려워지고 있다.
>
> **마스터 데이터 관리**master data management(MDM)는 **골든 레코드**golden record로 알려진 일관된 엔티티 정의를 구축하는 관행이다. 골든 레코드는 조직 전체 및 파트너 간에 엔티티 데이터를 조화시킨다. MDM은 기술 도구를 구축하고 배포함으로써 촉진되는 비즈니스 운영 프로세스다. 예를 들어 MDM 팀은 주소의 표준 형식을 결정한 다음, 데이터 엔지니어와 협력해 일관된 주소를 반환하는 API와 주소 데이터를 사용해서 회사 부서 전반의 고객 레코드를 일치시키는 시스템을 구축할 수 있다.
>
> MDM은 전체 데이터 주기에 걸쳐 운영 데이터베이스production database에 도달한다. 데이터 엔지니어링의 영역에 직접 포함될 수도 있지만, 조직 전체에서 작업하는 전담 팀이 담당하는 경우가 많다. MDM을 소유하지 않더라도 데이터 엔지니어는 MDM 이니셔티브에서 협업할 수 있으므로 항상 이를 인지해야 한다.

데이터 품질은 인적 문제와 기술 문제의 경계를 넘나든다. 데이터 엔지니어는 데이터 품질에 대한 실행 가능한 사용자 피드백을 수집하고, 기술 도구를 사용해 다운스트림 사용자가 품질 문제를 발견하기 전에 미리 감지하는 강력한 프로세스가 필요하다. 이러한 수집 프로세스에 대해서는 이 책 전반에 걸쳐 각 장에서 설명할 것이다.

데이터 모델링 및 설계

비즈니스 분석과 데이터 과학을 통해 데이터에서 비즈니스 통찰력을 얻으려면 데이터가 사용 가능한 형태로 제공되어야 한다. 데이터를 사용 가능한 형태로 변환하는 프로세스를 **데이터 모델링 및 설계**data modeling and design라고 한다. 전통적으로 데이터 모델링은 데이터베이스 관리자(DBA)와 ETL 개발자의 문제로 간주되지만, 데이터 모델링은 조직 내 거의 모든 곳에서 발생할 수 있다. 펌웨어 엔지니어가 IoT 장치용 레코드의 데이터 형식을 개발하거나, 웹 애플리케이션 개발자가 API 호출 또는 MySQL 테이블 스키마에 대한 JSON 응답을 설계하는 것 모두 데이터 모델링 및 설계의 사례들이다.

새로운 데이터 원천과 사용 사례가 다양해지면서 데이터 모델링이 더욱 어려워졌다. 예를 들어 엄격한 정규화^{normalization}는 이벤트 데이터에서는 잘 작동하지 않는다. 다행히 차세대 데이터 도구는 측정^{measure}, 차원^{dimension}, 속성^{attribute} 및 계층^{hierarchy} 구조를 논리적으로 구분하는 동시에 데이터 모델의 유연성을 높여준다. 클라우드 데이터 웨어하우스는 Kimball, Inmon 및 Data Vault와 같은 일반적인 데이터 모델링 패턴을 지원함과 동시에, 방대한 분량의 비정규^{denormalized} 및 반정형^{semistructured} 데이터 수집을 지원한다. 스파크와 같은 데이터 처리 프레임워크는 플랫 정형화된 관계형 레코드에서 원시 비정형^{unstructured} 텍스트에 이르기까지 모든 범위의 데이터를 수집할 수 있다. 이러한 데이터 모델링 및 변환 패턴에 관해서는 8장에서 자세히 다룰 것이다.

엔지니어가 대처해야 할 데이터의 종류가 매우 다양하다 보니 때로는 데이터 모델링을 포기하고 싶다는 유혹이 있을 수 있다. 하지만 이는 사람들이 '한 번 쓰고 절대 읽지 않는^{write once read never}(WORN)' 접근 패턴에 대해 불평하거나 **데이터 늪**^{data swamp}을 언급할 때 분명히 드러나는, 참혹한 결과를 수반하는 끔찍한 아이디어다. 데이터 엔지니어는 모델링의 모범 사례를 이해하고, 데이터 원천과 사용 사례에 적절한 수준과 유형의 모델링을 적용할 수 있는 유연성을 개발해야 한다.

데이터 계보

데이터가 수명 주기를 거치며 이동함에 따라 어떤 시스템이 데이터에 영향을 미쳤는지, 또는 데이터가 전달 및 변환될 때 어떤 데이터가 구성되었는지를 어떻게 알 수 있을까? **데이터 계보**^{data lineage}란 데이터를 처리하는 시스템과 데이터가 의존하는 업스트림 데이터를 모두 추적해 수명 주기 전체에 걸쳐 데이터의 감사 추적을 기록하는 것을 말한다.

데이터 계보는 데이터 및 데이터를 처리하는 시스템의 오류 추적, 설명 및 디버깅에 도움이 된다. 데이터 수명 주기에 대한 감사 추적을 제공한다는 명백한 이점이 있으며 컴플라이언스(규정 준수)^{compliance}에도 도움이 된다. 예를 들어 사용자가 시스템에서 데이터를 삭제하려는 경우 해당 데이터에 대한 계보가 있으면 데이터가 저장된 위치와 종속성을 알 수 있다.

데이터 계보는 엄격한 컴플라이언스 기준을 가진 대기업에서 오랫동안 사용됐다. 그러나 데이터 관리가 주류가 되면서 이제는 소규모 기업에서도 널리 채택하고 있다. 앤디 페트렐라^{Andy}

Petrella의 DODD^{data observability driven development} 개념[10]은 이러한 데이터 계보와 밀접한 관련이 있다. DODD는 계보를 통해 데이터를 관찰한다. 이 프로세스는 개발, 테스트 및 최종 생산 과정에 적용되어 기대에 부응하는 품질과 적합성을 제공한다.

데이터 통합과 상호 운용성

데이터 통합과 상호 운용성은 여러 도구와 프로세스 전반에 걸쳐 데이터를 통합하는 프로세스다. 분석에 대한 단일 스택^{single-stack} 접근 방식에서 벗어나, 다양한 도구가 온디맨드로 데이터를 처리하는 이기종 클라우드 환경으로 전환함에 따라 통합 및 상호 운용성은 데이터 엔지니어의 작업 범위를 더욱 넓히고 있다.

데이터 통합은 맞춤형 데이터베이스 연결이 아닌 범용 API를 통해 이루어지는 경우가 늘고 있다. 예를 들어 데이터 파이프라인은 세일즈포스^{Salesforce}의 API에서 데이터를 가져와 아마존 S3^{Amazon S3}에 저장하고 스노우플레이크^{Snowflake}의 API를 호출해 테이블에 적재한 다음, API를 다시 호출해 쿼리를 실행한 뒤 그 결과를 S3로 내보내 스파크가 데이터를 소비할 수 있다.

이 모든 작업은 데이터를 직접 처리하는 대신 데이터 시스템과 통신하는 비교적 단순한 파이썬 코드로 관리할 수 있다. 데이터 시스템과의 상호 작용의 복잡성은 감소했지만, 시스템 수와 파이프라인의 복잡성은 극적으로 증가했다. 처음부터 시작하는 엔지니어는 맞춤형 스크립팅의 기능을 빠르게 뛰어넘어 **오케스트레이션**^{orchestration}의 필요성을 실감하게 된다. 오케스트레이션은 수명 주기의 드러나지 않는 요소 중 하나로, 자세한 내용은 2.2.5절을 참조하자.

데이터 수명 주기 관리

데이터 레이크의 등장으로 조직은 데이터 보관^{archival} 및 파기^{destruction}를 무시하게 됐다. 스토리지를 무한대로 추가할 수 있는데 왜 군이 데이터를 폐기해야 할까? 다음과 같은 두 가지 변화에 따라 엔지니어는 데이터 엔지니어링 수명 주기가 끝나는 마지막 단계에서 발생하는 일에 더 많은 관심을 기울이게 됐다.

첫째, 클라우드에 점점 더 많은 데이터가 저장되고 있다. 즉, 사내 데이터 레이크에 대한 대규모 초기 자본 지출 대신 종량제 스토리지 비용이 발생하게 됐다. AWS의 월별 청구서에 모든

---

10 https://oreil.ly/3f4WS

바이트가 표시될 때마다 CFO는 절약할 방법을 모색하게 된다. 클라우드 환경에서의 데이터 보관 절차는 비교적 간단하다. 주요 클라우드 벤더는 매우 드물게 접근^access한다는 전제 아래, 매우 저렴한 비용으로 데이터를 장기간 보존할 수 있는 아카이브별 객체 스토리지 클래스를 제공한다(데이터 검색 비용이 그리 저렴하지는 않지만, 이는 다음 기회에 설명하겠다). 또한 이러한 스토리지 클래스는 중요한 아카이브의 우발적 또는 고의적인 삭제를 방지하는 추가 정책 제어를 지원한다.

둘째, GPR과 CCPA 같은 개인정보보호 및 데이터 보존법에 따라 데이터 엔지니어는 사용자의 '잊혀질 권리'를 존중하기 위해 데이터 파기를 적극적으로 관리해야 한다. 데이터 엔지니어는 현재 보유하고 있는 소비자 데이터를 파악하고, 요청 및 컴플라이언스 요건에 따라 데이터를 파기하는 절차를 수행해야 한다.

데이터 파기는 '한 번 쓰고 여러 번 읽기^write once read many (WORM)'가 기본 스토리지 패턴인 데이터 레이크에서 더 어려웠다. 클라우드 데이터 웨어하우스에서는 데이터를 쉽게 파기할 수 있다. SQL 시맨틱^semantic에서는 **where** 절에 해당하는 행을 삭제할 수 있다. 하이브 ACID 및 델타 레이크^Delta Lake 등의 도구를 사용하면 삭제 트랜잭션을 규모에 맞게 쉽게 관리할 수 있다. 또한 차세대 메타데이터 관리, 데이터 계보 및 카탈로그 도구로 데이터 엔지니어링 수명 주기의 마지막 단계를 간소화할 수 있다.

윤리와 개인정보보호

지난 몇 년간 발생한 데이터 침해, 잘못된 정보 및 잘못된 데이터 처리 과정에서 한 가지 명백해진 점은 데이터가 사람들에게 영향을 미친다는 사실이다. 과거에는 데이터가 마치 야구 카드처럼 자유롭게 수집되고 거래되곤 했지만, 그런 시대는 이미 지났다. 한때 데이터의 윤리적 영향력과 개인정보보호에 대한 영향력은 보안과 더불어 좋은 것으로 여겨졌지만, 이제는 일반적인 데이터 수명 주기의 중심이 됐다. 데이터 엔지니어는 아무도 보지 않을 때라 해도 올바르게 조치해야 한다. 언젠가는 모두가 모니터링하게 될 것이기 때문이다.[11] 필자는 더 많은 조직이 훌륭한 데이터 윤리와 개인정보보호 문화를 장려하기를 바란다.

이러한 윤리와 개인정보보호는 데이터 엔지니어링 수명 주기에 어떤 영향을 미칠까? 데이터

---

[11] 필자는 아무도 보지 않을 때 옳은 일을 하는 것이 윤리적 행동이라는 개념을 지지한다. 이는 C. S. 루이스, 찰스 마셜 등의 저서에서 찾아볼 수 있는 사상이다.

엔지니어는 데이터셋이 개인식별정보personally identifiable information (PII) 및 기타 중요한 정보를 마스킹 처리하는지를 확인해야 한다. 그러면 데이터셋이 변환될 때 편향을 식별하고 추적할 수 있다. 규제 요건과 컴플라이언스에 대한 처벌은 점점 더 엄격해지고 있다. 데이터 자산이 GPR 및 CCPA처럼 계속 증가하는 데이터 규정을 준수하는지 확인해야 한다. 부디 이러한 사항들을 진지하게 고려하기를 바란다. 여러분이 데이터 엔지니어링 수명 주기에 윤리 및 개인정보보호를 도입할 수 있도록 이 책의 전반에 걸쳐 팁을 제공할 것이다.

2.2.3 데이터옵스

데이터옵스DataOps는 애자일 방법론, 데브옵스, 통계적 공정 관리statistical process control (SPC)의 모범 사례를 데이터에 매핑한다. 데브옵스의 목표는 소프트웨어 제품의 릴리스release와 품질을 개선하는 것이지만, 데이터옵스는 데이터 제품에 대해서도 같은 작업을 수행한다.

데이터 제품은 데이터의 사용 방식 때문에 소프트웨어 제품과는 다르다. 소프트웨어 제품은 최종 사용자에게 특정 기능과 기술적 기능을 제공한다. 한편, 데이터 제품은 사용자가 의사결정을 내리거나 자동화된 작업을 수행하는 모델을 구축하는 건전한 비즈니스 로직과 측정 지표metric를 기반으로 구축된다. 데이터 엔지니어는 소프트웨어 제품 구축의 기술적 측면과, 우수한 데이터 제품을 만드는 비즈니스 로직, 품질 및 측정 지표를 모두 이해해야 한다.

데브옵스와 마찬가지로 데이터옵스는 린 제조 및 공급망 관리에서 많은 부분을 차용해 인력, 프로세스 및 기술을 혼합하고 가치 창출 시간을 단축한다. 미국의 데이터옵스 전문업체인 데이터키친DataKitchen은 다음과 같이 설명한다.[12]

> 데이터옵스는 다음 사항들을 실현하는 기술 관행, 워크플로, 문화적 규범, 아키텍처 패턴의 집합이다.
>
> - 신속한 혁신과 실험으로 고객에게 새로운 통찰력을 빠르게 제공
> - 매우 높은 데이터 품질과 매우 낮은 오류율
> - 인력, 기술, 환경의 복잡한 집합 전반에 걸친 협업
> - 명확한 측정, 모니터링 및 결과의 투명성

....

12 'What Is DataOps,' DataKitchen FAQ page, accessed May 5, 2022, https://oreil.ly/Ns06w

리드 타임 단축이나 결함 최소화 등의 린 관행과 그에 따른 품질 및 생산성 향상은 소프트웨어와 데이터 운영 모두에서 추진력을 얻을 수 있다.

무엇보다도 데이터옵스는 일련의 문화적 습관이다. 데이터 엔지니어링 팀은 비즈니스와 소통하고 협업하며 사일로를 해체하고, 성공과 실수를 통해 지속해서 학습하고, 신속한 반복 주기를 채택해야 한다. 이러한 문화적 습관이 정착되어야만 팀은 기술과 도구에서 최상의 결과를 얻을 수 있다.

데이터 엔지니어는 기업의 데이터 성숙도에 따라 전체 데이터 엔지니어링 수명 주기의 구조에 데이터옵스를 구축할 수 있는 몇 가지 옵션을 사용할 수 있다. 회사에 기존 데이터 인프라나 실행 방식이 없는 경우, 데이터옵스는 첫날부터 도입할 수 있는 매우 새로운 기회다. 데이터 엔지니어는 데이터옵스가 부족한 기존 프로젝트 또는 인프라를 사용해 워크플로에 데이터옵스를 추가할 수 있다. 먼저 관찰 가능성과 모니터링에서 시작해, 시스템 성능을 파악할 수 있는 창을 확보한 뒤, 자동화 및 사고 대응 기능을 추가하는 것이 좋다. 데이터 엔지니어는 기존 데이터옵스 팀과 협력해 데이터 성숙 기업의 데이터 엔지니어링 수명 주기를 개선할 수 있다. 모든 경우에 대비해 데이터 엔지니어는 데이터옵스의 철학과 기술적 측면을 알고 있어야 한다.

데이터옵스에는 자동화, 모니터링 및 관찰 가능성, 사고 대응이라는 세 가지 핵심 기술 요소가 있다. 이러한 각 항목과 데이터 엔지니어링 수명 주기와의 관계를 살펴보자.

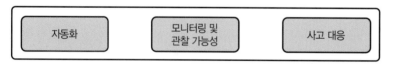

그림 2-8 데이터옵스의 3대 요소

자동화

자동화automation를 사용하면 데이터옵스 프로세스의 신뢰성과 일관성을 보장할 수 있으며, 데이터 엔지니어가 새로운 제품 기능과 개선 사항을 기존 워크플로에 신속하게 구현할 수 있다. 데이터옵스 자동화는 변경 관리(환경, 코드 및 데이터 버전 제어), 지속적 통합 및 배포(CI/CD), 코드로 구성된 데브옵스와 유사한 프레임워크 및 워크플로를 가진다. 데브옵스와 마찬가지로 데이터옵스 관행은 데이터 품질, 데이터/모델 드리프트, 메타데이터 무결성 등을 확인하는 차원을 추가해 기술과 시스템(데이터 파이프라인, 오케스트레이션 등)의 신뢰성을 모니 터링하고 유지한다.

가상의 조직을 이용해 데이터옵스 자동화의 진화를 간략히 설명하겠다. 데이터옵스 성숙도가 낮은 조직에서는 크론 잡cron job을 사용해 데이터 변환 프로세스의 여러 단계를 예약하려고 시도하는 경우가 많으며, 실제로 한동안은 잘 작동한다. 하지만 데이터 파이프라인이 복잡해짐에 따라 여러 가지 일이 발생할 수 있다. 크론 잡이 클라우드 인스턴스에서 호스팅되는 경우, 인스턴스에 작동 문제가 발생해 작업 실행이 예기치 않게 중지될 수 있다. 작업 간의 간격이 더 좁아지면 결국 작업이 오래 실행되어 후속 작업이 실패하거나 오래된 데이터가 생성된다. 엔지니어는 분석가로부터 보고서가 오래됐다는 이야기를 듣기 전까지는 작업 실패를 인식하지 못할 수 있다.

조직의 데이터 성숙도가 높아짐에 따라, 데이터 엔지니어는 일반적으로 에어플로Airflow 또는 대그스터Dagster와 같은 오케스트레이션 프레임워크를 채택한다. 데이터 엔지니어들은 에어플로가 운영상의 부담을 초래한다는 것을 알지만, 결국 오케스트레이션의 이점이 복잡성을 능가한다. 엔지니어는 크론 잡을 에어플로 잡으로 단계적으로 이행한다. 이제 작업이 실행되기 전에 종속성을 확인한다. 각 작업은 미리 정해진 시간이 아닌, 업스트림 데이터가 준비되는 즉시 시작할 수 있으므로 주어진 시간에 더 많은 변환 작업을 패킹packing할 수 있다.

데이터 엔지니어링 팀에는 여전히 운영 개선의 여지가 있다. 데이터 과학자는 결국 고장 난 DAG를 배포해 에어플로 웹 서버가 중단되고, 데이터 팀은 운영상 블라인드 상태가 된다. 이러한 문제를 충분히 겪은 데이터 엔지니어링 팀원들은 수동 DAG 도입을 중단해야 한다는 사실을 깨닫는다. 운영 성숙도의 다음 단계에서는 자동화된 DAG 배포를 채택한다. DAG는 배포 전에 테스트되며 모니터링 프로세스를 통해 새로운 DAG가 올바르게 실행되는지 확인한다. 또한 데이터 엔지니어는 설치가 검증될 때까지 새로운 파이썬 종속성의 배포를 차단한다. 자동화를 채택한 후 데이터 팀은 훨씬 더 만족할 수 있고 문제도 대폭 줄일 수 있다.

데이터옵스 선언DataOps Manifesto[13]의 원칙 중 하나는 '변화 수용'이다. 이것은 변화를 위한 변화가 아닌, 목표 지향적인 변화를 의미한다. 자동화 과정의 단계마다 운용 개선의 기회가 있다. 여기서 설명한 높은 성숙도에도 개선의 여지가 남아 있다. 엔지니어는 더 나은 메타데이터 역량을 기반으로 하는 차세대 조정 프레임워크를 채택할 수 있다. 또는 데이터 계보 사양에 따라 DAG를

13 https://oreil.ly/2LGwL

자동으로 구축하는 프레임워크를 개발하려고 할 수도 있다. 핵심은 엔지니어가 워크로드를 줄이고 비즈니스에 제공하는 가치를 높일 수 있는 자동화를 지속해서 구현하려고 한다는 것이다.

관찰 가능성과 모니터링

우리는 고객에게 '데이터는 소리 없는 암살자'라고 말한다. 몇 달 또는 몇 년씩 보고서에 남아 있는 불량 데이터의 사례는 셀 수 없이 많다. 경영진은 이러한 잘못된 데이터를 기반으로 중요한 결정을 내린 뒤, 한참 시간이 흐른 뒤에야 오류를 발견할 수 있다. 그 결과는 대개 좋지 않고 때로는 비즈니스에 치명적이다. 이니셔티브initiative는 훼손되고 파기되며 수년간의 노력이 낭비된다. 최악의 경우, 불량 데이터 때문에 회사가 파산할 수도 있다.

보고서용 데이터를 생성하는 시스템이 임의로 작동을 중지해 보고서가 며칠씩 지연될 때도 또 다른 끔찍한 상황이 발생한다. 데이터 팀은 이해관계자로부터 보고서가 늦어지거나 오래된 정보가 생성되는 이유에 관한 문의를 받을 때까지는 알아차리지 못한다. 결국 다양한 이해관계자들은 핵심 데이터 팀의 능력에 대한 신뢰를 잃고 그들만의 분리된 팀을 만들기 시작한다. 그 결과 각종 불안정한 시스템과 일관성 없는 보고서 및 사일로가 발생한다.

데이터와 데이터 생성 시스템을 관찰하고 감시하지 않으면 결국 자신만의 데이터 공포 상황에 맞닥뜨리게 될 것이다. 관찰 가능성, 모니터링, 로깅, 경고 및 추적trace은 모두 데이터 엔지니어링 수명 주기에서 발생하는 문제에 대처하는 데 매우 중요하다. 모니터링 중인 이벤트가 잘못되었는지 여부나 대응할 가치가 있는 사건이 무엇인지를 파악할 수 있도록 SPC를 통합하는 것이 좋다.

앞에서 언급한 페트렐라의 DODD 방법론은 데이터 관찰 가능성을 고려할 수 있는 훌륭한 프레임워크를 제공한다. DODD는 소프트웨어 엔지니어링의 TDDtest-driven development와 매우 유사하다.[14]

> DODD의 목적은 데이터 가치 사슬data value chain에 관련된 모든 사용자가 데이터 및 데이터 애플리케이션에 대한 가시성을 확보하고 그 변경 사항을 수집에서 변환, 분석까지

---

14 Andy Petrella, 'Data Observability Driven Development: The Perfect Analogy for Beginners,' Kensu, accessed May 5, 2022, https://oreil.ly/MxvSX

모든 단계에서 식별할 수 있도록 함으로써 데이터 문제를 해결하거나 예방하는 것이다. DODD는 데이터 엔지니어링 수명 주기에서 데이터 관찰 가능성을 최우선 고려 사항으로 삼는 데 중점을 둔다.

이후 장에서는 데이터 엔지니어링 수명 주기 전체에 걸친 모니터링 및 관찰 가능성의 다양한 측면을 다룰 것이다.

사고 대응

데이터옵스를 사용하는 고기능 데이터 팀은 새로운 데이터 제품을 빠르게 출시할 수 있지만, 실수는 필연적으로 발생한다. 시스템에 다운타임downtime이 발생할 수 있고, 새로운 데이터 모델이 다운스트림 보고서를 손상시킬 수 있으며, ML 모델이 오래되어 잘못된 예측을 제공할 수도 있다. 수많은 문제가 데이터 엔지니어링 수명 주기를 방해할 수 있다. **사고 대응**incident response 이란 앞서 설명한 자동화 및 관찰 가능성 기능을 사용해 이러한 사고의 근본 원인을 신속하게 특정하고 가능한 한 확실하고 빠르게 해결하는 것이다.

사고 대응은 기술과 도구에만 국한하지 않는다. 데이터 엔지니어링 팀과 조직 전체에 걸쳐 개방적이면서도 흠잡을 데 없는 커뮤니케이션을 제공한다. AWS의 최고 기술 책임자(CTO) 인 베르너르 포헐스Werner Vogels는 '모든 것은 항상 망가진다everything breaks all the time'는 말로 유명하다.[15] 데이터 엔지니어는 항상 재해에 대비하고 가능한 한 신속하고 효율적으로 대응할 준비가 되어 있어야 한다.

데이터 엔지니어는 기업이 문제를 보고하기 전에 미리 해당 문제를 발견해야 한다. 장애가 발생하고, 이해관계자 또는 최종 사용자가 문제를 발견하면 이를 제시한다. 이러한 상황을 그들은 결코 좋아하지 않을 것이다. 하지만 문제를 팀에 제기했을 때, 이미 적극적으로 해결에 필요한 작업을 하고 있다는 걸 확인했을 때의 느낌은 다를 것이다. 최종 사용자로서 어느 팀의 상태를 더 신뢰하겠는가? 신뢰는 구축하는 데 오랜 시간이 걸리지만, 불과 몇 분 만에 사라질 수 있다. 사고 대응은 사고가 발생하기 전에 선제적으로 대처하는 것만큼이나 사후에 대응하는 것도 중요하다.

---

15 옮긴이_ 국내에서는 '워너 보겔스'로 표기하는 경우가 더 많지만, 이 책에서는 외래어표기법 기준에 따라 '베르너르 포헐스'로 표기했다.

데이터옵스 요약

현재 데이터옵스는 여전히 진행 중이다. 실무자들은 데이터옵스 선언과 기타 자원을 활용해 데브옵스 원칙을 데이터 도메인에 적용하고 초기 비전을 수립하는 작업을 성공적으로 수행한다. 데이터 엔지니어는 모든 업무에서 데이터옵스 작업의 우선순위를 높게 지정하는 것이 좋다. 선행 작업에서는 제품의 신속한 제공, 데이터의 신뢰성 및 정확성 향상, 비즈니스의 전체적인 가치 향상을 통해 장기적으로 상당한 성과를 거둘 수 있다.

데이터 엔지니어링의 운영 상태는 소프트웨어 엔지니어링에 비해 아직 미숙하다. 많은 데이터 엔지니어링 도구, 특히 기존 모놀리스 도구는 자동화를 우선시하지 않는다. 하지만 최근 데이터 엔지니어링 수명 주기 전반에 걸쳐 자동화 모범 사례를 도입하려는 움직임이 일고 있다. 에어플로와 같은 도구는 차세대 자동화 및 데이터 관리 도구의 토대를 마련했다. 데이터옵스를 설명하는 일반적인 관행은 꽤 야심찬 것이며, 오늘날 이용 가능한 도구와 지식을 감안한다면 기업이 가능한 한 최대한으로 도입해보기를 권한다.

2.2.4 데이터 아키텍처

데이터 아키텍처는 조직의 장기적인 데이터 요건과 전략을 지원하는 데이터 시스템의 현재 및 미래 상태를 반영한다. 조직의 데이터 요구 사항은 빠르게 변화할 가능성이 높고 새로운 도구와 관행이 거의 매일 등장하는 분위기인 만큼, 데이터 엔지니어는 적절한 데이터 아키텍처를 이해해야 한다. 3장에서 데이터 아키텍처를 더 상세하게 설명하겠지만, 여기서는 데이터 아키텍처가 데이터 엔지니어링 수명 주기의 드러나지 않는 요소임을 강조하고자 한다.

데이터 엔지니어는 먼저 비즈니스 요구 사항을 이해하고 새로운 사용 사례에 대한 요구 사항을 수집해야 한다. 다음으로는 이러한 요건을 변환해 비용과 운영 간소화를 균형 있게 유지하면서 데이터를 캡처하고 제공하는 새로운 방법을 설계해야 한다. 즉, 원천 시스템, 수집, 저장, 변환 및 데이터 서빙에 있어 설계 패턴, 기술 및 도구의 트레이드오프trade-off를 파악해야 한다.

다만 데이터 엔지니어가 데이터 아키텍트라는 의미는 아니다. 데이터 엔지니어가 데이터 아키텍트와 함께 작업할 경우 데이터 엔지니어는 데이터 아키텍트의 설계를 이행하고 아키텍처 피드백을 제공할 수 있어야 한다.

2.2.5 오케스트레이션

> 오케스트레이션은 데이터 플랫폼뿐만 아니라 데이터 수명 주기, 소프트웨어 개발 수명
> 주기의 무게 중심으로 간주될 만큼 중요하다.
>
> — 닉 슈록^{Nick Schrock}, Elementl9 설립자[16]

오케스트레이션은 중앙 데이터옵스 프로세스일 뿐만 아니라 데이터 작업을 위한 엔지니어링
및 배포 흐름의 중요한 부분이기도 하다. 그렇다면 오케스트레이션이란 무엇일까?

오케스트레이션은 많은 작업이 예약된 순서대로 최대한 빠르고 효율적으로 실행되도록 조정하
는 프로세스다. 예를 들어 에어플로와 같은 오케스트레이션 도구를 **스케줄러**^{scheduler}라고 부르는
경우가 많지만, 이건 정확하지 않다. 크론과 같은 순수한 스케줄러는 시간만 인식하지만, 오케
스트레이션 엔진은 일반적으로 유향 비순환 그래프^{directed acyclic graph}(DAG)의 형태로 작업 종속
성에 따라 메타데이터를 구축한다. DAG는 한 번만 실행되거나 매일, 매주, 매시간, 5분 등 일
정한 간격으로 실행되도록 스케줄링할 수 있다.

이 책에서는 오케스트레이션을 설명할 때 오케스트레이션 시스템이 고가용성으로 온라인 상태
를 유지한다고 가정한다. 그 과정에서 오케스트레이션 시스템은 사용자 개입 없이도 지속해서
감지 및 모니터링하며, 새로운 작업이 배포될 때마다 언제든지 실행할 수 있다.

오케스트레이션 시스템은 관리하는 작업을 모니터링하고 내부 DAG 종속성이 완료되면 새 작
업^{task}를 시작한다. 또한 외부 시스템과 도구를 모니터링해 데이터가 도착하고 기준을 충족하는
지를 확인할 수 있다. 특정 조건이 범위를 벗어나면 시스템은 오류 조건을 설정하고 이메일 또
는 다른 채널을 통해 경고를 보낸다. 예를 들어 야간 일일 데이터 파이프라인의 예상 완료 시간
을 오전 10시로 설정할 수 있다. 이 시간까지 작업이 완료되지 않으면 데이터 엔지니어와 소비
자에게 경고가 전달된다.

오케스트레이션 시스템은 또한 작업 기록 기능, 시각화 및 경고 기능을 구축한다. 고급 오케스
트레이션 엔진은 새로운 DAG 또는 개별 작업이 DAG에 추가될 때 백필^{backfill} 작업을 수행할
수 있다. 또한 시간 범위에 따른 종속성(의존 관계)도 지원한다. 예를 들어 월별 보고서 작업은

---

16 Ternary Data, 'An Introduction to Dagster: The Orchestrator for the Full Data Lifecycle – UDEM June 2021,
YouTube video, 1:09:40, https://oreil.ly/HyGMh

시작하기 전에 ETL 작업이 한 달 동안 완료되었는지 확인할 수 있다.

오케스트레이션은 오랫동안 데이터 처리의 핵심 기능이었지만, 대기업을 제외하면 누구나 쉽게 접근할 수 있는 것은 아니었다. 기업은 작업 흐름을 관리하고자 다양한 도구를 사용했지만, 이러한 도구는 비용이 많이 비싸서 소규모 스타트업에서는 쓸 수 없었고 일반적으로 확장성도 떨어졌다. 아파치 우지Oozie는 2010년대에 큰 인기를 끈 스케줄링 시스템이지만, 하둡 클러스터 내에서 작동하도록 설계되어 이기종 컴퓨팅 환경에서는 사용하기 어려웠다. 페이스북은 2000년대 후반 사내용으로 데이터스웜Dataswarm을 개발했는데, 이는 에어비앤비가 2014년에 도입한 에어플로와 같은 인기 도구에 영감을 주었다.

에어플로는 초기부터 오픈 소스였으며 널리 채택됐다. 파이썬으로 작성된 만큼 상상할 수 있는 거의 모든 사용 사례로 확장할 수 있다. 그 밖에도 루이지Luigi나 컨덕터Conductor 등 흥미로운 오픈 소스 오케스트레이션 프로젝트가 많지만, 당분간은 에어플로가 최고의 인지도를 차지할 것이다. 데이터 처리가 추상화되고 접근성이 높아지는 가운데, 엔지니어들은 특히 클라우드 환경에서 여러 프로세서와 스토리지 시스템 간의 복잡한 흐름을 조정하는 데 점점 더 관심을 보였으며 그 시점에 에어플로가 등장했다.

여기서 언급하는 몇몇 초기 오픈 소스 프로젝트의 목표는 에어플로 핵심 설계의 가장 좋은 요소를 모방함과 동시에 주요 영역에서 이를 개선하는 것이다. 가장 흥미로운 예로는 프리펙트Prefect와 대그스터Dagster가 있는데, 그 목적은 DAG의 이식성portability과 테스트 가능성을 개선해 엔지니어가 로컬 개발에서 운영 환경production으로 더 쉽게 이동하도록 돕는 것이다. 아르고Argo는 쿠버네티스 프리미티브[17]를 기반으로 구축된 오케스트레이션 엔진이다. 메타플로Metaflow는 넷플릭스Netflix의 오픈 소스 프로젝트로, 데이터 과학 오케스트레이션의 개선이 목표다.

오케스트레이션은 엄밀하게 말해 '배치 개념'임을 자각해야 한다. 오케스트레이션된 작업 DAG의 스트리밍 대안은 스트리밍 DAG이다. 스트리밍 DAG는 여전히 구축 및 유지 보수가 어렵지만, 펄사Pulsar와 같은 차세대 스트리밍 플랫폼의 목표는 엔지니어링 및 운영 부담을 크게 줄이는 것이다. 이러한 전개에 관해서는 8장에서 더 자세히 설명할 것이다.

---

17 옮긴이_ 쿠버네티스 프리미티브는 플랫폼에서 애플리케이션을 만들고 운영하기 위해 쿠버네티스 아키텍처에 고정된 기본 구성 요소다.

2.2.6 소프트웨어 엔지니어링

소프트웨어 엔지니어링은 항상 데이터 엔지니어에게 중요한 기술이었다. 2000년부터 2010년까지의 현대 데이터 엔지니어링 초기에 데이터 엔지니어는 저수준 프레임워크에서 작업했으며 C, C++ 및 자바에서 맵리듀스 잡$^{MapReduce\ job}$을 작성했다. 2010년대 중반 빅데이터 시대의 정점에 이르자 엔지니어들은 이러한 저수준의 세부 사항을 추상화한 프레임워크를 사용하기 시작했다.

이러한 추상화는 오늘날에도 계속된다. 클라우드 데이터 웨어하우스는 SQL 시맨틱을 사용한 강력한 변환을 지원한다. 스파크와 같은 도구는 저수준의 코딩 세부 정보에서 사용하기 쉬운 데이터 프레임으로 전환하면서 더욱 사용자 친화적으로 발전했다. 이러한 추상화에도 불구하고 소프트웨어 엔지니어링은 여전히 데이터 엔지니어링에 매우 중요하다. 데이터 엔지니어링 수명 주기에 적용되는 소프트웨어 엔지니어링의 몇 가지 공통 영역을 지금부터 간단히 설명하겠다.

코어 데이터 처리 코드

더 추상적이고 관리하기 쉬워졌지만, 데이터 엔지니어링 수명 주기 전체에 걸쳐 나타나는 코어 데이터 처리 코드는 여전히 작성되어야 한다. 데이터 엔지니어는 수집, 변환, 데이터 서빙과 관계없이 스파크, SQL, 빔^{Beam} 등의 프레임워크와 언어에 매우 능숙하고 생산성이 뛰어나야 한다(SQL이 코드가 아니라는 개념은 버리자).

또한 데이터 엔지니어는 단위^{unit}, 회귀^{regression}, 통합, 엔드투엔드$^{end-to-end}$, 스모크^{smoke} 등의 적절한 코드 테스트 방법론을 이해하는 것이 중요하다.

오픈 소스 프레임워크 개발

많은 데이터 엔지니어가 오픈 소스 프레임워크 개발에 크게 관여하고 있다. 그들은 데이터 엔지니어링 수명 주기의 특정 문제를 해결하기 위해 이러한 프레임워크를 채택한 다음, 프레임워크 코드를 계속 개발해 사용 사례에 맞는 도구를 개선하고 커뮤니티에 기여한다.

빅데이터 시대에는 하둡 생태계 내에서 데이터 처리 프레임워크가 폭발적으로 증가했다. 이러한 도구는 주로 데이터 엔지니어링 수명 주기의 일부를 변환하고 서빙하는 데 초점을 맞췄다.

데이터 엔지니어링 도구의 진화가 중단되거나 느려지지는 않았지만, 그 강조점은 직접적인 데이터 처리에서 벗어나 추상화의 사다리ladder of abstraction**18**로 옮겨가고 있다. 이 신세대 오픈 소스 도구는 엔지니어가 데이터를 관리, 강화, 연결, 최적화 및 모니터링하는 데 도움을 준다.

예를 들어 에어플로는 2015년부터 2020년대 초반까지 오케스트레이션 분야를 지배했지만, 이제는 (프리펙트, 대그스터, 메타플로 등) 에어플로의 기존 한계를 보완하려는 새로운 오픈 소스 경쟁업체들이 등장했다. 그들은 더 나은 메타데이터 처리와 이식성 및 종속성 관리를 제공한다. 오케스트레이션의 미래가 어디로 향할지는 아무도 모른다.

데이터 엔지니어는 새로운 내부 도구를 엔지니어링하기 전에 공개적으로 사용할 수 있는 도구의 환경을 조사하는 것이 좋다. 도구 구현에 수반되는 총소유비용total cost of ownership(TCO)과 기회비용에 주목하자. 해결해야 할 문제를 해결해주는 오픈 소스 프로젝트가 이미 존재할 가능성이 높다. 처음부터 새로 개발하며 시간을 낭비하기보다는 협업하는 편이 더 나을 수 있다.

스트리밍

스트리밍 데이터 처리는 본질적으로 배치보다 더 복잡하며 도구와 패러다임이 아직 덜 성숙했다. 스트리밍 데이터가 데이터 엔지니어링 수명 주기의 모든 단계로 더욱 확산됨에 따라 데이터 엔지니어는 흥미로운 소프트웨어 엔지니어링 문제에 직면하고 있다.

예를 들어 배치 처리 세계에서는 당연하게 여기는 조인join과 같은 데이터 처리 작업은 종종 실시간으로 더 복잡해져 더 복잡한 소프트웨어 엔지니어링이 필요하다. 또한 엔지니어는 다양한 **윈도잉**windowing 방법론을 적용할 코드를 작성해야 한다. 윈도잉을 사용하면 실시간 시스템에서 추적 통계와 같은 중요한 측정 지표를 계산할 수 있다. 엔지니어는 개별 이벤트를 처리하는 다양한 함수 플랫폼(OpenFaaS, AWS 람다, 구글 클라우드 함수Google Cloud Functions) 또는 스트림을 분석해 보고 및 실시간 작업을 지원하는 전용 스트림 프로세서(스파크, 빔, 플링크 또는 펄사) 등 다양한 프레임워크 중에서 선택할 수 있다.

코드형 인프라

코드형 인프라infrastructure as code(**IaC**)는 인프라의 구성 및 관리에 소프트웨어 엔지니어링 관행

---

18 옮긴이_ 이탈리아 경제학자인 조반니 사르토리(Giovanni Sartori)가 제시한 것으로, 개념이나 사고에는 층위가 존재한다는 개념이다.

을 적용한다. 빅데이터 시대의 인프라 관리 부담은 기업들이 데이터브릭스^{DataBricks}나 아마존 EMR^{Amazon Elastic MapReduce}(EMR) 같은 관리형 빅데이터 시스템과 클라우드 데이터 웨어하우스로 이전함에 따라 감소하고 있다. 데이터 엔지니어가 클라우드 환경에서 인프라를 관리해야 할 경우, 인스턴스를 수동으로 스핀업하고 소프트웨어를 설치하는 대신 IaC 프레임워크로 대응하는 사례가 늘고 있다. 여러 범용 및 클라우드 플랫폼별 프레임워크를 통해 일련의 사양에 따라 인프라를 자동 배포할 수 있다. 이러한 프레임워크는 대부분 인프라뿐만 아니라 클라우드 서비스도 관리할 수 있다. 또한 헬름^{Helm} 등의 도구를 써서 컨테이너와 쿠버네티스를 사용하는 IaC의 개념도 있다.

이러한 사례들은 데브옵스의 중요한 부분으로, 버전 제어와 배포 반복성을 실현한다. 당연히 이러한 기능은 데이터 엔지니어링 수명 주기 전반에 걸쳐 (특히 데이터옵스 방식을 채택할 때) 매우 중요하다.

코드형 파이프라인

코드형 파이프라인^{Pipelines as code}은 오늘날 오케스트레이션 시스템의 핵심 개념으로, 데이터 엔지니어링 수명 주기의 모든 단계에 영향을 미친다. 데이터 엔지니어는 코드(일반적으로 파이썬)를 사용해 데이터 작업과 데이터 간의 종속성을 선언한다. 오케스트레이션 엔진은 이용 가능한 자원을 활용해 단계를 실행하기 위해 이러한 지침을 해석한다.

범용 문제 해결

실제로 어떤 고급 도구를 채택하든 데이터 엔지니어는 데이터 엔지니어링 수명 주기의 전반에 걸쳐 선택한 도구의 경계를 벗어나는 문제를 해결하고 사용자 정의 코드를 작성해야 하는 궁지에 몰린다. 데이터 엔지니어는 파이브트랜^{Fivetran}, 에어바이트^{Airbyte} 또는 마틸리언^{Matillion}과 같은 프레임워크를 사용할 때 기존 커넥터가 없는 데이터 원천에 직면하게 되고 사용자 정의 코드를 작성해야 한다. 그들은 API를 이해하고, 데이터 풀링 및 변환을 수행하고, 예외를 처리하는 등 필요한 소프트웨어 엔지니어링에 능숙해야 한다.

2.3 결론

과거 대부분의 데이터 엔지니어링 관련 논의는 기술에 관한 것이었지만, 데이터 수명 주기 관리에 대한 더 큰 그림은 놓치고 있었다. 기술이 점점 더 추상화되고 더 많은 작업이 진행됨에 따라 데이터 엔지니어는 그만큼 더 높은 수준에서 사고하고 행동할 기회를 얻게 됐다. 드러나지 않는 요소이 지원하는 데이터 엔지니어링 수명 주기는 데이터 엔지니어링 작업을 조직하는 데 매우 유용한 정신적 모델이다.

데이터 엔지니어링 수명 주기는 다음 단계로 나눌 수 있다.

- 데이터 생성
- 데이터 저장
- 데이터 수집
- 데이터 변환
- 데이터 서빙

데이터 엔지니어링 수명 주기 전반에 걸쳐 적용되는 몇 가지 주제가 있다. 데이터 엔지니어링 수명 주기의 드러나지 않는 요소로, 크게 보면 다음과 같다.

- 보안
- 데이터 관리
- 데이터옵스
- 데이터 아키텍처
- 오케스트레이션
- 소프트웨어 엔지니어링

데이터 엔지니어는 데이터 수명 주기 전반에 걸쳐 ROI를 최적화하고 비용(재무 및 기회)을 절감하며 리스크(보안, 데이터 품질)를 줄이고 데이터 가치와 효용을 극대화하는 몇몇 최상위 목표를 가진다.

다음 3장과 4장에서는 이러한 요소가 어떻게 적절한 기술을 선택하고, 우수한 아키텍처 설계에 어떤 영향을 미치는지를 설명한다. 이 두 가지 주제에 이미 익숙하다면 바로 2부로 건너뛰어도 좋다. 2부에서는 데이터 엔지니어링 수명 주기의 각 단계를 다룰 것이다.

2.4 참고 문헌

- 'A Comparison of Data Processing Frameworks' (`https://oreil.ly/tq61F`) by Ludovic Santos
- DAMA International website (`https://oreil.ly/mu7oI`)
- 'The Dataflow Model: A Practical Approach to Balancing Correctness, Latency, and Cost in Massive-Scale, Unbounded, Out-of-Order Data Processing' (`https://oreil.ly/nmPVs`) by Tyler Akidau et al.
- 'Data Processing' Wikipedia page (`https://oreil.ly/4mllo`)
- 'Data Transformation' Wikipedia page (`https://oreil.ly/tyF6K`)
- 'Democratizing Data at Airbnb' (`https://oreil.ly/E9CrX`) by Chris Williams et al.
- 'Five Steps to Begin Collecting the Value of Your Data' Lean-Data web page (`https://oreil.ly/F4mOh`)
- 'Getting Started with DevOps Automation' (`https://oreil.ly/euVJJ`) by Jared Murrell
- 'Incident Management in the Age of DevOps' Atlassian web page (`https://oreil.ly/O8zMT`)
- 'An Introduction to Dagster: The Orchestrator for the Full Data Lifecycle' video (`https://oreil.ly/PQNwK`) by Nick Schrock
- 'Is DevOps Related to DataOps?' (`https://oreil.ly/J8ZnN`) by Carol Jang and Jove Kuang
- 'The Seven Stages of Effective Incident Response' Atlassian web page (`https://oreil.ly/Lv5XP`)
- 'Staying Ahead of Debt' (`https://oreil.ly/uVz7h`) by Etai Mizrahi
- 'What Is Metadata' (`https://oreil.ly/65cTA`) by Michelle Knight

CHAPTER 3

우수한 데이터 아키텍처 설계

우수한 데이터 아키텍처는 데이터 수명 주기의 모든 단계와 드러나지 않는 요소 전반에 걸쳐 매끄러운seamless 기능을 제공한다. 3장에서는 먼저 **데이터 아키텍처**data architecture를 정의하고 컴포넌트와 고려 사항을 설명한다. 그다음에는 특정 배치 패턴(데이터 웨어하우스, 데이터 레이크), 스트리밍 패턴, 배치와 스트리밍을 통합하는 패턴을 설명한다. 전반적으로 클라우드 기능을 활용해 확장성scalability, 가용성availability과 신뢰성reliability을 제공할 것을 강조한다.

3.1 데이터 아키텍처란?

성공적인 데이터 엔지니어링은 견고한 데이터 아키텍처를 기반으로 구축된다. 3장의 목표는 몇 가지 일반적인 아키텍처 접근법과 프레임워크를 검토한 다음 '우수한good' 데이터 아키텍처에 대한 나름대로의 정의를 제시하는 것이다. 물론 이런 논의가 모두를 만족시키지는 못한다. 그래도 이 책에서는 매우 다양한 규모의 비즈니스 프로세스 및 요구 사항을 지닌 기업들에 적합하리라 기대되는 **데이터 아키텍처**에 관한 실용적이고 도메인에 특화된 업무 정의를 제시해볼 것이다.

데이터 아키텍처란 무엇일까? 그 정체를 파헤치기에 앞서 잠깐 생각해보면 주제가 약간 모호해진다. 데이터 아키텍처 연구는 일관성이 없고 때로는 시대에 뒤떨어진 정의를 산출하기도 하기 때문이다. 1장에서 **데이터 엔지니어링**을 정의했을 때 정의에 대한 합의를 보지 못한 것과 매우 비슷하다. 끊임없이 변화하는 분야인 만큼 어느 정도는 예상할 수 있는 일이다.

그렇다면 이 책에서는 **데이터 아키텍처**가 무엇을 의미할까? 용어를 정의하기에 앞서, 해당 용어가 속한 콘텍스트^{context}를 이해하는 것이 중요하다. 데이터 아키텍처에 관한 정의를 구체화할 엔터프라이즈 아키텍처부터 간략하게 살펴보자.

3.1.1 엔터프라이즈 아키텍처 정의

엔터프라이즈 아키텍처^{enterprise architecture}(EA)에는 비즈니스, 기술, 애플리케이션 및 데이터를 포함한 많은 하위집합이 있다(그림 3-1). 따라서 많은 프레임워크와 자원이 엔터프라이즈 아키텍처에 할당된다. 사실 아키텍처는 의외로 논란이 많은 주제다.

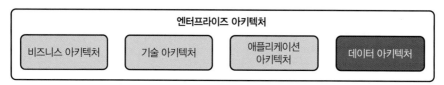

그림 3-1 데이터 아키텍처=엔터프라이즈 아키텍처의 하위집합

엔터프라이즈^{enterprise}라는 용어에 대한 반응은 엇갈린다. 이는 삭막한 회사 사무실, 명령 제어/폭포수^{waterfall} 계획, 정체된 비즈니스 문화, 공허한 캐치프레이즈를 떠올리게 한다. 그래도 우리는 여기서 몇 가지를 배울 수 있다.

엔터프라이즈 아키텍처를 정의하고 설명하기 전에 이 용어부터 풀어보자. TOGAF, 가트너 및 EABOK와 같은 주요 사고 리더^{thought leader}들이 엔터프라이즈 아키텍처를 어떻게 정의하는지 살펴보자.

TOGAF의 정의

TOGAF^{The Open Group Architecture Framework}는 오픈 그룹^{The Open Group}의 표준[1]이며 오늘날 가장 널리 사용되는 아키텍처 프레임워크다. TOGAF 정의는 다음과 같다.[2]

---

1 옮긴이_ 오픈 그룹은 현재 300개가 넘는 단체가 소속된 업체 및 기술 중립 산업 연합체다.
2 The Open Group, TOGAF Version 9.1. `https://oreil.ly/A1H67`

'엔터프라이즈 아키텍처'의 맥락에서 '엔터프라이즈'라는 용어는 모든 정보 및 기술 서비스, 프로세스, 인프라를 포함하는 전체 기업 또는 기업 내 특정 도메인을 의미할 수 있다. 어느 경우든 아키텍처는 기업 내 여러 시스템과 기능 그룹을 넘나든다.

가트너의 정의

가트너Gartner는 기업 관련 동향에 관한 연구 기사와 보고서를 작성하는 글로벌 리서치 및 자문 기업이다. 그중에서도 유명한 가트너 하이프 사이클Gartner Hype Cycle을 담당[3]한다. 가트너의 정의는 다음과 같다.[4]

엔터프라이즈 아키텍처(EA)는 바람직한 비즈니스 비전과 결과를 향한 변화의 실행을 식별하고 분석함으로써 기업이 파괴적인 힘에 능동적이고 전체적으로 대응하도록 주도하는 분야다. EA는 비즈니스 리더와 IT 리더에게 관련 사업의 중단을 기회로 삼아 목표한 사업 결과를 달성하기 위해 정책 및 프로젝트를 조정할 수 있는 서명 가능한 권장 사항을 제시함으로써 가치를 제공한다.

EABOK의 정의

EABOK Enterprise Architecture Book of Knowledge는 미국의 비영리 조직인 마이터 코퍼레이션MITRE Corporation이 작성한 엔터프라이즈 아키텍처 참조 자료를 의미한다. EABOK는 2004년에 미완성된 초안으로 발표되었으며 그 이후로 갱신되지 않았다. 겉보기에는 쓸모없어 보이지만, 엔터프라이즈 아키텍처를 설명할 때 자주 참조된다. 이 책을 쓰는 동안에도 EABOK의 아이디어 중 많은 부분이 도움이 됐다. EABOK 정의는 다음과 같다.[5]

엔터프라이즈 아키텍처는 전략, 운용 및 기술을 조정해 성공 로드맵을 만드는 기업의 추상적인 표현이자 조직 모델이다.

---

3 옮긴이_ 가트너에서 개발한 하이프 사이클은 기술의 성숙도를 표현하는 시각적 도구로, 과대광고 주기라고도 한다.

4 Gartner Glossary, s.v. 'Enterprise Architecture (EA),' https://oreil.ly/SWwQF

5 EABOK Consortium website, https://eabok.org

우리의 정의

이 책에서는 이러한 엔터프라이즈 아키텍처의 정의에서 변경, 조정, 조직, 기회, 문제 해결 및 마이그레이션과 같은 몇 가지 공통된 스레드를 추려냈다. 다음은 빠르게 변화하는 오늘날의 데이터 환경에 더 적합하다고 생각되는 **엔터프라이즈 아키텍처**에 대한 나름의 정의다.

> 엔터프라이즈 아키텍처는 기업의 변화change in the enterprise를 지원하는 시스템 설계로, 신중한 트레이드오프 평가를 통해 도달한 유연하고 되돌릴 수 있는 의사결정으로 달성된다.

여기서는 이 책 전반에 걸쳐 다시 다룰 몇 가지 핵심 영역인 가역적 의사결정, 변경 관리, 트레이드오프 평가를 살펴본다. 이 절에서는 각 주제를 자세히 논의하고, 3장 후반부에서는 데이터 아키텍처의 다양한 예를 제시함으로써 정의를 좀 더 구체화한다.

유연하고 되돌릴 수 있는 가역적 의사결정은 다음과 같은 두 가지 이유로 필수 요소다. 첫째, 세상은 끊임없이 변화하며 미래를 예측하기란 불가능하다. 이때 가역적 의사결정은 세상의 변화와 새로운 정보 수집에 따라서 프로세스를 조정할 수 있게 해준다. 둘째, 조직이 성장함에 따라 자연스럽게 기업의 경직화ossification가 발생하는 경향이 있다. 이때 되돌릴 수 있는 결정 문화를 채택하면 각종 의사결정에 수반되는 위험을 줄임으로써 이러한 경직화 경향을 극복하는 데 도움이 된다.

아마존 설립자인 제프 베이조스Jeff Bezos는 단방향 의사결정과 양방향 의사결정을 고안한 것으로 유명하다.[6] **단방향 의사결정**one-way door은 되돌릴 수 없는 결정이다. 예를 들어 아마존은 AWS를 팔거나 폐쇄하기로 결정할 수 있다. 아마존이 이렇게 조치한 뒤에 동일한 시장 지위를 가지는 퍼블릭 클라우드를 재구축하기란 거의 불가능할 것이다.

반면 **양방향 의사결정**two-way door은 쉽게 되돌릴 수 있는 결정이다. 아마존은 새로운 마이크로서비스 데이터베이스에 다이나모DBDynamoDB를 사용하도록 요구할 수 있다. 만약 이 정책이 효과가 없다면 아마존은 그 결정을 뒤집고 일부 서비스를 리팩터링해 다른 데이터베이스를 사용할 수 있다. 각 가역적 의사결정에 따른 위험이 적은 만큼 조직은 더 많은 의사결정을 내리고, 반복하고, 개선하고, 데이터를 빠르게 수집할 수 있다.

가역적 의사결정과 밀접한 관련이 있는 **변경 관리**는 엔터프라이즈 아키텍처 프레임워크의 중

---

6 Jeff Haden, 'Amazon Founder Jeff Bezos: This Is How Successful People Make Such Smart Decisions,' Inc., December 3, 2018, https://oreil.ly/QwIm0

심 주제다. 되돌릴 수 있는 의사결정에 중점을 두더라도, 기업은 종종 대규모 이니셔티브를 수행해야 한다. 이들은 이상적으로 더 작은 변화로 나뉘는데, 각각의 변화는 그 자체로 되돌릴 수 있는 결정이다. 아마존 이야기로 되돌아가서, 다이나모DB의 개념에 관한 논문 발표 시점부터 베르너 포헬스가 AWS에서 다이나모 DB 서비스를 발표한 시점에 이르기까지 약 5년간의 공백기(2007~2012년)가 있었던 점에 주목하자. 그 이면에서 팀들은 AWS 고객에게 다이나모DB를 구체적으로 현실화하려는 수많은 작은 조치를 취했다. 이러한 작은 액션들을 관리하는 것이 변경 관리의 핵심이다.

아키텍트는 단순히 IT 프로세스를 설계하고 머나먼 유토피아적 미래를 막연하게 바라보는 것이 아니라, 적극적으로 비즈니스 문제를 해결하고 새로운 기회를 창출한다. 기술 설루션은 그 자체를 위한 것이 아니라 비즈니스 목표를 지원하기 위해 존재한다. 아키텍트는 현재 상태의 문제(낮은 데이터 품질, 확장성 제한, 비용 손실)를 식별하고, 바람직한 미래 상태(민첩한 데이터 품질 개선, 확장성 있는 클라우드 데이터 설루션, 비즈니스 프로세스 개선)를 정의하며, 소규모의 구체적인 단계를 실행함으로써 이니셔티브를 실현한다. 반복을 감내할 수 있어야 가능한 일이다.

> 기술적 설루션은 그 자체를 위한 것이 아니라 비즈니스 목표를 지원하기 위해 존재한다.

마크 리처즈Mark Richards와 닐 포드Neal Ford가 집필한 『소프트웨어 아키텍처 101』(한빛미디어, 2021)에서 중요한 영감을 얻을 수 있다. 그들은 트레이드오프가 불가피하며 엔지니어링 공간 어디에나 존재한다고 강조한다. 소프트웨어와 데이터의 비교적 유동적인 본질nature은 때때로 엔지니어가 냉혹한 물리적 환경에서 직면하는 제약에서 해방됐다고 믿게 만들며, 부분적으로는 사실이기도 하다. 실제로 소프트웨어 버그를 수정하는 편이 비행기 날개를 재설계하고 교체하는 것보다 훨씬 쉽다. 하지만 디지털 시스템은 궁극적으로 지연 시간, 신뢰성, 밀도, 에너지 소비와 같은 물리적 한계의 제약을 받는다. 또한 엔지니어는 프로그래밍 언어 및 프레임워크의 특징과 같은 비물리적 한계와, 복잡성이나 예산 관리 등과 같은 실질적인 제약에 직면한다. 마법과 같은 사고는 결국 빈약한 엔지니어링으로 이어져 막을 내린다. 데이터 엔지니어가 최적의 시스템을 설계하려면 모든 단계에서 트레이드오프를 고려해야 하며 동시에 값비싼 기술 부채를 최소화해야 한다.

엔터프라이즈 아키텍처 정의의 핵심 사항을 다시 한번 강조하자면, 유연성과 트레이드오프의 균형을 유지하는 것이다. 이러한 균형을 항상 유지하기란 쉽지 않으며, 아키텍트는 세상이 역동적이라는 인식을 가지고 끊임없이 측정하고 재평가해야 한다. 기업이 직면한 변화의 속도를 감안할 때 조직과 그 아키텍처는 가만히 있을 수 없다.

3.1.2 데이터 아키텍처 정의

지금까지 엔터프라이즈 아키텍처에 관해 알아보았다. 이제 이 책의 나머지 부분의 토대가 될 기본적인 정의를 확립해 **데이터 아키텍처**data architecture를 자세히 살펴보겠다. 데이터 아키텍처는 엔터프라이즈 아키텍처의 하위집합으로 프로세스, 전략, 변경 관리, 트레이드오프 평가 등의 속성을 상속한다. 다음은 이 책에서의 정의에 영향을 미친 데이터 아키텍처에 대한 몇몇 정의이다.

TOGAF의 정의

TOGAF는 데이터 아키텍처를 다음과 같이 정의한다.[7]

> 기업의 주요 데이터 유형과 원천, 논리적 데이터 자산, 물리적 데이터 자산, 데이터 관리 자원의 구조와 상호 작용에 관한 설명이다.

DAMA의 정의

DAMA DMBOK는 다음과 같이 데이터 아키텍처를 정의한다.[8]

> (구조와 관계없이) 기업의 데이터 요구 사항을 파악하고, 이러한 요구를 충족시킬 마스터 청사진을 설계 및 유지 관리한다. 마스터 청사진을 사용해 데이터 통합을 안내하고, 데이터 자산을 제어하며, 데이터 투자를 비즈니스 전략에 맞게 조정한다.

---

7 The Open Group, TOGAF Version 9.1. https://oreil.ly/A1H67
8 DAMA – DMBOK: Data Management Body of Knowledge, 2nd ed. (Technics Publications, 2017)

우리의 정의

앞에서 설명한 두 가지 정의와 경험을 바탕으로 다음과 같이 **데이터 아키텍처의 정의**를 작성했다.

> 데이터 아키텍처는 기업의 진화하는 데이터 요구 사항을 지원하는 시스템 설계로, 트레이드오프에 대한 신중한 평가를 통해 유연하고 되돌릴 수 있는 결정을 내림으로써 실현된다.

데이터 아키텍처는 데이터 엔지니어링에 어떻게 적용될까? 데이터 엔지니어링 수명 주기가 데이터 수명 주기의 하위집합인 것처럼, 데이터 엔지니어링 아키텍처는 일반적인 데이터 아키텍처의 하위집합이다. **데이터 엔지니어링 아키텍처**data engineering architecture는 데이터 엔지니어링 수명 주기의 핵심 부분을 구성하는 시스템과 프레임워크다. 이 책에서는 **데이터 아키텍처**와 **데이터 엔지니어링 아키텍처**를 상호 교환해 같은 의미로 사용한다.

주의 깊게 살펴봐야 할 데이터 아키텍처의 또 다른 측면은 운영 및 기술적인 부분이다(그림 3-2). **운영 아키텍처**operational architecture는 인력, 프로세스 및 기술과 관련한 필요 기능의 요건을 포괄한다. 예를 들어 데이터는 어떤 비즈니스 프로세스를 지원하는가? 조직은 데이터 품질을 어떻게 관리하는가? 데이터가 생성되는 시점부터 쿼리 가능한 시점까지의 지연 시간 요구 사항은 무엇인가? **기술 아키텍처**technical architecture는 데이터 엔지니어링 수명 주기를 통해 데이터를 수집, 저장, 변환 및 제공하는 방법을 개략적으로 설명한다. 예를 들어 시간당 10 TB의 데이터를 원천 데이터베이스에서 데이터 레이크로 옮기려면 어떻게 해야 할까? 요컨대, 운영 아키텍처는 **무엇을**what 해야 하는지를 설명하고, 기술 아키텍처는 **어떻게**how 해야 하는지를 자세히 설명한다.

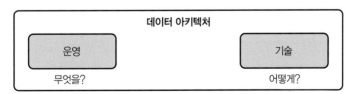

그림 3-2 운영 및 기술 데이터 아키텍처

데이터 아키텍처의 기본적인 정의를 확립했으니 이제 '우수한' 데이터 아키텍처의 요소를 살펴보겠다.

3.1.3 우수한 데이터 아키텍처

최고의 아키텍처를 추구하기보다는 덜 나쁜 아키텍처를 추구하라.

          – 마크 리처즈, 닐 포드[9]

그래디 부치Grady Boch[10]에 따르면 아키텍처는 시스템을 형성하는 중요한 설계 결정을 나타내며, 여기서 중요한 것은 변경 비용으로 측정된다. 데이터 아키텍트의 목표는 기본적인 수준에서 뛰어난 아키텍처로 이어질 중요한 결정을 내리는 것이다.

'우수한' 데이터 아키텍처란 무엇을 의미할까? 상투적인 표현으로 바꿔 말하자면, 우수한 데이터 아키텍처는 일단 보면 알 수 있다. **우수한 데이터 아키텍처**는 유연성을 유지하고 적절한 트레이드오프를 실현하는 동시에, 광범위하게 재사용 가능한 공통 구성 요소를 사용해 비즈니스 요건을 충족한다. 나쁜 아키텍처는 권위주의적이며, 두루 적용되는 획일적인 결정들을 아무렇게나 쑤셔 넣어 비즈니스와 시스템을 엉망진창으로 만든다.[11]

민첩성은 우수한 데이터 아키텍처의 기반이다. **우수한 데이터 아키텍처는 유연하고 유지 관리하기 쉽다.** 비즈니스 내부의 변화와, 미래에 더 많은 가치를 창출할 수 있는 새로운 기술 및 관행에 대응해 진화한다. 기업과 기업의 데이터 사용 사례는 항상 진화한다. 세상은 역동적이며 데이터 공간의 변화 속도는 빨라지고 있다. 작년까지 도움이 되었던 데이터 아키텍처가 내년은 물론이고 당장 현재도 충분하지 않을 수 있다.

나쁜 데이터 아키텍처는 서로 긴밀하게 결합되었거나, 경직되었거나, 지나치게 중앙 집중화된 상태이거나, 업무에 맞지 않는 잘못된 도구를 사용해 개발 및 변경 관리를 방해한다. 이상적으로는 원래 상태로 되돌릴 수 있는 가역성을 염두에 두고 아키텍처를 설계함으로써 변경 비용을 절감할 수 있다.

데이터 엔지니어링 수명 주기의 드러나지 않는 요소는 데이터 성숙도의 모든 단계에서 기업에 적합한 데이터 아키텍처의 토대를 형성한다. 다시 말하지만 보안, 데이터 관리, 데이터옵스, 데이터 아키텍처, 오케스트레이션 및 소프트웨어 엔지니어링이 그러한 요소에 해당한다.

----

9   Mark Richards and Neal Ford, Fundamentals of Software Architecture (Sebastopol, CA: O'Reilly, 2020),
     https://oreil.ly/hpCp0

10 https://oreil.ly/SynOe

11 https://oreil.ly/YWfb1

뛰어난 데이터 아키텍처는 살아 숨쉬며 결코 완성되지 않는다. 우리의 정의에 따르면, 변화 및 진화야말로 데이터 아키텍처의 의미와 목적의 핵심 요소다. 그럼 이제 우수한 데이터 아키텍처의 원리를 살펴보자.

3.2 우수한 데이터 아키텍처의 원칙

이 절에서는 주요 아키텍처를 결정하고 실무를 평가할 때 유용한 핵심 아이디어인 '원칙'에 초점을 맞추고 우수한 아키텍처에 관해 10,000피트의 높은 관점에서 설명한다. 필자는 몇몇 소스, 특히 AWS의 프레임워크(Well-Architected)와 구글 클라우드의 클라우드 네이티브 아키텍처를 위한 5대 원칙에서 아키텍처 원칙의 영감을 얻었다.

AWS Well-Architected 프레임워크[12]는 다음과 같은 6가지 요소로 구성된다.

- 운영 우수성
- 보안
- 신뢰성
- 성능 효율성
- 비용 최적화
- 지속가능성

구글 클라우드의 클라우드 네이티브 아키텍처를 위한 5대 원칙은 다음과 같다.

- 자동화를 위한 설계하기
- 상태를 스마트하게 관리하기
- 관리형 서비스를 선호하기
- 심층 방어 연습하기
- 항상 아키텍처를 설계하기

이 두 가지 프레임워크를 신중하게 연구하고, 가치 있는 아이디어를 파악하고, 의견 불일치가 발생하는 지점을 파악할 것을 권장한다. 다음과 같은 데이터 엔지니어링 아키텍처 원칙을 통해 이러한 요소를 확장하거나 자세히 설명하고자 한다.

---

12 https://oreil.ly/4D0yq

① 공통 컴포넌트를 현명하게 선택하라

② 장애에 대비하라

③ 확장성을 위한 아키텍처를 설계하라

④ 아키텍처는 리더십이다

⑤ 항상 아키텍처에 충실하라

⑥ 느슨하게 결합된 시스템을 구축하라

⑦ 되돌릴 수 있는 의사결정을 하라

⑧ 보안 우선순위를 지정하라

⑨ 핀옵스를 수용하라

3.2.1 원칙 1: 공통 컴포넌트를 현명하게 선택하라

데이터 엔지니어의 주요 업무 중 하나는 조직 전체에서 널리 쓸 수 있는 공통 컴포넌트와 관행을 선택하는 것이다. 아키텍트가 잘 선택하고 효과적으로 이끌면, 공통 컴포넌트는 팀 협업을 촉진하고 사일로를 허무는 뼈대가 된다. 공통 컴포넌트를 사용하면 팀 내에서 또는 팀 간의 공유된 지식 및 기술과 함께 민첩성을 실현할 수 있다.

공통 컴포넌트는 조직 내에 폭넓게 적용할 수 있는 그 어떤 구성 요소라도 될 수 있다. 여기에는 객체 스토리지, 버전 제어 시스템, 관찰 가능성, 모니터링 및 오케스트레이션 시스템, 처리 엔진이 포함된다. 공통 컴포넌트는 적절한 사용 사례를 통해 누구나 접근할 수 있어야 하며, 팀은 처음부터 다시 개발해 시간을 낭비하기보다는 이미 사용 중인 공통 컴포넌트에 의존하는 게 좋다. 공통 컴포넌트는 강력한 권한과 보안을 지원해 팀 간 자산을 공유하면서도 부정 접근을 방지해야 한다.

클라우드 플랫폼은 공통 컴포넌트를 채택하기에 이상적인 장소다. 예를 들어 클라우드 데이터 시스템에서 컴퓨팅과 스토리지를 분리하면 사용자는 특수 도구를 사용해 공유 스토리지 계층 (가장 일반적으로 객체 스토리지)에 접근해 특정 사용 사례에 필요한 데이터에 접근하고 쿼리를 수행할 수 있다.

공통 컴포넌트를 선택하는 것은 균형 잡힌 작업이다. 한편으로는 데이터 엔지니어링 수명 주기와 팀 전반에 걸친 요구 사항에 초점을 맞추고, 개별 프로젝트에 유용한 공통 컴포넌트를 활용하며 상호 운용과 협업을 동시에 촉진해야 한다. 한편, 아키텍트는 도메인 고유의 문제에 대처하는 엔지니어의 생산성을 저해하는 결정을 회피해야 한다. 이후 4장에서 더 자세한 내용을 다룰 것이다.

3.2.2 원칙 2: 장애에 대비하라

모든 것은 항상 실패한다.

– 베르너 포헐스, AWS CTO[13]

최신 하드웨어는 매우 견고하고 내구성이 뛰어나다. 그런데도 충분한 시간이 흐르면 하드웨어 컴포넌트에 장애가 발생한다. 매우 견고한 데이터 시스템을 구축하려면 설계 시 장애를 고려해야 한다. 다음은 장애 시나리오를 평가하는 몇 가지 핵심 용어로, 3장과 이 책 전반에 걸쳐 자세히 설명할 것이다.

가용성

IT 서비스 또는 컴포넌트가 작동 가능한 상태에 있는 시간의 비율

신뢰성

지정된 간격 동안 의도된 기능을 수행할 때 시스템이 정의된 표준을 충족할 확률

복구 시간 목표

서비스 또는 시스템 장애의 최대 허용 시간이다. 복구 시간 목표recovery time objective(RTO)는 일반적으로 운영 중단이 비즈니스에 미치는 영향을 판단해 설정된다. 내부 보고서 시스템이라면 하루 정도의 RTO는 괜찮을 수 있다. 하지만 웹사이트가 단 5분간만 멈춰도 온라인 소매업자에게 심각한 악영향을 미칠 수 있다.

복구 시점 목표

복구 후 허용 가능한 상태다. 데이터 시스템에서는 운영 중단 시 데이터가 손실되는 경우가 많다. 이 설정에서 복구 시점 목표recovery point objective(RPO)는 허용 가능한 최대 데이터 손실을 나타낸다.

---

13 UberPulse, 'Amazon.com CTO: Everything Fails,' YouTube video, 3:03, https://oreil.ly/vDVlX

엔지니어는 장애에 대비해 설계할 때 허용 가능한 신뢰성, 가용성, RTO 및 RPO를 고려해야 한다. 이들은 발생할 수 있는 장애 시나리오를 평가할 때 아키텍처 결정을 내리는 데 도움이 된다.

3.2.3 원칙 3: 확장성을 위한 아키텍처를 설계하라

데이터 시스템의 확장성에는 두 가지 주요 기능이 포함된다. 첫째, 확장 가능한 시스템은 상당한 양의 데이터를 처리할 수 있도록 **스케일 업**^{scale up}할 수 있다. 대규모 클러스터를 스핀업^{spin-up}해서 페타바이트 규모의 고객 데이터에 대한 모델을 학습하거나, 스트리밍 수집 시스템을 스케일 아웃^{scale out}해서 일시적인 부하 급증을 처리해야 할 수도 있다. 스케일 업이 가능하므로 과도한 부하를 일시적으로 처리할 수 있다. 둘째, 확장 가능한 시스템 규모를 **스케일 다운**^{scale down}할 수 있다. 로드 스파이크가 줄어들면 용량을 자동으로 제거해 비용을 절감해야 한다(이는 원칙 9와 관련 있다). **탄력적 시스템**^{elastic system}은 부하에 따라 동적으로 확장할 수 있으며, 이상적으로는 자동화된 방식으로 확장할 수 있다.

일부 확장 가능한 시스템은 사용하지 않을 때 완전히 종료되는 **0으로 확장**^{scale to zero}할 수도 있다. 대규모 모델 학습 작업이 완료되면 클러스터를 삭제할 수 있다. 많은 서버리스 시스템(예: 서버리스 함수, 서버리스 온라인 분석 처리 또는 OLAP, 데이터베이스)은 자동으로 0으로 확장할 수 있다.

부적절한 확장 전략을 도입하면 시스템이 지나치게 복잡해지고 비용이 많이 들 수 있다. 복잡한 클러스터 배열보다는, 장애조치^{failover} 노드가 하나뿐인 간단한 관계형 데이터베이스가 애플리케이션에 적합할 수 있다. 현재 부하와 대략적인 로드 스파이크를 측정하고 향후 몇 년간의 부하를 예측해 데이터베이스 아키텍처가 적절한지를 판단하자. 스타트업의 예상보다 훨씬 빠르게 성장하는 경우, 이러한 성장은 확장성을 위해 재구축할 수 있는 더 많은 자원으로 이어질 것이다.

3.2.4 원칙 4: 아키텍처는 리더십이다

데이터 아키텍트는 기술의 결정과 아키텍처 설명을 담당하며, 효과적인 리더십과 교육을 통해 이러한 선택 사항을 전파할 책임이 있다. 데이터 아키텍트는 기술적으로 매우 유능해야 하지만, 대부분의 개별 기여자 작업을 다른 사람에게 위임해야 한다. 높은 기술 역량과 강력한 리더십 기술을 겸비한 데이터 아키텍트는 드물지만 그만큼 매우 가치 있다. 최고의 데이터 아키텍트는 이러한 이중성을 진지하게 받아들인다.

리더십이 기술에 대한 명령과 통제 방식을 의미하지는 않는다. 과거에는 데이터 아키텍트가 하나의 독자적인 데이터베이스 기술을 선택하고 모든 팀에 해당 기술로 데이터를 저장하도록 강요하는 일이 드물지 않았다. 하지만 현재의 데이터 프로젝트를 크게 방해할 수 있는 만큼 필자는 이러한 접근 방식에 반대한다. 클라우드 환경에서는 아키텍트가 공통 컴포넌트의 선택과 프로젝트 내 혁신을 구현하는 유연성 사이에서 균형을 맞출 수 있다.

기술 리더십의 개념으로 돌아가서, 마틴 파울러^{Martin Fowler}는 그의 동료인 데이브 라이스^{Dave Rice}를 통해 잘 구현된 이상적인 소프트웨어 아키텍트의 상세 유형을 이렇게 설명한다.[14]

> 여러 측면에서 'Architectus Oryzus'[15] 유형의 가장 중요한 활동은 개발 팀을 멘토링해 지도하고, 그들이 더 복잡한 문제를 해결할 수 있도록 수준을 높여주는 것이다. 개발팀의 능력이 향상되면 아키텍트가 단독 의사결정권자가 되어 아키텍트 병목 현상이 발생할 위험을 감수하는 것보다 훨씬 더 큰 영향력을 행사할 수 있다.

이상적인 데이터 아키텍트는 유사한 특징을 보인다. 이들은 데이터 엔지니어와 같은 기술을 보유하고 있지만 데이터 엔지니어링을 매일 연습하지는 않는다. 현직 데이터 엔지니어를 지도하고, 조직과 협의해 신중하게 기술을 선택하고, 교육과 리더십을 통해 전문 지식을 전파한다. 이들은 엔지니어에게 모범 사례를 교육하고 회사의 엔지니어링 자원을 통합해 기술과 비즈니스 모두에서 공통의 목표를 추구한다.

데이터 엔지니어로서 여러분은 아키텍처 리더십을 연습하고 아키텍트의 조언을 구해야 한다. 결국에는 스스로 아키텍트 역할을 맡게 될 수도 있다.

3.2.5 원칙 5: 항상 아키텍처에 충실하라

이 원칙은 구글 클라우드의 '클라우드 네이티브 아키텍처를 위한 5대 원칙'에서 직접 차용했다. 데이터 아키텍트는 단순히 기존 상태를 유지하는 역할만 수행하는 게 아니라, 비즈니스와

---

14 Martin Fowler, 'Who Needs an Architect?' IEEE Software, July/August 2003, `https://oreil.ly/wAMmZ`
15 옮긴이_ 데이브 라이스(Dave Rice)와 같은 유형의 아키텍트를 Rice의 라틴어인 Oryzus로 이름을 정의한 것이다.

기술의 변화에 대응해 새롭고 흥미로운 것들을 끊임없이 설계한다. EABOK[16]에 따르면, 아키텍트의 임무는 **기본 아키텍처(현재 상태)**baseline architecture에 대한 깊은 지식을 개발하고, **목표 아키텍처**target architecture를 개발하며, 아키텍처 변경의 우선순위와 순서를 결정하는 **시퀀싱 계획**sequencing plan을 수립하는 것이다.

현대의 아키텍처는 명령 제어 또는 폭포수 방식이 아닌, 협력적이고 민첩한 방식이어야 한다. 데이터 아키텍트는 시간에 따라 변화하는 목표 아키텍처와 시퀀싱 계획을 유지한다. 목표 아키텍처는 내부 및 전 세계의 비즈니스와 기술의 변화에 따라 조정되고 변동하는 목표가 된다. 시퀀싱 계획은 제품의 즉각적인 전달에 대한 우선순위를 결정한다.

3.2.6 원칙 6: 느슨하게 결합된 시스템을 구축하라

> 한 팀이 다른 팀에 의존하지 않고도 시스템을 테스트, 배포, 변경할 수 있도록 시스템 아키텍처가 설계되면, 해당 팀은 작업을 수행할 때 의사소통이 거의 필요하지 않다. 즉, 아키텍처와 팀 모두 느슨하게 결합되어 있다.
>
> – 구글 데브옵스Google DevOps 기술 아키텍처 가이드[17]

2002년에 제프 베이조스는 아마존 직원들에게 베이조스 API 선언문Bezos API Mandate으로 알려진 이메일을 보냈다.[18]

① 지금부터 모든 팀은 서비스 인터페이스를 통해 데이터와 기능을 공개한다.

② 각 팀은 이러한 인터페이스로 서로 소통해야 한다.

③ 다른 형태의 프로세스 간 통신은 허용되지 않는다. 직접 연결direct link, 다른 팀의 데이터 저장소 직접 읽기, 공유 메모리 모델, 백도어 등 그 어떤 것도 허용되지 않는다. 허용되는 유일한 통신은 네트워크를 통한 서비스 인터페이스 호출을 사용한 것이다.

④ 어떤 기술을 사용하는지는 중요하지 않다. HTTP, CORBA, Pub/sub, 사용자 정의 프로토콜 등 무엇이든 상관없다.

⑤ 모든 서비스 인터페이스는 예외 없이 처음부터 외부화할 수 있도록 설계되어야 한다. 즉, 팀은 외부의

---

16 https://oreil.ly/i58Az

17 Google Cloud, 'DevOps Tech: Architecture,' Cloud Architecture Center, https://oreil.ly/j4MT1

18 'The Bezos API Mandate: Amazon's Manifesto for Externalization,' Nordic APIs, January 19, 2021, https://oreil.ly/vIs8m

개발자에게 인터페이스를 공개할 수 있도록 계획하고 설계해야 한다. 예외는 없다.

이 선언문의 등장은 아마존의 중대한 분기점으로 널리 알려졌다. API의 뒤에 데이터와 서비스를 둠으로써 느슨한 결합이 가능해졌고, 결국 우리가 현재 알고 있는 AWS가 탄생했다. 구글역시 느슨한 결합을 추구해 시스템을 놀라운 규모로 확장할 수 있었다.

소프트웨어 아키텍처의 경우 느슨하게 결합된 시스템은 다음과 같은 속성property을 가진다.

① 시스템은 많은 수의 작은 컴포넌트로 나뉜다.

② 이러한 시스템은 메시징 버스messaging bus나 API와 같은 추상화 계층을 통해 다른 서비스와 상호 작용한다. 이러한 추상화 계층은 데이터베이스 백엔드 또는 내부 클래스 및 메서드 호출과 같은 서비스의 내부적인 세부 정보를 숨기고 보호한다.

③ 속성 ②의 결과, 시스템 컴포넌트에 대한 내부 변경은 다른 부분에 대한 변경을 요구하지 않는다. 코드 갱신의 자세한 내용은 안정적인 API 뒤에 숨겨져 있다. 각 조각은 개별적으로 발전하고 개선될 수있다.

④ 속성 ③의 결과, 시스템 전체에 대한 폭포수식 글로벌 배포 주기는 없다. 대신 각 컴포넌트는 변경 및개선이 이루어짐에 따라 개별적으로 갱신된다.

우리가 **기술적 시스템**technical system에 관해 이야기하고 있다는 점에 주목하고, 좀 더 크게 생각해보자. 이러한 기술적 특징을 조직의 특징으로 변환해 살펴보자.

① 많은 소규모 팀이 크고 복잡한 시스템을 설계한다. 각 팀은 일부 시스템 컴포넌트의 엔지니어링, 유지보수 및 개선 업무를 담당한다.

② 이러한 팀은 API 정의, 메시지 스키마 등을 사용해 컴포넌트의 추상적인 세부 사항을 다른 팀에 공개한다. 각 팀은 다른 팀의 컴포넌트에 신경 쓸 필요가 없다. 게시된 API 또는 메시지 명세를 사용해 이들컴포넌트를 호출할 뿐이다. 이들은 시간이 지남에 따라 성능 및 기능을 개선하고자 각자의 역할을 반복한다. 또한 새로운 기능을 추가하면 이를 공개할 수도 있고 다른 팀에서 새로운 기능을 요청할 수도 있다. 이때도 요청된 기능의 내부 기술 세부 사항은 팀이 걱정할 필요가 없다. 팀은 **느슨하게 연결된 커뮤니케이션**으로 협력한다.

③ 특징 ②의 결과, 각 팀은 다른 팀의 업무와 독립적으로 자신의 컴포넌트를 빠르게 발전시키고 개선할수 있다.

④ 특히 특징 ③은 팀이 최소한의 다운타임으로 컴포넌트 갱신을 배포할 수 있음을 의미한다. 팀은 정규근무 시간 동안 계속 배포해 코드를 변경하고 테스트한다.

기술과 인간 시스템을 모두 느슨하게 결합하면 데이터 엔지니어링 팀은 서로, 또는 회사의 다른 부문과 더 효율적으로 협업할 수 있다. 또한 이 원칙은 다음 절에서 소개할 원칙 7을 직접적으로 촉진한다.

3.2.7 원칙 7: 되돌릴 수 있는 의사결정을 하라

데이터 환경은 빠르게 변화한다. 오늘날의 핫한 기술이나 스택이 내일은 과거의 유물이 될 수 있다. 여론 역시 빠르게 변한다. 아키텍처를 단순화하고 민첩성을 유지하려면 돌이킬 수 있는 의사결정을 목표로 삼아야 한다.

마틴 파울러가 썼듯이 '아키텍트의 중요한 임무 중 하나는 소프트웨어 설계에서 돌이킬 수 없는 부분을 제거하는 방법을 찾아내 아키텍처를 제거하는 것'이다.[19] 2003년 파울러가 이러한 글을 썼을 때나 지금이나 이 표현은 여전히 유효하다.

앞서 설명했듯이 베이조스는 되돌릴 수 있는 결정을 '양방향 문'이라고 표현한다. 그의 말에 따르면 "이 문을 일단 통과해 반대편으로 나가면, 설령 그곳이 마음에 들지 않는다 해도 이전의 자리로 돌아갈 수 없다. 이러한 판단을 제1유형 결정이라고 부를 수 있다. 하지만 대부분의 결정은 그렇지 않다. 변경 가능하고 되돌릴 수 있는 양방향 문과 같다." 여러분도 가능한 한 양방향 문을 목표로 삼자.

데이터 아키텍처 전반에 걸친 기술의 분리/모듈화 등의 변화 속도를 고려할 때, 항상 현재에 적합한 최고의 설루션을 선택하도록 노력해야 한다. 또한 환경의 진화에 따라 업그레이드하거나 더 나은 방법을 채택할 수 있도록 준비하자.

3.2.8 원칙 8: 보안 우선순위를 지정하라

모든 데이터 엔지니어는 자신이 구축하고 유지 관리하는 시스템의 보안을 책임져야 한다. 지금부터는 두 가지 주요 아이디어, 즉 '제로-트러스트 보안'과 '책임 공유 보안 모델'에 초점을 맞추어 설명한다. 이러한 모델은 클라우드 네이티브 아키텍처와 밀접하게 연계된다.

강화된 경계 보안 모델과 제로 트러스트 보안 모델

제로-트러스트 보안zero-trust security을 정의하려면 구글 클라우드의 5대 원칙에 자세히 나와 있는 기존의 강화-경계hard-perimeter 보안 모델과 그 한계부터 이해하는 것이 좋다.[20]

---

19 Fowler, 'Who Needs an Architect?'

20 Tom Grey, '5 Principles for Cloud-Native Architecture—What It Is and How to Master It,' Google Cloud blog, June 19, 2019, `https://oreil.ly/4NkGf`

전통적인 아키텍처는 경계 보안, 즉 내부의 '신뢰할 수 있는 것'과 외부의 '신뢰할 수 없는 것'으로 조잡하게 강화된 네트워크 경계 설정에 많은 신뢰를 둔다. 안타깝게도 이러한 접근 방식은 스피어 피싱과 같은 외부 위협뿐만 아니라 내부자 공격에도 항상 취약했다.

1996년 영화 〈미션 임파서블〉은 강화−경계 보안 모델과 그 한계점의 완벽한 예를 보여준다. 영화에서 CIA는 극도로 엄격한 물리적 보안을 갖춘 방 안의 스토리지 시스템에 매우 민감한 데이터를 호스팅한다. 주인공은 CIA 본부에 침투하고 인간 타깃을 이용해 스토리지 시스템에 물리적으로 접근한다. 일단 보안실에 들어가기만 하면 비교적 쉽게 데이터를 유출할 수 있다.

적어도 지난 10여 년 동안, 경각심을 불러일으키는 언론 보도를 통해 우리는 강화된 조직 보안 영역 내에서 인간 타깃을 악용하는 보안 침해의 위협이 증가하고 있다는 것을 알게 됐다. 직원들은 매우 안전한 기업용 네트워크에서 작업하는 그 순간에도 이메일과 모바일 장치를 통해 외부와 연결된 상태를 유지한다. 외부 위협은 사실상 내부 위협이 된다.

클라우드 네이티브 환경에서는 '강화된 경계'의 개념이 더욱 약해진다. 모든 자산은 어느 정도 외부 세계와 연결된다. 가상 프라이빗 클라우드(VPC) 네트워크는 외부 연결 없이 정의할 수 있지만, 엔지니어가 이러한 네트워크를 정의할 때 사용하는 API 제어 영역은 여전히 인터넷에 접속되어 있다.

공동 책임 모델

아마존은 보안을 **클라우드 보안**security of the cloud과 **클라우드 내 보안**security in the cloud으로 나누는 공동 책임 모델[21]을 강조한다. AWS는 클라우드 보안을 책임진다.[22]

AWS는 AWS 클라우드에서 AWS 서비스를 실행하는 인프라를 보호할 책임이 있다. 또한 AWS는 사용자가 안전하게 사용할 수 있는 서비스를 제공한다.

AWS 사용자는 클라우드 내 보안에 대한 책임이 있다.

---

[21] https://oreil.ly/rEFoU
[22] Amazon Web Services, 'Security in AWS WAF,' AWS WAF documentation, https://oreil.ly/rEFoU

사용자의 책임은 사용하는 AWS 서비스에 따라 결정된다. 또한 데이터의 민감도^{sensitivity}, 조직의 요구 사항, 적용 가능한 관련 법률 및 규정 등 기타 요인에 관해서도 책임져야 한다.

일반적으로 모든 클라우드 제공 업체는 이러한 공동 책임 모델에 따라 어떤 형태로든 운영된다. 그들은 공개된 사양에 따라 서비스를 보호한다. 그러나 애플리케이션 및 데이터에 대한 보안 모델을 설계하고 클라우드 기능을 활용해 이 모델을 실현하는 것은 궁극적으로 사용자의 책임이다.

보안 엔지니어로서의 데이터 엔지니어

오늘날 기업 세계에서는 보안에 대한 명령 및 제어 접근 방식이 매우 일반적이며, 보안 및 네트워킹 팀이 경계^{perimeter}와 일반적인 보안 관행을 관리한다. 클라우드는 명시적으로 보안 역할을 수행하지 않는 엔지니어에게 이러한 책임을 떠넘긴다. 그 책임 때문에, 강화 보안 경계의 전체적인 약화와 함께 모든 데이터 엔지니어는 스스로를 보안 엔지니어로 간주해야 한다.

이러한 새로운 암묵적 책임을 떠맡지 않으면 심각한 결과를 초래할 수 있다. 실제로 아마존 S3 버킷을 퍼블릭 액세스로 구성하는 단순한 오류 때문에 수많은 데이터 침해가 발생했다.[23] 데이터를 다루는 사람은 궁극적으로 데이터 보안에 책임이 있다고 가정해야 한다.

3.2.9 원칙 9: 핀옵스를 수용하라

핀옵스^{FinOps}의 몇 가지 정의부터 살펴보자. 첫 번째로 핀옵스 재단$^{FinOps\ Foundation}$이 제공하는 다음 내용을 살펴보자.[24]

> 핀옵스는 진화하는 클라우드 재무 관리 분야이자 문화적 관행으로 엔지니어링, 재무, 기술 및 비즈니스 팀이 데이터 기반 지출 결정을 위해 협업할 수 있도록 지원함으로써 조직이 비즈니스 가치를 극대화할 수 있게 해준다.

---

23 Ericka Chickowski, 'Leaky Buckets: 10 Worst Amazon S3 Breaches,' Bitdefender Business Insights blog, Jan 24, 2018, https://oreil.ly/pFEF0

24 FinOps Foundation, 'What Is FinOps,' https://oreil.ly/wJFVn

또한 J. R. 스토먼트J. R. Sorment와 마이크 풀러Mike Fuller는 **클라우드 핀옵스**Cloud FinOps에 관해 다음과 같이 정의한다.[25]

> '핀옵스'라는 용어는 일반적으로 데브옵스와 재무(팀)finance 간의 협력적인 업무 관계를 지지하는 새로운 전문적인 움직임을 의미한다. 이는 인프라 지출을 반복해서 데이터 중심으로 관리하는(즉, 클라우드의 단위 경제성을 낮추는) 동시에 비용 효율성을 높이고 궁극적으로는 클라우드 환경의 수익성을 높인다.

클라우드 시대에는 데이터의 비용 구조가 크게 변화했다. 데이터 시스템은 보통 온프레미스on-premise 환경에서 몇 년마다 발생하는 새로운 시스템에 대한 자본 지출(4장에서 자세히 설명)로 획득된다. 관련 책임자는 원하는 컴퓨팅 자원과 스토리지 용량에 대한 예산을 균형 있게 조정해야 한다. 과잉 구매는 비용 낭비를 수반하는 반면, 과소 구매는 미래의 데이터 프로젝트를 방해할 뿐만 아니라 시스템 부하와 데이터 크기를 제어하는 데 상당한 인력을 소모한다. 또한 과소 구매는 기술 교체 주기를 단축하고 관련 추가 비용을 요구할 수 있다.

클라우드 시대에는 대부분의 데이터 시스템이 종량제 방식이며 쉽게 확장할 수 있다. 시스템은 쿼리당 비용 모델, 처리당 비용 모델 또는 종량제 모델의 다른 변종 모델에서 실행될 수 있다. 이 접근법은 자본 지출 접근법보다 훨씬 더 효율적일 수 있다. 이제 고성능을 위해 스케일 업한 다음 스케일 다운해서 비용을 절감할 수 있다. 그러나 종량제 방식은 지출을 훨씬 더 역동적으로 만든다. 데이터 리더의 새로운 과제는 예산, 우선순위, 효율성을 관리하는 것이다.

클라우드 툴링cloud tooling에는 지출과 자원을 관리하는 일련의 프로세스가 필요하다. 과거에는 데이터 엔지니어가 고정된 자원셋에 대한 데이터 처리 성능을 극대화하고, 향후 필요에 따라 자원을 구입하는 성능 엔지니어링 측면에서 생각했다. 엔지니어는 핀옵스를 통해 클라우드 시스템의 비용 구조를 생각하는 방법을 배워야 한다. 예를 들어 분산 클러스터를 실행할 때 AWS 스팟 인스턴스의 적절한 조합은 무엇일까? 비용 효율성과 성능 측면에서 대규모의 일일 작업을 수행하는 데 가장 적합한 접근 방식은 무엇일까? 회사는 언제 유료 모델에서 예약 용량으로 전환해야 할까?

핀옵스는 운영 모니터링 모델을 발전시켜 지출을 지속해 모니터링한다. 단순히 웹 서버에 대한 요청량과 CPU 사용률을 모니터링하는 대신, 트래픽을 처리하는 서버리스 함수의 지속적인 비

---

25 J. R. Storment and Mike Fuller, Cloud FinOps (Sebastapol, CA: O'Reilly, 2019), `https://oreil.ly/QV6vF`

용 및 지출 트리거 경보의 급증을 모니터링한다. 시스템이 과도한 트래픽에서 적절하게 장애가 발생하도록 설계되었듯이, 기업은 지출 급증에 대응하는 장애 모드를 통해 지출을 엄격하게 제한할 수 있다.

운영팀은 비용 공격 측면에서도 생각해야 한다. 분산 서비스 거부 공격(DDoS)이 웹 서버에 대한 접근을 차단할 수 있듯이, 많은 기업은 S3 버킷에서의 과도한 다운로드 때문에 비용이 천정부지로 치솟고 소규모 스타트업이 파산 위기에 처할 수 있다는 사실을 발견했다. 데이터를 공개적으로 공유할 경우 데이터 팀은 요청자 부담 정책을 설정하거나 과도한 데이터 접근 지출을 단순히 모니터링해, 허용할 수 없는 수준까지 지출이 증가하기 시작하면 접근을 신속하게 제거함으로써 이러한 문제를 해결할 수 있다.

이 책의 집필 시점을 기준으로 핀옵스는 최근에 공식화된 관행이며, 핀옵스 재단은 2019년에서야 시작됐다.[26] 그러나 여러분이 높은 클라우드 요금에 직면하기 전에 미리 핀옵스를 알아볼 것을 권한다. 핀옵스 재단[27]과 『클라우드 핀옵스』(한빛미디어, 2020)로 핀옵스에 대한 여정을 시작해보자. 또한 필자는 데이터 엔지니어들이 데이터 엔지니어링을 위한 핀옵스 사례를 만들어가는 커뮤니티 프로세스에 참여할 것을 권장한다. 이처럼 새로운 관행을 만들어가야 하는 상황에서는 아직 많은 영역이 계획되지 않았다.

지금까지 우수한 데이터 아키텍처의 원리를 개괄적으로 이해했다. 이제 우수한 데이터 아키텍처를 설계하고 구축하는 데 필요한 주요 개념을 더 자세히 살펴보자.

3.3 주요 아키텍처 개념

현재의 데이터 동향을 살펴보면 매주 새로운 유형의 데이터 도구와 아키텍처가 등장하는 듯하다. 이러한 활발한 움직임 속에서 우리는 이러한 모든 아키텍처의 주요 목표, 즉 데이터를 가져와 다운스트림 소비에 유용한 결과물로 변환하는 것을 놓쳐서는 안 된다.

---

26 'FinOps Foundation Soars to 300 Members and Introduces New Partner Tiers for Cloud Service Providers and Vendors,' Business Wire, June 17, 2019, https://oreil.ly/XcwY0

27 https://oreil.ly/4EOIB

3.3.1 도메인과 서비스

> 도메인: 지식, 영향력 또는 활동의 영역을 가리킨다. 사용자가 프로그램을 적용하는 주체 영역은 소프트웨어의 도메인이다.
>
> — 에릭 에반스Eric Evans[28]

아키텍처의 구성 요소를 설명하기 전에 앞으로 자주 등장할 두 가지 용어인 도메인과 서비스를 간단히 살펴보자. **도메인**domain은 실제 설계를 하는 주제 영역이다. **서비스**service는 작업 달성이 목적인 기능 집합이다. 예를 들어 주문이 생성될 때 주문을 처리하는 판매 주문 처리 서비스가 있을 수 있다. 판매 주문 처리 서비스의 유일한 업무는 주문을 처리하는 것으로, 재고 관리나 사용자 프로필 갱신 등의 다른 기능은 제공하지 않는다.

도메인은 여러 서비스를 포함할 수 있다. 예를 들어 주문, 송장 발행, 제품 등 세 가지 서비스를 포함하는 판매 도메인이 있을 수 있다. 각 서비스에는 판매 도메인을 지원하는 특정 작업task이 있다. 또한 다른 도메인에서도 서비스들을 공유할 수 있다(그림 3-3). 이때 회계 도메인은 기본적인 회계 기능인 송장 발행, 급여 및 매출채권(AR)을 담당한다. 판매 시 송장이 생성되므로 회계 도메인은 송장 서비스를 판매 도메인과 공유하며, 지불이 수신되었는지 확인하려면 송장을 추적해야 한다. 영업과 회계는 각각의 도메인을 소유한다.

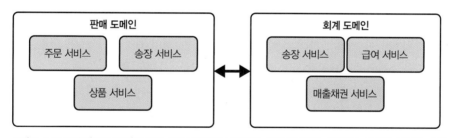

그림 3-3 두 도메인(판매, 회계)이 공통 서비스(송장)를 공유하고, 판매 및 회계는 각각의 도메인을 소유하는 경우

도메인을 무엇으로 구성할지 고려할 때는 도메인이 실제 세계에서 무엇을 나타내는지에 초점을 맞추고 거꾸로 작업해보자. 앞의 예에서 판매 도메인은 회사의 판매 기능에서 발생하는 작업을 나타내야 한다. 판매 도메인을 설계할 때는 다른 회사에서 이미 진행하는 작업으로부터

---

[28] Eric Evans, Domain–Driven Design Reference: Definitions and Pattern Summaries (March 2015), `https://oreil.ly/pQ9oq`

비슷하게 복사해서 붙여넣는 일을 피하자. 회사의 영업 기능에는 영업 팀의 기대에 따라 작동하도록 특정 서비스를 요구하는 고유한 측면이 있을 수 있다.

도메인 내에서 무엇을 해야 할지 확인하자. 도메인에 포함할 대상과 서비스를 결정할 때 최고의 조언은 사용자 및 이해관계자와 직접 대화하고, 의견을 듣고, 그들의 작업 수행에 도움이 될 서비스를 구축하라는 것이다. 어떤 관계자와도 소통이 없는 진공 상태에서 설계하는 전형적인 함정은 피하자.

3.3.2 분산 시스템, 확장성, 장애에 대비한 설계

이 절에서는 앞서 설명한 데이터 엔지니어링 아키텍처의 두 번째와 세 번째 원칙, 즉 장애에 대한 계획 및 확장성을 위한 설계에 관한 내용을 설명한다. 데이터 엔지니어로서 우리는 데이터 시스템의 밀접하게 관련된 네 가지 특징에 관심이 있다(앞에서 가용성 및 신뢰성을 언급했지만, 완전하게 표현하고자 여기서 다시 강조한다).

확장성

시스템 용량을 늘려 성능을 개선하고 수요를 처리할 수 있다. 예를 들어 시스템을 확장해 높은 속도의 쿼리를 처리하거나 대량의 데이터셋을 처리할 수 있다.

탄력성

확장성이 뛰어난 시스템을 동적으로 확장할 수 있다. 탄력성이 뛰어난 시스템은 현재 워크로드에 따라 자동으로 스케일 업과 스케일 다운을 수행할 수 있다. 클라우드 환경에서 스케일 업은 수요가 증가함에 따라 매우 중요한 반면, 스케일 다운은 비용을 절감하는 효과가 있다. 최신 시스템은 때때로 0까지 확장될 수 있는데, 유휴 상태일 때 자동으로 종료될 수 있음을 의미한다.

가용성

IT 서비스 또는 컴포넌트가 작동 가능한 상태에 있는 시간의 비율이다.

신뢰성

시스템이 지정된 간격 동안 의도한 기능을 수행할 때 정의된 표준을 충족할 가능성(확률)이다.

TIP 가용성과 신뢰성에 대한 정의와 배경은 페이저듀티 PagerDuty의 '왜 가용성과 신뢰성이 중요한가?'(https://oreil.ly/E6il3)를 참조하자.

이러한 특징들은 서로 어떤 관련이 있을까? 시스템이 지정된 시간 동안 성능 요건을 충족하지 못하면 응답하지 않을 수 있다. 따라서 신뢰성이 낮으면 가용성이 저하될 수 있다. 한편, 동적 확장은 엔지니어의 수동 개입 없이도 적절한 성능을 보장하는 데 도움이 되며, 탄력성은 신뢰성을 향상시킨다.

확장성은 다양한 방법으로 실현된다. 서비스 및 도메인의 경우 하나의 머신으로 모든 요건을 처리할 수 있을까? 단일 머신은 자원(CPU, 디스크, 메모리, I/O)을 늘림으로써 수직으로 확장할 수 있지만, 한 대의 머신에서 사용 가능한 자원에는 엄격한 한계가 있다. 한편 이 머신이 다운되면 어떻게 될까? 충분한 시간이 주어지면 일부 컴포넌트는 결국 장애를 일으킨다. 백업 및 장애조치 계획은 무엇일까? 일반적으로 단일 머신으로는 높은 가용성과 신뢰성을 제공할 수 없다.

우리는 분산 시스템을 활용해 전체 확장 용량을 늘림과 동시에 가용성 및 신뢰성을 높일 수 있다. 수평 확장horizontal scaling을 사용하면 부하와 자원 요건을 충족하는 더 많은 머신을 추가할 수 있다(그림 3-4). 일반적인 수평 확장 시스템에는 워크로드의 인스턴스화, 진행 및 완료를 위한 주요 창구 역할을 하는 리더 노드가 있다. 워크로드가 시작되면 리더 노드는 작업을 시스템 내 워커 노드에 분산해 완료하고 그 결과를 리더 노드로 반환한다. 일반적인 최신 분산 아키텍처도 중복성을 갖추고 있다. 머신이 정지했을 경우 다른 머신이 서버가 중단된 부분을 이어받을 수 있도록 데이터가 복제된다. 클러스터는 용량을 복원하기 위해 더 많은 머신을 추가할 수 있다.

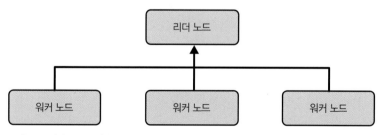

그림 3-4 리더 노드 1개와 워커 노드 3개를 갖춘 리더-팔로워 아키텍처를 이용한 간단한 수평 분산 시스템

분산 시스템은 아키텍처 전체에서 사용할 수 있는 다양한 데이터 기술에 널리 적용된다. 여러

분이 사용하는 거의 모든 클라우드 데이터 웨어하우스 객체 스토리지 시스템에는 분산 개념이 포함된다. 분산형 시스템의 세부적인 관리 사항은 보통 추상화되어 있으므로, 낮은 수준에서의 작업 대신 높은 수준의 아키텍처에 집중할 수 있다. 그래도 이러한 세부 사항은 파이프라인의 성능을 이해하고 개선하는 데 매우 유용하므로 분산 시스템을 자세히 살펴볼 것을 추천한다. 마틴 클레프만Martin Kleppmann의 『데이터 중심 애플리케이션 설계』(위키북스, 2018)는 이러한 내용을 학습하기에 매우 훌륭한 자료다.

3.3.3 강한 결합 vs 느슨한 결합: 계층, 모놀리스, 마이크로서비스

데이터 아키텍처를 설계할 때는 다양한 도메인, 서비스 및 자원에 얼마나 많은 상호의존성을 포함할지 선택한다. 스펙트럼의 한쪽 끝에서는 극도로 중앙 집중화된 종속성과 워크플로를 선택할 수도 있다. 도메인과 서비스의 모든 부분은 다른 모든 도메인과 서비스에 필수적으로 의존한다. 이처럼 긴밀하게 결합된 패턴을 **강한 결합**tight coupling이라고 한다.

스펙트럼의 반대편에는 서로 온전히 의존하지 않는 분산형 도메인과 서비스가 있으며, 이를 **느슨한 결합**loose coupling이라고 한다. 느슨한 결합 시나리오에서는 분산된 팀에서 그들의 동료가 데이터를 사용할 수 없는 시스템을 구축하기 쉽다. 반드시 각각의 도메인과 서비스를 소유하는 팀에게 공통의 표준, 소유권, 책임, 의무를 부여하자. '우수한' 데이터 아키텍처를 설계하려면 도메인과 서비스의 강한 결합과 느슨한 결합 사이의 트레이드오프에 의존해야 한다.

이번 절의 많은 아이디어가 소프트웨어 개발에서 비롯된다는 점에 주목해야 한다. 이처럼 큰 아이디어의 본래 의도와 정신의 맥락(특정 데이터에 국한되지 않고 유지)을 유지하면서, 이러한 개념을 데이터에 구체적으로 적용할 때 유의할 몇몇 차이점을 나중에 설명하겠다.

아키텍처 계층

아키텍처를 개발할 때 아키텍처 계층을 아는 것은 도움이 된다. 여러분의 아키텍처에는 데이터, 애플리케이션, 비즈니스 로직, 프레젠테이션 등의 계층이 있으며, 이러한 계층을 분리하는 방법을 알아야 한다. 상호 작용 과정에서 쓰이는 의사소통 채널의 강한 결합은 명백한 취약성을 초래하므로, 신뢰성과 유연성을 극대화하려면 아키텍처의 계층을 어떻게 구조화할지 고민해야 한다. 이제 단일 계층과 다중 계층 아키텍처를 살펴보자.

단일 계층

단일 계층 아키텍처single-tier architecture에서는 데이터베이스와 애플리케이션이 밀접하게 연결되어 단일 서버에 상주한다(그림 3-5). 이 서버는 노트북일 수도 있고 클라우드의 단일 가상 머신 (VM)일 수도 있다. 강한 결합의 본질은 서버, 데이터베이스 또는 애플리케이션에 장애가 발생하면 전체 아키텍처에 장애가 발생한다는 의미다. 단일 계층 아키텍처는 프로토타이핑 및 개발에는 좋지만, 명백한 장애 위험 때문에 운영 환경에서는 권장되지 않는다.

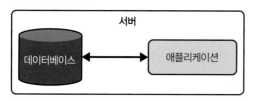

그림 3-5 단일 계층 아키텍처

단일 계층 아키텍처가 중복성redundancy을 바탕으로 구축된 경우(예: 장애조치를 위한 복제본)에도 다른 방식으로 상당한 제한이 발생한다. 예를 들어 운영 애플리케이션 데이터베이스에 대해 분석 쿼리를 실행하는 것은 비실용적일 때가 많다(권장하지 않는다). 이런 경우, 데이터베이스에 과부하가 걸려 애플리케이션을 사용할 수 없게 될 위험이 있다. 단일 계층 아키텍처는 로컬 머신에서 시스템을 테스트하는 데는 적합하지만, 운영 환경에서는 사용하지 않는 것이 좋다.

다중 계층

강하게 결합된 단일 계층 아키텍처의 문제점은 데이터와 애플리케이션을 분리함으로써 해결할 수 있다. (n-tier라고도 하는) **다중 계층 아키텍처**multi-tier architecture는 데이터, 애플리케이션, 비즈니스 로직, 프레젠테이션 등의 개별 계층으로 구성된다. 이러한 계층들은 상향식bottom-up이고 계층적hierarchical인 구조로, 하위 계층이 반드시 상위 계층에 의존하지는 않는다. 반면 상위 계층은 하위 계층에 의존한다. 이 개념은 애플리케이션에서 데이터를 분리하고 프레젠테이션에서 애플리케이션을 분리하는 것이다.

일반적인 다중 계층 아키텍처는 클라이언트-서버 구조로, 널리 쓰이는 3계층 아키텍처다. **3계층 아키텍처**three-tier architecture는 데이터, 애플리케이션 로직 및 프레젠테이션 계층으로 구성된다(그림 3-6). 각 계층은 다른 계층과 서로 격리되어 리스크를 분리할 수 있다. 이러한 3계층 아키텍처에서는 모놀리식에 집중할 필요 없이 각 계층에서 원하는 모든 기술을 자유롭게 사용할 수 있다.

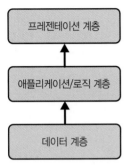

그림 3-6 3계층 아키텍처

여러분은 운영 환경에서 수많은 단일 계층 아키텍처를 봐왔을 것이다. 단일 계층 아키텍처는 단순성을 제공하지만, 심각한 제약 사항도 있다. 조직이나 애플리케이션은 이러한 제약 사항들로부터 벗어나기 전까지는 잘 작동할 것이다. 예를 들어 단일 계층 아키텍처에서는 데이터 계층과 로직 계층이 다중 계층 아키텍처에서는 간단하게 피할 수 있는 방식으로 자원(디스크, CPU, 메모리)를 공유하고 경쟁한다. 자원은 다양한 계층에 분산되어 있다. 데이터 엔지니어는 계층을 사용해 계층 아키텍처와 종속성이 처리되는 방식을 평가해야 한다. 다시 강조하지만, 단순하게 시작하되 아키텍처가 더 복잡해지면 추가 계층으로 진화시켜 나가야 한다.

다중 계층 아키텍처에서는 분산 시스템으로 작업할 때 계층을 분리하고 계층 내에서 자원을 공유하는 방식을 고려해야 한다. 내부에 존재하는 분산 시스템은 데이터 엔지니어링 수명 주기 전반에 걸쳐 다양한 기술을 지원한다. 먼저, 노드와의 자원 경합을 원하는지를 생각해보자. 그렇지 않다면 **비공유 아키텍처**shared-nothing architecture를 사용하자. 즉, 단일 노드가 각 요청을 처리하며, 이는 다른 노드들이 해당 노드 또는 서로 간에 메모리, 디스크, CPU 등의 자원을 공유하지 않음을 의미한다. 데이터와 자원은 노드로 격리된다. 그 대신 다양한 노드가 여러 요청을 처리하고 자원을 공유할 수 있지만, 자원 경합이 발생할 위험이 있다. 또 다른 고려 사항은 노드들이 모든 노드에서 접근할 수 있는 동일한 디스크와 메모리를 공유해야 하는지 여부다. 이를 **공유 디스크 아키텍처**shared disk architecture라고 하며, 보통 임의의 노드에 장애가 발생할 경우 공유 자원이 필요할 때 사용된다.

모놀리스

모놀리스의 일반적인 개념은 가능한 한 많은 것을 한 지붕 아래에 포함하는 것이다. 한편 가장 극단적인 버전에서의 모놀리스는 애플리케이션 로직과 사용자 인터페이스를 모두 제공하는 단일 머신에서 실행되는 단일 코드베이스^{codebase}로 구성된다.

모놀리스 내에서의 결합은 기술 결합과 도메인 결합의 두 가지 방식으로 살펴볼 수 있다. **기술 결합**^{technical coupling}은 아키텍처 계층이, **도메인 결합**^{domain coupling}은 도메인이 서로 결합하는 방식을 말한다. 모놀리스는 기술과 도메인 간의 결합 정도가 다양하다. 다중 계층 아키텍처에는 다양하게 계층이 분리된 애플리케이션이 있지만, 여러 도메인을 공유할 수도 있다. 또는 단일 도메인을 제공하는 단일 계층 아키텍처를 사용할 수도 있다.

모놀리스의 강한 결합은 컴포넌트의 모듈화가 부족하다는 것을 의미한다. 모놀리스에서 컴포넌트를 교체하거나 업그레이드하는 것은 어떤 문제를 다른 문제와 교환하는 작업인 경우가 많다. 강한 결합의 본질 때문에 아키텍처 전체에서 컴포넌트를 재사용하기란 어렵거나 불가능하다. 모놀리식 아키텍처의 개선 방법을 평가할 때, 이는 종종 두더지 잡기 게임과 같은 상황이 된다. 즉, 한 컴포넌트가 개선되지만, 모놀리스의 다른 영역에서는 알려지지 않은 결과들을 희생하는 경우가 많다.

데이터 팀은 점점 더 복잡해지는 모놀리스 문제를 방치하는 경우가 많으며, 결국 엉망진창으로 굴러가는 큰 진흙 공^{big ball of mud}(BBOM)[29]처럼 만들어버린다.

4장에서는 모놀리스를 분산형 기술과 비교하는 더 광범위한 논의를 제공한다. 또한 엔지니어가 지나치게 강한 결합으로 분산형 시스템을 구축할 때 나타나는 이상한 혼종인 **분산 모놀리스**^{distributed monolith}도 논의할 것이다.

마이크로서비스

복잡하게 뒤얽힌 서비스, 중앙 집중화, 서비스 간의 강한 결합과 같은 모놀리스 속성과 비교하면 마이크로서비스는 정반대다. **마이크로서비스 아키텍처**^{microservice architecture}는 개별적이고 분산되어 있으며 느슨하게 결합된 서비스로 구성된다. 각 서비스는 특정 기능이 있으며 도메인 내에서 운영되는 다른 서비스와 분리된다. 한 서비스가 일시적으로 중단되더라도 계속 작동 중인

---

29 https://oreil.ly/2brRT

다른 서비스의 기능에는 영향을 주지 않는다.

모놀리스를 여러 마이크로서비스로 전환하는 방법을 묻는 질문이 자주 제기된다. 이는 모놀리스가 얼마나 복잡한지, 그리고 모놀리스에서 서비스를 추출하려면 얼마나 많은 노력을 기울여야 하는지에 따라 완전히 달라진다. 여러분의 모놀리스를 분리할 수 없을 때는 마이크로서비스 친화적인 방식으로 서비스를 분리하는 새로운 병렬 아키텍처를 구축해야 한다. 이때 전체적인 리팩터링보다는 서비스 분리를 제안한다. 모놀리스는 하룻밤 사이에 이루어진 것이 아니며 조직 차원의 기술적인 문제다. 만약 여러분이 모놀리스를 분리할 계획이라면 반드시 해당 모놀리스의 이해관계자들로부터 동의를 얻어야 한다.

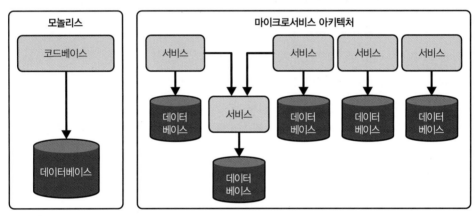

그림 3-7 극단적인 모놀리식 아키텍처는 단일 코드베이스 내에서 모든 기능을 실행하므로, 동일한 호스트 서버에 데이터베이스를 배치할 수 있다.

모놀리스를 분해하는 방법을 더 자세히 알고 싶다면 닐 포드Neal Ford 등이 저술한 환상적이고 실용적인 가이드북 『소프트웨어 아키텍처 The Hard Parts』(한빛미디어, 2022)를 읽어보기 바란다.

데이터 아키텍처에 관한 고려 사항

이 절의 서두에서 설명한 바와 같이, 강한 결합과 느슨한 결합의 개념은 소프트웨어 개발에서 비롯되었으며 이러한 개념의 일부는 20년 이상 전으로 거슬러 올라간다. 이제 데이터의 아키텍처 관행이 소프트웨어 개발 방식을 채택하고 있지만, 여전히 매우 모놀리식하고 강하게 결합된 데이터 아키텍처를 흔히 찾아볼 수 있다. 이 중 일부는 기존 데이터 기술의 본질nature과 통합 방식 때문이기도 하다.

예를 들어 데이터 파이프라인은 중앙 데이터 웨어하우스로 수집된 여러 원천으로부터 데이터를 사용할 수 있다. 중앙 데이터 웨어하우스는 본질적으로 모놀리식하다. 데이터 웨어하우스와 동등한 마이크로서비스로의 전환은 해당 도메인별 데이터 웨어하우스에 연결된 도메인별 데이터 파이프라인과 워크플로를 분리하는 것이다. 예를 들어 판매 데이터 파이프라인은 판매별 데이터 웨어하우스에 연결되고, 재고 및 제품 도메인은 유사한 패턴을 따른다.

(서로 다른 주장들 사이에서) 모놀리스에 대해 마이크로서비스를 독단적으로 설교하기보다는, 데이터 아키텍처 내에서 사용하는 데이터 기술의 상태와 한계를 인식하면서 이상적인 느슨한 결합을 실용적으로 사용할 것을 권장한다. 가능하다면 모듈화와 느슨한 결합을 허용하는 가역적인(되돌릴 수 있는) 기술 선택들을 통합하자.

[그림 3-7]에서 볼 수 있듯이 아키텍처의 컴포넌트를 수직적인 방식으로 여러 관심 계층으로 나눈다. 다중 계층 아키텍처는 공유 자원의 분리라는 기술적 문제를 해결하지만, 공유 도메인의 복잡성을 해결하지는 못한다. 단일 계층 아키텍처와 다중 계층 아키텍처를 비교할 때는 데이터 아키텍처의 도메인을 분리하는 방법도 고려해야 한다. 예를 들어 분석 팀은 판매 및 재고 데이터에 의존할 수 있다. 판매 도메인과 재고 도메인은 서로 다르므로 별개로 간주해야 한다.

이 문제에 대한 한 가지 접근 방식은 중앙 집중화다. 즉, 단일팀이 모든 도메인에서 데이터를 수집하고 조직 전체에서 사용할 수 있도록 조정한다(이는 기존 데이터 웨어하우징의 일반적인 접근 방식이다). 또 다른 접근 방식은 **데이터 메시**^{data mesh}다. 데이터 메시를 사용하면 각 소프트웨어 팀은 나머지 조직 전체에서 사용할 데이터를 준비할 책임이 있다. 데이터 메시는 3장의 뒷부분에서 자세히 설명하겠다.

모놀리스가 반드시 나쁘다고는 할 수 없으며, 특정한 조건에서는 모놀리스로 시작하는 편이 합리적일 수 있다. 가끔은 빨리 움직여야 할 때 모놀리스로 시작하는 게 훨씬 간단하다. 하지만 결국에는 더 작게 분해할 준비를 해야 하므로 긴장을 늦추지는 말자.

3.3.4 사용자 접근: 싱글 vs 멀티테넌트

데이터 엔지니어는 여러 팀과 조직 및 고객에 시스템을 공유하는 것에 대한 결정을 내려야 한다. 어떤 의미에서는 모든 클라우드 서비스가 멀티테넌트^{multitenant}지만, 이러한 멀티테넌트는 다양한 방식으로 발생한다. 예를 들어 클라우드 컴퓨팅 인스턴스는 일반적으로 공유 서버에 있지만, VM 자체는 어느 정도 격리된다. 객체 스토리지는 멀티테넌트 시스템이지만, 클라우드 벤더는 고객이 사용 권한을 올바르게 구성하기만 하면 보안과 격리를 보장한다.

엔지니어는 종종 훨씬 더 작은 규모의 멀티테넌시multitenancy에 대한 결정을 내려야 한다. 예를 들어 대기업의 여러 부서가 동일한 데이터 웨어하우스를 공유하는가? 조직이 같은 테이블 내에서 여러 대형 고객의 데이터를 공유하는가?

멀티테넌시에서는 성능과 보안이라는 두 가지 요소를 고려해야 한다. 클라우드 시스템 내에 대규모 테넌트가 여러 개 있을 때 시스템이 모든 테넌트에 대해 일관된 성능을 지원하는가? 아니면 '시끄러운 이웃 문제'가 발생하는가?(즉, 한 테넌트의 사용량이 많으면 다른 테넌트의 성능이 저하되는가?) 보안과 관련해서는 서로 다른 테넌트의 데이터를 적절히 분리해야 한다. 회사에 외부 고객 테넌트가 여러 개 있다면 이러한 테넌트는 서로를 인식해서는 안 되며 엔지니어는 데이터 유출을 방지해야 한다. 데이터 격리 전략은 시스템에 따라 다르다. 예를 들어 멀티테넌트 테이블을 사용하고 뷰를 통해 데이터를 격리하는 것은 종종 완벽하게 허용된다. 그러나 이러한 뷰에서 데이터가 누출되지 않도록 해야 한다. 벤더 또는 프로젝트 설명서를 읽고 적절한 전략과 리스크를 파악하자.

3.3.5 이벤트 기반 아키텍처

비즈니스가 정적인 경우는 거의 없다. 비즈니스에서는 새로운 고객 확보, 고객의 신규 주문, 제품 또는 서비스 주문과 같은 다양한 상황이 발생한다. 이 모든 상황은 일반적으로 어떤 **상태**state 의 변화와 같이 광범위하게 정의되는 **이벤트**event들의 사례다. 예를 들어 고객이 새로운 주문을 작성하거나, 나중에 해당 주문을 갱신할 수 있다.

이벤트 기반 워크플로(그림 3-8)에는 데이터 엔지니어링 수명 주기의 다양한 부분에서 이벤트를 생성, 갱신하고 비동기적으로 이동하는 기능이 포함된다. 이 워크플로는 이벤트 생성, 라우팅, 소비의 세 가지 주요 영역으로 요약된다. 이벤트는 생산자, 이벤트 라우터, 소비자 간에 강하게 결합된 종속성 없이 생성되고, 이를 소비하는 대상으로 라우팅되어야 한다.

그림 3-8 이벤트 기반 워크플로에서는 이벤트가 생성, 라우팅, 소비된다.

이벤트 기반 아키텍처(그림 3-9)는 이벤트 중심 워크플로를 수용하고 이를 사용해 다양한 서비스 간에 통신한다. 이벤트 기반 아키텍처의 장점은 이벤트의 상태를 여러 서비스에 분산시킨다는 점이다. 이는 서비스가 오프라인 상태가 되거나, 분산 시스템에서 노드에 장애가 발생하거나, 여러 소비자 또는 서비스가 동일한 이벤트에 접근하도록 할 때 유용하다. 서비스가 느슨하게 결합된 경우에는 항상 이벤트 중심 아키텍처의 후보가 된다. 3장의 뒷부분에서 설명할 예제의 대부분은 어떤 형태로든 이벤트 중심 아키텍처를 포함한다.

이벤트 기반 스트리밍 및 메시징 시스템의 자세한 내용은 5장에서 살펴볼 것이다.

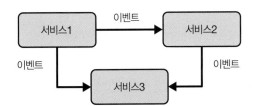

그림 3-9 이벤트 기반 아키텍처에서는 느슨하게 결합된 서비스 간에 이벤트가 전달된다.

3.3.6 브라운필드 vs 그린필드 프로젝트

데이터 아키텍처 프로젝트를 설계하기 전에 백지상태에서 처음부터 시작하는지, 아니면 기존 아키텍처를 재설계하는지를 알아야 한다. 각 유형의 프로젝트는 서로 다른 고려 사항과 접근 방식을 사용하더라도 트레이드오프를 충분히 평가해야 한다. 프로젝트는 대략 브라운필드와 그린필드라는 두 가지 유형으로 나뉜다.

브라운필드 프로젝트

브라운필드 프로젝트brownfield project는 기존 아키텍처를 리팩터링하고 재구성하는 경우가 많아 현재와 과거의 선택에 따른 제약을 받는다. 아키텍처의 핵심 부분은 변경 관리인 만큼, 이러한 한계를 극복하고 새로운 비즈니스 및 기술 목표를 달성할 경로를 설계해야 한다. 브라운필드 프로젝트에서는 레거시 아키텍처에 대한 철저한 이해와 다양한 신/구 기술의 상호 작용이 필요하다. 이전 팀의 작업 내용과 결정을 비판하는 건 쉽지만, 그보다는 깊이 파고들어 질문을 던지고 왜 그러한 결정이 내려졌는지를 이해하는 편이 훨씬 낫다. 공감과 맥락에 대한 이해는 기존 아키텍처의 문제를 진단하고 기회를 식별하며 함정을 인식하는 데 큰 도움이 된다.

언젠가는 새로운 아키텍처와 기술을 도입하고 낡은 것을 폐지해야 할 때가 온다. 몇몇 인기 있는 접근 방식을 살펴보라. 상당수의 팀은 낡은 아키텍처의 전면적인 또는 대규모 개편에 착수하면서 재검토를 통해 사용하지 않는 부분을 파악할 때가 많다. 인기 있는 방법이지만, 그와 관련한 위험과 계획 부족 때문에 이 접근 방식은 권장하지 않는다. 이러한 방식은 종종 돌이킬 수 없고 비용이 많이 드는 결정이 되어 재앙으로 이어진다. 여러분의 임무는 되돌릴 수 있으면서도 투자수익(ROI)이 높은 결정을 내리는 것이다.

직접 재작성에 대한 대중적인 대안은 스트랭글러 패턴^{strangler pattern}이다. 새로운 시스템은 레거시 아키텍처의 컴포넌트를 천천히 그리고 점진적으로 대체한다.[30] 결국 레거시 아키텍처는 완전히 대체된다. 스트랭글러 패턴의 매력 포인트는 시스템의 한 부분을 한 번에 하나씩 폐기하는 표적 방식과 외과적 접근 방식이다. 이를 통해 종속 시스템에 미치는 영향을 평가하면서 유연하고 되돌릴 수 있는 결정을 내릴 수 있다.

구식화^{deprecation}는 '상아탑'의 조언이 될 수 있으며 실용적이지 않거나 달성하지 못할 수 있다는 점에 유념해야 한다. 대규모 조직에서 레거시 기술이나 아키텍처를 배제하기란 불가능할 수도 있다. 누군가는 어딘가에서 이러한 레거시 컴포넌트를 사용하고 있기 때문이다. 예전에 누군가가 말했듯이 '레거시란 돈을 버는 것을 겸손하게 묘사하는 방법'이다.

구식화할 수 있다면, 여러분의 오래된 아키텍처를 구식화할 다양한 방법이 있다는 걸 이해하자. 새로운 플랫폼의 성숙도를 서서히 높여 성공의 증거를 보여준 뒤 시스템을 폐쇄하는 종료 계획에 따라 새로운 플랫폼의 가치를 입증하는 것이 중요하다.

그린필드 프로젝트

스펙트럼의 반대쪽 끝에 있는 **그린필드 프로젝트**^{greenfield project}를 사용하면 이전 아키텍처의 역사

---

30 Martin Fowler, 'StranglerFigApplication,' June 29, 2004, https://oreil.ly/PmqxB

나 레거시에 얽매이지 않고 새롭게 출발할 수 있다. 그린필드 프로젝트는 브라운필드 프로젝트보다 쉬운 경향이 있으며 많은 데이터 아키텍트와 엔지니어가 이러한 프로젝트를 더 재미있다고 생각한다. 멋진 최신 도구와 아키텍처 패턴을 체험할 기회도 주어진다. 이보다 더 흥미로운 일이 있을까?

하지만 너무 흥분하기 전에 몇몇 사항에 주의해야 한다. 새로운 목표 선정 신드롬 때문에 지나치게 흥분하는 팀들이 있다. 그들은 최신 기술 유행이 프로젝트의 가치에 어떤 영향을 미칠지 이해하지 못한 채 그저 위대한 유행을 따라가야 한다는 강박관념에 사로잡힌다. 또한 프로젝트의 궁극적인 목표에는 우선순위를 두지 않고 인상적인 신기술을 축적해 **이력서 주도 개발**resume-driven development을 하려는 유혹도 있다.[31] 항상 뭔가 멋진 것을 구축하려 하기보다는 작업 요건을 우선시하자.

브라운필드 프로젝트든 그린필드 프로젝트든 항상 '우수한' 데이터 아키텍처의 원칙에 초점을 맞추자. 트레이드오프를 평가하고, 유연하고 되돌릴 수 있는 결정을 내리고, 긍정적인 ROI를 실현하도록 노력하자.

이제부터 아키텍처의 각종 예제와 유형을 살펴보자. 지난 수십 년 동안 확립된 아키텍처(데이터 웨어하우스)가 있고, 완전히 새로운 아키텍처(데이터 레이크하우스)가 있다. 빠르게 나타났다가 사라졌지만 여전히 현재의 아키텍처 패턴에 영향을 미치는 아키텍처(람다 아키텍처)도 있다.

3.4 데이터 아키텍처의 사례 및 유형

데이터 아키텍처는 추상적인 분야이므로 예를 들어 추론하는 것이 도움이 된다. 이번 절에서는 오늘날 널리 사용되는 데이터 아키텍처의 주요 사례와 유형을 간략히 설명한다. 이러한 일련의 예제가 모든 것을 망라하지는 않겠지만, 가장 일반적인 데이터 아키텍처 패턴의 일부를 알 수 있고, 사용 사례에 적합한 아키텍처를 설계하는 데 필요한 유연성과 트레이드오프 분석에 관해 생각해 볼 수 있다.

---

31 Mike Loukides, 'Resume Driven Development,' O'Reilly Radar, October 13, 2004, `https://oreil.ly/BUHa8`

3.4.1 데이터 웨어하우스

데이터 웨어하우스^{data warehouse}는 보고 및 분석에 사용되는 중앙 데이터 허브로, 가장 오래되고 잘 확립된 데이터 아키텍처의 하나다. 데이터 웨어하우스의 데이터는 일반적으로 분석 활용 사례에 맞게 고도로 포맷되고 구조화되어 있다.

1989년 빌 인먼^{Bill Inmon}은 데이터 웨어하우스의 개념을 고안했다. 그는 '경영진의 의사결정을 지원하는 주제 지향적이고 통합적이며 비휘발성이고 시간 변형적인 데이터 모임'이라 설명한다.[32] 데이터 웨어하우스의 기술적 측면은 크게 발전했지만, 이 최초의 정의는 오늘날에도 여전히 유효하다.

과거에는 데이터 웨어하우스가 데이터 시스템을 구입하고, 내부 팀에게 데이터 웨어하우스를 유지할 지속적인 지원을 제공하려는 상당한 예산(대개 수백만 달러)을 투자하는 기업에서 널리 사용됐다. 이는 비용이 많이 들고 노동 집약적인 일이었다. 그 이후 확장성이 뛰어난 종량제 모델 덕분에 소규모 기업에서도 클라우드 데이터 웨어하우스에 접근할 수 있게 됐다. 서드파티 제공업체^{provider}가 데이터 웨어하우스 인프라를 관리하므로, 기업은 데이터의 복잡성이 증가하더라도 적은 인력으로 훨씬 더 많은 작업을 수행할 수 있다.

데이터 웨어하우스 아키텍처의 두 가지 유형인 '조직'과 '기술'에 주목해야 한다. **조직 데이터 웨어하우스 아키텍처**^{organizational data warehouse architecture}는 특정 비즈니스 팀의 구조 및 프로세스와 관련된 데이터를 구성한다. **기술 데이터 웨어하우스 아키텍처**^{technical data warehouse architecture}는 MPP와 같은 데이터 웨어하우스의 기술적 본질을 반영한다. 기업은 MPP 시스템 없이 데이터 웨어하우스를 보유하거나 데이터 웨어하우스로 구성되지 않은 MPP 시스템을 운영할 수 있다. 그러나 기술 아키텍처와 조직 아키텍처는 선순환 관계에 있으며 서로 식별되는 경우가 많다.

조직 데이터 웨어하우스 아키텍처의 주요 특징 두 가지는 다음과 같다.

① **운영 데이터베이스(온라인 트랜잭션 처리(OLTP))에서 온라인 분석 처리(OLAP)를 분리**
    이러한 분리는 비즈니스가 성장함에 따라 매우 중요하다. 데이터를 별도의 물리적 시스템으로 옮기면 운영 시스템의 부하가 줄어들고 분석 성능이 향상된다.

② **데이터 중앙 집중화 및 구성**
    전통적으로 데이터 웨어하우스는 ETL을 사용해 애플리케이션 시스템에서 데이터를 가져온다.

---

32 H. W. Inmon, Building the Data Warehouse (Hoboken: Wiley, 2005).

추출extract 단계에서는 원천 시스템에서 데이터를 가져온다. 변환transformation 단계에서는 데이터를 정리하고 표준화해 고도로 모델링된 형태로 비즈니스 로직을 구성하고 적용한다(8장에서 변환 및 데이터 모델을 다룬다). 적재load 단계에서는 데이터가 데이터 웨어하우스 대상 데이터베이스 시스템에 푸시된다. 데이터는 특정 라인이나 비즈니스 및 부서의 분석 요구를 충족하는 여러 데이터 마트data mart에 적재된다.

[그림 3-10]은 일반적인 워크플로를 보여준다. 데이터 웨어하우스와 ETL은 보고 및 분석용 데이터가 비즈니스 프로세스에 부합하도록 비즈니스 리더의 지시를 구현하는 DBA 및 ETL 개발자 팀을 포함한 특정 비즈니스 구조와 함께 사용된다.

그림 3-10 ETL이 포함된 기본 데이터 웨어하우스

기술 데이터 웨어하우스 아키텍처와 관련해서는 1970년대 후반에 최초의 MPP 시스템이 등장했고 1980년대에 대중화됐다. MPP는 기본적으로 관계형 애플리케이션 데이터베이스에서 쓰이는 것과 동일한 SQL 시맨틱을 지원한다. 하지만 대량의 데이터를 병렬 스캔하도록 최적화되어 있어 고성능 집계 및 통계 계산을 수행할 수 있다. 최근 들어 MPP 시스템은 특히 클라우드 데이터 웨어하우스에서 더 큰 데이터와 쿼리를 지원할 수 있도록 행 기반 아키텍처에서 열 기반 아키텍처로 점점 더 많이 전환되고 있다. MPP는 데이터 및 보고 업무의 니즈가 증가함에 따라 대기업의 고성능 쿼리를 실행하는 데 필수 요소다.

ETL의 한 가지 변형은 ELT다. ELT 데이터 웨어하우스 아키텍처에서는 데이터를 운영 시스템에서 데이터 웨어하우스의 스테이징 영역으로 어느 정도 직접 이동할 수 있다. 이 설정에서의 스테이징은 데이터가 원시 형식raw form임을 나타낸다. 변환은 외부 시스템을 사용하는 대신 데이터 웨어하우스에서 직접 처리된다. 이는 클라우드 데이터 웨어하우스와 데이터 처리 도구의 방대한 계산 능력을 활용하려는 것이다. 데이터는 일괄 처리되며, 변환된 출력은 분석을 위해 테이블 및 뷰에 기록된다.

[그림 3-11]은 ELT의 일반적인 프로세스를 보여준다. ELT는 CDC 프로세스에서 이벤트를

스트리밍해 스테이징 영역에 저장한 후 데이터 웨어하우스 내에서 변환하므로 스트리밍 배치에서도 인기가 있다.

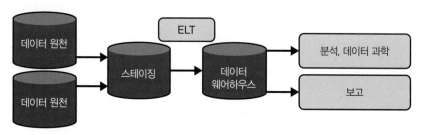

그림 3-11 ELT: 추출, 적재, 변환

ELT의 두 번째 버전은 하둡 생태계에서 빅데이터가 증가하는 동안 대중화됐다. 3.4.2절에서 논의할 **읽기 변환 ELT**transform-on-read ELT다.

클라우드 데이터 웨어하우스

클라우드 데이터 웨어하우스cloud data warehouses는 온프레미스 데이터 웨어하우스 아키텍처의 상당한 발전을 의미하며, 따라서 조직 아키텍처에 큰 변화를 가져왔다. 아마존 레드시프트Amazon Redshift는 클라우드 데이터 웨어하우스 혁명을 이끌었다. 기업은 향후 몇 년 간 MPP 시스템의 크기를 적절히 조정하고 시스템을 조달하기 위해 수백만 달러 규모의 계약을 체결하는 대신, 레드시프트 클러스터를 온디맨드on-demand로 스핀업해 데이터 및 분석 수요의 증가에 따라 단계적으로 확장할 수 있는 옵션을 선택할 수 있게 됐다. 또한 필요에 따라 새로운 레드시프트 클러스터를 스핀업해 특정 워크로드를 처리하고, 더는 필요하지 않은 클러스터를 신속하게 삭제할 수도 있다.

구글 빅쿼리, 스노우플레이크 및 기타 경쟁업체는 컴퓨팅과 스토리지를 분리하는 아이디어를 대중화했다. 이 아키텍처에서는 데이터가 객체 스토리지에 저장되므로 사실상 무제한 스토리지를 사용할 수 있다. 이를 통해 사용자는 컴퓨팅 파워를 온디맨드 방식으로 스핀업할 수 있으며 수천 개의 노드에 대한 장기적인 비용 없이 애드혹 빅데이터 기능을 제공한다.

클라우드 데이터 웨어하우스는 MPP 시스템의 기능을 확장해 과거에는 하둡 클러스터가 필요했던 많은 빅데이터 사용 사례를 포괄한다. 클라우드 데이터 웨어하우스는 단일 쿼리로 페타바이트 단위의 데이터를 쉽게 처리할 수 있다. 일반적으로 행row당 수십 MB의 원시 텍스트 데이터 또는 매우 풍부하고 복잡한 JSON 문서를 저장할 수 있는 데이터 구조를 지원한다. 클라우드 데이터 웨어하우스(및 데이터 레이크)가 성숙해짐에 따라 데이터 웨어하우스와 데이터 레이크 간의 경계는 계속 모호해질 것이다.

클라우드 데이터 웨어하우스가 제공하는 새로운 기능의 영향이 매우 큰 만큼, **데이터 웨어하우스**data warehouse라는 용어를 완전히 폐기하는 것도 고려해볼 수 있다. 대신 이러한 서비스들은 기존 MPP 시스템에서 제공하는 것보다 훨씬 광범위한 기능을 갖춘 새로운 데이터 플랫폼으로 발전하고 있다.

데이터마트

데이터 마트data mart는 단일 하위 조직이나 부서 또는 비즈니스 라인line of Business(LOB)에 초점을 맞춰 분석 및 보고서를 제공하도록 설계된 웨어하우스의 한층 더 정교한 하위집합이다. 각 부서에는 필요에 따라 고유한 데이터 마트가 있다. 이는 더 광범위한 조직 또는 비즈니스에 서비스를 제공하는 전체 데이터 웨어하우스와는 대조적이다.

데이터 마트가 필요한 이유는 다음 두 가지다. 첫째, 데이터 마트는 분석가와 보고서 개발자가 데이터에 더 쉽게 접근할 수 있도록 한다. 둘째, 데이터 마트는 초기 ETL 또는 ELT 파이프라인이 제공하는 것보다 더 많은 변환 단계를 제공한다. 따라서 보고서 또는 분석 쿼리에 복잡한 데이터 조인join 및 집계aggregation가 필요한 경우, 특히 원시 데이터가 큰 경우 성능이 크게 향상될 수 있다. 변환 프로세스는 라이브 쿼리live query의 성능을 개선하기 위해 조인 및 집계된 데이터로 데이터 마트를 채울 수 있다.

다음 [그림 3-12]는 일반적인 워크플로를 보여준다. 이후 8장에서 데이터 마트와 데이터 마트를 위한 모델링 데이터를 논의할 것이다.

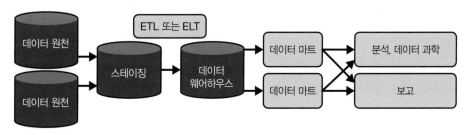

그림 3-12 ETL 또는 ELT와 데이터마트

3.4.2 데이터 레이크

빅데이터 시대에 등장한 가장 인기 있는 아키텍처는 **데이터 레이크**[data lake]다. 데이터에 엄격한 구조적 제한을 가하는 대신, 정형[structured] 데이터와 비정형[unstructured] 데이터를 모두 중앙 위치에 저장하면 어떨까? 데이터 레이크는 기업이 무한한 데이터의 샘에서 물을 마실 수 있도록 자유롭게 해주는 민주화 세력이 될 것이라 약속했다. 1세대 데이터 레이크인 '데이터 레이크 1.0'은 탄탄한 기여를 했지만, 대체로 약속을 이행하지는 못했다.

데이터 레이크 1.0은 HDFS에서 시작됐다. 클라우드의 인기가 높아지면서 이러한 데이터 레이크는 매우 저렴한 스토리지 비용과 사실상 무제한 스토리지 용량을 갖춘 클라우드 기반 객체 스토리지로 옮겨갔다. 데이터 레이크는 스토리지와 컴퓨팅이 긴밀하게 연결된 단일 데이터 웨어하우스에 의존하는 대신, 모든 크기와 유형의 방대한 데이터를 저장할 수 있다. 이러한 데이터를 쿼리하거나 변환해야 할 때는 클러스터를 온디맨드로 스핀업해 거의 무제한에 가까운 컴퓨팅 성능을 이용할 수 있다. 또한 맵리듀스, 스파크, 레이[Ray], 프레스토, 하이브 등 원하는 데이터 처리 기술을 선택해 작업을 수행할 수 있다.

이러한 장점에도 불구하고 데이터 레이크 1.0에는 심각한 단점이 있었다. 데이터 레이크는 쓰레기 매립장이 되어버렸다. 한때 유망했던 데이터 프로젝트가 실패하면서 **데이터 늪**[data swamp], **다크 데이터**[dark data], WORN 같은 용어가 생겨났다. 데이터는 스키마 관리, 데이터 카탈로그 작성 및 검색 도구가 거의 없는 상태에서 관리 불가능한 크기로 증가했다. 또한 원래의 데이터 레이크 개념은 본질적으로 쓰기 전용이었기 때문에, 사용자 레코드를 지정 삭제해야 하는 GDPR과 같은 규제가 도입되면서 큰 골칫거리가 됐다.

데이터 처리도 어려웠다. 조인과 같은 비교적 평범한 데이터 변환은 맵리듀스 작업으로 코딩할 때 큰 골칫거리였다. 이후에 피그[Pig] 및 하이브와 같은 프레임워크는 데이터 처리 상황을 다소 개선했지만, 데이터 관리의 기본적인 문제를 해결하는 데는 거의 도움이 되지 못했다. SQL에서 흔히 볼 수 있는 (행 삭제 또는 갱신 등) 간단한 데이터 조작 언어(DML) 작업은 구현하기 어려웠으며, 일반적으로 완전히 새로운 테이블을 생성함으로써 해결할 수 있었다. 빅데이터 엔지니어는 데이터 웨어하우징 분야의 동료들에게 특히 경멸적인 태도를 보였지만, 그 동료들은 데이터 웨어하우스가 데이터 관리 기능을 기본 제공하며 SQL은 복잡하고 성능 높은 쿼리 및 변형 작성에 효과적인 도구라고 지적할 수 있었다.

또한 데이터 레이크 1.0은 빅데이터 이동의 또 다른 핵심 가능성을 제시하지 못했다. 아파치 생태계의 오픈 소스 소프트웨어는 독점적인 MPP 시스템에 대한 수백만 달러의 계약을 피하는 수단으로 홍보됐다. 저렴한 기성 하드웨어가 맞춤형 벤더 솔루션을 대체할 수 있다는 것이었다. 실제로는 하둡 클러스터 관리의 복잡성 때문에 기업은 대규모 엔지니어 팀을 고액 연봉으로 고용해야 했으므로 빅데이터 비용은 급증했다. 기업들은 원시 아파치 코드베이스를 이해하고 커스터마이징 하는 데 드는 어려움과 수고로움을 피하면서 하둡을 더 쉽게 사용하도록 벤더로부터 라이센스를 받아 맞춤형 버전의 하둡을 구입하기로 결정했다. 클라우드 스토리지를 사용해 하둡 클러스터를 관리하지 않는 기업도 맵리듀스 작업을 작성하려면 인력에 많은 비용을 지출해야 했다.

1세대 데이터 레이크의 효용성과 저력을 과소평가하지 않도록 주의해야 한다. 많은 조직이 데이터 레이크, 특히 넷플릭스나 페이스북 같은 거대하고 데이터 중심적인 실리콘 밸리 기술 기업에서 상당한 가치를 발견했다. 이러한 기업은 성공적인 데이터 사례를 구축하고 맞춤형 하둡 기반 도구와 향상된 기능을 만들 수 있는 자원을 보유하고 있었다. 그러나 많은 조직에서 데이터 레이크는 낭비와 실망, 치솟는 비용으로 얼룩진 내부의 슈퍼펀드 사이트superfund site[33]로 변모했다.

3.4.3 융합, 차세대 데이터 레이크, 데이터 플랫폼

1세대 데이터 레이크의 한계에 대응해, 다양한 플레이어가 그 잠재적 가능성을 완전히 실현하기 위해 개념을 강화하려고 노력해 왔다. 예를 들어 데이터브릭스Databricks는 **데이터 레이크하우스**data lakehouse라는 개념을 도입했다. 데이터 레이크하우스는 데이터 웨어하우스에서 볼 수 있는 제어, 데이터 관리, 데이터 구조를 통합하는 동시에, 객체 스토리지에 데이터를 저장하고 다양한 쿼리 및 변형 엔진을 지원한다. 특히 데이터 레이크하우스는 단순히 데이터를 쏟아붓기만 하고 갱신하거나 삭제하지는 않는 본래의 데이터 레이크에서 크게 벗어난 ACID(원자성atomicity, 일관성consistency, 독립성isolation, 내구성durability) 트랜잭션을 지원한다. 데이터 레이크하우스라는 용어는 데이터 레이크와 데이터 웨어하우스의 융합을 암시한다.

클라우드 데이터 웨어하우스의 기술 아키텍처는 데이터 레이크 아키텍처와 매우 유사하게 진화했다. 클라우드 데이터 웨어하우스는 컴퓨팅과 스토리지를 분리하고, 페타바이트 규모의 쿼리를 지원하며, 다양한 비정형 데이터 및 반정형 객체를 저장하고, 스파크 또는 빔Beam과 같은

---

33 옮긴이_ 슈퍼펀드 사이트란 유독성 폐기물이 버려져 미국 환경보호청(EPA)에서 정화하도록 지시한 현장을 의미한다.

고급 처리 기술과 통합된다.

이러한 융합의 추세는 계속될 것이다. 데이터 레이크와 데이터 웨어하우스는 여전히 서로 다른 아키텍처로 존재할 것이다. 하지만 실제로는 그 기능이 통합되므로 일상 업무에서 둘 사이의 경계를 알아차리는 사용자는 거의 없을 것이다. 현재 여러 벤더가 데이터 레이크와 데이터 웨어하우스 기능을 결합한 **데이터 플랫폼**data platform을 제공한다. 이 책의 관점에서 보면 AWS, 애저, 구글 클라우드[34], 스노우플레이크[35], 데이터브릭스는 각각 데이터 작업을 위해 강하게 통합된 다양한 도구들을 제공하며, 관계형부터 완전한 비정형 상태에 이르기까지 다양한 기능을 제공한다. 미래의 데이터 엔지니어는 데이터 레이크 아키텍처와 데이터 웨어하우스 아키텍처 중 하나를 선택하는 대신 벤더, 생태계, 상대적 개방성 등 다양한 요소를 기반으로 통합 데이터 플랫폼을 선택할 수 있게 될 것이다.

3.4.4 모던 데이터 스택

[그림 3-13]의 **모던 데이터 스택**modern data stack은 현재 유행하는 분석 아키텍처로, 향후 몇 년 동안 더 널리 사용되리라 예상되는 추상화 유형을 강조한다. 과거의 데이터 스택이 비싸고 획일적인 모놀리식 도구집합에 의존했다면, 모던 데이터 스택의 주요 목표는 클라우드 기반의 플러그 앤 플레이plug-and-play(PnP) 방식과 사용하기 쉬운 기성 구성 요소를 써서 모듈식이면서도 비용 효율적인 데이터 아키텍처를 구축하는 것이다. 이러한 구성 요소에는 데이터 파이프라인, 스토리지, 변환, 데이터 관리/거버넌스, 모니터링, 시각화 및 탐색이 포함된다. 도메인은 여전히 유동적이며 특정 도구들은 빠르게 변화하고 발전하고 있지만, 핵심 목표는 복잡성을 줄이고 모듈화를 늘리는 것이다. 모던 데이터 스택의 개념은 이전 절에서 설명한 통합 데이터 플랫폼 아이디어와 잘 결합된다.

그림 3-13 모던 데이터 스택의 기본 컴포넌트

---

34 https://oreil.ly/ij2QV
35 https://oreil.ly/NoE9p

모던 데이터 스택의 주요 성과는 셀프서비스(분석 및 파이프라인), 신속한 변화를 위한 데이터 관리, 명확한 가격 구조를 갖춘 오픈 소스 도구 또는 단순한 독점 도구 사용이다. 커뮤니티는 모던 데이터 스택의 핵심 요소이기도 하다. 사용자에게 릴리스나 로드맵이 거의 공개되지 않았던 과거 제품과 달리, 현대의 데이터 스택 공간에서 활동하는 프로젝트나 기업은 보통 강력한 사용자 기반과 적극적인 커뮤니티를 보유한다. 그들은 제품을 조기에 사용하고 기능을 제안하며, 코드 개선을 위한 풀 리퀘스트를 제출함으로써 개발에 참여한다.

'최신'이 어느 방향으로 흘러가든지 간에(11장에서 아이디어를 공유할 것이다), 이해하기 쉬운 가격 책정과 구현을 갖춘 PnP 모듈 방식의 핵심 개념이야말로 미래의 방식이다. 특히 분석 엔지니어링에서 모던 데이터 스택은 데이터 아키텍처의 기본적인 선택이며 앞으로도 계속 사용될 것이다. 이 책 전반에 걸쳐 참조하는 아키텍처에는 클라우드 기반 및 PnP 모듈식 구성 요소와 같은 모던 데이터 스택의 일부가 포함되어 있다.

3.4.5 람다 아키텍처

2010년대 초중반 무렵에 스트리밍/실시간 분석용 스톰Storm 및 삼자Samza와 같은 프레임워크와 확장성이 뛰어난 메시지 큐인 카프카가 등장하면서, 스트리밍 데이터 관련 작업의 인기가 폭발적으로 높아졌다. 이러한 기술을 통해 기업은 대량의 데이터에 대한 사용자 집계 및 순위 지정, 제품 권장 사항에 대한 새로운 유형의 분석 및 모델링 작업을 수행할 수 있었다. 데이터 엔지니어는 배치 및 스트리밍 데이터를 단일 아키텍처로 조정하는 방법을 찾아야 했다. 람다 아키텍처는 이 문제에 대한 초기의 인기 있는 대응 방법 중 하나였다.

람다 아키텍처(그림 3-14)에서는 배치, 스트리밍 및 서빙 등의 시스템이 서로 독립적으로 작동한다. 원천 시스템은 이상적으로 변경할 수 없고 추가만 가능하며, 데이터를 처리할 때는 스트림과 배치라는 두 목적지로 전송한다. 인스트림in-stream 처리는 일반적으로 NoSQL 데이터베이스인 '속도' 계층에서 가능한 한 가장 낮은 지연 시간으로 데이터를 전달하고자 한다. 배치 계층에서는 데이터가 데이터 웨어하우스와 같은 시스템에서 처리 및 변환되어 데이터의 사전 계산 및 집계 뷰를 생성한다. 서빙 계층serving layer은 두 계층에서 쿼리 결과를 집계해 결합된 뷰를 제공한다.

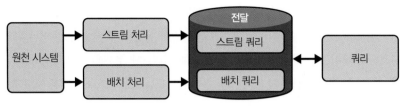

그림 3-14 람다 아키텍처

람다 아키텍처에는 풀어야 할 과제가 남아 있다. 코드베이스가 서로 다른 여러 시스템을 관리하기란 말 그대로 매우 어려운 작업으로, 조정하기 어려운 코드와 데이터들 때문에 오류가 발생하기 쉬운 시스템을 만들 수 있다.

람다를 언급하는 이유는 여전히 주목받는 아키텍처이고 데이터 아키텍처의 검색 엔진 결과에서 인기가 높기 때문이다. 하지만 분석을 위해 스트리밍 데이터와 배치 데이터를 결합하려는 경우 람다를 가장 먼저 권장하지는 않는다. 기술과 관행은 계속 변화하고 있다.

다음으로 람다 아키텍처에 대한 반응, 즉 카파 아키텍처를 살펴보겠다.

3.4.6 카파 아키텍처

람다 아키텍처의 단점에 대한 대응책으로 제이 크렙스^{Jay Kreps}는 **카파 아키텍처**^{Kappa architecture}라는 대안을 제안했다(그림 3-15).[36] 주요 논지는 다음과 같다. 스트림 처리 플랫폼을 데이터 처리, 저장 및 서빙 등 모든 데이터 처리의 백본으로 사용하는 것은 어떨까? 이를 통해 진정한 이벤트 기반 아키텍처를 실현할 수 있다. 실시간 이벤트 스트림을 직접 읽고 대량 데이터 청크를 재생해 일괄 처리함으로써 동일한 데이터에 실시간 및 배치 처리를 매끄럽게 적용할 수 있다.

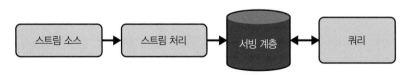

그림 3-15 카파 아키텍처

---

36 Jay Kreps, 'Questioning the Lambda Architecture,' O'Reilly Radar, July 2, 2014, `https://oreil.ly/wWR3n`

카파 아키텍처를 다루는 기사는 2014년에 처음 나왔지만, 널리 채택되지는 못했다. 여기에는 몇 가지 이유가 있다. 첫째, 스트리밍 자체는 많은 기업에 여전히 미지의 영역이다. 스트리밍을 말하기는 쉽지만 실행하기는 예상보다 어렵다. 둘째, 카파 아키텍처는 복잡하고 실제로 비용이 많이 드는 것으로 나타났다. 일부 스트리밍 시스템은 대규모 데이터 볼륨으로 확장할 수 있지만, 복잡하고 비용이 많이 든다. 한편 배치 스토리지와 프로세싱은 방대한 데이터셋에 비해 훨씬 효과적이고 비용 효율적이다.

3.4.7 데이터 흐름 모델, 통합 배치, 스트리밍

람다와 카파 모두 애초에 서로 어울리지 않을 듯한 복잡한 도구를 함께 연결함으로써 2010년 대 하둡 생태계의 한계를 해결하고자 했다. 배치 및 스트리밍 데이터를 통합한다는 핵심 과제가 여전히 남아 있었고, 람다와 카파는 이 과제를 지속해서 추구하고 발전시킬 수 있는 영감과 토대를 제공했다.

배치 및 스트림 처리 관리의 주요 문제 중 하나는 여러 코드 경로를 통합하는 것이다. 카파 아키텍처는 통합 큐잉queuing 및 스토리지 계층에 의존하지만, 실시간 통계를 수집하거나 배치 집계 작업을 실행하려면 다른 도구를 사용해야 한다. 오늘날 엔지니어들은 여러 가지 방법으로 이 문제를 해결하려고 한다. 구글은 데이터 흐름data flow 모델[37]과 이 모델을 구현하는 아파치 빔[38] 프레임워크를 개발함으로써 두각을 나타냈다.

데이터 흐름 모델의 핵심 개념은 다양한 유형의 윈도window에서 집계가 수행되므로 모든 데이터를 이벤트로 간주하는 것이다. 지속적인 실시간 이벤트 스트림은 **무한 데이터**unbounded data다. 데이터 배치는 단순히 경계가 있는(유한)bounded 이벤트 스트림이며, 경계는 자연스러운 윈도를 제공한다. 엔지니어는 실시간 집계를 위해 슬라이드나 텀블링 등 다양한 윈도 중에서 선택할 수 있다. 실시간 처리와 배치 처리는 거의 같은 코드를 사용해 같은 시스템에서 이뤄진다.

'배치는 스트리밍의 특수한 경우'라는 철학은 이제 더 널리 퍼져 있다. 플링크나 스파크 같은 다양한 프레임워크에서도 유사한 접근법을 채택하고 있다.

---

37 https://oreil.ly/qrxY4
38 https://beam.apache.org

3.4.8 IoT용 아키텍처

사물인터넷(IoT)은 컴퓨터, 센서, 모바일 장치, 스마트홈 장치 등 인터넷 접속이 가능한 장치들의 분산 컬렉션이다. IoT 데이터는 사람이 직접 입력(키보드로부터의 데이터 입력)해서 데이터를 생성하는 것이 아니라, 주변 환경에서 주기적으로 또는 지속해서 데이터를 수집해 목적지로 전송하는 장치에서 데이터를 생성한다. IoT 장치는 저전력이며 저자원/저대역폭 환경에서 작동하는 경우가 많다.

IoT 장치의 개념은 적어도 수십 년 전으로 거슬러 올라가지만, 스마트폰 혁명은 사실상 하룻밤 사이에 대규모의 IoT 스웜(무리)swarm을 만들었다. 이후로 스마트 온도조절장치, 자동차 엔터테인먼트 시스템, 스마트 TV, 스마트 스피커 등 수많은 새로운 IoT 범주가 등장했다. IoT는 미래주의 판타지에서 거대한 데이터 엔지니어링 영역으로 진화했다.

IoT가 데이터가 생성되고 소비되는 주요 방법의 하나가 될 것으로 예상되는 가운데, 이번 절에서는 지금까지 읽은 내용보다 조금 더 자세히 설명한다. IoT 아키텍처를 대략 이해하면 더 광범위한 데이터 아키텍처 동향을 이해하는 데 도움이 된다. IoT 아키텍처의 개념을 간략히 살펴보자.

장치

장치device는 인터넷에 연결된 물리 하드웨어로, 주변 환경을 감지하고 데이터를 수집해 다운스트림 목적지로 전송한다(일명 **사물**thing이라고도 한다). 이러한 장치는 초인종 카메라, 스마트워치 또는 온도 조절기와 같은 소비자 애플리케이션에 쓰일 수 있다. 이 장치는 예를 들면 조립 라인에서 결함이 있는 부품을 감시하는 인공지능 카메라, 차량 위치를 기록하는 GPS 추적기, 최신 트윗을 다운로드하고 커피를 끓이도록 프로그래밍된 라즈베리 파이 등일 수 있다. 주변 환경에서 데이터를 수집할 수 있는 장치는 모두 IoT 장치다.

장치는 최소한의 데이터 수집 및 전송 능력을 갖춰야 한다. 단, 데이터를 다운스트림으로 전송하기 전에 크런치crunch하거나 수집한 데이터에 대해 ML을 실행할 수도 있다(각각 에지 컴퓨팅 edge computing[39]과 에지 머신러닝 edge machine learning[40]).

---

39 옮긴이_ 에지 컴퓨팅은 사용자 또는 데이터 소스의 물리적인 위치나 그 근처에서 컴퓨팅을 수행하는 것을 말한다(출처_redhat.com).
40 옮긴이_ 에지 머신러닝은 에지 장치에서 머신러닝 모델을 실행해 원시 데이터 컬렉션 내의 패턴을 수집, 처리 및 인식하는 프로세스를 말한다(출처_redhat.com).

데이터 엔지니어는 IoT 장치의 내부를 자세히 알 필요는 없지만, 장치의 기능, 수집하는 데이터, 데이터를 전송하기 전에 실행하는 에지 컴퓨팅 또는 ML, 데이터 전송 빈도를 알아야 한다. 그 과정에서 장치 또는 인터넷의 장애, 환경적 요인 또는 기타 외부 요인이 데이터 수집에 미치는 영향이 무엇인지, 그리고 이러한 요인이 장치로부터의 다운스트림 데이터 수집에 어떤 영향을 미치는지 파악할 수 있다.

장치와의 인터페이스

장치는 데이터를 얻을 수 없으면 도움이 되지 않는다. 이번 절에서는 실제 IoT 장치와 인터페이스 하는 데 필요한 주요 컴포넌트를 설명한다.

IoT 게이트웨이

IoT 게이트웨이[IoT gateway]는 장치를 연결하고 인터넷상의 적절한 수신처에 안전하게 라우팅하는 허브다. IoT 게이트웨이 없이 장치를 인터넷에 직접 연결할 수도 있지만, 게이트웨이는 매우 적은 전력으로 장치를 연결할 수 있다. 데이터 보존의 중간 기착지 역할을 하며, 최종 데이터 수신처로의 인터넷 접속을 관리한다.

새로운 저전력 와이파이[WiFi] 규격은 향후 IoT 게이트웨이의 중요도를 낮추도록 설계되었지만, 이러한 표준은 이제 막 출시되기 시작했다. 일반적으로 장치의 스웜은 해당 장치가 있는 물리적 위치마다 하나씩 다수의 IoT 게이트웨이를 활용한다(그림 3-16).

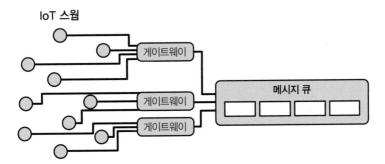

그림 3-16 장치 스웜, IoT 게이트웨이, 메시지 큐(큐 내의 직사각형)

수집

수집ingestion은 앞에서 설명한 바와 같이 IoT 게이트웨이에서 시작된다. 이벤트와 측정은 거기서부터 이벤트 수집 아키텍처로 유입될 수 있다.

물론 다른 패턴도 가능하다. 예를 들어 게이트웨이는 데이터를 축적했다가 나중에 분석 처리용으로 해당 데이터를 일괄 업로드할 수 있다. 원격 물리 환경에서는 게이트웨이가 네트워크에 접속할 수 없는 경우가 있다. 모든 데이터는 셀룰러 또는 와이파이 네트워크 범위에 있을 때만 업로드할 수 있다. 여기서 요점은, IoT 시스템과 환경의 다양성 때문에 엔지니어가 아키텍처 및 다운스트림 분석에서 고려해야 할 복잡한 문제가 발생한다는 것이다(예: 데이터 도착 지연, 데이터 구조와 스키마 차이, 데이터 손상 및 연결 중단 등).

스토리지

스토리지 요건은 시스템 내 IoT 장치의 지연 요건에 따라 크게 달라진다. 예를 들어 나중에 분석할 용도로 과학적 데이터를 수집하는 원격 센서의 경우에는 배치 객체 스토리지가 완벽하게 허용될 수 있다. 그러나 홈 모니터링 및 자동화 설루션에서는 데이터를 지속해 분석하는 시스템 백엔드에서 거의 실시간에 가까운 응답이 필요할 수 있다. 이때 메시지 큐 또는 시계열 데이터베이스가 더 적합하다. 스토리지 시스템의 더 자세한 내용은 이후 6장을 참조하자.

서빙

서빙(전달)serving 패턴은 놀라울 정도로 다양하다. 배치 과학 애플리케이션에서는 클라우드 데이터 웨어하우스를 사용해 데이터를 분석한 뒤 보고서로 제공할 수 있다. 데이터는 홈 모니터링 애플리케이션에서 다양한 방식으로 제시되고 전달된다. 데이터는 화재나 정전, 또는 침입과 같은 중요한 이벤트를 찾기 위해 스트림 처리 엔진 또는 시계열 데이터베이스의 쿼리를 사용해 가까운 시일 내에 분석된다. 이상 징후가 감지되면 집주인, 소방서 또는 다른 기관에 경고성 알림이 전송된다. 배치 분석 컴포넌트도 있는데, 예를 들면 가정 상태에 대한 월간 보고서 등이다.

IoT의 중요한 서빙 패턴 중 하나는 역 ETL(그림 3-17)처럼 보이지만, IoT 컨텍스트에서는 이 용어를 사용하지 않는 경향이 있다. 다음과 같은 시나리오를 생각해보자. 제조 장치의 센서에서 데이터가 수집되고 분석된다. 이러한 측정 결과는 장비를 더 효율적으로 작동할 수 있는 최적화를 찾기 위해 처리된다. 장치를 재설정하고 최적화하고자 데이터가 반환된다.

그림 3-17 다운스트림 사용 사례를 위한 IoT 서빙 패턴

IoT 빠르게 훑어보기

IoT 시나리오는 매우 복잡하며, IoT 아키텍처와 시스템은 비즈니스 데이터로만 오랜 경력을 쌓은 데이터 엔지니어에게는 그다지 익숙하지 않을 수 있다. 이번 소개를 통해 데이터 엔지니어가 흥미롭고 빠르게 진화하는 이 전문 분야에 관해 더 많은 내용을 익히기를 바란다.

3.4.9 데이터 메시

데이터 메시^{data mesh}는 (중앙 집중식 데이터 레이크 및 데이터 웨어하우스 같은) 거대한 모놀리식 데이터 플랫폼과, 운영 데이터와 분석 데이터 사이에서 환경이 구분되는 '데이터 격차'에 대한 최근의 대응책이다.[41] 데이터 메시는 (소프트웨어 아키텍처에서 주로 사용되는 개념인) 도메인 기반 설계 개념을 채택해 데이터 아키텍처에 적용함으로써 중앙 집중식 데이터 아키텍처의 문제를 뒤집으려 한다. 데이터 메시가 최근 많은 주목을 받는 만큼 이를 알아둘 필요가 있다.

차마크 데가니^{Zhamak Dehghani}가 이 주제에 관한 획기적인 기사에서 다음과 같이 언급했듯이, 데이터 메시의 큰 부분은 분산, 즉 탈중앙화^{decentralization}다.[42]

> 모놀리식 데이터 플랫폼을 탈중앙화(분산)하려면 데이터, 데이터의 지역성 및 소유권^{ownership}에 대한 사고방식을 바꿔야 한다. 도메인에서 중앙 소유의 데이터 레이크 또는 플랫폼으로 데이터를 보내는 대신, 쉽게 소모할 수 있는 방식으로 도메인 데이터셋을 호스팅하고 제공해야 한다.

---

41 Zhamak Dehghani, 'Data Mesh Principles and Logical Architecture,' MartinFowler.com, December 3, 2020, https://oreil.ly/ezWE7

42 Zhamak Dehghani, 'How to Move Beyond a Monolithic Data Lake to a Distributed Data Mesh,' Martin-Fowler.com, May 20, 2019, https://oreil.ly/SqMe8

데가니는 이후에 데이터 메시의 핵심 구성 요소를 다음 네 가지로 구분했다.[43]

- 도메인 지향 분산형 데이터 소유권 및 아키텍처
- 제품으로서의 데이터
- 플랫폼으로서의 셀프서비스 데이터 인프라
- 통합 컴퓨팅 거버넌스

[그림 3-18]은 데이터 메시 아키텍처의 단순화된 버전을 보여준다. 데이터 메시의 더 자세한 내용은 『Data Mesh』(O'Reilly, 2022)를 참조하자.[44]

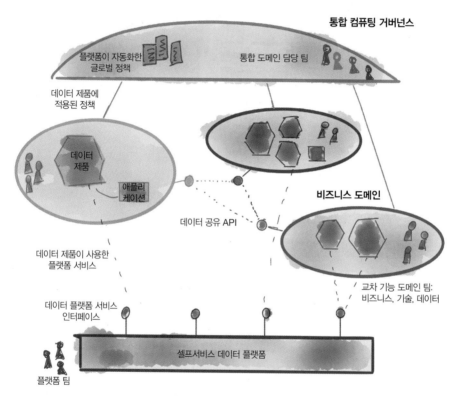

그림 3-18 데이터 메시 아키텍처의 간단한 예[45]

---

43 Zhamak Dehghani, 'Data Mesh Principles and Logical Architecture.'

44 옮긴이_ 한빛미디어에서 2023년에 번역서가 출간될 예정이다.

45 『Data Mesh』(O'Reilly, 2022)

3.4.10 기타 데이터 아키텍처 예시

데이터 아키텍처에는 데이터 패브릭, 데이터 허브, 확장 아키텍처[46], 메타데이터 우선 아키텍처[47], 이벤트 기반 아키텍처, 라이브 데이터 스택(11장) 등 수많은 종류가 있다. 또한 새로운 아키텍처는 관행이 통합되고 성숙해지며 도구가 단순화되고 개선됨에 따라 계속 등장할 것이다. 지금까지 우리는 매우 잘 확립되었거나 빠르게 발전 중인 가장 중요한 몇몇 데이터 아키텍처 패턴에 초점을 맞췄다.

데이터 엔지니어로서 새로운 아키텍처가 조직에 어떻게 도움이 되는지 주목하자. 데이터 엔지니어링 생태계 개발에 대한 높은 수준의 인식을 갖추고 새로운 개발 관련 정보를 계속해 파악하자. 마음을 열고, 한 가지 접근 방식에 감정적으로 집착하지 말자. 잠재적 가치를 파악한 뒤에는 심화 학습을 수행하고 구체적인 결정을 내리자. 올바르게 처리된다면 데이터 아키텍처의 사소한 조정(또는 전반적인 개선)이 비즈니스에 긍정적인 영향을 미칠 수 있다.

3.5 데이터 아키텍처 설계 담당자는 누구인가?

데이터 아키텍처는 아무것도 없는 진공 상태에서 설계되지 않는다. 대기업에서는 여전히 데이터 아키텍트를 고용할 수 있지만, 이러한 아키텍트는 기술과 데이터의 상태에 크게 부합하고 최신 상태를 유지해야 한다. 상아탑 방식의 데이터 아키텍처 시대는 지났다. 과거에는 아키텍처가 엔지니어링과 거의 직교orthogonal했다. 데이터 엔지니어링과 일반적인 엔지니어링이 빠르게 발전하고 민첩성이 향상함에 따라 엔지니어링과 아키텍처의 분리가 줄어들면서 이러한 구분은 점차 사라질 것이다.

데이터 엔지니어는 전담 데이터 아키텍트와 함께 일하는 것이 이상적이다. 그러나 기업의 규모가 작거나 데이터 성숙도가 낮은 경우 데이터 엔지니어는 아키텍트로서 이중으로 업무를 수행할 수 있다. 데이터 아키텍처는 데이터 엔지니어링 수명 주기의 드러나지 않는 요소이므로, 데이터 엔지니어는 '우수한' 아키텍처와 다양한 유형의 데이터 아키텍처를 이해해야 한다.

아키텍처를 설계할 때는 비즈니스 이해관계자와 협력해 트레이드오프를 평가해야 한다. 클라

---

46 https://oreil.ly/MB1Ap
47 https://oreil.ly/YkA9e

우드 데이터 웨어하우스와 데이터 레이크를 채택할 때의 고유한 장단점은 무엇일까? 다양한 클라우드 플랫폼의 트레이드오프는 무엇일까? (빔, 플링크 등) 통합 배치 및 스트리밍 프레임워크는 언제 사용하면 가장 적절할까? 이러한 선택지를 추상적으로 연구하면 구체적이고 가치 있는 결정을 내릴 수 있을 것이다.

3.6 결론

데이터 아키텍처가 데이터 엔지니어링 수명 주기에 어떻게 부합하는지, 그리고 '우수한' 데이터 아키텍처를 만드는 요소는 무엇인지를 살펴봤고, 데이터 아키텍처의 몇몇 예도 확인했다. 아키텍처는 성공을 위한 중요한 기반인 만큼 모든 아키텍처에 내재된 트레이드오프를 이해하고 깊이 연구할 시간을 투자할 것을 권한다. 그 과정에서 여러분은 조직의 고유한 요구 사항에 대응하는 아키텍처를 설계할 준비가 될 것이다.

다음으로 4장에서는 데이터 아키텍처와 데이터 엔지니어링 수명 주기 전체에서 사용할 적절한 기술을 선택하는 몇 가지 접근법을 살펴보겠다.

3.7 참고 문헌

- 'AnemicDomainModel' (`https://oreil.ly/Bx8fF`) by Martin Fowler
- 'Big Data Architectures' (`https://oreil.ly/z7ZQY`) Azure documentation
- 'BoundedContext' (`https://oreil.ly/Hx3dv`) by Martin Fowler
- 'A Brief Introduction to Two Data Processing Architectures—Lambda and Kappa for Big Data' (`https://oreil.ly/CcmZi`) by Iman Samizadeh
- 'The Building Blocks of a Modern Data Platform' (`https://oreil.ly/ECuIW`) by Prukalpa
- 'Choosing Open Wisely' (`https://oreil.ly/79pNh`) by Benoit Dageville et al.
- 'Choosing the Right Architecture for Global Data Distribution' (`https://oreil.ly/mGkrg`) Google Cloud Architecture web page
- 'Column-Oriented DBMS' Wikipedia page (`https://oreil.ly/pG4DJ`)

- 'A Comparison of Data Processing Frameworks' (`https://oreil.ly/XSM7H`) by Ludovik Santos
- 'The Cost of Cloud, a Trillion Dollar Paradox' (`https://oreil.ly/8wBqr`) by Sarah Wang and Martin Casado
- 'The Curse of the Data Lake Monster' (`https://oreil.ly/UdFHa`) by Kiran Prakash and Lucy Chambers
- Data Architecture: A Primer for the Data Scientist by W. H. Inmon et al. (Academic Press)
- 'Data Architecture: Complex vs. Complicated' (`https://oreil.ly/akjNd`) by Dave Wells
- 'Data as a Product vs. Data as a Service' (`https://oreil.ly/6svBK`) by Justin Gage
- 'The Data Dichotomy: Rethinking the Way We Treat Data and Services' (`https://oreil.ly/Bk4dV`) by Ben Stopford
- 'Data Fabric Architecture Is Key to Modernizing Data Management and Integration' (`https://oreil.ly/qQf3z`) by Ashutosh Gupta
- 'Data Fabric Defined' (`https://oreil.ly/ECpAG`) by James Serra
- 'Data Team Platform' (`https://oreil.ly/SkDj0`) by GitLab Data
- 'Data Warehouse Architecture: Overview' (`https://oreil.ly/pzGKb`) by Roelant Vos
- 'Data Warehouse Architecture' tutorial at Javatpoint (`https://oreil.ly/XgwiO`)
- 'Defining Architecture' ISO/IEC/IEEE 42010 web page (`https://oreil.ly/CJxom`)
- 'The Design and Implementation of Modern Column-Oriented Database Systems' (`https://oreil.ly/Y93uf`) by Daniel Abadi et al.
- 'Disasters I've Seen in a Microservices World' (`https://oreil.ly/b1TWh`) by Joao Alves
- 'DomainDrivenDesign' (`https://oreil.ly/nyMrw`) by Martin Fowler
- 'Down with Pipeline Debt: Introducing Great Expectations' (`https://oreil.ly/EgVav`) by the Great Expectations project
- EABOK draft (`https://oreil.ly/28yWO`), edited by Paula Hagan
- EABOK website (`https://eabok.org`)
- 'EagerReadDerivation' (`https://oreil.ly/ABD9d`) by Martin Fowler
- 'End-to-End Serverless ETL Orchestration in AWS: A Guide' (`https://oreil.ly/xpmrY`) by Rittika Jindal
- 'Enterprise Architecture' Gartner Glossary definition (`https://oreil.ly/mtam7`)
- 'Enterprise Architecture's Role in Building a Data-Driven Organization' (`https://oreil.ly/n73yP`) by Ashutosh Gupta

- 'Event Sourcing' (`https://oreil.ly/xrfaP`) by Martin Fowler
- 'Falling Back in Love with Data Pipelines' (`https://oreil.ly/ASz07`) by Sean Knapp
- 'Five Principles for Cloud-Native Architecture: What It Is and How to Master It' (`https://oreil.ly/WCYSj`) by Tom Grey
- 'Focusing on Events' (`https://oreil.ly/NsFaL`) by Martin Fowler
- 'Functional Data Engineering: A Modern Paradigm for Batch Data Processing' (`https://oreil.ly/ZKmuo`) by Maxime Beauchemin
- 'Google Cloud Architecture Framework' Google Cloud Architecture web page (`https://oreil.ly/Cgknz`)
- 'How to Beat the Cap Theorem' (`https://oreil.ly/NXLn6`) by Nathan Marz
- 'How to Build a Data Architecture to Drive Innovation—Today and Tomorrow' (`https://oreil.ly/dyCpU`) by Antonio Castro et al.
- 'How TOGAF Defines Enterprise Architecture (`EA`)' (`https://oreil.ly/b0kaG`) by Avancier Limited
- The Information Management Body of Knowledge website (`https://www.imbok.info`)
- 'Introducing Dagster: An Open Source Python Library for Building Data Applications' (`https://oreil.ly/hHNqx`) by Nick Schrock
- 'The Log: What Every Software Engineer Should Know About Real-Time Data's Unifying Abstraction' (`https://oreil.ly/meDK7`) by Jay Kreps
- 'Microsoft Azure IoT Reference Architecture' documentation (`https://oreil.ly/UUSMY`)
- Microsoft's 'Azure Architecture Center' (`https://oreil.ly/cq8PN`)
- 'Modern CI Is Too Complex and Misdirected' (`https://oreil.ly/Q4RdW`) by Gregory Szorc
- 'The Modern Data Stack: Past, Present, and Future' (`https://oreil.ly/lt0t4`) by Tristan Handy
- 'Moving Beyond Batch vs. Streaming' (`https://oreil.ly/sHMjv`) by David Yaffe
- 'A Personal Implementation of Modern Data Architecture: Getting Strava Data into Google Cloud Platform' (`https://oreil.ly/o04q2`) by Matthew Reeve
- 'Polyglot Persistence' (`https://oreil.ly/aIQcv`) by Martin Fowler
- 'Potemkin Data Science' (`https://oreil.ly/MFvAe`) by Michael Correll
- 'Principled Data Engineering, Part I: Architectural Overview' (`https://oreil.ly/74rlm`) by Hussein Danish
- 'Questioning the Lambda Architecture' (`https://oreil.ly/mc4Nx`) by Jay Kreps

- 'Reliable Microservices Data Exchange with the Outbox Pattern' (`https://oreil.ly/vvyWw`) by Gunnar Morling

- 'ReportingDatabase' (`https://oreil.ly/ss3HP`) by Martin Fowler

- 'The Rise of the Metadata Lake' (`https://oreil.ly/fijil`) by Prukalpa

- 'Run Your Data Team Like a Product Team' (`https://oreil.ly/0MjbR`) by Emilie Schario and Taylor A. Murphy

- 'Separating Utility from Value Add' (`https://oreil.ly/MAy9j`) by Ross Pettit

- 'The Six Principles of Modern Data Architecture' (`https://oreil.ly/wcyDV`) by Joshua Klahr

- Snowflake's 'What Is Data Warehouse Architecture' web page (`https://oreil.ly/KEG4l`)

- 'Software Infrastructure 2.0: A Wishlist' (`https://oreil.ly/wXMts`) by Erik Bernhardsson

- 'Staying Ahead of Data Debt' (`https://oreil.ly/9JdJ1`) by Etai Mizrahi

- 'Tactics vs. Strategy: SOA and the Tarpit of Irrelevancy' (`https://oreil.ly/NUbb0`) by Neal Ford

- 'Test Data Quality at Scale with Deequ' (`https://oreil.ly/WG9nN`) by Dustin Lange et al.

- 'Three-Tier Architecture' (`https://oreil.ly/POjK6`) by IBM Education

- TOGAF framework website (`https://oreil.ly/7yTZ5`)

- 'The Top 5 Data Trends for CDOs to Watch Out for in 2021' (`https://oreil.ly/IFXFp`) by Prukalpa

- '240 Tables and No Documentation?' (`https://oreil.ly/dCReG`) by Alexey Makhotkin

- 'The Ultimate Data Observability Checklist' (`https://oreil.ly/HaTwV`) by Molly Vorwerck

- 'Unified Analytics: Where Batch and Streaming Come Together; SQL and Beyond' Apache Flink Roadmap (`https://oreil.ly/tCYPh`)

- 'UtilityVsStrategicDichotomy' (`https://oreil.ly/YozUm`) by Martin Fowler

- 'What Is a Data Lakehouse?' (`https://oreil.ly/L12pz`) by Ben Lorica et al.

- 'What Is Data Architecture? A Framework for Managing Data' (`https://oreil.ly/AJgMw`) by Thor Olavsrud

- 'What Is the Open Data Ecosystem and Why It's Here to Stay' (`https://oreil.ly/PoeOA`) by Casber Wang

- 'What's Wrong with MLOps?' (`https://oreil.ly/c109I`) by Laszlo Sragner

- 'What the Heck Is Data Mesh' (`https://oreil.ly/Hjnlu`) by Chris Riccomini
- 'Who Needs an Architect' (`https://oreil.ly/0BNPj`) by Martin Fowler
- 'Zachman Framework' Wikipedia page (`https://oreil.ly/iszvs`)

CHAPTER 4

데이터 엔지니어링 수명 주기 전체에 걸친 기술 선택

오늘날 데이터 엔지니어링은 한 가지만 고르기 힘들 만큼 좋은 기술이 많다 보니 오히려 어려움을 겪고 있다. 다양한 유형의 데이터 문제를 해결하는 데 필요한 기술 자체는 부족하지 않다. 데이터 기술은 오픈 소스, 관리형 오픈 소스, 독점 소프트웨어, 독점 서비스 등 거의 모든 방식으로 사용할 수 있는 턴키 제품으로 제공된다. 하지만 자칫 '수명 주기 전체에 걸쳐 데이터를 운반하고, 최종 사용자의 요구에 따라 이를 제공하는 견고하고 신뢰성 높은 시스템 설계'라는 데이터 엔지니어링의 핵심 목적을 잊은 채, 최첨단의 화려한 기술을 쫓는 데만 몰두하기 쉽다. 구조물 엔지니어가 건축물에 대한 건축가의 비전을 실현하고자 기술과 재료를 신중하게 선택하듯이, 데이터 엔지니어는 데이터 애플리케이션과 사용자에게 서비스를 제공하기 위해 수명 주기 전체에 걸쳐 데이터를 관리하는 적절한 기술을 선택해야 한다.

3장에서는 '좋은' 데이터 아키텍처와 그것이 중요한 이유를 설명했다. 이제 그러한 아키텍처에 적합한 기술을 선택하는 방법을 설명할 것이다. 데이터 엔지니어는 최고의 데이터 제품을 만들기 위해 적절한 기술을 선택해야 한다. 적절한 데이터 기술을 선택하는 기준은 간단하다. '그 기술이 데이터 제품과 광범위한 비즈니스에 가치를 더해줄 수 있는가?'다.

많은 사람이 아키텍처와 도구를 혼동하는데, 아키텍처는 **전략적**strategic이고 도구는 **전술적**tactical 이다. "우리 데이터 아키텍처는 도구 **X, Y, Z**다"라는 말을 종종 듣는데, 이는 아키텍처에 대한 잘못된 사고방식이다. 아키텍처는 비즈니스의 전략적 목표를 충족하는 데이터 시스템의 고수준 설계, 로드맵 및 청사진이다. 아키텍처는 **무엇을**what, **왜**why, **언제**when 구축해야 하는지를 결정한다. 그리고 아키텍처를 실현하는 데 쓰이는 도구는 **어떻게**how 구축할지를 결정한다.

우리는 종종 팀들이 아키텍처를 설계하기 전에 '궤도에서 벗어나' 기술을 무작정 선택하는 것을 볼 수 있다. 그 원인은 샤이니 오브젝트 신드롬^{shiny object syndrome}이나 이력서 주도^{resume-driven} 개발, 아키텍처에 대한 전문 지식 부족 등 다양하다. 실제로 이러한 기술 우선순위는 종종 진정한 데이터 아키텍처가 아닌, 일종의 환상 속의 머신을 조합하는 것을 의미한다. 아키텍처를 올바르게 구축하기 전까지는 기술을 먼저 선택하는 일이 없도록 유의하자. 아키텍처가 우선이고 기술은 그다음이다.

4장에서는 전략적 아키텍처의 청사진을 확보하고 기술을 선택하는 전술적 계획에 관해 설명한다. 데이터 엔지니어링 수명 주기 전반에 걸쳐 데이터 기술을 선택할 때 고려할 사항은 다음과 같다.

- 팀의 규모와 능력
- 시장 출시 속도
- 상호 운용성
- 비용 최적화 및 비즈니스 가치
- 현재 vs 미래: 불변의 기술과 일시적 기술 비교
- 장소: 온프레미스, 클라우드, 하이브리드 클라우드, 멀티클라우드
- 구축과 구매 비교
- 모놀리식과 모듈식 비교
- 서버리스와 서버 비교
- 최적화, 성능, 벤치마크 전쟁
- 데이터 엔지니어링 수명 주기의 드러나지 않는 요소

4.1 팀의 규모와 능력

가장 먼저 평가할 요소는 팀의 규모와 기술 역량이다. 여러분은 한 명이 많은 역할을 수행해야 하는 소규모 팀(아마도 한 팀)에 속해 있는가? 아니면 각 구성원이 전문화된 역할을 맡을 만큼 큰 팀에 속해 있는가? 소수의 인원이 데이터 엔지니어링 수명 주기의 여러 단계를 담당하는가? 아니면 특정 분야를 담당하는가? 이러한 팀의 규모는 채택하는 기술의 유형에 영향을 미친다.

단순한 기술부터 복잡한 기술에 이르기까지 연속해 존재하며, 팀의 규모에 따라 팀이 복잡한

설루션solution에 할애할 수 있는 역량의 규모가 대략적으로 결정된다. 종종 소규모 데이터 팀이 대기업의 새로운 최첨단 기술에 관한 블로그 포스팅을 읽고, 그 포스팅의 내용과 같은 매우 복잡한 기술과 사례를 모방하려 시도하는 경우가 있다. 이를 가리켜 **카고-컬트 엔지니어링**cargo-cult engineering이라 부르는데, 일반적으로 귀중한 시간과 비용을 많이 소비하지만 그 대가로 얻을 만한 것은 거의 없는 큰 실수라 할 수 있다. 특히 소규모 팀이나 기술력이 약한 팀이라면, 가능한 한 많은 관리형 도구와 SaaS 도구를 사용해서 비즈니스에 직접적으로 가치를 부여하는 복잡한 문제를 해결하는 데 자신들의 제한된 역량을 집중하는 것이 좋다.

팀의 기술 목록을 작성해보자. 팀 구성원들은 로우 코드low-code 도구를 선호하는가, 아니면 코드 우선 접근 방식을 선호하는가? 자바, 파이썬, 고Go 같은 특정 언어에 능숙한 사람이 있는가? 물론 로우 코드부터 코드 중심 영역에 이르기까지 모든 선호도를 충족하는 기술을 사용할 수도 있다. 다시 한번 강조하지만, 팀에 이미 익숙한 기술과 워크플로를 계속 사용할 것을 권한다. 우리는 지금까지 데이터 팀들이 새로운 데이터 기술, 언어 또는 도구를 학습하는 데 많은 시간을 투자했지만 실제 운영환경에서는 제대로 사용하지 못하는 경우를 지켜봤다. 새로운 기술과 언어, 도구를 배우는 데는 상당한 시간이 소요되는 만큼 이러한 투자를 현명하게 수행하자.

4.2 시장 출시 속도

기술 분야에서는 시장 투입의 속도가 승패를 결정한다. 즉, 고품질의 표준과 보안을 유지하면서도 기능과 데이터를 더 신속하게 제공할 수 있는 적절한 기술을 선택해야 한다. 이는 또한 출시, 학습, 반복 및 개선의 긴밀한 피드백 루프에서 작업하는 것을 의미한다.

완벽함은 우수함good의 적이다. 일부 데이터 팀은 몇 개월 또는 몇 년 동안 아무런 결정도 내리지 못한 채 기술 선택에 관해 숙고한다. 느린 의사결정과 그에 따른 산출물은 데이터 팀에 치명적이다. 많은 데이터 팀이 너무 느리게 움직인 나머지 생산성 있는 가치를 제공하지 못한 채 해체됐다.

이러한 가치를 이른 시기에 자주 제공하자. 앞서 언급한 것처럼 효과가 있는 것을 사용하자. 팀원들이 이미 잘 아는 도구를 사용하면 시간적/기술적 우위leverage를 가져갈 수 있다. 팀이 불필요하게 복잡한 작업에 종사함으로써 가치가 거의 없는(또는 전혀 없는) 과중한 업무를 수행하는 상황을 피하자. 여러분을 신속하게, 신뢰성 있게, 안전하게, 보안에 위배되지 않게 작업할 수 있도록 도와주는 도구를 선택하자.

4.3 상호 운용성

한 가지 기술이나 시스템만 사용하는 경우는 거의 없다. 기술이나 시스템을 선택할 때는 그 기술이 다른 기술과 상호 작용하고 함께 작동하는지를 확인해야 한다. **상호 운용성**interoperability은 다양한 기술 또는 시스템이 어떻게 연결되고, 정보를 교환하며, 상호 작용하는지를 나타낸다.

예를 들어 A와 B라는 두 가지 기술을 평가한다고 가정해보자. 상호 운용성을 고려할 때 기술 A와 기술 B는 얼마나 쉽게 통합될 수 있을까? 매끄러운seamless 통합부터 시간 집약적인time-intensive 통합에 이르기까지 다양한 난이도의 스펙트럼이 존재한다. 각 제품에 이미 원활한 통합 기능이 포함되어 간단히 설정할 수 있는가? 아니면 이러한 기술을 통합하기 위해 많은 수동 구성을 수행해야 하는가?

벤더와 오픈 소스 프로젝트는 상호 운용할 특정 플랫폼과 시스템을 대상으로 하는 경우가 많다. 대부분의 데이터 수집 및 시각화 도구에는 널리 사용되는 데이터 웨어하우스 및 데이터 레이크와의 통합 기능이 내장되어 있다. 또한 인기 있는 데이터 수집 도구는 CRM, 회계 소프트웨어 등의 일반적인 API 및 서비스와 통합된다.

때에 따라서는 상호 운용성을 위한 표준이 마련되어 있을 수 있다. 거의 모든 데이터베이스는 자바 데이터베이스 연결(JDBC) 또는 오픈 데이터베이스 연결(ODBC)을 통한 연결을 허용한다. 즉, 이러한 표준을 사용하면 데이터베이스에 쉽게 연결할 수 있다. 다른 경우에는 표준이 없을 때 상호 운용성이 발생한다. 보통 '표현(적인) 상태 전송'으로 직역되는 RESTrepresentational state transfer는 API의 진정한 표준은 아니며, 모든 REST API에는 고유한 특징이 있다. 이때 다른 기술 및 시스템과의 원활한 통합을 보장하는 것은 벤더 또는 오픈 소스 소프트웨어(OSS) 프로젝트에 달려 있다.

데이터 엔지니어링 수명 주기 전반에 걸쳐 다양한 기술을 연결하는 것이 얼마나 간단한지 항상 알고 있어야 한다. 다른 장에서 언급했듯이, 모듈식으로 설계하고 새로운 관행practice과 대안이 제공되면 기술을 쉽게 교체할 수 있는 기능을 제공할 것을 권장한다.

4.4 비용 최적화 및 비즈니스 가치

완벽한 환경에서는 비용, 시간 투자 또는 비즈니스 부가가치를 고려하지 않고도 최신의 멋진 기술을 모두 실험해볼 수 있다. 하지만 실제 환경에서 예산과 시간은 한정되며, 특히 비용은 적절한 데이터 아키텍처와 기술을 선택하는 데 있어 큰 제약 조건이다. 여러분이 속한 조직은 데이터 프로젝트에서 긍정적인 ROI를 기대할 것이므로 제어할 수 있는 기본 비용을 이해해야 한다. 기술은 주요 비용 동인인 만큼 기술 선택과 관리 전략은 예산에 큰 영향을 미친다. 총소유비용, 기회비용, 핀옵스라는 세 가지 주요 관점에서 비용을 살펴보자.

4.4.1 총소유비용

총소유비용total cost of ownership (TCO)은 활용되는 제품 및 서비스의 직접비용과 간접비용을 포함한 이니셔티브의 전체 추정비용이다. **직접비용**direct cost은 이니셔티브에 직접 귀속될 수 있다. 예를 들면 이니셔티브에서 작업하는 팀의 급여 또는 소비되는 모든 서비스에 대한 AWS 청구서 등이다. (간접비overhead로도 알려진) **간접비용**indirect cost은 이니셔티브와 무관하며, 어디에 귀속되는지와 관계없이 지불해야 한다.

직간접적인 비용과는 별도로, **구매 방법**how something is purchase은 비용을 계산하는 방식에 영향을 미친다. 비용은 크게 설비투자비용과 운영비용의 두 그룹으로 분류된다.

설비투자비용capital expense (CAPEX)에는 선행 투자가 필요하다. 클라우드가 존재하기 전에 기업들은 일반적으로 대규모 인수 계약을 통해 하드웨어와 소프트웨어를 선불로 구매했다. 또한 서버실과 데이터 센터, 코로케이션colocation 시설에 하드웨어를 호스팅하려면 상당한 투자가 필요했다. (일반적으로 수십만 달러에서 수백만 달러 이상 소요되는) 이러한 초기 투자는 자산으로 간주되며, 시간이 지남에 따라 서서히 감가상각이 이뤄진다. 예산 측면에서 전체 구매비용을 조달하려면 자본이 필요했다. 이는 투입된 노력과 비용에 관해 긍정적인 ROI를 달성하기 위한, 장기 계획에 따른 상당한 자본 지출인 설비투자(CAPEX)다.

운영비용operational expense (OPEX)은 특정 측면에서 이러한 CAPEX과 반대다. OPEX은 점진적이며 시간이 지남에 따라 분산된다. CAPEX은 장기적 관점에서 이루어지지만 OPEX은 단기적이다. OPEX은 종량제 또는 이와 유사한 방식으로 구성될 수 있으며 많은 유연성flexibility을 제공한다. OPEX은 직접비용에 가깝기 때문에 데이터 프로젝트에 귀속시키기 더 쉽다.

최근까지만 해도 대규모 데이터 프로젝트에서 OPEX은 선택사항이 아니었다. 데이터 시스템에는 종종 수백만 달러 규모의 계약이 필요했다. 하지만 클라우드의 등장과 함께 데이터 플랫폼 서비스를 통해 엔지니어가 소비 기반 모델에 대한 비용을 지불할 수 있게 되면서 이러한 상황은 바뀌었다. 일반적으로 OPEX은 엔지니어링 팀이 소프트웨어와 하드웨어를 선택할 수 있는 훨씬 더 큰 능력을 제공한다. 데이터 엔지니어는 클라우드 기반 서비스를 통해 다양한 소프트웨어 및 기술 구성으로 빠르게(그리고 종종 저렴하게) 반복 작업을 수행할 수 있게 됐다.

데이터 엔지니어는 유연성에 관해 실용적으로 고려해야 한다. 데이터 환경은 너무 빠르게 변화하므로, 부실해지고 쉽게 확장할 수 없으며 잠재적으로는 데이터 엔지니어가 새로운 것을 시도할 수 있는 유연성을 저해할 수 있는 장기적인 하드웨어에는 투자하기 어렵다. 유연성과 낮은 초기비용의 장점을 감안할 때, 데이터 엔지니어는 클라우드와 유연한 종량제 기술을 중심으로 OPEX 우선 접근 방식을 취할 것을 권장한다.

4.4.2 총소유 기회비용

모든 선택은 본질적으로 다른 가능성을 배제한다. **총소유 기회비용**^{total opportunity cost of ownership}(TOCO)은 기술, 아키텍처 또는 프로세스를 선택할 때 발생하는 기회상실비용이다.[1] 이러한 설정에서의 소유는 하드웨어나 라이선스를 장기적으로 구매할 필요가 없다. 심지어 클라우드 환경에서도 일단 기술, 스택 또는 파이프라인이 운영 데이터 프로세스의 핵심이 되어 이전하기 어려워지면 사실상 소유권을 갖게 된다. 데이터 엔지니어는 종종 새로운 프로젝트를 수행할 때 TOCO를 평가하지 못하는 경우가 많은데, 이는 큰 맹점이라 할 수 있다.

데이터 스택 A를 선택하면 다른 모든 옵션보다 데이터 스택 A의 이점을 선택하게 되며 데이터 스택 B, C 및 D는 사실상 제외된다. 여러분은 데이터 스택 A와 이를 지원할 팀, 교육, 설정 및 유지 보수에 전념하게 된다. 그런데 만약 데이터 스택 A가 잘못된 선택이었다면 어떻게 될까? 데이터 스택 A를 더는 사용되지 않게 된다면 어떻게 될까? 이때 다른 데이터 스택으로 이동할 수 있을까?

더 새롭고 나은 것으로 얼마나 빠르고 저렴하게 전환할 수 있을까? 이는 새로운 기술과 제품이

---

1 자세한 내용은 토비아스 메이시(Tobias Macey)가 쓴 『97 Things Every Data Engineer Should Know』(O'Reilly, 2021)의 'Total Opportunity Cost of Owners'를 참조하자.

그 어느 때보다 빠르게 등장하고 있는 데이터 공간에서 중요한 질문이다. 데이터 스택 A에서 쌓은 전문 지식이 다음 단계로 이어질까? 아니면 데이터 스택 A의 구성 요소를 교체해 시간과 옵션을 확보할 수 있을까?

기회비용을 최소화하는 첫 번째 단계는 눈을 크게 뜨고 평가하는 것이다. 우리는 수많은 데이터 팀이 당시에는 좋아 보였지만 미래의 성장에 유연하지 못하거나 단순히 구식인 기술에 얽매이는 것을 지켜봤다. 유연성이 떨어지는 데이터 기술은 비유하자면 곰 포획 장비인 '덫'과 매우 유사하다. 함정에 빠지기는 쉽지만, 탈출하기는 매우 고통스럽다.

4.4.3 핀옵스

앞서 3.2.9절에서 핀옵스FinOps에 관해 언급했다. 이미 설명한 바와 같이 일반적인 클라우드 지출은 본질적으로 운영비용이다. 즉, 기업은 중요한 데이터 프로세스를 실행하는 서비스를 선불로 구입한 뒤 시간이 지남에 따라 가치를 회수하는 것이 아니라, 해당 서비스에 대한 비용을 지불한다. 핀옵스의 목표는 시스템을 모니터링하고 동적으로 조정하는 데브옵스DevOps와 같은 방식을 적용해 재무적 책임과 비즈니스 가치를 완전히 운용하는 것이다.

이 장에서는 다음 인용문에 잘 나타낸 핀옵스에 관해 한 가지를 강조하고자 한다.[2]

> 만약 핀옵스가 비용 절감에 관한 것처럼 보인다면 다시 생각해보자. 핀옵스는 돈을 버는 것이다. 클라우드 지출은 더 많은 수익을 창출하고, 고객 기반 성장을 예고하며, 제품 및 기능 출시 속도를 높이거나, 데이터 센터를 폐쇄하는 데 도움이 될 수 있다.

데이터 엔지니어링 환경에서 신속하게 반복하고 동적으로 확장할 수 있는 기능은 비즈니스 가치를 창출하는 데 매우 중요하다. 이는 데이터 워크로드를 클라우드로 전환하는 주요 동기 중 하나다.

----

2 J. R. Storment and Mike Fuller, Cloud FinOps (Sebastopol, CA: O'Reilly, 2019), 6.

4.5 현재 vs 미래: 불변의 기술과 일시적 기술 비교

데이터 엔지니어링과 같은 흥미로운 분야에서는 현재의 구체적인 요구 사항을 무시한 채 빠르게 진화하는 미래에 집중하기 쉽다. 더 나은 미래를 건설하려는 의도는 고귀하지만, 종종 과잉 설계와 과잉 엔지니어링으로 이어진다. 미래를 위해 선택한 도구들은 막상 미래가 도래했을 때 이미 낡고 구식일 수 있다. 미래는 종종 우리가 수년 전에 상상했던 것과 전혀 비슷하지 않다.

많은 인생 코치가 말하듯 '현재에 집중'하자. 현재와 가까운 미래에 가장 적합한 기술을 선택하되, 미래 미지의 영역과 진화에 대응할 수 있는 방식으로 선택해야 한다. 스스로 자문해보자. 현재 여러분은 어디쯤 있으며, 미래의 목표는 무엇인가? 이러한 질문에 대한 답변은 아키텍처와 아키텍처 내에서 사용되는 기술에 관한 의사결정에 도움이 된다. 그러려면 무엇이 변화할 가능성이 높고, 무엇이 동일하게 유지되는 경향이 있는지를 이해해야 한다.

우리는 두 가지 종류의 도구를 고려할 수 있다. 하나는 변하지 않을 불변의 기술이고 나머지 하나는 일시적인 기술이다.

불변의 기술immutable technology은 클라우드의 기반이 되는 컴포넌트일 수도 있고 오랜 세월을 견딘 언어와 패러다임일 수도 있다. 클라우드에서 변하지 않을 기술의 사례로는 객체 스토리지object storage, 네트워킹, 서버, 보안 등이 있다. 아마존 S3나 애저 블롭 스토리지와 같은 객체 스토리지는 오늘날부터 10여 년 뒤까지, 그리고 아마 그보다 훨씬 더 오랫동안 유지될 것이다. 데이터를 객체 스토리지에 저장하는 것은 현명한 선택이다. 객체 스토리지는 다양한 방법으로 계속 개선되고 새로운 옵션을 지속해 제공하지만, 전반적인 기술의 급속한 진화와 관계없이 데이터는 객체 스토리지에서 안전하게 저장되고 사용될 수 있다.

언어의 경우 SQL과 배시bash는 수십 년 동안 존재해 왔으며 조만간 사라지지는 않을 것이다. 불변의 기술은 린디 효과Lindy effect의 혜택을 받는데, 이는 '기술이 확립된 기간이 오래될수록 해당 기술은 더 오래 사용되는 현상'을 의미한다. 전력망, 관계형 데이터베이스, C 언어 또는 x86 프로세서 아키텍처를 생각해보자. 기술이 잠재적으로 불변할지를 판단하는 리트머스 테스트지로써 린디 효과를 적용해볼 것을 제안한다.

일시적 기술transitory technology은 등장했다가 곧 사라지는 기술이다. 과대광고로 시작해 인기가 급격히 상승했다가 이후 서서히 세상에서 잊혀지는 전형적인 행보를 따른다. 자바스크립트 프런

트렌드 분야가 대표적인 사례다. 2010년에서 2020년 사이에 얼마나 많은 자바스크립트 프런트엔드 프레임워크가 등장하고 사라졌는가? 2010년대 초반에는 Backbone.js, Ember.js 및 Knockout.js가 인기 있었고, 오늘날에는 리액트^{React}와 Vue.js가 엄청난 인지도를 자랑한다. 앞으로 3년 후 가장 인기 있는 프런트엔드 자바스크립트 프레임워크는 또 무엇일지 누가 알겠는가?

자금력이 풍부한 신규 업체와 오픈 소스 프로젝트가 매일 데이터 분야의 전면에 등장한다. 모든 벤더는 자사 제품이 업계를 변화시키고 '세상을 더 나은 곳으로 만들 것'이라 주장한다 (https://oreil.ly/A8Fdi). 하지만 이러한 기업과 프로젝트의 대부분은 장기적인 주목을 받지 못한 채 서서히 자취를 감춘다. 상위 벤처 캐피털$^{venture\ capital}$(VC)들은 데이터 툴링에 대한 투자가 대부분 실패할 것을 알면서도 거액을 베팅한다. 데이터 툴링 투자에 수백만(또는 수십억) 달러를 쏟아붓는 VC가 투자에 대한 가치를 제대로 실현할 수 없다면, 데이터 아키텍처를 위해 어떤 기술에 투자해야 할지 어떻게 알 수 있을까? 매우 어려운 문제다.

앞서 1장에서 소개한 맷 투르크$^{Matt\ Turck}$의 ML, AI, 데이터(MAD) 지형에 관한 그림에 등장하는 기술의 수를 생각해보자(그림 4-1).

그림 4-1 맷 투르크의 2021 MAD 데이터 환경(https://oreil.ly/TWTfM)

비교적 성공적이었던 기술도 몇 년 동안 빠르게 채택되고 나면 그 성공의 희생양이 되어 사라지는 경우가 많다. 예를 들어 2010년대 초에는 분석가와 엔지니어가 복잡한 맵리듀스^{MapReduce} 잡을 수동으로 코딩하지 않고도 대규모 데이터셋을 쿼리할 수 있게 해주는 하이브^{Hive}가 빠르게 도입됐다. 하이브의 성공에 영감을 얻었지만, 단점을 개선하기 위해 엔지니어들은 프레스토^{Presto}와 다른 기술들을 개발했다. 하이브는 이제 주로 레거시 배포 환경에 쓰인다. 거의 모든 기술이 이처럼 필연적인 쇠퇴의 길을 걷게 된다.

4.5.1 조언

도구들과 모범 사례의 빠른 변화 속도를 고려해 2년마다 도구들을 평가할 것을 권장한다(그림 4-2). 가급적 데이터 엔지니어링 수명 주기에 따라 불변의 기술을 찾아서 여러분의 기반 기술로 삼자. 그리고 이러한 기반 기술 주위에 일시적인 도구들을 구축하자.

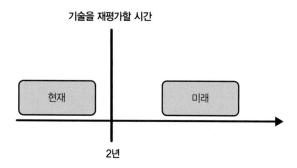

그림 4-2 2년의 기간을 두고 기술 선택 재평가하기

많은 데이터 기술의 합리적인 실패 확률을 감안했을 때, 선택한 기술에서 다른 기술로의 전환이 얼마나 쉬운지를 고려해야 한다. 해당 기술을 두고 떠나는 과정에서 어떤 장벽이 가로막고 있는가? 앞서 기회비용에 관한 논의에서 언급했듯이 '곰의 덫', 즉 함정을 피하자. 프로젝트가 무산되거나, 회사가 존속할 수 없거나, 기술이 더는 적합하지 않을 수도 있다는 사실을 인지하고, 눈을 크게 뜬 채 새로운 기술에 뛰어들자.

4.6 장소: 온프레미스, 클라우드, 하이브리드 클라우드, 멀티클라우드

오늘날 기업은 기술 스택을 실행할 장소를 결정할 때 선택지가 다양하다. 클라우드로 서서히 전환됨에 따라 AWS, 애저Azure, 구글 클라우드 플랫폼Google Cloud Platform(GCP)에서 워크로드를 빠르게 처리하는 기업들이 급증했다. 지난 10년 동안 많은 CTO는 기술 호스팅에 관한 자신들의 의사결정이 그들의 조직에 실존적인 중요성을 갖는다고 인식하게 됐다. 너무 느리게 움직이면 더 민첩한 경쟁업체에 뒤처질 위험이 있고, 반대로 잘못 계획된 클라우드 마이그레이션은 기술적인 실패와 막대한 비용 발생으로 이어질 수 있다.

그럼 지금부터 온프레미스, 클라우드, 하이브리드 클라우드, 멀티클라우드 등 기술 스택을 실행할 수 있는 주요 장소에 관해 살펴보자.

4.6.1 온프레미스

클라우드 기반의 신생 스타트업이 점점 더 많아지고 있지만, 기존 기업들은 여전히 온프레미스 시스템 기반이다. 이들 기업은 기본적으로 하드웨어를 소유하는데, 하드웨어는 그들이 자체 소유한 데이터 센터 또는 임대 코로케이션 공간에 있다. 어떤 경우든 기업은 하드웨어와 하드웨어에서 실행되는 소프트웨어에 대한 운영상의 책임을 진다. 하드웨어에 장애가 발생하면 수리하거나 교체해야 한다. 또한 새로 갱신된 하드웨어가 출시되고 구형 하드웨어가 노후화되어 신뢰성이 떨어지면 몇 년마다 업그레이드 주기를 관리해야 한다. 온라인 소매업자의 경우에는 블랙 프라이데이의 부하 급증에 대응할 충분한 용량을 호스팅할 수 있는 하드웨어를 확보해야 한다. 즉, 온프레미스 시스템을 담당하는 데이터 엔지니어라면 과잉 구매나 과소비 없이 최대 부하 및 대규모 잡에 뛰어난 성능을 제공할 수 있는 대용량 시스템을 구입해야 한다.

기존 기업들은 자신들에게 도움이 되는 운영 관행을 확립해 왔다. 정보 기술에 의존하는 어떤 회사가 오랫동안 사업을 해왔다고 가정해보자. 즉, 하드웨어 실행, 소프트웨어 환경 관리, 개발팀의 코드 배포, 데이터베이스 및 빅데이터 시스템 운영에 필요한 비용과 인건비를 적절히 조정할 수 있었다. 한편으로, 기존 기업들은 젊고 민첩한 경쟁업체들이 빠르게 규모를 확장하고 클라우드 관리형 서비스의 장점을 누리는 것을 목격하고 있다. 그들은 또한 기존 경쟁업체들이 클라우드로 진출해 대규모 데이터 잡이나 블랙 프라이데이의 쇼핑 급증에 대비해 일시적으로 컴퓨팅 성능을 막대하게 확장할 수 있게 된 것을 목격하기도 한다.

경쟁력 있는 분야의 기업들은 보통 '가만히 있는다'라는 선택권이 없다. 경쟁은 치열하며, 종종 막대한 벤처 캐피털 자금이 뒷받침되는 더 민첩한 경쟁 때문에 '중단'될 위험이 항상 존재한다. 모든 기업은 기존 시스템을 효율적으로 가동하면서 다음에 어떤 조치를 취할지를 결정해야 한다. 여기에는 온프레미스에서 하드웨어를 계속 실행하면서 컨테이너, 쿠버네티스Kubernetes, 마이크로서비스, 지속적 배포와 같은 새로운 데브옵스 방식을 채택하는 것이 포함될 수 있다. 다음에 설명하겠지만, 클라우드로의 완전한 마이그레이션이 관련될 수도 있다.

4.6.2 클라우드

클라우드는 온프레미스 모델을 완전히 뒤집는다. 하드웨어를 구입하는 대신 AWS, 애저 또는 구글 클라우드와 같은 클라우드 제공업체로부터 하드웨어와 관리형 서비스를 임대하기만 하면 된다. 이러한 자원은 대개 매우 단기간으로 예약할 수 있다. VM은 1분 이내에 스핀업되고 이후 사용량은 초 단위로 청구된다. 따라서 클라우드 사용자는 온프레미스 서버에서는 상상할 수 없었던 자원의 동적 확장을 실현할 수 있다.

클라우드 환경에서 엔지니어는 리드 타임이 긴 하드웨어 계획에 대한 걱정 없이 신속하게 프로젝트를 시작하고 실험해볼 수 있다. 코드를 배포할 준비가 되면 바로 서버를 실행할 수 있다. 따라서 클라우드 모델은 예산과 시간이 촉박한 스타트업에 매우 매력적이다.

초기 클라우드 시대에는 기본적으로 하드웨어 슬라이스를 대여하는 VM 및 가상 디스크와 같은 제품인 서비스형 인프라infrastructure as a service (IaaS)가 주를 이뤘다. 서비스형 플랫폼platform as a service (PaaS)으로의 전환은 서서히 이루어지고 있으며, 서비스형 소프트웨어software as a service (SaaS) 제품은 계속해서 빠른 속도로 성장하고 있다.

PaaS에는 IaaS 제품이 포함되지만, 애플리케이션을 지원하기 위해 더 정교한 관리 서비스가 추가된다. 예를 들면 아마존 RDSAmazon Relational Database Service나 구글 클라우드 SQLGoogle Cloud SQL 같은 관리형 데이터베이스, 아마존 키네시스Amazon Kinesis나 아마존 SQSAmazon Simple Queue Service 같은 관리형 스트리밍 플랫폼, 구글 GKEGoogle Kubernetes Engine나 AKSAzure Kubernetes Service 같은 관리형 쿠버네티스가 있다. PaaS 서비스를 사용하면 엔지니어는 개별 머신을 관리하고 분산 시스템 전체에 프레임워크를 배포하는 운영 세부 사항을 무시할 수 있다. 이들은 운영 오버헤드를 최소화하면서 복잡한 자동 계산 시스템에 대한 턴키 접근을 제공한다.

SaaS 오퍼링^{offering}은 추상화 사다리를 한 단계 더 올라간다. SaaS는 일반적으로 운영 관리가 거의 필요 없는 완전한 기능을 갖춘 엔터프라이즈 소프트웨어 플랫폼을 제공한다. SaaS의 예로는 세일즈포스^{Salesforce}, 구글 워크스페이스^{Google Workspace}, 마이크로소프트 365^{Microsoft 365}, 줌^{Zoom}, 파이브트랜^{Fivetran} 등이 있다. 주요 퍼블릭 클라우드와 서드파티 모두 SaaS 플랫폼을 제공한다. SaaS는 화상 회의, 데이터 관리, 애드테크^{ad tech}, 오피스 애플리케이션, CRM 시스템 등 모든 영역의 엔터프라이즈 도메인을 대상으로 한다.

이 장에서는 PaaS와 SaaS 오퍼링에서 중요성이 점차 높아지고 있는 **서버리스**^{serverless}에 관해서도 설명한다. 서버리스 제품은 일반적으로 0에서 매우 높은 사용률까지 자동 확장된다. 이들은 종량제 방식으로 청구되며, 엔지니어는 기본 서버에 대한 운영 인식 없이 작업을 수행할 수 있다. 많은 사람이 서버리스라는 용어에 의문을 제기하는데, 결국 코드는 어딘가에서 실행되어야 하기 때문이다. 실제로 서버리스란 보통 **보이지 않는 많은 서버**^{many invisible servers}를 의미한다.

클라우드 서비스는 기존의 데이터 센터와 IT 인프라를 보유한 기존 기업에 점점 더 매력적으로 다가오고 있다. 동적이고 원활한 확장은 계절적 요인(예: 블랙 프라이데이 부하에 대처하는 소매업)과 웹 트래픽 부하 급증을 다루는 기업에 매우 유용하다. 2020년 COVID-19의 등장은 기업들이 매우 불확실한 비즈니스 환경에서 데이터 프로세스를 신속하게 확장해 인사이트를 얻는 것의 가치를 인식함에 따라 클라우드 채택의 주요 원동력이 됐다. 또한 기업은 온라인 쇼핑, 웹앱 사용 및 원격 근무의 급증 때문에 증가하는 부하 처리에도 대처해야 했다.

클라우드 기술을 선택할 때의 차이점을 설명하기 전에, 클라우드로 마이그레이션할 때 (특히 가격 측면에서) 획기적인 사고방식의 전환이 필요한 이유를 살펴보자. 이는 앞서 4.4.3절에서 소개한 핀옵스와 밀접한 관련이 있다. 클라우드로 마이그레이션하는 기업은 종종 클라우드의 가격 책정 모델에 맞게 자사의 관행을 적절하게 조정하지 않아 심각한 구현 오류를 범하게 된다.

클라우드 경제학에 관한 간단한 우회

클라우드 네이티브 아키텍처(`https://oreil.ly/uAhn8`)를 통해 클라우드 서비스를 효율적으로 사용하는 방법을 이해하려면 클라우드가 어떻게 수익을 창출하는지 알아야 한다. 이는 매우 복잡한 개념으로, 클라우드 벤더는 투명성을 거의 제공하지 않는다. 여기서 설명하는 내용을 앞으로의 연구, 발견 및 프로세스 개발을 위한 출발점으로 삼자.

클라우드 서비스와 신용파산스왑

신용파산스왑credit default swap(CDS)에 관해 조금 더 알아보겠다(금방 이해될 내용이니 걱정하지 않아도 된다). 지난 2007년 글로벌 금융위기 이후 신용파산스왑이 불명예를 안게 된 사실을 기억하자. 신용파산스왑은 (모기지 등) 자산에 수반되는 다양한 위험 계층을 매도(판매)하는 메커니즘이었다. 그 개념을 구체적으로 설명하는 것은 이 책의 의도가 아니며, 많은 클라우드 서비스가 금융 파생상품과 유사하다는 비유를 제시하려는 것이다. 클라우드 벤더는 가상화를 통해 하드웨어 자산을 작은 조각으로 분할할 뿐만 아니라, 다양한 기술적 특성과 위험이 따르는 이러한 조각(요소)들을 판매한다. 벤더는 내부 시스템의 상세 사항에 관해서는 극도로 함구하지만, 클라우드 가격을 이해하고 다른 유저와 정보를 교환함으로써 최적화와 확장을 위한 엄청난 기회를 잡을 수 있다.

아카이브 클라우드 스토리지의 예를 살펴보자. 이 책을 집필할 당시 GCP는 자사의 아카이브 클래스 스토리지가 표준 클라우드 스토리지와 동일한 클러스터에서 실행되지만, 보관 스토리지의 월간 비용은 표준 스토리지의 약 17분의 1 수준임을 공개적으로 인정했다. 어떻게 이런 일이 가능할까?

다음은 필자의 경험에 기반한 추측이다. 클라우드 스토리지를 구입할 때 스토리지 클러스터의 각 디스크에는 클라우드 제공업체와 소비자가 사용하는 세 가지 자산이 있다. 첫째, 특정 스토리지 용량(예: 10TB)이 있다. 둘째, 초당 특정 입출력 작업 수(IOPs)를 지원한다(예: 100). 셋째, 디스크는 특정 최대 대역폭, 즉 최적으로 구성된 파일에 대한 최대 읽기 속도를 지원한다. 자기 드라이브magnetic drive는 200MB/s의 속도로 읽을 수 있다.

이러한 제한(IOPs, 스토리지 용량, 대역폭)은 클라우드 제공업체에 잠재적인 병목 현상이 될 수 있다. 예를 들어 클라우드 제공업체는 3TB의 데이터를 저장할 수 있지만 최대 IOPs에 도달하는 디스크를 보유할 수 있다. 나머지 7TB를 비우는 대안은 IOPs의 판매 없이 빈 공간을 판매하는 것이다. 더 구체적으로 말하면, 읽기를 억제하기 위해 값싼 스토리지 공간과 고가의 IOPs를 판매하는 것이다.

금융 파생상품 거래자와 마찬가지로 클라우드 벤더도 이러한 위험을 감수한다. 보관 스토리지의 경우, 벤더는 일종의 보험을 판매하지만 재해가 발생하면 보험 구매자가 아닌 보험사에 보상하는 보험을 판매한다. 월별 데이터 스토리지 비용은 매우 저렴하지만, 데이터를 검색해야 할 때는 높은 비용을 부담해야 한다. 하지만 이건 정말 긴급한 상황에서 기꺼이 치러야 할 대가다.

거의 모든 클라우드 서비스에도 비슷한 고려 사항이 적용된다. 온프레미스 서버는 기본적으로 범용 하드웨어로 판매되지만, 클라우드 비용 모델은 더 미묘하다. 클라우드 벤더는 CPU 코어, 메모리 및 기능에 대해 과금하는 대신 내구성, 신뢰성, 수명, 예측 가능성 등의 특성을 활용해 수익을 창출한다. 다양한 컴퓨팅 플랫폼은 일시적인 워크로드(https://oreil.ly/Tf8f8)나 용량이 필요할 때 임의로 중단될 수 있는 워크로드(https://oreil.ly/Y5jyU)에 대해 할인된 가격으로 그들의 상품을 제공한다.

클라우드 ≠ 온프레미스

이 제목은 우스꽝스러운 유의어 반복처럼 보일 수 있지만, 클라우드 서비스가 익숙한 온프레미스 서버와 같다는 믿음은 클라우드 마이그레이션을 방해하고 끔찍한 비용 청구를 초래하는 널리 퍼진 인지 오류이다. 이는 흔히 **익숙함의 저주**^{the curse of familiarity}라고 불리는 기술 분야의 광범위한 문제를 보여준다. 많은 신기술 제품은 사용 편의성을 높이고 채택을 가속화하기 위해 익숙한 듯 보이도록 의도적으로 설계된다. 그러나 신기술 제품에는 사용자가 식별하고, 수용하고, 최적화하는 법을 익혀야 하는 미묘함과 어려움이 있다.

온프레미스 서버를 클라우드의 VM으로 하나씩 이동하는 (**리프트 앤 시프트**^{lift and shift}로 알려진) 방식은 클라우드 마이그레이션의 초기 단계, 특히 기존 하드웨어를 종료하지 않을 경우 상당한 규모의 신규 임대 계약이나 하드웨어 계약을 체결해야 하는 등 재정적인 위기에 처한 기업에는 매우 합리적인 전략이다. 그러나 클라우드 자산을 초기 상태로 방치하는 기업은 갑작스러운 충격을 받게 되는데, 직접 비교해보면 클라우드에서 장기간 실행되는 서버는 온프레미스 서버보다 훨씬 더 비싸다.

클라우드에서 가치를 발견하는 핵심은 클라우드 가격 모델을 이해하고 최적화하는 것이다. 최대 부하를 처리할 수 있는 일련의 장기 실행 서버를 배포하는 대신, 자동 확장 기능을 사용해 부하가 적을 때는 최소한의 인프라로 워크로드를 축소하고 피크 시간에는 대규모 클러스터까지 워크로드를 확장할 수 있다. 사용 빈도가 높고 내구성이 낮은 워크로드를 통해 비용 절감을 실현하려면 예약 인스턴스 또는 스폿 인스턴스를 사용하거나 서버 대신 서버리스 함수를 사용한다.

이러한 최적화가 비용 절감으로 이어진다고 생각하는 경우가 많지만, 클라우드의 동적인 특성을 활용해 **비즈니스 가치를 높이기 위해** 노력해야 한다.[3] 데이터 엔지니어는 온프레미스 환경에서는 불가능했던 작업을 달성함으로써 클라우드에서 새로운 가치를 창출할 수 있다. 예를 들어 대규모 컴퓨팅 클러스터를 신속하게 스핀업해 온프레미스 하드웨어로는 감당할 수 없는 규모의 복잡한 변환을 실행할 수 있다.

데이터 중력

데이터 엔지니어는 클라우드에서 온프레미스 운영 방식을 따르는 것과 같은 기본적인 오류 외에도, 사용자가 모르는 경우가 많은 클라우드 가격 책정 및 인센티브의 다른 측면을 주의해야 한다.

벤더는 고객이 자사 제품에 오랫동안 종속되도록 제한하려 한다. 플랫폼으로 데이터를 가져오는 작업은 대부분의 클라우드 플랫폼에서는 저렴하거나 무료이지만, 데이터를 내보내는 작업은 매우 큰 비용이 들 수 있다. 데이터 유출 요금과 데이터 유출이 비즈니스에 미치는 장기적인 영향에 관해 알고 있어야 한다. **데이터 중력** data gravity 은 실재한다. 일단 데이터가 클라우드에 저장되면, 데이터를 추출하고 프로세스를 마이그레이션하는 데 드는 비용이 매우 커질 수 있다.

4.6.3 하이브리드 클라우드

클라우드로 마이그레이션하는 기업이 점점 더 늘어나면서 **하이브리드 클라우드** hybrid cloud 모델의 중요성이 커지고 있다. 사실상 어떤 기업도 모든 워크로드를 하룻밤 사이에 마이그레이션할 수는 없다. 하이브리드 클라우드 모델은 조직이 일부 워크로드를 클라우드 외부에 무기한으로 유지한다고 가정한다.

하이브리드 클라우드 모델을 고려해야 하는 몇 가지 이유가 있다. 조직들은 애플리케이션 스택이나 관련 하드웨어 등의 특정 분야에서 뛰어난 운영성을 달성했다고 생각할 수 있다. 따라서 클라우드 환경에서 즉각적인 이점을 얻을 수 있는 특정 워크로드로만 마이그레이션할 수 있다. 예를 들어 온프레미스 스파크 스택을 임시 클라우드 클러스터로 마이그레이션해 데이터 엔지니어링팀의 소프트웨어와 하드웨어 관리에 대한 운영 부담을 줄이고 대규모 데이터 잡을 신속

---

3 이는 클라우드 핀옵스에 있는 Storment와 Fuller의 주요 강조점이다.

하게 확장할 수 있다.

클라우드에 분석을 배치하는 이러한 패턴은 데이터가 주로 한 방향으로 흐르면서 (클라우드에서 온프레미스로 다시 불러오는) 데이터 이그레스[data egress] 비용을 최소화하므로 매우 유려하다 (그림 4-3). 즉, 온프레미스 애플리케이션은 기본적으로 무료로 클라우드에 푸시할 수 있는 이벤트 데이터를 생성한다. 대량의 데이터는 클라우드에 남아 분석되며, 소량의 데이터는 애플리케이션에 모델을 배포하거나 역 ETL [reverse ETL]을 위해 온프레미스에 다시 푸시된다.

그림 4-3 이그레스 비용을 최소화하는 하이브리드 클라우드 데이터 흐름 모델

또한 고객들은 차세대 관리형 하이브리드 클라우드 서비스 오퍼링을 통해 그들의 데이터 센터에 클라우드 관리 서버를 배치할 수 있다.[4] 이를 통해 사용자는 온프레미스 인프라와 함께 각 클라우드에서 최고의 기능을 통합할 수 있다.

4.6.4 멀티클라우드

멀티클라우드[multicloud]는 간단히 말해 워크로드를 여러 퍼블릭 클라우드에 배포하는 것을 의미한다. 기업이 멀티클라우드를 도입하는 동기는 여러 가지가 있을 수 있다. SaaS 플랫폼은 종종 기존 고객 클라우드 워크로드에 가까운 서비스를 제공하고자 한다. 스노우플레이크[Snowflake]와 데이터브릭스[Databricks]는 이러한 이유로 여러 클라우드에 걸쳐 SaaS 제품을 제공한다. 이는 네트워크 지연 시간 및 대역폭 제한으로 인해 성능이 저하되고 데이터 이그레스 비용이 엄청날 수 있는 데이터 집약적인 애플리케이션에 특히 중요하다.

---

4 Google Cloud Authors(`https://oreil.ly/eeu0s`)와 AWS Outposts(`https://oreil.ly/uaHAu`) 같은 예가 있다.

멀티클라우드 접근 방식을 채택하는 또 다른 일반적인 동기는 여러 클라우드에서 최고의 서비스를 활용할 수 있다는 것이다. 예를 들어 어떤 회사는 구글 클라우드에서 구글 애즈Google Ads와 구글 애널리틱스Google Analytics 데이터를 처리하고 GKE를 통해 쿠버네티스를 배포하고자 할 수 있다. 또한 마이크로소프트 워크로드 전용의 애저Azure를 채택할 수도 있다. 또 한편으로는 AWS를 선호할 수도 있는데, AWS가 동종업계에서 최고의 서비스(예: AWS 람다)를 여럿 보유하고 있고 최고의 인지도를 누리고 있는 데다 AWS에 능숙한 엔지니어를 고용하기가 비교적 쉽기 때문이다. 어떠한 조합의 클라우드 공급자 서비스도 가능하며, 주요 클라우드 제공업체 간의 치열한 경쟁을 감안하면 업계 최고의 서비스를 제공할 것으로 예상되는 만큼 멀티클라우드가 더욱 매력적으로 다가올 수 있다.

멀티클라우드 방법론에는 몇 가지 단점이 있다. 앞서 언급했듯이 데이터 이그레스 비용과 네트워킹 병목 현상은 매우 중요하다. 멀티클라우드로의 전환은 상당한 복잡성을 초래할 수 있다. 기업은 이제 여러 클라우드에 걸쳐 다양한 서비스를 관리해야 한다. 클라우드 간 통합과 보안은 상당한 문제를 야기할 수 있고, 멀티클라우드 네트워킹은 극도로 복잡해질 수 있다.

차세대 '클라우드의 클라우드' 서비스는 클라우드 전반에 걸쳐 서비스를 제공하고 클라우드 간에 데이터를 원활하게 복제하거나 단일 창을 통해 여러 클라우드에서 워크로드를 관리함으로써 복잡성을 줄이고 멀티클라우드를 촉진하는 것이 목표다. 예를 들어 스노우플레이크 계정은 단일 클라우드 리전에서 실행되지만, 고객은 GCP나 AWS 또는 애저에서 다른 계정을 쉽게 스핀업할 수 있다. 스노우플레이크는 이러한 다양한 클라우드 계정 간에 간단한 예약 데이터 복제를 제공한다. 스노우플레이크 인터페이스는 기본적으로 이러한 모든 계정에서 동일하므로 클라우드 네이티브 데이터 서비스 간 전환에 따른 적응 부담이 줄어든다.

'클라우드의 클라우드' 공간은 빠르게 발전하고 있다. 이 책이 출간된 이후 몇 년 안에 더 많은 서비스가 제공될 것이다. 데이터 엔지니어와 데이터 아키텍트는 빠르게 변화하는 클라우드 환경에 대한 인식을 유지하는 것이 좋다.

4.6.5 탈중앙화: 블록체인과 엣지

현재는 널리 사용되지 않지만 향후 10년간 유행할 가능성이 있는 새로운 트렌드, 즉 분산 컴퓨팅에 관해 간단히 살펴볼 필요가 있다. 오늘날의 애플리케이션은 주로 온프레미스와 클라우드에서 실행되지만, 블록체인과 웹 3.0, 엣지 컴퓨팅의 부상은 이러한 패러다임을 뒤집을 수 있다. 현시점에서 분산형 플랫폼은 매우 인기 있지만 데이터 공간에는 큰 영향을 미치지 않는다. 그런데도 이러한 플랫폼을 주시하는 것은 기술 결정을 평가할 때 가치가 있는 일이다.

4.6.6 조언

필자의 관점에서 보면 클라우드로의 전환은 아직 시작 단계에 있다. 따라서 워크로드 배치와 마이그레이션에 관한 근거와 주장은 유동적이다. 클라우드 자체는 변화하고 있다. AWS의 초기 성장을 주도했던 아마존 EC2를 기반으로 구축된 IaaS 모델에서 AWS 글루^{AWS Glue}, 구글 빅쿼리 및 스노우플레이크와 같은 관리형 서비스 제품으로 전환되면서 변화하고 있다.

또한 새로운 워크로드 배치 추상화도 등장했다. 온프레미스 서비스는 점점 더 클라우드와 비슷해지고 추상화되고 있다. 하이브리드 클라우드 서비스를 통해 고객은 그들의 영역 내에서 완벽하게 관리되는 서비스를 실행하는 동시에, 로컬 및 원격 환경 간의 긴밀한 통합을 촉진할 수 있다. 또한 서드파티^{third-party} 서비스와 퍼블릭 클라우드 벤더의 주도 아래 '클라우드의 클라우드'가 형성되기 시작했다.

현재를 위한 기술을 선택하되, 미래를 내다보자

앞서 4.5절에서 언급했듯이, 현재를 주시함과 동시에 미지의 미래를 계획해야 한다. 현재는 워크로드 배치와 마이그레이션을 계획하기 어려운 시기다. 클라우드 업계의 경쟁과 변화의 속도가 빠른 만큼 5~10년 후에는 의사결정 공간이 크게 달라질 것이다. 미래 아키텍처의 모든 가능성을 고려하는 것은 매우 매력적인 유혹이다.

하지만 이러한 끝없는 분석의 함정에 빠지지 않는 것이 중요하다. 대신, 현재를 위한 계획을 세우자. 현재의 요구 사항에 최적인 기술을 선택하고 가까운 미래를 대비한 견고한 계획을 세우자. 단순함과 유연성에 중점을 두고 실제 비즈니스 요구에 따라 도입 플랫폼을 선택하자.

특히, 특별한 이유가 없다면 복잡한 멀티클라우드 또는 하이브리드 클라우드 전략을 선택하지는 말자. 여러 클라우드에서 고객 가까운 곳에 데이터를 제공해야 하는가? 업계 규제에 따라 데이터 센터에 특정 데이터를 보관해야 하는가? 두 개의 서로 다른 클라우드에 특정 서비스에 대한 강력한 기술 요구 사항이 있는가? 이러한 시나리오가 적용되지 않는 경우에는 단일 클라우드 배포 전략을 선택하자.

다른 한편으로는 탈출 계획을 세우자. 앞에서 강조했듯이 모든 기술은 (심지어 오픈 소스 소프트웨어도) 어느 정도의 종속성, 즉 록인lock-in을 포함한다. 단일 클라우드 전략에는 단순성과 통합이라는 상당한 이점이 있지만, 동시에 그만큼의 록인이 수반된다. 여기서 우리는 정신적 유연성, 즉 현재 상태를 평가하고 대안을 떠올릴 수 있는 유연성에 관해 이야기하고 있다. 물론 탈출 계획을 실행할 필요 없이 현 상태가 유지되는 게 가장 이상적이지만, 일단 계획을 준비해 두면 현재 더 나은 결정을 내리는 데 도움이 되고 미래에 일이 잘못되었을 때 탈출할 방법을 찾을 수 있을 것이다.

4.6.7 클라우드 송환 논쟁

이 책을 집필할 무렵 사라 왕Sarah Wang과 마틴 카사도Martin Casado가 발표한 '클라우드의 비용, 1조 달러의 역설(https://oreil.ly/5kc52)'이라는 보고서는 기술 업계에 상당히 큰 반향을 불러일으켰다. 독자들은 이 보고서를 클라우드 워크로드를 온프레미스 서버로 이전해야 한다는 의미로 해석했다. 보고서는 기업이 클라우드 지출을 통제하기 위해 상당한 자원을 투입해야 하며, 가능한 옵션으로 송환repatriation을 고려해야 한다는 다소 미묘한 주장을 펼쳤다.

잠시 시간을 내서 그러한 논의 중 한 부분을 분석해보자. 왕과 카사도는 드롭박스Dropbox가 AWS에서 드롭박스 소유 서버로 상당한 워크로드를 송환한 사례를 예로 들며, 그와 유사한 송환 움직임을 검토 중인 기업들을 위한 사례 연구를 제시한다.

여러분은 드롭박스도 클라우드플레어도 아닙니다

이러한 사례 연구는 적절한 맥락 없이 자주 사용되며 **거짓 동등성**false equivalence 논리의 오류를 보여주는 설득력 있는 예다. 드롭박스는 하드웨어와 데이터 센터의 소유권이 경쟁 우위를 제공할 수 있는 특정 서비스를 제공한다. 기업은 클라우드와 온프레미스 배포 옵션을 평가할 때 드롭박스의 사례에 지나치게 의존해서는 안 된다.

첫째, 드롭박스는 엄청난 양의 데이터를 저장한다는 것을 이해해야 한다. 드롭박스는 정확히 얼마나 많은 데이터를 호스팅하는지에 관해서는 입을 굳게 다물고 있지만, 대규모 엑사바이트급에 달하며 계속 증가하고 있다고 말한다.

둘째, 드롭박스는 방대한 양의 네트워크 트래픽을 처리한다. 실제로 2017년 드롭박스의 대역폭 소비량은 '수백 기가비트 규모의 트랜짓 제공업체(지역 및 글로벌 ISP)와의 인터넷 연결과, 수백 개에 달하는 새로운 피어링 파트너(ISP를 경유하지 않고 직접 트래픽을 교환하는 곳)'를 추가할 만큼 상당한 수준이었다.[5] 퍼블릭 클라우드 환경에서는 데이터 이그레스 비용이 매우 높다.

셋째, 드롭박스는 기본적으로 클라우드 스토리지 벤더지만, 객체 스토리지와 블록 스토리지의 특성을 결합한 매우 전문화된 스토리지 제품을 제공한다. 드롭박스의 핵심 기능은 네트워크와 CPU 사용을 최소화하면서 사용자 간에 능동적으로 편집된 파일을 효율적으로 동기화할 수 있는 차등 파일 갱신 시스템이다. 이 제품은 객체 스토리지, 블록 스토리지 또는 기타 표준 클라우드 제품에는 적합하지 않다. 대신 드롭박스는 고도로 통합된 맞춤형 소프트웨어 및 하드웨어 스택을 구축함으로써 이점을 얻었다.[6]

넷째, 드롭박스는 핵심 제품을 하드웨어로 이전하면서도 다른 AWS 워크로드를 지속해 구축했다. 이를 통해 드롭박스는 여러 서비스를 대체하는 대신 고도로 조정된 하나의 클라우드 서비스를 대규모로 구축하는 데 집중할 수 있었다. 드롭박스는 클라우드 스토리지 및 데이터 동기화라는 핵심 역량에 집중하면서, 데이터 분석과 같은 다른 영역의 소프트웨어 및 하드웨어 관리 업무를 줄일 수 있다.[7]

클라우드 외부에 구축한 또 다른 기업 성공 사례로는 백블레이즈Backblaze와 클라우드플레어Cloudflare가 있으며 이들도 비슷한 교훈을 제공한다. 백블레이즈는 개인용 클라우드 데이터 백업 제품으로 시작했지만, 이후 아마존 S3와 유사한 객체 스토리지 서비스인 B2(https://oreil.ly/y2Bh9)를 제공하기 시작했다. 백블레이즈는 현재 엑사바이트 이상의 데이터를 저장하고 있다. 클라우드플레어(https://oreil.ly/e3thA)는 200개 이상의 도시에 거점을 두고 초당 51테라비트(Tbps)에 달하는 네트워크 용량으로 2,500만 개 이상의 인터넷 자산에 서비스를 제공한다고 주장한다.

넷플릭스는 또 다른 유용한 예를 제공한다. 넷플릭스는 AWS에서 기술 스택을 실행하는 것으로 유명하지만, 이는 부분적인 사실일 뿐이다. 넷플릭스는 AWS에서 비디오 트랜스코딩을

5 Raghav Bhargava, 'Evolution of Dropbox's Edge Network', Dropbox.Tech, June 19, 2017, https://oreil.ly/RAwPf

6 Akhil Gupta, 'Scaling to Exabytes and Beyond', Dropbox.Tech, March 14, 2016, https://oreil.ly/5XPKv

7 'Dropbox Migrates 34 PB of Data to an Amazon S3 Data Lake for Analytics', AWS website, 2020, https://oreil.ly/wpVoM

실행하는데, 이는 2017년 당시 컴퓨팅 요구 사항의 약 70%에 해당한다.[8] 또한 넷플릭스는 AWS에서 애플리케이션 백엔드 및 데이터 분석을 실행한다. 그러나 AWS 컨텐츠 배포 네트워크를 이용하는 대신, 인터넷 서비스 제공업체와 협력해 고도로 전문화된 소프트웨어와 하드웨어의 조합을 활용하는 맞춤형 CDN을 구축했다. 전체 인터넷 트래픽의 상당 부분을 소비하는 넷플릭스와 같은 기업을 위해,[9] 이러한 중요한 인프라를 구축함으로써 대규모 고객층에 고화질 비디오를 비용 효율적으로 제공할 수 있었다.

이러한 사례 연구는 기업이 특정 상황에서 자체 하드웨어 및 네트워크 연결을 관리하는 것이 합리적이라는 점을 시사한다. 현재 하드웨어를 구축하고 유지 보수하는 기업의 가장 큰 성공 사례는 엄청난 규모(엑사바이트의 데이터, 테라비트/초 대역폭)와 고도로 통합된 하드웨어 및 소프트웨어 스택을 엔지니어링해서 경쟁 우위를 실현할 수 있는 제한된 사용 사례를 포함한다. 또한 이러한 기업은 모두 막대한 네트워크 대역폭을 소비하므로, 퍼블릭 클라우드에서 완전히 운용할 경우 데이터 이그레스 요금이 큰 비용이 될 수 있다.

진정한 클라우드 규모의 서비스를 실행하려면 온프레미스에서 워크로드를 계속 실행하거나 클라우드 워크로드를 송환하는 것을 고려해보자. 여기서 **클라우드 규모**란 무엇일까? 엑사바이트의 데이터를 저장하거나 초당 테라비트 단위의 인터넷 송수신 트래픽을 처리하는 경우 클라우드 규모에 해당할 수 있다(내부 네트워크 트래픽의 초당 테라비트 단위를 달성하기란 매우 쉽다). 또한 데이터 이그레스 비용이 비즈니스의 주된 요소일 때는 서버를 소유하는 것도 고려해보자. 클라우드 규모 워크로드의 구체적인 예를 들자면, 애플은 iCloud 스토리지를 자체 서버로 마이그레이션함으로써 상당한 재정적 및 성능적 이점을 얻을 수 있었다.[10]

8 Todd Hoff, 'The Eternal Cost Savings of Netflix's Internal Spot Market', High Scalability, December 4, 2017, https://oreil.ly/LLoFt

9 Todd Spangler, 'Netflix Bandwidth Consumption Eclipsed by Web Media Streaming Applications', Variety, September 10, 2019, https://oreil.ly/tTm3k

10 Amir Efrati and Kevin McLaughlin, 'Apple's Spending on Google Cloud Storage on Track to Soar 50% This Year', Information, June 29, 2021, https://oreil.ly/OlFyR

4.7 구축과 구매 비교

구축build과 구매buy는 기술 분야의 오래된 논쟁거리다. 구축에 대한 논거는 설루션을 엔드투엔드로 제어할 수 있고 벤더나 오픈 소스 커뮤니티에 의해 좌우되지 않는다는 것이다. 구매를 지지하는 주장은 결국 리소스의 제약과 전문성으로 귀결된다. 즉, 이미 사용 가능한 설루션보다 더 나은 설루션을 구축할 수 있는 전문 지식이 있는가 하는 점이다. 어느 쪽이든 결정은 TCO, TOCO 및 설루션이 조직에 경쟁 우위를 제공하는지 여부에 달려 있다.

지금까지 이 책이 전달하고자 한 주제를 적절히 파악했다면, 비즈니스에 경쟁 우위를 제공할 때 구축과 커스터마이징에 투자할 것을 제안한다. 그렇지 않다면 거대 기업의 힘에 기대어 시장에서 이미 구할 수 있는 것을 이용하자. 오픈 소스 및 유료 서비스의 수를 고려해봤을 때(두 서비스 모두 자원봉사자 커뮤니티 또는 고액의 연봉을 받는 훌륭한 엔지니어팀이 있을 수 있다), 모든 것을 직접 구축하는 건 어리석은 일이다.

필자는 종종 이렇게 묻는다. "자동차에 새 타이어가 필요할 때 원재료를 구해서 처음부터 타이어를 만들고 직접 설치하시나요?". 대부분의 사람과 마찬가지로, 여러분 역시 아마 타이어를 사서 누군가에게 설치를 의뢰할 것이다. 이러한 논거가 구축 vs 구매 논쟁에도 마찬가지로 적용된다. 한편 데이터베이스를 처음부터 구축한 팀들도 있었다. 하지만 면밀히 살펴보면, 단순한 오픈 소스 RDBMS가 고객의 요구 사항을 훨씬 더 잘 충족했을 것이다. 이렇게 자체 개발하는 데이터베이스에 투자하는 시간과 비용을 상상해보자. TCO와 기회비용에 대한 낮은 ROI에 관해 이야기해보자.

여기서 A타입과 B타입의 데이터 엔지니어를 구분하는 게 유용할 수 있다. 앞서 설명한 바와 같이, 특히 소규모 조직에서는 A타입과 B타입의 역할을 한 명의 엔지니어가 구현하는 경우가 많다. 가능한 한 A타입의 행동에 기대어보자. 차별화되지 않은 일에 너무 힘을 쏟지 말고, 추상화를 받아들이자. 오픈 소스 프레임워크를 사용하거나, 혹은 이것이 너무 번거롭다면 적절한 관리형 설루션 또는 독점 설루션을 구입하는 것도 고려하자. 어느 경우든 뛰어난 모듈식 서비스를 선택할 수 있다.

기업들이 소프트웨어를 채택하는 방식의 변화는 언급할 가치가 있다. 과거에는 IT 부서가 대부분의 소프트웨어 구입 및 채택 결정을 하향식으로 내렸지만, 최근에는 개발자, 데이터 엔지니어, 데이터 과학자 및 기타 기술자 역할이 주도하는 상향식 소프트웨어 채택이 추세다. 기업 내에서의 기술 도입은 점차 유기적이고 지속적인 프로세스가 되고 있다.

이제 오픈 소스 설루션과 독점 설루션에 관한 몇 가지 옵션을 살펴보자.

4.7.1 오픈 소스 소프트웨어

오픈 소스 소프트웨어(OSS)는 특정 라이센스 조건에 따라 소프트웨어 및 기본 코드베이스를 일반적으로 용도로 이용할 수 있도록 공개하는 소프트웨어 분산 모델$^{distribution\ model}$이다. 종종 OSS는 분산된 공동 작업자 팀에 의해 생성되고 유지 관리된다. 대부분의 경우 OSS는 사용, 변경 및 배포가 자유롭지만, 몇 가지 주의사항이 있다. 예를 들어 많은 라이선스는 소프트웨어를 배포할 때 오픈 소스에서 파생된 소프트웨어의 소스 코드를 포함할 것을 요구한다.

OSS를 만들고 유지 관리하는 동기는 다양하다. 때로 OSS는 개인이나 소규모 팀의 아이디어로부터 탄생하는 유기적 결과물이기도 하다. 개인이나 소규모 팀은 새로운 설루션을 만들고 공익을 위해 대중에 공개한다. 또는 회사가 OSS 라이선스에 근거해 특정 도구나 기술을 대중에 공개하는 경우도 있다.

두 가지 주요한 OSS가 있는데 하나는 커뮤니티 관리 OSS이고 다른 하나는 상용 OSS이다.

커뮤니티 관리 OSS

OSS 프로젝트는 강력한 커뮤니티와 활발한 사용자 기반이 있어야 성공한다. **커뮤니티 관리 OSS**는 OSS 프로젝트의 가장 일반적인 경로다. 커뮤니티를 통해 전 세계 개발자의 높은 기술 혁신과 활발한 기여가 이루어지며, 인기 있는 OSS 프로젝트도 커뮤니티에서 개방된다.

커뮤니티 관리 OSS 프로젝트에서 고려해야 할 요소는 다음과 같다.

인지도

관심을 얻지 못하는 인기 없는 OSS의 채택은 피하자. 깃허브의 스타^{star}, 포크^{fork}, 커밋^{commit} 수를 살펴보고 얼마나 최신화되었는지 확인한다. 또 하나 주의할 점은 관련 채팅 그룹 및 포럼에서의 커뮤니티 활동이다. 해당 프로젝트에는 커뮤니티에 대한 강한 공동체 의식이 있는가? 강력한 커뮤니티는 강력한 채택의 선순환 구조를 만든다. 또한 기술 지원을 받거나 프레임워크에 적합한 인재를 찾는 게 더 쉬워질 수 있다.

성숙도

프로젝트가 시작된 지 얼마나 되었는지, 현재 얼마나 활성화되었는지, 얼마나 많은 사람이 해당 프로젝트를 유용하게 사용하는지 알고 있는가? 프로젝트 성숙도는 사람들이 프로젝트를 유용하게 여기고 이를 운영 워크플로에 기꺼이 통합할 의향이 있음을 나타낸다.

문제 해결

문제가 발생할 경우 어떻게 대처해야 하는가? 문제는 혼자서 해결할 수 있는가? 아니면 커뮤니티가 문제 해결을 도울 수 있는가?

프로젝트 관리

깃 이슈와 그 대처 방식을 살펴보자. 이슈에 신속하게 대응할 수 있을까? 그렇다면 이슈를 제기하고 해결하는 프로세스는 무엇인가?

팀

기업이 OSS 프로젝트를 후원하는가? 핵심 기여자contributor는 누구인가?

개발자 관계 및 커뮤니티 관리

프로젝트는 도입과 채택을 장려하기 위해 무엇을 하는가? 격려와 지원을 제공하는 활발한 채팅 커뮤니티(예: 슬랙Slack)가 있는가?

기여

프로젝트가 풀 리퀘스트를 장려하고 수용하는가? 풀 리퀘스트를 수락하고 메인 코드베이스에 포함하기 위한 프로세스와 타임라인은 어떻게 되는가?

로드맵

프로젝트 로드맵이 있는가? 있다면 그 로드맵은 명확하고 투명한가?

자체 호스팅 및 유지 보수

OSS 솔루션을 호스팅하고 유지 보수할 수 있는 리소스가 있는가? 그렇다면 OSS 벤더로부터 관리 서비스를 구입할 경우와 비교해 TCO와 TOC는 얼마나 되는가?

프로젝트가 마음에 들고 적극적으로 사용하고 있다면 그에 기여할 방법을 고려해보자. 커뮤니티 포럼이나 채팅에서 코드베이스에 기여하고 문제를 해결하며 조언을 제공할 수 있다. 만약 해당 프로젝트가 기부를 허용한다면 기부하는 것 또한 고려해볼 수 있다. 많은 OSS 프로젝트는 기본적으로 커뮤니티 서비스 프로젝트이며, 유지 관리자는 OSS 프로젝트를 지원하는 일 외에도 정규직으로 일하는 경우가 많다. 안타깝게도 이러한 유지 보수 활동은 유지 관리자에게 생활비를 제공할 수 없는 '열정 페이'인 경우가 많다. 만약 기부할 여유가 있다면 기부해보자.

상용 OSS

OSS에는 몇 가지 단점이 있다. 즉, 사용자 환경에서 솔루션을 호스팅하고 유지 관리해야 한다. OSS 애플리케이션에 따라서는 사소할 수도 있지만, 매우 복잡하고 번거로울 수도 있다. 비즈니스 벤더는 OSS 솔루션(일반적으로 클라우드 SaaS 제품)을 호스팅 및 관리함으로써 이러한 관리 문제를 해결하려고 한다. 이러한 벤더의 예로는 데이터브릭스(스파크), 컨플루언트^{Confluent}(카프카), DBT 랩스$^{DBT Labs}$(dbt) 등이 있으며 그 외에도 매우 많다.

이러한 모델을 **상용 OSS**$^{commercial OSS}$(COSS)라고 한다. 통상적으로 벤더는 OSS의 '핵심'을 무료로 제공하는 한편으로 향상된 기능, 선별된 코드 분산, 또는 완전 관리 서비스에 대해서는 요금을 부과한다.

벤더는 커뮤니티 OSS 프로젝트에 관여하는 경우가 많다. OSS 프로젝트의 인기가 높아지면 유지 관리자는 OSS의 관리 버전을 위한 별도 비즈니스를 만들 수 있다. 이는 일반적으로 오픈소스 코드의 관리형 버전을 기반으로 구축된 클라우드 SaaS 플랫폼이 된다. OSS 프로젝트가 인기를 끌면 관련 회사가 벤처캐피털(VC)로부터 막대한 자금을 조달해 OSS 프로젝트를 상용화하고, 빠르게 움직이는 로켓처럼 확장하는 패턴이 최근의 일반적인 추세다.

이 시점에서 데이터 엔지니어에게는 두 가지 옵션이 있다. 커뮤니티 관리 OSS 버전을 계속 사용할 수 있지만, 자체적으로 유지 관리하는 작업(갱신, 서버/컨테이너 유지 보수, 버그 수정을 위한 풀 리퀘스트 등)을 계속 수행해야 한다. 또는 벤더에 비용을 지불하고 COSS 제품의 관리를 맡길 수도 있다.

상용 OSS 프로젝트에서 고려해야 할 요소는 다음과 같다.

가치

벤더가 OSS 기술을 직접 관리할 때보다 더 나은 가치를 제공하는가? 일부 벤더는 커뮤니티 OSS 버전에서는 이용할 수 없는 많은 기능을 관리형 오퍼링에 추가한다. 이러한 추가 기능이 여러분에게 매력적으로 작용하는가?

제공 모델

서비스에는 어떻게 접근하는가? 다운로드, API 또는 웹/모바일 UI를 통해 제품을 이용할 수 있는가? 초기 버전 및 후속 릴리스에 쉽게 접근할 수 있는지 확인하자.

지원

지원은 매우 중요한 요소지만, 구매자에게는 종종 명확하지 않을 수 있다. 제품의 지원 모델은 무엇인가? 또한 지원 비용이 추가되는가? 벤더는 종종 추가 요금을 받고 지원을 판매한다. 지원을 받는 데 드는 비용을 명확하게 이해해야 한다. 또한 지원 대상과 지원 외 대상이 무엇인지도 파악해야 한다. 지원 대상에 포함되지 않는 항목은 고객이 소유하고 관리할 책임이 있다.

릴리스 및 버그 수정

벤더는 출시 일정, 개선 사항 및 버그 수정을 투명하게 파악하고 있는가? 이러한 갱신을 쉽게 이용할 수 있는가?

판매 주기 및 가격 설정

벤더는 특히 SaaS 제품에 대해 온디맨드 가격을 제시하고, 연장 계약을 체결하면 할인을 제공하는 경우가 많다. 사용량에 따른 종량제 지불 방식과 선불 지불 방식의 트레이드오프를 반드시 이해하기 바란다. 일시불로 목돈을 지불할 가치가 있는가? 아니면 다른 곳에 돈을 쓰는 것이 더 합리적인가?

회사 재정

회사는 존속 가능한가? 회사가 VC 자금을 조달한 적이 있다면 크런치베이스^{Crunchbase} 같은 사이트에서 펀딩 자금을 확인할 수 있다. 해당 회사는 얼마나 많은 비즈니스 영역을 보유하고 있으며, 수년 후에도 계속 운영될 수 있는가?

로고 vs 수익

회사는 고객 수를 늘리는 로고^{logos} 성장**11**에 초점을 맞추는가? 아니면 수익 증대를 목표로 하는가? 건전한 재정을 확립할 수 있는 수익 없이 고객 수, 깃허브 스타^{star} 수 또는 슬랙 채널 멤버십을 늘리는 데만 주로 신경 쓰는 기업이 얼마나 많은지 안다면 놀랄 것이다.

커뮤니티 지원

회사는 OSS 프로젝트의 커뮤니티 버전을 진정으로 지원하는가? 해당 회사는 커뮤니티 OSS 코드베이스에 얼마나 기여하는가? 일부 벤더가 OSS 프로젝트를 공동 선택하고, 그 후 커뮤니티에 거의 가치를 제공하지 않는다는 논란이 제기되고 있다. 회사가 문을 닫을 경우 해당 제품이 커뮤니티 지원 오픈 소스로서 존속할 가능성은 얼마나 되는가?

또한 클라우드는 자체 관리형 오픈 소스 제품을 제공한다는 점에 유의하자. 클라우드 벤더가 특정 제품 또는 프로젝트에 관심을 보이는 경우, 해당 벤더가 그들의 버전을 제공할 것이라 기대할 수 있다. 여기에는 단순한 예(VM에서 제공되는 오픈 소스 리눅스)부터 매우 복잡한 관리형 서비스(완전 관리형 카프카)까지 다양하다. 이러한 오퍼링이 제공되는 이유는 단순한데, 클라우드는 소비를 통해 수익을 창출하기 때문이다. 클라우드 생태계에서 더 많은 오퍼링을 제공한다는 것은 '고착화^{stickiness}'가 높아지고 고객 지출이 증가한다는 것을 의미한다.

4.7.2 전용 폐쇄형 네트워크 서비스

OSS는 어디에나 존재하지만, OSS 이외의 기술에 대한 큰 시장도 존재한다. 데이터 업계에서 가장 큰 기업 중 일부는 비공개 소스 제품을 판매한다. **전용 폐쇄형 네트워크 서비스**의 두 가지 주요 유형인 독립 기업과 클라우드 플랫폼 오퍼링에 관해 살펴보자.

독립 오퍼링

데이터 도구 환경은 지난 몇 년 동안 기하급수적으로 성장했으며 데이터 도구에 대한 새로운 독립형 오퍼링들이 매일 등장하고 있다. 이러한 데이터 기업들은 자본이 풍부한 VC로부터 자금을 조달할 수 있으므로 규모를 확장하고 뛰어난 엔지니어링, 세일즈 및 마케팅 팀을 고용할

---

11 옮긴이_ 스타트업에서는 고객 수 증가를 '로고 성장'이라는 용어로 표현하기도 한다.

수 있다. 따라서 사용자는 시장에서 훌륭한 제품을 선택할 수 있게 되었지만, 한편으로는 끝없는 영업 및 마케팅의 혼란을 헤쳐나가야 할 상황에 놓여 있다. 이 책의 집필 시점 기준으로 데이터 기업이 자본을 자유롭게 이용할 수 있는 전성기는 끝나가고 있지만, 그 결과는 아직 드러나지 않은 채 진행 중이다.

대부분의 경우 데이터 도구를 판매하는 기업은 이를 OSS로 출시하는 대신 독자적인 솔루션을 제공한다. 순수한 OSS 솔루션의 투명성은 확보되지 않지만, 전용 독립형 솔루션은 특히 클라우드에서 완전 관리형 서비스로서 매우 잘 작동한다.

독립형 오퍼링에서 고려해야 할 사항은 다음과 같다.

상호 운용성

대상 도구가 여러분이 선택한 다른 도구(OSS, 기타 독립형 서비스, 클라우드 오퍼링 등)와 상호 운용되는지 확인하자. 상호 운용성은 핵심 요소이므로 구입하기 전에 반드시 사용해 보자.

인지도와 시장 점유율

솔루션이 인기 있는가? 시장에서의 존재감이 있는가? 고객의 호평을 받고 있는가?

문서화와 지원

문제와 질문은 필연적으로 발생한다. 문서화 또는 지원을 통해 문제를 해결하는 방법이 명확한가?

가격 책정

가격은 합리적인가? 사용 가능성이 낮은 확률, 중간 정도의 확률 그리고 높은 확률의 시나리오를 각각의 비용과 함께 계획하자. 할인된 가격으로 계약을 이끌 수 있는가? 그럴 만한 가치가 있는가? 계약에 서명하면 협상 및 새로운 옵션의 시도 측면에서 유연성에 얼마나 많은 제약이 걸리는가? 향후 가격 책정에 관한 계약상 확약을 얻을 수 있는가?

수명

계약할 회사는 당신이 해당 제품으로부터 가치를 얻을 수 있을 만큼 오래 생존할 수 있는가? 회사가 외부에서 자금을 조달했다면 자금 출처와 흐름을 살펴보자. 고객 리뷰를 살펴보는 한편, 제품 사용자 경험에 대해 친구에게 물어보고 관련 질문을 소셜 네트워크에 게시해 보자. 여러분이 구매할 제품과 해당 제품을 제공하는 회사가 얼마나 오래 존속할 수 있을지 확실히 알아야 한다.

클라우드 플랫폼 전용 서비스 오퍼링

클라우드 벤더는 스토리지, 데이터베이스 등을 위한 자체 서비스를 개발하고 판매한다. 대부분의 솔루션은 각 계열사가 사용하는 내부 도구다. 예를 들어 아마존은 아마존닷컴이 거대 기업으로 성장함에 따라 기존 관계형 데이터베이스의 한계를 극복하고 대량의 사용자와 주문 데이터를 처리하기 위해 데이터베이스 제품인 다이나모DB^{DynamoDB}를 만들었다. 이후 아마존은 AWS에서만 다이나모DB 서비스를 제공했고, 현재는 규모나 성숙도 수준과 관계없이 모든 기업이 사용하는 최고 수준의 제품이 됐다. 클라우드 벤더는 종종 그들의 제품이 서로 잘 작동하도록 번들로 묶어 제공한다. 각 클라우드는 강력한 통합 생태계를 구축함으로써 사용자 기반과 끈끈한 관계를 형성할 수 있다.

다음은 전용 클라우드 오퍼링에서 고려해야 할 요소다.

성능 vs 가격

클라우드 오퍼링이 독립형 버전 또는 OSS 버전보다 훨씬 더 우수한가? 클라우드 오퍼링을 선택하는 데 드는 TCO는 얼마인가?

구매 고려 사항

온디맨드 가격은 비쌀 수 있다. 예약된 용량을 구입하거나 장기 약정 계약을 체결해 비용을 절감할 수 있는가?

4.7.3 조언

구축과 구매 사이의 비교는 여러분의 경쟁 우위를 파악하고 맞춤화를 위해 자원을 투자하는 것이 합리적인지 파악하는 것으로 귀결된다. 보통은 OSS와 COSS를 선호하므로, 이러한 옵션이 부족한 영역을 개선하는 데 집중할 수 있다. 무언가를 구축함으로써 중요한 가치를 더하거나 마찰을 크게 줄일 수 있는 몇 가지 영역에 집중하자.

내부 운영 오버헤드를 매몰 비용으로 처리하지 말자. 온프레미스 서버를 관리하는 대신 관리형 플랫폼상에 정교한 시스템을 구축하도록 기존 데이터 팀의 역량을 강화하는 것은 매우 중요하다. 또한 기업이 수익을 올리는 방법을 생각해보자. 특히 기업의 영업 팀과 고객경험 팀에 대해 생각해보자. 이러한 팀은 일반적으로 여러분이 비용을 지불하는 고객일 때와 영업 주기 기간일 때 어떤 대우를 받는지를 나타낸다.

마지막으로, 조직의 예산은 누가 담당하는가? 그 담당자는 자금을 지원받을 프로젝트와 기술을 어떻게 결정하는가? COSS 또는 관리형 서비스의 비즈니스 사례를 작성하기 전에 먼저 OSS를 사용해보는 것이 합리적일까? 예산 승인을 기다리는 동안 기술 선택이 흐지부지되는 상황은 절대 바람직하지 않다. **시간은 거래를 망친다**. 여러분의 경우, 예산 승인에 드는 시간이 길어질수록 무산될 가능성은 더 커진다. 누가 예산을 관리하고 무엇이 성공적으로 승인될지 미리 파악하는 것이 좋다.

4.8 모놀리식과 모듈식 비교

모놀리식monolithic 시스템과 모듈식modular 시스템은 소프트웨어 아키텍처 분야에서 또 다른 오랜 논쟁거리다. 모놀리식 시스템은 독립형이며, 단일 시스템에서 여러 기능을 수행하는 경우가 많다. 모놀리스 진영은 모든 것을 한곳에 두는 단순함을 선호한다. 단일 엔티티에 대해 추론하기가 더 쉽고 유동적인 구성 요소가 적기 때문에 더 빠르게 이동할 수 있다. 한편 모듈식 진영은 고유한 과제를 훌륭하게 수행하는 동종 최고의 분리형 기술을 선호한다. 특히 데이터 환경의 제품 변화 속도를 고려할 때, 끊임없이 변화하는 솔루션 집합 간의 상호 운용성을 목표로 해야 한다.

데이터 엔지니어링 스택에서는 어떤 접근 방식을 취해야 할까? 트레이드오프를 살펴보자.

4.8.1 모놀리스

모놀리스monolith(그림 4-4)는 수십 년 동안 기술의 중심이었다. 과거 워터폴 방식 시대에는 소프트웨어 릴리스가 크고 긴밀하게 결합되어 있으며 느린 리듬으로 이동한다는 것을 의미했다. 대규모 팀들은 하나의 작업 코드베이스를 제공하기 위해 서로 협력했다. 모놀리식 데이터 시스템은 인포매티카Informatica 같은 오래된 소프트웨어 벤더와 스파크 등의 오픈 소스 프레임워크를 통해 오늘날에도 지속되고 있다.

모놀리스의 장점은 추론하기 쉽고, 모든 구성이 독립적인 만큼 인지적 부담과 컨텍스트 전환이 덜 요구된다는 것이다. 수십 개의 기술을 다루는 대신 '하나의' 기술과 (일반적으로는) 하나의 주요 프로그래밍 언어를 다룬다. 아키텍처와 프로세스에 대한 단순한 추론을 원한다면 모놀리스를 사용하는 것이 좋다.

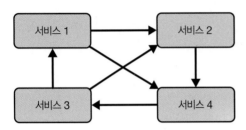

그림 4-4 서비스를 긴밀하게 결합하는 모놀리스

물론 모놀리스에는 단점도 있는데, 깨지기 쉽다는 점이다. 일단 유동적인 구성 요소의 수가 많다 보니 소프트웨어 갱신이나 릴리스가 오래 걸린다. 너무 많은 기능을 한 번에 추가하려는 경향이 있기 때문이다. 시스템에 버그가 있을 때는(부디 소프트웨어 릴리스 전에 철저한 테스트를 거쳤기를 바란다) 시스템 전체에 해를 끼칠 수도 있다.

모놀리스에서도 사용자에 의한 문제가 발생할 수 있다. 예를 들어 우리는 실행에 48시간씩 걸리는 모놀리식 ETL 파이프라인을 경험하기도 했다. 파이프라인의 어딘가에서 문제가 생기면 전체 프로세스를 다시 시작해야 한다. 그동안 비즈니스 사용자들은 불안에 떨면서, 기본적으로 이미 이틀이나 늦어진(일반적으로는 훨씬 늦게 도착하는) 보고서를 기다린다. 이러한 장애, 즉 파손은 모놀리식 시스템이 결국 폐기될 만큼 빈번하게 발생하는 일이었다.

모놀리식 시스템의 멀티테넌시도 심각한 문제가 될 수 있다. 여러 사용자의 워크로드를 분리하기는 어려울 수 있다. 온프레미스 데이터 웨어하우스에서는 사용자 정의 함수 하나가 다른 사용자들의 시스템 속도를 낮추기에 충분할 만큼의 CPU를 소비할 수 있다. 의존성과 리소스 경합 간의 충돌은 자주 발생하는 골칫거리다.

모놀리스의 또 다른 단점은 벤더 또는 오픈 소스 프로젝트가 중단될 때 새로운 시스템으로 전

환하기 어렵다는 것이다. 모든 프로세스가 모놀리스 안에 포함되므로, 시스템에서 새로운 플랫
폼으로 이동하려면 많은 시간과 비용이 소요된다.

4.8.2 모듈성

모듈성^{modularity}(그림 4-5)은 소프트웨어 엔지니어링의 오래된 개념이지만, 모듈식 분산 시스
템은 마이크로서비스의 등장과 함께 본격적으로 유행하기 시작했다. 고객의 요구 사항을 처리
하기 위해 거대한 모놀리스 구조에 의존하는 대신, 시스템과 프로세스를 독립적인 관심 영역으
로 분리해보는 것은 어떨까? 마이크로서비스는 API를 통해 통신할 수 있으므로, 개발자는 자
신의 도메인에 집중하면서 다른 마이크로서비스에서 애플리케이션에 접근할 수 있다. 이는 소
프트웨어 엔지니어링의 추세이며 모던 데이터 시스템에서 점점 더 많이 볼 수 있다.

그림 4-5 모듈성을 통해 서로 분리되는 각 서비스

주요 기술 기업들은 마이크로서비스의 움직임을 이끈 핵심 동력이었다. 유명한 '베이조스 API
선언문'은 애플리케이션 간 결합을 줄여 리팩터링과 분해를 가능하게 한다. 베이조스는 또한
피자 두 판 규칙을 적용했다(어떠한 팀도 두 판의 피자로 팀원 전체를 먹일 수 없을 만큼 규모
가 커져서는 안 된다). 이는 사실상 한 팀이 최대 5명의 멤버로 구성된다는 의미다. 또한 이 상
한선은 팀의 책임 영역, 특히 팀에서 관리할 수 있는 코드베이스의 복잡성을 제한한다. 광범위
한 모놀리식 애플리케이션에는 100여 명의 인원으로 구성된 그룹이 포함될 수 있지만, 개발자
를 5명씩 구성된 소규모 그룹으로 나누려면 이 애플리케이션 역시 관리하기 쉽고 느슨하게 결
합된 작은 조각으로 분할해야 한다.

모듈식 마이크로서비스 환경에서는 컴포넌트를 교환할 수 있으며 **폴리글랏**^{polyglot}(다중 프로그
래밍 언어) 애플리케이션을 만들 수 있다. 자바 서비스는 파이썬으로 작성된 서비스를 대체할
수 있다. 서비스 고객은 서비스 API의 기술 사양만 신경 쓰면 되며, 이면에 존재하는 구현에 대
한 세부 사항은 걱정할 필요가 없다.

데이터 처리 기술은 상호 운용성에 대한 강력한 지원을 제공함으로써 모듈식 모델로 전환됐다.

데이터는 데이터 레이크 및 레이크하우스의 파케이Parquet 같은 표준 형식으로 객체 스토리지에 저장된다. 해당 형식을 지원하는 모든 처리 도구는 데이터를 읽고 처리된 결과를 다른 도구로 처리하기 위해 데이터 레이크에 다시 쓸 수 있다. 클라우드 데이터 웨어하우스는 표준 형식 및 외부 테이블을 사용한 임포트 import 및 익스포트 export를 통해 객체 스토리지와의 상호 운용을 지원한다. 즉, 쿼리는 데이터 레이크의 데이터에 대해 직접 실행된다.

오늘날의 데이터 생태계에는 새로운 기술이 어지러울 정도의 빠른 속도로 등장하고 있다. 그 대부분은 금방 낡고 구식이 되며 이러한 흐름은 무한반복된다. 기술의 변화에 따라 도구를 교체할 수 있는 능력은 매우 중요하다. 데이터 모듈성은 모놀리식 데이터 엔지니어링보다 더 강력한 패러다임이다. 모듈성을 통해 엔지니어는 각각의 잡 또는 파이프라인에 가장 적합한 기술을 선택할 수 있다.

모듈성의 단점은 고려해야 할 사항이 더 많다는 것이다. 관심 있는 단일 시스템을 처리하는 대신, 수많은 시스템을 이해하고 운용해야 할 수 있다. 상호 운용성은 잠재적인 골칫거리다. 이러한 시스템이 모두 잘 연계되어 작동하기를 바란다.

바로 이러한 문제 때문에 오케스트레이션을 데이터 관리 아래에 두는 대신 별도의 드러나지 않는 요소로 분리했다. 오케스트레이션은 또한 모놀리식 데이터 아키텍처에서도 중요하다. 우리는 기존 데이터 웨어하우징 분야에서 BMC 소프트웨어BMC Software의 Control-M 같은 도구가 성공하는 것을 지켜봤다. 그러나 5개 또는 10개의 도구를 오케스트레이션하는 것은 하나의 도구를 오케스트레이션하는 것보다 훨씬 더 복잡하다. 오케스트레이션은 데이터 스택 모듈을 하나로 묶는 접착제 역할을 한다.

4.8.3 분산형 모놀리스 패턴

분산형 모놀리스 패턴distributed monolith pattern은 모놀리스 아키텍처의 많은 제약에 여전히 시달리고 있는 분산 아키텍처다. 기본 개념은 분산 시스템을 서로 다른 서비스로 실행해 서로 다른 작업을 수행하는 것이다. 그러나 서비스와 노드는 공통의 의존 관계 또는 공통의 코드베이스를 공유한다.

한 가지 표준적인 예로는 전통적인 하둡 클러스터를 들 수 있다. 하둡 클러스터는 하이브, 피그 또는 스파크 같은 여러 프레임워크를 동시에 호스팅할 수 있다. 클러스터는 또한 내부 의존성도 포함한다. 게다가 클러스터는 하둡 공통 라이브러리, HDFS, WARN, 자바 같은 핵심 하둡 구성 요소를 실행한다. 실제로 클러스터에는 각 구성 요소의 버전이 하나씩 설치되는 경우가 많다.

표준 온프레미스 하둡 시스템은 모든 사용자와 모든 잡에서 작동하는 공통 환경을 관리한다. 업 그레이드 및 설치 관리는 중요한 과제다. 의존성을 업그레이드하기 위해 잡을 강제하면 의존성 이 깨질 위험이 있다. 또한 프레임워크의 두 가지 버전을 유지 관리하려면 복잡성이 증가한다.

아파치 에어플로 같은 일부 최신 파이썬 기반 오케스트레이션 기술도 이러한 문제를 안고 있 다. 이러한 기술은 고도로 분리된 비동기 아키텍처를 사용하지만, 모든 서비스는 동일한 의존 성을 가지는 동일한 코드베이스를 실행한다. 모든 실행자executor가 모든 작업task을 실행할 수 있 으므로, 하나의 DAG에서 실행되는 단일 작업에 대한 클라이언트 라이브러리가 전체 클러스 터에 설치되어 있어야 한다. 많은 도구를 오케스트레이션하려면 여러 API 호스트에 대한 클라 이언트 라이브러리를 설치해야 한다. 의존성 충돌은 항상 발생하는 문제다.

분산형 모놀리스 문제의 한 가지 해결 방법은 클라우드 환경의 임시 인프라다. 각 작업에는 의 존성이 있는 자체 임시 서버 또는 클러스터를 설치한다. 각 클러스터는 고도로 모놀리식한 상 태로 유지되지만, 작업을 분리하면 충돌이 크게 줄어든다. 예를 들어 이 패턴은 아마존 EMR이 나 구글 클라우드 데이터프록Google Cloud Dataproc 같은 서비스를 사용하는 스파크에서 매우 일반 적이다.

두 번째 해결책은 컨테이너를 사용해 분산된 모놀리스를 여러 소프트웨어 환경으로 적절하게 분배하는 것이다. 컨테이너에 관해서는 4.9절에서 더 자세히 설명할 것이다.

4.8.4 조언

모놀리스는 이해하기 쉽고 복잡성이 줄어든다는 점에서 매력적이지만 비용이 많이 든다. 이때 비용이란 유연성, 기회비용 및 마찰이 심한 개발 주기의 잠재적 손실 등이다.

다음은 모놀리스 옵션과 모듈식 옵션을 비교할 때 고려해야 할 몇 가지 사항이다.

상호 운용성
공유와 상호 운용성을 위한 설계

'곰의 덫' 회피

빠지기 쉬운 함정은 고통스럽거나 탈출이 불가능할 수 있다.

유연성

현재 데이터 공간에서는 모든 것이 매우 빠르게 변화하고 있다. 모놀리스에 전념하면 유연성과 되돌릴 수 있는 의사결정이 줄어든다.

4.9 서버리스와 서버 비교

클라우드 제공업체의 큰 트렌드는 **서버리스**^{serverless}다. 이를 통해 개발자와 데이터 엔지니어는 백그라운드에서 서버를 관리하지 않고도 애플리케이션을 실행할 수 있다. 서버리스는 적절한 사용 사례에 대한 가치를 신속하게 제공하지만, 그 외의 사례에는 잘 맞지 않을 수 있다. 서버리스에 적합한지 여부를 평가하는 방법을 알아보자.

4.9.1 서버리스

서버리스는 꽤 오래 전부터 사용되어 왔지만, 서버리스 트렌드는 2014년 AWS 람다^{AWS Lambda}와 함께 본격적으로 시작됐다. 서버를 관리할 필요 없이 필요에 따라 작은 코드 청크^{chunk}를 실행할 수 있다는 약속 아래 서버리스의 인기는 폭발적으로 증가했다. 그 인기의 주된 이유는 비용과 편리함이다. 즉, 서버 비용을 지불하는 대신 코드가 호출되었을 때만 비용을 지불하는 방식이다.

서버리스의 종류는 다양하다. 서비스형 함수^{function as a service}(FaaS)가 널리 보급되었지만, 서버리스 시스템은 AWS 람다가 등장하기 전부터 있었다. 예를 들어 구글 클라우드의 빅쿼리는 데이터 엔지니어가 백엔드 인프라를 관리할 필요가 없다는 점에서 서버리스다. 시스템은 0으로 확장되고 대규모 쿼리를 처리하기 위해 자동으로 확장된다. 시스템에 데이터를 로드하고 쿼리를 시작하기만 하면 된다. 이때 쿼리가 소비하는 데이터의 양과 데이터 저장에 드는 소액의 비용을 지불해야 한다. 데이터 사용량과 저장량에 대한 비용을 지불하는 이러한 결제 모델은 점점 더 보편화되고 있다.

서버리스는 어떤 경우에 적합할까? 다른 많은 클라우드 서비스와 마찬가지로 상황에 따라 다르다. 데이터 엔지니어는 서버리스 도입에 비용이 많이 드는 시기를 예측하기 위해 클라우드 가격의 세부 사항을 이해하는 것이 좋다. 특히 AWS 람다의 사례를 살펴보면, 다양한 엔지니어가 적은 비용으로 배치 워크로드를 실행할 수 있는 해킹 요소를 찾아냈다.[12] 반면 서버리스 함수는 본질적으로 오버헤드의 비효율성에 시달린다. 함수 호출당 하나의 이벤트를 높은 이벤트율event rate로 처리하는 것은 특히 멀티스레딩이나 멀티프로세싱과 같은 단순한 접근법이 훌륭한 대안일 때 엄청난 비용을 초래할 수 있다.

다른 운영 영역과 마찬가지로, 모니터링과 모델링이 중요하다. 실제 환경에서의 이벤트당 비용 및 서버리스 실행의 최대 기간을 확인하기 위해 **모니터링**monitoring하고, 이 이벤트당 비용을 사용해 이벤트율의 증가에 따른 전체적인 비용을 판단하기 위해 **모델**model을 작성한다. 모델링에는 최악의 시나리오도 포함되어야 한다. 예를 들어 사이트에 봇 스웜bot swarm 또는 DDoS 공격이 발생하면 어떻게 될까?

4.9.2 컨테이너

서버리스 및 마이크로서비스와 함께 컨테이너container는 현재 가장 강력한 최신 운영 기술 중 하나다. 컨테이너는 서버리스와 마이크로서비스 모두에서 역할을 수행한다.

컨테이너는 종종 **경량 가상 머신**lightweight virtual machine이라고도 한다. 기존의 VM은 전체 운영 체제를 포괄하는 반면, 컨테이너는 격리된 사용자 공간(파일 시스템 및 일부 프로세스 등)을 패키징한다. 이러한 많은 컨테이너는 단일 호스트 운영 체제에서 공존할 수 있다. 이렇게 하면 운영 체제 커널 전체를 지니는 오버헤드가 발생하지 않고, 가상화의 주요 이점(의존성 및 코드 분리)을 누릴 수 있다.

단일 하드웨어 노드는 세분화된 자원 할당을 통해 다수의 컨테이너를 호스트할 수 있다. 이 책을 쓰는 시점 기준으로 컨테이너 관리 시스템인 쿠버네티스와 함께 컨테이너의 인기가 계속 높아지는 추세다. 서버리스 환경은 일반적으로 배후 컨테이너에서 실행된다. 개발자나 운영팀은 마이크로서비스가 배포되는 머신의 세부 사항에 대해 신경 쓰지 않아도 되기 때문에, 실제로

---

12 Evan Sangaline, 'Running FFmpeg on AWS Lambda for 1.9% the Cost of AWS Elastic Transcoder,' Intoli blog, May 2, 2018, https://oreil.ly/myz0v

쿠버네티스는 일종의 서버리스 환경이다.

컨테이너는 이 장의 앞부분에서 언급한 분산 모놀리스 문제에 대한 부분적인 해결책을 제공한다. 예를 들어 하둡은 이제 컨테이너를 지원하므로 각 작업은 고유하게 독립된 의존성을 가질 수 있다.

> **CAUTION_** 컨테이너 클러스터는 전체 VM이 제공하는 것과 동일한 보안 및 격리 기능을 제공하지 않는다. 컨테이너 이스케이프container escape는 컨테이너의 코드가 OS 수준에서 컨테이너 외부의 권한을 얻는 공격코드의 일종으로, 멀티테넌시의 위험으로 간주될 만큼 충분히 일반적이다. 아마존 EC2는 여러 고객의 VM이 동일한 하드웨어에서 호스팅되는 진정한 멀티테넌트 환경이지만, 쿠버네티스 클러스터는 상호 신뢰 환경(예: 단일 회사의 벽 내부) 내에서만 코드를 호스팅해야 한다. 또한 코드 리뷰 프로세스와 취약성 검사는 개발자가 보안상 허점을 만들지 않도록 하는 데 매우 중요하다.

다양한 종류의 컨테이너 플랫폼을 통해 서버리스 함수가 추가된다. 컨테이너형 함수 플랫폼은 영구 서비스가 아닌, 이벤트에 의해 트리거되는 임시 단위(사용 후 삭제)로 컨테이너를 실행한다.[13] 따라서 사용자는 매우 제한적인 람다 런타임 대신, 컨테이너 환경의 완전한 유연성을 통해 AWS 람다의 단순성을 누릴 수 있다. 또한 AWS 파게이트AWS Fargate와 구글 앱 엔진Google App Engine 같은 서비스는 쿠버네티스에 필요한 컴퓨팅 클러스터를 관리하지 않고도 컨테이너를 실행한다. 이러한 서비스는 컨테이너를 완전히 격리해 멀티테넌시와 관련한 보안 문제를 방지한다.

추상화는 데이터 스택 전반에서 계속 작동할 것이다. 쿠버네티스가 클러스터 관리에 미치는 영향을 고려하자. (많은 엔지니어링 팀을 비롯한) 여러분은 쿠버네티스 클러스터를 관리할 수 있지만, 쿠버네티스를 관리형 서비스로도 이용할 수 있다.

그렇다면 쿠버네티스의 다음 단계는 무엇일까?

---

13 Examples include OpenFaaS(http://www.openfaas.com), Knative(https://oreil.ly/0pT3m) and Google Cloud Run (https://oreil.ly/imWhI)

4.9.3 서버 vs 서버리스 평가 방법

서버리스 대신 자체 서버를 사용하려는 이유는 무엇일까? 몇몇 이유 중 가장 큰 요인은 '비용'이다. 서버리스는 사용량과 비용이 서버 실행 및 유지 보수에 드는 지속적인 비용을 초과하면 의미가 사라진다(그림 4-6). 특정 규모에서는 서버리스의 경제적 이점이 감소할 수 있으며, 서버를 가동하는 편이 더 매력적으로 느껴질 수 있다.

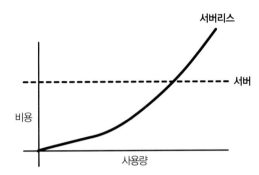

그림 4-6 서버리스 비용 vs 서버 활용 비용

사용자 정의^{customization}, 성능, 제어 등은 서버리스보다 서버를 선호하는 또 다른 주요 이유다. 일부 서버리스 프레임워크는 특정 사용 사례에 따라 성능이 저하되거나 제한될 수 있다. 서버, 특히 서버 리소스가 일시적인 클라우드에서 서버를 사용할 때 고려해야 할 몇 가지 사항은 다음과 같다.

서버 장애 예상하기

서버 장애가 발생할 것이다. 지나치게 커스터마이징되어 부서지기 쉬운, 세상에 하나뿐인 특별한 서버는 아키텍처에 현저한 취약성이 생기므로 사용하지 말자. 대신 서버를 필요에 따라 생성할 수 있는 임시 리소스로 취급하자. 애플리케이션이 서버에 특정 코드를 설치하도록 요구할 경우에는 부트 스크립트를 사용하거나 이미지를 빌드해야 한다. CI/CD 파이프라인을 통해 서버에 코드를 배포하자.

클러스터와 오토스케일링 사용하기

컴퓨팅 자원을 필요에 따라 확장 및 축소할 수 있는 클라우드의 기능을 활용하자. 애플리케이션 사용률이 높아짐에 따라 애플리케이션 서버를 클러스터링하고 오토스케일링^{autoscaling}

기능을 사용해 수요 증가에 따라 애플리케이션을 자동으로 수평 확장하자.

인프라를 코드로 취급하기

자동화는 서버에만 적용되는 것이 아니므로 가능한 한 인프라로 확장해야 한다. 테라폼Terraform, AWS CloudForm 및 Google Cloud Deployment Manager 같은 배포 매니저를 사용해 인프라(서버 또는 기타)를 배포하자.

컨테이너 사용하기

복잡한 의존성이 설치된 더 정교하거나 부하가 높은 워크로드의 경우, 단일 서버 또는 쿠버네티스에 컨테이너를 사용하는 것을 고려해보자.

4.9.4 조언

다음은 서버리스에 적합한지 여부를 판단하는 데 도움이 될 몇 가지 중요한 고려 사항이다.

워크로드 규모와 복잡성

서버리스는 단순한 개별 작업과 워크로드에 가장 적합하다. 유동적인 요소가 많거나 컴퓨팅 또는 메모리 처리 능력이 많이 필요한 경우에는 적합하지 않다. 이때는 쿠버네티스와 같은 컨테이너와 컨테이너 워크플로 오케스트레이션 프레임워크의 사용을 고려하자.

실행 빈도 및 기간

서버리스 애플리케이션은 초당 몇 건의 요청을 처리하는가? 각 요청을 처리하는 데 시간이 얼마나 걸리는가? 클라우드 서버리스 플랫폼에는 실행 빈도, 동시성 및 기간에 제한이 있다. 애플리케이션이 이러한 제한 내에서 제대로 작동하지 않는다면 컨테이너 중심의 접근 방식을 고려할 때다.

요청과 네트워킹

서버리스 플랫폼은 종종 어떤 형태의 단순한 네트워킹을 활용하지만, VPC나 방화벽 등의 모든 클라우드 가상 네트워킹 기능을 지원하지는 않는다.

언어

주로 어떤 언어를 사용하는가? 서버리스 플랫폼에서 공식적으로 지원되는 언어가 아닌 경우에는 컨테이너를 고려해야 한다.

런타임 제약

서버리스 플랫폼에서는 완전한 운영 체제 추상화를 얻을 수 없다. 대신 특정 런타임 이미지로 제한된다.

비용

서버리스 함수는 매우 편리하지만 잠재적으로 비용이 많이 들 수 있다. 서버리스 함수가 몇 가지 이벤트만 처리할 때는 비용이 절감되고, 이벤트 수가 증가하면 비용이 빠르게 증가한다. 이러한 시나리오 때문에 클라우드 비용 지출이 예상치 못하게 급증하는 경우가 많다.

결국 추상화가 우세한 경향이 있다. 서버리스를 먼저 사용한 다음, 서버리스 옵션을 사용할 수 없을 만큼 충분히 성장한 후에는 (가능하다면 컨테이너 및 오케스트레이션과 함께) 서버를 사용하는 것이 좋다.

4.10 최적화, 성능, 벤치마크 전쟁

새로운 교통수단을 구매하려는 억만장자가 있다고 가정해보자. 이땐 선택 범위를 다음 두 가지로 좁혔다.

- 787 비즈니스 제트기
  - 항속 거리: 9,945해리(25인승)
  - 최고 속도: 0.90 마하
  - 순항 속도: 0.85 마하
  - 연료 용량: 101,323kg
  - 최대 이륙 중량: 227,930kg
  - 최대 추력: 128,000파운드

- 테슬라 모델 S 플래드(Plaid)

  - 항속 거리: 560km

  - 최고 속도: 322km/시

  - 0~100km/시: 2.1초

  - 배터리 용량: 100kW/시

  - 뉘르부르크링 랩타임: 7분 30.9초

  - 마력: 1020

  - 토크: 1050 lb-ft

이중 어떤 옵션이 더 나은 성능을 제공할까? 자동차나 항공기에 대해 많이 알 필요는 없지만, 이 질문이 어리석은 비교라는 건 알 수 있다. 하나는 대륙 간 운항을 위해 설계된 넓은 동체형의 전용 제트기이고 다른 하나는 전기 슈퍼카이기 때문이다.

데이터베이스 공간에서도 항상 이러한 사과와 오렌지의 비교가 이뤄진다. 벤치마크는 완전히 다른 사용 사례에 맞게 최적화된 데이터베이스를 비교하거나, 실제 요구와 전혀 유사하지 않은 테스트 시나리오를 사용한다.

최근 데이터 분야의 주요 벤더들 사이에서는 새로운 벤치마크 전쟁이 발발했다. 필자는 벤치마크에 박수를 보내며, 많은 데이터베이스 벤더가 마침내 고객 계약에서 DeWitt 조항을 삭제하는 것을 보게 되어 기쁘다.[14] 그럼에도 불구하고 데이터 공간은 여전히 터무니없는 벤치마크로 가득하다.[15] 다음은 벤치마크 척도를 측정할 때 사용되는 몇 가지 일반적인 요령이다.

4.10.1 1990년대의 빅데이터

페타바이트 규모의 '빅데이터'를 지원한다고 주장하는 제품은 스마트폰의 저장 공간에 쉽게 들어갈 수 있을 만큼 작은 벤치마크 데이터셋을 사용하는 경우가 많다. 캐싱 계층에 의존해 성능을 제공하는 시스템의 경우, 테스트 데이터셋은 솔리드 스테이트 드라이브solid-state drive(SSD) 또는 메모리에 완전히 상주하며 벤치마크에서 동일한 데이터를 반복적으로 쿼리해 최고 성능

---

14 Justin Olsson and Reynold Xin, 'Eliminating the Anti-competitive DeWitt Clause for Database Benchmarking,' Databricks, November 8, 2021. `https://oreil.ly/3iFOE`

15 For a classic of the genre, see William McKnight and Jake Dolezal, 'Data Warehouse in the Cloud Benchmark,' GigaOm, February 7, 2019. `https://oreil.ly/QjCmA`

을 보여줄 수 있다. 또한 소규모 테스트 데이터셋으로 가격을 비교하면 RAM과 SSD 비용을 최소화할 수 있다.

실제 사용 사례를 벤치마킹하려면 예상되는 실제 데이터와 쿼리 크기를 시뮬레이션해야 한다. 요구 사항에 대한 상세한 평가를 바탕으로 쿼리 성능 및 자원 비용을 평가하자.

4.10.2 무의미한 비용 비교

무의미한 비용 비교는 가격 대비 성능 또는 TCO를 분석할 때 일반적으로 사용하는 트릭이다. 예를 들어 많은 MPP 시스템은 클라우드 환경에 상주하는 경우에도 쉽게 생성 및 삭제할 수 없다. 이러한 시스템은 일단 한 번 구성되면 몇 년 동안 계속 실행된다. 다른 데이터베이스는 동적 컴퓨팅 모델을 지원하며 쿼리당 또는 사용 초당 과금된다. 단기 시스템과 비단기 시스템을 초당 비용으로 비교하는 것은 무의미하지만, 벤치마크에서는 항상 볼 수 있는 현상이다.

4.10.3 비대칭 최적화

비대칭 최적화의 속임수는 여러 가지 가설에서 나타나는데, 한 가지 예를 들어보겠다. 업체는 종종 고도로 정규화된 데이터에 대해 복잡한 조인 쿼리를 실행하는 벤치마크를 사용해 행^{row} 기반 MPP 시스템과 열^{column} 기반 데이터베이스를 비교한다.

정규화된 데이터 모델은 행 기반 시스템에 최적이지만 열 기반 시스템은 일부 스키마를 변경해야 그 잠재력을 최대한 발휘할 수 있다. 설상가상으로, 벤더는 경쟁 데이터베이스에 유사한 튜닝(예: 구체화한 뷰에 조인 배치)을 적용하지 않고 조인 최적화(예: 조인의 사전 색인화)를 추가로 수행해 시스템을 가동한다.

4.10.4 매수자 위험 부담 원칙

데이터 테크놀로지의 모든 것과 마찬가지로 구매자는 주의해야 한다. 벤더의 벤치마크에 맹목적으로 의존해 기술을 평가하고 선택하기 전에 과제를 수행하자.

4.11 데이터 엔지니어링 수명 주기의 드러나지 않는 요소

이 장에서 살펴본 바와 같이 데이터 엔지니어는 기술을 평가할 때 고려할 사항이 많다. 어떤 기술을 선택하든 데이터 엔지니어링 수명 주기의 드러나지 않는 요소를 어떻게 지원하는지는 꼭 이해해야 한다. 다시 한번 간략하게 살펴보겠다.

4.11.1 데이터 관리

데이터 관리는 광범위한 분야로, 기술과 관련해 어떤 기술이 데이터 관리를 주요 관심사로 채택하는지 여부가 항상 명확하지는 않다. 예를 들어 타사 벤더는 (규정 준수, 보안, 개인정보보호, 데이터 품질 및 거버넌스 등) 데이터 관리 모범 사례를 사용할 수 있지만, 이러한 세부 정보는 제한된 UI 계층 뒤에 숨길 수 있다. 이러한 경우에는 제품을 평가하는 동안 데이터 관리 관행에 대해 회사에 문의하면 도움이 된다. 다음은 질문해야 할 몇 가지 예제 사항이다.

- 외부와 내부 모두에서 발생하는 침해로부터 데이터를 어떻게 보호하고 있는가?
- GDPR, CCPA 및 기타 데이터 개인정보보호 규정을 준수하는 제품은 무엇인가?
- 이러한 규정을 준수하기 위해 데이터를 호스팅할 수 있는가?
- 어떻게 데이터 품질을 보장하고 설루션에서 올바른 데이터를 표시하는가?

그 외에도 질문할 사항은 많지만, 이러한 질문은 적절한 기술의 선택과 관련해 데이터 관리에 대해 생각할 수 있는 몇 가지 방법의 일부에 불과하다. 이러한 질문은 검토 중인 OSS 설루션에도 동일하게 적용할 수 있다.

4.11.2 데이터옵스

어떤 식으로든 문제는 발생할 것이다. 서버 또는 데이터베이스가 멈추거나 클라우드 영역에서 운영이 중단될 수 있으며, 버그가 있는 코드를 배포하거나 데이터 웨어하우스에 불량 데이터가 유입되거나 기타 예기치 않은 문제가 발생할 수 있다.

새로운 기술을 평가할 때는 새로운 코드 배포를 얼마나 제어할 수 있을까? 문제가 발생했을 때 어떻게 경고를 받고 어떻게 대응할 수 있을까? 그 해답은 주로 고려 중인 기술의 유형에 따라 달라진다. 해당 기술이 OSS인 경우에는 모니터링, 호스팅 및 코드 배포의 설정을 담당할 가능성이 있다. 문제를 어떻게 처리할 것인가? 사고 대응은 어떻게 하는가?

관리형 오퍼링을 사용할 경우 대부분의 작업은 사용자가 제어할 수 없다. 벤더의 SLA, 문제를 경고하는 방식, 문제 해결에 대한 ETA 제공 등 벤더가 문제를 해결하는 방법을 투명하게 공개하는지 여부를 고려하자.

4.11.3 데이터 아키텍처

3장에서 논의한 바와 같이, 우수한 데이터 아키텍처란 결정을 되돌릴 수 있는 상태를 유지하면서 장단점을 평가하고 작업에 가장 적합한 도구를 선택하는 것을 의미한다. 데이터 환경이 초고속으로 바뀌는 상황에서 작업에 가장 **적합한 도구**는 유동적인 대상(목표)이다. 주된 목표는 불필요한 록인을 방지하고 데이터 스택 전체의 상호 운용성을 보장하며 높은 ROI를 달성하는 것이다. 그에 따라 적절한 기술을 선택하자.

4.11.4 오케스트레이션 예제: 에어플로

이 장의 대부분에 걸쳐 특정 기술을 지나치게 광범위하게 논의하는 것을 최대한 피했다. 하지만 오케스트레이션 분야의 경우에는 현재 아파치 에어플로 $^{Apache\ Airlow}$라는 하나의 오픈 소스 기술이 지배하고 있는 만큼 예외로 한다.

막심 보슈만 $^{Maxime\ Beauchemin}$은 2014년에 에어비앤비 ^{Airbnb}에서 에어플로 프로젝트를 시작했다. 에어플로는 처음부터 비영리 오픈 소스 프로젝트로 개발됐다. 이 프레임워크는 에어비앤비 외부에서 빠르게 인지도를 높여 2016년에는 아파치 인큐베이터 $^{Apache\ Incubator}$ 프로젝트가 되었고 2019년에는 아파치가 후원하는 프로젝트가 됐다.

에어플로는 오픈 소스 시장에서 지배적인 위치를 차지하는 만큼 많은 이점을 누리고 있다. 첫째, 에어플로 오픈 소스 프로젝트는 매우 활발하게 운영된다. 높은 커밋률과 버그 및 보안 문제에 대한 빠른 응답 시간을 보이며, 최근에는 코드베이스의 주요 리팩터 ^{refactor}인 에어플로 2를 출시했다. 둘째, 에어플로는 높은 수준의 인지도를 누리고 있다. 에어플로는 슬랙, 스택 오버플로 $^{Stack\ Overflow}$, 깃허브 ^{GitHub} 등 많은 커뮤니케이션 플랫폼에서 활발한 커뮤니티를 운영하므로 사용자는 질문과 문제에 대한 답을 쉽게 찾을 수 있다. 셋째, 에어플로는 GCP, AWS 및

Astronomer.io를 포함한 많은 벤더를 통해 관리형 서비스 또는 소프트웨어 배포로서 상업적으로 이용할 수 있다.

에어플로에는 단점도 있다. 에어플로는 성능, 확장성 및 신뢰성의 병목 현상이 될 수 있는 몇몇 확장 불가능한 핵심 컴포넌트(스케줄러 및 백엔드 데이터베이스)에 의존한다. 에어플로의 확장 가능한 부분은 여전히 분산형 모놀리스 패턴을 따른다(4.8절 참조). 마지막으로, 에어플로는 스키마 관리, 계보, 카탈로그 작성 등 많은 데이터 네이티브 구조를 지원하지 않으며 에어플로 워크플로를 개발하고 테스트하기도 어렵다.

여기서는 에어플로 대안에 관해 포괄적으로 논의하는 대신, 집필 시점 기준으로 몇몇 주요 오케스트레이션 경쟁업체만 언급하겠다. 프리펙트 Prefect와 대그스터 Dagster는 에어플로 아키텍처의 컴포넌트를 재고함으로써 앞서 설명한 일부 문제를 해결하고자 한다. 여기서 설명하지 않은 다른 오케스트레이션 프레임워크 및 기술이 더 있다면 미리 대비하고 계획을 세우도록 하자.

오케스트레이션 기술을 선택하는 모든 사용자는 여기서 설명하는 옵션을 검토할 것을 강력히 권장한다. 여러분이 이 책을 읽을 때쯤이면 새로운 발전이 있을 것이 분명하므로 해당 분야의 활동에 관해서도 숙지해야 한다.

4.11.5 소프트웨어 엔지니어링

데이터 엔지니어는 데이터 스택 전반의 단순화와 추상화를 위해 노력해야 한다. 가능한 한 사전 구축된 오픈 소스 솔루션을 구입하거나 사용하자. 차별화되지 않은 무거운 작업들을 제거하는 것이 큰 목표가 되어야 한다. 확실한 경쟁 우위를 제공하는 영역에 사용자 지정 custom 코딩 및 도구와 같은 리소스를 집중하자. 예를 들어 운영 데이터베이스와 클라우드 데이터 웨어하우스 간의 데이터베이스 연결을 수작업으로 코딩하는 것이 경쟁 우위를 확보할 요소가 될까? 아마 아닐 것이다. 이것은 오픈 소스나 관리형 SaaS, 클라우드 같은 기성 솔루션에서 이미 해결된 문제다. 세상에는 백만 번째 + 1의 데이터베이스–클라우드 데이터 웨어하우스 커넥터가 또 필요하지는 않다.

한편, 고객이 귀사에서 구입하려는 이유는 무엇일까? 귀사의 비즈니스 업무 처리 방식에 특별한 무언가가 있을 것이다. 그것은 여러분의 핀테크 플랫폼에 힘을 실어주는 특별한 알고리즘일 수도 있다. 수많은 중복 워크플로와 프로세스를 추상화함으로써 비즈니스에 필요한 것만 남기고,

개선하고, 커스터마이징할 수 있다.

4.12 결론

매일 새로운 기술과 패턴이 등장하는 상황에서 올바른 기술을 선택하기란 쉬운 일이 아니다. 오늘날은 아마 기술을 평가하고 선택하기에 역사상 가장 혼란스러운 시기일 것이다. 기술을 선택할 때는 사용 사례, 비용, 구축 vs 구매, 모듈화 간의 균형을 고려해야 한다. 항상 아키텍처와 동일한 방식으로 기술에 접근하고, 트레이드오프를 평가하고 되돌릴 수 있는 결정을 내리는 것을 목표로 삼자.

4.13 참고 문헌

- 'Cloud FinOps' (`https://oreil.ly/1qj1p`) by J. R. Storment and Mike Fuller (O'Reilly)
- 'Cloud Infrastructure: The Definitive Guide for Beginners' (`https://oreil.ly/jyJpz`) by Matthew Smith
- 'The Cost of Cloud, a Trillion Dollar Paradox' (`https://oreil.ly/Wjv0T`) by Sarah Wang and Martin Casado
- FinOps Foundation's 'What Is FinOps' web page (`https://oreil.ly/T00Oz`)
- 'Red Hot: The 2021 Machine Learning, AI and Data (MAD) Landscape' (`https://oreil.ly/aAy5z`) by Matt Turck
- Ternary Data's 'What's Next for Analytical Databases? w/ Jordan Tigani (Mother-Duck)' video (`https://oreil.ly/8C4Gj`)
- 'The Unfulfilled Promise of Serverless' (`https://oreil.ly/aF8zE`) by Corey Quinn
- 'What Is the Modern Data Stack?' (`https://oreil.ly/PL3Yx`) by Charles Wang

Part **II**

데이터 엔지니어링
수명 주기 심층 분석

2부에서는 2장을 기반으로 데이터 엔지니어링 수명 주기를 더 깊이 있게 다룬다. 데이터 생성, 저장, 수집, 변환, 서빙과 같은 수명 주기 단계를 각 장에서 다룬다. 2부는 이 책의 핵심이라고 할 수 있으며, 다른 장은 여기서 다루는 핵심 아이디어를 뒷받침하는 내용으로 구성된다.

Part II

데이터 엔지니어링
수명 주기 심층 분석

CHAPTER 5

1단계: 원천 시스템에서의 데이터 생성

데이터 엔지니어링 수명 주기의 첫 번째 단계에 온 것을 환영한다. 첫 번째 단계는 '원천 시스템에서의 데이터 생성'이다. 앞에서 설명한 바와 같이 데이터 엔지니어의 역할은 원천 시스템에서 데이터를 가져와 이를 사용해 작업을 수행하고, 다운스트림 사용 사례를 처리하는 데 도움이 되도록 만드는 것이다. 그러나 원시 데이터를 얻기 전에 데이터가 어디에 있는지, 어떻게 생성되는지, 데이터의 특징과 특이점은 무엇인지 알아야 한다.

이 장에서는 일반적인 운영 원천 시스템 패턴과 중요한 원천 시스템 유형을 설명한다. 데이터 생성을 위한 원천 시스템은 많지만, 그 모두를 다루지는 않는다. 이러한 시스템이 생성하는 데이터와 원천 시스템을 사용할 때 고려해야 할 사항을 검토할 것이다. 또한 데이터 엔지니어링의 드러나지 않는 요소가 데이터 엔지니어링 수명 주기의 첫 번째 단계에 어떻게 적용되는지도 논의할 것이다(그림 5-1).

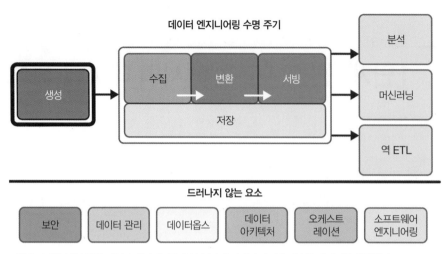

그림 5-1 원천 시스템은 데이터 엔지니어링 수명 주기의 나머지 과정에 필요한 데이터를 생성한다.

데이터가 급증함에 따라, 특히 데이터 공유가 증가하면서(이에 대해서는 뒤에서 설명) 데이터 엔지니어의 역할은 데이터 원천과 목적지 간의 상호 작용을 이해하는 쪽으로 크게 바뀌리라 예상된다. 데이터 엔지니어링의 기본적인 배관 작업, 즉 데이터를 A에서 B로 이동하는 작업이 대폭 간소화될 것이다. 그렇지만 한편으로 원천 시스템에서 생성되는 데이터의 특성을 이해하는 것은 여전히 중요하다.

5.1 데이터 원천: 데이터는 어떻게 생성될까?

데이터를 생성하는 시스템의 다양한 기본 운영 패턴을 학습할 때는 데이터가 어떻게 생성되는지를 이해해야 한다. 데이터는 사실^fact과 수치^figure의 비조직적이고 맥락 없는 집합이다. 데이터는 아날로그와 디지털 등 다양한 방법으로 생성될 수 있다.

아날로그 데이터^analog data는 음성, 수화, 종이에 글쓰기, 악기 연주와 같이 실제 세계에서 생성된다. 이러한 아날로그 데이터는 일시적인 경우가 많다. 예를 들어 대화가 끝나는 순간 내용이 사라지는 구두 대화를 얼마나 자주 하는가?

디지털 데이터^digital data는 아날로그 데이터를 디지털 형식으로 변환해 생성되거나 디지털 시스템의 기본 산물이다. 아날로그에서 디지털로 변환하는 예로는 아날로그 음성을 디지털 텍스트로 변환하는 모바일 문자 앱을 들 수 있다. 디지털 데이터 생성의 예로는 전자 상거래 플랫폼에서의 신용카드 거래를 들 수 있다. 고객이 주문하면 신용카드로 거래 금액이 청구되고, 거래 관련 정보가 각종 데이터베이스에 저장된다.

이 장에서는 웹사이트나 모바일 애플리케이션과 상호 작용할 때 생성되는 데이터와 같은 몇 가지 일반적인 예를 활용하겠다. 하지만 실제로 데이터는 우리 주변 어디에나 존재한다. 우리는 IoT 장치, 신용카드 단말기, 망원경 센서, 주식 거래 등에서 데이터를 수집한다.

원천 시스템과 그 시스템이 데이터를 생성하는 방법에 익숙해지도록 하자. 원천 시스템 문서를 읽고 그 패턴과 특이점을 이해하도록 노력하자. 원천 시스템이 RDBMS인 경우에는 RDBMS의 작동 방식(쓰기, 커밋, 쿼리 등)을 익히고, 원천 시스템에서 수집하는 기능에 영향을 줄 수 있는 자세한 내용을 알아보자.

5.2 원천 시스템: 주요 아이디어

원천 시스템은 다양한 방법으로 데이터를 생성한다. 이 절에서는 원천 시스템을 사용할 때 자주 접하게 되는 주요 아이디어를 설명한다.

5.2.1 파일과 비정형 데이터

파일file은 바이트의 시퀀스로서, 일반적으로 디스크에 저장된다. 애플리케이션은 종종 파일에 데이터를 쓴다. 파일은 로컬 매개변수, 이벤트, 로그, 이미지 및 오디오를 저장할 수 있다.

또한 파일은 데이터 교환의 보편적인 매개체다. 데이터 엔지니어들이 프로그래밍 방식으로 데이터를 얻기를 원하는 만큼, 여전히 세계 전역에서는 파일을 주고받는다. 예를 들어 정부 기관에서 데이터를 가져오는 경우 데이터를 엑셀 또는 CSV 파일로 다운로드하거나 이메일로 받을 가능성이 높다.

데이터 엔지니어로서 보게 될 주요 소스 파일 형식, 즉 수동으로 생성하거나 원천 시스템 프로세스의 출력으로 생성되는 파일은 엑셀Excel, CSV, TXT, JSON, XML이다. 이러한 파일은 고유한 특징이 있으며 정형(엑셀, CSV), 반정형(JSON, XML, CSV), 비정형(TXT, CSV) 등이

있다.[1]

데이터 엔지니어로서 특정 형식(파케이, ORC, 아브로 등)을 많이 사용하겠지만, 이러한 형식은 나중에 다루고 여기서는 원천 시스템 파일을 설명할 것이다. 이후 6장에서는 파일의 기술적인 세부 사항을 다룬다.

5.2.2 API

애플리케이션 프로그래밍 인터페이스application programming interface**(API)**는 시스템 간에 데이터를 교환하는 표준 방식이다. 이론적으로 API는 데이터 엔지니어의 데이터 수집 작업을 단순화한다. 하지만 실제로 많은 API는 여전히 엔지니어가 관리해야 할 데이터의 복잡성을 상당 부분 드러내고 있다. 다양한 서비스와 프레임워크, 그리고 API 데이터 수집 자동화 서비스가 등장했음에도 데이터 엔지니어는 종종 맞춤형 API 연결을 유지하는 데 상당한 에너지를 투자해야 한다. API에 관해서는 이 장의 뒷부분에서 자세히 설명할 것이다.

5.2.3 애플리케이션 데이터베이스(OLTP 시스템)

애플리케이션 데이터베이스application database는 애플리케이션의 상태를 저장한다. 은행 계좌의 잔액을 저장하는 데이터베이스 등이 일반적인 예다. 고객 거래 및 결제가 발생하면 애플리케이션은 은행 계좌 잔액을 갱신한다.

일반적으로 애플리케이션 데이터베이스는 개별 데이터 레코드를 높은 속도로 읽고 쓰는 **온라인 트랜잭션 처리**online transaction processing**(OLTP)** 시스템이다. OLTP 시스템은 종종 **트랜잭션 데이터베이스**transactional database라고 불리지만, 해당 시스템이 반드시 **원자적 트랜잭션**atomic transaction을 지원한다는 의미는 아니다.

OLTP 데이터베이스는 보통 짧은 지연 시간과 높은 동시성을 지원한다. RDBMS 데이터베이스는 (네트워크 지연 시간을 고려하지 않고) 1밀리초 이내에 행을 선택하거나 갱신할 수 있으며, 초당 수천 건의 읽기 및 쓰기를 처리할 수 있다. 도큐먼트document 기반 데이터베이스 클러

---

1 옮긴이_ CSV는 일반적으로 정형 데이터 형식으로 많이 알려져 있지만, 저장되는 데이터의 내용과 구조에 따라 다양한 형식으로 분류될 수 있으므로 이 책에서는 정형/반정형/비정형에 모두 포함했다.

스터는 잠재적인 불일치를 감수하고라도 훨씬 더 높은 도큐먼트 커밋률을 관리할 수 있다. 일부 그래프 데이터베이스는 트랜잭션 사용 사례도 처리할 수 있다.

기본적으로 OLTP 데이터베이스는 수천 명, 심지어 수백만 명의 사용자가 애플리케이션과 동시에 상호 작용하고 데이터를 갱신하거나 작성할 때 애플리케이션 백엔드로서 잘 작동한다. OLTP 시스템은 단일 쿼리로 방대한 양의 데이터를 검색해야 하는 대규모 분석에 기반한 사용 사례에는 적합하지 않다.

ACID

원자적 트랜잭션 지원은 ACID로 알려진 데이터베이스의 중요한 특성 중 하나다(3장에서 언급했듯이 ACID는 **원자성, 일관성, 독립성, 내구성**을 나타낸다). **일관성**consistency이란 데이터베이스를 읽을 때 검색된 항목의 마지막으로 기록된 버전이 반환되는 것을 의미한다. **독립성**isolation은 동일한 항목에 대해 2개의 갱신 작업이 동시에 실행 중일 때, 최종 데이터베이스 상태는 이들 갱신이 제출된 순서대로 순차적으로 실행되는 것과 일치한다는 의미다. **내구성**durability이란 정전 시에도 커밋된 데이터가 손실되지 않음을 의미한다.

ACID 특성은 애플리케이션 백엔드를 지원하기 위해 꼭 필요한 것은 아니며, 이러한 제약을 완화하면 성능과 확장성에 상당한 이점이 될 수 있다는 점을 알아두자. 그러나 ACID 특성은 데이터베이스가 일관된 형상을 유지하도록 보장하고, 앱 개발자의 작업을 획기적으로 간소화한다.

모든 (데이터 또는 기타) 엔지니어는 ACID를 사용할 때와 그렇지 않을 때의 작동 방식을 이해해야 한다. 예를 들어 일부 분산형 데이터베이스는 성능을 개선하기 위해 **최종 일관성**eventual consistency과 같은 완화된 일관성 제약 조건을 사용한다. 현재 사용 중인 일관성 모델을 이해하면 장애를 예방하는 데 도움이 된다.

원자적 트랜잭션

원자적 트랜잭션atomic transaction은 단위로 커밋되는 여러 변경 사항의 집합이다. [그림 5-2]의 예를 살펴보면, RDBMS에서 실행되는 기존의 뱅킹 애플리케이션은 계좌 A(소스)와 계좌 B(대상)의 두 계정 잔액을 확인하는 SQL 문을 실행한다. 그런 다음 계좌 A에 충분한 자금이 있는 경우 해당 자금은 계좌 A에서 계좌 B로 이동한다. 전체 트랜잭션은 양쪽 계정 잔액을 모두 갱신하면서 실행되거나, 모두 갱신하지 않고 실패해야 한다. 즉, 전체 작업이 **트랜잭션**으로서 발생해야 한다.

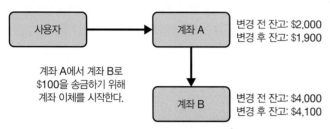

그림 5-2 원자적 트랜잭션의 예: OLTP를 사용한 은행 계좌 이체

OLTP와 분석

소규모 기업에서는 OLTP에서 직접 분석을 실행하는 경우가 많다. 이 패턴은 단기적으로는 효과적이지만 궁극적으로는 확장성이 떨어진다. 어떤 시점에 OLTP에서 분석 쿼리를 실행하면 OLTP의 구조적 제한이나 경쟁 트랜잭션 워크로드와의 리소스 경합 때문에 성능 문제가 발생할 수 있다. 데이터 엔지니어는 운영 애플리케이션 성능을 저하하지 않으면서 분석 시스템과의 적절한 통합을 설정하기 위해 OLTP와 애플리케이션 백엔드의 내부 작동 방식을 이해해야 한다.

기업이 SaaS 애플리케이션에 더 많은 분석 기능을 제공함에 따라, 하이브리드 기능(결합된 분석 기능을 갖춘 빠른 갱신)에 대한 필요성이 데이터 엔지니어에게 새로운 고민거리를 안겨주었다. 여기서는 트랜잭션 워크로드와 분석 워크로드를 혼합하는 애플리케이션을 지칭하기 위해 **데이터 애플리케이션**data application이라는 용어를 사용할 것이다.

5.2.4 온라인 분석 처리 시스템

OLTP 시스템과 달리 **온라인 분석 처리(OLAP) 시스템**은 대규모 분석 쿼리를 실행하도록 구축되어 있으며 일반적으로 개별 레코드의 조회 처리에는 비효율적이다. 예를 들어 최신의 열 기반 데이터베이스는 대량의 데이터를 스캔하도록 최적화되어 있으며, 확장성과 스캔 성능을 개선하기 위해 인덱스를 사용하지 않는다. 모든 쿼리에는 일반적으로 크기가 100MB 이상인 최소 데이터 블록을 스캔하는 작업이 포함된다. 이러한 시스템에서 초당 수천 개의 개별 항목을 조회하려고 하면 그 사용 사례에 맞게 설계된 캐싱 계층과 결합되지 않는 한 시스템이 중단될 것이다.

OLAP라는 용어는 대규모 대화형 분석 쿼리를 지원하는 데이터베이스 시스템을 가리키는 데 사용되며, OLAP 큐브(데이터의 다차원 배열)를 지원하는 시스템에만 국한되지 않는다. OLAP의 **온라인** 부분은 시스템이 들어오는 쿼리를 지속해 수신 대기한다는 뜻으로, OLAP 시스템이 대화형 분석에 적합하다는 것을 의미한다.

이 장에서는 원천 시스템을 설명하지만, OLAP는 일반적으로 분석을 위한 스토리지 및 쿼리 시스템이다. 원천 시스템에 관한 장에서 이러한 내용을 언급하는 이유는 무엇일까? 실제 사용 사례에서 엔지니어는 종종 OLAP 시스템에서 데이터를 읽어야 한다. 예를 들어 데이터 웨어하우스는 ML 모델을 훈련하는 데 사용되는 데이터를 제공할 수 있다. 또는 분석 시스템에서 파생된 데이터를 CRM, SaaS 플랫폼 또는 트랜잭션 애플리케이션과 같은 원천 시스템으로 다시 전송되는 역방향 ETL 워크플로를 OLAP 시스템이 제공할 수도 있다.

5.2.5 변경 데이터 캡처

변경 데이터 캡처change data capture**(CDC)**는 데이터베이스에서 발생하는 각 변경 이벤트(입력, 갱신, 삭제)를 추출하는 방법이다. CDC는 데이터베이스 간에 거의 실시간으로 복제하거나 다운스트림 처리를 위한 이벤트 스트림을 생성하는 데 자주 사용된다.

CDC는 데이터베이스 기술에 따라 다르게 처리된다. 관계형 데이터베이스의 경우 스트림을 생성하기 위해 처리될 수 있는 이벤트 로그를 종종 생성해 데이터베이스 서버에 직접 저장한다(5.2.7절 참고). 많은 클라우드 NoSQL 데이터베이스는 로그 또는 이벤트 스트림을 목표로 하는 스토리지 위치로 전송할 수 있다.

5.2.6 로그

로그log는 시스템에서 발생하는 이벤트에 대한 정보를 수집한다. 예를 들어 로그는 웹 서버의 트래픽과 사용 패턴을 수집할 수 있다. 데스크톱 컴퓨터 운영 체제(윈도우, macOS, 리눅스)의 경우 시스템 부팅 시 애플리케이션이 시작되거나 충돌할 때 등의 이벤트를 기록한다.

로그는 풍부한 데이터 원천으로서 다운스트림 데이터 분석, ML 및 자동화에 잠재적으로 유용하다. 몇 가지 일반적인 로그 소스는 다음과 같다.

- 운영 체제
- 애플리케이션
- 서버
- 컨테이너
- 네트워크
- IoT 장치

모든 로그는 이벤트와 이벤트 메타데이터를 추적한다. 로그는 최소한 누가, 무엇을, 언제 수행했는지를 수집해야 한다.

누구인가

이벤트와 관련된 사람, 시스템 또는 서비스 계정(예: 웹 브라우저 사용자 에이전트 또는 사용자 ID)

무슨 일이 있었는가

이벤트 및 관련 메타데이터

언제 발생했는가

이벤트의 타임스탬프

로그 인코딩

로그는 몇 가지 방법으로 인코딩된다.

바이너리 인코딩 로그

공간 효율과 빠른 I/O를 위해 데이터를 사용자 정의 압축 형식으로 인코딩한다. 5.2.7절에서 설명하는 데이터베이스 로그가 일반적인 예다.

반정형 로그

객체 직렬화 형식(주로 JSON)의 텍스트로 인코딩된다. 이러한 로그는 기계가 읽을 수 있고 이식성이 뛰어나다. 그러나 바이너리 로그보다 효율성이 훨씬 떨어진다. 또한 명목상으로는 기계 판독이 가능하지만, 가치를 추출하려면 상당한 사용자 정의 코드가 필요한 경우가 많다.

일반 텍스트(비정형) 로그

기본적으로 소프트웨어로부터의 콘솔 출력을 저장한다. 따라서 범용 규격은 존재하지 않는다. 이러한 로그는 원시 텍스트 데이터에서 유용한 정보를 추출하는 과정이 다소 복잡할 수 있지만, 데이터 과학자와 ML 엔지니어에게 유용한 정보를 제공할 수 있다.

로그 해상도

로그는 다양한 해상도와 로그 레벨에서 생성된다. **로그 해상도**log resolution는 로그에 캡처된 이벤트 데이터의 양을 나타낸다. 예를 들어 데이터베이스 로그는 데이터베이스 이벤트에서 충분한 정보를 캡처해 특정 시점의 데이터베이스 상태를 언제든지 재구성할 수 있다.

반면, 빅데이터 시스템의 경우 모든 데이터 변경 사항을 로그에 기록하는 것은 실용적이지 않은 경우가 많다. 대신 이러한 로그에는 특정 유형의 커밋 이벤트가 발생한 사실만 기록할 수 있다. **로그 레벨**log level이란 로그 엔트리entry를 기록하는 데 필요한 조건, 특히 에러와 디버깅에 관한 조건이다. 예를 들어 소프트웨어는 모든 이벤트를 기록하거나 에러만 기록하도록 구성할 수 있다.

로그 지연 시간: 배치 또는 실시간

배치 로그는 종종 파일에 연속적으로 기록된다. 개별 로그 엔트리는 실시간 애플리케이션을 위해 카프카나 펄사와 같은 메시징 시스템에 기록할 수 있다.

5.2.7 데이터베이스 로그

데이터베이스 로그database log는 더 자세하게 살펴봐야 할 만큼 중요하다. 로그 선행 기록write-ahead logging(일반적으로 특정 데이터베이스 네이티브 형식으로 저장된 바이너리 파일)은 데이터베이스 보장과 복구에 중요한 역할을 수행한다. 데이터베이스 서버는 데이터베이스 테이블에 대한 쓰기 및 갱신 요청을 수신하고([그림 5-3] 참조), 각 작업을 로그에 저장한 후에 요청을 확인

응답acknowledgment한다. 확인 응답에는 로그 관련 보증이 포함되므로 서버에 장애가 발생해도 로그에서 미완성 작업을 완료함으로써 재부팅 시 상태를 복구할 수 있다.

데이터베이스 로그는 데이터 엔지니어링에 꽤 유용한데, 특히 CDC가 데이터베이스 변경에서 이벤트 스트림을 생성하는 데 매우 유용하다.

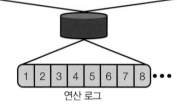

Row	ID	Address	State	Zip
1	15895	1342 Juniper Road	WA	99432
2	18195	13 33rd Street Apt B	UT	97602
3	10073	84 East 2400 North	WY	19578

| 1 | 2 | 3 | 4 | 5 | 6 | 7 | 8 | ● ● ● |

연산 로그

그림 5-3 데이터베이스 로그가 테이블에 연산을 기록

5.2.8 CRUD

생성create, **조회**read, **갱신**update, **삭제**delete를 의미하는 **CRUD**는 프로그래밍에서 일반적으로 사용되는 트랜잭션 패턴으로, 영구 스토리지의 네 가지 기본적인 연산 작업을 나타낸다. CRUD는 애플리케이션 상태를 데이터베이스에 저장하는 가장 일반적인 패턴이다. CRUD의 기본 원칙은 데이터를 사용하기 전에 생성해야 한다는 것이다. 일단 데이터가 생성되면 데이터를 조회하고 갱신할 수 있으며, 마지막에는 데이터를 삭제해야 할 수도 있다. CRUD는 스토리지와 관계없이 데이터에 대해 이러한 네 가지 연산을 수행할 수 있도록 보장한다.

CRUD는 소프트웨어 애플리케이션에서 널리 사용되는 패턴으로, 보통 API와 데이터베이스에서 CRUD가 사용된다. 예를 들어 웹 애플리케이션은 RESTful HTTP 요청과 데이터베이스에서의 데이터 저장 및 검색에 CRUD를 많이 사용한다.

다른 모든 데이터베이스와 마찬가지로, 스냅숏 기반 추출을 사용해 애플리케이션이 CRUD 연산을 적용하는 데이터베이스로부터 데이터를 가져올 수 있다. 한편 CDC를 사용한 이벤트 추출은 운영의 완전한 연산 이력을 제공하며, 실시간에 가까운 분석을 가능하게 한다.

5.2.9 입력 전용

입력 전용 패턴insert-only pattern은 데이터를 포함하는 테이블에서 이력을 직접 유지한다. 레코드를 갱신하는 대신, 새로운 레코드가 생성된 시점을 나타내는 타임스탬프와 함께 입력된다(표 5-1). 고객 주소 테이블을 예로 들어 가정해보자. CRUD 패턴을 사용할 때는 고객이 주소를 변경하면 레코드를 갱신하기만 하면 된다. 입력 전용 패턴에서는 동일한 고객 ID로 새로운 주소 레코드가 입력된다. 고객 ID별로 현재 고객 주소를 읽으려면 해당 ID의 최신 레코드를 조회하면 된다.

표 5-1 입력 전용 패턴은 여러 버전의 레코드를 생성한다.

레코드 ID	값	타임스탬프
1	40	2021-09-19T00:10:23+00:00
1	51	2021-09-30T00:12:00+00:00

입력 전용 패턴은 데이터베이스 로그를 테이블 자체에 직접 유지하므로 애플리케이션이 이력에 접근해야 할 때 특히 유용하다. 예를 들어 입력 전용 패턴은 고객 주소 이력을 제공하도록 설계된 뱅킹 애플리케이션에 적합하다.

별도의 분석 입력 전용 패턴은 일반적인 CRUD 애플리케이션 테이블과 함께 사용되는 경우가 많다. 입력 전용 ETL 패턴에서는 CRUD 테이블에서 갱신이 발생할 때마다 데이터 파이프라인이 대상 분석 테이블에 새 레코드를 입력한다.

입력 전용에는 몇 가지 단점이 있다. 첫째, 각 변경 사항이 테이블에 입력되므로 특히 데이터가 자주 변경될 때는 테이블이 상당히 커질 수 있다. 테이블 크기를 적정하게 유지하기 위해 레코드 만료 일자 또는 레코드 버전의 최대 수에 따라 레코드가 삭제되는 경우가 있다. 두 번째 단점은 현재 상태를 조회할 때 `MAX(created_timestamp)`를 실행하기 때문에 레코드 조회 시 추가 오버헤드가 발생한다는 것이다. 만약 하나의 ID에 수백 또는 수천 개의 레코드가 있다면 이러한 조회 작업을 실행하는 데 큰 비용이 든다.

5.2.10 메시지와 스트림

이벤트 기반 아키텍처와 관련해 **메시지 큐**^{message queue}와 **스트리밍 플랫폼**^{streaming platform}이라는 용어가 서로 혼용되는 경우를 흔히 볼 수 있는데, 두 용어 사이에는 미묘하지만 본질적인 차이점이 있다. 이러한 용어들은 데이터 엔지니어링 수명 주기 전체에 걸친 원천 시스템과 관행 및 기술과 관련한 많고도 거대한 아이디어를 포함하는 만큼, 정의하고 대조해 볼 가치가 있다.

메시지^{message}는 둘 이상의 시스템 간에 전달되는 원시 데이터다(그림 5-4). 예를 들어 시스템 1과 시스템 2가 있고, 시스템 1이 시스템 2에 메시지를 보내는 경우를 가정해보자. 이러한 시스템들은 서로 다른 마이크로서비스, 서버리스 함수에 메시지를 송신하는 서버 등이 될 수 있다. 일반적으로 메시지는 게시자^{publisher}에서 소비자^{consumer}에게 메시지 큐를 통해 발송되며, 메시지가 전달되면 큐에서 삭제된다.

그림 5-4 두 시스템 간에 전달되는 메시지

메시지는 이벤트 기반 시스템에서 불연속적(이산적)이고 단일한 신호다. 예를 들어 IoT 장치는 최신 온도 판독치를 포함하는 메시지를 메시지 큐에 송신할 수 있다. 그런 다음 이 메시지는 히터를 켜야 하는지 여부를 결정하는 서비스에 의해 수집된다. 이 서비스는 적절한 조치를 취하는 히터 제어 장치에 메시지를 보낸다. 메시지가 수신되고 해당 작업이 실행되면 메시지는 메시지 큐에서 삭제된다.

이와 대조적으로 **스트림**^{stream}은 이벤트 레코드의 추가 전용 로그다(스트림은 **이벤트 스트리밍 플랫폼**에서 수집 및 저장된다). 이벤트가 발생하면 순서대로 누적되며(그림 5-5), 타임스탬프 또는 ID로 이벤트 순서를 정렬할 수 있다(분산 시스템의 미묘한 차이 때문에 이벤트가 항상 정확한 순서로 전달되지는 않는다는 점에 유의하자).

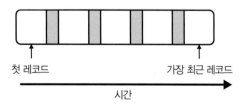

그림 5-5 레코드의 정렬된 추가 전용 로그인 스트림

여러 이벤트에 걸쳐 무슨 일이 일어났는지를 살펴볼 때 스트림을 사용할 수 있다. 스트림의 추가 전용 특성 때문에 스트림 레코드는 (수 주 또는 수개월에 이르는) 장기적인 보존 기간에 걸쳐 유지되므로, 여러 레코드의 집계 또는 스트림 내 특정 시점으로 되감기 기능과 같은 레코드의 복잡한 작업을 수행할 수 있다.

스트림을 처리하는 시스템은 메시지를 처리할 수 있으며 스트리밍 플랫폼은 메시지 전달에 자주 사용된다. 메시지 분석을 수행할 때는 메시지를 스트림에 축적하는 경우가 많은데, 방금 살펴본 IoT 예시에서는 히터를 켜거나 끄는 온도 판독값을 나중에 분석해 온도 추세와 통계를 확인할 수도 있다.

5.2.11 시간 유형

시간은 모든 데이터 수집에서 중요한 고려 사항이지만, 특히 스트리밍의 맥락에서는 데이터가 연속적인 것으로 간주되고 데이터가 생성된 직후 소비될 것으로 예상되는 만큼 시간이 훨씬 더 중요하고 미묘해진다. 데이터를 수집할 때 소요되는 주요 시간 유형, 즉 이벤트가 생성되는 시간, 수집되고 처리되는 시간, 처리하는 데 걸리는 시간을 살펴보자(그림 5-6).

그림 5-6 이벤트 시간, 수집 시간, 처리 시간, 처리에 걸린 시간

이벤트 시간event time은 원본 이벤트 자체의 타임스탬프를 포함해 원천 시스템에서 이벤트가 생성된 시점을 나타낸다. 이벤트가 생성될 때는 이벤트가 수집되고 다운스트림으로 처리되기 전까지 미정의 시간 지연이 발생한다. 이벤트가 이동하는 각 단계의 타임스탬프를 항상 포함하자. 이벤트가 생성, 수집 및 처리되는 각 시간 단계에서 발생하는 이벤트를 로그에 기록하자. 이러한 타임스탬프 로그를 사용해 데이터 파이프라인을 통한 데이터 이동을 정확하게 추적할 수 있다.

데이터가 생성된 후에는 어딘가로 수집된다. **수집 시간**ingestion time은 원천 시스템에서 메시지 대기열, 캐시, 메모리, 객체 스토리지, 데이터베이스 또는 데이터가 저장된 다른 위치로 이벤트가 언제 수집되었는지를 나타낸다(6장 참조). 수집 이후 데이터는 즉시 처리할 수도 있고 몇 분, 몇 시간 또는 며칠 이내에 처리할 수도 있으며 단순히 무기한 스토리지에 보관할 수도 있다.

처리 시간process time은 수집 시간 이후에 데이터가 처리(일반적으로 변환)될 때 발생한다. **처리에 걸린 시간**processing time은 데이터를 처리하는 데 걸린 시간으로 초, 분, 시간 등으로 측정된다.

이러한 다양한 시간을 가능하면 자동화된 방식으로 기록하는 게 좋다. 데이터 워크플로를 따라 모니터링 기능을 설정해 이벤트가 언제 발생하는지, 언제 수집 및 처리되는지, 이벤트를 처리하는 데 걸린 시간은 얼마나 되는지 등의 세부 사항을 파악하자.

5.3 원천 시스템의 실질적인 세부 사항

이 절에서는 최신 원천 시스템과의 상호 작용에 대한 실질적인 세부 사항을 설명한다. 여러분이 자주 접하게 될 데이터베이스, API, 기타 측면에 관해 자세히 알아볼 것이다. 이러한 정보는 앞서 설명한 주요 아이디어보다 유효 기간이 짧다. 널리 사용되는 API 프레임워크, 데이터베이스 및 기타 세부 사항은 계속해서 빠르게 변화할 것이다.

그럼에도 불구하고 이러한 세부 사항은 실무에 종사하는 데이터 엔지니어에게 중요한 지식이다. 기본 지식으로서 해당 정보를 학습하되, 진행 중인 개발 상황을 파악하기 위해 폭넓게 읽어 보는 게 좋다.

5.3.1 데이터베이스

이 절에서는 데이터 엔지니어로서 접하게 될 일반적인 원천 시스템 데이터베이스 기술과, 이러한 시스템을 사용할 때 고려할 상위 수준의 고려 사항에 관해 설명한다. 데이터 사용 사례만큼 다양한 유형의 데이터베이스가 있다.

데이터베이스 기술을 이해하기 위한 주요 고려 사항

여기서는 소프트웨어 애플리케이션을 뒷받침하는 데이터베이스 기술과 분석 활용 사례를 지원하는 데이터베이스 기술 등을 포함해, 다양한 데이터베이스 기술 전반에 걸쳐 발생하는 주요 아이디어를 소개한다.

데이터베이스 관리 시스템

데이터를 저장하고 제공하는 데 사용되는 데이터베이스 시스템으로, 줄여서 DBMS라고도 한다. 스토리지 엔진, 쿼리 옵티마이저, 재해 복구 및 데이터베이스 시스템 관리를 위한 기타 주요 컴포넌트로 구성된다.

조회

데이터베이스는 어떻게 데이터를 발견하고 검색을 수행할까? 인덱스는 조회^{lookup} 속도를 높이는 데 도움이 되지만, 모든 데이터베이스에 인덱스가 있는 건 아니다. 우선 데이터베이스가 인덱스를 사용하는지부터 확인하자. 만약 인덱스를 사용한다면 인덱스를 설계하고 유지 관리하는 가장 좋은 패턴은 무엇일까? 효율적인 추출을 위해 인덱스를 활용하는 방법을 이해하자. 또한 B-tree와 로그 구조 병합 트리^{log-structured merge-tree}(LSM)를 포함한 인덱스의 주요 유형에 대한 기본 지식도 있으면 도움이 된다.

쿼리 옵티마이저

데이터베이스는 쿼리 옵티마이저^{query optimizer}를 사용하는가? 그 특징은 무엇인가?

확장과 분산

수요에 따라 데이터베이스를 확장할 수 있는가? 어떤 확장 전략을 사용하는가? 수평 확장(데이터베이스 노드 증가)인가? 아니면 수직 확장(단일 머신에서 리소스 증가)인가?

모델링 패턴

데이터베이스에 가장 적합한 모델링 패턴(예: 데이터 정규화 또는 와이드 테이블)은 무엇인가?

CRUD

데이터베이스에서 데이터를 쿼리, 생성, 갱신 및 삭제하는 방법은 무엇인가? 데이터베이스 유형에 따라 CRUD 작업은 다르게 처리된다.

일관성

데이터베이스가 완전한 일관성을 갖추고 있는가? 아니면 완화된 일관성 모델(예: 최종 일관성)

을 지원하는가? 데이터베이스는 읽기 및 쓰기에 대해 선택적인 일관성 모드(예: 강력한 일관된 읽기)를 지원하는가?

데이터베이스는 관계형과 비관계형 범주category로 나뉜다. 사실 비관계형 범주가 훨씬 더 다양하지만, 관계형 데이터베이스는 여전히 애플리케이션 백엔드에서 상당한 비중을 차지한다.

관계형 데이터베이스

관계형 데이터베이스 관리 시스템relational database management system(RDBMS)은 가장 일반적인 애플리케이션 백엔드 중 하나다. 관계형 데이터베이스는 1970년대에 IBM이 개발했고 1980년대에 오라클이 대중화했다. 인터넷의 성장과 함께 LAMP 스택(리눅스, 아파치 웹 서버, MySQL, PHP)이 등장했고, 벤더 및 오픈 소스 RDBMS 옵션이 폭발적으로 증가했다. (다음 절에서 설명할) NoSQL 데이터베이스의 등장에도 불구하고 관계형 데이터베이스는 여전히 큰 인기를 끌고 있다.

데이터는 **관계**relation 테이블(행)에 저장되며, 각 관계에는 여러 **필드**field(열)가 포함된다. [그림 5-7]에서 이러한 내용을 잘 확인할 수 있다. 이 책에서는 **열**column과 **필드**라는 용어를 서로 번갈아 사용한다. 테이블 내의 각 관계는 동일한 **스키마**schema(string, integer 또는 float 등의 정적 유형이 할당된 일련의 열)를 가진다. 행은 일반적으로 연속된 바이트 시퀀스로 디스크에 저장된다.

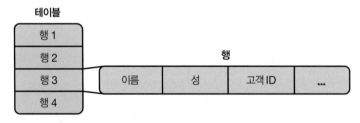

그림 5-7 RDBMS는 데이터를 행 단위로 저장하고 검색한다.

테이블은 일반적으로 테이블의 각 행에 대한 고유 필드인 **기본 키**primary key에 의해 인덱싱된다. 기본 키에 대한 인덱싱 전략은 디스크에 있는 테이블의 레이아웃과 밀접하게 관련된다.

테이블은 또한 다른 테이블의 기본 키 값과 연결된 값이 있는 필드인 다양한 **외래 키**foreign key를 가질 수도 있다. 이러한 외래 키는 조인을 용이하게 하고 여러 테이블에 걸쳐 데이터를 분산하는 복잡한 스키마를 사용하게 해준다. 특히 정규화된 스키마$^{normalized\ schema}$를 설계할 수 있다. 정규화는 레코드의 데이터가 여러 곳에 중복되지 않도록 하려는 전략으로, 여러 곳의 상태를 동시에 갱신할 필요가 없으며 불일치를 방지할 수 있다(8장 참조).

RDBMS 시스템은 일반적으로 ACID를 준수한다. 정규화된 스키마, ACID 컴플라이언스 및 높은 트랜잭션 비율^{rate} 지원을 결합한 관계형 데이터베이스 시스템은 빠르게 변화하는 애플리케이션 상태를 저장하는 데 이상적이다. 데이터 엔지니어의 과제는 시간이 지남에 따라 상태 정보를 캡처하는 방법을 결정하는 것이다.

이 책에서 RDBMS의 이론, 역사 및 기술에 관한 자세한 설명을 다루지는 않는다. 하지만 RDBMS 시스템, 관계 대수 및 정규화 전략은 널리 알려져 있고 자주 접하게 될 것이므로 따로 학습할 것을 권장한다.

비관계형 데이터베이스: NoSQL

관계형 데이터베이스는 많은 사용 사례에 매우 유용하지만, 모든 경우에 적합한 만능 솔루션은 아니다. 사람들은 종종 관계형 데이터베이스를 보편적인 어플라이언스라고 생각하면서 수많은 사용 사례와 워크로드에 억지로 끼워 맞추려 한다. 데이터 및 쿼리 요건이 변화함에 따라 관계형 데이터베이스는 그 변화의 무게에 눌려 무너지게 된다. 이 시점에서는 부하가 걸리는 특정 워크로드에 적합한 데이터베이스를 사용해야 한다. 비관계형 데이터베이스 또는 NoSQL 데이터베이스를 사용하자. **NoSQL**은 **not only SQL**을 줄인 표현으로, 관계형 패러다임을 포기한 모든 종류의 데이터베이스를 나타낸다.

관계형 제약 조건을 해제하면 성능, 확장성, 스키마 유연성을 높일 수 있다. 그러나 아키텍처에는 언제나 그렇듯 트레이드오프가 존재한다. 또한 NoSQL 데이터베이스는 일반적으로 강력한 일관성, 조인 또는 고정 스키마와 같은 다양한 RDBMS 특성을 포기한다.

이 책의 큰 주제는 '데이터 혁신은 끊임없이 지속된다'는 것이다. 그렇다면 이제 데이터 엔지니어로서 데이터 혁신이 엔지니어링 업무에 미치는 영향과 그 이유에 대한 관점을 살펴보는 데 도움을 받을 수 있도록 NoSQL의 역사를 간단히 살펴보자.

2000년대 초반 구글이나 아마존 같은 기술 기업들은 관계형 데이터베이스를 벗어나 자신들의 웹 플랫폼을 확장하기 위해 새로운 분산형 비관계형 데이터베이스를 개척하기 시작했다. **NoSQL**이라는 용어는 1998년에 처음 등장했지만, 최신 버전은 2000년대에 에릭 에반스[Eric Evans]가 만들었으며[2] 2009년 블로그에 다음과 같은 글을 포스팅했다(`https://oreil.ly/ LOYbo`).

> 최근 며칠간 nosqlest(`https://oreil.ly/6xN5Y`)에 머무르며 시간을 보냈는데, 여기서 가장 화제인 주제는 'nosql'이라는 명칭이다. 당연히 그 이름이 나쁘고 부적절하거나 부정확한 메시지를 전달한다고 걱정하는 사람들이 많다. 나는 이 아이디어에 대해 어떠한 주장도 하지 않지만, 현재 제기되는 이름에 대한 비난은 어느 정도 감수해야 한다고 본다. 어째서일까? 첫 번째 밋업을 주최한 요한 오스칼손[Johan Oskarsson]은 IRC에서 "좋은 이름은 무엇일까요?"라는 질문을 남겼고, nosql이라는 이름은 잠깐 고민하다가 아무 생각 없이 내뱉은 서너 가지 제안 사항 중 하나였다.
>
> 내가 아쉬운 것은 그 이름에 담긴 내용이 아닌, 담기지 않은 내용에 관한 것이다. 요한은 처음에 빅데이터와 선형적으로 확장 가능한 분산형 시스템을 구상했다. 그러나 그 이름이 너무 모호하다 보니, 말 그대로 데이터를 저장하지만 RDBMS가 아닌 모든 것을 주제로 이야기할 기회가 열렸다.

NoSQL은 2022년에도 여전히 모호한 개념이지만, 관계형 데이터베이스의 대안인 '새로운 학파[new school]' 데이터베이스들을 설명하는 데 널리 채택되고 있다.

상상할 수 있는 거의 모든 사용 사례에 맞게 설계된 다양한 버전의 NoSQL 데이터베이스가 있다. 여기서 다루기엔 NoSQL 데이터베이스가 너무 많아 일일이 살펴볼 수 없으므로, 이 절에서는 키-값[key-value], 도큐먼트, 와이드 컬럼[wide-column], 그래프, 검색, 시계열 등의 데이터베이스 유형을 살펴볼 것이다. 이러한 데이터베이스는 모두 매우 인기 있고 널리 채택되고 있다. 데이터 엔지니어는 사용상 고려 사항, 저장할 데이터 구조, 데이터 엔지니어링 수명 주기에서 각 데이터베이스를 활용하는 방법 등 이러한 유형의 데이터베이스들을 이해해야 한다.

---

2 Keith D. Foote, 'A Brief History of Non-Relational Databases,' Dataversity, June 19, 2018. `https://oreil.ly/5Ukg2`

키-값 쌍 저장소

키-값 데이터베이스key-value database는 각 레코드를 고유하게 식별하는 키를 사용해 레코드를 검색하는 비관계형 데이터베이스다. 많은 프로그래밍 언어로 제공되는 해시 맵이나 사전 데이터 구조와 비슷하지만, 잠재적으로 확장성이 더 뛰어나다. **키-값 쌍 저장소**key-value store에는 도큐먼트 저장소와 와이드 컬럼 데이터베이스(다음에 설명)를 비롯한 여러 가지 NoSQL 데이터베이스 유형이 포함된다.

다양한 유형의 키-값 데이터베이스는 다양한 애플리케이션 요구 사항을 충족하기 위해 다양한 성능 특성을 제공한다. 예를 들어 인메모리 키-값 데이터베이스는 초고속 검색과 높은 동시성이 요구되는 웹 및 모바일 애플리케이션의 세션 데이터를 캐싱하는 데 널리 쓰인다. 이러한 시스템의 스토리지는 보통 일시적이며, 데이터베이스가 종료되면 데이터는 사라진다. 이러한 캐시는 기본 애플리케이션 데이터베이스에 대한 부담을 줄이고 신속한 응답을 제공할 수 있다.

물론 키-값 쌍 저장소는 높은 내구성과 지속성이 요구되는 애플리케이션을 지원할 수도 있다. 전자 상거래e-commerce 애플리케이션은 사용자와 그 주문에 대한 대량의 이벤트 상태 변경 사항을 저장하고 갱신해야 할 수 있다. 사용자는 전자 상거래 애플리케이션에 로그인해 다양한 화면을 클릭하고 장바구니에 아이템을 추가한 뒤 결제를 수행한다. 각 이벤트는 검색을 위해 내구성 있게 저장되어야 한다. 키-값 쌍 저장소는 종종 이러한 사용 사례를 지원하고자 디스크와 여러 노드에 걸쳐 데이터를 유지한다.

도큐먼트 저장소

앞서 설명한 바와 같이 **도큐먼트 저장소**document store는 특화된 키-값 쌍 저장소다. 이러한 맥락에서 **도큐먼트**는 중첩된 객체이며, 일반적으로 각 도큐먼트를 실질적인 목적을 위한 JSON 객체로 간주할 수 있다. 도큐먼트는 컬렉션에 저장되고 키로 검색된다. **컬렉션**collection은 관계형 데이터베이스의 테이블과 거의 동일하다([표 5-2] 참조).

표 5-2 RDBMS와 도큐먼트 데이터베이스 용어 비교

RDBMS	도큐먼트 데이터베이스
테이블	컬렉션
행	도큐먼트, 항목item, 엔티티

관계형 데이터베이스와 도큐먼트 저장소의 중요한 차이점 중 하나는 후자가 조인을 지원하지 않는다는 것이다. 즉, 데이터를 쉽게 **정규화**할 수 없으며 여러 테이블로 분할할 수 없다(애플리케이션은 여전히 수동으로 조인할 수 있다. 코드에서 도큐먼트를 조회 lookup하고 속성 property을 추출한 다음 다른 도큐먼트를 검색할 수 있다). 이상적으로는 모든 관련 데이터를 동일한 도큐먼트에 저장할 수 있다.

대부분의 경우 동일한 데이터를 여러 컬렉션에 분산해 여러 도큐먼트에 저장해야 한다. 소프트웨어 엔지니어는 저장소마다 속성을 갱신해야 한다(많은 도큐먼트 저장소는 이를 용이하게 하기 위해 트랜잭션 개념을 지원한다).

도큐먼트 데이터베이스는 일반적으로 JSON의 모든 유연성을 수용하며 스키마나 유형을 강제하지 않는데, 이는 축복이자 저주로 작용할 수 있다. 한편으로는 스키마가 매우 유연하고 표현력이 풍부해지는데, 이 스키마는 애플리케이션의 성장에 따라 진화할 수도 있다. 반면 도큐먼트 데이터베이스는 관리와 쿼리에 있어서 절대적인 악몽이 될 수 있다. 개발자가 스키마의 진화를 관리하는 데 주의를 기울이지 않으면 시간이 지남에 따라 데이터가 일관성 없이 비대해질 수 있다. 또한 스키마의 진화는 (배포 전) 적시에 전달되지 않으면, 다운스트림 수집을 중단시켜 데이터 엔지니어의 골칫거리가 될 수도 있다.

다음은 users라는 컬렉션에 저장된 데이터의 예제다. 컬렉션 키는 id이며, 각 도큐먼트에는 name(하위 요소로서의 first와 last)과 사용자가 즐겨 찾는 밴드(favorite_bands) 배열이 있다.

```
{
  "users":[
    {
    "id":1234,
    "name":{
      "first":"Joe",
      "last":"Reis"
    },
    "favorite_bands":[
      "AC/DC",
      "Slayer",
      "WuTang Clan",
      "Action Bronson"
    ]
```

```
    },
    {
      "id":1235,
      "name":{
        "first":"Matt",
        "last":"Housley"
      },
      "favorite_bands":[
        "Dave Matthews Band",
        "Creed",
        "Nickelback"
      ]
    }
  ]
}
```

이 예제에서 데이터를 쿼리하려면 키를 사용해 레코드를 검색한다. 대부분의 도큐먼트 데이터베이스는 특정 속성별로 도큐먼트를 검색할 수 있도록 인덱스와 조회 테이블lookup table 생성을 지원한다. 이는 종종 다양한 방법으로 도큐먼트를 검색해야 할 때 애플리케이션 개발에서 매우 유용하다. 예를 들면 앞의 도큐먼트 예제에서 **name**에 인덱스를 설정할 수 있다.

데이터 엔지니어에게 중요한 또 다른 기술 세부 사항은 도큐먼트 저장소가 관계형 데이터베이스와 달리 일반적으로 ACID를 준수하지 않는다는 것이다. 성능, 튜닝, 구성, 쓰기에 대한 관련 효과, 일관성, 내구성 등을 이해하려면 특정 도큐먼트 저장소에 대한 기술적 전문 지식은 필수 요소다. 예를 들어 많은 도큐먼트 저장소는 **결과적으로 일관성을 유지**한다. 클러스터에 걸쳐 데이터를 분산하면 확장성과 성능에 도움이 되지만, 엔지니어와 개발자가 그 의미를 이해하지 못하면 큰 문제로 이어질 수 있다.

도큐먼트 저장소에서 분석을 실행하려면 일반적으로 엔지니어가 풀 스캔full scan을 실행해 컬렉션에서 모든 데이터를 추출하거나 CDC 전략을 사용해 이벤트를 대상 스트림으로 보내야 한다. 풀 스캔 방식은 성능과 비용 모두에 영향을 미칠 수 있다. 스캔 때문에 데이터베이스가 실행되는 속도가 느려지는 경우가 많으며, 많은 서버리스 클라우드 서비스에서는 풀 스캔마다 상당한 비용이 발생한다. 도큐먼트 데이터베이스에서 쿼리 속도를 높이기 위해 인덱스를 생성하는 것은 종종 유용하다. 8장에서 인덱스 및 쿼리 패턴에 대해 설명할 것이다.

와이드-컬럼

와이드 컬럼 데이터베이스^{wide-column database}는 빠른 트랜잭션 속도와 매우 짧은 지연 시간으로 대량의 데이터를 저장하는 데 최적화되어 있다. 이러한 데이터베이스는 매우 빠른 쓰기 속도와 방대한 양의 데이터로 확장될 수 있다. 특히 와이드 컬럼 데이터베이스는 페타바이트급 데이터, 초당 수백만 건의 요청 및 10ms 미만의 지연 시간을 지원할 수 있다. 이러한 특성은 와이드 컬럼 데이터베이스가 전자 상거래, 핀테크, 애드테크, IoT, 실시간 개인화 애플리케이션 등에서 높은 인기를 끄는 데 일조했다.

데이터 엔지니어는 그들이 사용하는 와이드 컬럼 데이터베이스의 운영 특성을 파악해 적절한 구성을 설정하고, 스키마를 설계하며, 적절한 행 키를 선택해 성능을 최적화하고 일반적으로 발생하는 운영 문제를 방지해야 한다.

이러한 데이터베이스는 대량의 데이터에 대한 신속한 스캔을 지원하지만, 복잡한 쿼리를 지원하지는 않으며 조회용 인덱스(행 키)는 오직 1개뿐이다. 데이터 엔지니어는 일반적으로 이러한 제한을 해결하기 위해 데이터를 추출하고 보조 분석 시스템으로 이를 전송해 복잡한 쿼리를 실행해야 한다. 이 작업은 추출을 위해 대규모 스캔을 실행하거나 CDC를 사용해 이벤트 스트림을 캡처해 수행할 수 있다.

그래프 데이터베이스

그래프 데이터베이스^{graph database}는 수학적 그래프 구조(노드와 에지의 집합)로 데이터를 명시적으로 저장한다.[3] Neo4j는 매우 인기 있으며 아마존, 오라클 및 기타 벤더는 그들만의 그래프 데이터베이스 제품을 제공한다. 대략적으로 말하자면, 요소^{element} 간 연결성을 분석할 때 그래프 데이터베이스는 매우 적합하다.

예를 들어 도큐먼트 데이터베이스를 사용해 각 사용자의 속성을 설명하는 하나의 도큐먼트를 저장할 수 있다. 소셜 미디어 컨텍스트에서 직접 연결된 사용자의 ID를 포함하는 **연결**^{connection}에 대한 배열 요소를 추가할 수 있다. 사용자의 직접 연결 수를 확인하기는 매우 쉽지만, 두 개의 직접 연결을 통해 도달할 수 있는 사용자 수를 알고 싶다고 가정해보자. 복잡한 코드를 작성해 이 질문에 대답할 수도 있겠지만, 각 쿼리는 실행 속도가 느리고 상당한 자원을 소모한다.

---

3 Martin Kleppmann, Designing Data-Intensive Applications (Sebastopol, CA: O'Reilly, 2017), 49, https://oreil.ly/v1NhG

도큐먼트 저장소는 이러한 사용 사례에 맞게 최적화되지는 않았다.

그래프 데이터베이스는 바로 이런 유형의 쿼리를 위해 설계됐다. 이러한 데이터 구조에서는 요소 간 연결을 기반으로 쿼리를 수행할 수 있으므로, 요소 간의 복잡한 순회를 이해해야 할 때는 그래프 데이터베이스가 적합하다. 그래프 용어로 설명하자면, 우리는 **노드**node(앞의 예에서 사용자)와 **에지**edge(사용자 간 연결)를 저장한다. 그래프 데이터베이스는 노드와 에지 모두에 대한 풍부한 데이터 모델을 지원한다. 기본 그래프 데이터베이스 엔진에 따라 그래프 데이터베이스는 SPARQL, 자원 기술 프레임워크Resource Description Framework(RDF), GraphQLGraph Query Language(GQL), 사이퍼Cyper 등의 특수 쿼리 언어를 사용한다.

그래프의 예로 4명의 사용자가 있는 네트워크를 가정해보자. 사용자 1은 사용자 2를 팔로우하고, 사용자 2는 사용자 3과 사용자 4를 팔로우하며, 사용자 3도 사용자 4를 팔로우한다(그림 5-8).

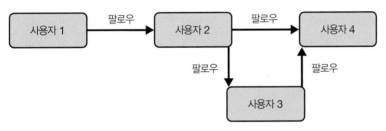

그림 5-8 소셜 네트워크 그래프

그래프 데이터베이스 애플리케이션은 기술 기업의 범주를 넘어서 급격히 성장할 것으로 보이며, 특히 시장 분석에서 빠른 성장이 이뤄지리라 예측된다.[4] 물론 그래프 데이터베이스는 운영상의 관점에서 유용하며, 최신 애플리케이션에 중요한 일련의 복잡한 사회적 관계를 지원한다. 그래프 구조는 데이터 과학과 ML의 관점에서도 매력적이며, 잠재적으로 인간의 상호 작용과 행동에 관한 깊은 통찰력을 제공할 수 있다.

이는 구조화된 관계, 도큐먼트 또는 비정형 데이터를 다루는 데 익숙한 데이터 엔지니어에게 고유한 과제를 제기한다. 엔지니어는 다음과 같은 작업을 수행할지 여부를 선택해야 한다.

---

4 Aashish Mehra, 'Graph Database Market Worth $5.1 Billion by 2026: Exclusive Report by MarketsandMarkets,' Cision PR Newswire, July 30, 2021, https://oreil.ly/mGVkY

- 원천 시스템 그래프 데이터를 기존에 선호하는 패러다임 중 하나로 매핑
- 원천 시스템 자체 내에서 그래프 데이터 분석
- 그래프별 전용 분석 도구 채택

그래프 데이터는 관계형 데이터베이스의 행으로 다시 인코딩할 수 있으며, 분석 사용 사례에 따라 적합한 설루션이 될 수 있다. 트랜잭션 그래프 데이터베이스도 분석용으로 설계되어 있지만, 대규모 쿼리가 운영 시스템에 과부하를 줄 수 있다. 최신의 클라우드 기반 그래프 데이터베이스는 대량의 데이터에 대한 읽기 중심의 그래프 분석을 지원한다.

검색

검색 데이터베이스search database는 데이터의 복잡하면서도 직관적인 의미와 구조적 특성을 검색하는 데 사용되는 비관계형 데이터베이스다. 검색 데이터베이스에는 텍스트 검색과 로그 분석이라는 두 가지 주요 사용 사례가 있다. 각각 개별적으로 살펴보자.

텍스트 검색text search은 텍스트 본문에서 키워드 또는 구문을 검색해 정확히 일치하거나, 모호하거나, 의미적으로 유사한 일치 항목을 찾아내는 것이다. **로그 분석**log analysis은 일반적으로 이상 탐지, 실시간 모니터링, 보안 분석 및 운영 분석에 사용된다. 인덱스를 사용하면 쿼리를 최적화하고 속도를 높일 수 있다.

근무하는 회사 유형에 따라 검색 데이터베이스를 정기적으로 사용하거나 전혀 사용하지 않을 수도 있다. 어쨌든, 검색 데이터베이스를 마주칠 경우를 대비해서 그 존재를 아는 것은 좋은 일이다. 검색 데이터베이스는 빠른 검색으로 인기 있으며, 다양한 애플리케이션에서 찾을 수 있다. 전자 상거래 사이트는 검색 데이터베이스를 사용해 제품 검색을 강화할 수 있다. 데이터 엔지니어는 검색 데이터베이스(예: 일래스틱서치Elasticsearch, 아파치 솔라Apache Solr, 아파치 루씬Apache Lucene, 알골리아Algolia 등)의 데이터를 다운스트림 KPI 보고서 또는 이와 비슷한 것으로 가져와야 할 수도 있다.

시계열

시계열time series은 시간별로 정리된 일련의 값이다. 예를 들어 주가는 하루 종일 거래가 이루어지면서 움직일 수 있고, 기상 센서는 매분마다 대기 온도를 측정할 수 있다. 정기적으로 또는 산발적으로 시간에 따라 기록되는 모든 이벤트는 시계열 데이터다. **시계열 데이터베이스**time-series database는 시계열 데이터의 검색과 통계 처리에 최적화됐다.

주문, 배송, 로그 등과 같은 시계열 데이터는 오랫동안 관계형 데이터베이스에 저장되어 왔지만, 이러한 데이터의 크기와 용량은 매우 작았다. 데이터가 점점 더 빠르게 증가하고 커짐에 따라 새로운 특수 목적 데이터베이스가 필요해졌다. 시계열 데이터베이스는 IoT, 이벤트 및 애플리케이션 로그, 애드테크, 핀테크 등 다양한 사용 사례에서 고속으로 증가하는 데이터 용량의 요구 사항을 해결한다. 이러한 워크로드는 쓰기 작업이 많은 편이며, 그 결과 시계열 데이터베이스는 메모리 버퍼링을 사용해 빠른 쓰기와 읽기를 지원하는 경우가 많다.

시계열 데이터베이스에서 흔히 볼 수 있는 측정 데이터와 이벤트 기반 데이터를 구분해야 한다. 온도 또는 공기 품질 센서와 같은 **측정 데이터**measurement data는 정기적으로 생성된다. **이벤트 기반 데이터**event-based data는 모션 센서가 움직임을 감지할 때처럼 이벤트가 발생할 때마다 생성되는 불규칙한 데이터다.

시계열의 스키마에는 일반적으로 타임스탬프와 작은 필드 집합이 포함된다. 데이터는 시간에 따라 달라지므로 타임스탬프에 따라 정렬된다. 따라서 시계열 데이터베이스는 운영 분석에는 적합하지만, BI 사용 사례에는 적합하지 않다. 조인은 일반적이지 않지만, 아파치 드루이드와 같은 일부 준 시계열 데이터베이스는 조인을 지원한다. 많은 시계열 데이터베이스를 오픈 소스 및 유료 옵션으로 사용할 수 있다.

5.3.2 API

API는 이제 클라우드, SaaS 플랫폼 및 사내 시스템 간에 데이터를 교환하는 표준적이고 보편적인 방법이 됐다. 웹 전반에 걸쳐 많은 유형의 API 인터페이스가 있지만, 보통은 주로 웹과 클라우드에서 가장 인기 있는 유형인 HTTP를 중심으로 구축된 인터페이스에 관심이 있다.

REST

현재 지배적인 API 패러다임인 **REST**representational state transfer를 먼저 살펴보자. HTTP 웹 API를 구축하기 위한 일련의 관행과 철학은 로이 필딩Roy Fielding이 2000년 박사학위 논문에서 제시했다. REST는 GET과 PUT 같은 HTTP 동사를 중심으로 구축되었지만, 실제로 현대의 REST는 원래의 논문에 기재된 동사 매핑 중 일부만 사용한다.

REST의 주요 아이디어 중 하나는 상호 작용이 (상태를 저장하지 않는) 무상태성^{stateless}이라는 것이다. 리눅스 터미널 세션과 달리 작업 디렉터리와 같은 관련 상태 변수를 가진 세션의 개념은 없으며, 각 REST 호출은 독립적이다. REST 호출은 시스템 상태를 변경할 수 있지만, 이러한 변경은 현재 세션이 아닌 전체 시스템에 적용되는 전역 변경 사항이다.

비평가들은 REST가 완전한 사양은 아니라고 지적한다.[5] REST는 상호 작용의 기본 속성을 규정하지만, API를 사용하는 개발자는 애플리케이션을 구축하거나 데이터를 효과적으로 가져오기 위해 상당한 양의 도메인 지식을 습득해야 한다.

API 추상화 수준은 매우 다양하다. 경우에 따라서 API는 사용자 요구로부터 시스템을 보호하는 데 필요한 최소한의 기능을 제공하는 내부적인 얇은 래퍼^{wrapper}일 뿐이다. 다른 예로 REST 데이터 API는 분석 애플리케이션을 위해 데이터를 준비하고 고급 보고서를 지원하는 엔지니어링의 걸작이다.

몇 가지 개발에 힘입어 REST API에서 데이터 수집 파이프라인 설정이 간소화됐다. 첫째, 데이터 공급자는 다양한 언어(특히 파이썬)에서 클라이언트 라이브러리를 제공하는 경우가 많다. 클라이언트 라이브러리는 API 상호 작용^{interaction} 코드를 구축하는 데 필요한 대부분의 표준 문안(기본 코드) 작업을 제거한다. 클라이언트 라이브러리는 인증과 같은 중요한 세부 정보를 처리하고 기본 메서드를 접근 가능한 클래스에 매핑한다.

둘째, API와 상호 작용하고 데이터 동기화를 관리하는 다양한 서비스와 오픈 소스 라이브러리가 등장했다. 많은 SaaS 및 오픈 소스 벤더가 공통 API를 위한 상용 커넥터를 제공한다. 플랫폼에서는 필요에 따라 맞춤형 커넥터 구축 프로세스도 단순해진다.

클라이언트 라이브러리나 즉시 사용 가능한 기본 커넥터를 지원하지 않는 수많은 데이터 API가 있다. 이 책 전반에 걸쳐 강조하듯이, 엔지니어는 기성 도구를 사용해 구분되지 않은 과중한 작업을 줄일 수 있다. 그러나 낮은 수준의 **배관**^{plumbing} 작업은 여전히 많은 리소스를 소비한다. 거의 모든 대기업에서 데이터 엔지니어는 API에서 데이터를 꺼내기 위해 맞춤형 코드를 작성하고 유지하는 문제에 대처해야 한다. 이러한 문제를 해결하려면 제공된 데이터의 구조를 이해하고 적절한 데이터 추출 코드를 개발해 적합한 데이터 동기화 전략을 결정해야 한다.

---

5 For one example, see Michael S. Mikowski, 'RESTful APIs: The Big Lie,' August 10, 2015, `https://oreil.ly/rqja3`

GraphQL

GraphQL은 애플리케이션 데이터의 쿼리 언어이자 일반적인 REST API의 대안으로 페이스북에서 만들었다. 일반적으로 REST API는 쿼리를 특정 데이터 모델로 제한하지만, GraphQL은 단일 요청으로 여러 데이터 모델을 검색할 수 있는 가능성을 열어준다. 따라서 REST보다 유연하고 표현력이 풍부한 쿼리를 수행할 수 있다. GraphQL은 JSON을 중심으로 구축되며 JSON 쿼리와 유사한 형태로 데이터를 반환한다.

REST와 GraphQL 사이에는 성전이 벌어지고 있다. 일부 엔지니어링 팀은 둘 중 하나만 사용하지만 일부 팀은 둘 다 사용한다. 실제로 엔지니어는 원천 시스템과 상호 작용하면서 이 두 가지를 모두 접하게 된다.

웹훅

웹훅webhook은 단순한 이벤트 기반 데이터 전송 패턴이다. 데이터 원본은 애플리케이션 백엔드, 웹 페이지 또는 모바일 앱일 수 있다. 원천 시스템에서 지정된 이벤트가 발생하면 데이터 소비자가 호스팅하는 HTTP 엔드포인트에 대한 호출이 트리거된다. 일반적인 API와는 반대로, 원천 시스템에서 데이터 싱크로 연결이 진행된다는 점에 유의하자. 이러한 이유로 웹훅은 종종 **역 API**reverse API라고 불린다.

엔드포인트는 POST 이벤트 데이터로 다양한 작업을 수행할 수 있으며, 다운스트림 프로세스를 트리거하거나 나중에 사용할 수 있도록 데이터를 저장할 수 있다. 분석 목적으로 이러한 이벤트를 수집하는 작업에 흥미가 생길 수 있다. 엔지니어는 일반적으로 메시지 큐를 사용해 빠른 속도와 많은 용량으로 데이터를 수집한다. 메시지 큐와 이벤트스트림에 관해서는 이 장의 후반부에서 설명하겠다.

RPC와 gRPC

원격 프로시저 호출remote procedure call(RPC)은 분산 컴퓨팅에서 일반적으로 사용된다. 이를 통해 원격 시스템에서 프로시저를 실행할 수 있다.

gRPC는 2015년 구글에서 내부적으로 개발한 원격 프로시저 호출 라이브러리로, 이후 개방형 표준으로 출시됐다. 구글에서 이 라이브러리를 사용한다는 것만으로도 충분히 논의에 포함할 가치가 있다. 구글 애즈 및 GCP 같은 많은 구글 서비스는 gRPC API를 제공한다. gRPC는 마찬가지로 구글이 개발한 프로토콜 버퍼 개방형 데이터 직렬화 표준Protocol Buffers open data serialization standard을 기반으로 구축된다.

gRPC는 HTTP/2를 통한 효율적인 양방향 데이터 교환을 강조한다. **효율성**efficiency이란 CPU 사용률, 소비 전력, 배터리 수명, 대역폭 같은 측면을 의미한다. GraphQL과 마찬가지로 gRPC는 REST보다 훨씬 더 구체적인 기술 표준을 적용하므로 공통 클라이언트 라이브러리를 사용할 수 있고 엔지니어가 모든 gRPC 상호 작용 코드에 적용되는 기술 셋skill set을 개발할 수 있다.

5.3.3 데이터 공유

클라우드 데이터 공유의 핵심 개념은 멀티테넌트 시스템이 테넌트 간의 데이터 공유를 위한 보안 정책을 지원한다는 것이다. 구체적으로는 세분화된 권한 시스템을 갖춘 퍼블릭 클라우드 객체 스토리지 시스템이 데이터 공유를 위한 플랫폼이 될 수 있다. 널리 사용되는 클라우드 데이터 웨어하우스 플랫폼도 데이터 공유 기능을 지원한다. 물론 다운로드나 이메일을 사용한 교환을 통해 데이터를 공유할 수도 있지만, 멀티테넌트 시스템을 사용하면 이러한 공유 프로세스가 훨씬 쉬워진다.

많은 최신 공유 플랫폼(특히 클라우드 데이터 웨어하우스)은 행, 열, 중요한 데이터 필터링을 지원한다. 또한 데이터 공유는 몇몇 일반적인 클라우드와 데이터 플랫폼에서 제공되는 **데이터 마켓플레이스**data marketplace의 개념을 간소화한다. 데이터 마켓플레이스는 데이터 상거래를 위한 중앙 집중식 위치를 제공하므로, 데이터 공급자는 데이터 시스템에 대한 네트워크 접근 관리의 세부 사항을 걱정하지 않고 제품을 광고하거나 판매할 수 있다.

데이터 공유는 조직 내 데이터 파이프라인을 간소화할 수도 있다. 데이터 공유를 통해 조직 단위에서 데이터를 관리하고 선택적으로 다른 단위와 공유할 수 있으며, 개별 부서에서는 컴퓨팅 및 쿼리 비용을 개별적으로 관리할 수 있어 데이터 분산이 용이해진다. 이는 데이터 메시와 같은 분산형 데이터 관리 패턴을 촉진한다.[6]

데이터 공유와 데이터 메시는 공통 아키텍처 구성 요소에 대한 우리의 철학과 밀접하게 일치한

---

6 Martin Fowler, 'How to Move Beyond a Monolithic Data Lake to a Distributed Data Mesh,' Martin□Fowler.com, May 20, 2019, `https://oreil.ly/TEdJF`

다. 가장 흥미롭고 정교한 기술을 채택하기보다는, 데이터와 전문 지식을 단순하고 효율적으로 교환할 수 있는 공통 컴포넌트를 선택하자(3장 참조).

5.3.4 서드파티 데이터 원천

기술의 소비자화는 이제 모든 기업이 본질적으로 기술 기업이 되었음을 의미한다. 그 결과 이러한 기업을 비롯한 점점 더 많은 정부 기관에서는 서비스의 일부 또는 별도의 구독을 통해 고객과 사용자에게 데이터를 제공하고자 한다. 예를 들어 미국 노동통계국은 미국 노동시장에 대한 다양한 통계를 발표한다. 미국항공우주국(NASA)은 연구 이니셔티브의 다양한 데이터를 발행한다. 페이스북은 자사 플랫폼에서 광고하는 기업들과 데이터를 공유한다.

기업이 데이터를 제공하려는 이유는 무엇일까? 데이터는 고정적이며, 사용자 애플리케이션에 자사 애플리케이션을 통합하고 확장할 수 있도록 함으로써 플라이휠[flywheel]이 만들어진다. 사용자 채택과 사용률이 높아진다는 것은 데이터가 더 많아짐을 의미하며, 이는 사용자가 애플리케이션과 데이터 시스템에 더 많은 데이터를 통합할 수 있다는 것을 의미한다. 그 부작용은 서드파티 데이터의 소스가 거의 무한대에 달한다는 것이다.

서드파티 데이터에 직접 접근하는 것은 일반적으로 API, 클라우드 플랫폼에서의 데이터 공유 또는 데이터 다운로드를 통해 이뤄진다. API는 종종 심층적인 통합 기능을 제공해 고객이 데이터를 끌어오고[pull] 내보낼[push] 수 있도록 한다. 예를 들어 많은 CRM은 사용자가 시스템과 애플리케이션에 통합할 수 있는 API를 제공한다. CRM에서 데이터를 가져와 고객 스코어링 모델을 통해 CRM 데이터를 혼합한 다음, 역 ETL을 사용해 해당 데이터를 CRM으로 다시 전송해 영업 담당자가 더 적합한 잠재 고객에게 연락할 수 있도록 하는 일반적인 워크플로를 볼 수 있다.

5.3.5 메시지 큐와 이벤트 스트리밍 플랫폼

이벤트 기반 아키텍처는 소프트웨어 애플리케이션에 널리 보급되어 있으며 다음과 같은 이유로 그 인기는 더욱 높아질 것이다. 첫째, (이벤트 기반 아키텍처의 핵심 계층인) 메시지 큐와 이벤트 스트리밍 플랫폼은 클라우드 환경에서 더 쉽게 설정하고 관리할 수 있다. 둘째, (실시간 분석을 직접 통합하는 애플리케이션인) 데이터 앱이 점차 증가하고 있다. 이벤트 기반 아키텍처는 이벤트가 애플리케이션 작업을 트리거하고 실시간에 가까운 분석을 제공할 수 있으므로 이러한 환경에 이상적이다.

스트리밍 데이터(이 경우 메시지와 스트림)가 여러 데이터 엔지니어링 수명 주기 단계에 걸쳐 있다는 점에 유의하자. 애플리케이션에 직접 연결되는 RDBMS와 달리, 스트리밍 데이터의 경계는 때때로 명확하지 않다. 이러한 시스템은 원천 시스템으로 사용되지만, 일시적인 특성 때문에 데이터 엔지니어링 수명 주기를 가로지르는 경우가 많다. 예를 들어 이벤트 기반 애플리케이션인 원천 시스템에서 메시지 전달을 위해 이벤트 스트리밍 플랫폼을 사용할 수 있다. 데이터 수집과 변환 단계에서도 동일한 이벤트 스트리밍 플랫폼을 사용해 실시간 분석을 위한 데이터를 처리할 수 있다.

원천 시스템으로서 메시지 큐와 이벤트스트리밍 플랫폼은 웹, 모바일, IoT 애플리케이션에서 초당 수백만 건의 이벤트 데이터를 수집하는 마이크로서비스 간에 메시지를 라우팅하는 등 다양한 방법으로 사용된다. 메시지 큐와 이벤트 스트리밍 플랫폼을 좀 더 자세히 살펴보자.

메시지 큐

메시지 큐message queue는 게시 및 구독 모델을 사용해 개별 시스템 간에 데이터(일반적으로 킬로바이트 수준의 작은 개별 메시지)를 비동기적으로 전송하는 메커니즘이다. 데이터는 메시지 큐에 게시되어 1명 이상의 구독자에게 전달된다(그림 5-9). 구독자는 메시지를 수신했음을 확인하고 큐에서 메시지를 삭제한다.

그림 5-9 단순 메시지 큐

메시지 큐를 사용하면 애플리케이션과 시스템을 서로 분리할 수 있으며 마이크로서비스 아키텍처에서 널리 사용된다. 메시지 큐는 메시지를 버퍼링해 일시적인 부하 급증을 처리하고, 복제 기능을 갖춘 분산 아키텍처를 통해 메시지를 내구성 있게 보존한다.

메시지 큐는 분리된 마이크로서비스와 이벤트 기반 아키텍처의 핵심 요소다. 메시지 큐에서 주의할 사항은 전달 빈도, 메시지 순서 지정 및 확장성이다.

메시지 순서 지정 및 전달

메시지가 생성, 전송, 수신되는 순서는 다운스트림 사용자에게 큰 영향을 미칠 수 있다. 일반적으로 분산 메시지 큐의 순서는 까다로운 문제다. 메시지 큐는 종종 모호한 순서와 선입선출(FIFO) 개념을 적용한다. 엄격한 FIFO는 메시지 A가 메시지 B보다 먼저 수집되면 메시지 A가 항상 메시지 B보다 먼저 전달된다는 의미다. 실제로 메시지는 (특히 고도로 분산된 메시지 시스템에서) 잘못된 순서로 게시되거나 수신될 수 있다.

예를 들어 아마존 SQS 표준 큐(https://oreil.ly/r4lsy)는 메시지 순서를 유지하기 위해 최선의 노력을 기울인다. SQS는 추가 오버헤드 비용으로 훨씬 더 강력한 보장을 제공하는 FIFO 큐(https://oreil.ly/8PPne)를 제공한다.

메시지 큐 기술이 이를 보증하지 않는 한, 메시지가 순서대로 전달된다고 가정해서는 안 된다. 일반적으로는 순서가 잘못된 메시지 전달을 대비하며 설계해야 한다.

전달 빈도

메시지는 정확히 한 번만 전송하거나 또는 적어도 한 번 전송할 수 있다. 메시지가 **정확히 한 번** 발송되면 사용자가 메시지를 확인한 뒤 메시지는 사라지며 다시 전달되지 않는다.[7] **적어도 한 번** 송신된 메시지는 여러 명의 유저 또는 같은 유저가 2회 이상 소비할 수 있다. 이는 중복 또는 여분이 문제가 되지 않는 경우에 매우 유용하다.

이상적으로는 시스템이 **멱등성**idempotent 상태여야 한다. 멱등적인 시스템에서 메시지를 한 번 처리한 결과는 메시지를 여러 번 처리한 결과와 같다. 이를 통해 다양한 미묘한 시나리오를 설명할 수 있다. 예를 들어 시스템이 정확한 1회 배송을 보장할 수 있더라도, 사용자는 메시지를 완전히 처리했지만 처리를 확인하기 직전에 실패할 수 있다. 이때 메시지는 사실상 두 번 처리되지만, 멱등적인 시스템은 이 시나리오를 적절하게 처리한다.

확장성

이벤트 기반 애플리케이션에서 가장 많이 사용되는 메시지 큐는 수평으로 확장 가능하며 여러 서버에서 실행된다. 따라서 이들 큐는 동적으로 스케일 업scale up과 스케일 다운scale down을 할 수

---

7 메시지가 정확히 한 번 발송되는지 여부는 의미론적인 논쟁거리다. '두 장군 문제(Two Generals' Problem)'에서 볼 수 있듯이, 기술적 측면에서는 정확히 한 번 배달한다고 보장하기 어렵다(https://oreil.ly/4VL1C).

있으며, 시스템이 뒤처졌을 때 메시지를 버퍼링하고 장애에 대한 복원력을 확보하기 위해 메시지를 내구성 있게 저장할 수 있다. 그러나 이는 앞서 언급한 바와 같이 (여러 차례에 걸친 전달과 모호한 순서 지정 등) 다양한 복잡성을 야기할 수 있다.

이벤트 스트리밍 플랫폼

이벤트 스트리밍 플랫폼event-streaming platform은 메시지가 생산자로부터 소비자에게 전달된다는 점에서 어떤 면에서는 메시지 큐의 연장선에 있다. 이 장의 앞부분에서 설명한 바와 같이 메시지와 스트림의 큰 차이는 메시지 큐가 주로 특정 전달을 보장하는 메시지 라우팅에 사용된다는 것이다. 이와는 대조적으로, 이벤트 스트리밍 플랫폼은 정렬된 레코드 로그에서 데이터를 수집하고 처리하는 데 사용된다. 이벤트 스트리밍 플랫폼에서는 데이터가 잠깐 유지되어 과거 시점의 메시지를 재생할 수 있다.

이벤트 스트리밍 플랫폼과 관련된 이벤트를 살펴보자. 3장에서 언급했듯이 이벤트는 '일반적으로 어떤 상태의 변화와 같은 무언가가 발생한 것'이다. 이벤트에는 키, 값, 타임스탬프와 같은 특성이 있다. 단일 이벤트에 여러 개의 키-값 타임스탬프가 포함될 수 있다. 예를 들어 전자 상거래 주문의 이벤트는 다음과 같다.

```
{
  "Key":"Order # 12345",
  "Value":"SKU 123, purchase price of $100",
  "Timestamp":"2023-01-02 06:01:00"
}
```

이제 데이터 엔지니어로서 알아야 할 이벤트 스트리밍 플랫폼의 몇 가지 중요한 특성을 살펴보자.

토픽

이벤트 스트리밍 플랫폼에서 생산자는 관련 이벤트 모음인 토픽topic에 이벤트를 스트리밍한다. 예를 들어 토픽에는 이상 거래 탐지, 고객 주문 또는 IoT 장치의 온도 측정값이 포함될 수 있다. 대부분의 이벤트 스트리밍 플랫폼에서는 하나의 토픽에 0개, 1개 또는 여러 개의 생산자와 소비자를 포함할 수 있다.

앞선 이벤트 예제를 사용하면 토픽이 웹 주문(web orders)이 될 수 있다. 또한 이 토픽을 주문 처리(fulfillment)와 마케팅(marketing) 같은 몇몇 소비자에게 전달해보겠다. 이는 분석과 이벤트 기반 시스템 간의 경계가 모호한 훌륭한 사례다. fulfillment 구독자는 이벤트를 사용해 주문 처리 프로세스를 트리거하고, marketing은 실시간 분석을 실행하거나 마케팅 캠페인을 조정하기 위해 ML 모델을 학습하고 실행한다(그림 5-10).

그림 5-10 주문 처리 시스템은 이벤트(작은 정사각형)를 생성해 web orders 토픽에 게시한다. 두 구독자(marketing 과 ulfillment)가 토픽에서 이벤트를 가져온다.

스트림 파티션

스트림 파티션stream partition은 스트림을 여러 스트림으로 분할한 것이다. 예를 들어 다차선 고속도로에 비유할 수 있는데, 차선이 여러 개 있으면 병렬화와 더 높은 처리량을 실현할 수 있다. 메시지는 **파티션 키**partition key에 따라 파티션 간에 분산된다. 파티션 키가 같은 메시지는 항상 같은 파티션에 저장된다.

예를 들어 [그림 5-11]에서 각 메시지에는 파티션 키로 사용하는 숫자 ID(메시지를 나타내는 원 안에 표시됨)가 있다. 파티션을 결정하기 위해 3으로 나누고 나머지를 취한다. 아래에서 위로 갈수록 파티션은 각각 0, 1, 2의 나머지를 가진다.

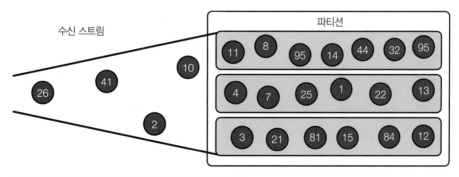

그림 5-11 세 개의 파티션으로 분할된 수신 메시지 스트림

함께 처리해야 할 메시지가 동일한 파티션 키를 가지도록 파티션 키를 설정한다. 예를 들어 IoT 설정에서는 특정 장치에서의 모든 메시지를 동일한 처리 서버로 보내는 것이 일반적이다. 장치 ID를 파티션 키로 사용하고, 각 파티션에서 사용할 서버를 하나씩 설정하면 이를 실현할 수 있다.

스트림 파티셔닝의 주요 관심사는 파티션 키가 **핫스폿팅**hotspotting(파티션 하나에 전달되는 메시지의 수가 불균형한 현상)을 생성하지 않게 하는 것이다. 예를 들어 각 IoT 장치가 미국의 특정 주에 있다고 알려진 경우 해당 주를 파티션 키로 사용할 수 있다. 주 인구수에 비례하는 장치 분포를 고려할 때 캘리포니아, 텍사스, 플로리다 및 뉴욕을 포함하는 파티션은 과부하가 걸릴 수 있으며 다른 파티션은 상대적으로 활용도가 떨어질 수 있다. 파티션 키를 사용해 파티션 간에 메시지를 균등하게 분배해야 한다.

내결함성과 복원성

이벤트 스트리밍 플랫폼은 일반적으로 다양한 노드에 스트림이 저장되는 분산형 시스템이다. 노드가 다운되면 다른 노드가 해당 노드를 대체해 스트림에 계속 접근할 수 있다. 즉, 레코드는 손실되지 않으며 레코드를 삭제할 수도 있지만, 이는 또 다른 이야기다. 이러한 내결함성fault tolerance과 복원성resilience 덕분에 스트리밍 플랫폼은 이벤트 데이터를 안정적으로 생성, 저장 및 수집할 수 있는 시스템이 필요할 때 좋은 선택이 될 수 있다.

5.4 함께 작업할 대상

원천 시스템에 접근할 때는 함께 작업할 사람을 이해하는 것이 중요하다. 지금까지의 경험에 따르면, 원천 시스템 이해관계자와의 좋은 외교 및 관계는 성공적인 데이터 엔지니어링에서 과소평가되는 중요한 부분이다.

그렇다면 이러한 이해관계자들은 누구일까? 일반적으로 시스템 이해관계자와 데이터 이해관계자라는 두 가지 카테고리의 이해관계자를 다루게 된다(그림 5-12). **시스템 이해관계자**systems stakeholder는 원천 시스템을 구축 및 유지 관리하며 소프트웨어 엔지니어, 애플리케이션 개발자, 서드파티 등이 이에 해당한다. **데이터 이해관계자**는 원하는 데이터에 대한 접근을 소유하고 제어하며, 일반적으로 IT, 데이터 거버넌스 그룹 또는 서드파티에서 처리한다. 시스템 이해관계자와 데이터 이해관계자는 대개 서로 다른 사람 또는 팀이지만, 때로는 같은 경우도 있다.

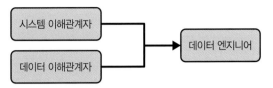

그림 5-12 데이터 엔지니어의 업스트림 이해관계자

여러분은 대부분의 경우 올바른 소프트웨어 엔지니어링, 데이터베이스 관리 및 개발 관행을 따르는 이해관계자의 능력에 의해 좌우된다. 이상적으로는 이해관계자가 데브옵스를 수행하고 애자일하게 작업하는 게 좋다. 데이터 엔지니어와 원천 시스템의 이해관계자 사이에 피드백 루프를 만들어 데이터의 소비와 사용 방법에 대한 인식을 형성하는 게 좋다. 이는 데이터 엔지니어가 큰 가치를 얻을 수 있지만 가장 간과되고 있는 분야 중 하나다. 업스트림 소스 데이터에 (스키마, 데이터 변경, 서버 또는 데이터베이스 장애, 기타 중요한 이벤트 등) 어떤 문제가 발생할 경우에는 이러한 문제가 데이터 엔지니어링 시스템에 미치는 영향을 확실히 인식해야 한다.

업스트림 원천 시스템 소유자와 데이터 계약을 체결하면 도움이 될 수 있다. 이때 데이터 계약이란 무엇인가? 제임스 덴모어Ｊａｍｅｓ Ｄｅｎｍｏｒｅ는 다음과 같이 정의한다.[8]

> 데이터 계약은 원천 시스템의 소유자와 데이터 파이프라인에서 사용하기 위해 해당 시스템에서 데이터를 수집하는 팀 간의 서면 계약이다. 계약에는 어떤 방법(전체, 증분)으로, 얼마나 자주, 어떤 데이터가 추출되는지, 그리고 누가(사람, 팀) 원천 시스템과 수집 모두에 대한 연락처인지를 명시해야 한다. 데이터 계약은 깃허브 리포지터리 또는 내부 문서 사이트와 같이 잘 알려져 있고 찾기 쉬운 위치에 저장해야 한다. 가능하면 데이터 계약을 표준화된 형식으로 지정해 개발 프로세스에 통합하거나 프로그래밍 방식으로 쿼리할 수 있도록 한다.

또한 업스트림 제공업체와의 SLA 설정도 검토하자. SLA는 의존하는 원천 시스템에서 기대할 수 있는 사항에 대한 기대치를 제공한다. SLA의 예로는 '안정적으로 사용할 수 있고 고품질인

---

8 James Denmore, Data Pipelines Pocket Reference (Sebastopol, CA: O'Reilly), `https://oreil.ly/8QdkJ`. Read the book for more information on how a data contract should be written.

원천 시스템의 데이터' 등이 있다. 서비스 수준 목표$^{\text{service-level objective}}$(SLO)는 SLA에서 합의한 내용과 비교해 성능을 측정한다. 예를 들어 SLA의 예에 따르면 SLO는 '원천 시스템의 가동 시간은 99%이다' 등일 수 있다. 데이터 계약 또는 SLA/SLO가 너무 형식적이라고 생각될 때는 최소한 구두로 업타임^{uptime}, 데이터 품질 및 기타 중요한 사항에 대한 원천 시스템의 보증 관련 기대치를 설정한다. 원천 시스템의 업스트림 소유자는 필요한 데이터를 제공할 수 있도록 요건을 이해해야 한다.

5.5 드러나지 않는 요소가 원천 시스템에 미치는 영향

데이터 엔지니어링 수명 주기의 다른 부분과 달리, 원천 시스템은 일반적으로 데이터 엔지니어의 통제 밖에 있다. 원천 시스템의 이해관계자와 소유자, 그리고 이들이 생성하는 데이터는 데이터 관리, 데이터옵스(및 데브옵스), 2장에서 언급한 DODD 데이터 아키텍처, 오케스트레이션, 소프트웨어 엔지니어링과 관련한 모범 사례를 따른다는 암묵적인 가정(일부에서는 희망 사항)이 있다. 데이터 엔지니어는 원천 시스템에서 데이터가 생성될 때 드러나지 않는 요소가 적용되도록 가능한 한 많은 업스트림 지원을 받아야 한다. 그렇게 하면 데이터 엔지니어링 수명 주기의 나머지 단계가 훨씬 원활하게 진행될 수 있다.

드러나지 않는 요소가 원천 시스템에 어떤 영향을 미치는지 한 번 살펴보자.

5.5.1 보안

보안은 매우 중요하며 원천 시스템에 실수로 취약점을 만드는 건 절대 바람직하지 않다. 다음은 고려해야 할 몇 가지 영역이다.

- 원천 시스템은 데이터가 저장 및 전송되는 동안 데이터를 안전하게 암호화하도록 설계되어 있는가?
- 공용 인터넷을 통해 원천 시스템에 접근해야 하는가? 아니면 가상 프라이빗 네트워크(VPN)를 사용하는가?
- 원천 시스템에 대한 비밀번호, 토큰 및 자격 증명을 안전하게 보관하라. 예를 들어 SSH(Secure Shell) 키를 사용하는 경우에는 키 관리자를 사용해 키를 보호한다.
- 비밀번호에도 동일한 규칙이 적용된다. 비밀번호 관리자 또는 SSO(Single Sign-On) 벤더를 활용하자.

- 원천 시스템을 신뢰하는가? 원천 시스템이 합법적인지 확인하되 항상 신뢰해야 한다. 당신은 악의적인 행위자로부터 데이터를 수신하고 싶지는 않을 것이다.

5.5.2 데이터 관리

데이터 엔지니어에게 원천 시스템의 데이터 관리는 어려운 과제다. 대부분의 경우에는 원천 시스템과 원천 시스템에서 생성되는 데이터에 대해 주변 제어만 할 수 있다. 원천 시스템에서 데이터를 관리하는 방식은 데이터를 수집, 저장 및 변환하는 방법에 직접적인 영향을 미치므로 최대한 이해해야 한다.

다음은 고려해야 할 몇 가지 영역이다.

데이터 거버넌스

업스트림 데이터와 시스템은 신뢰성이 높고 이해하기 쉬운 방식으로 관리되고 있는가? 누가 데이터를 관리하는가?

데이터 품질

업스트림 시스템에서 데이터 품질과 무결성integrity을 어떻게 보장하는가? 원천 시스템 팀과 협력해 데이터 및 통신에 대한 기대치를 설정하자.

스키마

업스트림 스키마가 변경되리라 예상하자. 가능한 경우 원천 시스템 팀과 협력해 스키마 변경에 대한 알림을 받자.

마스터 데이터 관리

업스트림 레코드의 생성은 마스터 데이터 관리 관행 또는 시스템에 의해 제어되고 있는가?

개인정보보호와 윤리

원시 데이터에 접근할 수 있는가? 아니면 데이터가 난독화되는가? 소스 데이터의 의미는 무엇인가? 얼마나 오래 보존되는가? 보존 정책에 따라 위치가 변경되는가?

규정

규정에 따라 데이터에 접근해야 하는가?

5.5.3 데이터옵스

운영 우수성(데브옵스, 데이터옵스, MLOps, XOps)은 전체 스택을 위아래로 확장하고 데이터 엔지니어링과 수명 주기를 지원해야 한다. 이것이야말로 이상적이긴 하지만, 완전히 실현되지 않는 경우가 많다.

원천 시스템과 원천 시스템에서 생성되는 데이터를 모두 제어하는 이해관계자와 협업하는 만큼, 원천 시스템의 가동 시간과 사용률을 관찰 및 모니터링하고 사고가 발생했을 때 대응할 수 있어야 한다. 예를 들어 CDC에 의존하는 애플리케이션 데이터베이스가 I/O 용량을 초과해 DB 크기를 변경해야 할 경우, 이 시스템에서 데이터를 수신하는 기능에 어떤 영향을 미치는가? 데이터에 접근할 수 있는가? 아니면 데이터베이스의 크기를 변경할 때까지 데이터를 사용할 수 없는가? 이것이 보고서에 어떤 영향을 미치는가?

또 다른 예로는 소프트웨어 엔지니어링 팀이 지속해 배포할 경우, 코드 변경 때문에 애플리케이션 자체에 예기치 않은 장애가 발생할 수 있다. 이러한 장애는 애플리케이션을 구동하는 데이터베이스에 접근할 수 있는 능력에 어떤 영향을 미치는가? 데이터는 최신 상태로 유지되는가?

데이터 엔지니어링 팀과 원천 시스템을 지원하는 팀 간에 명확한 커뮤니케이션 체인을 구축하자. 이상적으로는 이러한 이해관계자 팀이 데브옵스를 워크플로와 문화에 통합되는 편이 좋다. 그러면 오류를 신속하게 해결하고 줄이려는 데이터옵스(데브옵스의 형제 개념)의 목표를 달성하는 데 큰 도움이 될 것이다.

앞에서 설명한 바와 같이 데이터 엔지니어는 이해관계자의 데브옵스 관행에 참여해야 하며, 그 반대의 경우도 마찬가지다. 성공적인 데이터옵스는 모든 사람이 참여하고 시스템을 전체적으로 움직이게 만드는 데 초점을 맞출 때 작동한다.

데이터옵스에 관한 고려 사항은 다음과 같다.

자동화

코드 갱신이나 새로운 기능 등 원천 시스템에 영향을 미치는 자동화가 있다. 그리고 데이터 워크플로에 대해 설정한 데이터옵스 자동화가 있다. 원천 시스템의 자동화 문제가 데이터 워크플로 자동화에 영향을 미치는가? 그렇다면 이러한 시스템을 분리해 독립적으로 자동화를 수행할 수 있도록 하자.

관찰 가능성

운영 중단이나 데이터 품질 문제 등 원천 시스템에 문제가 발생했을 때는 어떻게 알 수 있는가? 원천 시스템 가동 시간 모니터링을 설정하자(또는 원천 시스템을 소유한 팀이 작성한 모니터링을 사용하자). 원천 시스템의 데이터가 다운스트림 사용에 대한 예상과 일치하는지 확인할 수 있는 검사를 설정하자. 예를 들어 데이터의 품질은 양호한가? 스키마가 적합한가? 고객 기록은 일관성이 있는가? 사내 정책에 따라 데이터가 해시 처리되고 있는가?

사고 대응

문제가 발생하면 어떻게 대처할 것인가? 예를 들어 원천 시스템이 오프라인으로 전환되면 데이터 파이프라인은 어떻게 작동하는가? 원천 시스템이 다시 온라인 상태가 되면 '손실된' 데이터를 다시 채울 계획은 무엇인가?

5.5.4 데이터 아키텍처

데이터 관리와 마찬가지로, 원천 시스템 아키텍처의 설계와 유지 관리에 관여하지 않는 한 업스트림 원천 시스템 아키텍처에 미치는 영향은 거의 없다. 또한 업스트림 아키텍처의 설계 방법과 장단점을 이해해야 한다. 원천 시스템을 담당하는 팀과 자주 대화해 이 절에서 설명하는 요소를 이해하고 시스템이 고객의 기대에 부합하는지 확인하자. 아키텍처가 잘 작동하는 부분과 그렇지 않은 부분을 파악하면 데이터 파이프라인 설계 방법에 영향을 미친다.

다음은 원천 시스템 아키텍처와 관련해 고려해야 할 몇 가지 사항이다.

신뢰성

모든 시스템은 어느 시점에서 엔트로피에 시달리게 되며 출력은 예상에서 벗어날 것이다. 버그가 발생하고 무작위적인 결함이 발생한다. 시스템이 예측 가능한 출력을 생성하는가? 시스템의 장애 발생 빈도는 어느 정도인가? 시스템을 충분한 신뢰성으로 되돌리기 위해 수리하는 데 걸리는 평균 시간은 얼마나 되는가?

내구성

모든 것은 실패한다. 서버가 다운되거나 클라우드의 영역 또는 지역이 오프라인 상태가 되거나 다른 문제가 발생할 수 있다. 불가피한 장애 또는 운영 중단이 관리되는 데이터 시스템에 미치는 영향을 고려해야 한다. 원천 시스템은 하드웨어 장애 또는 네트워크 장애에 따른 데이터 손실을 어떻게 처리하는가? 장기간에 걸친 운영 중단에 대처하고 그 폭발 반경을 제한하는 계획은 무엇인가?

가용성

원천 시스템이 예정된 시간에 정상적으로 가동되고 실행되며 사용할 수 있음을 보증하는 것은 무엇인가?

사람

원천 시스템의 설계는 누가 담당하며 아키텍처에 변경이 가해질지를 어떻게 알 수 있는가? 데이터 엔지니어는 원천 시스템을 유지 관리하는 팀과 협력해 이러한 시스템이 안정적으로 설계되도록 확인해야 한다. 원천 시스템 팀과 SLA를 작성해 잠재적인 시스템 장애에 대한 예상치를 설정하자.

5.5.5 오케스트레이션

데이터 엔지니어링 워크플로 내에서 조정할 때는 오케스트레이션이 원천 시스템에 접근할 수 있는지를 확인해야 하며, 그러려면 올바른 네트워크 접근, 인증 및 권한이 필요하다.

다음은 원천 시스템의 오케스트레이션과 관련해 고려해야 할 몇 가지 사항이다.

주기와 빈도

데이터가 정해진 일정에 따라 제공되는가? 아니면 언제든지 새로운 데이터에 접근할 수 있는가?

공통 프레임워크

소프트웨어 엔지니어와 데이터 엔지니어가 동일한 컨테이너 관리 툴(예: 쿠버네티스)을 사용하는가? 애플리케이션과 데이터 워크로드를 동일한 쿠버네티스 클러스터에 통합하는 것이 의미가 있는가? 에어플로와 같은 오케스트레이션 프레임워크를 사용하는 경우, 이를 업스트림 애플리케이션 팀과 통합하는 것이 합리적인가? 정답은 없지만, 통합의 이점과 긴밀한 결합의 위험 사이에서 균형을 맞춰야 한다.

5.5.6 소프트웨어 엔지니어링

데이터 환경이 원천 시스템에 대한 접근을 단순화하고 자동화하는 도구로 전환됨에 따라 코드를 작성해야 할 가능성이 있다. 원천 시스템에 접근하는 코드를 작성할 때 고려해야 할 사항들은 다음과 같다.

네트워킹

코드가 원천 시스템이 있는 네트워크에 접근할 수 있는지 확인한다. 또한 보안이 고려된 네트워킹에 대해서도 항상 고려하자. 공용 인터넷, SSH 또는 VPN 경유로 HTTPS URL에 접근하고 있는가?

인증과 권한

원천 시스템에 접근하기 위한 적절한 자격 증명(토큰, 사용자 이름/패스워드)을 가지고 있는가? 코드 또는 버전 컨트롤에 표시되지 않도록 이러한 자격 증명을 어디에 저장할 것인가? 코드화된 작업을 수행할 올바른 IAM 역할[role]이 있는가?

접근 패턴

데이터에 어떻게 접근하는가? API를 사용하고 있는가? REST/그래프QL 요청, 응답 데이터 볼륨 및 페이지 수는 어떻게 처리하고 있는가? 데이터베이스 드라이버를 통해 데이터에 접근할 경우에는 해당 드라이버가 접근 중인 데이터베이스와 호환되는가? 모든 접근 패턴에서 재시도나 타임아웃 등은 어떻게 처리되는가?

오케스트레이션

코드가 오케스트레이션 프레임워크와 통합되며 오케스트레이션 워크플로로 실행될 수 있는가?

병렬화

원천 시스템에 대한 병렬 접근을 어떻게 관리하고 확장하고 있는가?

배포

소스 코드 변경 사항의 배포를 어떻게 처리하고 있는가?

5.6 결론

원천 시스템과 그 데이터는 데이터 엔지니어링 수명 주기에서 매우 중요하다. 데이터 엔지니어는 원천 시스템을 '다른 사람의 문제'로 취급하는 경향이 있는데, 이는 사실 위험을 무릅쓴 행동이다. 원천 시스템을 남용하는 데이터 엔지니어는 운영 환경이 멈춰서면 다른 일자리를 찾아야할 수도 있다.

채찍이 있으면 당근도 있는 법이다. 원천 시스템 팀과의 협업을 개선하면 데이터 품질 향상, 결과 달성 및 데이터 제품 개선으로 이어진다. 이러한 팀의 담당자와 쌍방향 커뮤니케이션 플로를 구축하고, 분석 및 ML에 영향을 미치는 스키마와 애플리케이션 변경을 통지하는 프로세스를 설정하자. 데이터 요구 사항을 사전에 전달해 데이터 엔지니어링 프로세스에서 애플리케이션 팀을 지원하자.

데이터 엔지니어와 원천 시스템 팀 간의 통합이 증가하고 있다는 점에 유의하자. 한 예로 오랫동안 음지에 있었지만 최근 두각을 나타내고 있는 역 ETL을 들 수 있다. 또한 이벤트 스트리밍 플랫폼은 이벤트 기반 아키텍처 및 분석에서 역할을 할 수 있으며, 원천 시스템이 데이터 엔지니어링 시스템이 될 수 있다는 점도 논의했다. 적절한 공유 시스템을 구축하는 것이 합리적이라면 그렇게 해보자.

사용자 대면 데이터 제품을 구축할 기회를 모색해보자. 애플리케이션 팀에게 전달하고 싶은 분석이나 ML이 사용자 환경을 개선할 수 있는 부분에 관해 이야기해보자. 애플리케이션 팀이 데이터 엔지니어링에 관여하도록 하고, 성공을 공유할 방법을 찾아보자.

지금까지 원천 시스템의 유형과 원천 시스템이 생성하는 데이터를 알아봤다. 이제 이 데이터를 저장하는 방법에 대해 살펴보자.

5.7 참고 문헌

- Confluent's 'Schema Evolution and Compatibility' documentation (`https://oreil.ly/6uUWM`)
- Database Internals (`https://oreil.ly/ncKnG`) by Alex Petrov (O'Reilly)
- Database System Concepts by Abraham (Avi) Silberschatz et al. (McGraw Hill)
- 'The Log: What Every Software Engineer Should Know About Real-Time Data's Unifying Abstraction' (`https://oreil.ly/xNkWC`) by Jay Kreps
- 'Modernizing Business Data Indexing' (`https://oreil.ly/4xzyq`) by Benjamin Douglas and Mohammad Mohtasham
- 'NoSQL: What's in a Name' (`https://oreil.ly/z0xZH`) by Eric Evans
- 'Test Data Quality at Scale with Deequ' (`https://oreil.ly/XoHFL`) by Dustin Lange et al.
- 'The What, Why, and When of Single-Table Design with DynamoDB' (`https://oreil.ly/j0MTh`) by Alex DeBrie

CHAPTER 6

2단계: 데이터 저장

데이터 저장storage은 데이터 엔지니어링 수명 주기(그림 6-1)의 토대로서 주요 단계인 수집, 변환 및 서빙의 기초가 된다(이 책에서는 데이터 저장을 '스토리지'와 혼용해 사용한다). 데이터는 수명 주기를 거치는 동안 여러 번 저장된다. 데이터가 몇 초, 몇 분, 며칠, 몇 달 또는 몇 년 후에 필요한 경우에도, 시스템이 추가적인 처리와 전송을 위해 데이터를 사용할 준비가 될 때까지 데이터는 계속 저장되어 있어야 한다. 데이터의 사용 사례와 향후 데이터 검색 방법을 파악하는 것이 데이터 아키텍처에 적합한 스토리지 설루션을 선택하는 첫 번째 단계다.

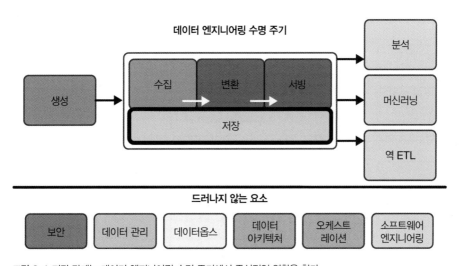

그림 6-1 저장 단계는 데이터 엔지니어링 수명 주기에서 중심적인 역할을 한다.

5장에서도 스토리지에 대해 설명했지만, 초점과 제어 영역에 차이가 있었다. 원천 시스템은 일반적으로 데이터 엔지니어가 유지 관리하거나 제어하지 않는다. 이 장에서 중점적으로 살펴볼, 데이터 엔지니어가 직접 처리하는 스토리지는 분석 및 데이터 과학으로 그 가치를 제공하기 위해 원천 시스템에서 데이터를 수집하는 단계부터 데이터를 제공(서빙)하는 단계까지의 데이터 엔지니어링 단계를 포괄한다. 많은 형태의 스토리지는 전체 데이터 엔지니어링 수명 주기를 어떤 방식으로든 약화시킨다.

스토리지를 이해하기 위해 먼저 하드디스크 드라이브, 솔리드 스테이트 드라이브(SSD)와 시스템 메모리를 포함한 스토리지 시스템을 구성하는 **기본 구성 요소**를 살펴보자([그림 6-2] 참조). 모든 스토리지 아키텍처에 내재된 트레이드오프를 평가하려면 물리적 스토리지 기술의 기본 특성을 이해하는 것이 중요하다. 이 절에서는 실용적인 스토리지의 주요 소프트웨어 요소인 직렬화와 압축에 관해서도 설명한다(직렬화 및 압축의 자세한 기술적 설명은 부록 A에서 다룬다). 또한 스토리지 시스템을 조립하는 데 중요한 **캐싱**caching에 관해서도 설명한다.

그림 6-2 기본 구성 요소, 스토리지 시스템, 스토리지 추상화

다음으로 **스토리지 시스템**을 살펴보자. 실제로 우리는 시스템 메모리나 하드 디스크에 직접 접근하지 않는다. 이러한 물리적 스토리지 구성 요소는 다양한 접근 패러다임을 사용해 데이터를 수집하고 검색할 수 있는 서버 및 클러스터에 있다.

마지막으로 **스토리지 추상화**에 관해 살펴보자. 스토리지 시스템은 클라우드 데이터 웨어하우스, 데이터 레이크 등으로 조립된다. 데이터 파이프라인을 구축할 때 엔지니어는 데이터 수집, 변환, 제공 단계를 거치면서 데이터를 저장하기 위한 적절한 추상화를 선택한다.

6.1 데이터 스토리지의 기본 구성 요소

스토리지는 너무 일반적이다 보니 당연한 것으로 받아들이기 쉽다. 스토리지를 매일 사용하지만, 그 이면에서 어떻게 작동하는지는 잘 알지 못하거나 다양한 스토리지 미디어에 내재된 트레이드오프에 관해 거의 모르는 소프트웨어와 데이터 엔지니어가 많다는 사실에 종종 놀라곤 한다. 그 결과 스토리지가 꽤 흥미로운 방식으로 사용되고 있는 것을 확인할 수 있다. 현재의 관리형 서비스는 데이터 엔지니어를 서버 관리의 복잡성에서 잠재적으로 해방시킬 수 있지만, 데이터 엔지니어는 여전히 기본 구성 요소의 본질적인 특성, 성능 고려 사항, 내구성, 비용에 관해 알고 있어야 한다.

대부분의 데이터 아키텍처에서 데이터는 데이터 파이프라인의 다양한 처리 단계를 거치면서 자기 스토리지, SSD, 메모리를 통과하는 경우가 많다. 데이터 스토리지와 쿼리 시스템은 일반적으로 분산 시스템, 다양한 서비스 그리고 여러 하드웨어 스토리지 계층과 관련된 복잡한 레시피(방안)를 따른다. 이러한 시스템이 올바르게 작동하려면 올바른 원재료, 즉 구성 요소가 필요하다.

데이터 스토리지의 몇 가지 기본 구성 요소인 디스크 드라이브, 메모리, 네트워킹과 CPU, 직렬화, 압축, 캐싱 등을 살펴보자.

6.1.1 자기 디스크 드라이브

자기 디스크^magnetic disk^는 강자성 필름으로 코팅된 회전 플래터를 사용한다(그림 6-3). 이 필름은 쓰기 작업 중에 읽기/쓰기 헤드에 의해 자화되어 바이너리 데이터를 물리적으로 인코딩한다. 읽기/쓰기 헤드는 읽기 작업 중에 자기장을 감지하고 비트 스트림을 출력한다. 자기 디스크 드라이브는 오래전부터 사용되어 왔으며, 저장된 데이터의 기가바이트당 가격이 SSD보다 훨씬 저렴하므로 여전히 대용량 데이터 스토리지 시스템의 근간을 이룬다.

한편으로 이러한 디스크는 성능, 스토리지 밀도, 비용 측면에서 큰 폭으로 개선되고 있다.[1] 다른 한편으로 SSD는 다양한 측정 지표에서 자기 디스크를 크게 능가한다. 현재 상용 자기 디스크 드라이브의 가격은 기가바이트당 약 3센트다(여기서 **HDD**와 **SSD**는 각각 회전식 자기 디스크rotating magnetic disk와 솔리드 스테이트 드라이브solid-state drive를 각각 나타내는 용어로 자주 사용한다).

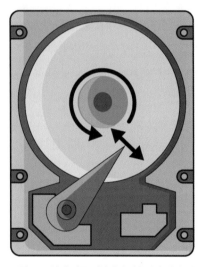

그림 6-3 임의 접근 지연에서 필수적인 자기 디스크 헤드의 이동과 회전

IBM이 1950년대에 자기 디스크 드라이브 기술을 개발한 이후 자기 디스크 용량은 꾸준히 증가했다. 최초의 상용 자기 디스크 드라이브인 IBM 350의 용량은 3.75 메가바이트였고, 이 책을 쓰는 시점 기준으로 20 TB를 저장할 수 있는 자기 드라이브가 판매되고 있다. 실제로 자기 디스크는 열 보조 자기 기록heat-assisted magnetic recording(HAMR), 기와식 자기 기록shingled magnetic recording(SMR), 헬륨 충전 디스크 인클로저와 같은 방법을 사용해 더욱 높은 스토리지 밀도를

---

1 Andy Klein, 'Hard Disk Drive (HDD) vs. Solid-State Drive (SSD): What's the Diff?,' Backblaze blog, October 5, 2021, https://oreil.ly/XBps8

실현하는 등 빠른 혁신을 거듭하고 있다. 다만 드라이브 용량의 지속적인 향상에도 불구하고 HDD 성능의 다른 측면은 물리학의 방해를 받는다.

첫 번째로, 데이터를 읽고 쓸 수 있는 속도인 **디스크 전송 속도**^{disk transfer speed}는 디스크 용량에 비례해 확장되지 않는다. 디스크 용량은 **면적 밀도**^{areal density}(평방인치당 저장된 기가비트)에 따라 확장되는 반면, 전송 속도는 **선형 밀도**^{linear density}(인치당 비트)에 따라 확장된다. 즉, 디스크 용량이 4배 증가하면 전송 속도는 2배만 증가하는 데 그친다. 따라서 현재 데이터센터 드라이브는 최대 200~300 MB/s의 데이터 전송 속도를 지원한다. 다른 방식으로 표현하자면, 전송 속도가 300 MB/s라고 가정했을 때 30 TB 용량의 자기 드라이브의 전체 내용을 읽는 데 20시간 이상이 걸린다.

두 번째 주요 제한 사항은 탐색 시간이다. 데이터에 접근하려면 드라이브가 읽기/쓰기 헤드를 디스크의 적절한 트랙으로 물리적으로 재배치해야 한다. 세 번째, 디스크 컨트롤러는 디스크에서 특정 데이터를 찾기 위해 읽기/쓰기 헤드 아래에서 해당 데이터가 회전할 때까지 기다려야 하며 그에 따라 **회전 지연**^{rotational latency}이 발생한다. 분당 회전수 7,200 RPM의 탐색 시간과 회전 지연으로 회전하는 일반적인 시판 드라이브는 전체 평균 지연(일부 데이터에 접근하는 시간)이 4밀리초 이상 소요된다. 네 번째 제한 사항은 트랜잭션 데이터베이스에 중요한 초당 입출력 작업 횟수, 즉 아이옵스^{input/output operations per second}(IOPS)다. 자기 드라이브의 범위는 50~500 IOPS이다.

다양한 트릭을 통해 지연 시간과 전송 속도를 개선할 수 있다. 회전 속도를 높이면 전송 속도가 높아지고 회전 지연 시간이 줄어든다. 디스크 플래터의 반지름을 제한하거나 디스크 상의 좁은 대역에만 데이터를 쓰면 탐색 시간을 단축할 수 있다. 그러나 이러한 기술 중 어느 것도 임의 접근 조회에서 자기 드라이브가 SSD와 원격으로 경쟁할 수 있도록 하지는 못한다. SSD는 물리적으로 회전하는 디스크나 자기 헤드를 기다릴 필요가 없는 만큼 더 낮은 지연 시간, 더 높은 IOPS, 더 빠른 전송 속도로 데이터를 제공할 수 있다.

앞서 설명한 바와 같이 자기 디스크는 데이터 스토리지 비용이 저렴하기 때문에 여전히 데이터 센터에서 선호된다. 또한 자기 드라이브는 병렬 처리를 통해 매우 높은 전송 속도를 유지할 수 있다. 클라우드 객체 스토리지의 핵심 개념은 클러스터 내의 수천 개의 디스크에 데이터를 분산할 수 있다는 것이다. 데이터 전송 속도는 디스크 전송 속도가 아닌 네트워크 성능에 따라 제한되므로 여러 디스크에서 동시에 읽으면 극적으로 증가한다. 따라서 네트워크 컴포넌트와

CPU는 스토리지 시스템의 주요 기본 컴포넌트이기도 하다. 이러한 주제에 관해서는 곧 다시 설명하겠다.

6.1.2 SSD

솔리드 스테이트 드라이브^{solid-state drive}(SSD)는 플래시 메모리 셀에 데이터를 전하로 저장한다. SSD는 자기 드라이브의 기계적 구성 요소를 제거하고, 데이터를 순전히 전자적인 방법으로 읽는다. SSD는 0.1 ms(100마이크로초) 미만으로 임의의 데이터를 조회할 수 있다. 또한 SSD는 스토리지를 여러 개의 스토리지 컨트롤러가 병렬로 실행되는 파티션으로 분할해 데이터 전송 속도와 IOPS를 모두 확장할 수 있다. 상용 SSD는 초당 수 기가바이트의 전송 속도와 수만 IOPS를 지원할 수 있다.

이러한 탁월한 성능 특성에 힘입어 SSD는 트랜잭션 데이터베이스에 혁신을 일으켰으며 OLTP 시스템의 상용 구현를 위한 공인된 표준으로 인정받고 있다. SSD는 초당 수천 건의 트랜잭션을 처리하는 PostgreSQL, MySQL, SQL 서버와 같은 관계형 데이터베이스를 지원한다.

그러나 SSD는 현재 대규모 분석 데이터 스토리지의 기본 옵션이 아니다. 다시 말하지만, 이것은 결국 비용의 문제다. 일반적으로 상용 SSD의 경우 기가바이트당 20~30센트(USD)로, 자기 드라이브 용량당 비용의 거의 10배에 달한다. 따라서 자기 디스크의 객체 스토리지는 데이터 레이크와 클라우드 데이터 웨어하우스의 대규모 데이터 스토리지를 위한 주요 옵션으로 부상했다.

SSD는 OLAP 시스템에서 여전히 중요한 역할을 담당한다. 일부 OLAP 데이터베이스는 SSD 캐싱을 활용해 자주 접근하는 데이터에 대한 고성능 쿼리를 지원한다. 지연 시간이 짧은 OLAP가 보급됨에 따라 이러한 시스템의 SSD 사용률도 증가할 것으로 예상된다.

6.1.3 임의 접근 메모리

우리는 일반적으로 **임의 접근 메모리**^{random-access memory}(RAM)와 **메모리**^{memory}라는 용어를 혼용해 사용한다. 엄밀히 말하자면 자기 드라이브와 SSD는 나중에 임의 접근 검색을 위해 데이터를 저장하는 메모리 역할도 하지만, RAM에는 다음과 같은 몇 가지 특징이 있다.

- CPU에 연결되고 CPU 주소 공간에 매핑된다.

- CPU가 실행하는 코드와 이 코드가 직접 처리하는 데이터를 저장한다.

- 임의 접근 메모리는 **휘발성**volatile이며 자기 드라이브와 SSD는 **비휘발성**nonvolatile이다. 때때로 장애가 발생해 데이터가 손상되거나 손실될 수 있지만, 일반적으로 드라이브는 전원을 꺼도 데이터를 유지한다. RAM은 전원이 공급되지 않으면 1초 이내에 데이터가 손실된다.

- SSD 스토리지보다 훨씬 빠른 전송 속도와 빠른 검색 시간을 제공한다. DDR5 메모리는 RAM의 최신 표준 규격으로, SSD보다 약 1,000배 빠른 약 100 ns의 데이터 검색 지연 시간을 제공한다. 일반적인 CPU는 연결된 메모리에 대한 100 GB/s 대역폭과 수백만 IOPS를 지원할 수 있다(통계 정보는 메모리 채널 수 및 기타 구성에 따라 크게 달라진다).

- SSD 스토리지보다 훨씬 비싼 GB당 약 10달러(이 책을 쓰는 시점 기준)이다.

- 개별 CPU 및 메모리 컨트롤러에 연결된 RAM의 양에 제한이 있다. 이에 따라 복잡성과 비용이 더욱 증가한다. 일반적으로 대용량 메모리 서버는 서로 연결된 여러 CPU를 1개의 보드로 사용하며, 각 보드에는 RAM 블록이 장착되어 있다.

- CPU 다이die에 직접 위치하거나 동일한 패키지에 있는 일종의 메모리인 CPU 캐시보다 훨씬 느리다. 캐시는 처리 중에 초고속 검색을 위해 자주 저장되고 최근에 접근한 데이터를 저장한다. CPU 설계에는 다양한 크기와 성능 특성을 가진 여러 계층의 캐시가 포함되어 있다.

시스템 메모리에 관해 이야기할 때는 거의 항상 고밀도 저비용 메모리인 **동적 RAM**dynamic RAM을 의미한다. 동적 RAM은 데이터를 콘덴서capacitor에 전하로 저장한다. 이러한 콘덴서는 시간이 지남에 따라 누전되므로, 데이터 손실을 방지하려면 데이터를 자주 **갱신**(읽기 및 다시 쓰기)해야 한다. 하드웨어 메모리 컨트롤러는 이러한 기술적 세부 사항을 처리하므로, 데이터 엔지니어는 대역폭과 검색 지연 시간의 특성만 신경 쓰면 된다. 정적 RAMstatic RAM과 같은 다른 형태의 메모리는 CPU 캐시와 같은 특수 애플리케이션에서 사용된다.

현재의 CPU는 거의 항상 **폰 노이만 구조**von Neumann architecture를 채택하고 있으며 코드와 데이터는 동일한 메모리 공간에 함께 저장된다. 그러나 CPU는 일반적으로 보안을 강화하기 위해 메모리의 특정 페이지에서 코드 실행을 비활성화하는 옵션도 지원한다. 이 기능은 코드와 데이터를 분리하는 **하버드 구조**Harvard architecture를 연상시킨다.

RAM은 다양한 스토리지와 처리 시스템에서 사용되며 캐싱, 데이터 처리 또는 인덱스에도 쓰일 수 있다. 일부 데이터베이스는 RAM을 기본primary 스토리지 계층으로 취급해 초고속 읽기 및 쓰기 성능을 제공한다. 이러한 애플리케이션에서 데이터 엔지니어는 RAM의 휘발성을 항상 염두에 두어야 한다. 메모리에 저장된 데이터가 클러스터 간에 복제되더라도, 정전으로 인해 여러 노드의 다운이 발생하면 데이터가 손실될 수 있다. 데이터를 내구성 있게 저장하는 아키텍처에서는 배터리 백업을 사용해 정전 시 모든 데이터를 자동으로 디스크에 덤프할 수 있다.

6.1.4 네트워킹과 CPU

데이터 저장의 기본 구성 요소로 네트워킹과 CPU를 언급하는 이유는 무엇일까? 점점 더 많은 스토리지 시스템이 성능, 내구성, 그리고 가용성을 향상하고자 분산되고 있다. 특히 개별 자기 디스크는 상대적으로 전송 성능이 낮지만, 디스크 클러스터는 읽기를 병렬화해 성능을 크게 확장한다고 언급한 바 있다. 복수 배열 독립 디스크^{redundant array of independent disk}(RAID)와 같은 스토리지 표준은 단일 서버에서 병렬로 작동하지만, 클라우드 객체 스토리지 클러스터는 네트워크를 통해 디스크가 분산되고 여러 데이터 센터와 가용 영역에도 분산되어 훨씬 더 큰 규모로 작동한다.

가용 영역^{availability zone}은 독립적인 전력, 물, 기타 자원 등을 갖춘 컴퓨팅 환경으로 이루어진 표준적인 클라우드 구성이다. 다중 영역^{multizonal} 스토리지는 데이터의 가용성과 내구성을 모두 향상시킨다.

CPU는 서비스 요청 처리, 읽기 집계, 쓰기 분산에 대한 세부 사항을 처리한다. 스토리지는 API, 백엔드 서비스 구성 요소 및 로드 밸런싱을 갖춘 웹 애플리케이션이 된다. 네트워크 장치의 성능과 네트워크 토폴로지^{topology}는 높은 성능을 실현하는 핵심 요소다.

데이터 엔지니어는 자신이 구축하고 사용하는 시스템에 네트워킹이 어떤 영향을 미치는지 이해해야 한다. 엔지니어는 데이터를 지리적으로 분산함으로써 얻을 수 있는 내구성 및 가용성과, 스토리지를 데이터 소비자 또는 기록자와 가까운 좁은 지역에 보관함으로써 얻을 수 있는 성능 및 비용상의 이점 사이에서 항상 균형을 유지해야 한다. 이후 부록 B에서는 클라우드 네트워킹 및 주요 관련 아이디어를 다룬다.

6.1.5 직렬화

직렬화^{serialization}는 또 다른 원시 스토리지 구성 요소이자 데이터베이스 설계의 핵심 요소다. 직렬화에 대한 결정은 네트워크에서 쿼리가 얼마나 잘 수행되는지와 함께 CPU 오버헤드, 쿼리 지연 시간 등에 영향을 미친다. 예를 들어 데이터 레이크를 설계하려면 기본 스토리지 시스템

(예: 아마존 S3)과 더불어 상호 운용성 및 성능 고려 사항 사이의 균형을 맞추는 직렬화 표준을 선택해야 한다.

직렬화란 정확히 무엇일까? 소프트웨어에 의해 시스템 메모리에 저장되는 데이터는 일반적으로 디스크에 저장하거나 네트워크를 통해 전송하기에 적합한 형식이 아니다. 직렬화는 데이터를 평탄화하고 표준 포맷으로 패킹하는 프로세스로, 판독기가 디코딩할 수 있다. 직렬화 형식은 데이터 교환의 표준을 제공한다. 데이터를 행 기반 방식으로 XML, JSON 또는 CSV 파일로 인코딩해 다른 사용자에게 전달하면 표준 라이브러리를 사용해 데이터를 디코딩할 수 있다. 직렬화 알고리즘에는 유형^{type}을 취급하는 로직이 있으며, 데이터 구조에 규칙을 부과하고 프로그래밍 언어와 CPU 간의 교환을 허용한다. 직렬화 알고리즘에는 예외를 처리하는 규칙도 있다. 예를 들어 파이썬 객체에는 순환 참조를 포함할 수 있고, 직렬화 알고리즘은 순환이 발생하면 오류를 발생시키거나 중첩 깊이를 제한할 수 있다.

저수준$^{low-level}$ 데이터베이스 스토리지도 직렬화의 한 형태다. 행 중심의 관계형 데이터베이스는 데이터를 디스크의 행으로 구성해 빠른 조회와 제자리 갱신$^{in-place\ update}$을 지원한다. 컬럼형 데이터베이스는 데이터를 컬럼 파일로 구성해 매우 효율적인 압축을 최적화하고 대용량 데이터 볼륨의 빠른 검색을 지원한다.

각각의 직렬화 선택에는 일련의 트레이드오프가 있으며, 데이터 엔지니어는 이러한 선택 사항을 조정해 요건에 맞게 성능을 최적화한다.

일반적인 데이터 직렬화 기법 및 형식에 관한 자세한 카탈로그는 부록 A에서 확인할 수 있다. 데이터 엔지니어는 일반적인 직렬화 관행과 형식, 특히 현재 가장 인기 있는 형식(예: 아파치 파케이), 하이브리드 직렬화(예: 아파치 후디$^{Apache\ Hudi}$) 및 인메모리 직렬화(예: 아파치 애로$^{Apache\ Arrow}$)에 익숙해질 것을 권장한다.

6.1.6 압축

압축^{compression}은 스토리지 엔지니어링의 또 다른 중요한 구성 요소다. 기본적으로 압축은 데이터를 더 작게 만들지만, 압축 알고리즘은 스토리지 시스템의 다른 세부 정보와 복잡한 방식으로 상호 작용한다.

고효율 압축은 스토리지 시스템에서 세 가지 주요 이점을 제공한다. 첫째, 데이터 크기가 작으므로 디스크 공간을 덜 차지한다. 둘째, 압축을 통해 디스크당 실제 검색 속도가 향상한다. 10:1의 압축률로 자기 디스크당 200 MB/s의 스캔에서 디스크당 2 GB/s의 유효 속도로 향상된다. 세 번째 장점은 네트워크 성능이다. 아마존 EC2 인스턴스와 S3 간 네트워크 연결이 10 기가비트/초(Gbps)의 대역폭을 제공하는 경우, 10:1 압축률은 유효 네트워크 대역폭을 100 Gbps로 증가시킨다.

압축에는 단점도 있다. 데이터를 압축 및 해제하려면 데이터를 읽거나 쓰는 데 시간과 자원이 추가로 소모된다. 부록 A에서 압축 알고리즘과 균형에 관해 더 자세히 논의하겠다.

6.1.7 캐싱

RAM에 관한 설명에서 이미 캐싱을 언급한 바 있다. 캐싱의 핵심 개념은 자주 접근하거나 최근에 접근한 데이터를 고속 접근 계층에 저장하는 것이다. 캐시가 빠를수록 비용은 커지고 사용 가능한 스토리지 공간은 줄어든다. 접근 빈도가 낮은 데이터는 더 저렴하고 느린 스토리지에 저장된다. 캐시는 데이터 서비스, 처리 및 변환에 매우 중요하다.

스토리지 시스템을 분석할 때 사용하는 모든 유형의 스토리지를 **캐시 계층**^{cache hierarchy} 안에 배치하는 것이 유용하다(표 6-1). 대부분의 실용적인 데이터 시스템은 다양한 성능 특성을 가진 스토리지로 구성된 많은 캐시 계층에 의존한다. 이는 CPU 내부에서 시작되며 프로세서는 최대 4개의 캐시 계층을 배포할 수 있다. 이제 계층 구조에서 RAM과 SSD로 이동해보자. 클라우드 객체 스토리지는 데이터 제공 및 파이프라인에서의 동적 데이터 이동을 허용하면서 장기적인 데이터 보관과 내구성을 지원하는 하위 계층이다.

표 6-1 대략적인 가격 및 성능 특성과 함께 스토리지 유형을 표시하는 휴리스틱 캐시 계층

스토리지 유형	데이터 페치 지연*	대역폭	가격
CPU 캐시	1나노초	1 TB/s	N/A
RAM	0.1마이크로초	100 GB/s	$10/GB
SSD	0.1밀리초	4 GB/s	$0.20/GB
HDD	4밀리초	300 MB/s	$0.03/GB
객체 스토리지	100밀리초	10 GB/s	월 $0.02/GB
보관 스토리지	12시간	데이터를 사용할 수 있게 된다면 객체 스토리지와 동일	월 $0.004/GB

* 마이크로초 = 1000나노초, 밀리초 = 1000마이크로초

보관archival 스토리지는 **역 캐시**reverse cache로 생각할 수 있다. 보관 스토리지는 낮은 비용으로 열악한 접근 특성을 제공한다. 보관 스토리지는 일반적으로 데이터 백업 및 데이터 보존 컴플라이언스 요건을 충족하는 데 사용된다. 일반적인 시나리오에서 이 데이터에는 비상시에만 접근할 수 있다(예: 데이터베이스의 데이터가 손실되어 복구가 필요하거나 기업이 법적 증거를 발견하기 위해 이력 데이터를 다시 참조해야 할 경우 등).

6.2 데이터 스토리지 시스템

이 절에서는 데이터 엔지니어로서 접하게 될 주요 데이터 스토리지 시스템을 설명한다. 스토리지 시스템은 기본 구성 요소 이상의 추상화 수준에 존재한다. 예를 들어 자기 디스크는 원시 스토리지의 구성 요소이며, 주요 클라우드 객체 스토리지 플랫폼과 HDFS는 자기 디스크를 사용하는 스토리지 시스템이다. 데이터 레이크나 레이크 하우스 같은 더 높은 수준의 스토리지 추상화도 존재한다.

6.2.1 단일 머신 vs 분산 스토리지

데이터 스토리지와 접근 패턴이 복잡해지고 단일 서버의 유용성이 커짐에 따라 데이터를 여러 서버에 분산하는 것이 필요해졌다. 데이터는 **분산 스토리지**distributed storage라고 하는 여러 서버에 저장할 수 있다. 분산 스토리지는 데이터를 분산된 방식으로 저장하는 것이 목적인 분산 시스템이다(그림 6-4).

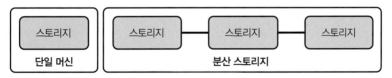

그림 6-4 단일 머신과 여러 서버의 분산 스토리지 비교

분산 스토리지는 여러 서버의 작업을 조정해 데이터를 더 빠르고 대규모로 저장, 검색 및 처리하는 동시에, 서버를 사용할 수 없게 될 경우를 대비해 중복성redundancy 기능을 제공한다. 분산

스토리지는 대량의 데이터에 대한 내장형 중복성과 확장성을 원하는 아키텍처에서 흔히 볼 수 있다. 예를 들어 객체 스토리지, 아파치 스파크 및 클라우드 데이터 웨어하우스는 분산 스토리지 아키텍처에 의존한다.

데이터 엔지니어는 항상 분산 시스템의 일관성 패러다임을 알고 있어야 한다. 이에 관해서는 다음에 살펴보겠다.

6.2.2 최종 일관성 vs 강력한 일관성

분산 시스템의 문제점은 데이터가 여러 서버에 분산된다는 것이다. 이러한 시스템에서는 어떻게 데이터의 일관성을 유지할 수 있을까? 유감스럽게도 분산형 시스템은 스토리지와 쿼리 정확도 측면에서 딜레마를 안고 있다. 시스템 노드 간에 변경 내용을 복제하는 데는 시간이 걸리며, 대부분의 경우 현재 데이터를 가져오는 것과 분산 데이터베이스에서 '일종의' 현재 데이터를 가져오는 것 사이에 균형이 존재한다. 분산형 시스템에서 흔히 볼 수 있는 두 가지 일관성 패턴인 **최종 일관성**과 **강력한 일관성**을 살펴보자.

이 책에서는 5장부터 ACID 컴플라이언스를 다뤘다. 또 다른 약어는 BASE로, **기본적으로 가용성을 보장하는**basically available, **소프트한 상태의**soft-state, **최종 일관성**eventual consistency을 의미한다(ACID의 반대라고 생각하면 된다). BASE는 최종 일관성의 기초다. 그 구성 요소에 관해 간단히 살펴보자.

기본적으로 가용성을 보장

일관성을 보장하지는 않지만, 데이터베이스 읽기 및 쓰기는 최선의 노력을 기반으로 이루어지므로 대부분의 경우 일관된 데이터를 사용할 수 있다.

소프트한 상태

트랜잭션의 상태가 불분명하며 트랜잭션이 커밋되었는지 커밋되지 않았는지 불확실하다.

최종 일관성

어느 시점에서 데이터를 읽으면 일관된 값을 반환한다.

최종적으로 일관된 시스템에서 데이터를 읽을 수 없는 경우라면 왜 데이터를 사용할까? **최종**

일관성은 대규모 분산 시스템에서 공통적인 트레이드오프다. 대량의 데이터를 처리하고자 여러 노드에 걸쳐 수평적 확장을 수행하려는 경우에는 결국 일관성이라는 대가를 치러야 한다. 최종 일관성을 통해 모든 노드에서 최신 버전이 있는지 확인하지 않고도 데이터를 빠르게 검색할 수 있다.

최종 일관성의 반대 개념은 **강력한 일관성**strong consistency이다. 강력한 일관성을 갖춘 분산형 데이터베이스는 먼저 모든 노드에 대한 쓰기가 합의에 따라 분산되고, 데이터베이스에 대한 모든 읽기가 일관된 값을 반환하도록 보장한다. 이러한 강력한 일관성은 쿼리 지연 시간이 길어지고 데이터베이스에서 읽을 때마다 정확한 데이터가 필요할 때 사용할 수 있다.

일반적으로 데이터 엔지니어는 다음과 같은 세 가지 상황에서 일관성에 대한 결정을 내린다. 첫째, 데이터베이스 기술 자체가 일정 수준의 일관성을 위한 단계를 설정한다. 둘째, 데이터베이스의 구성 매개변수가 일관성에 영향을 미친다. 셋째, 데이터베이스는 종종 개별 쿼리 수준에서 몇몇 일관성 구성을 지원한다. 예를 들어 다이나모DB(https://oreil.ly/qJ6z4)는 최종 일관성 읽기와 강력한 일관성 읽기를 지원한다. 강력한 일관성 읽기는 속도가 느리고 더 많은 리소스를 사용하므로 조금씩 사용하는 것이 가장 좋지만, 일관성이 필요할 때 사용할 수 있다.

데이터베이스가 일관성을 처리하는 방식을 알아야 한다. 데이터 엔지니어는 기술을 깊이 이해하고 이를 사용해 문제를 적절하게 해결할 책임이 있다. 데이터 엔지니어는 다른 기술 및 비즈니스 이해관계자와 일관성 요건을 협상해야 할 수도 있다. 이는 기술과 조직의 문제라는 점에 유의해야 하며, 이해관계자의 요건을 수집하고 적절한 기술을 선택해야 한다.

6.2.3 파일 스토리지

우리는 매일 파일을 다루지만, 파일이라는 개념은 다소 미묘하다. **파일**file은 소프트웨어와 운영체제에서 사용하는 특정 읽기, 쓰기 및 참조 특성을 가진 데이터 엔티티다. 파일은 다음과 같은 특성을 가지도록 정의된다.

유한 길이
파일은 길이가 유한한 바이트 스트림이다.

추가 작업

호스트 스토리지 시스템의 한계까지 파일에 바이트를 추가할 수 있다.

임의 접근

파일의 모든 위치에서 조회하거나 갱신할 수 있다.

객체 스토리지는 파일 스토리지와 거의 비슷하게 작동하지만 주요 차이점이 있다. 파일 스토리지에 관해 먼저 논의함으로써 객체 스토리지의 기초 지식을 쌓겠지만, 오늘날 수행되는 데이터 엔지니어링 유형에서는 객체 스토리지가 훨씬 더 중요하다. 뒤에서 객체 스토리지에 관한 광범위한 논의를 진행할 것이다.

파일 스토리지 시스템은 파일을 디렉터리 트리로 구성한다. 파일의 디렉터리 참조는 다음과 같이 보일 수 있다.

- /Users/matthewhousley/output.txt

이 파일 참조가 운영 체제로 전달되면, 루트 디렉터리 /에서 시작해 `Users`, `matthewousley`를 찾고 마지막으로 `output.txt`를 찾을 것이다. 왼쪽부터 작업하면 `output.txt`에 도달할 때까지 각 디렉터리는 부모 디렉터리 안에 저장된다. 이 예에서는 유닉스 시맨틱을 사용하지만, 윈도우 파일 참조 시맨틱도 비슷하다. 파일 시스템은 각 디렉터리를 해당 디렉터리에 포함된 파일 및 디렉터리에 대한 메타데이터로 저장한다. 이 메타데이터는 각 엔티티의 이름, 관련 사용 권한 세부 정보 및 실제 엔티티에 대한 포인터로 구성된다. 디스크에서 파일을 찾기 위해 운영 체제는 각 계층 수준에서 메타데이터를 살펴보고, 최종적으로 파일 자체에 도달할 때까지 다음 하위 디렉터리 엔티티에 대한 포인터를 따라 추적한다.

일반적으로 다른 파일과 유사한 데이터 엔티티에 이러한 속성이 모두 있는 것은 아니다. 예를 들어 객체 스토리지의 **객체**^object^는 첫 번째 특성인 유한 길이만 지원하지만, 여전히 매우 유용하다(이에 관해서는 6.2.5절을 살펴보자).

파이프라인에 파일 스토리지 패러다임이 필요한 경우에는 상태에 주의하고 가급적 임시 환경을 사용하자. 디스크가 연결된 서버에서 파일을 처리해야 할 때도 처리 단계 사이의 중간 스토리지로 객체 스토리지를 사용하자. 일회성 수집 단계나 파이프라인 개발의 탐색 단계를 위해 수동 저수준 파일 처리를 예약해두자.

로컬 디스크 스토리지

가장 친숙한 파일 스토리지 유형은 SSD 또는 자기 디스크의 로컬 디스크 파티션에 있는 운영 체제 관리 파일 시스템이다. 신기술 파일 시스템^{New Technology File System}(NTFS)과 ext4는 각각 윈도우와 리눅스에서 널리 사용되는 파일 시스템이다. 운영 체제는 디렉터리 엔티티, 파일 및 메타데이터 저장에 관한 세부 정보를 처리한다. 파일 시스템은 데이터 쓰기 중에 전원이 끊겼을 경우에도 쉽게 복구할 수 있도록 설계되어 있지만, 쓰지 않은 데이터는 여전히 소실된다.

로컬 파일 시스템은 일반적으로 쓰기 후 읽기 일관성을 지원한다. 쓰기 후 바로 읽으면 쓰인 데이터가 반환된다. 또한 운영 체제는 파일에 대한 동시 쓰기 시도를 관리하기 위해 다양한 잠금 전략을 사용한다.

로컬 디스크 파일 시스템은 저널링^{journaling}, 스냅숏, 중복성, 여러 디스크에 걸친 파일 시스템 확장, 전체 디스크 암호화 및 압축과 같은 고급 기능도 지원할 수 있다. 6.2.4절에서 RAID에 관해 설명할 것이다.

네트워크 결합 스토리지

네트워크 결합 스토리지^{network-attached storage}(NAS) 시스템은 네트워크를 통해 클라이언트에 파일 스토리지 시스템을 제공한다. NAS는 서버용으로 널리 쓰이는 솔루션으로, 전용 NAS 인터페이스 하드웨어가 내장된 경우가 많다. 네트워크를 통해 파일 시스템에 접근하면 성능 저하가 발생하지만, 중복성과 안정성, 리소스의 세밀한 제어, 대규모 가상 볼륨을 위한 여러 디스크 간의 스토리지 풀링, 여러 시스템 간의 파일 공유 등 스토리지 가상화에도 상당한 이점이 있다. 엔지니어는 NAS 솔루션이 제공하는 일관성 모델을 알고 있어야 한다. 특히 여러 클라이언트가 동일한 데이터에 접근할 가능성이 있는 경우에는 더욱 그렇다.

NAS의 대안으로 스토리지 영역 네트워크^{storage area network}(SAN)가 널리 쓰이지만, SAN 시스템은 파일 시스템 추상화 없이 블록 수준의 접근을 제공한다. SAN 시스템에 관해서는 6.2.4절에서 살펴볼 것이다.

클라우드 파일 시스템 서비스

클라우드 파일 시스템 서비스는 클라우드 환경 외부의 클라이언트를 포함해 여러 클라우드 VM과 애플리케이션을 함께 사용할 수 있도록 완벽하게 관리되는 파일 시스템을 제공한다.

클라우드 파일 시스템을 VM에 연결된 표준 스토리지, 즉 일반적으로 VM 운영 체제에서 관리하는 파일 시스템을 갖춘 블록 스토리지와 혼동하지 말자. 클라우드 파일 시스템은 NAS 솔루션과 비슷하게 작동하지만 네트워킹, 디스크 클러스터 관리, 장애 및 구성에 대한 자세한 내용은 클라우드 벤더가 전적으로 처리한다.

예를 들어 아마존 일래스틱 파일 시스템Amazon Elastic File System(EFS)은 클라우드 파일 시스템 서비스의 매우 일반적인 예다. 스토리지는 NAS 시스템에서도 사용되는 NFS 4 프로토콜(https://oreil.ly/GhvpT)을 통해 노출된다. EFS는 사전 스토리지 예약 없이 자동 확장과 스토리지별 과금 방식을 제공한다. 또한 이 서비스는 **로컬** 쓰기 후 읽기local read-after-write 일관성(쓰기를 수행한 머신에서 읽을 때)을 제공한다. 또한 전체 파일 시스템에서 닫기 후 열기open-after-close 일관성을 제공한다. 즉, 애플리케이션이 파일을 닫으면 후속 리더reader는 닫힌 파일에 저장된 변경 사항을 볼 수 있다.

6.2.4 블록 스토리지

기본적으로 **블록 스토리지**block storage는 SSD와 자기 디스크에서 제공하는 원시 스토리지 유형이다. 클라우드에서는 가상화된 블록 스토리지가 VM의 표준이다. 이러한 블록 스토리지 추상화를 통해 물리적 디스크에서 제공하는 것 이상의 스토리지 크기, 확장성 및 데이터 내구성을 세밀하게 제어할 수 있다.

SSD와 자기 디스크에 대한 이전 설명에서 이러한 임의 접근 장치를 사용하면 운영 체제가 디스크의 모든 데이터를 검색하고 읽고 쓸 수 있다고 언급했다. **블록**block은 디스크에서 지원하는 주소 지정이 가능한 최소 데이터 단위다. 이전 디스크에서는 512바이트의 사용 가능한 데이터였던 블록이 현재 대부분의 디스크에서는 4,096바이트로 증가해, 쓰기의 세밀성은 떨어졌지만 블록 관리 오버헤드는 많이 감소했다. 일반적으로 블록에는 오류 검출, 수정 및 기타 메타데이터를 위한 추가 비트가 포함된다.

자기 디스크의 블록은 물리적 플래터에 기하학적으로 배치된다. 동일한 트랙의 두 블록은 헤드를 움직이지 않고도 읽을 수 있지만, 별도의 트랙에 있는 두 블록을 읽으려면 탐색이 필요하다. SSD의 블록 간에 탐색 시간이 발생할 수 있지만, 자기 디스크 트랙의 탐색 시간과 비교하면 극히 미미한 수준이다.

블록 스토리지 애플리케이션

트랜잭션 데이터베이스 시스템은 일반적으로 블록 수준에서 디스크에 접근해 최적의 성능을 위해 데이터를 배치한다. 행 지향 데이터베이스의 경우, 이는 원래 데이터 행이 연속 스트림으로 기록된다는 것을 의미했다. SSD의 등장과 그에 따른 탐색 시간 성능 향상에 따라 상황은 더욱 복잡해졌지만, 트랜잭션 데이터베이스는 여전히 블록 스토리지에 직접 접근할 때 제공되는 높은 임의 접근 성능에 의존하고 있다.

또한 블록 스토리지는 클라우드 VM의 운영 체제 부팅 디스크에 대한 기본 옵션으로 남아 있다. 블록 장치는 물리 디스크에서 직접 포맷하는 것과 비슷하게 포맷되지만, 스토리지는 일반적으로 가상화되어 있다(뒤에서 설명할 '클라우드 가상화 블록 스토리지' 참조).

RAID

RAID는 앞서 설명한 바와 같이 **복수 배열 독립 디스크**redundant array of independent disk를 의미한다. RAID는 여러 디스크를 동시에 제어해 데이터의 내구성을 높이고 성능을 개선하며 여러 드라이브의 용량을 결합한다. 어레이는 OS에 단일 블록 장치로 표시될 수 있다. 향상된 유효 대역폭과 높은 내결함성(다수의 디스크 장애에 대한 허용성) 사이의 원하는 균형에 따라 다양한 인코딩 및 패리티 방식을 사용할 수 있다.

스토리지 영역 네트워크

스토리지 영역 네트워크storage area network**(SAN)** 시스템은 일반적으로 스토리지 풀에서 네트워크를 통해 가상화된 블록 스토리지 장치를 제공한다. SAN 추상화를 통해 스토리지를 세밀하게 확장할 수 있고 성능, 가용성 및 내구성을 향상시킬 수 있다. 온프레미스 스토리지 시스템을 사용하는 경우 SAN 시스템을 접할 수 있으며, 다음 절에서 설명하는 것처럼 SAN의 클라우드 버전도 접할 수 있다.

클라우드 가상화 블록 스토리지

클라우드 가상화 블록 스토리지cloud virtualized block storage 솔루션은 SAN과 유사하지만, 엔지니어가 SAN 클러스터와 네트워킹 세부 사항을 처리할 필요가 없다. 다른 퍼블릭 클라우드에서도 비슷한 제품을 제공한다. 여기서는 표준 사례로 아마존 일래스틱 블록 스토어Amazon Elastic Block

Store(EBS)를 살펴보자. EBS는 아마존 EC2 가상 머신의 기본 스토리지이며, 다른 클라우드 제공업체들도 가상화된 객체 스토리지를 VM 제품의 주요 구성 요소로 취급한다.

EBS는 다양한 성능 특성을 가진 여러 서비스 계층을 제공한다. 일반적으로 EBS 성능 측정 지표는 IOPS와 처리량(전송 속도)으로 제공된다. EBS 스토리지의 고성능 계층은 SSD 디스크에 의해 지원되는 반면, 자기 디스크 백업 스토리지는 IOPS는 낮지만 기가바이트당 비용은 저렴하다.

EBS 볼륨은 인스턴스 호스트 서버와는 별도로 데이터를 저장하지만, 높은 성능과 낮은 지연 시간을 지원하기 위해 동일한 영역zone에 데이터를 저장한다(그림 6-5). 따라서 EC2 인스턴스가 종료되거나 호스트 서버에 장애가 발생하거나 인스턴스가 삭제된 경우에도 EBS 볼륨을 유지할 수 있다. EBS 스토리지는 데이터 내구성이 최우선 순위인 데이터베이스와 같은 애플리케이션에 적합하다. 또한 EBS는 모든 데이터를 두 대 이상의 개별 호스트 머신에 복제해 디스크에 장애가 발생하더라도 데이터를 보호한다.

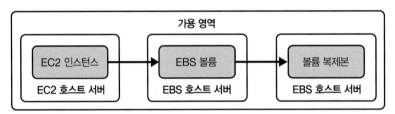

그림 6-5 EBS 볼륨은 높은 내구성과 가용성을 위해 여러 호스트와 디스크에 데이터를 복제하지만, 가용 영역 장애에 대한 복원력은 없다.

EBS 스토리지 가상화는 몇 가지 고급 기능도 지원한다. 예를 들어 EBS 볼륨은 드라이브가 사용되는 동안 특정 시점 스냅숏을 허용한다. 스냅숏이 S3에 복제되기까지는 여전히 시간이 걸리지만, EBS는 스냅숏이 생성될 때 효과적으로 데이터 블록 상태를 고정함과 동시에 클라이언트 머신이 디스크를 계속 사용할 수 있도록 한다. 또한 첫 번째 전체 백업 이후의 스냅숏은 차등적인데, 변경된 블록만 S3에 기록되므로 스토리지 비용과 백업 시간을 최소화할 수 있다.

EBS 볼륨은 확장성도 뛰어나다. 이 책을 쓰는 시점 기준으로 일부 EBS 볼륨 클래스는 최대 64 TiB, 256,000 IOPS, 4,000 MiB/s까지 확장할 수 있다.

로컬 인스턴스 볼륨

클라우드 제공업체는 가상 머신을 실행하는 호스트 서버에 물리적으로 연결된 블록 스토리지 볼륨도 제공한다. 이러한 스토리지 볼륨은 일반적으로 매우 저렴하며(아마존 EC2 인스턴스 스토어의 경우 VM 가격에 포함됨) 짧은 지연 시간과 높은 IOPS를 제공한다.

[그림 6-6]의 인스턴스 스토어 볼륨은 기본적으로 데이터 센터의 서버에 물리적으로 연결된 디스크처럼 작동한다. 한 가지 중요한 차이점은 VM이 종료되거나 삭제되면 이 이벤트가 의도적인 사용자 작업으로 인해 발생했는지 여부와 관계없이 로컬로 연결된 디스크의 내용이 손실된다는 것이다. 따라서 새 가상 머신은 다른 고객의 디스크 내용을 읽을 수 없다.

그림 6-6 인스턴스 스토어 볼륨은 고성능과 저비용을 제공하지만, 디스크 장애 또는 VM 종료 시 데이터를 보호하지는 못한다.

로컬에 연결된 디스크는 EBS 같은 가상화 스토리지 서비스에서 제공하는 고급 가상화 기능을 지원하지 않는다. 로컬에 연결된 디스크는 복제되지 않으므로, 호스트 VM이 계속 실행되더라도 물리적 디스크 장애로 인해 데이터가 손실되거나 손상될 수 있다. 또한 로컬로 연결된 볼륨은 스냅숏이나 기타 백업 기능을 지원하지 않는다.

이러한 제한에도 불구하고 로컬로 연결된 디스크는 매우 유용하다. 대부분의 경우 디스크를 로컬 캐시로 사용하므로 EBS와 같은 서비스의 고급 가상화 기능이 모두 필요하지는 않다. 예를 들어 EC2 인스턴스에서 AWS EMR을 실행한다고 가정해보자. S3에서 데이터를 소비하고, 인스턴스 간에 실행되는 분산 파일 시스템에 임시로 저장하고, 데이터를 처리하고, 그 결과를 다시 S3에 쓰는 임시 작업을 실행하고 있을 수 있다. EMR 파일 시스템은 복제 및 중복성을 기반으로 구축되며 영구 스토리지가 아닌 캐시 역할을 한다.

이 경우 EC2 인스턴스 스토어는 매우 적합한 솔루션으로, 네트워크를 통해 전송되지 않고 로컬에서 데이터를 읽고 처리할 수 있으므로 성능을 향상할 수 있다(그림 6-7).

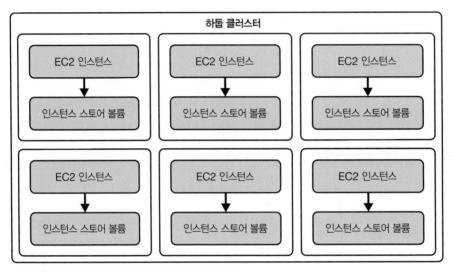

그림 6-7 인스턴스 저장소 볼륨은 임시 하둡 클러스터에서 처리 캐시로 사용할 수 있다.

엔지니어는 최악의 경우에 대비해 로컬로 연결된 스토리지를 고려할 것을 권장한다. 로컬 디스크 장애가 발생하면 그 결과는 무엇일까? 우발적인 VM 또는 클러스터 셧다운의 경우는 어떠한가? 영역이나 리전별 클라우드 운영 중단이 발생한다면 어떨까? 로컬로 연결된 볼륨의 데이터가 손실될 때 이러한 시나리오 중 그 어떤 것도 치명적인 결과를 초래하지 않는다면 로컬 스토리지를 비용 효율적이고 성능이 좋은 옵션으로 선택할 수 있다. 또한 간단한 완화 전략(S3에 대한 정기 체크포인트 백업)으로 데이터 손실을 방지할 수 있다.

6.2.5 객체 스토리지

객체 스토리지object storage에는 모든 형태와 크기의 객체가 포함된다(그림 6-8). 객체 스토리지라는 용어는 객체가 컴퓨터 과학에서 여러 가지 의미를 지니는 만큼 다소 혼란스러울 수 있다. 여기서는 특수한 파일형 구조를 가리키는데, 이는 TXT, CSV, JSON, 이미지, 비디오, 오디오 등 모든 유형의 파일이 될 수 있다.

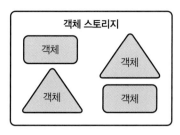

그림 6-8 객체 스토리지에는 모든 형태와 크기의 불변 객체가 포함된다. 로컬 디스크의 파일과 달리, 객체는 그 자리에서 수정할 수 없다.

객체 저장소 object store 는 빅데이터와 클라우드의 증가와 함께 그 중요성과 인기가 높아지고 있다. 아마존 S3, 애저 블롭 스토리지 Azure Blob storage 및 구글 클라우드 스토리지 Google Cloud Storage (GCS)는 널리 사용되는 객체 저장소다. 또한 많은 클라우드 데이터 웨어하우스(와 점점 더 많은 데이터베이스)에서 객체 스토리지를 스토리지 계층으로서 활용하고 있으며, 클라우드 데이터 레이크는 일반적으로 객체 스토어에 있다.

많은 온프레미스 객체 스토리지 시스템을 서버 클러스터에 설치할 수 있지만, 여기서는 주로 완전한 관리형 클라우드 객체 저장소에 초점을 맞춘다. 운영 측면에서 클라우드 객체 스토리지의 가장 매력적인 특징 중 하나는 관리 및 사용이 간단하다는 것이다. 객체 스토리지는 최초의 '서버리스' 서비스 중 하나로, 엔지니어는 기본 서버 클러스터나 디스크의 특성을 고려할 필요가 없다.

객체 스토리지는 불변의 데이터 객체에 대한 키-값 쌍 저장소다. 객체 저장소의 로컬 디스크에 파일 스토리지를 저장하면 쓰기 유연성이 크게 떨어진다. 객체는 랜덤 쓰기 또는 덧붙이기 작업을 지원하지 않는다. 대신 바이트 스트림으로 한 번만 쓰인다. 이 첫 번째 쓰기 작업이 끝나면 객체는 변경되지 않는다. 객체의 데이터를 변경하거나 객체에 데이터를 추가하려면 객체 전체를 다시 작성해야 한다. 객체 저장소는 일반적으로 범위 요청을 통한 임의 읽기를 지원하지만, 이러한 검색은 SSD에 저장된 데이터의 임의 읽기보다 성능이 훨씬 떨어질 수 있다.

로컬 임의 접근 파일 스토리지를 활용하는 데 익숙한 소프트웨어 개발자에게는 객체의 특성이 제약처럼 보일 수 있지만, 객체 저장소는 잠금을 지원하거나 동기화를 변경할 필요가 없으므로 대규모 디스크 클러스터에 데이터 스토리지를 사용할 수 있다. 객체 저장소는 여러 디스크에 걸쳐 매우 뛰어난 성능의 병렬 스트림 쓰기 및 읽기를 지원하는데, 이러한 병렬화는 엔지니어가 개별 디스크와 통신하는 대신 스트림만 간단히 처리하면 되므로 숨겨져 있다. 클라우드 환경에서 쓰기 속도는 클라우드 제공업체가 설정한 할당량 제한까지 기록되는 스트림 수에 따라 확장된다. 읽기 대역폭은 병렬 요청 수, 데이터 읽기에 사용되는 가상 머신 수, CPU 코어 수에 따라 확장할 수 있다. 이러한 특성 덕분에 객체 스토리지는 대용량의 웹 트래픽을 처리하거나 고도로 병렬 분산된 쿼리 엔진에 데이터를 전달하는 데 이상적이다.

일반적인 클라우드 객체 저장소는 여러 가용 영역에 데이터를 저장하므로, 스토리지가 완전히 오프라인 상태가 되거나 복구할 수 없는 방식으로 손실될 가능성이 크게 줄어든다. 이러한 내구성과 가용성은 비용에 포함된다. 클라우드 스토리지 벤더는 내구성 또는 가용성을 줄이는 대신 다른 스토리지 클래스를 할인된 가격에 제공한다. 이에 관해서는 잠시 뒤에 살펴볼 '스토리지 클래스 및 계층'에서 설명한다.

클라우드 객체 스토리지는 컴퓨팅과 스토리지를 분리하는 핵심 요소로, 엔지니어는 임시 클러스터로 데이터를 처리하고 필요에 따라 클러스터를 확장 및 축소할 수 있다. 이는 가끔씩만 실행하는 데이터 작업을 위해 하드웨어를 소유할 여유가 없는 소규모 조직이 빅데이터를 이용할 수 있도록 하는 핵심 요소다. 일부 주요 기술 기업은 하드웨어에서 영구적인 하둡 클러스터를 계속 실행할 것이다. 그러나 대부분의 조직은 데이터 처리를 클라우드로 이행해 임시 클러스터에서 데이터를 처리하는 동안 객체 저장소를 필수 스토리지 및 서비스 계층으로 사용하는 것이 일반적인 추세다.

객체 스토리지에서는 가용 스토리지 공간도 확장성이 뛰어나 빅데이터 시스템에 이상적이다. 스토리지 공간은 스토리지 공급업체가 소유한 디스크 수에 따라 제한되지만, 이러한 공급자는 엑사바이트 단위의 데이터를 처리한다. 클라우드 환경에서는 사용 가능한 스토리지 공간이 사실상 무한하지만, 실제로 퍼블릭 클라우드 고객의 스토리지 공간에 대한 주요 제한은 예산이다. 실용적인 관점에서 엔지니어는 필요한 서버 및 디스크를 수개월 전에 미리 계획하지 않고도 프로젝트에 필요한 대량의 데이터를 신속하게 저장할 수 있다.

데이터 엔지니어링 애플리케이션의 객체 저장소

데이터 엔지니어링 측면에서 객체 저장소는 대규모의 배치 읽기와 배치 쓰기에 뛰어난 성능을 제공한다. 이는 대규모 OLAP 시스템의 사용 사례에 매우 적합하다. 데이터 엔지니어링 업계에서는 객체 저장소가 갱신에 적합하지 않다는 속설이 있지만, 이는 부분적으로만 해당하는 사실이다. 객체 저장소는 매초마다 많은 소규모 갱신이 이루어지는 트랜잭션 워크로드에 적합하지 않으며, 이러한 사용 사례는 트랜잭션 데이터베이스 또는 블록 스토리지 시스템에서 훨씬 잘 처리된다. 객체 저장소는 각 작업에서 대량의 데이터를 갱신하는 낮은 속도의 갱신 작업에 적합하다.

객체 저장소는 이제 데이터 레이크의 스토리지 표준이 됐다. 데이터 레이크 초기에는 한 번 기록하고 여러 번 읽기^{write once read many}(WORM)가 운영 표준이었지만, 이는 HDFS와 객체 저장소의 제한보다는 데이터 버전과 파일 관리의 복잡성과 더 관련이 있었다. 이후 이러한 복잡성을 관리하기 위해 아파치 후디와 델타 레이크^{Delta Lake} 같은 시스템이 등장했으며, GDPR 및 CCPA와 같은 개인정보보호 규제에 따라 삭제 및 갱신 기능이 필수 요소가 됐다. 객체 스토리지에 대한 갱신 관리는 데이터 레이크 개념의 핵심 아이디어로 앞서 3장에서 소개한 바 있다.

객체 스토리지는 이러한 정형 데이터 애플리케이션를 넘어 모든 형식의 비정형 데이터를 위한 이상적인 리포지터리다. 객체 스토리지는 유형이나 구조에 제약이 없는 바이너리 데이터를 저장할 수 있으며 원시 텍스트, 이미지, 비디오 및 오디오용 ML 파이프라인에서 자주 사용된다.

객체 조회

앞서 설명한 바와 같이 객체 저장소는 키-값 쌍 저장소다. 엔지니어에게 이것은 어떤 의미일까? 파일 저장소와 달리 객체 저장소는 디렉터리 트리를 사용해 객체를 검색하지 않는다. 객체 저장소는 최상위 논리 컨테이너(S3 및 GCS의 버킷)를 사용해 객체를 키로 참조한다. S3의 간단한 예는 다음과 같다.

```
S3://oreilly-data-engineering-book/data-example.json
```

이때 S3://oreilly-data-engineering-book/은 버킷 이름이며 dataexample.json은 특정 객체를 가리키는 키다. S3 버킷 이름은 모든 AWS에서 고유해야 한다. 키는 버킷 내에서 고유하다. 클라우드 객체 저장소가 디렉터리 트리 시맨틱을 지원하는 것처럼 보일 수 있지만, 실제 디렉터리 계층은 존재하지 않는다. 다음과 같은 전체 경로를 사용해 객체를 저장할 수 있다.

```
S3://oreilly-data-engineering-book/project-data/11/23/2021/data.txt
```

표면적으로는 일반 파일 폴더 시스템에서 찾을 수 있는 하위 디렉터리(project-data, 11,

23 및 2021)와 비슷하다. 많은 클라우드 콘솔 인터페이스에서는 사용자가 '디렉터리' 내의 객체를 볼 수 있으며 클라우드 명령줄 도구는 객체 저장소 디렉터리 내의 ls와 같은 유닉스 스타일의 명령을 지원하는 경우가 많다. 그러나 백그라운드에서 객체 시스템은 디렉터리 트리를 탐색해 객체에 도달하지 않는다. 대신 디렉터리 시맨틱과 일치하는 키(project-data/11/23/2021/data.txt)가 표시된다. 이것은 사소한 기술적 세부 사항처럼 보일 수 있지만, 엔지니어는 객체 저장소에서 특정 '디렉터리' 수준의 작업이 비용이 많이 든다는 것을 이해해야 한다. aws ls S3://oreilly-data-engineering-book/projectdata/11/을 실행하려면 객체 저장소가 키 접두사 project-data/11/에서 키를 필터링해야 한다. 버킷에 수백만 개의 객체가 포함된 경우에는 '하위 디렉터리'에 몇 개의 객체만 저장하더라도 이 작업에 시간이 꽤 걸릴 수 있다.

객체 일관성 및 버전 관리

앞서 설명한 바와 같이 객체 저장소는 제자리 갱신 또는 추가를 지원하지 않는다. 객체를 갱신하려면 동일한 키로 새 객체를 작성한다. 데이터 엔지니어가 데이터 프로세스에서 갱신을 활용할 때는 사용 중인 객체 저장소의 일관성 모델을 알고 있어야 한다. 객체 저장소는 최종 일관성이 있을 수도 있고 강력한 일관성이 있을 수도 있다. 예를 들어 최근까지 S3는 **최종 일관성**이 있었다. 객체의 새로운 버전이 같은 키로 작성된 이후 객체 저장소는 때때로 이전 버전의 객체를 반환하는 경우가 있었다. **최종 일관성의 최종 부분**은 충분한 시간이 지나면 스토리지 클러스터가 최신 버전의 객체만 반환되는 상태가 된다는 것을 의미한다. 이는 서버에 연결된 로컬디스크의 **강력한 일관성** 모델(쓰기 후 읽으면 가장 최근에 쓰인 데이터가 반환되는 모델)과는 대조적이다.

다양한 이유로 객체 저장소에 강력한 일관성을 부여하는 것이 바람직할 수 있으며 이를 실현하고자 표준 방법이 사용된다. 한 가지 접근 방식은 강력한 일관성이 있는 데이터베이스(예: PostgreSQL)를 추가하는 것이다. 이제 객체 작성은 두 단계로 진행된다.

① 객체를 쓴다.
② 객체 버전에 대해 반환된 메타데이터를 강력한 일관성의 데이터베이스에 쓴다.

버전 메타데이터(객체 해시 또는 객체 타임스탬프)는 객체 키와 함께 객체 버전을 고유하게 식별할 수 있다. 객체를 읽으려면 리더는 다음 단계를 수행한다.

① 강력한 일관성의 데이터베이스에서 최신 객체 메타데이터를 가져온다.

② 객체 키를 사용해 객체 메타데이터를 쿼리한다. 일관성 있는 데이터베이스에서 가져온 메타데이터와 일치하는 객체 데이터를 읽어온다.

③ 객체 메타데이터가 일치하지 않으면 객체의 최신 버전이 반환될 때까지 순서 2를 반복한다.

실제 구현에는 이 쿼리 프로세스 중에 객체가 다시 쓰이는 경우 등 고려할 예외 및 에지 케이스edge case가 있다. 이러한 단계는 API 뒤에서 관리할 수 있으므로, 객체 리더는 객체 접근 지연 시간이 길어져도 일관성 있는 객체 저장소를 볼 수 있다.

객체 버전 관리는 객체 일관성과 밀접한 관련이 있다. 객체 저장소의 기존 키로 객체를 다시 쓰는 경우, 기본적으로 새로운 객체를 쓰고 기존 키에서 객체에 대한 참조를 설정하고 오래된 객체 참조를 삭제한다. 클러스터 전체에서 모든 참조를 갱신하려면 시간이 걸리므로 오래된 읽기가 발생할 가능성이 있다. 결국 스토리지 클러스터 가비지 컬렉터는 참조되지 않은 데이터 전용 공간을 할당 해제하고, 디스크 용량을 새 객체에서 사용할 수 있도록 재활용한다.

객체 버전 관리가 커지면 버전을 규정하는 객체에 메타데이터를 추가한다. 기본 키 참조는 새 객체를 가리키도록 갱신되지만, 이전 버전에 대한 다른 포인터는 그대로 유지된다. 또한 클라이언트가 모든 객체 버전 목록을 취득해 특정 버전을 가져올 수 있도록 버전 목록도 유지한다. 이전 버전의 객체는 여전히 참조되므로 가비지 컬렉터에 의해 정리되지 않는다.

버전을 사용해 객체를 참조하면 일부 객체 스토리지 시스템의 일관성 문제가 사라진다. 키와 버전 메타데이터가 함께 특정 불변의 데이터 객체에 대한 고유한 참조를 형성하기 때문이다. 삭제하지 않은 경우에는 이 쌍을 사용할 때 항상 동일한 객체를 다시 가져올 수 있다. 클라이언트가 객체의 '기본' 또는 '최신' 버전을 요청할 때는 일관성 문제가 계속 발생한다.

객체 버전 관리에서 엔지니어가 고려할 주요 오버헤드는 스토리지 비용이다. 객체의 과거 버전은 일반적으로 현재 버전과 동일한 관련 스토리지 비용이 발생한다. 객체 버전 비용은 다양한 요인에 따라 매우 미미할 수도 있고 엄청나게 비쌀 수도 있다. 갱신 빈도와 마찬가지로 데이터 크기 역시 문제가 된다. 객체 버전이 많으면 데이터 크기가 상당히 커질 수 있다. 지금 무차별적인 객체 버전 관리에 관해 이야기하고 있다는 것을 명심하자. 객체 스토리지 시스템은 일반적으로 차등 스냅숏이 아닌 각 버전에 대한 전체 객체 데이터를 저장한다.

엔지니어는 스토리지 수명 주기 정책을 도입할 수도 있다. 수명 주기 정책을 사용하면 특정 조건이 충족될 때(예를 들어 객체 버전이 특정 기간에 도달하거나 많은 최신 버전이 존재할 때)

오래된 객체 버전을 자동으로 삭제할 수 있다. 또한 클라우드 벤더는 다양한 아카이브 데이터 계층을 대폭 할인된 가격으로 제공하며, 수명 주기 정책을 사용해 아카이브 프로세스를 관리할 수 있다.

스토리지 클래스 및 계층

현재 클라우드 벤더는 접근 횟수를 줄이거나 내구성을 낮추는 대신 데이터 스토리지 가격을 할인하는 스토리지 클래스를 제공한다. 이러한 스토리지 계층 중 상당수가 여전히 데이터 가용성은 높지만 스토리지 비용을 절감하는 대신 검색 비용이 많이 들기 때문에 접근 감소[reduced access]라는 용어를 사용한다.

아마존은 클라우드 서비스 표준의 벤치마크이므로 S3의 몇 가지 예를 살펴보겠다. S3 스탠다드-AI[S3 Standard-Infrequent Access] 스토리지 클래스는 데이터 검색 비용이 증가하는 대신 매월 스토리지 비용을 할인해준다(클라우드 스토리지 계층의 경제성에 관한 이론적 설명은 4.6.2절의 '클라우드 경제학에 관한 간단한 우회'를 참조하자). 아마존은 또한 단일 영역에만 복제되는 S3 One Zone-AI[Amazon S3 One Zone-Infrequirent] 접근 계층을 제공한다. 예상 가용성은 지역적인 운영 중단[zonal outage] 가능성을 고려해 99.9%에서 99.5%로 떨어진다. 아마존은 여전히 매우 높은 데이터 내구성을 주장하지만, 가용 영역이 파괴되면 데이터가 손실될 수 있다는 경고도 있다.

아마존 S3 글래시어[S3 Glacier]의 아카이브 계층은 접근성이 감소된 계층보다 더 아래쪽에 있다. S3 글래시어는 훨씬 더 높은 접근 비용으로 장기 스토리지 비용을 대폭 절감할 수 있다. 사용자는 몇 분에서 몇 시간에 이르기까지 다양한 검색 속도 옵션을 사용할 수 있으며, 더 빠른 접근을 원하면 더 높은 검색 비용을 내야 한다. 예를 들어 이 책을 쓰는 시점 기준으로 S3 글래시어 딥 아카이브[S3 Glacier Deep Archive]는 스토리지 비용을 더욱 할인 중이며, 아마존은 스토리지 비용이 월 1테라바이트당 1달러부터 시작된다고 광고한다. 대신 데이터 복원에는 12시간이 소요된다. 또한 이 스토리지 클래스는 7~10년 동안 저장되며 연간 1~2회만 접근할 수 있는 데이터를 위해 설계됐다.

보관 스토리지는 데이터 접근이 쉽고, 특히 데이터가 예상보다 자주 필요한 경우 비용이 많이 들기 때문에 어떻게 활용할 계획인지 파악해야 한다. 보관 스토리지의 비용에 관한 자세한 내용은 4장을 참조하자.

객체 저장소 백업 파일 시스템

객체 저장소 동기화 솔루션이 점점 인기를 얻고 있다. s3fs 및 아마존 S3 파일 게이트웨이Amazon S3 File Gateway 같은 도구를 사용하면 S3 버킷을 로컬 스토리지로 마운트할 수 있다. 이러한 도구의 사용자는 파일 시스템에 대한 쓰기 특성과, 이러한 쓰기가 객체 스토리지의 특성 및 가격과 어떻게 상호 작용하는지를 알아야 한다.

예를 들어 파일 게이트웨이는 S3의 고급 기능을 사용해 객체의 일부를 새로운 객체에 결합함으로써 파일 변경을 매우 효율적으로 처리한다. 그러나 고속 트랜잭션 쓰기는 객체 저장소의 갱신 기능을 압도하게 된다. 객체 스토리지를 로컬 파일 시스템으로 마운트하는 것은 자주 갱신되지 않는 파일에 적합하다.

6.2.6 캐시 및 메모리 기반 스토리지 시스템

앞서 6.1절에서 설명한 바와 같이 RAM은 뛰어난 지연 시간과 전송 속도를 제공한다. 그러나 기존 RAM은 단 1초라도 정전이 지속되면 데이터가 지워질 수 있기 때문에 데이터 손실에 매우 취약하다. RAM 기반 스토리지 시스템은 보통 애플리케이션 캐시에 중점을 두고 빠른 접근과 고대역폭을 위한 데이터를 제공한다. 데이터는 일반적으로 보존을 위해 내구성이 더 높은 미디어에 작성해야 한다. 이러한 초고속 캐시 시스템은 데이터 엔지니어가 초고속 검색 지연 시간으로 데이터를 제공해야 할 때 유용하다.

예제: 멤캐시드 및 경량 객체 캐시

멤캐시드Memcached는 데이터베이스 쿼리 결과, API 호출 응답 등을 캐싱하기 위해 설계된 키-값 쌍 저장소다. 멤캐시드는 문자열 또는 정수 유형을 지원하는 단순한 데이터 구조를 사용한다. 멤캐시드는 백엔드 시스템의 부하를 줄이면서도 매우 짧은 지연 시간으로 결과를 제공할 수 있다.

예제: 레디스, 지속성 옵션이 있는 메모리 캐싱

멤캐시드와 마찬가지로 **레디스**Redis는 키-값 쌍 저장소이지만 목록list이나 집합set 등의 다소 복잡한 데이터 유형을 지원한다. 또한 레디스는 스냅숏과 저널링을 포함한 여러 지속성persistence

메커니즘을 내장하고 있다. 일반적인 구성에서 레디스는 대략 2초마다 데이터를 쓴다. 따라서 레디스는 매우 고성능 애플리케이션에 적합하지만, 소량의 데이터 손실도 견딜 수 있다.

6.2.7 하둡 분산 파일 시스템

최근까지 '하둡'은 사실상 '빅데이터'와 동의어였다. 하둡 분산 파일 시스템은 구글 파일 시스템(https://oreil.ly/GlIic)을 기반으로 하며, 처음에는 맵리듀스 프로그래밍 모델(https://oreil.ly/DscVp)로 데이터를 처리하도록 설계됐다. 하둡은 객체 스토리지와 유사하지만 중요한 차이점이 있다. 하둡은 동일한 노드에서 컴퓨팅과 스토리지를 결합하지만, 객체 저장소는 일반적으로 내부 프로세싱을 제한적으로 지원한다.

하둡은 대용량 파일을 수백 메가바이트 미만의 데이터 청크인 **블록**으로 분할한다. 파일 시스템은 디렉터리, 파일 메타데이터, 그리고 클러스터 내의 블록 위치를 설명하는 상세 카탈로그를 유지하는 **네임노드**namenode에 의해 관리된다. 일반적인 구성에서는 각 데이터 블록이 3개의 노드에 복제되는데, 그러면 데이터의 내구성과 가용성이 모두 향상된다. 디스크 또는 노드에 장애가 발생하면 일부 파일 블록의 복제 계수replication factor가 3 아래로 떨어진다. 네임노드는 다른 노드에 이러한 파일 블록을 복제하도록 지시해 다시 올바른 복제 계수에 도달한다. 따라서 **관련 장애**(예: 소행성이 데이터 센터에 충돌하는 등)가 발생하지 않는 한 데이터 손실 가능성은 매우 낮다.

하둡은 단순한 스토리지 시스템이 아니며, 컴퓨팅 리소스를 스토리지 노드와 결합해 제자리 데이터 처리를 지원한다. 이는 8장에서 설명할 맵리듀스 프로그래밍 모델을 사용해 달성됐다.

여전히 영향력을 발휘하는 하둡

우리는 종종 하둡이 죽었다는 주장을 접하게 되는데, 이는 부분적으로만 사실이다. 하둡은 더이상 최신 유행하는 기술이 아니다. 아파치 피그와 같은 많은 하둡 생태계 도구는 현재 위태로운 상황에 처했으며, 주로 레거시 작업을 실행하는 데 사용된다. 순수한 맵리듀스 프로그래밍 모델은 중단됐다. HDFS는 다양한 애플리케이션과 조직에서 여전히 널리 사용되고 있다.

하둡은 여전히 많은 레거시 설치 환경에 등장한다. 빅데이터 열풍이 한창일 때 하둡을 도입한 많은 조직에서는 새로운 기술로 즉시 마이그레이션할 계획이 없다. 이는 (수천 노드의) 대규모 하둡 클러스터를 실행하고 온프레미스 시스템을 효과적으로 유지 관리할 수 있는 자원을 보유한 기업에 적합한 선택이다. 소규모 기업은 클라우드 솔루션으로 마이그레이션하지 않고 소규모 하둡 클러스터를 실행하는 데 따른 비용 오버헤드와 확장 제한을 재고해야 할 수 있다.

또한 HDFS는 아마존 EMR 같은 수많은 최신 빅데이터 엔진의 핵심 요소다. 실제로 아파치 스파크는 여전히 HDFS 클러스터에서 실행된다. 이에 관해서는 6.4.4절의 '컴퓨팅과 스토리지의 분리'를 참고하자.

6.2.8 스트리밍 스토리지

스트리밍 데이터는 비스트리밍 데이터와 스토리지 요구 사항이 다르다. 메시지 큐의 경우, 저장된 데이터는 일시적이며 일정 기간이 지나면 사라질 것으로 예상된다. 그러나 아파치 카프카 같은 분산되고 확장 가능한 스트리밍 프레임워크는 매우 오랜 기간 동안 스트리밍 데이터를 보존할 수 있게 됐다. 카프카는 자주 접근하지 않는 오래된 메시지를 객체 스토리지에 푸시해 무기한 데이터 보존을 지원한다. 카프카 경쟁 제품들(아마존 키네시스, 아파치 펄사, 구글 클라우드 Pub/Sub 등)도 장기 데이터 보존을 지원한다.

이러한 시스템의 데이터 보관과 밀접하게 관련된 개념이 **리플레이**replay다. 리플레이를 사용하면 스트리밍 시스템에 저장된 과거 데이터의 범위를 반환할 수 있다. 리플레이는 스트리밍 스토리지 시스템의 표준 데이터 검색 메커니즘이다. 리플레이는 시간 범위에 걸쳐 배치 쿼리를 실행하거나 스트리밍 파이프라인에서 데이터를 재처리하는 데 사용할 수 있다. 이후 7장에서 리플레이에 관해 더 자세히 설명한다.

실시간 분석 애플리케이션을 위한 또 다른 스토리지 엔진도 등장했다. 어떤 의미에서 트랜잭션 데이터베이스는 최초의 실시간 쿼리 엔진으로 등장했으며, 데이터가 기록되는 즉시 쿼리에 표시된다. 그러나 이러한 데이터베이스는, 특히 대량의 데이터에 걸쳐 실행되는 분석 쿼리의 경우 잘 알려진 확장 및 잠금 제한이 있다. 확장 가능한 행 지향 트랜잭션 데이터베이스 버전은 이러한 한계를 일부 극복했지만, 여전히 규모에 맞는 분석에 최적화되지는 않았다.

6.2.9 인덱스, 파티셔닝 및 클러스터링

인덱스는 특정 필드에 대한 테이블 맵을 제공하며 개별 레코드를 매우 빠르게 검색할 수 있게 해준다. 인덱스가 없으면 데이터베이스는 WHERE 조건을 충족하는 레코드를 찾기 위해 전체 테이블을 스캔해야 한다.

대부분의 RDBMS에서 인덱스는 기본 테이블 키(행의 고유 식별 가능)와 외부 키(다른 테이블과의 조인^{join} 가능)에 사용된다. 인덱스는 특정 애플리케이션의 요구를 충족하기 위해 다른 열에 적용할 수도 있다. 인덱스를 사용하면 RDBMS는 초당 수천 개의 행을 조회하고 갱신할 수 있다.

이 책에서는 트랜잭션 데이터베이스 레코드를 자세히 다루지는 않지만, 이 주제에 관한 많은 기술 리소스를 이용할 수 있다. 그보다는 분석 지향 스토리지 시스템의 인덱스에서 벗어나 분석 활용 사례를 위한 인덱스의 몇 가지 새로운 개발에 관심이 있다.

행에서 열로의 진화

초기 데이터 웨어하우스는 일반적으로 트랜잭션 애플리케이션에 사용되는 것과 동일한 유형의 RDBMS를 기반으로 구축됐다. MPP 시스템의 인기가 높아짐에 따라 분석 목적으로 대량의 데이터에 걸쳐 검색 성능을 크게 개선할 수 있는 병렬 프로세싱으로 전환됐다. 단, 이러한 행 지향 MPP에서는 여전히 인덱스를 사용해 조인 및 상태 체크를 지원한다.

앞서 6.1절에서는 **컬럼형 직렬화**^{columnar serialization}에 관해 설명했다. 컬럼형 직렬화를 사용하면 데이터베이스는 특정 쿼리에서 필요한 열만 스캔할 수 있으므로 디스크에서 읽는 데이터의 양을 대폭 줄일 수 있다. 또한 데이터를 열별로 배열하면 서로 유사한 값이 모이므로 압축 오버헤드를 최소화하면서 높은 압축률을 얻을 수 있다. 따라서 디스크나 네트워크를 통해 데이터를 더 빠르게 스캔할 수 있다.

컬럼형 데이터베이스는 트랜잭션 사용 사례, 즉 다수의 개별 행을 비동기적으로 검색하려고 할 때 성능이 떨어진다. 그러나 복잡한 데이터 변환, 집계, 통계 계산 또는 대규모 데이터셋의 복잡한 조건 평가 등 대량의 데이터를 스캔해야 할 때는 매우 우수한 성능을 발휘한다.

과거에는 컬럼형 데이터베이스의 조인 성능이 낮았기 때문에 데이터 엔지니어는 가능한 한 광범위한 스키마, 배열 및 중첩된 데이터를 써서 데이터의 정규화를 해제(비정규화)해야 했다.

컬럼형 데이터베이스의 조인 성능은 최근 몇 년 동안 크게 향상된 만큼 비정규화할 때의 성능상 이점은 여전히 존재하지만, 더 이상 필수는 아니다. 정규화와 비정규화에 관한 자세한 내용은 8장을 참조하자.

인덱스부터 파티션 및 클러스터링까지

컬럼형 데이터베이스는 빠른 스캔 속도를 허용하지만, 스캔되는 데이터의 양을 최대한 줄이는 것이 여전히 유용하다. 쿼리와 관련된 열의 데이터만 스캔할 뿐만 아니라 테이블을 필드 단위로 나눠 여러 하위 테이블로 분할할 수 있다. 분석 및 데이터 과학 사용 사례에서는 보통 시간 범위로 검색하므로 날짜 및 시간 기반 파티셔닝이 매우 일반적이다. 컬럼형 데이터베이스는 일반적으로 다양한 다른 파티션 스키마도 지원한다.

클러스터cluster를 사용하면 파티션 내에서 데이터를 더 세밀하게 구성할 수 있다. 컬럼형 데이터베이스 내에 적용되는 클러스터링 스키마는 데이터를 하나 또는 여러 개의 필드로 정렬해 유사한 값을 조합한다. 그러면 이러한 값을 필터링, 정렬 및 조인할 때 성능이 개선된다.

예제: 스노우플레이크 마이크로 파티셔닝

스노우플레이크 마이크로 파티셔닝(https://oreil.ly/nQTaP)을 언급하는 이유는 컬럼형 스토리지 접근법에 대한 최근의 발전과 진화를 보여주는 좋은 예이기 때문이다. **마이크로 파티션**micro partition은 압축되지 않은 50~500 MB 정도 크기의 행 집합이다. 스노우플레이크는 유사한 행을 함께 묶으려고 시도하는 알고리즘 방식을 사용한다. 이는 날짜와 같은 단일 지정 필드에서 파티셔닝하는 등의 전통적이고 순진한 접근법과 대조된다. 스노우플레이크는 특히 여러 행에 걸쳐 필드에서 반복되는 값을 찾는다. 이를 통해 조건절(술어)을 기반으로 쿼리를 적극적으로 정리할 수 있다. 예를 들어 WHERE 절에서는 다음과 같은 조건으로 대상 데이터를 규정할 수 있다.

```
WHERE created_date='2022-01-02'
```

이러한 쿼리에서 스노우플레이크는 해당 날짜를 포함하지 않는 모든 마이크로 파티션을 제외해 이 데이터를 효과적으로 제거한다. 또한 스노우플레이크는 중복되는 마이크로 파티션을 허용하므로, 중요한 반복을 보이는 여러 필드에서 파티션을 분할할 수 있다.

효율적인 정리는 스노우플레이크의 메타데이터 데이터베이스에 의해 촉진된다. 이 데이터베이스는 각 마이크로 파티션에 대한 설명(필드의 행 수와 값의 범위 포함)을 저장한다. 각 쿼리 단계에서 스노우플레이크는 마이크로 파티션을 분석해 스캔해야 할 파티션을 결정한다. 스노우플레이크는 **하이브리드 컬럼형 스토리지**^{hybrid columnar storage}라는 용어를 사용하는데,[2] 이는 스토리지가 기본적으로 컬럼형이지만 테이블이 작은 행 그룹으로 분할된다는 사실을 부분적으로 나타낸다. 메타데이터 데이터베이스는 기존 관계형 데이터베이스의 인덱스와 유사한 역할을 한다.

6.3 데이터 엔지니어링 스토리지 개요

데이터 엔지니어링 스토리지 추상화는 데이터 엔지니어링 수명 주기의 핵심이 되는 데이터 구성 및 쿼리 패턴으로, 앞서 설명한 데이터 스토리지 시스템 위에 구축된다([그림 6-3] 참조). 이러한 추상화 중 많은 부분을 3장에서 소개했는데, 지금부터 다시 살펴보도록 하자.

여기서 다룰 추상화의 주요 유형은 데이터 과학, 데이터 분석 및 보고 활용 사례를 지원하는 추상화다. 여기에는 데이터 웨어하우스, 데이터 레이크, 데이터 레이크하우스, 데이터 플랫폼, 데이터 카탈로그가 포함된다. 원천 시스템은 5장에서 설명하므로 여기서는 다루지 않는다.

데이터 엔지니어에게 필요한 스토리지 추상화는 몇 가지 주요 고려 사항으로 요약된다.

목적 및 사용 사례

먼저 데이터를 저장하는 목적을 파악해야 한다. 어떤 용도로 사용할 것인가?

갱신 패턴

추상화는 대량 갱신, 스트리밍 입력 또는 갱신 입력^{upsert}에 최적화되어 있는가?

비용

직/간접적인 재정 비용은 얼마인가? 가치 실현 시간과 기회비용은 어떠한가?

---

2 Benoit Dageville, 'The Snowflake Elastic Data Warehouse,' SIGMOD '16: Proceedings of the 2016 International Conference on Management of Data (June 2016): 215–226, https://oreil.ly/Tc1su

스토리지와 컴퓨팅 분리

스토리지와 컴퓨팅을 분리하는 추세지만, 대부분의 시스템은 분리와 코로케이션을 하이브리드화한다. 이는 목적, 속도 및 비용에 영향을 미치므로 6.4.4절에서 자세히 다룬다.

OLAP 데이터베이스와 데이터 레이크 사이의 경계가 점점 모호해지고 있다는 것을 알아야 한다. 주요 클라우드 데이터 웨어하우스와 데이터 레이크는 충돌하고 있다. 하지만 미래에는 기능적으로나 기술적으로나 서로 매우 유사해질 수 있는 만큼, 이 두 개념 사이의 차이점은 오직 '명칭'만 남게 될 수도 있다.

6.3.1 데이터 웨어하우스

데이터 웨어하우스^data warehouse는 표준 OLAP 데이터 아키텍처다. 3장에서 설명했듯이 데이터 웨어하우스라는 용어는 기술 플랫폼(예: 구글 빅쿼리와 테라데이타), 데이터 중앙 집중화를 위한 아키텍처 및 기업 내 조직 패턴을 의미한다. 스토리지 동향 측면에서 보자면 기존의 트랜잭션 데이터베이스, 행 기반 MPP 시스템(예: 테라데이타 및 IBM 네티자^IBM Netezza), 컬럼형 MPP 시스템(예: 버티카^Vertica 및 테라데이타 컬럼너^Teradata Columnar)을 기반으로 데이터 웨어하우스를 구축하는 것에서 클라우드 데이터 웨어하우스 및 데이터 플랫폼으로 발전해 왔다 (MPP 시스템의 자세한 내용은 3장의 데이터 웨어하우징 논의를 참조하자).

실제로 클라우드 데이터 웨어하우스는 제임스 딕슨^James Dixon이 처음 고안한 대로 대량의 미처리 원시 데이터를 저장하는 영역인 데이터 레이크에 데이터를 정리하는 데 자주 쓰인다.[3] 클라우드 데이터 웨어하우스는 대량의 원시 텍스트와 복잡한 JSON 문서를 처리할 수 있다. 단, 클라우드 데이터 웨어하우스는 실제 데이터 레이크와 달리 이미지, 비디오 또는 오디오와 같은 진정한 의미의 비정형 데이터를 처리할 수 없다는 한계가 있다. 클라우드 데이터 웨어하우스를 객체 스토리지와 결합해 완벽한 데이터 레이크 솔루션을 제공할 수 있다.

---

3 James Dixon, 'Data Lakes Revisited,' James Dixon's Blog, September 25, 2014, https://oreil.ly/FH25v

6.3.2 데이터 레이크

데이터 레이크^{data lake}는 원래 데이터가 가공되지 않은 원시 형태로 보존되는 대규모 저장소로 간주됐다. 초기의 데이터 레이크는 주로 하둡 시스템을 기반으로 구축되었으며, 이를 통해 저렴한 스토리지로 독점 MPP 시스템의 비용 부담 없이 대량의 데이터를 보존할 수 있었다.

지난 5년간 데이터 레이크 스토리지의 진화 측면에서 두 가지 주요 발전이 있었다. 첫째, **컴퓨팅과 스토리지의 분리**를 향한 대규모 마이그레이션이 이뤄졌다. 이는 실제로 데이터의 장기 보존을 위해 하둡에서 클라우드 객체 스토리지로 전환하는 것을 의미한다. 둘째, 데이터 엔지니어는 MPP 시스템에서 제공하는 기능(스키마 관리, 갱신, 병합, 삭제 기능)의 대부분이 실제로는 매우 유용하다는 것을 알게 됐다. 이는 데이터 레이크하우스라는 개념으로 이어졌다.

6.3.3 데이터 레이크하우스

데이터 레이크하우스^{data lakehouse}는 데이터 웨어하우스와 데이터 레이크의 측면을 결합한 아키텍처다. 일반적으로 생각하듯이 레이크하우스는 마치 호수처럼 객체 스토리지에 데이터를 저장한다. 그러나 레이크하우스는 이러한 배열에 데이터 관리를 간소화하고 데이터 웨어하우스와 유사한 엔지니어링 환경을 구축하도록 설계된 기능을 추가한다. 즉, 강력한 테이블 및 스키마 지원과 점진적 갱신 및 삭제 관리 기능을 제공한다. 레이크하우스는 일반적으로 테이블 이력과 롤백도 지원하는데, 오래된 버전의 파일 및 메타데이터를 유지함으로써 실현된다.

레이크하우스 시스템은 데이터 관리 및 변환 도구와 함께 배포되는 메타데이터 및 파일 관리 계층이다. 데이터브릭스는 오픈 소스 스토리지 관리 시스템인 델타 레이크^{Delta Lake}를 통해 레이크하우스 개념을 크게 알렸다.

데이터 레이크하우스의 아키텍처가 빅쿼리와 스노우플레이크를 비롯한 다양한 상용 데이터 플랫폼에서 사용되는 아키텍처와 유사하다는 점을 지적하지 않을 수 없다. 이러한 시스템은 데이터를 객체 스토리지에 저장하고 자동화된 메타데이터 관리, 테이블 이력, 갱신 및 삭제 기능을 제공한다. 기본 파일과 스토리지 관리의 복잡성은 사용자에게 완전히 숨겨져 있다.

데이터 레이크하우스가 독점 도구에 비해 갖는 주요 이점은 상호 운용성이다. 개방형 파일 형식으로 저장하면 도구 간에 데이터를 훨씬 쉽게 교환할 수 있다. 전용 데이터베이스 형식의 데이터를 다시 초기화하면 처리, 시간 및 비용 측면에서 오버헤드가 발생한다. 데이터 레이크하우스 아키텍처에서는 다양한 도구를 메타데이터 계층에 연결해 객체 스토리지에서 직접 데이터를 읽을 수 있다.

데이터 레이크하우스에 있는 대부분의 데이터는 테이블 구조가 적용되지 않을 수 있다는 점을 강조하는 게 중요하다. 데이터 웨어하우스 기능을 필요한 곳에 적용하고, 다른 데이터는 원시 또는 비정형 형식으로 남겨둘 수 있다.

데이터 레이크하우스 기술은 빠르게 발전하고 있다. 아파치 후디와 아파치 아이스버그^{Apache Iceberg}를 비롯해 델타 레이크의 새로운 경쟁자들이 다양하게 속속 등장하고 있다. 더 자세한 내용은 부록 A를 참조하자.

6.3.4 데이터 플랫폼

점점 더 많은 벤더가 자사 제품을 **데이터 플랫폼**^{data platform}으로 스타일링하고 있다. 이들 업체는 코어 데이터 스토리지 계층에 긴밀하게 통합되어 상호 운용이 가능한 도구로 구성된 생태계를 구축했다. 플랫폼을 평가할 때 엔지니어는 제공되는 도구가 고객의 요구를 충족하는지 확인해야 한다. 플랫폼에서 직접 제공되지 않는 도구도 데이터 교환을 위한 추가적인 데이터 오버헤드를 감수하면 상호 운용할 수 있다. 또한 클라우드 데이터 웨어하우스에 대한 설명에서 언급했듯이 플랫폼은 비정형 사용 사례에 대한 객체 스토리지와의 긴밀한 통합을 강조한다.

현시점에서 데이터 플랫폼의 개념은 아직 완전히 구체화되지 않았다. 그러나 데이터 엔지니어링 작업을 단순화하고 벤더 종속성을 더 강화하는 전용 폐쇄형 데이터 도구를 만들려는 경쟁이 계속되고 있다.

6.3.5 Stream-to-Batch 스토리지 아키텍처

Stream-to-Batch 스토리지 아키텍처는 람다 아키텍처와 많은 유사점이 있지만, 일부는 기술적인 세부 사항에 대해 이의를 제기할 수도 있다. 기본적으로 스트리밍 스토리지 시스템의 토픽을 통과하는 데이터는 여러 소비자에게 기록된다.

이러한 소비자 중 일부는 스트림에 대한 통계를 생성하는 실시간 처리 시스템일 수 있다. 또한 배치 스토리지 사용자는 장기 보존 및 배치 쿼리를 위해 데이터를 쓴다. 배치 소비자는 (시간이나 배치 크기 등) 설정 가능한 트리거에 근거해 S3 객체를 생성할 수 있는 AWS 키네시스 파이어호스Kinesis Firehose가 될 수도 있다. 빅쿼리와 같은 시스템은 스트리밍 데이터를 스트리밍 버퍼로 수집한다. 이 스트리밍 버퍼는 자동으로 컬럼형 객체 스토리지로 다시 초기화된다. 쿼리 엔진은 스트리밍 버퍼와 객체 데이터 모두에 대한 원활한 쿼리를 지원해 사용자에게 거의 실시간에 가까운 최신 테이블 뷰를 제공한다.

6.4 스토리지의 주요 아이디어와 동향

이 절에서는 스토리지 아키텍처를 구축할 때 염두에 두어야 할 핵심 고려 사항으로, 스토리지와 관련한 몇몇 주요 아이디어를 설명한다. 이러한 고려 사항의 대부분은 더 거시적인 트렌드의 일부다. 예를 들어 데이터 카탈로그는 '엔터프라이즈' 데이터 엔지니어링 및 데이터 관리라는 트렌드에 적합하다. 현재 클라우드 데이터 시스템에서는 컴퓨팅과 스토리지의 분리가 대부분 실현되고 있다. 또한 기업이 데이터 기술을 채택함에 따라 데이터 공유는 점점 더 중요한 고려 사항이 되고 있다.

6.4.1 데이터 카탈로그

데이터 카탈로그는 조직 전체의 모든 데이터에 대한 중앙 집중식 메타데이터 저장소다. 엄밀히 말하자면 데이터 카탈로그는 최상위 수준의 데이터 스토리지 추상화는 아니지만, 다양한 시스템 및 추상화와 통합된다. 데이터 카탈로그는 일반적으로 운영 및 분석 데이터 원천에서 작동하며 데이터 계통과 데이터 관계 표현presentation을 통합하고 사용자가 데이터 설명을 편집할 수 있도록 한다.

데이터 카탈로그는 종종 사용자가 데이터, 쿼리 및 데이터 저장소를 볼 수 있는 중앙 위치를 제공하는 데 쓰인다. 데이터 엔지니어는 데이터 카탈로그 및 데이터 카탈로그 자체의 무결성과 통합되는 데이터 파이프라인과 스토리지 시스템의 다양한 데이터 통합을 설정하고 유지 관리해야 할 책임이 있다.

카탈로그 애플리케이션 통합

데이터 애플리케이션은 카탈로그 API와 통합되어 메타데이터 및 갱신을 직접 처리하도록 설계되는 게 이상적이다. 조직에서 카탈로그가 더 널리 사용됨에 따라 이러한 이상에 접근하기가 더 쉬워졌다.

자동화된 스캔

실제로 카탈로그 시스템은 일반적으로 데이터 레이크, 데이터 웨어하우스 및 운영 데이터베이스 같은 다양한 시스템에서 메타데이터를 수집하는 자동화된 검색 계층을 사용해야 한다. 데이터 카탈로그는 기존 메타데이터를 수집할 수 있으며, 스캔 도구를 사용해 주요 관계나 민감한 데이터의 존재 여부와 같은 메타데이터를 추론할 수도 있다.

데이터포털 및 소셜 계층

데이터 카탈로그는 일반적으로 웹 인터페이스를 통해 사용자가 데이터를 검색하고 데이터 관계를 볼 수 있는 사용자 접근 계층을 제공한다. 데이터 카탈로그는 위키Wiki 기능을 제공하는 소셜 계층을 통해 향상될 수 있다. 이를 활용하면 사용자는 데이터셋에 대한 정보를 제공하고, 다른 사용자에게 정보를 요청하며, 갱신이 있을 때는 이를 게시할 수 있다.

데이터 카탈로그 사용 사례

데이터 카탈로그에는 조직적 활용 사례와 기술적 활용 사례가 모두 있다. 데이터 카탈로그를 사용하면 시스템에서 메타데이터를 쉽게 사용할 수 있다. 예를 들어 데이터 카탈로그는 데이터 레이크하우스의 주요 구성 요소이므로 쿼리를 위한 테이블 검색 기능을 제공한다. 데이터 카탈로그를 조직적으로 사용하면 비즈니스 사용자, 분석가, 데이터 과학자 및 엔지니어가 질문에 답할 데이터를 검색할 수 있다. 데이터 카탈로그는 조직 간 커뮤니케이션과 협업을 간소화한다.

6.4.2 데이터 공유

조직과 개인은 **데이터 공유**data sharing를 통해 특정 데이터와 신중하게 정의된 권한을 특정 엔티티와 공유할 수 있다. 데이터 과학자는 데이터 공유를 통해 샌드박스의 데이터를 조직 내 공동 작업자와 공유할 수 있다. 조직 전체에서 데이터 공유는 협력업체 간의 협업을 촉진한다. 예를 들어 광고 기술 회사는 광고 데이터를 고객과 공유할 수 있다.

클라우드 멀티테넌트 환경에서는 조직 간 협업이 훨씬 쉬워진다. 하지만 새로운 보안 문제도 발생한다. 조직은 우발적인 노출이나 고의적인 유출을 방지하기 위해 데이터를 공유할 수 있는 사용자를 관리하는 정책을 신중하게 제어해야 한다.

데이터 공유는 많은 클라우드 데이터 플랫폼의 핵심 기능이다. 데이터 공유의 자세한 내용은 5장을 참조하자.

6.4.3 스키마

예상되는 데이터 형태는 무엇인가? 파일 형식은 무엇인가? 정형, 반정형, 비정형 중 어느 쪽인가? 예상되는 데이터 유형은 무엇인가? 데이터가 대규모 계층에 어떻게 들어맞는가? 공유 키 또는 기타 관계를 통해 다른 데이터와 연결되어 있는가?

스키마는 반드시 **관계형**relational일 필요는 없다. 오히려 데이터의 구조와 조직에 관한 정보가 많을수록 더 유용하다. 데이터 레이크에 저장된 이미지의 경우, 이러한 스키마 정보는 이미지 형식, 해상도 및 이미지가 더 큰 계층에 적합한 방식을 설명할 수 있다.

스키마는 데이터를 읽는 방법을 알려주는 일종의 로제타 스톤과 같은 역할을 할 수 있다. 주요 스키마 패턴은 쓰기 스키마schema on write와 읽기 스키마schema on read 두 가지가 있다.

쓰기 스키마는 기본적으로 전통적인 기존 데이터 웨어하우스 패턴이다. 테이블에는 통합 스키마가 있으며, 테이블에 대한 모든 쓰기는 스키마를 준수해야 한다. 쓰기 스키마를 지원하려면 데이터 레이크가 스키마 메타스토어를 통합해야 한다.

읽기 스키마에서 스키마는 데이터를 쓸 때 동적으로 생성되며, 리더는 데이터를 읽을 때 스키마를 결정해야 한다. 읽기 스키마는 파케이 또는 JSON 등 내장 스키마 정보를 구현하는 파일 형식을 사용해 구성되는 것이 이상적이다. CSV 파일은 스키마의 불일치로 악명이 높기 때문에 이 설정에서는 권장하지 않는다.

쓰기 스키마의 주요 장점은 데이터 표준을 적용해 향후 데이터를 더 쉽게 소비하고 활용할 수 있다는 것이다. 한편 읽기 스키마는 유연성을 강조해 거의 모든 데이터를 쓸 수 있다. 다만 향후 데이터를 소비하는 데 더 큰 어려움을 겪을 수 있다.

6.4.4 컴퓨팅과 스토리지의 분리

이 책 전체에서 살펴볼 주요 아이디어는 컴퓨팅과 스토리지의 분리다. 이는 오늘날 클라우드 시대의 표준 데이터 접근 및 쿼리 패턴으로 부상했다. 앞서 설명한 바와 같이 데이터 레이크는 데이터를 객체 저장소에 저장하고, 이 데이터를 읽고 처리하기 위해 임시 컴퓨팅 용량을 증가시킨다. 이제 대부분의 완전 관리형 OLAP 제품은 백그라운드에서 객체 스토리지에 의존한다. 컴퓨팅과 스토리지를 분리하는 동기를 이해하려면, 먼저 컴퓨팅과 스토리지의 코로케이션을 살펴봐야 한다.

컴퓨팅과 스토리지의 코로케이션

컴퓨팅과 스토리지의 코로케이션은 오랫동안 데이터베이스 성능을 개선하기 위한 표준적인 방법으로 사용되어 왔다. 트랜잭션 데이터베이스의 경우에는 데이터 코로케이션을 통해 지연 시간이 짧은 디스크 읽기와 높은 대역폭을 확보할 수 있었다. 스토리지를 가상화하는 경우에도 (예: 아마존 EBS 사용) 데이터는 호스트 시스템과 비교적 가깝게 배치된다.

시스템 클러스터에서 실행되는 분석 쿼리 시스템에도 동일한 기본 아이디어가 적용된다. 예를 들어 HDFS 및 맵리듀스를 사용하는 경우, 표준 접근 방식은 클러스터에서 스캔해야 하는 데이터 블록을 찾은 다음 이러한 블록에 개별 맵 작업을 푸시하는 것이다. 맵 단계에 대한 데이터 스캔 및 처리는 완전히 로컬에서 이뤄진다. 축소 절차에는 클러스터 전체에서 데이터를 교환하는 작업이 포함되지만, 맵 단계를 로컬로 유지하면 효과적으로 더 많은 대역폭이 유지되어 전체적인 성능이 개선된다. 또한 고도로 필터링하는 맵 단계를 수행하면 셔플되는 데이터의 양이 크게 줄어든다.

컴퓨팅과 스토리지의 분리

컴퓨팅과 스토리지의 코로케이션이 높은 성능을 제공한다면, 컴퓨팅과 스토리지를 분리하는 방향으로 전환하는 이유는 무엇일까? 여기에는 다음과 같은 요인이 존재한다.

임시성과 확장성

클라우드에서는 일시적인 것, 즉 임시성^{ephemerality}으로의 극적인 변화를 목격했다. 일반적으로는 (서버를 수년 동안 쉬지 않고 하루 24시간 계속 가동한다는 가정 아래) 서버를 클라우드 벤더로부터 임대하는 것보다 구입 및 호스팅하는 것이 더 저렴하다. 실제로 워크로드는 매우 다양하며, 서버의 스케일 업 및 스케일 다운이 가능할 때는 종량제 모델을 통해 상당한 효율성을 실현할 수 있다. 이는 온라인 소매업체의 웹 서버나 정기적으로만 실행되는 빅데이터 배치 작업에도 해당한다.

임시 컴퓨팅 리소스를 사용하면 엔지니어는 대규모 클러스터를 스핀업해 제시간에 작업을 완료한 다음에 클러스터를 삭제할 수 있다. 일시적으로 매우 큰 대규모로 운용함으로써 얻을 수 있는 성능상의 이점은 객체 스토리지의 대역폭 제한을 능가할 수 있다.

데이터 내구성과 가용성

클라우드 객체 저장소는 데이터 손실 위험을 크게 줄이고 일반적으로 매우 높은 가동 시간(가용성)을 제공한다. 예를 들어 S3는 여러 영역에 걸쳐 데이터를 저장하므로, 자연재해로 영역이 파괴되더라도 나머지 영역에서 데이터를 계속 사용할 수 있다. 여러 영역을 사용할 수 있으면 데이터가 중단될 확률도 낮아진다. 한 영역의 리소스가 다운되면 엔지니어는 다른 영역의 동일한 리소스를 스핀업할 수 있다.

잘못된 구성 때문에 객체 스토리지의 데이터가 파괴될 무시무시한 가능성은 여전히 남아 있지만, 이를 쉽게 완화할 방법이 있다. 일반적으로 구성 변경은 한 번에 한 리전에만 배포되므로, 데이터를 여러 클라우드 리전으로 복사하면 이러한 위험이 줄어든다. 데이터를 여러 스토리지 공급자에 복제하면 위험을 더욱 줄일 수 있다.

하이브리드 분리와 코로케이션

컴퓨팅과 스토리지를 분리하는 실제 현실은 여기서 암시한 내용보다 훨씬 복잡하다. 실제로는 코로케이션과 분리를 지속해서 하이브리드화해 두 가지 접근 방식의 이점을 모두 실현한다. 이러한 하이브리드화는 보통 멀티티어 캐싱과 하이브리드 객체 스토리지의 두 가지 방식으로 이뤄진다.

멀티티어 캐싱^{multitier caching}에서는 장기적인 데이터 보관 및 접근을 위해 객체 스토리지를 활용하지만, 쿼리 및 데이터 파이프라인의 다양한 단계에서 사용하기 위해 로컬 스토리지를 스핀업한다. 구글과 아마존 모두 하이브리드 객체 스토리지(컴퓨팅과 긴밀하게 통합된 객체 스토리지) 버전을 제공한다.

인기 있는 몇몇 처리 엔진이 스토리지와 컴퓨팅의 분리 및 코로케이션을 어떻게 하이브리드화 하는지 예시를 들어 살펴보겠다.

예시: S3 및 HDFS를 사용하는 AWS EMR

아마존 EMR과 같은 빅데이터 서비스는 데이터를 처리하기 위해 임시 HDFS 클러스터를 스핀업한다. 엔지니어는 S3와 HDFS를 파일 시스템으로 참조할 수 있다. 일반적인 패턴은 SSD 드라이브에 HDFS를 설치하고 S3에서 데이터를 꺼낸 다음, 로컬 HDFS에 중간 처리 단계의 데이터를 저장하는 것이다. 이렇게 하면 S3에서 직접 처리하는 것보다 훨씬 높은 성능 향상을 실현할 수 있다. 클러스터가 절차를 완료하고 클러스터와 HDFS가 삭제되면 전체 결과가 S3에 다시 기록된다. 다른 소비자는 S3에서 출력 데이터를 직접 읽는다.

예시: 아파치 스파크

실제로 스파크는 보통 HDFS 또는 기타 임시 분산 파일 시스템에서 작업을 실행함으로써 처리 단계 간의 데이터 고성능 저장을 지원한다. 또한 스파크는 처리 능력을 개선하기 위해 인메모리 데이터 스토리지에 크게 의존한다. 스파크를 실행하기 위한 인프라를 소유할 때의 문제점은 $DRAM^{Dynamic RAM}$이 매우 비싸다는 것이다. 클라우드에서 컴퓨팅과 스토리지를 분리하면 대량의 메모리를 빌린 다음에 작업이 완료되면 해당 메모리를 해제할 수 있다.

예시: 아파치 드루이드

아파치 드루이드는 고성능을 구현하기 위해 SSD에 크게 의존한다. SSD는 자기 디스크보다 훨씬 더 비싸기 때문에 드루이드는 클러스터에 데이터 사본을 하나만 보관해 '라이브' 스토리지 비용을 3배까지 절감한다.

물론 데이터 내구성을 유지하는 것은 여전히 중요하기 때문에 드루이드는 객체 저장소를 내구성 계층으로 사용한다. 데이터가 수집되면 처리되고 압축된 열로 직렬화되어 클러스터 SSD 및 객체 스토리지에 기록된다. 노드에 장애가 발생하거나 클러스터 데이터가 손상될 때는 데이터를 새 노드로 자동 복구할 수 있다. 또한 클러스터를 종료한 다음 SSD 스토리지에서 완전히 복구할 수 있다.

예시: 하이브리드 객체 스토리지

구글의 콜로서스^{Colossus} 파일 스토리지 시스템은 데이터 블록 위치에 대한 세분화된 제어를 지원하지만, 이 기능이 대중에게 직접 공개되지는 않는다. 빅쿼리는 이 기능을 사용해 고객 테이블을 단일 위치에 배치하고 해당 위치의 쿼리에 대해 매우 높은 대역폭을 허용할 수 있다.[4] 이를 **하이브리드 객체 스토리지**라고 부르는데, 객체 스토리지의 깔끔한 추상화와 컴퓨팅 및 스토리지의 공동 배치라는 몇몇 장점이 결합되어 있기 때문이다. 아마존은 또한 S3 Select 기능을 통해 하이브리드 객체 스토리지에 대한 개념을 제공한다. S3 Select는 사용자가 네트워크를 통해 데이터가 반환되기 전에 S3 클러스터에서 직접 S3 데이터를 필터링할 수 있는 기능이다.

퍼블릭 클라우드는 오퍼링의 성능을 개선하고 사용 가능한 네트워크 리소스를 더 효율적으로 사용하기 위해 하이브리드 객체 스토리지를 더욱 폭넓게 채택할 것으로 예상된다. 아마 이를 공개하지 않은 채 이미 도입한 곳도 있을 것이다.

하이브리드 객체 스토리지의 개념은 다른 사람의 퍼블릭 클라우드에 의존하는 것보다는 하드웨어에 대한 낮은 수준의 접근을 제공하는 편이 여전히 이점이 있다는 것을 강조한다. 퍼블릭 클라우드 서비스는 하드웨어 및 시스템의 하위 수준 세부 정보(예: 콜로서스의 데이터 블록 위치)를 노출하지 않지만, 이러한 세부 정보는 성능 최적화 및 개선에 매우 유용할 수 있다(클라우드 경제성에 대한 논의는 4장을 참조하자).

현재 퍼블릭 클라우드로의 대규모 데이터 마이그레이션이 진행되고 있지만, 지금은 다른 제공 업체의 퍼블릭 클라우드에서 가동되는 수많은 하이퍼스케일 데이터 서비스의 벤더들이 향후에는 (퍼블릭 클라우드에 네트워크를 심층적으로 통합하더라도) 자신들의 데이터 센터를 구축할 수도 있을 것이다.

무복사 복제

객체 스토리지를 기반으로 하는 클라우드 기반 시스템은 **무복사 복제**$^{zero-copy\ cloning}$를 지원한다.

---

[4] Valliappa Lakshmanan and Jordan Tigani, Google BigQuery: The Definitive Guide (Sebastopol, CA: O'Reilly, 2019), 16–17, 188, https://oreil.ly/5aXXu

이는 일반적으로 기본 데이터를 물리적으로 복사하지 않고도 객체의 새로운 가상 복사본(예: 새 테이블)이 생성됨을 의미한다. 일반적으로 원시 데이터 파일에 대한 새 포인터가 생성되며, 이러한 테이블에 대한 향후 변경 내용은 이전 테이블에 기록되지 않는다. 파이썬과 같은 객체 지향 언어의 내부 작업에 익숙하다면 이러한 유형의 **얕은 복사**^{shallow copy}는 다른 맥락에서 친숙할 것이다.

무복사 복제는 뛰어난 기능이지만, 엔지니어는 그 강점과 한계를 이해해야 한다. 예를 들어 데이터 레이크 환경에서 객체를 복제한 다음 원래 객체의 파일을 삭제하면 새 객체도 삭제될 수 있다.

완전히 관리되는 객체 저장소 기반 시스템(예: 스노우플레이크나 빅쿼리 등)의 경우 엔지니어는 얕은 복사의 정확한 한계를 매우 잘 알고 있어야 한다. 엔지니어는 데이터브릭스 같은 데이터 레이크 시스템의 기본 객체 스토리지에 더 많이 접근할 수 있는데, 이는 축복이자 저주이기도 하다. 데이터 엔지니어는 기본 객체 저장소의 원시 파일을 삭제하기 전에 세심한 주의를 기울여야 한다. 데이터브릭스 및 기타 데이터 레이크 관리 기술은 모든 기본 데이터 객체를 복사하는 **깊은 복사**^{deep copy} 개념을 지원할 때도 있다. 이 프로세스는 비용이 더 많이 들지만, 파일이 실수로 손실되거나 삭제되는 경우에 대비해 더욱 강력하다.

6.4.5 데이터 스토리지 수명 주기 및 데이터 보존

데이터를 저장하는 것은 단순히 객체 스토리지나 디스크에 저장하고 잊어버리는 것만큼 간단하지 않다. 데이터 스토리지 수명 주기와 데이터 유지를 고려해야 한다. 접근 빈도와 사용 사례를 고민할 때는 "데이터가 다운스트림 사용자에게 얼마나 중요하며, 사용자가 데이터에 접근하는 빈도는 얼마나 될까?"라고 질문하자. 이것이 바로 **데이터 스토리지의 수명 주기**다. 또 다른 질문은 "이 데이터를 언제까지 보관해야 하는가?"다. 데이터를 무기한 보관해야 할까? 아니면 특정 기간이 지난 후 폐기해도 괜찮을까? 이것이 바로 **데이터 보존**이다. 각 사항에 관해 지금부터 자세히 살펴보겠다.

핫 데이터, 웜 데이터, 콜드 데이터

데이터에도 온도가 있다는 사실을 알고 있는가? 데이터의 접근 빈도에 따라 데이터 저장 방식을 크게 핫, 웜, 콜드의 세 가지 지속성 범주로 분류할 수 있다. 쿼리 접근 패턴은 데이터셋마다 다르다(그림 6-9). 일반적으로 최신 데이터는 오래된 데이터보다 더 자주 쿼리된다. 그럼 핫 데이터, 콜드 데이터, 웜 데이터를 순서대로 살펴보자.

그림 6-9 접근 빈도와 관련한 핫, 웜, 콜드 데이터 비용

핫 데이터

핫 데이터hot data는 즉각적이거나 빈번한 접근이 요구된다. 핫 데이터용 기본 스토리지는 SSD 또는 메모리와 같은 빠른 접근 및 읽기에 적합하다. 핫 데이터와 관련한 하드웨어 유형 때문에 대부분의 경우 핫 데이터 저장은 가장 비용이 많이 드는 스토리지 형태를 가진다. 핫 데이터의 사용 사례로는 제품 추천 및 제품 페이지 결과 검색 등이 있다. 핫 데이터 저장 비용은 세 가지 스토리지 계층 중 가장 높지만, 검색 비용은 저렴한 경우가 많다.

쿼리 결과 캐시는 핫 데이터의 또 다른 예시다. 쿼리가 실행되면 일부 쿼리 엔진은 쿼리 결과를 캐시에 유지한다. 제한된 시간 동안 동일한 쿼리를 실행하면, 스토리지에 대해 동일한 쿼리를 다시 실행하는 대신 쿼리 결과 캐시가 캐시된 결과를 제공한다. 그러면 동일한 쿼리를 반복해서 중복 실행할 때보다 쿼리 응답 시간이 훨씬 단축된다. 다음 장에서 쿼리 결과 캐시에 관해 더 자세히 설명하겠다.

웜 데이터

웜 데이터warm data는 한 달에 한 번씩 반정기적으로 접근된다. 웜 데이터의 접근 빈도를 나타내는 확실하고 빠른 규칙은 없지만, 핫 데이터보다는 적고 콜드 데이터보다는 많다. 주요 클라우드 공급자는 웜 데이터를 수용하는 객체 스토리지 계층을 제공한다. 예를 들어 S3는 자주 접근하지 않는 계층을 제공하며, 구글 클라우드에는 니어라인Nearline이라는 유사한 스토리지 계층이 있다. 벤더는 권장되는 접근 빈도에 대한 모델을 제공하며 엔지니어는 비용 모델링 및 모니터링을 수행할 수도 있다. 웜 데이터의 스토리지는 핫 데이터보다 저렴하지만 검색 비용이 약간 더 비싸다.

콜드 데이터

반면에 **콜드 데이터**^{cold data}는 접근 빈도가 낮다. 콜드 데이터를 아카이브^{archive}하는 데 필요한 하드웨어는 HDD, 테이프 스토리지 및 클라우드 기반 아카이브 시스템과 같이 일반적으로 저렴하고 내구성이 뛰어난 제품이다. 콜드 데이터는 주로 데이터에 접근할 의사가 거의 없거나 전혀 없는 장기 아카이브를 위한 것이다. 콜드 데이터를 저장하는 비용은 저렴하지만, 콜드 데이터를 검색하는 데는 큰 비용이 든다.

스토리지 계층에 관한 고려 사항

데이터의 스토리지 계층을 고려할 때는 각 계층의 비용을 고려해야 한다. 모든 데이터를 핫 스토리지에 저장하면 모든 데이터에 빠르게 접근할 수 있다. 하지만 그러려면 엄청난 대가를 치러야 한다. 반대로 비용을 절감하기 위해 모든 데이터를 콜드 스토리지에 저장하면 스토리지 비용을 확실히 절감할 수 있지만, 데이터에 접근해야 할 경우 검색 시간이 길어지고 검색 비용이 커진다. 스토리지 가격은 더 빠르고 더 높은 성능의 스토리지에서 더 낮은 스토리지로 내려간다.

콜드 스토리지는 데이터 아카이브에 널리 쓰인다. 지금까지 콜드 스토리지는 물리적 백업을 수반했으며, 종종 데이터를 제삼자에게 우편으로 발송해서 말 그대로 '금고에 보관'했다. 콜드 스토리지는 클라우드에서 차츰 더 인기를 얻고 있다. 현재 모든 클라우드 제공업체가 콜드 데이터 솔루션을 제공하므로, 콜드 스토리지에 데이터를 푸시하는 비용과 데이터 검색 비용 및 시간을 비교해야 한다.

데이터 엔지니어는 핫 스토리지에서 웜 또는 콜드 스토리지로의 파급 효과, 즉 스필오버^{spillover}를 고려해야 한다. 메모리는 비싸고 한정되어 있다. 예를 들어 메모리에 핫 데이터를 저장하는 경우 저장할 새 데이터가 너무 많아 메모리가 부족하면 핫 데이터가 디스크로 유출될 수 있다. 일부 데이터베이스는 자주 접근하지 않는 데이터를 웜 또는 콜드 계층으로 이동해 HDD 또는 객체 스토리지로 데이터를 오프로드할 수 있다. 후자는 객체 스토리지의 비용 효율성 때문에 점점 더 보편화되고 있다. 클라우드에서 관리형 서비스를 사용할 때는 디스크 스필오버가 자동으로 발생한다.

클라우드 기반 객체 스토리지를 사용할 때는 데이터에 대한 자동 수명 주기 정책을 만들자. 이를 통해 스토리지 비용을 대폭 절감할 수 있다. 예를 들어 데이터에 한 달에 한 번만 접근해야 할 때는 해당 데이터를 접근 빈도가 낮은 스토리지 계층으로 옮긴다. 데이터가 180일이 지났고 현재 쿼리에 접근할 수 없는 경우에는 보관 스토리지 계층으로 이동한다. 두 경우 모두 일반 객체 스토리지에서 벗어나 데이터 마이그레이션을 자동화할 수 있고 비용을 절감할 수 있다. 즉, 자주 사용하지 않거나 아카이브 스타일의 스토리지 계층을 사용할 때는 검색에 드는 시간과 비용 모두를 고려하자.

접근 및 검색에 드는 시간과 비용은 클라우드 제공업체에 따라 다를 수 있다. 일부 클라우드 제공업체에서는 데이터를 보관 스토리지로 마이그레이션하는 작업이 간단하고 저렴하지만, 데이터를 검색하는 데는 비용이 많이 들고 속도가 느리다.

데이터 보존

빅데이터의 초창기에는 데이터 유용성과 관계없이 모든 데이터를 축적하려는 오류를 범하는 경향이 있었다. '언젠가 이 데이터가 필요할지도 모른다'는 기대감 때문이었다. 이러한 '막연한 데이터 보존'은 필연적으로 다루기 어렵고 지저분해져서 데이터 늪과 데이터 보존에 대한 규제 단속을 초래하고 그 결과 악몽으로 이어졌다. 오늘날 데이터 엔지니어는 데이터 보존과 관련해 어떤 데이터를 얼마나 오래 보존해야 할지를 고려해야 한다. 다음은 데이터 보존과 관련해 고려해야 할 몇 가지 사항이다.

가치

데이터는 자산이므로 저장하는 데이터의 가치를 알아야 한다. 물론 여기서 가치란 주관적이며, 데이터의 즉각적인 사용 사례와 광범위한 조직에 어떤 가치를 부여하느냐에 따라 달라진다. 이 데이터는 재작성할 수 없는 데이터인가? 아니면 업스트림 시스템에 쿼리해 쉽게 재작성할 수 있는 데이터인가? 이 데이터를 사용할 수 있는 경우와 그렇지 않은 경우 다운스트림 사용자에게 미치는 영향은 무엇인가?

시간

다운스트림 사용자에 대한 가치도 데이터 보유 기간에 따라 달라진다. 일반적으로 새로운 데이터는 오래된 데이터보다 더 가치 있고 자주 접근하게 된다. 기술적 제한에 따라 특정 스토리지 계층에 데이터를 저장할 수 있는 기간이 결정될 수 있다. 예를 들어 핫 데이터를 캐시 또는 메모리에 저장하는 경우에는 특정 시점 이후에 데이터를 만료하거나 웜 또는 콜드 스토리지에 유지할 수 있도록 TTL$^{\text{Time to Live}}$을 설정해야 한다. 그렇지 않으면 핫 스토리지가 가득 차서 핫 데이터에 대한 쿼리가 성능 지연에 시달리게 된다.

컴플라이언스

(HIPAA 또는 PCI$^{\text{payment card industry}}$ 등) 특정 규정에 따라 일정 기간 데이터를 보관해야 할 수 있다. 이러한 상황에서는 접근 요청이 발생할 가능성이 낮더라도 요청 시 데이터에 접근할 수 있어야 한다.

다른 규정에서는 데이터를 제한된 기간만 보관하도록 요구할 수 있으며, 컴플라이언스 가이드라인 내에서 특정 정보를 제때 삭제할 수 있어야 한다. 준수해야 하는 특정 규정의 보존 요건에 적합한 데이터 검색 기능과 더불어 저장^{storage} 및 보관^{archival} 데이터 프로세스가 필요하다. 물론 컴플라이언스와 비용 간의 균형을 유지해야 한다.

비용

데이터는 ROI가 있는 자산이다. ROI의 비용 측면에서는 데이터와 관련된 명백한 스토리지 비용이 있다. 데이터를 보존해야 하는 타임라인을 고려하자. 핫 데이터, 웜 데이터 및 콜드 데이터에 대한 논의를 바탕으로 자동 데이터 수명 주기 관리 방식을 구현하고, 필요한 보존 기간이 지나 데이터가 더는 필요하지 않다면 콜드 스토리지로 데이터를 이동한다. 또는 정말 필요하지 않은 데이터를 삭제할 수도 있다.

6.4.6 싱글테넌트 스토리지와 멀티테넌트 스토리지 비교

3장에서는 싱글테넌트$^{\text{single-tenant}}$ 아키텍처와 멀티테넌트^{multitenant} 아키텍처 간의 트레이드오프를 다뤘다. 요약하자면, 싱글테넌트 아키텍처에서는 각 테넌트 그룹(예: 개별 사용자, 사용자 그룹, 계정 또는 고객)이 네트워킹, 컴퓨팅 및 스토리지와 같은 전용 리소스 집합을 가진다. 멀티테넌트 아키텍처는 이를 뒤집고 사용자 그룹 간에 이러한 리소스를 공유한다. 이 두 아키텍처 모두 널리 사용되고 있다. 이번 절에서는 싱글테넌트 및 멀티테넌트 스토리지의 영향에 관해 설명한다.

싱글테넌트 스토리지를 채택하면 모든 테넌트에 전용 스토리지가 제공된다. [그림 6-10]의 예시에서 각 테넌트는 데이터베이스를 얻는다. 이러한 데이터베이스 간에는 데이터가 공유되지 않으며 스토리지는 완전히 격리된다. 싱글테넌트 스토리지를 사용하는 예로는 각 고객의 데이터를 분리해 저장해야 하며 다른 고객의 데이터와 혼합할 수 없는 경우를 들 수 있다. 이때 각 고객은 고유한 데이터베이스를 가진다.

그림 6-10 싱글테넌트 스토리지에서는 각 테넌트에 고유한 데이터베이스가 할당된다.

각 데이터 스토리지는 개별적이고 독립적인 스키마, 버킷 구조 및 스토리지와 관련된 모든 것을 의미한다. 즉, 각 테넌트의 스토리지 환경을 균일하게 설계하거나 원하는 대로 발전시킬 수 있다. 고객마다 스키마가 다를 수 있다는 건 장점이지만 복잡해질 수 있으며, 항상 그렇듯이 단점을 고려해야 한다. 각 테넌트의 스키마가 모든 테넌트에서 균일하지 않은 경우, 여러 테넌트의 테이블을 쿼리해 모든 테넌트 데이터에 대한 통합 보기를 생성해야 할 때 큰 문제가 발생할 수 있다.

멀티테넌트 스토리지를 사용하면 단일 데이터베이스 내에 여러 테넌트를 저장할 수 있다. 예를 들어 고객이 자체 데이터베이스를 사용하는 싱글테넌트 시나리오 대신, 여러 고객이 멀티테넌트 데이터베이스의 동일한 데이터베이스 스키마 또는 테이블에 상주할 수 있다. 멀티테넌트 데이터를 저장한다는 것은 각 테넌트의 데이터가 동일한 위치에 저장된다는 의미다(그림 6-11).

그림 6-11 이 멀티테넌트 스토리지에서는 4개의 테넌트가 동일한 데이터베이스를 사용한다.

싱글테넌트 스토리지와 멀티테넌트 스토리지 모두에 대한 쿼리는 8장에서 더 자세히 설명한다.

6.5 함께 작업할 대상

스토리지는 데이터 엔지니어링 인프라의 핵심이다. 여러분은 데브옵스, 보안 및 클라우드 설계자 같은 IT 인프라를 소유한 사람들과 주로 소통하게 된다.

데이터 엔지니어링 팀과 다른 팀 사이의 책임 영역을 정의하는 일은 매우 중요하다. 데이터 엔지니어는 AWS 계정에 인프라를 도입할 권한이 있는가? 아니면 다른 팀이 이러한 변경을 처리해야 하는가? 다른 팀과 협력해 합리화된 프로세스를 정의해서 팀이 효율적이고 신속하게 협업할 수 있도록 해야 한다.

데이터 스토리지에 대한 책임 분담은 관련된 조직의 성숙도에 따라 크게 달라진다. 데이터 성숙도가 낮은 회사라면 데이터 엔지니어가 스토리지 시스템과 워크플로를 관리할 가능성이 높다. 회사의 데이터 성숙도가 그보다 더 높을 경우에는 데이터 엔지니어가 스토리지 시스템의 일부를 관리할 것이다. 이 데이터 엔지니어는 스토리지 수집 및 변환을 각각 담당하는 엔지니어와도 상호 작용할 수 있다.

데이터 엔지니어는 다운스트림 사용자가 사용하는 스토리지 시스템을 안전하게 사용할 수 있고, 고품질 데이터를 포함하며, 충분한 스토리지 용량을 갖추고, 쿼리 및 변환 실행 시 성능을 발휘할 수 있도록 보장해야 한다.

6.6 드러나지 않는 요소

스토리지는 데이터 엔지니어링 수명 주기의 모든 단계에서 중요한 허브이기 때문에 스토리지의 드러나지 않는 요소는 매우 중요하다. 데이터가 이동 중이거나(수집), 쿼리 및 변환될 수 있는 다른 요소와 달리, 스토리지는 어디에나 존재하는 만큼 스토리지에 대한 드러나지 않는 요소는 다르다.

6.6.1 보안

엔지니어는 보안을 업무에 방해가 되는 장애물로 보는 경우가 많지만, 보안이 핵심 요소라는 생각을 받아들여야 한다. 미사용 및 이동 중인 데이터에 대한 강력한 보안과 세분화된 데이터 접근 제어를 통해 비즈니스 내에서 데이터를 더 광범위하게 공유하고 사용할 수 있다. 이것이 가능할 때 데이터의 가치는 크게 높아진다.

항상 그렇듯이 최소 권한의 원칙을 실천하라. 필요한 경우가 아니면 다른 누구에게도 전체 데이터베이스 접근 권한을 부여하지 말라. 대부분의 데이터 엔지니어는 실제로 완전한 데이터베이스 접근 권한이 필요하지 않다. 또한 데이터베이스의 열, 행, 셀 수준 접근 제어에도 주의하자. 사용자에게 필요한 정보만 제공하고 그 이상은 제공하지 않도록 한다.

6.6.2 데이터 관리

스토리지 시스템에서 데이터를 읽고 쓸 때는 데이터 관리가 매우 중요하다.

데이터 카탈로그 및 메타데이터 관리

데이터는 견고한 메타데이터에 의해 강화된다. 카탈로그 작성은 데이터 과학자, 분석가 및 ML 엔지니어가 데이터를 검색할 수 있도록 지원한다. 데이터 계보를 통해 데이터 문제를 추적하는 시간을 단축하고 소비자가 업스트림 원시 소스를 찾을 수 있게 한다.

스토리지 시스템을 구축할 때는 메타데이터에 투자하자. 데이터 사전을 이러한 다른 도구와 통합함으로써 사용자는 제도적 지식을 확실하게 공유하고 기록할 수 있다.

메타데이터 관리는 데이터 거버넌스도 대폭 강화한다. 단순히 수동적인 데이터 카탈로그 작성 및 계보를 지원하는 데 그치지 않고, 이러한 시스템에 대한 분석을 구현해 데이터에 어떤 일이 일어나고 있는지 명확하고 능동적으로 파악할 수 있다.

객체 저장소의 데이터 버전 관리

주요 클라우드 객체 스토리지 시스템은 데이터 버전 관리를 지원한다. 데이터 버전 관리는 프로세스가 실패하거나 데이터가 손상되었을 때 오류를 복구하는 데 도움이 된다. 버전 관리는 모델 구축에 사용된 데이터셋의 이력을 추적하는 데도 유용하다. 코드 버전 제어를 통해 개발자가 버그를 일으키는 커밋을 추적할 수 있듯이, 데이터 버전 제어는 ML 엔지니어가 모델 성능 저하로 이어지는 변경 사항을 추적하는 데 도움이 된다.

개인정보보호

GDPR 및 기타 개인정보보호 규정은 스토리지 시스템 설계에 큰 영향을 미친다. 개인정보보호와 관련한 모든 데이터에는 데이터 엔지니어가 관리해야 하는 수명 주기가 있다. 데이터 엔지니어는 데이터 삭제 요청에 응답하고, 필요에 따라 선택적으로 데이터를 제거할 수 있도록 준비해야 한다. 또한 엔지니어는 익명화와 마스킹을 통해 개인정보보호 및 보안을 수용할 수 있다.

6.6.3 데이터옵스

데이터옵스는 데이터 관리와 직교하지 않으며 상당 부분 중복되는 영역이 있다. 데이터옵스는 메타데이터 및 품질과 분리할 수 없는 스토리지 시스템의 기존 운영 모니터링 및 데이터 자체 모니터링과 관련이 있다.

시스템 감시

데이터 엔지니어는 다양한 방법으로 스토리지를 감시해야 한다. 여기에는 인프라 스토리지 컴포넌트의 존재 장소뿐만 아니라 객체 스토리지 및 기타 '서버리스' 시스템을 감시하는 것도 포함된다. 데이터 엔지니어는 핀옵스(비용 관리), 보안 감시 및 접근 감시를 주도적으로 수행해야 한다.

데이터 관찰 및 감시

앞서 설명한 메타데이터 시스템도 중요하지만, 우수한 엔지니어링 팀은 데이터의 특성을 적극적으로 이해하고 주요 변화를 관찰함으로써 데이터의 엔트로픽^{entropic} 특성을 고려해야 한다. 엔지니어는 데이터 통계를 모니터링하고, 이상 검출 방법 또는 간단한 규칙을 적용하며, 논리적 불일치를 능동적으로 테스트하고 검증할 수 있다.

6.6.4 데이터 아키텍처

스토리지가 데이터 엔지니어링 수명 주기의 중요한 밑바탕이 되는 만큼, 3장에서는 데이터 아키텍처의 기본에 관해 설명했다. 이때 다음과 같은 데이터 아키텍처 팁을 고려하자. 필요한 신뢰성과 내구성을 고려해 설계한다. 업스트림 원천 시스템과 데이터를 수집한 후 어떻게 저장 및 접근하는지 파악한다. 다운스트림에서 발생하는 데이터 모델 및 쿼리의 유형을 이해한다.

데이터 증가가 예상될 경우 클라우드 제공업체와 스토리지에 관해 협상할 수 있는가? 핀옵스에 적극적으로 접근하고 아키텍처 대화의 중심적인 부분으로 다루자. 큰 규모의 대용량 데이터 운영에서 비즈니스 기회가 있다면 조급하게 최적화하지 말고 확장에 대비하자. 완전 관리형 시스템에 기대어 제공업체의 SLA를 파악하자. 일반적으로 완전 관리 시스템은 사용자가 지속해 모니터링하고 조정해야 하는 시스템보다 훨씬 견고하고 확장성이 뛰어나다.

6.6.5 오케스트레이션

오케스트레이션은 스토리지와 매우 복잡하게 얽혀 있다. 스토리지는 데이터가 파이프라인을 통해 흐르도록 하며, 오케스트레이션은 그 원동력 역할을 한다. 또한 오케스트레이션은 엔지니어가 잠재적으로 수많은 스토리지 시스템과 쿼리 엔진을 결합해 데이터 시스템의 복잡성에 대처하도록 지원한다.

6.6.6 소프트웨어 엔지니어링

소프트웨어 엔지니어링은 스토리지의 관점에서 두 가지 방법으로 생각할 수 있다. 첫째, 작성한 코드가 스토리지 시스템에서 잘 작동해야 한다. 작성한 코드가 데이터를 올바르게 저장하고 실수로 데이터, 메모리 누수 또는 성능 문제를 일으키지 않는지 확인해야 한다. 둘째, 스토리지 인프라를 코드로 정의하고 데이터를 처리할 때는 임시 컴퓨팅 리소스를 사용한다. 스토리지는 점점 더 컴퓨팅과 구별되므로, 데이터를 객체 스토리지에 보관하면서 리소스를 자동으로 스핀업 또는 스핀다운 할 수 있다. 이렇게 하면 인프라를 깔끔하게 유지하고 스토리지 계층과 쿼리 계층이 결합되는 것을 피할 수 있다.

6.7 결론

스토리지는 어디에나 존재하며 데이터 엔지니어링 수명 주기의 여러 단계를 뒷받침한다. 이 장에서는 스토리지 시스템의 기본 구성 요소, 유형, 추상화 및 거시적인 아이디어를 살펴봤다. 사용할 스토리지 시스템의 내부 작동 방식과 제한 사항에 대한 깊은 지식을 얻어가도록 하자. 스토리지에 적합한 데이터, 활동 및 워크로드 유형을 파악하자.

6.8 참고 문헌

- 'Column-Oriented DBMS' Wikipedia page (https://oreil.ly/FBZH0)
- 'The Design and Implementation of Modern Column-Oriented Database Systems' (https://oreil.ly/Q570W) by Daniel Abadi et al.
- Designing Data-Intensive Applications by Martin Kleppmann (O'Reilly)
- 'Diving Into Delta Lake: Schema Enforcement and Evolution' (https://oreil.ly/XSxuN) by Burak Yavuz et al.
- 'Hot Data vs. Cold Data: Why It Matters' (https://oreil.ly/h6mbt) by Afzaal Ahmad Zeeshan
- IDC's 'Data Creation and Replication Will Grow at a Faster Rate than Installed Storage Capacity, According to the IDC Global DataSphere and StorageSphere Forecasts'

press release (`https://oreil.ly/Kt784`)

- 'Rowise vs. Columnar Database? Theory and in Practice' (`https://oreil.ly/SB63g`) by Mangat Rai Modi
- 'Snowflake Solution Anti-Patterns: The Probable Data Scientist' (`https://oreil.ly/is1uz`) by John Aven
- 'What Is a Vector Database?' (`https://oreil.ly/ktw00`) by Bryan Turriff
- 'What Is Object Storage? A Definition and Overview' (`https://oreil.ly/ZyCrz`) by Alex Chan
- 'The What, When, Why, and How of Incremental Loads' (`https://oreil.ly/HcfX8`) by Tim Mitchell

CHAPTER 7

3단계: 데이터 수집

지금까지 데이터 엔지니어로서 접하게 될 다양한 원천 시스템과 데이터 저장 방법을 살펴봤다. 이제 다양한 원천 시스템에서 데이터를 수집할 때 적용되는 패턴과 선택 사항을 살펴보겠다.

이 장에서는 데이터 수집([그림 7-1] 참조), 수집 단계의 주요 엔지니어링 고려 사항, 배치 및 스트리밍 수집의 주요 패턴, 데이터 수집 파이프라인을 개발할 때 함께 작업할 담당자, 수집 단계에서 드러나지 않는 요소가 어떻게 기능하는지를 설명한다.

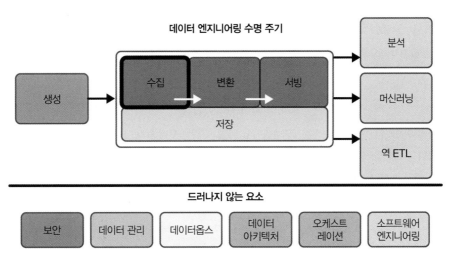

그림 7-1 데이터 처리를 시작하려면 데이터를 수집해야 한다.

7.1 데이터 수집이란?

데이터 수집data ingestion은 데이터를 한 장소에서 다른 장소로 옮기는 프로세스다. 데이터 엔지니어링 수명 주기에서는 원천 시스템에서 스토리지로 데이터가 이동하는 것으로, 수집은 중간 단계에서 이루어진다(그림 7-2).

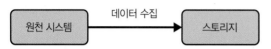

그림 7-2 시스템 1의 데이터가 시스템 2로 수집된다.

데이터 수집과 **데이터 통합**integration을 간단히 비교해보자. 데이터 수집은 A 지점에서 B 지점으로의 데이터 이동이지만, 데이터 통합은 서로 다른 소스의 데이터를 새로운 데이터셋으로 결합하는 것이다. 예를 들어 데이터 통합을 사용해 CRM 시스템의 데이터, 광고 분석 데이터 및 웹 분석을 결합하여 사용자 프로파일을 생성하고 데이터 웨어하우스에 저장할 수 있다. 또한 역 ETL을 사용하면 새로 작성한 사용자 프로파일을 CRM으로 되돌려 영업 사원이 해당 데이터를 사용해 잠재 고객 우선순위를 지정할 수 있다. 데이터 통합은 데이터 변환에 관해 설명할 8장에서 더 자세히 다루며, 역 ETL은 9장에서 다룰 것이다.

데이터 수집은 시스템의 **내부 수집**internal ingestion과는 다르다. 데이터베이스에 저장된 데이터는 테이블 간에 복사되거나 스트림의 데이터가 일시적으로 캐시된다. 이는 8장에서 다룰 일반적인 데이터 변환 프로세스의 또 다른 부분으로 간주할 수 있다.

데이터 파이프라인 정의

데이터 파이프라인data pipeline은 원천 시스템에서 시작되지만, 수집은 데이터 엔지니어가 데이터 파이프라인 활동을 적극적으로 설계하기 시작하는 단계다. 데이터 엔지니어링 공간에서는 ETL 같은 확립된 패턴, ELT 같은 새로운 패턴, 그리고 오랜 기간 확립된 관행(역 ETL)과 데이터 공유에 대한 새로운 명칭 등, 데이터 이동 및 처리 패턴을 중심으로 많은 의식이 이뤄진다.

그 모든 개념은 데이터 파이프라인이라는 개념에 포함된다. 이러한 다양한 패턴의 세부 사항을 이해하고, 모던 데이터 파이프라인에 이러한 패턴이 모두 포함된다는 것을 알아야 한다. 전 세계가 데이터 이동에 엄격한 제약을 가하는 기존의 획일적 접근 방식에서 벗어나 제품을 레고 블록

처럼 조립하여 구현하는 개방형 클라우드 서비스 생태계로 이동함에 따라, 데이터 엔지니어들은 데이터 이동에 대한 좁은 철학을 고수하는 것보다는 적절한 도구를 사용해 원하는 결과를 달성하는 것을 우선시하고 있다.

일반적으로 데이터 파이프라인의 정의는 다음과 같다.

> 데이터 파이프라인은 데이터 엔지니어링 수명 주기의 단계를 통해 데이터를 이동시키는 아키텍처, 시스템 및 프로세스의 조합이다.

이러한 정의는 데이터 엔지니어가 작업을 수행하는 데 필요한 모든 것을 연결할 수 있도록 의도적으로 유동적이고 모호하게 만들어진다. 데이터 파이프라인은 기존의 전통적인 ETL 시스템일 수 있다. 이 시스템에서는 사내 트랜잭션 시스템에서 데이터를 수집해 모노리식 프로세서를 통과하고 데이터 웨어하우스에 기록한다. 또는 100개의 원천에서 데이터를 가져와 20개의 넓은 테이블로 결합하고, 5개의 서로 다른 ML 모델을 학습시켜 실제 운영 환경에 배포하고, 지속적인 성능을 모니터링하는 클라우드 기반 데이터 파이프라인일 수도 있다. 데이터 파이프라인은 데이터 엔지니어링 수명 주기 전반에 걸쳐 모든 요구 사항에 대응할 수 있을 만큼 유연해야 한다.

이 장에서는 데이터 파이프라인의 이러한 개념을 염두에 두고 진행할 것이다.

7.2 수집 단계의 주요 엔지니어링 고려 사항

수집 시스템을 설계하거나 구축할 때, 데이터 수집과 관련해 고려해야 할 주요 사항이나 질문은 다음과 같다.

- 수집하는 데이터의 사용 사례는 무엇인가?
- 이 데이터를 재사용하고 동일한 데이터셋의 여러 버전을 수집하는 걸 피할 수 있는가?
- 데이터는 어디로 이동하는가? 목적지는 어디인가?
- 소스에서 데이터를 얼마나 자주 갱신해야 하는가?
- 예상되는 데이터양은 어느 정도인가?
- 데이터 형식은 무엇인가? 다운스트림 스토리지 및 변환에서 이 형식을 사용할 수 있는가?

- 소스 데이터는 다운스트림에서 즉시 사용할 수 있는 양호한 상태인가? 즉, 데이터의 품질이 좋은가? 데이터를 제공하려면 어떤 후처리가 필요한가? 데이터 품질의 리스크는 무엇인가? (예를 들어 웹 사이트에 대한 봇 트래픽이 데이터를 오염시킬 수 있는가?)
- 스트리밍 원천에서 가져온 데이터인 경우, 다운스트림 수집을 위해 실행 중 처리가 필요한가?

이러한 질문은 배치 및 스트리밍 수집의 단점을 줄이고 생성, 구축 및 유지 관리할 기본 아키텍처에 적용된다. 데이터 수집 빈도와 관계없이, 수집 아키텍처를 설계할 때는 다음 요소를 고려해야 한다.

- 유한 데이터 vs 무한 데이터
- 빈도
- 동기 수집 vs 비동기 수집
- 직렬화와 역직렬화
- 처리량과 확장성
- 신뢰성과 내구성
- 페이로드
- 푸시 vs 풀 vs 폴링 패턴

이 요소에 관해 하나씩 살펴보도록 하자.

7.2.1 유한 데이터 vs 무한 데이터

3장에서 살펴본 것처럼 데이터는 유한과 무한의 두 가지 형태로 제공된다(그림 7-3). **무한 데이터**unbounded data는 이벤트가 산발적 또는 지속적으로 발생하고 계속 흐르면서 현실에 존재하는 그대로의 데이터다. **유한 데이터**bounded data는 시간과 같은 경계를 넘어 데이터를 버킷으로 묶는 편리한 방법이다.

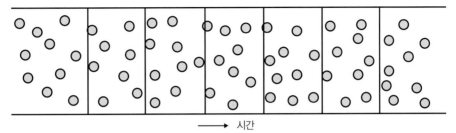

유한 데이터

→ 시간

무한 데이터

→ 시간

그림 7-3 유한 데이터 vs 무한 데이터

다음과 같은 진언, 즉 만트라^{mantra}를 적용해보자. **모든 데이터는 유한해질 때까지 무한하다**(All data is unbounded until it's bounded). 물론 수많은 다른 만트라와 마찬가지로 이 만트라 역시 100% 정확하지는 않다. 예를 들어 내가 오늘 오후에 끄적인 식료품 목록은 유한 데이터다. 나는 그것을 의식의 흐름(무한 데이터)대로 메모지에 적었고, 그 생각은 현재 식료품점에서 사야 할 물건의 리스트(유한 데이터)로 존재한다.

그러나 이 아이디어는 여러분이 비즈니스 상황에서 처리해야 할 대부분의 데이터에 대한 실용적 목적에는 적합하다. 예를 들어 온라인 소매업체는 사업이 실패하거나, 경제가 침체되거나, 태양이 폭발하지 않는 한 하루 24시간 내내 고객 거래를 처리한다.

비즈니스 프로세스는 오랫동안 데이터를 개별 배치로 잘라내 인위적인 제한을 가해 왔다. 데이터의 진정한 무한성을 명심하자. 스트리밍 수집 시스템은 수명 주기의 후속 단계에서도 데이터를 지속해 처리할 수 있도록 데이터의 무한한 특성을 보존하는 도구일 뿐이다.

7.2.2 빈도

데이터 엔지니어가 데이터 수집 프로세스를 설계할 때 결정해야 하는 중요한 결정 중 하나는 데이터 수집 빈도frequency다. 데이터 수집 프로세스는 배치, 마이크로 배치 또는 실시간이 될 수 있다.

수집 빈도는 느린 경우부터 빠른 경우까지 매우 다양하다(그림 7-4). 느린 경우, 기업은 1년에 한 번 회계법인으로 세무 데이터를 전송할 수 있다. 빠른 경우, CDC 시스템은 1분에 1회씩 원천 데이터베이스에서 새로운 로그 변경사항을 취득할 수 있다. 이보다 더 빠른 시스템은 IoT 센서에서 이벤트를 지속해 데이터를 수집해 몇 초 안에 처리할 수 있다. 이러한 데이터 수집 빈도는 사용 사례와 기술에 따라 기업 내에서 혼재하는 경우가 많다.

그림 7-4 실시간 수집 빈도에 대한 스펙트럼 배치

그중에서도 '실시간' 수집 패턴이 점점 더 보편화되고 있다는 점에 주목하자. 방금 문장에서 실시간에 따옴표를 넣은 이유는 진정한 실시간 수집 시스템이란 없기 때문이다. 모든 데이터베이스, 큐 또는 파이프라인에는 타깃 시스템에 데이터를 전송할 때 지연 시간이 있다. 따라서 **실시간에 가까운**near real-time이라는 표현이 더 정확하지만, 간결함을 위해 **실시간**real-time이라는 표현을 자주 사용한다. 실시간에 가까운 패턴에서는 일반적으로 명시적인 갱신 빈도를 제거한다. 이벤트는 도착할 때마다 파이프라인에서 하나씩 처리되거나 마이크로 배치(즉, 간결한 시간 간격에 따른 배치)로 처리된다. 이 책에서는 **실시간**과 **스트리밍**이라는 표현을 같은 의미로 사용하겠다.

스트리밍 데이터 수집 프로세스에서도 다운스트림에서의 배치 처리는 비교적 표준이다. 이 책을 집필하는 시점 기준 ML 모델은 보통 배치 단위로 학습되지만, 지속적인 온라인 학습이 점점 더 보편화되고 있다. 데이터 엔지니어는 배치 컴포넌트가 없는, 순수하게 실시간에 가까운 파이프라인을 구축할 수 있는 옵션을 가지는 경우가 드물다. 대신 배치 경계가 발생할 위치, 즉 데이터 엔지니어링 수명 주기 데이터를 배치로 분할할 위치를 선택한다. 데이터가 배치 프로세스에 도달하면 배치 빈도는 모든 다운스트림 처리의 병목 현상이 된다.

또한 스트리밍 시스템은 수많은 데이터 원천 유형에 가장 적합하다. IoT 애플리케이션에서 일반적인 패턴은 각 센서가 이벤트 또는 측정값이 발생할 때 스트리밍 시스템에 이를 기록하는 것이다. 이 데이터는 데이터베이스에 직접 기록할 수도 있지만, 아마존 키네시스 또는 아파치 카프카와 같은 스트리밍 수집 플랫폼이 애플리케이션에 더 적합하다. 소프트웨어 애플리케이션은 백엔드 데이터베이스에서 이벤트 및 상태 정보를 가져오는 추출 프로세스를 기다리지 않고, 이벤트가 발생하면 메시지 큐에 기록함으로써 유사한 패턴을 채택할 수 있다. 이러한 패턴은 이미 큐를 통해 메시지를 교환하고 있는 이벤트 기반 아키텍처에 매우 적합하다. 스트리밍 아키텍처는 일반적으로 배치 처리와 공존한다.

7.2.3 동기 수집 vs 비동기 수집

동기 수집synchronous ingestion을 사용하면 원천, 수집, 대상이 복잡한 의존성을 가지며 밀접하게 결합된다. [그림 7-5]에서 볼 수 있듯이, 데이터 엔지니어링 수명 주기의 각 단계에는 프로세스 A, B, C가 서로 직접적으로 종속된다. 프로세스 A가 실패하면 프로세스 B와 C를 시작할 수 없고, 프로세스 B가 실패하면 프로세스 C는 시작되지 않는다. 이러한 유형의 동기식 워크플로는 원천 시스템에서 추출한 데이터를 데이터 웨어하우스에 로드하기 전에 변환해야 하는 구형 ETL 시스템에서 흔히 볼 수 있다. 수집 다운스트림 프로세스는 배치 처리의 모든 데이터가 수집될 때까지 시작할 수 없다. 수집 또는 변환 프로세스가 실패하면 전체 프로세스를 다시 실행해야 한다.

그림 7-5 동기식 수집 프로세스는 개별 배치 단계로 실행된다.

다음은 데이터 파이프라인을 설계하지 않는 방법에 대한 작은 사례 연구다. 한 기업에서는 변환 프로세스 자체가 수십 개의 서로 긴밀하게 결합된 동기 워크플로로 이루어져 전체 프로세스가 완료되려면 24시간 이상이 걸렸다. 변환 파이프라인의 어느 한 단계라도 실패하면 전체 변환 프로세스를 처음부터 다시 시작해야 했다. 해당 사례는 프로세스가 연이어 실패하고, 존재하지 않거나 이해하기 어려운 오류 메시지 때문에 파이프라인을 수정하는 과정에서 진단과 복구에만 1주일 이상 걸렸다. 비유하자면 두더지 잡기 게임과도 같았던 그 기간 동안, 기업은 갱신된 보고서를 받을 수 없었고 당연히 관련자들은 유쾌할 수 없었다.

이제 **비동기 수집**asynchronous ingestion을 통해, 의존성은 마이크로서비스로 구축된 소프트웨어 백엔드에서와 마찬가지로 개별 이벤트 수준에서 작동할 수 있다(그림 7-6). 각 이벤트는 개별적으로 수집되는 즉시 스토리지에서 사용할 수 있다. AWS의 웹 애플리케이션이 아마존 키네시스 데이터 스트림(여기서는 버퍼 역할)으로 이벤트를 내보내는 예를 살펴보자. 이 스트림은 아파치 빔이 읽고, 이벤트를 파싱하고 보강한 뒤 두 번째 키네시스 스트림으로 전송한다. 키네시스 데이터 파이어호스Kinesis Data Firehose는 이벤트를 롤업rolls up하고 아마존 S3에 객체를 쓰게 된다.

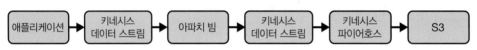

그림 7-6 AWS에서 이벤트 스트림의 비동기 처리

중요한 점은 입력 배치가 종료되고 특정 시간 조건이 충족될 때 단계별로 배치 프로세스가 실행되는 비동기 처리에 의존하는 게 아니라, 비동기 파이프라인의 각 단계가 빔 클러스터 전체에서 데이터 항목을 병렬로 사용할 수 있을 때 해당 항목을 처리할 수 있다는 것이다. 처리 속도는 사용 가능한 리소스에 따라 달라진다. 키네시스 데이터 스트림은 충격 흡수 장치로서, 이벤트 속도의 급상승이 다운스트림 처리에 부담을 주지 않도록 부하를 완화한다. 이벤트 속도가 낮고 백로그가 지워지면 이벤트는 신속하게 파이프라인을 통과한다. 시나리오를 수정하고 키네시스 데이터 스트림을 스토리지에 사용해 최종적으로 이벤트가 스트림에서 만료되기 전에 S3로 추출할 수 있다.

7.2.4 직렬화와 역직렬화

소스로부터 목적지로 데이터를 이동하려면 직렬화와 역직렬화가 필요하다. 다시 상기해보자면 **직렬화**serialization란 원천으로부터의 데이터를 인코딩하고, 송신 및 중간 저장 단계를 위해 데이터 구조를 준비하는 것을 의미한다.

데이터를 수집할 때는 수신한 데이터를 대상으로 역직렬화할 수 있는지 확인하자. 원천에서 데이터를 수집했지만, 데이터를 제대로 역직렬화할 수 없어 타깃에 비활성 상태로 남아 사용할 수 없는 경우가 있었다. 직렬화에 대한 자세한 내용은 부록 A를 참조하자.

7.2.5 처리량과 확장성

이론적으로는 수집이 병목 현상을 일으켜서는 안 되지만, 실제로 수집 병목 현상은 매우 일반적이다. 데이터양이 증가하고 요구 사항이 변화함에 따라 데이터 처리량과 시스템 확장성의 중요성은 높아진다. 원하는 데이터 처리량에 맞춰 유연하게 확장 및 축소할 수 있도록 시스템을 설계하자.

데이터를 수집하는 위치는 매우 중요하다. 생성된 데이터를 수신할 경우, 다운스트림 수집 파이프라인에 영향을 줄 수 있는 문제가 업스트림 시스템에 있는가? 예를 들어 원천 데이터베이스가 다운됐다고 가정해보자. 온라인 상태로 돌아와 지연된 데이터 적재를 다시 진행하려 할 때, 이렇게 갑자기 밀려드는 데이터에 대응할 수 있는가?

또 다른 고려 사항은 폭발적인 데이터 수집을 처리하는 능력이다. 데이터 생성은 일정한 속도로 발생하는 경우가 거의 없으며 종종 중단됐다가 다시 진행되는 등 기복이 심하다. 데이터 손실을 방지하기 위해 데이터 수집 속도가 급상승하는 동안 이벤트를 수집하려면 내장형 버퍼링이 필요하다. 버퍼링은 시스템이 확장되는 동안 시간을 연결하고 동적으로 확장 가능한 시스템에서도 스토리지 시스템이 터져나오는 데이터를 수용할 수 있도록 지원한다.

가능하다면 처리량 확장을 처리하는 관리형 서비스를 사용하자. 서버, 샤드^{shard} 또는 워커^{worker}를 추가해 이러한 작업을 수동으로 수행할 수 있지만, 이는 부가가치가 높은 작업이 아니며 심지어 잊어버릴 가능성도 높다. 이제 이러한 버거운 작업의 대부분은 자동화됐다. 필요하지 않다면 데이터 수집 작업을 위한 부가적인 개발을 반복하지 않도록 하자.

7.2.6 신뢰성과 내구성

신뢰성과 내구성은 데이터 파이프라인의 수집 단계에서 매우 중요하다. **신뢰성**^{reliability}은 수집 시스템의 높은 가동 시간과 적절한 장애조치^{failover} 기능을 포함하며, **내구성**^{durability}은 데이터가 손실되거나 손상되지 않도록 하는 것을 의미한다.

일부 데이터 원천(예: IoT 장치와 캐시 등)은 올바르게 수집되지 않으면 데이터를 보유하지 못할 수 있다. 일단 손실되면 데이터는 영원히 사라진다. 따라서 수집 시스템의 신뢰성은 생성된 데이터의 내구성으로 직결된다. 데이터가 수집될 때, 다운스트림 프로세스가 일시적으로 중단되면 다운스트림 프로세스는 이론적으로 지연될 수 있다.

따라서 데이터 손실에 따른 영향과 비용을 바탕으로 리스크를 평가하고, 적절한 수준의 중복성^{redundancy}과 자가 복구 기능을 구축하는 것이 좋다. 신뢰성과 내구성에는 직접비용과 간접비용이 모두 발생한다. 예를 들어 AWS 영역^{zone}이 다운된 경우에도 수집 프로세스가 계속 진행되는가? 전체 리전이 다운되면 어떨까? 전력망이나 인터넷은 어떤가? 당연하게도 공짜는 없다. 비용이 과연 얼마나 들까? 고도로 중복화된 시스템을 구축하고 24시간 대응할 수 있는 팀을 조직하면 서비스 중단을 예방할 수 있다. 이는 클라우드 비용과 인건비가 엄청나게 증가하며(직접비용), 계속 진행되는 작업이 팀에 상당한 영향을 미친다는 것을 의미한다(간접비용). 명확한 정답이 있는 문제는 아니므로, 신뢰성과 내구성 결정에 따른 비용과 이점을 평가해야 한다.

가능한 한 모든 시나리오에서 신뢰성 있고 내구성 있게 데이터를 수집할 수 있는 시스템을 구축할 수 있다고 가정하지 않는 게 좋다. 미국 연방정부의 무한대에 가까운 예산조차도 이를 보장할 수 없다. 여러 극단적인 시나리오에서는 데이터 수집이 실제로 문제가 되지 않는다. 독립된 전력을 갖춘 지하 벙커에 여러 개의 에어 갭 데이터 센터를 구축하더라도 인터넷이 다운되면 수집할 데이터는 거의 없을 것이다. 신뢰성과 내구성에 대한 트레이드 오프와 비용을 지속해 평가하도록 하자.

7.2.7 페이로드

페이로드^{payload}는 수집하려는 데이터셋이며 종류, 형태, 크기, 스키마, 데이터 유형, 메타데이터 등의 특성을 가진다. 이러한 특징 중 몇 가지를 살펴보고 이것이 왜 중요한지 이해하는 시간을 가져보자.

종류

취급하는 데이터의 종류^{kind}는 데이터 엔지니어링 수명 주기의 다운스트림 처리 방법에 직접적인 영향을 미친다. 종류는 유형^{type}과 형식^{format}으로 구성된다. 데이터 유형으로는 표, 이미지, 비디오, 텍스트 등이 있다. 유형은 데이터 형식 또는 바이트, 이름 및 파일 확장자로 표현되는 방식에 직접적인 영향을 미친다. 예를 들어 표 형식 데이터$^{tabular\ data}$는 CSV나 파케이 등의 형식일 수 있으며, 이러한 형식은 각각 직렬화와 역직렬화를 위한 바이트 패턴이 다를 수 있다. 또 다른 종류의 데이터는 이미지로, JPG나 PNG의 형식을 가지고 있으며 본질적으로 비정형 데이터다.

형태

모든 페이로드에는 그 치수를 설명하는 **형태**^{shape}가 있다. 데이터 형태는 데이터 엔지니어링 수명 주기 전체에 걸쳐 매우 중요하다. 예를 들어 딥러닝 모델을 학습하려면 이미지의 픽셀과 빨강, 초록, 파랑(RGB) 치수가 필요하다. 또 다른 예로 CSV 파일을 데이터베이스 테이블로 임포트^{import}하려고 하는데, CSV에 데이터베이스 테이블보다 더 많은 열이 있는 경우 임포트 프로세스 중에 오류가 발생할 수 있다. 다음은 다양한 종류의 데이터 형태에 대한 몇몇 사례다.

표
데이터 집합의 행과 열 수로, 보통 **M행**과 **N열**로 표시된다.

반정형 JSON
하위 요소와 함께 발생하는 키-값 쌍 및 중첩 깊이

비정형 텍스트
텍스트 본문의 단어, 문자 또는 바이트 수

이미지
폭, 높이 및 RGB 색심도$^{color\ depth}$(예: 픽셀당 8비트)

비압축 오디오
채널 수(예: 스테레오의 경우 2개), 샘플 심도(예: 샘플당 16비트), 샘플 속도^{rate}(예: 48kHz) 및 길이(예: 10, 003초)

크기

데이터 **크기**size는 페이로드의 바이트 수를 나타낸다. 페이로드 크기는 1바이트에서 테라바이트 단위 이상까지 그 범위가 다양하다. 페이로드의 크기를 줄이기 위해 페이로드를 ZIP 및 TAR 등의 다양한 형식으로 압축할 수 있다(부록 A의 압축에 대한 설명을 참조하자).

대규모 페이로드 또한 청크로 분할하여, 페이로드의 크기를 더 작은 하위 섹션으로 효과적으로 줄일 수도 있다. 클라우드 객체 스토리지 또는 데이터 웨어하우스에 대용량 파일을 로드할 때, 작은 개별 파일은 (특히 압축된 경우) 네트워크를 통해 전송하기가 더 쉽기 때문에 청크로 분할하는 것은 일반적인 작업 방식이다. 작은 청크 파일은 목적지로 전송된 다음 모든 데이터가 도착한 후 재구성된다.

스키마와 데이터 유형

많은 데이터 페이로드에는 표 형식이나 반정형 데이터 등의 스키마가 있다. 이 책의 앞부분에서 설명한 바와 같이, 스키마는 필드와 해당 필드 내의 데이터 유형을 설명한다. 비정형 텍스트, 이미지, 오디오 등의 기타 데이터에는 명시적인 스키마나 데이터 유형이 없다. 그러나 형태, 데이터 및 파일 형식, 인코딩, 크기 등에 대한 기술적인 파일 설명이 함께 제공될 수 있다.

여러분은 파일 익스포트export, CDC, JDBC/ODBC와 같은 다양한 방법으로 데이터베이스에 연결할 수 있지만, 사실 연결은 쉽다. 가장 큰 엔지니어링 과제는 기본 스키마를 이해하는 것이다. 애플리케이션은 다양한 방법으로 데이터를 조직하므로, 엔지니어는 데이터의 구성과 관련 갱신 패턴을 잘 알고 있어야 한다. 이 문제는 자바나 파이썬 같은 언어의 객체 구조를 기반으로 스키마를 자동 생성하는 객체 관계 매핑object-relational mapping(ORM)의 인기로 인해 다소 악화됐다. 객체 지향 언어의 자연스러운 구조는 종종 운영 데이터베이스의 혼란스럽고 지저분한 구조에 매핑된다. 데이터 엔지니어는 애플리케이션 코드의 클래스 구조를 숙지해야 할 수도 있다.

스키마는 데이터베이스를 위한 것만은 아니다. 이미 살펴본 바와 같이 API는 스키마의 복잡성을 나타낸다. 많은 벤더 API에는 분석을 위해 데이터를 준비하는 편리한 리포팅 메서드가 있다. 다른 경우라면 엔지니어에게는 불운한 상황이다. API는 기반 시스템을 얇게 감싸고 있는 래퍼이므로, 데이터를 사용하려면 엔지니어가 애플리케이션 내부를 이해해야 한다.

소스 스키마로부터의 수집과 관련한 대부분의 작업은 8장에서 설명하는 데이터 엔지니어링 수명 주기 변환 단계에서 발생한다. 데이터 엔지니어가 새로운 원천에서 데이터를 수집하려는 즉시 해당 원천 스키마에 대한 검토를 시작해야 하기 때문에 이 논의를 여기서 진행하게 됐다.

커뮤니케이션은 원천 데이터를 이해하는 데 매우 중요하며, 엔지니어는 커뮤니케이션의 흐름을 되돌리고 소프트웨어 엔지니어가 데이터를 생성하는 곳에서 데이터를 개선하도록 도울 수도 있다. 이후 7.6절에서 설명할 '함께 일할 담당자'에서 이 주제에 관해 다시 살펴볼 것이다.

업스트림 및 다운스트림 스키마 변경 검출과 처리

스키마 변경은 원천 시스템에서 자주 발생하며 데이터 엔지니어가 제어할 수 없는 경우가 많다. 스키마 변경의 예는 다음과 같다.

- 새로운 열 추가
- 열 유형 변경
- 새로운 테이블 만들기
- 열 이름 변경

수집 도구에서 스키마 변경 감지를 자동화하고 심지어 대상 테이블을 자동 갱신하는 것이 차츰 보편화되고 있다. 궁극적으로는 혼재된 축복과도 같지만, 스키마 변경은 여전히 스테이징^{staging}과 수집 다운스트림의 파이프라인을 중단시킬 수 있다.

엔지니어는 변경에 자동으로 대응하는 한편, 자동으로 수용할 수 없는 변경에 대해서는 경고 표시를 보낼 수 있는 전략을 계속 구현해야 한다. 자동화는 훌륭하지만, 이 데이터에 의존하는 분석가 및 데이터 과학자에게 기존의 가정을 위반하는 스키마 변경 사항을 알려야 한다. 자동화가 변경 사항을 수용할 수 있는 경우라 해도 새로운 스키마는 보고서 및 모델의 성능에 악영향을 미칠 수 있다. 스키마 변경을 수행하는 담당자와 이러한 변경의 영향을 받는 사용자 간의 커뮤니케이션은 스키마 변경을 확인하는 신뢰성 높은 자동화만큼이나 중요하다.

스키마 레지스트리

스트리밍 데이터에서는 모든 메시지에 스키마가 있으며 이러한 스키마는 생산자와 소비자 사이에서 진화할 수 있다. **스키마 레지스트리**^{schema registry}는 스키마가 끊임없이 변경되는 상황에서 스키마 및 데이터 유형의 무결성을 유지하는 데 사용되는 메타데이터 저장소다. 스키마 레지스트리는 스키마의 버전과 이력을 추적할 수도 있다. 이는 메시지에 대한 데이터 모델을 설명하므로, 생산자와 소비자 간에 일관된 직렬화와 역직렬화가 가능하다. 스키마 레지스트리는 대부분의 주요 데이터 도구 및 클라우드에서 사용된다.

메타데이터

앞에서 설명한 명백한 특성 외에도, 페이로드는 종종 메타데이터를 포함한다(이에 대해서는 2장에서 살펴본 바 있다). 메타데이터는 데이터에 대한 데이터로, 데이터 자체만큼 중요할 수 있다. 데이터 레이크(또는 데이터 슈퍼펀드 사이트가 될 수 있는 데이터 늪)에 대한 초기 접근 방식의 중요한 한계 중 하나는 메타데이터에 대한 관심이 전혀 없었다는 점이다. 데이터에 대한 자세한 설명이 없으면 데이터는 거의 가치가 없을 수 있다. 이미 몇 가지 메타데이터 유형(예: 스키마)에 관해 설명했으며, 이 장에서 여러 번 다룰 것이다.

7.2.8 푸시 vs 풀 vs 폴링 패턴

앞서 2장에서 데이터 엔지니어링 수명 주기를 소개하면서 푸시 vs 풀에 관해 언급했다. **푸시 전략**push strategy은 대상으로 데이터를 송신하는 원천 시스템을 포함하고(그림 7-7), **풀 전략**pull strategy은 원천으로부터 직접 데이터를 읽어내는 대상을 포함한다(그림 7-8). 그 논의에서 언급했듯이, 이러한 전략들 사이의 경계는 모호하다.

그림 7-7 데이터 원천에서 대상으로 데이터 푸시

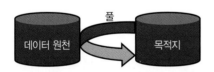

그림 7-8 폴링을 통해 데이터 원천에서 데이터를 가져오는 대상

폴링과 관련한 또 다른 패턴은 **데이터 폴링**polling이다(그림 7-9). 폴링에는 데이터 원천에 변경 사항이 없는지 정기적으로 확인하는 작업이 포함된다. 변경 사항이 감지되면, 대상은 통상적인 풀 상황에서와 마찬가지로 데이터를 풀pull한다.

변경이 발생했는가?

풀

데이터 원천

대상

변경이 발생했으며,
변경 사항이 데이터 원천 시스템으로부터
도착했다. 풀링을 수행하라.

그림 7-9 원천 시스템 변경 폴링

7.3 배치 수집 고려 사항

데이터를 대량으로 처리하는 배치 수집은 종종 데이터를 수집하는 편리한 방법이다. 즉, 시간 간격 또는 누적된 데이터의 크기에 따라 원천 시스템에서 데이터의 하위집합을 취합해 데이터를 수집한다(그림 7-10).

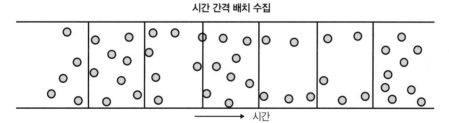

시간 간격 배치 수집

시간

그림 7-10 시간 간격 배치 수집

시간 간격 배치 수집time-interval batch ingestion은 데이터 웨어하우징을 위한 기존의 비즈니스 ETL에서 널리 사용되고 있다. 이 패턴은 주로 하루에 한 번, 업무 외 시간인 야간에 데이터를 처리하여 일일 보고서를 제공하는 데 자주 쓰이지만, 다른 빈도로도 사용할 수 있다.

크기 기반 배치 수집size-based batch ingestion은 스트리밍 기반 시스템에서 객체 스토리지로 데이터를 이동할 때 매우 일반적이다(그림 7-11). 궁극적으로는 데이터 레이크에서 향후 처리할 수 있도록 데이터를 개별 블록으로 잘라야 한다. 일부 크기 기반 수집 시스템에서는 총 이벤트 수에 대한 바이트 크기 등 다양한 기준에 따라 데이터를 객체로 분류할 수 있다.

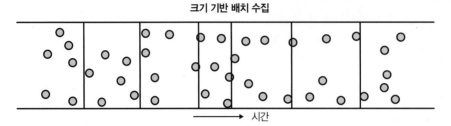

그림 7-11 크기 기반 배치 수집

이 절에서 설명하는 일반적인 배치 수집 패턴은 다음과 같다.

- 스냅숏 또는 차등 추출
- 파일 기반 익스포트 및 수집
- ETL vs ELT
- 입력, 갱신 및 배치 크기
- 데이터 마이그레이션

7.3.1 스냅숏 또는 차등 추출

데이터 엔지니어는 원천 시스템의 전체 스냅숏을 캡처할지, 아니면 **차등 갱신**differential update (**증분 갱신**incremental update이라고도 함)을 캡처할지 선택해야 한다. **전체 스냅숏**full snapshot을 사용하면 엔지니어는 갱신을 읽을 때마다 원천 시스템의 전체 현재 상태를 파악한다. 차등 갱신 패턴을 사용하면 엔지니어는 원천 시스템에서 마지막으로 읽은 이후의 갱신 및 변경 내용만 가져올 수 있다. 차등 갱신은 네트워크 트래픽 및 타깃 스토리지 사용량을 최소화하는 데 이상적이지만, 전체 스냅숏 읽기는 단순하기 때문에 매우 일반적이다.

7.3.2 파일 기반 익스포트 및 수집

데이터는 파일을 사용해 데이터베이스와 시스템 사이를 이동하는 경우가 많다. 데이터는 교환 가능한 형식으로 파일에 직렬화되며, 이러한 파일은 수집 시스템에 제공된다. 우리는 파일 기반 익스포트를 푸시 기반 수집 패턴으로 간주한다. 이는 데이터 익스포트 및 준비 작업이 원천 시스템 측에서 이루어지기 때문이다.

파일 기반 수집은 직접적인 데이터베이스 연결 접근 방식에 비해 몇 가지 잠재적인 장점이 있다. 보안상의 이유로 백엔드 시스템에 대한 직접 접근을 허용하는 것은 바람직하지 않은 경우가 많다. 파일 기반 수집을 사용하면 데이터 원천 측에서 익스포트 프로세스가 실행되므로, 원천 시스템 엔지니어가 익스포트될 데이터와 데이터 전처리 방법을 완벽하게 제어할 수 있다. 파일 익스포트가 완료되면 다양한 방법으로 대상 시스템에 파일을 제공할 수 있다. 일반적인 파일 교환 방법으로는 객체 스토리지, 보안 파일 전송 프로토콜^{Secure File Transfer Protocol}(SFTP), 전자 문서 교환^{electronic data interchange}(EDI) 또는 시큐어 카피^{secure copy}(SCP)가 있다.

7.3.3 ETL과 ELT

앞서 3장에서는 배치 워크로드에서 발생하는 매우 일반적인 수집, 스토리지 및 변환 패턴인 ETL 및 ELT를 소개했다. ETL 및 ELT의 추출과 부하 부분에 관한 간단한 정의는 다음과 같다.

추출

추출^{extract}은 원천 시스템에서 데이터를 가져오는 것을 의미한다. 추출은 데이터 풀링을 의미하는 듯 보이지만, 푸시 기반일 수도 있다. 추출은 메타데이터 읽기와 스키마 변경이 필요할 수도 있다.

적재

데이터를 추출한 후에는 데이터를 변환(ETL)한 후 스토리지 대상에 **적재**^{load}하거나, 또는 향후 변환을 위해 단순히 스토리지에 적재할 수 있다. 데이터를 적재할 때는 적재할 시스템의 유형, 데이터 스키마 및 적재가 성능에 미치는 영향에 유의해야 한다.

ETL과 ELT에 대해서는 8장에서 자세히 설명하겠다.

7.3.4 입력, 갱신 및 배치 크기

배치 지향 시스템에서는 사용자가 적은 수의 대규모 작업 대신 많은 수의 소규모 배치 작업을 수행하려 할 때 성능이 저하되는 경우가 많다. 예를 들어 트랜잭션 데이터베이스에는 한 번에 하나의 행을 입력하는 것이 일반적이지만, 이는 수많은 컬럼형 데이터베이스에 좋지 않은 패턴이다. 여러 개의 작은 파일을 강제로 생성하고, 시스템에서 그만큼 많은 수의 create object 명령을 실행해야 하기 때문이다. 소규모의 제자리in-place 갱신 작업을 많이 실행하면 데이터베이스가 갱신을 실행하기 위해 각각의 기존 열 파일을 검사해야 하므로 더 큰 문제가 발생한다.

작업 중인 데이터베이스 또는 데이터스토어에 대한 적절한 갱신 패턴을 이해하자. 또한 특정 기술은 높은 삽입 속도를 목적으로 제작되었음을 인지하자. 예를 들어 아파치 드루이드 및 아파치 피놋Apache Pinot은 높은 삽입 속도를 처리할 수 있다. 싱글스토어SingleStore는 OLAP 및 OLTP 특성을 결합한 하이브리드 워크로드를 관리할 수 있다. 빅쿼리BigQuery는 높은 비율의 바닐라 SQL 단일 행 입력에서는 성능이 떨어지지만, 데이터가 스트림 버퍼를 통해 공급되는 경우에는 성능이 매우 우수하다. 이처럼 도구의 한계와 특성을 파악하자.

7.3.5 데이터 마이그레이션

데이터를 새 데이터베이스 또는 환경으로 마이그레이션하는 작업은 일반적으로 간단하지 않으며, 데이터를 대량으로 이동해야 한다. 경우에 따라서는 수백 테라바이트 이상의 데이터 크기를 이동해야 할 수 있으며, 특정 테이블을 마이그레이션하거나 전체 데이터베이스 및 시스템을 이동해야 할 수도 있다.

데이터 마이그레이션은 데이터 엔지니어로서 자주 발생하는 일은 아니지만 잘 알고 있어야 한다. 데이터 수집의 경우와 마찬가지로 스키마 관리는 중요한 고려 사항이다. 한 데이터베이스 시스템에서 다른 데이터베이스 시스템으로 데이터를 마이그레이션(예: SQL 서버에서 스노우플레이크로 이동)한다고 가정해보자. 두 데이터베이스가 서로 얼마나 유사하더라도 스키마를 처리하는 방식에는 항상 미묘한 차이가 있다. 다행히 완전한 테이블 마이그레이션을 수행하기 전에 샘플 데이터 수집을 테스트하고 스키마 문제를 찾는 것은 일반적으로 쉬운 편이다.

대부분의 데이터 시스템은 데이터를 개별 행이나 이벤트 단위가 아닌, 대량으로 이동할 때 성능이 가장 우수하다. 파일 또는 객체 스토리지는 데이터 전송을 위한 훌륭한 중간 단계다. 또한 데이터베이스 마이그레이션의 큰 과제 중 하나는 데이터 자체의 이동이 아니라 기존 시스템에서 새로운 시스템으로 데이터 파이프라인 접속을 이동하는 것이다.

다양한 유형의 데이터 마이그레이션을 자동화하는 데 사용할 수 있는 도구가 많다. 특히 대규모의 복잡한 마이그레이션의 경우에는 수동으로 수행하거나 자체적인 설루션을 개발하기 전에 이러한 옵션을 먼저 검토할 것을 권장한다.

7.4 메시지 및 스트림 수집에 관한 고려 사항

이벤트 데이터의 수집은 일반적이다. 이 절에서는 5장과 6장에서 다룬 주제를 바탕으로 이벤트를 수집할 때 고려할 문제에 관해 설명한다.

7.4.1 스키마의 진화

스키마의 진화는 이벤트 데이터를 처리할 때 흔히 볼 수 있다. 필드가 추가 또는 삭제되거나 값 유형이 변경(예: 문자열에서 정수로 변경)될 수 있다. 스키마의 진화는 데이터 파이프라인 및 대상에 의도하지 않은 영향을 미칠 수 있다. 예를 들어 IoT 장치는 전송되는 이벤트에 새 필드를 추가하는 펌웨어 갱신을 받거나, 서드파티 API에 의해 이벤트 페이로드 또는 기타 수많은 시나리오가 변경된다. 이 모든 것이 다운스트림 기능에 영향을 미칠 수 있다.

스키마의 진화와 관련된 문제를 완화하기 위해 다음과 같은 몇 가지 제안 사항을 고려해볼 수 있다. 먼저, 이벤트 처리 프레임워크에 스키마 레지스트리(이 장의 앞부분에서 설명)가 있는 경우 이를 사용해 스키마 변경 사항을 버전화한다. 다음으로 데드레터 큐(7.4.7절에서 설명)를 사용하면 적절하게 처리되지 않는 이벤트와 관련한 문제를 조사할 수 있다. 마지막으로 저 품질low-fidelity 루트(가장 효과적인 루트)는 잠재적인 스키마 변경에 관해 업스트림 이해관계자와 정기적으로 소통하고, 변경 사항을 수신 측에 대응하는 대신 이러한 변경 사항을 도입하는 팀과 함께 스키마 변경에 능동적으로 대처하는 것이다.

7.4.2 늦게 도착하는 데이터

모든 이벤트 데이터가 제시간에 도착하는 것이 가장 좋겠지만, 이벤트 데이터가 늦게 도착할 수도 있다. 이벤트 그룹은 동일한 시간대에 발생할 수 있지만(유사한 이벤트 시간), 일부 이벤트 그룹은 다양한 상황으로 인해 다른 이벤트보다 늦게 도착할 수 있다(늦은 수집 시간).

예를 들어 인터넷 지연 문제 때문에 IoT 장치에서 메시지 전송이 지연될 수 있다. 이 현상은 데이터를 수집할 때 흔히 볼 수 있으며, 늦게 도착하는 데이터와 다운스트림 시스템 및 사용에 미치는 영향에 유의해야 한다. 수집 또는 처리 시간이 이벤트 발생 시간과 같다고 가정해보자. 보고서 또는 분석이 이벤트가 발생한 시점을 정확하게 묘사하는 데 의존할 경우 몇 가지 이상한 결과를 얻을 수 있다. 늦게 도착하는 데이터를 처리하려면 늦게 도착하는 데이터가 더 이상 처리되지 않는 컷오프 시간을 설정해야 한다.

7.4.3 주문 및 복수 전달

스트리밍 플랫폼은 일반적으로 분산형 시스템으로 구축되므로 몇몇 복잡한 문제가 발생할 수 있다. 구체적으로는 메시지가 순서가 어긋난 채 여러 번 전달될 수 있다(최소한 한 번 이상 전달). 자세한 내용은 5장의 이벤트 스트리밍 플랫폼에 대한 설명을 참조하자.

7.4.4 재생

재생replay 기능을 사용하면 독자가 기록에서 다양한 메시지를 요청할 수 있으며 이벤트 기록을 특정 시점으로 되돌릴 수 있다. 재생은 많은 스트리밍 수집 플랫폼의 중요한 기능으로, 특정 시간 범위에 대해 데이터를 재입력 및 재처리해야 할 때 특히 유용하다. 예를 들어 래빗MQ^RabbitMQ는 일반적으로 모든 사용자가 메시지를 소비한 후 메시지를 삭제한다. 카프카, 키네시스, Pub/Sub 모두 이벤트 보존 및 재생을 지원한다.

7.4.5 유효 시간

이벤트 기록은 언제까지 보존할 것인가? 주요 매개변수parameter는 **유효 시간**time to live (TTL)이라고도 불리는 **최대 메시지 보존 시간**maximum message retention time이다. 일반적으로 TTL은 이벤트가 확인되고 수집되기 전까지 존속할 기간을 설정하는 구성이다. TTL이 만료된 후에도 수집되지 않고 확인되지 않은 이벤트는 자동으로 사라진다. 이는 이벤트 수집 파이프라인의 배압backpressure 및 불필요한 이벤트량을 줄이는 데 도움이 된다.

데이터 파이프라인에 TTL이 미치는 영향의 적절한 균형을 찾도록 하자. 극히 짧은 TTL(밀리초 또는 초) 때문에 대부분의 메시지가 처리되기 전에 사라질 수 있다. 반대로 TTL이 매우 길면(몇 주 또는 몇 개월) 처리되지 않은 수많은 메시지의 백로그가 생성되어 지연 시간이 길어진다.

이 책에서는 몇몇 일반적인 플랫폼에서 TTL을 처리하는 방법을 설명한다. 구글 클라우드 Pub/Sub은 최대 7일의 보존 기간을 지원한다. 아마존 키네시스의 데이터 스트림 보존 기간은 최대 365일이다. 카프카는 사용 가능한 디스크 용량에 따라 제한되며 무기한 보존되도록 구성할 수 있다(카프카는 오래된 메시지를 클라우드 객체 스토리지에 쓰는 옵션도 지원하므로 스토리지 용량과 보존이 거의 무제한으로 설정된다).

7.4.6 메시지 크기

메시지 크기는 간과하기 쉬운 문제다. 해당 스트리밍 프레임워크가 예상되는 최대 메시지 크기를 처리할 수 있는지 확인해야 한다. 아마존 키네시스는 최대 메시지 크기를 1 MB로 지원한다. 카프카는 기본적으로 이 최대 크기로 설정되지만, 최대 20 MB 이상으로 설정할 수도 있다(설정 가능 여부는 관리 서비스 플랫폼에 따라 다를 수 있다).

7.4.7 에러 처리와 데드레터 큐

가끔 이벤트들은 성공적으로 수집되지 않는다. 이벤트가 존재하지 않는 토픽 또는 메시지 큐로 전송되었거나, 메시지 크기가 너무 크거나, 이벤트가 TTL을 지나 만료되었을 수 있다. 수집할 수 없는 이벤트는 다시 라우팅해 **데드레터 큐**dead-letter queue라고 불리는 별도의 위치에 저장해야 한다.

데드레터 큐는 문제가 있는 이벤트와 소비자가 받아들일 수 있는 이벤트를 구분한다(그림 7-12). 이벤트가 데드레터 큐로 재루팅되지 않으면, 이러한 에러 이벤트가 다른 메시지를 수집할 수 없게 될 위험이 있다. 데이터 엔지니어는 데드레터 큐를 사용해 이벤트 수집 에러가 발생하는 이유를 진단하고 데이터 파이프라인 문제를 해결할 수 있다. 또한 에러의 근본 원인을 수정한 후 큐에 있는 일부 메시지를 재처리할 수 있다.

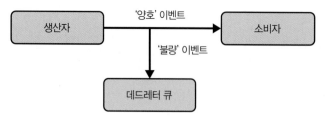

그림 7-12 '양호' 이벤트는 소비자에게 전달되지만 '불량' 이벤트는 데드레터 큐에 저장된다.

7.4.8 소비자 풀 앤 푸시

토픽을 구독하는 소비자는 '푸시'와 '풀'의 두 가지 방법으로 이벤트를 얻을 수 있다. 몇몇 스트리밍 기술이 데이터를 끌어당기고 밀어넣는 방법을 살펴보자.

카프카와 키네시스는 풀 서브스크립션pull subscription만 지원한다. 사용자는 토픽에서 메시지를 읽고 처리된 시간을 확인한다. 풀 서브스크립션 외에 Pub /Sub 및 래빗MQ도 푸시 구독을 지원하므로 이러한 서비스가 수신자에게 메시지를 쓸 수 있도록 한다.

풀 서브스크립션은 대부분의 데이터 엔지니어링 애플리케이션에서는 기본으로 선택되지만, 특정 애플리케이션에서는 푸시 기능을 고려해보는 것이 좋다. 풀 전용 메시지 수집 시스템에서도 이 문제를 처리하기 위해 부가적인 계층을 추가하면 푸시할 수 있다.

7.4.9 위치

중복성redundancy을 강화하고 데이터가 생성된 위치와 가까운 곳에서 데이터를 소비하기 위해, 여러 위치에 걸쳐 스트리밍을 통합하는 것이 바람직할 수 있다. 일반적으로는 데이터 수집 위치가 데이터 원본 위치와 가까울수록 대역폭과 지연 시간이 개선된다. 그러나 결합된 데이터셋에 대한 분석을 실행하려면 리전 간 데이터 이동 비용과 균형을 맞춰야 한다. 항상 그렇듯이 데이터 전송 비용은 빠르게 증가할 수 있다. 아키텍처를 구축할 때 트레이드오프를 신중하게 평가하자.

7.5 데이터 수집 방법

지금까지 스트리밍 수집의 중요한 패턴 중 몇 가지를 설명했으므로 이제 데이터 수집 방법에 초점을 맞춰보겠다. 몇 가지 일반적인 방법을 제시하겠지만, 데이터 수집 관행과 기술의 세계는 방대하며 나날이 증가하고 있다는 점을 명심하자.

7.5.1 직접 데이터베이스 연결

네트워크 연결을 통해 쿼리하고 읽음으로써 데이터베이스로부터 수집용 데이터를 풀링할 수 있다. 일반적으로 이러한 연결은 ODBC 또는 JDBC를 사용해 이뤄진다.

ODBC는 데이터베이스에 접근하는 클라이언트가 호스팅하는 드라이버를 사용해 표준 ODBC API에 발행된 명령을 데이터베이스에 발행된 명령어로 변환한다. 데이터베이스는 유선wire을 통해 쿼리 결과를 반환하고, 드라이버는 이를 수신해 클라이언트가 읽을 수 있는 표준 형식으로 변환한다. 수집의 경우 ODBC 드라이버를 사용하는 애플리케이션은 수집 도구다. 수집 도구는 수많은 작은 쿼리 또는 하나의 큰 쿼리를 통해 데이터를 풀링할 수 있다.

JDBC는 개념적으로 ODBC와 매우 유사하다. 자바 드라이버는 원격 데이터베이스에 접속해 표준 JDBC API와 대상 데이터베이스의 네이티브 네트워크 인터페이스 사이의 변환 계층 역할을 한다. 단일 프로그래밍 언어 전용 데이터베이스 API를 갖는 것이 이상하게 보일 수 있지만, 여기에는 강력한 동기가 있다. JVM은 하드웨어 아키텍처 및 운영 체제 간에 이식 가능한 표준이며, JIT^{just-in-time} 컴파일러를 통해 컴파일된 코드의 성능을 제공한다. JVM은 이식 가능한 방식으로 코드를 실행하기 위해 널리 사용되는 컴파일 VM이다.

JDBC는 뛰어난 데이터베이스 드라이버 이식성을 제공한다. ODBC 드라이버는 OS 및 아키텍처 네이티브 바이너리로 제공된다. 데이터베이스 벤더는 지원하는 아키텍처/OS 버전별로 그에 맞는 버전을 유지 관리해야 한다. 한편, 벤더는 모든 JVM 언어(예: 자바, 스칼라, 클로저, 코틀린 등) 및 JVM 데이터 프레임워크(예: 스파크 등)와 호환되는 단일 JDBC 드라이버를 제공할 수 있다. JDBC는 널리 보급되면서 파이썬과 같은 비JVM 언어의 인터페이스로도 사용되고 있다. 파이썬 생태계는 파이썬 코드가 로컬 JVM에서 실행 중인 JDBC 드라이버와 통신할 수 있는 도구를 제공한다.

JDBC 및 ODBC는 관계형 데이터베이스에서 데이터를 수집하는 데 널리 사용되며, 데이터베이스 직접 연결이라는 일반적인 개념으로 돌아간다. 데이터 수집을 가속화하기 위해 다양한 확장 기능이 사용된다. 많은 데이터 프레임워크에서 여러 개의 동시 연결을 병렬화하고 쿼리를 분할해 데이터를 병렬로 가져올 수 있다. 하지만 병렬접속을 사용하면 원천 데이터베이스의 부하도 증가한다.

JDBC와 ODBC는 오랫동안 데이터베이스에서 데이터를 수집하기 위한 사실상의 표준de facto standard이었지만, 이러한 연결 표준은 많은 데이터 엔지니어링 애플리케이션에서 그 수명을 다하기 시작했다. 이 연결 표준은 중첩된 데이터와 씨름하며 데이터를 행으로 전송한다. 즉, 네이티브 중첩 데이터는 유선을 통해 전송되는 문자열 데이터로 재인코딩되어야 하며, 컬럼 데이터베이스의 열은 행으로 다시 직렬화되어야 한다.

앞서 7.3.2절에서 설명한 바와 같이, 현재 많은 데이터베이스가 JDBC/ODBC를 우회해 파케이, ORC, 아브로 등의 형식으로 직접 데이터를 내보내는 네이티브 파일 익스포트를 지원한다. 한편으로는 많은 클라우드 데이터 웨어하우스에서 직접 REST API를 제공한다.

JDBC 연결은 일반적으로 다른 수집 기술과 통합되어야 한다. 예를 들어 리더 프로세스를 사용해 JDBC와 함께 데이터베이스에 연결하고, 추출된 데이터를 여러 객체에 쓴 다음, 다운스트림 시스템으로 수집을 조정한다(그림 7-13). 리더 프로세스는 완전히 일시적인 클라우드 인스턴스 또는 오케스트레이션 시스템에서 실행될 수 있다.

그림 7-13 수집 프로세스는 JDBC를 사용해 원천 데이터베이스에서 읽은 다음 객체를 객체 스토리지에 쓴다. 대상 데이터베이스(표시되지 않음)를 트리거해 오케스트레이션 시스템으로부터의 API 호출로 데이터를 수집할 수 있다.

7.5.2 변경 데이터 캡처

2장에서 소개한 **변경 데이터 캡처**(CDC)는 원천 데이터베이스 시스템에서 변경 내용을 수집하는 프로세스다. 예를 들어 애플리케이션을 지원하고 분석하기 위해 주기적으로 또는 지속해서 테이블 변경 사항을 수집하는 원천 PostgreSQL 시스템을 생각해보자.

다만, 여기서 논의하는 내용이 절대 완전하지는 않다는 점에 주의하자. 일반적인 패턴을 소개하겠지만, CDC 전략의 상세한 내용은 특정 데이터베이스의 매뉴얼을 읽어보기를 추천한다.

배치 지향 CDC

문제의 데이터베이스 테이블에 레코드가 마지막으로 작성된 시간 또는 갱신된 시간이 포함된 `updated_at` 필드가 있는 경우, 테이블을 조회해 지정된 시간 이후 갱신된 모든 행을 찾을 수 있다. 테이블에서 마지막으로 변경된 행을 캡처한 시간 기준으로 필터 타임스탬프를 설정한다. 이 프로세스를 통해 변경 내용을 가져오고 목표 테이블을 차등 갱신할 수 있다.

이러한 배치 지향 CDC 형식에는 중요한 제한 사항이 있다. 즉, 특정 시점 이후 변경된 행을 쉽게 판별할 수 있지만, 해당 행에 적용된 모든 변경 사항을 반드시 얻을 수 있는 것은 아니다. 은행 계좌 테이블에서 24시간마다 배치 CDC를 실행하는 예를 생각해보자. 이 작업 테이블은 각 계좌의 현재 잔액을 보여 준다. 돈이 계좌로 들어오고 나갈 때 은행 애플리케이션은 잔액을 갱신하기 위한 트랜잭션을 실행한다.

쿼리를 실행해 지난 24시간 동안 변경된 계정 테이블의 모든 행을 반환하면, 트랜잭션을 기록한 각 계정의 레코드가 표시된다. 특정 고객이 지난 24시간 동안 직불 카드를 사용해 5번 돈을 인출했다고 가정해보자. 이 쿼리는 24시간 동안 기록된 마지막 계정 잔액만 반환하며, 해당 기간 동안의 다른 기록은 표시되지 않는다. 각 계정 트랜잭션이 테이블에 새 레코드로 기록되는 입력 전용 스키마를 사용하면 이 문제를 완화할 수 있다(5.2.9절 참조).

연속 CDC

연속 CDC는 모든 테이블 이력을 캡처해 실시간 데이터베이스 복제 또는 실시간 스트리밍 분석을 위한 거의 실시간 데이터 수집을 지원한다. 연속 CDC는 정기적인 쿼리를 실행해 테이블 변경 사항을 일괄적으로 가져오는 것이 아니라, 데이터베이스에 대한 각 쓰기를 이벤트로 처리한다.

연속 CDC 이벤트스트림을 캡처할 수 있는 방법은 여러 가지가 있다. PostgreSQL과 같은 트랜잭션 데이터베이스에 대한 가장 일반적인 접근 방식 중 하나는 **로그 기반 CDC**log-base CDC다. 데이터베이스 이진 로그는 데이터베이스에 대한 모든 변경 사항을 순차적으로 기록한다(5.2.7절 참조). CDC 도구는 이 로그를 읽고 이벤트를 아파치 카프카 데베지움Debezium 스트리밍 플랫폼 등의 타깃으로 전송할 수 있다.

일부 데이터베이스는 단순화된 관리형 CDC 패러다임을 지원한다. 예를 들어 많은 클라우드 호스팅 데이터베이스는 데이터베이스에서 변경이 발생할 때마다 서버리스 함수를 직접 트리거 하거나 이벤트 스트림에 쓰도록 구성할 수 있다. 따라서 엔지니어는 데이터베이스에서 이벤트 를 캡처하고 전송하는 방법에 대한 세부 사항을 걱정할 필요가 없다.

CDC와 데이터베이스 복제

CDC는 데이터베이스 간 복제에 사용할 수 있다. 이때 이벤트는 스트림에 버퍼링되고 두 번 째 데이터베이스에 **비동기적**으로 기록된다. 그러나 많은 데이터베이스는 보통 복제본이 기본 (프라이머리)primary 데이터베이스와 완전히 동기화된 상태를 유지하는, 긴밀하게 결합된 복제 버전(동기 복제)을 지원한다. 동기 복제를 사용하려면 일반적으로 기본 데이타베이스와 복제 본replica이 같은 유형(예: PostgreSQL에서 PostgreSQL로)이어야 한다. 동기 복제의 장점은 보조(세컨더리)secondary 데이터베이스가 읽기 복제본 역할을 함으로써 기본 데이터베이스의 작 업을 어느 정도 분담할 수 있다는 것이다. 읽기 쿼리는 복제본으로 리다이렉트할 수 있다. 쿼리 는 기본 데이터베이스에서 반환되는 것과 동일한 결과를 반환한다.

읽기 복제본은 기본 운영 데이터베이스에 과부하 없이 대규모 검색을 실행할 수 있도록 배치 데이터 수집 패턴에 자주 사용된다. 또한 기본 데이터베이스를 사용할 수 없는 경우 복제본으 로 장애를 해결하도록 애플리케이션을 구성할 수 있다. 복제본이 기본 데이터베이스와 완전히 동기화되므로 장애조치를 할 때 데이터가 손실되지 않는다.

비동기 CDC 복제의 장점은 느슨하게 결합된 아키텍처 패턴이다. 복제본이 기본 데이터베이스 에서 복제되는 것이 약간 지연될 수 있지만, 분석 애플리케이션에서는 문제가 되지 않는 경우 가 많으며 이제 다양한 대상으로 이벤트를 전송할 수 있다. CDC 복제를 실행하는 동시에 이벤 트를 객체 스토리지와 스트리밍 분석 프로세서로 전송할 수도 있다.

CDC 고려 사항

다른 모든 기술과 마찬가지로 CDC도 무료가 아니다. CDC는 메모리, 디스크 대역폭, 스토리 지, CPU 시간, 네트워크 대역폭 등 다양한 데이터베이스 리소스를 소비한다. 엔지니어는 운영 상의 문제를 피하기 위해 운영 시스템에서 CDC를 켜기 전에 운영 팀과 협력해 테스트를 수행해야 한다. 동기 복제에도 유사한 고려 사항이 적용된다.

배치 CDC의 경우 트랜잭션 운영 시스템에 관해 대규모 배치 쿼리를 실행하면 과도한 부하가 발생할 수 있다. 기본 데이터베이스에 부담을 주지 않도록, 이러한 쿼리는 업무 외 시간에만 실행하거나 읽기 복제본을 사용하자.

7.5.3 API

> 소프트웨어 엔지니어링의 대부분은 배관 공사에 불과하다.
>
> _칼 휴즈[1]

앞서 5장에서 설명한 바와 같이 API는 중요성과 인기가 계속 높아지는 데이터 원천이다. 일반적인 조직에는 SaaS 플랫폼이나 협력업체 등 수백 개의 외부 데이터 원천이 있을 수 있다. 하지만 API를 통한 데이터 교환에 관한 적절한 표준이 없다. 데이터 엔지니어는 관련 문서를 읽고, 외부 데이터 소유자와 소통하고, API 연결 코드를 작성 및 유지 관리하는 데 상당한 시간을 할애할 수 있다.

이러한 가운데 세 가지 트렌드가 상황을 서서히 변화시키고 있다. 첫째, 많은 벤더가 다양한 프로그래밍 언어를 위한 API 클라이언트 라이브러리를 제공해 API 접근의 복잡성을 대부분 해소한다.

둘째, 현재는 다양한 데이터 커넥터 플랫폼이 SaaS, 오픈 소스 또는 관리형 오픈 소스로 제공된다. 이러한 플랫폼은 많은 데이터 원천에 대한 턴키 데이터 연결을 제공하며, 지원되지 않는 데이터 원천에 대한 사용자 지정custom 커넥터를 작성하기 위한 프레임워크를 제공한다(7.5.5절 참조).

세 번째 트렌드는 (5장에서 논의한 바 있는) 데이터 공유의 등장이다. 즉, 빅쿼리, 스노우플레이크, 레드시프트 또는 S3와 같은 표준 플랫폼을 통해 데이터를 교환할 수 있다. 이러한 플랫폼 중 하나에 데이터가 도착하면 해당 데이터를 저장, 처리하거나 다른 곳으로 이동하는 것이 간단하다. 데이터 공유는 데이터 엔지니어링 분야에 빠른 속도로 큰 영향을 미치고 있다.

---

1 Karl Hughes, 'The Bulk of Software Engineering Is Just Cappling', Karl Hughes website, July 8, 2018, https://oreil.ly/uIuqJ

데이터 공유가 불가능하고 API에 직접 접근해야 할 때는 시간을 낭비하지 않도록 주의하자. 관리형 서비스는 비용이 많이 드는 옵션처럼 보일 수 있지만, 가치가 높은 작업에 시간을 할애할 수 있을 때 API 커넥터를 구축하는 데 드는 시간 및 기회비용을 고려해야 한다.

또한 현재 많은 관리형 서비스가 사용자 지정 API 커넥터 구축을 지원한다. 이는 표준 형식으로 API 기술 사양을 제공하거나 서버리스 함수 프레임워크(예: AWS 람다)에서 실행되는 커넥터 코드를 작성하는 동시에, 관리형 서비스가 스케줄링 및 동기화의 세부 사항을 처리하도록 할 수 있다. 이러한 서비스는 개발 및 지속적인 유지 관리 모두에서 엔지니어의 시간을 크게 절약할 수 있다.

기존 프레임워크에서 제대로 지원되지 않는 API에 대한 사용자 지정 연결 작업을 예약해두자. 아직 처리되지 않은 API 연결 작업은 여전히 많이 남아 있다. 사용자 지정 API 접속 처리에는 소프트웨어 개발과 ops라는 두 가지 주요 측면이 있다. 소프트웨어 개발 모범 사례를 따르고 버전 관리, 지속적인 전송 및 자동화된 테스트를 사용해야 한다. 데브옵스 모범 사례와 더불어, 데이터 수집에 따른 운영 부담을 크게 줄일 수 있는 조정 프레임워크를 고려하자.

7.5.4 메시지 큐와 이벤트 스트리밍 플랫폼

메시지 큐와 이벤트 스트리밍 플랫폼은 웹과 모바일 애플리케이션, IoT 센서, 스마트 장치에서 실시간 데이터를 수집하는 데 널리 쓰이는 방법이다. 실시간 데이터가 더 보편화됨에 따라 수집 워크플로에서 실시간 데이터를 처리하는 방법을 도입하거나 수정해야 할 때가 많다. 따라서 실시간 데이터를 수집하는 방법을 아는 것이 중요하다. 일반적인 실시간 데이터 수집에는 메시지 큐 또는 이벤트 스트리밍 플랫폼이 포함되며, 이에 관해서는 5장에서 다룬 바 있다. 둘 다 원천 시스템이지만 데이터를 수집하는 방법으로도 작동한다. 어느 경우든 구독하는 퍼블리셔의 이벤트를 소비한다.

메시지와 스트림의 차이를 다시 한번 상기해보자. **메시지**message는 개별 이벤트 수준에서 처리되며 일시적인 것으로 간주된다. 메시지가 소비되면 확인 응답 후 큐에서 삭제된다. 한편, **스트림**stream은 이벤트를 정렬된(즉, 순서가 있는) 로그로 수집한다. 로그는 원하는 기간 동안 유지되므로, 이벤트를 다양한 범위에 걸쳐 쿼리하고 집계한 뒤 다른 스트림과 결합해 다운스트림 소비자에게 게시되는 새로운 변환을 생성할 수 있다.

[그림 7-14]에서는 두 명의 생산자(생산자 1과 2)가 두 명의 소비자(소비자 1과 2)에게 이벤트를 송신하고 있다. 이러한 이벤트는 새로운 데이터셋으로 결합되어 다운스트림 소비를 위해 생산자에게 전송된다.

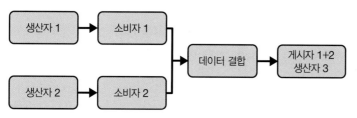

그림 7-14 두 데이터셋이 생성 및 소비되고(생산자 1과 2) 결합된 뒤, 결합된 데이터가 새로운 생산자(생산자 3)에 게시된다.

마지막 포인트는 배치 수집과 스트리밍 수집의 중요한 차이점이다. 배치는 일반적으로 정적 워크플로(데이터 수집, 저장, 변환 및 서빙)를 수반하지만, 메시지와 스트림은 유동적이다. 수집은 데이터의 게시, 소비, 재게시 및 재소비와 함께 비선형적일 수 있다. 실시간 수집 워크플로를 설계할 때는 데이터 흐름 방식을 염두에 두도록 하자.

또 다른 고려 사항은 실시간 데이터 파이프라인의 처리량이다. 메시지와 이벤트는 가능한 한 짧은 지연 시간으로 흐르게 해야 한다. 즉, 적절한 파티션(또는 샤드) 대역폭과 처리량을 프로비저닝해야 한다. 이벤트 처리에 충분한 메모리, 디스크 및 CPU 자원을 제공하고, 실시간 파이프라인을 관리할 때는 자동 계산 기능을 사용해 트래픽의 급상승에 대처하고 부하 감소에 따른 비용을 절감하자. 이러한 이유로 스트리밍 플랫폼 관리에는 상당한 오버헤드가 발생할 수 있다. 실시간 수집 파이프라인을 위한 관리형 서비스를 고려하고 실시간 데이터로부터 가치를 얻는 방법에 주의를 집중하자.

7.5.5 관리형 데이터 커넥터

데이터베이스나 API에 데이터 수집 커넥터를 작성하려 할 때는 해당 커넥터가 이미 생성되어 있는지 자문해보자. 또한 이 접속의 상세한 내용을 관리할 수 있는 서비스가 있는지 살펴보자. 7.5.3절에서는 관리형 데이터 커넥터 플랫폼과 프레임워크의 인기를 언급하고 있다. 이러한 도구의 목표는 표준 커넥터 셋을 제공하는 것으로, 데이터 엔지니어가 복잡한 배관을 구축해 특정 원천에 연결할 필요가 없다. 데이터 커넥터를 만들고 관리하는 대신 이 서비스를 서드파티에 아웃소싱할 수 있다.

일반적으로 공간의 옵션을 통해 사용자는 타깃과 원천을 설정하고, 다양한 방법으로 수집(CDC, 복제, 초기화^{truncate} 및 재적재)하고, 권한과 자격 증명을 설정하고, 갱신 주기를 구성하고, 데이터 동기화를 시작할 수 있다. 배후에 있는 벤더 또는 클라우드는 데이터 동기화를 완벽하게 관리하고 모니터링한다. 데이터 동기화가 실패하면 오류 원인에 대한 정보가 기록된 경고를 받게 된다.

커넥터를 생성하고 관리하는 대신 관리형 커넥터 플랫폼을 사용할 것을 권장한다. 벤더 및 OSS 프로젝트에는 일반적으로 수백 개의 사전 구축된 커넥터 옵션이 있으며 사용자 지정 커넥터를 쉽게 만들 수 있다. 데이터 커넥터의 생성 및 관리는 현재 거의 구별되지 않는 과중한 작업인 만큼 가능하면 아웃소싱해야 한다.

7.5.6 객체 스토리지로 데이터 이동

객체 스토리지는 퍼블릭 클라우드의 멀티테넌트 시스템이며 대량의 데이터 저장을 지원한다. 따라서 객체 스토리지는 데이터 레이크 안팎, 팀 간, 조직 간 데이터 전송에 이상적이다. 서명된 URL을 사용해 객체에 대한 단기 접근을 제공해 사용자에게 임시 권한을 부여할 수도 있다.

필자의 관점에서 객체 스토리지는 파일 교환을 처리하는 데 가장 적합하고 안전한 방법이다. 퍼블릭 클라우드 스토리지는 최신 보안 표준을 구현하고, 확장성과 신뢰성에 대한 강력한 실적이 있으며, 임의의 유형과 크기의 파일을 허용하고, 고성능의 데이터 이동을 제공한다. 객체 스토리지에 대한 자세한 설명은 6장에서 살펴볼 수 있다.

7.5.7 EDI

데이터 엔지니어가 직면한 또 다른 현실은 **전자 문서 교환**^{electronic data interchange}(EDI)이다. 이 용어는 모든 데이터 이동 방법을 나타낼 정도로 모호한데, 일반적으로는 이메일이나 플래시 드라이브와 같은 다소 구식인 파일 교환 수단을 말한다. 데이터 엔지니어는 일부 데이터 원천이 구식 IT 시스템이나 인적 프로세스 제한 때문에 더 현대적인 데이터 전송 수단을 지원하지 않는다는 것을 알게 될 것이다.

엔지니어는 적어도 자동화를 통해 EDI를 강화할 수 있다. 예를 들어 파일을 받는 즉시 회사 객체 저장소에 저장하는 클라우드 기반 이메일 서버를 설정할 수 있다. 그에 따라 조정 프로세스가 트리거되어 데이터를 수집하고 처리할 수 있다. 이는 직원이 첨부된 파일을 다운로드해 내부 시스템에 수동으로 업로드하는 것보다 훨씬 강력하며, 지금도 여전히 자주 볼 수 있다.

7.5.8 데이터베이스와 파일 익스포트

엔지니어는 원천 데이터베이스 시스템이 파일 익스포트를 처리하는 방법을 알아야 한다. 익스포트에는 많은 트랜잭션 시스템에 관해 데이터베이스를 상당량 로드하는 대용량 데이터 스캔이 수반된다. 원천 시스템 엔지니어는 애플리케이션 성능에 영향을 주지 않고 이러한 스캔을 실행할 수 있는 시기를 평가해 부하를 완화하는 전략을 선택할 수 있다. 익스포트 쿼리는 키 범위 또는 한 번에 한 파티션씩 쿼리함으로써 작은 단위의 익스포트로 나눌 수 있다. 또는 읽기 복제본을 통해 부하를 줄일 수 있다. 읽기 복제본은 익스포트가 하루에 여러 번 발생하고 높은 원천 시스템 로드와 일치할 경우에 특히 적합하다.

주요 클라우드 데이터 웨어하우스는 직접 파일 익스포트에 매우 최적화되어 있다. 예를 들어 스노우플레이크, 빅쿼리, 레드시프트 등은 다양한 형식의 객체 저장소로 직접 익스포트를 지원한다.

7.5.9 공통 파일 형식의 실질적 문제

엔지니어는 익스포트할 파일 형식도 알고 있어야 한다. CSV는 이 책을 집필하는 시점에도 여전히 어디에나 존재하며 에러가 발생하기 쉬운 형식이다. 즉, CSV의 기본 구분 문자delimiter는 영어에서 가장 친숙한 문자 중 하나인 쉼표이기는 하지만, 문제는 점점 더 심각해지고 있다.

CSV는 결코 통일된 형식이 아니다. 엔지니어가 문자열 데이터의 익스포트를 적절하게 처리하려면 구분 문자, 따옴표 및 이스케이프를 지정해야 한다. 또한 CSV는 스키마 정보를 기본적으로 인코딩하거나 중첩 구조를 직접 지원하지 않는다. 적절한 수집을 보장하려면 타깃 시스템에서 CSV 파일 인코딩 및 스키마 정보를 설정해야 한다. 자동 감지autodetection는 많은 클라우드 환경에서 제공되는 편리한 기능이지만, 운영 환경에서 사용하기에는 적합하지 않다. 엔지니어는 CSV 인코딩 및 스키마 세부 사항을 파일 메타데이터에 기록하는 것이 좋다.

더 견고하고 표현력이 풍부한 익스포트 형식으로는 파케이, 아브로Avro, 애로, ORC 또는 JSON 등이 있다. 이러한 형식은 기본적으로 스키마 정보를 인코딩하고 특별한 개입 없이 임의의 문자열 데이터를 처리한다. 이들 중 대부분의 형식은 기본적으로 중첩된 데이터 구조를 처리하므로, JSON 필드는 단순 문자열이 아닌 내부 중첩 구조를 사용해 저장된다. 컬럼 데이터베이스의 경우 열 형식(파케이, 애로, ORC)을 사용하면 포맷 간에 열을 직접 변환할 수 있기 때문에 데이터를 더 효율적으로 익스포트할 수 있다. 이러한 형식은 일반적으로 쿼리 엔진에 더 최적화되어 있다. 애로 파일 형식은 데이터를 처리 엔진 메모리에 직접 매핑하도록 설계되어 데이터 레이크 환경에서 높은 성능을 제공한다.

이러한 새로운 포맷의 단점은 많은 포맷이 원천 시스템에서 기본적으로 지원되지 않는다는 것이다. 데이터 엔지니어는 종종 CSV 데이터로 작업한 후 강력한 예외 처리 및 오류 감지 기능을 구축해 수집 시 데이터 품질을 보장해야 한다. 파일 형식에 대한 더 자세한 내용은 부록 A를 참조하자.

7.5.10 셸

셸은 명령어를 실행해 데이터를 수집할 수 있는 인터페이스다. 셸을 사용하면 거의 모든 소프트웨어 도구의 워크플로를 스크립팅할 수 있으며 셸 스크립팅은 여전히 수집 프로세스에서 광범위하게 사용된다. 셸 스크립트는 데이터베이스에서 데이터를 읽고, 다른 파일 형식으로 다시 직렬화한 다음, 객체 스토리지에 업로드하고, 대상 데이터베이스에서 수집 프로세스를 트리거할 수 있다. 단일 인스턴스나 서버에 데이터를 저장하는 것은 확장성이 뛰어나지 않지만, 데이터 원천의 대부분은 특별히 크지 않으므로 이러한 접근 방식이 잘 작동한다.

또한 클라우드 벤더는 일반적으로 강력한 CLI 기반 도구를 제공한다. AWS CLI에 명령어를 실행하는 것만으로도 복잡한 수집 프로세스를 실행할 수 있다. 도입 프로세스가 점점 더 복잡해지고 SLA가 엄격해짐에 따라 엔지니어는 적절한 조정 시스템으로의 전환을 고려해야 한다.

7.5.11 SSH

SSH는 수집 전략이 아닌, 다른 수집 전략과 함께 사용되는 프로토콜이다. 이 책에서는 몇 가지 방식으로 SSH를 사용한다. 첫째, 앞서 설명한 바와 같이 SSH는 SCP와 함께 파일 전송에 사용할 수 있다. 둘째, SSH 터널을 사용해 데이터베이스에 대한 안전하고 격리된 연결을 허용한다.

애플리케이션 데이터베이스는 인터넷에 직접 노출되지 않아야 한다. 대신 엔지니어는 대상 데이터베이스에 연결할 수 있는 중간 호스트 인스턴스를 설정할 수 있다. 이 호스트 시스템은 인터넷에 노출되지만, 지정된 IP 주소에서 지정된 포트로의 최소한의 접근만을 위해 잠겨 있다. 데이터베이스에 연결하려면 원격 시스템이 먼저 기본 호스트에 SSH 터널 연결을 연 다음 호스트 시스템에서 데이터베이스로 연결한다.

7.5.12 SFTP 및 SCP

시큐어 FTP(SFTP)와 시큐어 카피(SCP) 양쪽에서 데이터에 접근하고 전송하는 것은 (데이터 엔지니어가 일반적으로 이러한 기능을 정기적으로 사용하지 않더라도) 숙지해야 하는 기술이다(IT 팀 또는 보안운영 팀에서 이러한 작업을 처리할 것이다).

엔지니어들은 SFTP라는 말에 당연히 움츠러든다(간혹 실가동 환경에서 FTP가 사용되는 경우도 있다). 그럼에도 불구하고 SFTP는 여전히 많은 기업에게 현실적인 대안이다. 데이터 엔지니어들은 SFTP를 사용해 데이터를 소비하거나 제공하는 협력업체와 협업하며, 다른 표준에 의존하지 않으려 한다. 이러한 상황에서는 데이터 유출을 방지하는 보안 분석이 매우 중요하다.

SCP는 SSH 연결을 통해 실행되는 파일 교환 프로토콜이다. SCP가 올바르게 설정된 경우에는 보안 파일 전송^{secure file-transfer} 옵션이 될 수 있다. SCP 보안을 강화하기 위해 네트워크 접근 제어(심층 방어)를 추가할 것을 강력히 권장한다.

7.5.13 웹훅

5장에서 설명한 바와 같이 **웹훅**webhook은 종종 **역 API**reverse API라고 불린다. 일반적인 REST 데이터 API의 경우 데이터 공급자는 엔지니어에게 데이터 수집 코드를 작성하는 데 사용하는 API 규격을 제공한다. 코드는 요청을 하고 응답으로 데이터를 수신한다.

웹훅을 사용하면 데이터 프로바이더는 API 요청 사양을 정의하지만, 데이터 프로바이더는 API를 수신하지 않고 API를 호출한다(그림 7-15). 데이터 프로바이더가 호출할 수 있는 API 엔드포인트를 제공하는 것은 데이터 소비자의 책임이다. 사용자는 각 요청을 수집하고 데이터 집계, 저장 및 처리를 처리할 책임이 있다.

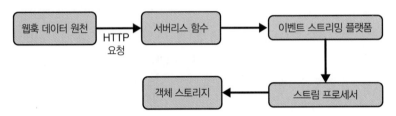

그림 7-15 클라우드 서비스를 기반으로 구축된 기본적인 웹훅 수집 아키텍처

웹훅 기반의 데이터 수집 아키텍처는 취약하고 유지 보수가 어려우며 비효율적일 수 있다. 데이터 엔지니어는 적절한 상용 도구를 사용해 유지 보수 및 인프라스트럭처 비용을 절감하면서 더 견고한 웹훅 아키텍처를 구축할 수 있다. 예를 들어 AWS의 웹훅 패턴은 수신 이벤트를 수신하기 위해 서버리스 함수 프레임워크(람다), 메시지를 저장 및 버퍼링하는 관리 이벤트 스트리밍 플랫폼(키네시스), 실시간 분석을 처리하는 스트림 처리 프레임워크(플링크), 장기 저장을 위한 객체 저장소(S3)를 사용할 수 있다.

이 아키텍처는 단순한 데이터 수집 이상의 기능을 수행한다. 이는 데이터 엔지니어링 수명 주기의 다른 단계와 데이터 수집이 관련되어 있음을 강조한다. 스토리지와 처리에 대한 결정 없이 수집 아키텍처를 정의하는 것은 불가능할 수 있다.

7.5.14 웹 인터페이스

데이터 접근을 위한 웹 인터페이스는 데이터 엔지니어에게 여전히 실질적인 현실이다. SaaS 플랫폼의 모든 데이터와 기능이 API나 파일 드롭 등의 자동화된 인터페이스를 통해 노출되지 않는 상황이 자주 발생한다. 대신 웹 인터페이스에 수동으로 접근해 보고서를 생성하고 로컬머신에 파일을 다운로드해야 한다. 이 방법에는 보고서 실행을 잊어버리거나 노트북이 고장 나는 등 명백한 단점이 있다. 가능한 한 데이터에 대한 자동 접근을 허용하는 도구와 워크플로를 선택하자.

7.5.15 웹 스크레이핑

웹 스크레이핑web scraping은 웹 페이지의 다양한 HTML 요소를 조합해 웹 페이지에서 데이터를 자동으로 추출한다. 제품 가격 정보를 추출하기 위해 전자 상거래 사이트를 스크랩하거나 뉴스 집계기aggregator를 위해 여러 뉴스 사이트를 스크랩할 수 있다. 웹 스크레이핑은 널리 퍼져 있으며 데이터 엔지니어로서 이를 접하게 될 수 있다. 윤리적, 법적 경계가 모호한 영역이기도 하다.

다음은 웹 스크랩 프로젝트를 수행하기 전에 알아둬야 할 몇 가지 최고의 조언이다. 첫째, 웹 스크레이핑을 해야 하는지, 아니면 서드파티에서 데이터를 사용할 수 있는지 자문해보자. 웹 스크레이핑을 하기로 결정했다면 선량한 시민이 되도록 하자. 실수로 서비스 거부denial-of-service(DoS) 공격을 생성하거나 IP 주소를 차단하지 않아야 한다. 생성되는 트래픽의 양을 이해하고 웹 크롤링 활동의 속도를 적절히 조정한다. 람다 함수를 동시에 수천 개 스핀업해 스크레이핑할 수 있다고 해서 반드시 그렇게 해야 하는 것은 아니다. 웹 스크레이핑이 지나치면 AWS 계정이 비활성화될 수 있다.

둘째, 활동의 법적 의미에 유의하자. 다시 강조하지만 DoS 공격을 생성하면 법적인 처벌로 이어질 수 있다. 서비스 약관을 위반하는 행위는 고용주나 개인에게 골칫거리가 될 수 있다.

셋째, 웹 페이지는 HTML 요소 구조를 지속해 변경하므로 웹 스크레이퍼를 갱신하기가 어렵다. 이러한 시스템의 유지 보수에 따르는 골칫거리가 그만한 가치가 있을지 자문해보자.

웹 스크레이핑은 데이터 엔지니어링 수명 주기 처리 단계에 흥미로운 영향을 미친다. 엔지니어는 웹 스크레이핑 프로젝트를 시작할 때 다양한 요소를 고려해야 한다. 이 데이터로 무엇을 할 예정인가? 파이썬 코드를 사용해 스크랩된 HTML에서 필수 필드를 추출한 다음 데이터베이스에 이러한 값을 기록하려 하는가? 스크랩한 웹사이트의 완전한 HTML 코드를 유지하고 스파크와 같은 프레임워크를 사용해 이 데이터를 처리할 것인가? 이러한 결정은 수집의 다운스트림에서 매우 다른 아키텍처로 이어질 수 있다.

7.5.16 데이터 마이그레이션용 전송 어플라이언스

대량의 데이터(100 TB 이상)의 경우 인터넷을 통해 직접 데이터를 전송하는 프로세스는 느리고 비용이 많이 들 수 있다. 이 규모에서 데이터를 가장 빠르고 효율적으로 전송하는 방법은 유선이 아닌, 데이터 배송 트럭truck을 이용하는 것이다. 클라우드 벤더는 물리적 '하드 드라이브 상자'를 통해 데이터를 전송할 수 있는 기능을 제공한다. **전송 어플라이언스**라고 불리는 스토리지 장치를 주문해 서버에서 데이터를 적재한 다음 클라우드 벤더로 반송하면 데이터가 업로드된다.

데이터 크기가 약 100 TB 정도라면 전송 어플라이언스를 사용하는 것이 좋다. AWS는 스노모빌Snowmobile (`https://oreil.ly/r9vLY`)에서 세미트레일러로 전송되는 전송 어플라이언스를 제공한다. 스노모빌은 데이터 크기가 페타바이트 이상인 데이터 센터 전체를 들어올리고 이동하기 위한 것이다.

전송 어플라이언스는 하이브리드 클라우드 또는 멀티클라우드 설정을 생성할 때 편리하다. 예를 들어 아마존의 데이터 전송 장치인 AWS 스노볼AWS Snowball은 임포트와 익스포트를 지원한다. 두 번째 클라우드로 마이그레이션하려면 데이터를 스노볼 장치로 내보낸 다음 두 번째 전송 어플라이언스로 가져와 데이터를 GCP 또는 애저로 옮길 수 있다. 어색하게 들릴 수도 있지만, 클라우드 간에 인터넷을 통해 데이터를 푸시할 수 있는 경우에도 데이터 전송 요금이 부과되기 때문에 비용이 많이 든다. 물리 전송 어플라이언스는 데이터양이 많을 때 더 저렴한 대안이 될 수 있다.

전송 어플라이언스와 데이터 마이그레이션 서비스는 일회성 데이터 수집 이벤트이므로 지속적인 워크로드에는 권장하지 않는다. 하이브리드 또는 멀티클라우드 시나리오에서 지속적인 데이터 이동이 필요한 워크로드가 있다고 가정해보자. 이때 데이터 크기는 훨씬 작은 데이터 크기를 계속해서 배치 처리하거나 스트리밍하고 있을 것이다.

7.5.17 데이터 공유

데이터 공유는 데이터 소비를 위한 일반적인 옵션으로 성장하고 있다(5장 및 6장 참조). 데이터 공급자는 타사 가입자에게 데이터셋을 무료 또는 유료로 제공한다. 이러한 데이터셋은 읽기 전용 방식으로 공유되는 경우가 많다. 즉, 이러한 데이터셋을 자체 데이터(및 다른 타사 데이터셋)와 통합할 수는 있지만, 공유된 데이터셋을 소유하지는 않는다. 엄밀히 말하자면 이는 데이터셋을 물리적으로 소유하는 수집이 아니다. 데이터 공급자가 데이터셋에 대한 접근 권한을 제거하기로 결정하면 더 이상 데이터에 접근할 수 없다.

많은 클라우드 플랫폼이 데이터 공유를 제공하므로 데이터를 공유하고 다양한 공급자의 데이터를 사용할 수 있다. 이러한 플랫폼 중 일부는 기업 및 조직이 데이터를 판매할 수 있는 데이터 마켓플레이스도 제공한다.

7.6 함께 일할 담당자

데이터 수집은 여러 조직의 경계에 놓여 있다. 데이터 엔지니어는 데이터 수집 파이프라인을 개발하고 관리할 때 업스트림(데이터 생산자) 및 다운스트림(데이터 소비자)에 있는 사람과 시스템 모두와 협력한다.

7.6.1 업스트림 이해관계자

데이터 생성 담당자(주로 소프트웨어 엔지니어)와 분석 및 데이터 과학용으로 데이터를 준비하는 데이터 엔지니어 사이에는 종종 상당한 차이가 존재한다. 소프트웨어 엔지니어와 데이터 엔지니어는 보통 별개의 조직 사일로에 놓여 있다. 일반적으로 데이터 엔지니어들은 이해관계자가 아닌, 단순히 애플리케이션으로 인한 데이터 유출의 다운스트림 소비자로 간주된다.

이러한 상황은 문제이자 중요한 기회이기도 하다. 데이터 엔지니어는 소프트웨어 엔지니어를 데이터 엔지니어링 결과의 이해관계자로 초대함으로써 데이터 품질을 개선할 수 있다. 대부분의 소프트웨어 엔지니어는 분석 및 데이터 과학의 가치를 잘 알고 있지만, 데이터 엔지니어링 노력에 직접 기여하기 위해 반드시 인센티브를 조정하지는 않는다.

단순히 의사소통을 개선하는 것만으로도 중요한 첫걸음이 될 수 있다. 대부분의 소프트웨어 엔지니어는 다운스트림에서 사용할 수 있는 잠재적으로 중요한 데이터를 이미 식별하고 있는 경우가 많다. 통신 채널을 열면 소프트웨어 엔지니어가 소비자를 위해 데이터를 구체화하고, 데이터 변경 사항에 관해 소통해 파이프라인의 회귀를 방지할 수 있다.

데이터 엔지니어는 커뮤니케이션뿐만 아니라 팀원, 경영진, 특히 제품 관리자에게 소프트웨어 엔지니어가 기여한 공헌을 강조할 수 있다. 결과물에 제품 관리자를 포함시키고 처리되는 다운스트림 데이터를 제품의 일부로 취급하면, 데이터 엔지니어와의 협업에 부족한 소프트웨어 개발을 할당할 수 있다. 소프트웨어 엔지니어는 데이터 엔지니어링 팀의 확장으로 부분적으로 작업하는 것이 이상적이다. 이를 통해 실시간 분석을 가능하게 하는 이벤트 기반 아키텍처 구축 등 다양한 프로젝트에서 협업할 수 있다.

7.6.2 다운스트림 관계자

데이터 수집의 최종 고객은 누구일까? 데이터 엔지니어는 데이터 과학자, 분석가, 최고 기술 책임자와 같은 데이터 실무자와 기술 리더에 초점을 맞춘다. 또한 마케팅 디렉터, 공급망^{supply-chain} 담당 부사장, CEO 등 폭넓은 비즈니스 이해관계자를 기억하는 것도 좋을 것이다.

데이터 엔지니어는 (실시간 스트리밍 버스나 복잡한 데이터 시스템 등) 고도로 정교한 프로젝트를 추구하는 경우가 많은 반면, 옆의 디지털 마케팅 관리자는 구글 애즈 보고서를 수동으로 다운로드하는 경우가 많다. 데이터 엔지니어링을 하나의 비즈니스로 보고 고객이 누구인지 인식해야 한다. 많은 경우 수집 프로세스의 기본적인 자동화는 특히 막대한 예산을 관리하고 비즈니스 수익의 중심에 있는 마케팅 부문에서 큰 가치를 가지게 된다. 기본적인 수집 작업은 지루해 보일 수 있지만, 기업의 이러한 핵심 부분에 가치를 제공하는 것은 더 많은 예산과 더 흥미로운 장기 데이터 엔지니어링 기회를 열어줄 것이다.

또한 데이터 엔지니어는 이 협업 프로세스에 더 많은 경영진의 참여를 유도할 수 있다. 데이터 중심 문화가 비즈니스 리더 집단에서 유행하는 데는 그럴 만한 이유가 있다. 다만 데이터 엔지니어나 기타 데이터 실무자는 데이터 중심 비즈니스에 최적인 구조에 관한 지침을 경영진에게 제공할 수 있어야 한다. 즉, 데이터 생산자와 데이터 엔지니어 간의 장벽을 낮추는 가치를 전달함과 동시에, 경영진이 사일로를 해체하고 인센티브를 설정해 더욱 통합된 데이터 기반 문화를 이끌 수 있도록 해야 한다.

다시 한번 강조하지만 **소통**이 핵심 키워드다. 조기에, 그리고 많은 경우 이해관계자와의 솔직한 소통을 통해 데이터 수집의 가치를 높일 수 있다.

7.7 드러나지 않는 요소

거의 모든 드러나지 않는 요소가 수집 단계에 영향을 미치지만, 여기서는 가장 중요한 요소를 강조하겠다.

7.7.1 보안

데이터를 이동하면 위치 간에 데이터를 전송해야 하므로 보안 취약성이 발생한다. 이동하는 동안 데이터를 캡처하거나 손상시키는 것은 절대 원치 않을 것이다.

데이터가 어디에 저장되고 어디로 이동하는지를 고려해야 한다. VPC 내에서 이동해야 하는 데이터는 안전한 엔드포인트를 사용해야 하며 VPC의 경계를 벗어나지 않아야 한다. 클라우드와 사내 네트워크 간에 데이터를 전송해야 할 때는 VPN 또는 전용 비공개 연결을 사용한다. 비용이 들 수도 있지만 보안을 고려하면 좋은 투자다. 데이터가 공용 인터넷을 통과하는 경우 전송이 암호화되어 있는지 확인해보자. 유선으로 데이터를 암호화하는 것은 항상 좋은 습관이다.

7.7.2 데이터 관리

데이터 관리는 당연히 데이터 수집에서 시작된다. 이는 계보 및 데이터 카탈로그 작성의 시작점이며, 이 시점부터 데이터 엔지니어는 스키마 변경, 윤리, 개인정보보호 및 컴플라이언스에 관해 고려해야 한다.

스키마 변경

스키마 변경(데이터베이스 테이블의 열 추가, 변경 또는 삭제 등)은 데이터 관리 관점에서 여전히 미해결 과제로 남아 있다. 기존의 접근 방식은 신중한 명령 및 제어 검토 프로세스다. 대기업 고객과 협업하면서 우리는 단일 필드를 추가하는 데만 6개월의 리드 타임이 걸린다는 견적을 받았다. 이는 민첩성을 저해하는 용납할 수 없는 장애 요소다.

반대로, 데이터를 전송하는 원천의 스키마가 변경되면 새로운 스키마를 사용해 대상 테이블이 다시 생성된다. 이렇게 하면 수집 단계에서 스키마 문제는 해결되지만, 다운스트림 파이프라인과 대상 스토리지 시스템은 여전히 중단될 수 있다.

필자들이 한동안 고민했던 하나의 가능한 해결책은 깃^{Git} 버전 제어에 의해 개척된 접근법이다. 리누스 토르발스^{Linus Torvalds}가 깃을 개발할 당시의 수많은 선택은 동시 버전 시스템(CVS)의 한계에서 영감을 받았다. CVS는 완전히 중앙 집중식이며, 중앙 프로젝트 서버에 저장된 하나의 정식 코드 버전만 지원한다. 토르발스는 깃을 진정한 분산형 시스템으로 만들기 위해 트리 개념을 사용했다. 각 개발자는 코드의 처리 분기^{branch}를 유지한 후 다른 분기와 병합할 수 있다.

몇 년 전만 해도 데이터에 대한 이러한 접근 방식은 상상할 수 없었다. 사내 MPP 시스템은 일반적으로 최대 스토리지 용량에 가깝게 운영된다. 그러나 빅데이터 및 클라우드 데이터 웨어하우스 환경에서는 스토리지 비용이 저렴하다. 스키마나 업스트림 변환이 서로 다른 테이블의 여러 버전을 매우 쉽게 유지할 수 있다. 팀은 에어플로와 같은 조정 도구를 사용해 테이블의 다양한 '개발' 버전을 지원할 수 있다. 스키마 변경, 업스트림 변환 및 코드 변경은 메인 테이블을 공식적으로 변경하기 전에 개발 테이블에 표시될 수 있다.

데이터 윤리, 개인정보보호, 컴플라이언스

고객은 종종 데이터베이스의 기밀 데이터를 암호화하기 위한 조언을 요청하는데, 이때 일반적으로 암호화하려는 기밀 데이터가 반드시 필요한지 근본적인 질문을 던지게 된다. 하지만 실제로 요구 사항을 만들고 문제를 해결할 때는 이 질문을 간과하는 경우가 많다.

데이터 엔지니어는 수집 파이프라인을 설정할 때 항상 이 질문을 하도록 스스로 훈련해야 한다. 데이터 엔지니어는 필연적으로 중요한 데이터를 접하게 될 것이며, 해당 데이터를 수집해 파이프라인의 다음 단계로 전송하는 것이 자연스러운 경향이다. 하지만 만약 이 데이터가 필요하지 않다면, 데이터를 수집해야 할 이유는 무엇일까? 데이터를 저장하기 전에 중요한 필드를 삭제하면 어떻게 될까? 데이터가 수집되지 않으면 유출되지도 않는다.

중요한 ID를 추적해야 할 때는 모델 학습 및 분석에서 ID를 익명화하기 위해 토큰화를 적용하는 것이 일반적인 관행이다. 그러나 엔지니어는 이 토큰화가 어디에 사용되는지 살펴봐야 한다. 가능하면 수집 시 데이터를 해싱하자.

데이터 엔지니어는 경우에 따라 매우 민감한 데이터를 사용해야 할 수 있다. 일부 분석 시스템은 식별 가능하고 중요한 정보를 제공해야 한다. 엔지니어는 기밀 데이터를 취급할 때마다 최고 수준의 윤리 규범에 따라 행동해야 한다. 또한 중요한 데이터의 직접 처리를 줄이기 위해 다양한 관행을 마련할 수 있다. 기밀 데이터가 관련된 비접촉 운영 환경에는 가능한 한 주의를 기울인다. 즉, 엔지니어는 개발 및 스테이징 환경에서 시뮬레이션되거나 정리된 데이터로 코드를 개발하고 테스트하지만, 운영 환경에는 자동화된 코드 배포를 수행한다.

비접촉식 운영은 엔지니어가 노력해야 하는 이상향이지만, 개발 및 스테이징 환경에서는 완전히 해결할 수 없는 상황이 발생할 수밖에 없다. 일부 버그는 회귀를 트리거하는 실시간 데이터를 살펴봐야만 재현할 수 있다. 이러한 경우 긴급 프로세스broken-glass process를 도입한다. 운영 환경에서 기밀 데이터에 대한 접근을 승인하려면 최소한 2명이 필요한 프로세스다. 이 접근 권한에는 특정 문제에 대한 엄격한 범위를 지정하고 만료 날짜를 지정해야 한다.

민감한 데이터에 대한 마지막 조언은 인간의 문제에 대한 순진한 기술적 해결책을 경계하라는 것이다. 암호화와 토큰화 모두 개인정보보호의 마법의 총알처럼 취급되는 경우가 많다. 대부분의 클라우드 기반 스토리지 시스템과 거의 모든 데이터베이스는 기본적으로 유휴 상태 및 이동중인 데이터를 암호화한다. 일반적으로는 암호화 문제가 아니라 데이터 접근 문제가 발생한다. 단일 필드에 추가 암호화 계층을 적용하거나, 아니면 해당 필드에 대한 접근을 제어하는 게 해결책일까? 결국 암호화 키에 대한 접근을 엄격하게 관리해야 한다. 단일 필드 암호화에는 합법적인 사용 사례가 있지만, 의례적인 암호화에는 주의해야 한다.

토큰화 측면에서는 상식을 사용해 데이터 접근 시나리오를 평가하자. 누군가가 고객 중 한 명의 이메일 계정을 가지고 있다면, 이메일을 쉽게 해싱해 데이터에서 해당 고객을 찾아낼 수 있을까? 경솔하게 데이터를 해싱하거나 다른 전략을 사용하지 않으면 개인정보보호를 생각만큼 제대로 보호하지 못할 수 있다.

7.7.3 데이터옵스

신뢰성 높은 데이터 파이프라인은 데이터 엔지니어링 수명 주기의 토대다. 장애가 발생하면 모든 다운스트림 의존성이 급격히 멈춘다. 데이터 웨어하우스와 데이터 레이크는 새로운 데이터로 보충되지 않으며 데이터 과학자와 분석가는 효과적으로 업무를 수행할 수 없게 되어 비즈니스에 차질을 빚게 된다.

데이터 파이프라인을 적절히 감시하는 것은 신뢰성과 효과적인 사고 대응을 위한 중요한 단계다. 데이터 엔지니어링 수명 주기에서 모니터링이 가장 중요한 단계를 꼽으라면 '수집 단계'다. 모니터링이 약하거나 존재하지 않는다는 것은 파이프라인이 작동하거나 작동하지 않을 수도 있다는 의미다. 앞서 설명한 내용을 참고해 이벤트 생성, 수집, 프로세스 및 처리 시간 등 시간의 다양한 측면을 추적하자. 데이터 파이프라인은 데이터를 배치 또는 스트림으로 예측 가능하게 처리해야 한다. 오래된 데이터에서 생성된 보고서와 ML 모델의 사례는 셀 수 없이 많다. 한 극단적인 사례를 들자면 수집 파이프라인 장애가 6개월 동안 검출되지 않았다(이 경우 데이터의 구체적인 효용성에 의문을 가질 수도 있지만, 이는 또 다른 문제다). 이 사례는 적절한 모니터링을 통해 충분히 피할 수 있는 일이었다.

그럼 무엇을 모니터링해야 할까? 가동 시간, 지연 시간 및 처리되는 데이터 볼륨부터 시작하는 게 좋다. 수집 작업이 실패할 경우에는 어떻게 대응해야 할까? 일반적으로는 배포를 기다리지 않고 처음부터 파이프라인에 모니터링을 구축할 수 있다.

여러분이 의존하는 업스트림 시스템의 작동과 그 시스템이 데이터를 생성하는 방법에 대한 지식과 마찬가지로, 모니터링 역시 핵심적인 요소다. 관심 있는 시간 간격당 생성된 이벤트 수(이벤트/분, 이벤트/초 등)와 각 이벤트의 평균 크기를 알아야 한다. 데이터 파이프라인은 수집하는 이벤트의 빈도와 크기를 모두 처리할 수 있어야 한다.

이는 서드파티 서비스에도 적용된다. 이러한 서비스의 경우 린 운용 효율성(인원 삭감)이라는 측면에서 얻을 수 있었던 이점이, 통제할 수 없는 시스템에 의존하는 것으로 대체된다. 타사 서비스(클라우드, 데이터 통합 서비스 등)를 사용하는 경우 운영 중단이 발생하면 어떻게 경고를 받게 되는가? 의존하던 서비스가 갑자기 오프라인 상태가 되었을 경우의 대응책은 무엇인가?

안타깝게도 서드파티 장애에 대한 보편적인 대응 계획은 존재하지 않는다. 다른 서버(가능하면 다른 영역 또는 지역에 있는 서버)로 장애조치failover를 할 수 있다면 반드시 그 설정을 수행하자.

데이터 수집 프로세스가 내부적으로 구축된 경우, 코드가 운영 환경에서 제대로 작동하는지 보증하기 위한 적절한 테스트 및 배포 자동화 기능을 갖추고 있는가? 그리고 코드에 버그가 있거나 실패했을 경우에는 정상 버전으로 롤백할 수 있는가?

데이터 품질 테스트

데이터는 종종 침묵의 살인마라고 불린다. 오늘날 비즈니스 성공의 토대가 품질과 유효한 데이터라면, 잘못된 데이터를 사용해 의사결정을 내리는 것은 데이터가 없는 경우보다 훨씬 더 나쁘다. 불량 데이터는 기업에 막대한 손해를 입혔다. 이러한 데이터 장애를 데이터 재앙datastrophes이라 부른다.[2]

데이터는 엔트로픽entropic 성질이 있으며 사전 예고 없이 예기치 않은 방식으로 변경되는 경우가 많다. 데브옵스와 데이터옵스의 본질적인 차이점 중 하나는 소프트웨어는 변경 사항을 배포할 때만 회귀를 예상하지만, 데이터는 종종 우리가 통제할 수 없는 이벤트 때문에 독립적으로 회귀를 보인다는 것이다.

데브옵스 엔지니어는 보통 바이너리 조건을 사용해 문제를 검출할 수 있다. 요청 실패율이 특정 임곗값을 초과했는가? 응답 지연 시간은 어떨까? 데이터 공간에서 회귀는 종종 미묘한 통계적 왜곡으로 나타난다. 검색어 통계의 변경은 고객 행동의 결과인가? 봇 트래픽의 급증으로 인터넷을 벗어난 경우는 어떨까? 사내에 다른 부분에 배포된 사이트 테스트 도구에 관해 알려줄 수 있는가?

데브옵스의 시스템 장애와 마찬가지로, 일부 데이터 회귀는 즉시 표시된다. 예를 들어 2000년대 초 구글은 사용자가 검색을 통해 웹사이트에 도착하면 검색어를 제공했다. 2011년 구글은 사용자의 개인정보를 보호하기 위해 일부 경우에는 이러한 정보를 보류하기 시작했다. 분석가들은 곧 보고서 상단에 '제공되지 않음'이라는 항목이 빠르게 늘어가는 것을 목격했다.[3]

정말로 위험한 데이터 회귀는 소리 없이 기업 내부 또는 외부에서 발생할 수 있다. 애플리케이션 개발자는 데이터 팀과 적절하게 소통하지 않은 채 데이터베이스 필드의 의미를 변경할 수 있다. 서드파티 원천으로부터의 데이터 변경 사항을 눈치채지 못할 수도 있다. 최선의 경우 보고서는 명백한 방식으로 분할된다. 비즈니스 측정 지표는 의사결정자가 모르는 상태에서 왜곡되는 경우가 많다.

가능하면 소프트웨어 엔지니어와 협력해 데이터 품질 문제를 근본적으로 해결하자. 데이터 변경 이력을 캡처하는 로그, 검사(null 등), 예외 처리(try, catch 등)와 같은 소프트웨어 엔지니어링의 기본적인 모범 사례를 준수하는 것만으로도 얼마나 많은 데이터 품질 문제를 처리할 수 있는지 알면 놀라울 정도다.

기존의 데이터 테스트 도구는 일반적으로 단순한 바이너리 로직을 기반으로 구축된다. null이

---

2 Andy Petrella, 'Datastrophes,' Medium, March 1, 2021, https://oreil.ly/h6FRW

3 Danny Sullivan, 'Dark Google: One Year Since Search Terms Went 'Not Provided," MarTech, October 19, 2012, https://oreil.ly/Fp8ta

아닌 필드에 null이 표시되는가? 예기치 않은 항목이 범주형 열에 새롭게 표시되는가? 통계 데이터 테스트는 새로운 영역이지만, 향후 5년 동안 급격하게 성장할 가능성이 있다.

7.7.4 오케스트레이션

수집은 일반적으로 데이터 엔지니어링 수명 주기의 첫 번째 단계인 만큼, 수집된 데이터는 더 많은 데이터 처리 단계로 유입되고 여러 원천의 데이터는 복잡한 방식으로 섞인다. 이 책 전체에서 강조했듯이 오케스트레이션은 이러한 단계를 조정하는 중요한 프로세스다.

데이터 성숙도의 초기 단계에 있는 조직에서는 수집 프로세스를 단순히 스케줄링된 크론 잡으로 전개할 수 있다. 그러나 이러한 접근 방식은 취약하며 데이터 엔지니어링 배포 및 개발 속도를 늦출 수 있다는 점을 인식해야 한다.

데이터 파이프라인이 복잡해짐에 따라 진정한 조정, 즉 오케스트레이션이 필요하다. 진정한 오케스트레이션이란 개별 작업이 아닌, 전체 작업 그래프를 스케줄링할 수 있는 시스템을 의미한다. 오케스트레이션은 각 수집 작업을 적절히 스케줄링된 시간에 시작할 수 있다. 수집 작업이 완료되면 다운스트림 처리 및 변환 단계가 시작된다. 다운스트림에서는 처리 단계가 추가 처리 단계로 이어진다.

7.7.5 소프트웨어 엔지니어링

데이터 엔지니어링 수명 주기의 '수집' 단계는 엔지니어링 집약적이다. 수집 단계는 데이터 엔지니어링 도메인의 가장자리에 위치하며, 소프트웨어 및 데이터 엔지니어가 다양한 맞춤형 배관을 구축해야 하는 외부 시스템과 자주 연결된다.

카프카나 펄사 같은 오픈 소스 프레임워크를 운영하는 팀이나 자체 포크 또는 자체 개발한 수집 설루션을 운영하는 대형 기술 회사의 경우 그 이면에서의 수집 프로세스는 매우 복잡하다. 이 장에서 설명한 바와 같이 (파이브트랜, 마틸리언 및 에어바이트 같은) 관리형 데이터 커넥터는 수집 프로세스를 단순화한다. 데이터 엔지니어는 이용 가능한 최상의 도구(주로 부하가 많이 걸리는 관리 도구와 서비스)를 활용해 중요한 분야에서 높은 소프트웨어 개발 능력을 개발해야 한다. 적절한 버전 관리 및 코드 검토 프로세스를 사용하고, 수집 관련 코드에 대해서도 적절한 테스트를 구현하는 것이 좋다.

소프트웨어를 작성할 때는 코드를 분리해야 한다. 원천 시스템 또는 목표 시스템에 대한 의존도가 높은 모놀리식 시스템을 작성하지 않도록 하자.

7.8 결론

데이터 엔지니어로서 작업한다면 수집 단계에서 상당한 수준의 에너지와 노력을 소비하게 될 것이다. 수집의 핵심은 파이프를 다른 파이프에 연결해 데이터가 목적지까지 일관되고 안전하게 흐를 수 있도록 하는 배관 공사와 같다. 때때로 수집의 세세한 부분이 지루하게 느껴질 수 있지만, 흥미로운 데이터 애플리케이션(예: 분석이나 ML)은 수집 없이 이루어질 수 없다.

이미 강조했듯이, 우리는 배치 처리에서 스트리밍 데이터 파이프라인으로 전환하는 큰 변환기를 겪고 있다. 이는 데이터 엔지니어가 스트리밍 데이터를 위한 흥미로운 애플리케이션을 발견하고, 이를 비즈니스에 전달하며, 흥미로운 신기술을 도입할 기회이기도 하다.

7.9 참고 문헌

- Airbyte's 'Connections and Sync Modes' web page (`https://oreil.ly/mCOvd`)
- Chapter 6, 'Batch Is a Special Case of Streaming,' in Introduction to Apache Flink by Ellen Friedman and Kostas Tzoumas (O'Reilly)
- 'The Dataflow Model: A Practical Approach to Balancing Correctness, Latency, and Cost in Massive-Scale, Unbounded, Out-of-Order Data Processing' (`https://oreil.ly/ktS3p`) by Tyler Akidau et al.
- Google Cloud's 'Streaming Pipelines' web page (`https://oreil.ly/BC1Np`)
- Microsoft's 'Snapshot Window (Azure Stream Analytics)' documentation (`https://oreil.ly/07S7L`)

CHAPTER 8

4단계: 쿼리 모델링 및 데이터 변환

지금까지 데이터 엔지니어링 수명 주기의 단계는 주로 데이터를 한 장소에서 다른 곳으로 전달하거나 저장하는 것이었다. 이 장에서는 데이터를 유용하게 만드는 방법을 알아볼 것이다. 쿼리, 모델링 및 변환을 이해하면 원시 데이터 구성 요소를 다운스트림 이해관계자가 사용할 수 있는 것으로 전환하는 도구를 얻을 수 있다([그림 8-1] 참조).

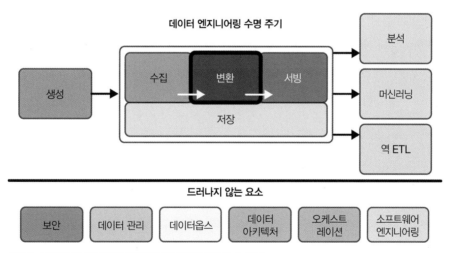

그림 8-1 '변환' 단계를 통해 데이터로부터 가치를 창출할 수 있다.

먼저 쿼리와 그 기반이 되는 중요한 패턴을 살펴볼 것이다. 둘째, 데이터에 비즈니스 로직을 도입하는 데 사용할 수 있는 주요 데이터 모델링 패턴을 알아볼 것이다. 다음으로 데이터 모델의 로직과 쿼리 결과를 채택해 더 간단한 다운스트림 사용에 유용하게 만드는 변환을 다룰 것이다. 마지막으로 이 챕터와 관련된 드러나지 않는 요소를 다룰 것이다.

SQL과 NoSQL 데이터베이스의 데이터를 쿼리, 모델링 및 변환하는 데 다양한 기술을 활용할 수 있다. 이 절에서는 데이터 웨어하우스나 데이터 레이크 등의 OLAP 시스템에 대한 쿼리를 설명한다. 쿼리에는 많은 언어가 존재하지만, 편리함과 친숙함을 위해 이 장에서는 가장 널리 사용되는 범용 쿼리 언어인 SQL에 초점을 맞춘다. OLAP 데이터베이스 및 SQL의 대부분의 개념은 다른 유형의 데이터베이스 및 쿼리 언어에도 적용된다. 이 장에서는 독자들이 SQL 언어와 더불어 이와 관련한 기본 키, 외부 키와 같은 개념을 이해하고 있다고 가정한다. 이러한 개념이 익숙하지 않은 경우에는 시작할 때 도움이 될 만한 수많은 자료를 참고할 수 있다.

이 장에서 사용하는 용어에 대한 주의 사항을 먼저 알려주고자 한다. 편의상 **데이터베이스**^{database}라는 용어는 쿼리 엔진과 쿼리하는 스토리지의 약자로 사용한다. 이는 클라우드 데이터 웨어하우스 또는 S3에 저장된 데이터를 쿼리하는 아파치 스파크가 될 수도 있다. 데이터베이스에는 내부적으로 데이터를 구성하는 스토리지 엔진이 있다고 가정한다. 이는 파일 기반 쿼리(CSV 파일을 파이썬 노트북에 로드) 및 파케이 같은 파일 형식에 대한 쿼리로 확장된다.

또한 이 장에서는 데이터 엔지니어가 자주 사용하는 정형 및 반정형 데이터와 관련한 쿼리, 모델링 패턴 및 변환에 초점을 맞춘다. 논의하는 많은 사례는 이미지, 비디오 및 원시 텍스트와 같은 비정형 데이터 작업에도 적용할 수 있다.

데이터 모델링 및 변환에 들어가기 전에 쿼리의 종류, 작동 방식, 쿼리 성능 향상을 위한 고려 사항 및 스트리밍 데이터에 대한 쿼리를 살펴보자.

8.1 쿼리

쿼리는 데이터 엔지니어링, 데이터 과학 및 분석의 기본적인 부분이다. 변환을 위한 기본 패턴과 기술을 알아보기 전에 쿼리가 무엇인지, 쿼리가 다양한 데이터에서 어떻게 작동하는지, 쿼리 성능을 개선하는 기술은 무엇인지 등을 이해해야 한다.

이 절에서는 주로 테이블 형식 및 반정형 데이터에 대한 쿼리를 다룬다. 데이터 엔지니어는 이러한 데이터 유형을 가장 자주 쿼리하고 변환한다. 쿼리, 데이터 모델링 및 변환에 대해 좀 더 복잡한 주제를 다루기 전에 '쿼리란 무엇인가?'라는 매우 간단한 질문에 답하는 것부터 시작해 보겠다.

8.1.1 쿼리란 무엇인가?

SQL 작성 방법은 알고 있지만, 쿼리가 어떻게 작동하는지에 대해 익숙하지 않은 사람을 자주 볼 수 있다. 이 쿼리에 대한 소개 자료 중 일부는 경험이 풍부한 데이터 엔지니어에게는 친숙할 것이므로, 이에 해당되는 경우에는 이 절을 건너뛰어도 좋다.

쿼리query를 사용하면 데이터를 검색하고 이에 대한 작업을 수행할 수 있다. 5장에서 다뤘던 CRUD에 관한 내용을 다시 떠올려보자. 쿼리는 데이터를 검색할 때 레코드 패턴을 읽도록 요청하는데, 이것이 바로 CRUD의 R(읽기)에 해당한다. **SELECT * FROM foo**와 같이 **foo** 테이블에서 모든 레코드를 가져오는 쿼리를 수행할 수 있다. 또는 **SELECT * FROM WHERE ID=1** 같은 SQL 쿼리를 사용해 ID가 1인 레코드만 검색해 데이터를 필터링하는 조건절(논리적 조건)을 적용할 수 있다.

많은 데이터베이스에서 데이터를 생성, 갱신 및 삭제할 수 있으며, 이들은 CRUD의 CUD에 해당한다. 쿼리는 새로운 레코드를 생성하거나 기존 레코드를 변환 또는 파기한다. 쿼리 언어를 사용할 때 흔히 접할 수 있는 다른 약어들도 살펴보자.

데이터 정의 언어

높은 수준에서 데이터를 추가하기 전에 먼저 데이터베이스 객체를 생성해야 한다. **데이터 정의 언어**data definition language(DDL) 명령을 사용해 데이터베이스 자체, 스키마, 테이블 또는 사용자와 같은 데이터베이스 객체에 대한 작업을 수행한다. DDL은 데이터베이스 내의 객체 상태를 정의한다.

데이터 엔지니어는 일반적인 SQL DDL 표현식인 **CREATE, DROP** 및 **ALTER**를 사용한다. 예를 들어 DDL 표현식인 **CREATE DATABASE bar**를 사용해 데이터베이스를 생성할 수 있다. 그다음 새로운 테이블을 생성(**CREATE table bar_table**)하거나 테이블을 삭제(**DROP table bar_table**)할 수도 있다.

데이터 조작 언어

DDL을 사용해 데이터베이스 객체를 정의한 다음 해당 객체 내에서 데이터 추가 및 변경을 수행해야 한다. 이것이 **데이터 조작 언어**^{data manipulation language}(DML)의 주요 목적이다.

데이터 엔지니어가 사용하는 일반적인 DML 명령어는 다음과 같다.

```
SELECT
INSERT
UPDATE
DELETE
COPY
MERGE
```

예를 들어 데이터베이스 테이블에 새 레코드를 삽입(**INSERT**)하고, 기존 레코드를 갱신(**UPDATE**)하며 특정 레코드를 조회(**SELECT**)할 수 있다.

데이터 제어 언어

데이터베이스 객체에 대한 접근을 제한하고 **누가 어떤 항목에** 접근할 수 있는지 세밀하게 제어해야 한다. **데이터 제어 언어**^{data control language}(DCL)를 사용하면 GRANT, DENY, REVOKE 등의 SQL 명령을 사용해 데이터베이스 객체 또는 데이터에 대한 접근을 제어할 수 있다.

DCL 명령어를 사용한 간단한 예를 살펴보자. 세라(Sarah)라는 이름의 새로운 데이터 과학자가 회사에 입사했는데, 그녀는 **data_science_db**라는 데이터베이스에 읽기 전용 접근 권한이 필요하다. 다음 DCL 명령을 사용해 세라에게 이 데이터베이스에 대한 접근 권한을 부여한다.

```
GRANT SELECT ON data_science_db  to user_name Sarah;
```

하지만 취업 시장 경쟁이 치열한 가운데 세라는 회사에서 일한 지 불과 몇 달 만에 대형 기술 회사로 이직하게 됐다. 잘 가요, 세라! 여러분은 보안을 중시하는 데이터 엔지니어로서 데이터베이스에서 세라의 읽기 조회 기능을 제거한다.

```
REVOKE SELECT ON data_science_db TO user_name Sarah;
```

접근 제어 요청과 관련 문제는 자주 발생한다. DCL을 이해하면 사용자 또는 팀원이 필요한 데이터에 접근할 수 없는 경우 문제를 해결할 수 있을 뿐만 아니라 불필요한 데이터에 접근할 수 없게 된다.

트랜잭션 제어 언어

이름에서 알 수 있듯이 **트랜잭션 제어 언어** transaction control language (TCL)는 트랜잭션의 세부 정보를 제어하는 명령을 지원한다. TCL을 사용하면 커밋 체크포인트, 작업이 롤백되는 조건 등을 정의할 수 있다. 일반적인 TCL 명령어로는 COMMIT와 ROLLBACK이 있다.

8.1.2 쿼리 수명

쿼리는 어떻게 작동하며 쿼리가 실행되면 어떤 일이 발생할까? 데이터베이스에서 실행되는 일반적인 SQL 쿼리의 예를 사용해서 쿼리 실행과 관련한 높은 수준의 기본 사항을 살펴보겠다(그림 8-2).

그림 8-2 데이터베이스의 SQL 쿼리 수명

쿼리를 실행하는 작업은 코드를 작성하고 실행한 뒤 그 결과를 전달받는 등 간단해 보일 수 있지만, 그 내부에서는 많은 일이 벌어지고 있다. SQL 쿼리를 실행했을 때 발생하는 일을 요약하면 다음과 같다.

① 데이터베이스 엔진은 SQL을 컴파일해 코드를 파싱하고 적절한 의미를 확인한 뒤 참조된 데이터베이스 객체가 존재하는지, 현재 사용자가 이러한 객체에 대한 적절한 접근 권한을 가졌는지를 확인한다.

② SQL 코드가 바이트코드 bytecode로 변환된다. 이 바이트코드는 데이터베이스 엔진에서 수행해야 하는 단계를 효율적이고 기계에서 읽을 수 있는 형식으로 나타낸다.

③ 데이터베이스의 쿼리 옵티마이저는 사용 가능한 리소스를 최대한 효율적으로 사용하기 위해 바이트코드를 분석하여 쿼리를 실행하고, 순서를 변경하며, 리팩터링할 방법을 결정한다.

④ 쿼리가 실행되고 결과가 생성된다.

8.1.3 쿼리 옵티마이저

쿼리는 실행 방법에 따라 실행 시간이 크게 달라질 수 있다. 쿼리 옵티마이저의 역할은 쿼리를 효율적인 순서로 적절한 단계로 분할해 쿼리 성능을 최적화하고 비용을 최소화하는 것이다. 옵티마이저는 조인, 인덱스, 데이터 스캔 크기 및 기타 요소를 평가한다. 쿼리 옵티마이저는 가장 저렴한 방법으로 쿼리를 실행하려고 시도한다.

쿼리 옵티마이저는 쿼리가 어떻게 수행될지에 대해 기본적인 역할을 한다. 모든 데이터베이스는 서로 다르며, 각각 명백하면서도 미묘하게 다른 방식으로 쿼리를 실행한다. 쿼리 옵티마이저로 직접 작업하지는 않지만, 그 기능의 일부를 이해하면 더 높은 성능의 쿼리를 작성하는 데 도움이 된다. 다음 절에서 설명할 실행 계획^{explain plan} 또는 쿼리 분석 등을 사용해 쿼리의 성능을 분석하는 방법을 알아야 한다.

8.1.4 쿼리 성능 향상

데이터 엔지니어링에서는 반드시 성능이 떨어지는 쿼리가 발생한다. 이러한 쿼리를 식별하고 수정하는 방법을 아는 것은 매우 중요하다. 데이터베이스와 싸우지 말자. 그 장점을 활용하고 그 단점을 보완하는 방법을 배우자. 이 절에서는 쿼리 성능을 개선하는 다양한 방법을 보여준다.

조인 전략 및 스키마 최적화

테이블이나 파일 등 단일 데이터 집합이 그 자체로 유용한 경우는 거의 없으며, 다른 데이터 집합과 결합해 가치를 창출한다. 조인^{join}은 데이터 집합들을 결합해 새로운 데이터 집합을 생성하는 가장 일반적인 수단의 하나다. 이 책에서는 여러분이 중요한 조인 유형(예: 내부, 외부, 레프트, 교차)과 조인 관계 유형(예: 일대일, 일대다, 다대일, 다대다)을 잘 안다고 가정하고 진행한다.

조인은 데이터 엔지니어링에서 매우 중요한 기능으로, 많은 데이터베이스에서 잘 지원되며 성능이 좋은 편이다. 과거에는 조인 성능이 느리기로 유명했던 컬럼형 데이터베이스도 이제는 일반적으로 우수한 성능을 제공한다.

쿼리 성능을 향상하는 일반적인 기술은 데이터를 선조인^{prejoin}하는 것이다. 분석 쿼리가 동일한 데이터를 반복해 조인하는 경우, 계산 부하가 높은 작업을 반복하지 않도록 사전에 데이터를 조인하고 선조인된 데이터 버전에서 쿼리를 읽는 것이 좋다. 여기에는 스키마를 변경하고 정규화 조건을 완화해 테이블을 넓히고 자주 조인되는 엔티티 관계를 대체하기 위해 새로운 데이터 구조(배열이나 구조체)를 활용하는 것이 포함된다. 또 다른 전략은 더 표준화된 스키마를 유지하되, 가장 일반적인 분석 및 데이터 과학 활용 사례에 대한 테이블을 선조인하는 것이다. 선조인된 테이블을 만들고 사용자가 이를 활용하거나 구체화된 뷰 내에서 조인을 수행하도록 교육하면 된다(8.3.2절 참조).

다음으로 조인 조건의 세부 사항과 복잡성을 고려한다. 복잡한 조인 로직은 상당한 연산 리소스를 소비할 수 있는데, 이러한 복잡한 조인의 성능을 개선할 몇 가지 방법이 있다.

많은 행 지향 데이터베이스에서는 행에서 계산된 결과를 인덱싱할 수 있다. 예를 들어 PostgreSQL을 사용하면 소문자로 변환된 문자열 필드에 인덱스를 만들 수 있다. 옵티마이저는 조건절 안에 `lower()` 함수가 표시되는 쿼리를 발견하면 인덱스를 적용할 수 있다. 조인을 위한 새로운 파생 열을 만들 수도 있지만, 사용자가 해당 열에 조인하도록 교육해야 한다.

행 폭발

모호하지만 답답한 문제가 행 폭발row explosion이다.[1] 이 문제는 조인 키의 반복 또는 조인 로직의 결과 때문에 다대다 일치 항목이 많을 때 발생한다. A 테이블의 조인 키에 this 값이 5회 반복되고, B 테이블의 조인 키에 이 값이 10회 반복된다고 가정해보자. 그러면 이들 행이 교차 조인되어 A 테이블의 모든 this 행과 B 테이블의 모든 this 행이 쌍을 이룬다. 결과적으로 5 × 10 = 50개 행이 생성된다. 이제 조인 키에 다른 많은 반복이 있다고 가정한다. 행 폭발은 종종 대량의 데이터베이스 리소스를 소비하거나, 쿼리 실패를 유발하기에 충분한 행을 생성하는 경우가 많다.

쿼리 옵티마이저가 조인을 어떻게 처리하는지 알아두는 것도 중요하다. 일부 데이터베이스는 조인과 조건절의 순서를 변경할 수 있지만, 그렇지 않은 데이터베이스도 있다. 초기 쿼리 단계에서 행이 폭발적으로 증가하면 이후 조건절이 출력에서 반복되는 많은 부분을 올바르게 삭제해야 함에도 쿼리가 실패할 수도 있다. 조건절 재정렬은 쿼리에 필요한 연산 리소스를 크게 줄일 수 있다.

---

1 https://oreil.ly/kUsO9

마지막으로, 중첩된 서브쿼리 또는 임시 테이블 대신 공통 테이블 표현식common table expression(CTE)을 사용하자. CTE를 사용하면 사용자가 복잡한 쿼리를 읽기 쉬운 방식으로 함께 작성할 수 있으므로 쿼리 흐름을 이해하는 데 도움이 된다. 복잡한 쿼리에서 가독성의 중요성은 아무리 강조해도 지나치지 않다.

대부분의 경우 CTE는 중간 테이블을 작성하는 스크립트보다 뛰어난 성능을 제공하므로, 중간 테이블을 생성해야 할 때는 임시 테이블 생성을 고려하자. CTE를 자세히 알고 싶다면 간단한 웹 검색을 통해 많은 유용한 정보를 얻을 수 있다.

실행 계획을 사용한 쿼리 성능 파악

이전 절에서 학습한 바와 같이 데이터베이스의 쿼리 옵티마이저는 쿼리 실행에 영향을 미친다. 쿼리 옵티마이저의 실행 계획에서는 쿼리 옵티마이저가 최적의 최저 비용 쿼리를 결정하는 방법, 사용된 데이터베이스 객체(테이블, 인덱스, 캐시 등), 각 쿼리 단계에서의 다양한 자원 소비 및 성능 통계를 보여준다. 일부 데이터베이스는 쿼리 단계를 시각적으로 표시한다. 이와는 대조적으로 다른 데이터베이스는 쿼리를 실행하는 데 필요한 일련의 단계를 표시하는 EXPLAIN 명령을 사용하여 SQL을 통해 실행 계획을 사용할 수 있도록 한다.

EXPLAIN으로 쿼리가 실행되는 방식을 파악할 뿐만 아니라, 쿼리 성능을 모니터링해 데이터베이스 자원 사용량에 대한 측정 지표를 확인해야 한다. 모니터링이 필요한 영역은 다음과 같다.

- 디스크, 메모리, 네트워크 등의 주요 리소스 사용량
- 데이터 로딩 시간과 처리 시간 비교
- 쿼리 실행 시간, 레코드 수, 스캔한 데이터의 크기, 데이터 셔플링에 사용된 데이터양
- 데이터베이스에서 리소스 경합을 일으킬 수 있는 경쟁 쿼리
- 사용 가능한 연결 수 대비 사용된 동시 연결 수(초과된 동시 접속은 데이터베이스에 접속할 수 없는 사용자에게 악영향을 미칠 수 있음)

전체 테이블 스캔 방지

모든 쿼리는 데이터를 스캔하지만, 모든 스캔이 동일하게 생성되지는 않는다. 필자의 경험에 비추어 볼 때 필요한 데이터만 쿼리해야 한다. 조건절 없이 SELECT *를 실행하면 테이블 전체가 스캔되고 모든 행과 열이 검색된다. 이 방법은 성능 측면에서 매우 비효율적이고 비용이 많

이 든다. 특히 쿼리 실행 중에 스캔한 바이트 또는 사용된 연산 리소스에 대해 과금되는 종량제 데이터베이스를 사용하는 경우라면 더욱 그렇다.

가능하면 **가지치기**pruning를 사용해 쿼리에서 스캔되는 데이터의 양을 줄이도록 하자. 열 지향 데이터베이스와 행 지향 데이터베이스에는 서로 다른 가지치기 전략이 필요하다. 열 지향 데이터베이스에서는 필요한 열만 선택해야 한다. 또한 대부분의 열 지향 OLAP 데이터베이스는 쿼리 성능을 개선하기 위해 테이블을 최적화하는 추가 도구를 제공한다. 예를 들어 크기가 수 테라바이트에 달하는 매우 큰 테이블이 있을 때, 스노우플레이크와 빅쿼리를 사용하면 테이블에 클러스터 키를 정의할 수 있다. 그러면 쿼리가 매우 큰 데이터 집합의 일부에 더 효율적으로 접근할 수 있는 방식으로 테이블의 데이터를 정렬할 수 있다. 또한 빅쿼리를 사용하면 테이블을 더 작은 세그먼트로 분할할 수 있으므로 전체 테이블 대신 특정 파티션만 조회할 수 있다(부적절한 클러스터링 및 키 분배 전략은 성능을 저하시킬 수 있다).

행 지향 데이터베이스에서 가지치기는 일반적으로 6장에서 학습한 테이블 인덱스를 중심으로 이루어진다. 일반적인 전략은 성능에 가장 민감한 쿼리의 성능을 개선하는 테이블 인덱스를 만들되, 너무 많은 인덱스 때문에 테이블에 과부하가 걸려 성능이 저하되지 않도록 하는 것이다.

데이터베이스가 커밋을 처리하는 방법 파악

데이터베이스 **커밋**commit은 레코드, 테이블 또는 기타 데이터베이스 객체의 생성, 갱신 또는 삭제와 같은 데이터베이스 내의 변경 작업을 말한다. 많은 데이터베이스가 일관된 상태를 유지하는 방식으로 여러 작업을 동시에 커밋하는 개념인 **트랜잭션**transaction을 지원한다. 이때 트랜잭션이라는 용어에는 여러 가지 의미가 혼재되어 있음을 유의하자(5장 참조). 트랜잭션의 목적은 데이터베이스가 활성화된 경우와 장애가 발생한 경우에 모두 일관된 데이터베이스 상태를 유지하는 것이다. 또한 트랜잭션은 동일한 데이터베이스 객체에서 여러 개의 동시 이벤트가 읽기, 쓰기 및 삭제될 수 있는 경우에 격리 처리를 수행한다. 트랜잭션이 없으면 사용자는 데이터베이스를 쿼리할 때 잠재적으로 상충되는 정보를 얻을 수 있다.

데이터베이스가 커밋과 트랜잭션을 처리하는 방식을 숙지하고, 쿼리 결과의 예상되는 일관성을 결정해야 한다. 사용 중인 데이터베이스는 ACID에 준거한 방식으로 쓰기 및 갱신 처리를 수행하는가? ACID를 준수하지 않으면 쿼리에서 예기치 않은 결과가 반환될 수 있다. 이는 행을 읽었을 때 커밋되지 않은 트랜잭션이 행을 변경할 경우 발생하는 더티 리드dirty read 때문일 수 있다. 여러분의 데이터베이스에서 더티 리드는 예상되는 결과인가? 그렇다면 어떻게 대처해야 할까? 또한 일부 데이터베이스는 갱신 및 삭제 트랜잭션 중에 데이터베이스의 새 상태를 나타내는 새 파일을 작성하고, 실패 체크포인트 참조를 위해 이전 파일을 유지한다. 이러한 데이터베이스에서 많은 수의 작은 커밋을 실행하면 혼란을 초래하고 상당한 스토리지 공간이 소모될 수 있으므로 정기적인 배큠^vacuum 작업이 필요할 수 있다.[2]

커밋의 영향을 이해하기 위해 세 가지 데이터베이스를 간략히 살펴보겠다(이 예는 현재 집필 시점 기준으로 최신 상태다). 먼저, 여러분이 PostgreSQL RDBMS를 살펴보고 있으며 ACID 트랜잭션을 적용한다고 가정해보자. 각 트랜잭션은 그룹으로 실패하거나 성공하는 작업 패키지로 구성된다. 또한 여러 행에 걸쳐 분석 쿼리를 실행할 수 있으며, 이러한 쿼리는 특정 시점의 데이터베이스에 대한 일관된 그림을 제공한다.

PostgreSQL 접근 방식의 단점은 (특정 행에 대한 읽기 및 쓰기를 차단하는) **행 잠금**^row locking 이 필요하며, 그 결과 다양한 방식으로 성능이 저하될 수 있다는 것이다. PostgreSQL은 대규모 스캔이나 대규모 분석 애플리케이션에 적합한 대량의 데이터에 최적화되지 않았다.

다음으로 구글 빅쿼리를 고려해보자. 빅쿼리는 특정 시점^point-in-time의 풀 테이블 커밋 모델을 사용한다. 읽기 쿼리가 실행되면 빅쿼리는 테이블의 최신 커밋된 스냅숏에서 읽는다. 쿼리가 1초 동안 실행되든 2시간 동안 실행되든 상관없이 해당 스냅숏에서 읽기만 하고 이후 변경 사항은 표시되지 않는다. 빅쿼리에서 읽기를 수행하는 동안 테이블 락은 발생하지 않는다. 대신, 후속 쓰기 작업을 수행하면 쿼리가 시작된 스냅숏에서 쿼리가 계속 실행되는 동안 새로운 커밋과 스냅숏이 생성된다.

빅쿼리는 일관되지 않은 상태를 방지하기 위해 한 번에 하나의 쓰기 작업만 허용한다. 그런 의미에서 빅쿼리는 쓰기 동시성을 전혀 제공하지 않는다(단일 쓰기 쿼리 내에서 대량의 데이터를 병렬로 쓸 수 있다는 점에서는 동시성이 매우 높다). 여러 클라이언트가 동시에 쓰기를 시도할 경우 쓰기 쿼리는 도착한 순서대로 큐잉된다. 빅쿼리의 커밋 모델은 스노우플레이크, 스파크 등이 사용하는 커밋 모델과 유사하다.

마지막으로 몽고DB를 설명하겠다. 이 책에서는 몽고DB를 **가변적 일관성 데이터베이스**라고 부른다. 엔지니어는 데이터베이스와 개별 쿼리 수준 모두에서 다양하게 구성 가능한 일관성 옵션

---

2 옮긴이_ 국립국어원 외래어 표기 용례 기준으로는 '배큐엄'이 맞지만, 통용되는 비중이 배큠이 높으므로 이 책에서는 배큠으로 표기한다.

을 사용할 수 있다. 몽고DB는 뛰어난 확장성과 쓰기 동시성으로 유명하지만, 엔지니어가 이를 남용할 때 발생하는 문제로 악명이 높다.[3]

예를 들어 특정 모드에서 몽고DB는 매우 높은 쓰기 성능을 지원하지만, 여기에는 비용이 발생한다. 데이터베이스는 트래픽 때문에 과부하가 일어나면 무의식적으로 쓰기를 폐기한다. 이는 일부 데이터 손실을 견딜 수 있는 애플리케이션(예: 단순히 많은 측정값을 원하지만 모든 측정값을 캡처하는 데는 신경 쓰지 않는 IoT 애플리케이션)에 매우 적합하다. 반대로 정확한 데이터와 통계를 캡처해야 하는 애플리케이션에는 적합하지 않다.

그렇다고 해서 이러한 데이터베이스가 나쁘다고 할 수는 없다. 적절한 애플리케이션을 선택하고 올바르게 구성하면 모두 훌륭한 데이터베이스가 될 수 있다. 거의 모든 데이터베이스 기술도 마찬가지다.

기업은 단순히 고립된 환경에서의 코드 작성만을 목적으로 엔지니어들을 고용하지 않는다. 엔지니어는 자신의 직책에 걸맞게 직접 해결해야 할 문제와 기술 도구를 깊이 이해해야 한다. 이는 커밋, 일관성 모델, 기타 기술 성능의 모든 측면에 적용된다. 적절한 기술 선택과 구성은 궁극적으로는 엄청난 성공과 대규모의 실패를 구분 짓는 요소가 될 수 있다. 일관성에 관한 더 자세한 내용은 6장을 참조하자.

배큠 데드 레코드

앞에서 설명한 바와 같이 트랜잭션은 갱신, 삭제 및 인덱스 작업 등의 특정 작업 중에 새로운 레코드를 생성하는 데 따른 오버헤드가 발생하지만 오래된 레코드는 데이터베이스의 마지막 상태에 대한 포인터로 유지한다. 이러한 오래된 레코드는 데이터베이스 파일시스템에 축적되기 때문에 최종적으로는 참조할 필요가 없어진다. 이러한 오랜 레코드는 **배큠밍**vacuuming이라는 프로세스를 통해 제거해야 한다.

데이터베이스의 단일 테이블, 여러 테이블 또는 모든 테이블을 배큠으로 정리할 수 있다. 어떤 방법을 선택하더라도 데드 데이터베이스 레코드를 삭제하는 것은 몇 가지 이유로 중요하다. 첫째, 새로운 레코드를 저장할 수 있는 공간을 확보해 테이블의 크기를 줄이고 쿼리를 더 빠르게 수행할 수 있다. 둘째, 새롭고 관련성 있는 레코드는 쿼리 계획이 더 정확해진다는 것을 의미하

---

3 Emin Gün Sirer, 'NoSQL Meets Bitcoin and Brings Down Two Exchanges: The Story of Flexcoin and Poloniex,' Hacking, Distributed, April 6, 2014, `https://oreil.ly/RM3QX`

지만, 오래된 레코드는 쿼리 옵티마이저가 차선책으로 부정확한 플랜을 생성하도록 만들 수 있다. 마지막으로 배큠은 좋지 못한 인덱스를 정리해 인덱스 성능을 개선한다.

배큠 작업은 데이터베이스 유형에 따라 다르게 처리된다. 예를 들어 객체 스토리지(빅쿼리, 스노우플레이크, 데이터브릭스)를 기반으로 하는 데이터베이스에서 오래된 데이터 보존의 유일한 단점은 스토리지 공간을 사용하므로 데이터베이스의 스토리지 가격 모델에 따라 비용이 발생할 수 있다는 것이다. 스노우플레이크에서는 사용자가 직접 배큠을 사용할 수 없지만, 대신 테이블 스냅숏이 자동 배큠 상태가 될 때까지 유지되는 기간을 결정하는 시간 이동$^{time-travel}$ 간격을 제어한다. 빅쿼리는 고정된 7일간의 이력 윈도우를 사용한다. 데이터브릭스는 보통 수동으로 배큠을 수행할 때까지 데이터를 무기한 유지한다. 배큠은 S3 스토리지 비용을 직접 제어하는 데 매우 중요하다.

아마존 레드시프트는 다양한 구성으로 클러스터 디스크를 처리하며,[4] 배큠은 성능과 사용 가능한 스토리지에 영향을 미칠 수 있다. **VACUUM**은 자동으로 백그라운드에서 실행되지만, 사용자가 조정^{tuning}을 위해 수동으로 실행할 수도 있다.

PostgreSQL과 MySQL 같은 관계형 데이터베이스에서는 배큠이 더욱 중요해진다. 트랜잭션 작업이 많으면 데드 레코드가 빠르게 축적될 수 있으며, 이러한 시스템에서 작업하는 엔지니어는 배큠의 세부 사항과 영향을 숙지해야 한다.

캐시된 쿼리 결과 활용

쿼리하는 데이터의 양에 따라 과금되는 데이터베이스에서 자주 실행하는 집중적인 쿼리가 있다고 가정해보자. 당연히 쿼리를 실행할 때마다 비용이 발생한다. 데이터베이스에서 같은 쿼리를 반복해 재실행하고 막대한 비용을 발생시키는 대신, 쿼리 결과를 저장해 즉시 검색할 수 있다면 좋지 않을까? 다행히 많은 클라우드 OLAP 데이터베이스가 쿼리 결과를 캐시한다.

쿼리를 처음 실행하면 다양한 소스에서 데이터를 검색하고 필터링 및 조인해 결과를 출력한다. 이 초기 쿼리(콜드 쿼리)는 6장에서 살펴본 콜드 데이터의 개념과 유사하다. 이해를 돕기 위해 이 쿼리를 실행하는 데 40초가 걸렸다고 가정해보자. 데이터베이스가 쿼리 결과를 캐시한다고 가정하면, 동일한 쿼리를 다시 실행했을 때 1초 이내에 결과가 반환될 수 있다. 결과가 캐

---

4 일부 레드시프트 구성(https://oreil.ly/WgLcV)은 객체 스토리지에 대신 의존한다.

시되어 있으므로 콜드 쿼리를 실행할 필요가 없다. 가능하면 쿼리 캐시 결과를 활용해 데이터베이스에 대한 부담을 줄이고, 자주 실행되는 쿼리에 대해 더 나은 사용자 환경을 제공하자. **구체화 뷰**^{materialized view}는 또 다른 형태의 쿼리 캐싱을 제공한다(8.3.2절 참조).

8.1.5 스트리밍 데이터에 대한 쿼리

스트리밍 데이터는 계속 전송된다. 스트리밍 데이터를 쿼리하는 것은 배치 데이터와는 다르다. 데이터 스트림을 최대한 활용하려면 실시간 특성을 반영한 쿼리 패턴을 적용해야 한다. 예를 들어 카프카와 펄사 같은 시스템을 사용하면 스트리밍 데이터 원천을 더 쉽게 쿼리할 수 있다. 이를 위한 몇 가지 일반적인 방법을 살펴보겠다.

스트림에서의 기본 쿼리 패턴

7장에서 설명한 연속 CDC를 상기해보자. CDC는 기본적으로 운영 데이터베이스에 대한 패스트 팔로워^{fast follower}로서 분석 데이터베이스를 설정한다. 가장 오래 지속되는 스트리밍 쿼리 패턴 중 하나는 단순히 분석 데이터베이스를 쿼리하고, 운영 데이터베이스보다 약간 지연된 통계 결과 및 집계를 검색하는 것이다.

패스트 팔로워 접근 방식

이것이 어떻게 스트리밍 쿼리 패턴일까? 운영 데이터베이스에서 쿼리를 실행하는 것만으로도 동일한 작업을 수행할 수 있지 않을까? 원칙적으로는 그렇지만, 실제로는 그렇지 않다. 운영 데이터베이스는 일반적으로 운영 워크로드를 처리하고 대량의 데이터에 대해 대규모 분석 검사를 동시에 실행할 수 있는 장비를 갖추고 있지 않다. 이러한 쿼리를 실행하면 운영 애플리케이션이 느려지거나 충돌이 발생할 수 있다.[5] 기본적인 CDC 쿼리 패턴을 사용하면 운영 시스템에 미치는 영향을 최소화하면서 실시간 분석을 수행할 수 있다.

패스트 팔로워 패턴은 기존의 트랜잭션 데이터베이스를 팔로워로서 활용할 수 있지만, 적절한 OLAP 지향 시스템을 사용하면 상당한 이점이 있다(그림 8-3). 드루이드와 빅쿼리 모두 스트리밍 버퍼와 장기 컬럼형 스토리지를 람다 아키텍처와 다소 유사한 구성으로 결합한다(3장

---

5 필자는 대형 식료품점 체인업체의 한 신입 분석가가 운영 데이터베이스에서 SELECT * 쿼리를 실행해 3일 동안 중요한 재고 데이터베이스를 다운시킨 사건을 알고 있다.

참조). 이는 실시간에 가깝게 갱신되는 방대한 과거 데이터에 대한 추적 통계를 계산하는 데 매우 적합하다.

그림 8-3 패스트 팔로워 분석 데이터베이스를 사용하는 CDC

패스트 팔로워 CDC 접근법에는 중요한 한계가 있는데, 배치 쿼리 패턴을 근본적으로 재고하지 않는다. 현재 테이블 상태에 대해 **SELECT** 쿼리를 계속 실행하고 있으며, 스트림의 변화에 따라 이벤트를 동적으로 트리거할 기회를 놓치고 있다.

카파 아키텍처

다음으로 3장에서 설명한 카파 아키텍처를 떠올려보자. 이 아키텍처의 주요 아이디어는 이벤트와 같은 모든 데이터를 처리하고 이러한 이벤트를 테이블이 아닌 스트림으로 저장하는 것이다(그림 8-4). 운영 애플리케이션 데이터베이스가 원천인 경우 카파 아키텍처는 CDC의 이벤트를 저장한다. 이벤트 스트림은 애플리케이션 백엔드, 수많은 IoT 장치 또는 이벤트를 생성하고 네트워크를 통해 푸시할 수 있는 모든 시스템에서 직접 흐를 수도 있다. 카파 아키텍처는 스트리밍 스토리지 시스템을 단순히 버퍼로 취급하는 대신 더 긴 보존 기간 동안 이벤트를 스토리지에 보관하며, 이 스토리지에서 데이터를 직접 쿼리할 수 있다. 보존 기간은 상당히 길어질 수 있다(수개월 또는 수년). 이는 순전히 실시간 지향 시스템에서 사용되는 보존 기간(통상최대 1주일)보다 훨씬 길다는 점에 유의하자.

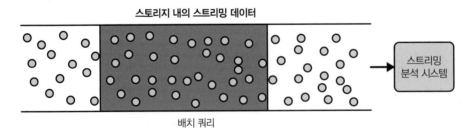

그림 8-4 카파 아키텍처는 스트리밍 스토리지와 수집 시스템을 기반으로 구축된다.

카파 아키텍처의 '큰 아이디어'는 스트리밍 스토리지를 실시간 전송 계층이자 과거 데이터를 검색하고 쿼리하는 데이터베이스로 취급하는 것이다. 이는 스트리밍 스토리지 시스템의 직접 쿼리 기능 또는 외부 도구의 도움을 통해 이루어진다. 예를 들어 카프카 KSQL은 집계, 통계 계산 및 세션화까지 지원한다. 쿼리 요건이 더 복잡하거나 데이터를 다른 데이터 원천과 결합해야 할 경우에는 스파크 등의 외부 도구가 카프카에서 데이터 범위를 읽고 쿼리 결과를 계산한다. 스트리밍 스토리지 시스템은 다른 애플리케이션이나 플링크 또는 빔과 같은 스트림 프로세서에 데이터를 공급할 수도 있다.

윈도, 트리거, 출력된 통계, 늦게 도착한 데이터

기존 배치 쿼리의 근본적인 한계 중 하나는 이 패러다임이 일반적으로 쿼리 엔진을 외부 옵저버observer로 취급한다는 것이다. 시간별로 실행되는 크론 작업이나 대시보드를 여는 제품 관리자 등 데이터 외부의 액터actor가 쿼리를 실행한다.

반면에 가장 널리 사용되는 스트리밍 시스템은 데이터 자체에서 직접 트리거되는 계산 개념을 지원한다. 버퍼에 일정 수의 레코드가 수집될 때마다 평균값 및 중앙값 통계 정보를 내보내거나 사용자 세션이 닫힐 때 요약을 출력할 수 있다.

윈도는 스트리밍 쿼리 및 처리에서 필수적인 기능이다. 윈도는 동적 트리거를 기반으로 처리되는 작은 배치다. 윈도는 어떤 방식으로든 시간이 지남에 따라 동적으로 생성된다. 지금부터 일반적인 윈도 유형인 세션, 고정 시간 및 슬라이딩을 살펴보겠다. 또한 워터마크도 살펴볼 것이다.

세션 윈도

세션 윈도session window는 근접하게 발생한 이벤트를 그룹화하고, 이벤트가 발생하지 않을 때 비활성 기간을 필터링한다. 사용자 세션은 비활성 간격이 5분 이상인 임의의 시간 간격이라고 할 수 있다. 우리의 배치 시스템은 사용자 ID 키로 데이터를 수집하고, 이벤트를 정렬하고, 간격과 세션 경계를 결정하고, 각 세션의 통계를 계산한다. 데이터 엔지니어는 종종 웹 및 데스크톱 애플리케이션의 사용자 활동에 시간 조건을 적용해 데이터를 소급하고 세션화한다.

스트리밍 세션에서는 이 프로세스가 동적으로 발생할 수 있다. 세션 윈도는 키 단위로 표시되며, 앞의 예에서는 각 사용자에게 독자적인 윈도 세트가 제공된다. 시스템은 사용자별로 데이터를 축적한다. 5분간 활동이 없는 상태에서 공백이 발생하면 시스템은 윈도를 닫고 계산을 전송한 다음 데이터를 플러시한다. 새로운 이벤트가 도착하면 시스템은 새로운 세션 윈도를 기동한다.

세션 윈도에서는 늦게 도착하는 데이터를 프로비저닝할 수도 있다. 네트워크 상태 및 시스템 지연 시간을 고려해 데이터가 최대 5분까지 늦게 도착할 수 있으므로, 마지막 이벤트 이후 5분 이내에 늦게 도착한 이벤트가 활동을 나타내는 경우 시스템이 윈도를 연다. 이 장에서는 늦게 도착한 데이터를 더 자세히 설명하겠다. [그림 8-5]는 총 세 개의 세션 윈도를 보여주며, 각 윈도는 각각 5분의 비활성상태로 구분된다.

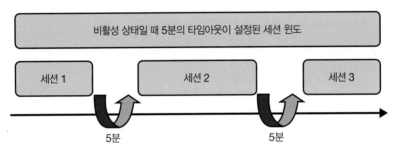

그림 8-5 비활성 상태일 때 5분의 타임아웃이 설정된 세션 윈도

세션화를 동적이면서 실시간에 가깝게 설정하면 그 활용도가 근본적으로 달라진다. 소급 세션화를 사용하면 사용자 세션이 종료된 후 하루 또는 한 시간 후에 특정 작업을 자동화할 수 있다(예: 사용자가 조회한 제품의 쿠폰을 포함하는 후속 이메일 발송). 동적 세션화를 통해 사용자는 모바일 앱에서 지난 15분 동안의 활동에 따라 즉시 유용한 알림을 받을 수 있다.

고정 시간 윈도

(텀블링tumbling이라고도 하는) **고정 시간 윈도**fixed-time window는 고정된 일정에 따라 실행되는 고정 기간이 특징으로, 이전 창이 닫힌 이후의 모든 데이터를 처리한다. 예를 들어 20초마다 윈도를 닫고 이전 윈도에서 도착하는 모든 데이터를 처리해 평균값 및 중앙값 통계를 제공할 수 있다(그림 8-6). 통계는 윈도가 닫힌 후 계산이 가능한 그 즉시 출력될 것이다.

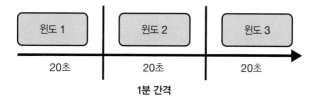

그림 8-6 고정 시간 윈도

이는 데이터 갱신 작업을 매일 또는 매시간 실행하는 기존 배치 ETL 처리와 유사하다. 스트리밍 시스템을 사용하면 윈도를 더 자주 생성하고 지연 시간을 단축할 수 있다. 몇 번이고 강조하지만 배치는 스트리밍의 특수한 경우다.

슬라이딩 윈도

슬라이딩 윈도sliding window의 이벤트는 별도의 윈도가 겹칠 수 있는 고정된 시간 길이의 윈도에 버킷화된다. 예를 들어 30초마다 새로운 60초 윈도를 생성할 수 있다(그림 8-7). 이전과 마찬가지로 평균 및 중앙값의 통계량을 산출할 수 있다.

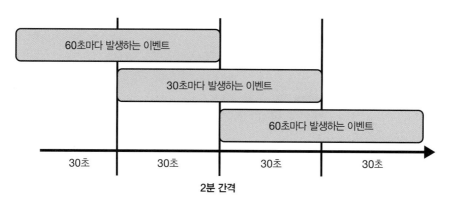

그림 8-7 슬라이딩 윈도

슬라이딩은 다양할 수 있다. 예를 들어 윈도는 실제로 연속해 슬라이딩되지만, 특정 조건(트리거)이 충족될 때만 통계를 내보내는 것으로 간주할 수 있다. 30초 동안 연속해 슬라이딩 윈도를 사용했지만, 사용자가 특정 배너를 클릭했을 때만 통계를 계산했다고 가정해보자. 그러면 많은 사용자가 배너를 클릭할 때 출력률이 매우 높아지며 소강상태에서는 계산이 이루어지지 않는다.

워터마크

지금까지 다양한 유형의 윈도와 그 용도를 설명했다. 7장에서 설명한 바와 같이 데이터는 데이터가 발생한 순서와 다르게 수집될 수 있다. **워터마크**^{watermark}는 윈도의 데이터가 설정된 시간 간격 내에 있는지, 또는 지연으로 간주되는지를 판단하기 위해 윈도에서 사용하는 임곗값이다 (그림 8-8). 윈도에 새로 도착했지만 워터마크 타임스탬프보다 오래된 데이터는 늦게 도착한 데이터로 간주된다.

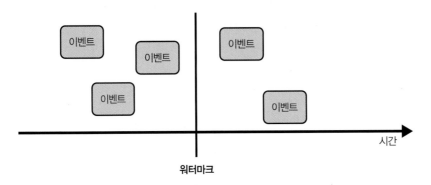

그림 8-8 늦게 도착하는 데이터의 임곗값 역할을 하는 워터마크

스트림과 다른 데이터의 결합

앞에서 설명한 바와 같이, 우리는 종종 데이터를 다른 데이터와 결합함으로써 데이터에서 가치를 도출한다. 스트리밍 데이터도 마찬가지다. 예를 들어 여러 스트림을 결합하거나 스트림을 배치 이력 데이터와 결합할 수 있다.

기존 테이블 조인

일부 테이블은 스트림에 의해 공급될 수 있다(그림 8-9). 이 문제에 대한 가장 근본적인 접근 방식은 데이터베이스에서 이 두 테이블을 간단히 조인하는 것이다. 스트림은 이들 테이블 중 하나 또는 양쪽 모두를 공급할 수 있다.

그림 8-9 스트림에 의해 공급되는 2개의 테이블 조인

보강

보강enrichment이란 스트림을 다른 데이터에 조인하는 것을 의미한다(그림 8-10). 일반적으로 보강은 다른 스트림에 향상된 데이터를 제공하기 위해 수행된다. 예를 들어 온라인 소매업체가 협력업체로부터 제품 및 사용자 ID를 포함하는 이벤트 스트림을 수신했다고 가정해보자. 소매업자는 이러한 이벤트를 제품 상세 정보 및 사용자에 대한 인구 통계학적 정보로 향상시키고자 한다. 소매업체는 이러한 이벤트를 서버리스 함수에 공급하고, 인메모리 데이터베이스(예: 캐시)에서 제품과 사용자를 조회해 필요한 정보를 이벤트에 추가한 뒤 향상된 이벤트를 다른 스트림으로 출력한다.

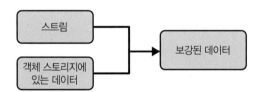

그림 8-10 이 예에서는 스트림이 객체 스토리지에 상주하는 데이터로 보강되어 새로운 데이터셋이 생성된다.

실제로 보강 소스는 클라우드 데이터 웨어하우스나 RDBMS의 테이블, 객체 스토리지의 파일 등 거의 모든 곳에서 발생할 수 있다. 이는 단순히 소스에서 읽고 스트림에서 검색할 수 있는 적절한 위치에 필요한 보강 데이터를 저장하는 문제다.

스트림 간 조인

스트리밍 시스템에서 스트림 간 직접 조인을 지원하는 경우가 늘고 있다. 한 온라인 소매업체가 자사의 웹 이벤트 데이터를 광고 플랫폼의 스트리밍 데이터와 조인하려 한다고 가정해보자. 이 회사는 두 스트림을 모두 스파크에 공급할 수 있지만, 여러 가지 복잡한 문제가 발생한다. 예를 들어 스트리밍 시스템에서 조인이 처리되는 지점에 스트림이 도달하는 지연 시간이 크게 다를 수 있다. 광고 플랫폼은 데이터를 5분 지연으로 제공할 수 있다. 또한 특정 이벤트(예: 사용자에 대한 세션 종료 이벤트 또는 오프라인 휴대폰에서 발생했다가 사용자가 모바일 네트워크 범위로 돌아온 후에야 스트림에 표시되는 이벤트 등)가 크게 지연될 수 있다.

따라서 일반적인 스트리밍 조인 아키텍처는 스트리밍 버퍼에 의존한다. 버퍼 유지 간격은 구성할 수 있으며, 유지 간격이 길수록 더 많은 스토리지와 기타 리소스가 필요하다. 이벤트는 버퍼의 데이터와 조인되며, 보존 간격이 지나면 결국 제거된다(그림 8-11).[6]

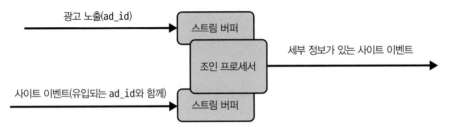

그림 8-11 스트림을 조인하는 아키텍처는 각 스트림을 버퍼링하고 버퍼 유지 간격 동안 관련 이벤트가 발견되면 이벤트를 조인한다.

지금까지 배치 및 스트리밍 데이터에 대한 쿼리의 작동 방식을 다뤄봤다. 이제 데이터를 모델링해 유용하게 활용하는 방법을 알아보겠다.

8.2 데이터 모델링

데이터 모델링은 우리가 놀라울 만큼 자주 간과하는 부분이다. 데이터 팀은 종종 비즈니스에 유용한 방식으로 데이터를 정리하려는 계획 없이 데이터 시스템 구축에 뛰어든다. 이건 명백한 실수다. 잘 구축된 데이터 아키텍처는 이 데이터에 의존하는 조직의 목표와 비즈니스 논리를 반영해야 한다. 데이터 모델링은 데이터의 일관성 있는 구조를 의도적으로 선택하는 작업이며, 데이터를 비즈니스에 유용하게 만드는 중요한 단계다.

데이터 모델링은 수십 년 동안 어떤 형태로든 관행으로 자리 잡았다. 예를 들어 다양한 유형의

6 'Introducing Stream—Stream Joins in Apache Spark 2.3' (https://oreil.ly/LG4EK) by Tathagata Das and Joseph Torres (Databricks Engineering Blog, March 13, 2018).

정규화 기법(8.2.3절 참고)은 RDBMS 초기부터 데이터 모델링에 사용되어 왔다. 데이터 웨어하우징 모델링 기법은 적어도 1990년대 초반부터 사용되었으며, 어쩌면 그보다 더 오래 사용되었을 수도 있다. 기술의 진자가 종종 그렇듯이, 데이터 모델링은 2010년대 초중반에 다소 유행에 뒤떨어지게 됐다. 데이터 레이크 1.0과 NoSQL, 빅데이터 시스템의 등장으로 엔지니어는 기존의 데이터 모델링을 우회할 수 있게 되었으며, 때로는 정당한 성능 향상을 도모할 수도 있었다. 엄격한 데이터 모델링의 부재 때문에 중복되거나, 일치하지 않거나, 단순히 잘못된 데이터가 많아지면서 데이터 늪이 만들어지기도 했다.

오늘날에는 다시 데이터 모델링 쪽으로 무게추가 기우는 분위기다. 데이터 관리(특히 데이터 거버넌스 및 데이터 품질)의 인기가 높아짐에 따라 일관성 있는 비즈니스 로직의 필요성이 커지고 있다. 기업에서 데이터의 중요성이 급격히 높아짐에 따라 데이터 과학 요구 계층 피라미드의 상위 수준에서 가치를 실현하는 데 모델링이 중요하다는 인식이 확산되고 있다.

단, 스트리밍 데이터와 ML의 요구를 진정으로 수용하려면 새로운 패러다임이 필요할 것이다. 이 절에서는 현재의 주류 데이터 모델링 기술을 알아보고 데이터 모델링의 미래를 간략히 살펴볼 것이다.

8.2.1 데이터 모델이란?

데이터 모델^{data model}은 데이터가 실제 세계와 연관되는 방식을 나타낸다. 데이터 모델은 조직의 프로세스, 정의, 워크플로 및 논리를 가장 잘 반영하기 위해 데이터가 어떻게 구조화되고 표준화되어야 하는지를 반영한다. 우수한 데이터 모델은 커뮤니케이션과 업무가 조직 내에서 자연스럽게 흘러가는 방식을 포착한다. 반면에 빈약한 데이터 모델(또는 존재하지 않는 모델)은 우발적이고 혼란스러우며 일관성이 없다.

일부 데이터 전문가는 데이터 모델링을 지루한 '대기업'의 전유물로 간주한다. 치실 사용이나 숙면 등 대부분의 모범적인 위생 관행과 마찬가지로, 데이터 모델링도 좋은 일로 인식되지만 실제로는 무시되는 경우가 많다. 이상적으로는 비즈니스 로직과 규칙이 데이터 계층에서 변환되도록 하기 위해서라도 모든 조직이 데이터를 모델링해야 한다.

데이터를 모델링할 때는 모델을 비즈니스 성과로 변환하는 데 초점을 맞추는 것이 중요하다. 우수한 데이터 모델은 영향력 있는 비즈니스 의사결정과 연관되어야 한다. 예를 들어

고객customer은 회사의 각 부서에 대해 서로 다른 의미를 가질 수 있다. 지난 30일 동안 귀사에서 구매한 사람이 고객일까? 만약 그들이 지난 6개월 또는 1년 동안 귀사에서 구매한 이력이 없다면 어떨까? 이러한 고객 데이터를 신중하게 정의하고 모델링하면, 고객 행동에 대한 다운스트림 보고서나 마지막 구매 이후 시간이 중요한 변수가 되는 고객 이탈 모델 생성에 큰 영향을 미칠 수 있다.

> **TIP** 좋은 데이터 모델에는 일관된 정의가 포함된다. 실제로 기업 전체에 걸쳐 정의가 복잡해지는 경우가 많다. 회사 내에서 사람마다 다른 의미를 가질 수 있는 개념이나 용어가 있는가?

대부분의 데이터 모델링 기법이 이로부터 비롯되었기 때문에 여기서는 주로 배치 데이터 모델링을 설명하겠다. 스트리밍 데이터 모델링에 대한 몇 가지 접근 방식과 모델링에 대한 일반적인 고려 사항도 함께 살펴볼 것이다.

8.2.2 개념적, 논리적, 물리적 데이터 모델

데이터를 모델링할 때는 추상적인 모델링 개념에서 구체적인 구현으로 전환해야 한다. 이 연속체(그림 8-12)에서 세 가지 주요 데이터 모델은 개념적, 논리적, 물리적 데이터 모델이다. 이러한 모델은 이 장에서 설명하는 다양한 모델링 기술의 기반이 된다.

개념적 데이터 모델

비즈니스 논리 및 규칙을 포함하고 스키마, 테이블, 필드(이름 및 유형)와 같은 시스템 데이터를 설명한다. 개념 모델을 생성할 때는 데이터의 다양한 엔티티(주문, 고객, 제품 등) 간 관계를 시각화하는 표준 도구인 ER^{entity-relationship} 다이어그램으로 시각화하는 것이 도움이 되는 경우가 많다. 예를 들어 ER 다이어그램은 고객 ID, 고객 이름, 고객 주소 및 고객 주문 간의 연결을 인코딩할 수 있다. 일관성 있는 개념적 데이터 모델을 설계하려면 엔티티 관계를 시각화하는 것이 좋다.

논리적 데이터 모델

더 많은 세부 정보를 추가해 개념 모델이 실제로 구현되는 방법을 자세히 설명한다. 예를 들어 고객 ID, 고객 이름, 사용자 정의 주소의 유형에 대한 정보를 추가할 수 있다. 또한 기본 키와 외래 키를 매핑한다.

물리적 데이터 모델

데이터베이스 시스템에서 논리 모델을 구현하는 방법을 정의한다. 구성 세부 사항을 포함해 특정 데이터베이스, 스키마 및 테이블을 논리 모델에 추가한다.

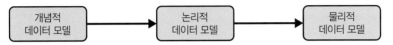

그림 8-12 데이터 모델의 연속체: 개념적, 논리적, 물리적 데이터 모델

성공적인 데이터 모델링에는 프로세스를 시작할 때 비즈니스 이해관계자가 참여한다. 엔지니어는 데이터에 대한 정의와 비즈니스 목표를 확보해야 한다. 모델링 데이터는 실행 가능한 인사이트와 지능형 자동화를 위한 고품질 데이터를 기업에 제공하는 것이 목표인 전면적인 접촉 스포츠여야 한다. 이는 모든 사람이 지속적으로 참여해야 하는 관행이다.

데이터 모델링에서 고려할 또 다른 중요한 사항은 데이터가 저장되고 쿼리되는 해상도인 **데이터 그레인**data grain이다. 그레인은 일반적으로 고객 ID, 주문 ID, 제품 ID 등 테이블 내의 기본 키 수준이며, 충실도를 높이기 위해 날짜 또는 타임스탬프가 함께 제공되는 경우가 많다.

예를 들어 한 회사가 BI 보고서 도입을 이제 막 시작했다고 가정해보자. 이 회사는 데이터 엔지니어 및 분석가 역할을 같은 사람이 맡을 만큼 규모가 작다. 일별 고객 주문을 요약한 보고서에 대한 요청이 들어온다. 특히 보고서에는 주문한 모든 고객, 그날 주문한 건수, 총지출 금액이 나열되어야 한다.

이 보고서는 본질적으로 조잡하다. 주문당 지출액이나 각 주문별 품목의 세부 정보는 기재되어 있지 않다. 데이터 엔지니어와 분석가는 생산 주문 데이터베이스에서 데이터를 수집해 보고서에 필요한 기본적인 집계 데이터만 보고서 테이블로 요약하고 싶을 수 있다. 다만, 이렇게 할 경우 더 상세한 데이터 집계를 포함하는 보고서에 대한 요청이 들어왔을 때 처음부터 다시 시작해야 한다.

데이터 엔지니어는 실제로 경험이 풍부하기 때문에 각 주문, 품목, 품목 비용, 품목 ID 등 고객 주문에 대한 자세한 데이터가 포함된 테이블을 생성하기로 결정한다. 테이블에는 기본적으로 고객의 주문에 대한 모든 세부 정보가 포함된다. 데이터 그레인은 곧 고객 주문 수준이다. 이 고객 주문 데이터는 있는 그대로 분석하거나, 고객 주문 활동에 대한 요약 통계를 위해 집계할 수 있다.

일반적으로 데이터를 가능한 한 낮은 수준의 그레인으로 모델링하려고 노력해야 한다. 그러면 매우 세분화된 데이터 집합을 쉽게 집계할 수 있다. 반대의 경우에는 그렇지 않으며, 일반적으로 집계된 세부 정보를 복원할 수 없다.

8.2.3 정규화

정규화normalization는 데이터베이스 내 테이블과 열의 관계를 엄격하게 제어하는 데이터베이스 데이터 모델링 관행이다. 정규화의 목표는 데이터베이스에서 데이터 중복을 제거하고 참조 무결성을 보장하는 것이다. 기본적으로 데이터베이스의 데이터에 적용되는 **중복 배제**don't repeat yourself (DRY)다.[7]

정규화는 일반적으로 행과 열이 있는 테이블을 포함하는 관계형 데이터베이스에 적용된다. 정규화는 관계형 데이터베이스의 선구자인 에드거 코드Edgar Codd가 1970년대 초에 처음 도입했다.

그는 정규화의 4가지 주요 목표를 다음과 같이 개략적으로 설명했다.[8]

- 의도하지 않은 입력, 갱신, 삭제 의존으로부터 관계 집합을 배제
- 새로운 유형의 데이터가 나타날 때 관계들의 집합을 재구성할 필요성을 줄이고 애플리케이션 프로그램의 수명 주기를 연장
- 사용자에게 더 유의미한 관계형 모델 생성
- 시간이 지남에 따라 변경될 수 있는 쿼리 통계에 중립적인 관계 집합을 생성

또한 **정규형**normal form이라는 개념을 도입했다. 정규형은 순차적이며, 각 형식은 이전 형식의 조건을 포함한다. 여기서는 코드의 첫 세 가지 정규형을 설명한다.

비정규화

정규화되지 않는다. 중첩 및 중복 데이터가 허용된다.

---

7 DRY 원칙에 대한 자세한 내용은 데이비드 토머스(David Thomas)와 앤드류 헌트(Andrew Hunt)의 『실용주의 프로그래머』(인사이트, 2022)를 참조하자.

8 E. F. Codd, 'Further Normalization of the Data Base Relational Model,' IBM Research Laboratory (1971), https://oreil.ly/Muajm

제1정규형(1NF)

각 열은 고유하며 단일 값을 가진다. 테이블에는 고유한 기본 키가 있다.

제2정규형(2NF)

1NF의 요건과 일부 종속성이 제거된다.

제3정규형(3NF)

2NF 요건과 더불어 각 테이블에는 기본 키와 관련된 필드만 포함되며 전이 종속성은 없다.

잠시 시간을 내서 방금 설명한 몇 가지 조건을 풀어볼 만한 가치가 있다. **고유한 기본 키**^{unique}primary key는 테이블의 행을 고유하게 결정하는 단일 필드 또는 여러 필드의 집합이다. 각 키값은 최대 한 번만 발생하며, 그렇지 않으면 값이 테이블 내의 여러 행에 매핑된다. 따라서 행의 다른 모든 값은 키에 종속된다. **부분 종속성**partial dependency은 복합 키의 필드 하위집합을 사용해 테이블의 키가 아닌 열을 결정할 수 있을 때 발생한다. **전이 종속성**transitive dependency은 키가 아닌 필드가 키가 아닌 다른 필드에 의존할 때 발생한다.

고객 주문의 전자 상거래 예제를 통해 비정규화에서 3NF에 이르는 정규화 단계를 살펴보자 (표 8-1). 앞 단락에서 소개한 각각의 개념을 구체적으로 설명하겠다.

표 8-1 OrderDetail(주문 상세)

OrderID	OrderItems	CustomerID	CustomerName	OrderDate

100	`[{`
	`    "sku": 1,`
	`    "price": 50,`
	`    "quantity": 1,`
	`    "name:": "Thingamajig"`
	`}, {`
	`    "sku": 2,`
	`    "price": 25,`
	`    "quantity": 2,`
	`    "name:": "Whatchamacallit"`
	`}]`
		5	Joe Reis	2022-03-01

이 정규화되지 않은 OrderDetail 테이블에는 5개의 필드가 있고 기본 키는 OrderID다.

OrderItems 필드에는 가격, 수량, 이름과 함께 2개의 sku가 중첩된 객체가 포함되어 있다.

이 데이터를 1NF로 변환하려면 OrderItems를 4개의 필드로 이동한다(표 8-2). 이제 OrderDetail 테이블이 생성됐다. 이 테이블에는 반복 데이터나 중첩 데이터가 포함되지 않는다.

표 8-2 반복 또는 중첩된 데이터가 없는 OrderDetail

OrderID	Sku	Price	Quantity	ProductName	Customer ID	Customer Name	OrderDate
100	1	50	1	Thingamajig	5	Joe Reis	2022-03-01
100	2	25	2	Whatchamacallit	5	Joe Reis	2022-03-01

문제는 이제 고유한 기본 키가 없다는 점이다. 즉, OrderID 열의 서로 다른 두 행에서 100이 발생한다. 상황을 더 잘 파악하기 위해 테이블에서 더 큰 샘플을 살펴보자(표 8-3).

표 8-3 더 큰 샘플이 있는 OrderDetail

Order ID	Sku	Price	Quantity	ProductName	Customer ID	Customer Name	OrderDate
100	1	50	1	Thingamajig	5	Joe Reis	2022-03-01
100	2	25	2	Whatchamacallit	5	Joe Reis	2022-03-01
101	3	75	1	Whozeewhatzit	7	Matt Housley	2022-03-01
102	1	50	1	Thingamajig	7	Matt Housley	2022-03-01

고유한 기본(복합) 키를 작성하려면 LineItemNumber라는 열을 추가해 각 주문에 번호를 부여한다(표 8-4).

표 8-4 LineItemNumber 열이 있는 OrderDetail

Order ID	LineItem Number	Sku	Price	Quantity	ProductName	Customer ID	Customer Name	OrderDate
100	1	1	50	1	Thingamajig	5	Joe Reis	2022-03-01
100	2	2	25	2	Whatchamacallit	5	Joe Reis	2022-03-01
101	1	3	75	1	Whozeewhatzit	7	Matt Housley	2022-03-01
102	1	1	50	1	Thingamajig	7	Matt Housley	2022-03-01

복합 키(OrderID, LineItemNumber)는 이제 고유한 기본 키가 됐다.

2NF에 도달하려면 부분 종속성이 존재하지 않도록 해야 한다. **부분 종속성**은 고유한 기본(복합) 키의 열 하위집합에 의해 완전히 결정되는 키가 아닌 열이며, 부분 종속성은 기본 키가 복합 키인 경우에만 발생한다. 이때 마지막 세 열은 주문 번호에 따라 결정된다. 이 문제를 해결하기 위해 OrderDetail을 Orders와 OrderLineItem이라는 두 개의 테이블로 분할해보자([표 8-5] 및 [표 8-6] 참조).

표 8-5 Orders

OrderID	CustomerID	CustomerName	OrderDate
100	5	Joe Reis	2022-03-01
101	7	Matt Housley	2022-03-01
102	7	Matt Housley	2022-03-01

표 8-6 OrderLineItem

OrderID	LineItemNumber	Sku	Price	Quantity	ProductName
100	1	1	50	1	Thingamajig
100	2	2	25	2	Whatchamacallit
101	1	3	75	1	Whozeewhatzit
102	1	1	50	1	Thingamajig

복합 키(OrderID, LineItemNumber)는 OrderLineItem의 고유 기본 키이며, OrderID는 Orders의 기본 키다.

Sku는 OrderLineItem에서 ProductName을 결정한다는 점에 주목하자. 즉, Sku는 복합 키에 종속되고 ProductName은 Sku에 종속된다. 이는 전이적 종속성이다. 이제 OrderLineItem을 OrderLineItem과 Skus로 나눈다([표 8-7] 및 [표 8-8] 참조).

표 8-7 OrderLineItem(주문 라인 항목)

OrderID	LineItemNumber	Sku	Price	Quantity
100	1	1	50	1
100	2	2	25	2

OrderID	LineItemNumber	Sku	Price	Quantity
101	1	3	75	1
102	1	1	50	1

표 8-8 Skus

Sku	ProductName
1	Thingamajig
2	Whatchamacallit
3	Whozeewhatzit

이제 `OrderLineItem`과 `Skus`는 모두 3NF에 있으며 `Orders`가 3NF를 충족하지 않는다는 걸 알 수 있다. 어떤 전이적 종속성이 존재할까? 이 문제를 어떻게 해결할 수 있을까?

추가 정규형이 존재하지만(보이스-코드[Boyce-Codd] 시스템에서는 최대 6NF까지), 처음 세 가지 형태보다는 훨씬 덜 일반적이다. 보통은 데이터베이스가 제3 정규형일 때 정규화된 것으로 간주하며, 이 책에서 사용하는 규칙이다.

데이터에 적용해야 할 정규화의 정도는 사용 사례에 따라 달라진다. 특히 일부 비정규화를 통해 성능상 이점을 제공하는 데이터베이스의 경우 모든 경우에 적합한 솔루션은 존재하지 않는다. 비정규화는 안티 패턴처럼 보일 수 있지만, 반정형 데이터를 저장하는 많은 OLAP 시스템에서 흔히 볼 수 있다. 정규화 규칙과 데이터베이스의 모범 사례를 학습해 적절한 전략을 선택하자.

8.2.4 배치 분석 데이터 모델링 기술

데이터 레이크 또는 데이터 웨어하우스의 데이터 모델링을 설명할 때, 원시 데이터는 다양한 형태(예: 정형 및 반정형)지만 출력은 행과 열의 정형화된 데이터 모델이라고 가정해야 한다. 그러나 이러한 환경에서는 여러 가지 데이터 모델링 방식을 사용할 수 있다. 킴벌[Kimball], 인먼[Inmon], 그리고 데이터 볼트[Data Vault]가 주요 접근 방식이다.

실제로 이러한 기술 중 일부는 결합할 수 있다. 예를 들어 일부 데이터 팀은 데이터 볼트로 시작한 다음 여기에 킴벌 스타 스키마를 추가한다. 또한 와이드 데이터 모델과 비정규화된 데이터 모델, 그 외의 배치 데이터 모델링 기술에 관해서도 설명할 것이다. 각각의 기술을 설명하면서 전자 상거래 주문 시스템에서 발생하는 트랜잭션 모델링의 예를 사용하겠다.

> **NOTE_** 처음 세 가지 접근법에 대한 이 책의 적용 범위(인먼, 킴벌, 데이터 볼트)는 피상적이며 각각의 복잡성과 뉘앙스를 제대로 나타내지 못한다. 해당 접근법을 만든 사람들이 추천하는 권위 있는 도서명을 곳곳에 나열했다. 데이터 엔지니어라면 이러한 도서는 필수적이며, 데이터 모델링이 배치 분석의 핵심인 방법과 이유를 이해하기 위해서라도 반드시 읽어보기를 바란다.

인먼

데이터 웨어하우스의 아버지인 빌 인먼은 1989년에 데이터 모델링에 대한 접근 방식을 고안했다. 데이터 웨어하우스 이전에는 원천 시스템 자체에서 직접 분석이 이루어지곤 했다. 따라서 장기간 실행되는 쿼리로 인해 운영 트랜잭션 데이터베이스가 정체되는 것은 당연한 일이었다. 데이터 웨어하우스의 목적은 원천 시스템과 분석 시스템을 분리하는 것이었다. 인먼은 다음과 같이 데이터 웨어하우스를 정의한다.[9]

> 데이터 웨어하우스는 경영진의 의사결정을 지원하기 위한 주제 지향적이고, 통합되고, 비휘발성이면서, 시간 변이성을 가진 데이터 집합이다. 데이터 웨어하우스에는 세분화된 기업 데이터가 포함되어 있다. 데이터 웨어하우스의 데이터는 현재로서는 알 수 없는 미래의 요구 사항에 대기하는 등 다양한 용도로 사용할 수 있다.

데이터 웨어하우스의 네 가지 중요한 부분은 다음과 같다.

주제 지향성
데이터 웨어하우스는 영업이나 마케팅 같은 특정 주제에 초점을 맞춘다.

통합
서로 다른 소스의 데이터는 통합되고 정규화된다.

---

[9] H. W. Inmon, Building the Data Warehouse (Hoboken: Wiley, 2005).

비휘발성

데이터는 데이터 웨어하우스에 저장된 후에도 변경되지 않는다.

시간 변이성

다양한 시간 범위를 쿼리할 수 있다.

이러한 각 부분을 살펴보고 인먼 데이터 모델에 미치는 영향을 살펴보자. 첫째, 논리 모델은 특정 영역에 초점을 맞춰야 한다. 예를 들어 주제가 '영업'인 경우 논리 모델에는 영업과 관련된 모든 세부 정보(비즈니스 키, 관계, 속성 등)가 포함된다. 다음으로, 이러한 세부 사항은 연결되고 고도로 정규화된 데이터 모델에 **통합**된다. 마지막으로 데이터는 **비휘발성**이면서 **시간 변이성**time-variant 방식으로 변경되지 않고 저장된다. 즉, 저장 기록이 허용하는 한 원래 데이터를 (이론적으로) 쿼리할 수 있다. 인먼 데이터 웨어하우스는 **경영진의 의사결정을 지원하기 위해** 이들 네 가지 중요한 부분을 모두 엄격히 준수해야 한다. 이는 미묘한 문제지만, 데이터 웨어하우스를 OLTP가 아닌 분석용으로 포지셔닝하는 것이다.

인먼 데이터 웨어하우스의 또 다른 주요 특징은 다음과 같다.[10]

> 데이터 웨어하우스의 두 번째 특징은 통합된다는 것이다. 데이터 웨어하우스의 모든 측면 중에서 통합이 가장 중요하다. 데이터는 여러 개의 서로 다른 원천에서 데이터 웨어하우스로 공급된다. 데이터가 전송되면 변환, 형식 변경, 시퀀스 변경, 요약 등이 이루어진다. 그 결과 데이터 웨어하우스에 저장된 데이터는 하나의 물리적 기업 이미지를 갖게 된다.

인먼의 데이터 웨어하우스를 사용하면 ETL을 끊임없이 강조하면서 조직 전체의 데이터를 세분화되고 고도로 정규화된 ER 모델로 통합할 수 있다. 인먼 데이터 웨어하우스는 데이터 웨어하우스의 주제 지향적인 특성 때문에 조직에서 사용되는 주요 소스 데이터베이스와 정보 시스템으로 구성된다. 주요 비즈니스 원천 시스템에서 데이터를 수집해 원천 시스템 자체의 정규화 구조와 매우 유사한 고도로 정규화된(3NF) 데이터 웨어하우스에 통합되며, 데이터는 우선순위가 가장 높은 비즈니스 영역부터 점진적으로 도입된다. 엄격한 정규화 요건은 데이터 중복을 최대한 줄여주므로, 데이터가 분산되거나 중복되지 않아 다운스트림 분석 오류가 줄어든다.

---

10 H. W. Inmon, Building the Data Warehouse (Hoboken: Wiley, 2005).

데이터 웨어하우스는 전체 비즈니스 정보 요구 사항을 지원하는 '신뢰할 수 있는 단일 정보 출처'를 나타낸다. 데이터는 비즈니스 및 부서별 데이터 마트를 통해 다운스트림 보고서 및 분석용으로 제공되며 비정규화될 수도 있다.

인먼 데이터 웨어하우스가 전자 상거래에 어떻게 사용되는지 살펴보자(그림 8-13). 비즈니스 원천 시스템은 주문, 재고 및 마케팅이다. 이러한 원천 시스템의 데이터는 데이터 웨어하우스에 ETL되어 3NF로 저장된다. 데이터 웨어하우스는 비즈니스 정보를 전체적으로 포괄하는 것이 이상적이다. ETL 프로세스는 부서별 정보 요청에 대한 데이터를 제공하기 위해 데이터 웨어하우스에서 데이터를 가져와 데이터를 변환한 다음 보고서에 표시할 수 있도록 다운스트림 데이터 마트에 배치한다.

데이터 마트에서 데이터를 모델링할 때 자주 사용되는 옵션은 스타 스키마(킴벌에 대한 다음 절에서 설명)지만, 쉽게 접근할 수 있는 데이터 모델도 적합하다. 앞의 예에서 판매, 마케팅 및 구매에는 데이터 웨어하우스의 세분화된 데이터에서 업스트림으로 공급되는 자체 스타 스키마가 있다. 이를 통해 각 부서는 고유한 데이터 구조를 보유할 수 있으며 특정 요구에 맞게 최적화된다.

인먼은 현재 데이터 웨어하우스 내의 텍스트 ETL에 중점을 두고, 데이터 웨어하우스 분야에서 혁신을 지속하고 있다. 그는 또한 60권이 넘는 책과 수많은 기사를 쓴 다작 작가이자 사상가이기도 하다. 인먼의 데이터 웨어하우스를 더 자세히 알고 싶다면 8.7절의 참고 문헌 목록을 참조하자.

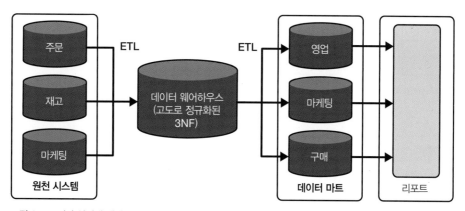

그림 8-13 전자 상거래 데이터 웨어하우스

킴벌

데이터 모델링에 스펙트럼이 있다면, 킴벌은 인먼의 반대편에 있다. 1990년대 초 랄프 킴벌이 창안한 이 데이터 모델링 접근 방식은 정규화에 초점을 맞추지 않으며 때에 따라서는 비정규화를 수용한다. 인먼은 데이터 웨어하우스와 데이터 마트의 차이에 대해 '데이터 마트는 결코 데이터 웨어하우스를 대체할 수 없다'[11]라고 말한다.

인먼 모델은 기업 전체의 데이터를 데이터 웨어하우스에 통합하고 데이터 마트를 통해 부서별 분석을 제공하는 반면, 킴벌 모델은 상향식으로 데이터 웨어하우스 자체에서 부서 또는 비즈니스 분석을 모델링하고 제공하도록 권장한다(인먼은 이 접근 방식이 데이터 웨어하우스의 정의를 왜곡한다고 주장한다). 킴벌 접근법은 효과적으로 데이터 마트를 데이터 웨어하우스 자체로 만든다. 이를 통해 인먼보다 더 빠른 반복 및 모델링이 가능해지지만, 데이터 통합이 느슨해지고 중복 및 복제가 발생할 수 있다.

킴벌의 접근법에서 데이터는 **팩트 테이블**과 **차원 테이블**이라는 두 가지 일반적인 유형의 테이블로 모델링된다. 팩트 테이블은 숫자 테이블로, 차원 테이블은 팩트를 참조하는 정성적 데이터로 생각할 수 있다. 차원 테이블은 **스타 스키마**(그림 8-14)라는 관계에서 하나의 팩트 테이블을 둘러싸고 있다.[12] 이제부터 팩트, 차원, 그리고 스타 스키마를 살펴보겠다.

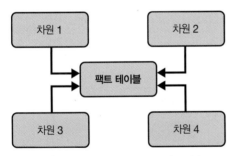

그림 8-14 팩트와 차원이 있는 킴벌 스타 스키마

팩트 테이블

스타 스키마의 첫 번째 테이블 유형은 팩트 테이블로 사실^{factual}, 수량 및 이벤트 관련 데이터를

---

11 H. W. Inmon, Building the Data Warehouse (Hoboken: Wiley, 2005).
12 팩트와 차원은 종종 킴벌과 연관되지만, 이들은 1960년대에 제너럴 밀스(General Mills)와 다트머스 대학교에서 처음 사용되었으며 닐슨(Nielsen)과 IRI를 비롯한 여러 기업에서 일찍이 도입한 바 있다.

포함한다. 팩트 테이블의 데이터는 팩트가 이벤트와 관련되므로 변경할 수 없다. 따라서 팩트 테이블은 변경되지 않으며 추가 전용이다. 팩트 테이블은 일반적으로 좁고 길기 때문에 열은 많지 않지만, 이벤트를 나타내는 행이 많다. 팩트 테이블은 가능한 한 최소의 그레인^{grain}이어야 한다.

스타 스키마에 대한 쿼리는 팩트 테이블에서 시작한다. 팩트 테이블의 각 행은 데이터 그레인을 나타내야 한다. 팩트 테이블 내에서 데이터를 집계하거나 파생하지 않도록 한다.

집계 또는 파생 작업을 수행해야 할 때는 다운스트림 쿼리, 데이터 마트 테이블 또는 뷰에서 수행한다. 마지막으로 팩트 테이블은 다른 팩트 테이블을 참조하지 않고 차원만 참조한다.

기본 팩트 테이블의 예를 살펴보자(표 8-9). 회사에서 흔히 묻는 질문으로는 '각 고객의 주문별, 날짜별 총매출을 보여주세요'가 있을 수 있다. 다시 강조하지만, 팩트 테이블은 가능한 한 낮은 그레인으로 구성되어야 하며, 이 경우에는 판매의 OrderID, 고객, 날짜 및 총판매액 등이다. 팩트 테이블의 데이터 유형은 모두 숫자(정수 및 부동 소수점)이며 문자열은 없다. 또한 이 예제에서 `CustomerKey`가 7인 경우는 같은 날에 두 개의 주문을 받고 있으며, 이는 테이블의 그레인을 반영하고 있다. 대신 팩트 테이블에는 고객 및 날짜 정보와 같은 각각의 속성을 포함하는 차원 테이블을 참조하는 키가 있다. 총매출액은 판매 이벤트의 총매출액을 나타낸다.

표 8-9 팩트 테이블

OrderID	CustomerKey	DateKey	GrossSalesAmt
100	5	20220301	100.00
101	7	20220301	75.00
102	7	20220301	50.00

차원 테이블

킴벌 데이터 모델에서 두 번째 주요 테이블 유형을 **차원**^{dimension}이라고 한다. 차원 테이블은 팩트 테이블에 저장된 이벤트에 대한 참조 데이터, 속성 및 관계 컨텍스트를 제공한다. 차원 테이블은 팩트 테이블보다 작으며 일반적으로 폭이 넓고 짧은 반대 모양을 취한다. 팩트 테이블과 조인하면, 차원 테이블은 이벤트의 내용, 장소 및 시기를 설명할 수 있다. 차원은 정규화되지 않아 중복 데이터가 발생할 수 있으며, 이는 킴벌 데이터 모델에서 정상적인 경우다. 앞에서 살펴본 팩트 테이블 예제에서 언급한 두 가지 차원을 살펴보겠다.

킴벌 데이터 모델에서는 일반적으로 날짜가 날짜 차원에 저장되므로, 팩트 테이블과 날짜 차원 테이블 사이에서 날짜 키(DateKey)를 참조할 수 있다. 날짜 차원 테이블을 사용하면 '2022년 1분기 총매출액이 얼마나 되는가?' 또는 '얼마나 많은 고객이 수요일보다 화요일에 쇼핑하는가?'와 같은 질문에 쉽게 대답할 수 있다. 테이블에는 날짜 키 외에 5개의 필드가 있다(표 8-10). 날짜 차원의 장점은 데이터를 분석하기 위해 필요한 수만큼 새 필드를 추가할 수 있다는 것이다.

표 8-10 날짜 치수 테이블

DateKey	Date-ISO	Year	Quarter	Month	Day-of-week
20220301	2022-03-01	2022	1	3	Tuesday
20220302	2022-03-02	2022	1	3	Wednesday
20220303	2022-03-03	2022	1	3	Thursday

[표 8-11]은 CustomerKey 필드를 통해 또 다른 차원인 고객 차원도 참조하고 있다. 고객 차원에는 고객을 설명하는 여러 필드(이름, 성, 우편 번호 및 몇몇 특이한 형태의 날짜 필드)가 있다. 이러한 날짜 필드는 킴벌 데이터 모델의 또 다른 개념인, 천천히 변화하는 차원인 유형 2를 설명하는 것으로, 다음에 더 자세히 설명하겠다.

표 8-11 유형 2 고객 차원 테이블

CustomerKey	FirstName	LastName	ZipCode	EFF_StartDate	EFF_EndDate
5	Joe	Reis	84108	2019-01-04	9999-01-01
7	Matt	Housley	84101	2020-05-04	2021-09-19
7	Matt	Housley	84123	2021-09-19	9999-01-01
11	Lana	Belle	90210	2022-02-04	9999-01-01

예를 들어 EFF_StartDate(유효 시작일)가 2019-01-04이고 EFF_EndDate가 9999-01-01인 CustomerKey가 5인 행을 살펴보자. Joe Reis의 고객 기록은 2019-01-04에 고객 차원 테이블에 생성되었으며 종료일은 9999-01-01이다. 매우 흥미로운 결과인데, 여기서 종료일은 무엇을 의미할까? 이는 고객 레코드가 활성화되어 있으며 변경되지 않았다는 뜻이다.

이제 Matt Housley의 고객 기록(**CustomerKey** = **7**)을 살펴보자. Housley의 시작 날짜에는 **2020-05-04**와 **2021-09-19**라는 두 항목이 있는데, Housley가 2021-09-19에 우편번호를 변경해 고객기록이 변경된 것으로 보인다. 가장 최근의 고객 레코드에 대한 데이터를 쿼리할 때는 종료 날짜가 9999-01-01과 동일한 경우를 조회하게 된다.

차원 변경를 추적하려면 천천히 변화하는 차원^{slowly changing dimension}(SCD)이 필요하다. 앞의 예는 유형 2 SCD의 경우로, 기존 레코드가 변경되면 새로운 레코드가 입력된다. SCD는 최대 7개의 레벨까지 가능하지만 여기서는 가장 일반적인 3가지 레벨을 살펴보겠다.

유형 1

기존 차원 레코드를 덮어쓴다. 이 유형은 매우 단순하며, 삭제된 기록 차원 레코드에 접근할 수 없음을 의미한다.

유형 2

차원 레코드의 전체 이력을 유지한다. 레코드가 변경되면 해당 레코드는 변경된 것으로 플래그가 지정되고, 속성의 현재 상태를 반영하는 새로운 차원 레코드가 생성된다. 이 예에서 Housley는 새로운 우편번호로 이동했고, 그에 따라 유효 종료일을 반영하기 위해 초기 레코드가 트리거되었으며, 새로운 우편번호를 표시하기 위해 새로운 레코드가 생성됐다.

유형 3

유형 3 SCD는 유형 2 SCD와 비슷하지만, 유형 3 SCD를 변경하면 새로운 행 대신 새로운 필드가 생성된다. 앞의 예를 사용해 다음 [표 8-12]에서 유형 3 SCD가 어떻게 표시되는지 살펴보자.

[표 8-12]에서 Housley는 우편번호가 84101인 곳에 산다. Housley가 새로운 우편번호의 주소로 이사하면 유형 3 SCD는 두 개의 필드를 새로 만드는데, 하나는 새로운 우편번호에 대한 필드고 하나는 변경된 날짜다(표 8-13). 원래의 우편 번호 필드도 이전 레코드임을 반영해 이름이 변경된다.

표 8-12 유형 3은 천천히 차원을 변경한다.

CustomerKey	FirstName	LastName	ZipCode
7	Matt	Housley	84101

표 8-13 유형 3 고객 차원 테이블

CustomerKey	FirstName	LastName	Original ZipCode	Current ZipCode	CurrentDate
7	Matt	Housley	84101	84123	2021-09-19

설명한 SCD 유형 중에 유형 1은 대부분의 데이터 웨어하우스의 기본 동작이며 유형 2는 실제로 가장 일반적으로 사용되는 유형이다. 차원에 대해서는 알아야 할 내용이 꽤 많으므로, 이번 절을 출발점으로 삼아 차원의 작동 방식과 사용 방식을 익히기를 권한다.

스타 스키마

팩트와 차원 테이블에 대한 기본적인 이해를 마쳤으니, 스타 스키마에 이들을 통합할 차례다. **스타 스키마**star schema는 비즈니스의 데이터 모델을 나타낸다. 고도로 정규화된 데이터 모델링 접근 방식과 달리, 스타 스키마는 필요한 차원으로 둘러싸인 팩트 테이블이다. 따라서 다른 데이터 모델보다 조인 수가 적어 쿼리 성능이 향상된다. 스타 스키마의 또 다른 장점은 비즈니스 사용자가 쉽게 이해하고 사용할 수 있다는 것이다.

스타 스키마는 특정 보고서를 반영해서는 안 되지만, 다운스트림 데이터 마트 또는 BI 도구에서 직접 보고서를 모델링할 수 있다. 스타 스키마는 **비즈니스 로직**의 팩트와 속성을 포착하고, 각각의 중요한 질문에 답변할 수 있을 만큼 유연해야 한다.

스타 스키마에는 하나의 팩트 테이블이 있기 때문에, 비즈니스의 다른 팩트를 다루는 여러 스타 스키마가 있을 수 있다. 이 참조 데이터는 여러 팩트 테이블 간에 재사용될 수 있으므로 가능한 한 차원 수를 줄이도록 노력해야 한다. 이때 여러 스타 스키마에서 재사용되어 동일한 필드를 공유하는 차원을 **간단히 맞춰진 차원**conformed dimension이라고 한다. 간단히 맞춰진 차원을 사용하면 여러 스타 스키마에 걸쳐 여러 팩트 테이블을 결합할 수 있다. 킴벌 방식에서는 중복 데이터가 문제가 없지만, 비즈니스 정의와 데이터 무결성에 영향을 주지 않도록 동일한 차원 테이블의 복제를 피하자.

킴벌 데이터 모델과 스타 스키마는 여러 가지 뉘앙스를 가지는데, 이는 배치 데이터에만 적합하며 스트리밍 데이터에는 적합하지 않다. 킴벌 데이터 모델은 인기가 있으므로 앞으로 접하게 될 가능성이 높다.

데이터 볼트

킴벌과 인먼은 데이터 웨어하우스의 비즈니스 로직 구조에 초점을 맞추지만, **데이터 볼트**[Data Vault]는 데이터 모델링에 대한 다른 접근 방식을 제공한다.[13] 댄 린스테트[Dan Linstedt]가 1990년대에 개발한 데이터 볼트 방법론은 원천 시스템 데이터의 속성에서 구조적 측면을 분리한다. 데이터 볼트는 비즈니스 로직을 팩트, 차원 또는 고도로 정규화된 테이블로 표현하는 대신, 원천 시스템의 데이터를 입력 전용 방식으로 소수의 특수 제작된 테이블에 직접 로드한다. 지금까지 살펴본 다른 데이터 모델링 방식과 달리 데이터 볼트에는 좋은 데이터, 나쁜 데이터 또는 적합한 데이터라는 개념이 없다.

오늘날 데이터는 빠르게 이동하므로 데이터 모델은 민첩하고 유연하며 확장 가능해야 한다. 데이터 볼트 방법론의 목표는 이러한 요구 사항을 충족하는 것이다. 이 방법론은 비즈니스 데이터가 진화를 거듭하는 동안에도 데이터를 비즈니스에 최대한 밀접하게 연계해 유지하고자 한다.

데이터 볼트 모델은 허브, 링크, 위성이라는 세 가지 주요 유형의 테이블로 구성된다(그림 8-15). 즉, 허브[hub]는 비즈니스 키를 저장하고, 링크[link]는 비즈니스 키 간의 관계를 유지하며, 위성[satellite]은 비즈니스 키의 속성과 컨텍스트를 표현한다. 사용자가 허브를 쿼리하면 허브는 쿼리의 관련 속성을 포함하는 위성 테이블에 링크된다. 이제 허브, 링크 및 위성을 더 자세히 살펴보자.

그림 8-15 데이터 볼트 테이블: 함께 연결된 허브, 링크 및 위성

허브

쿼리에는 종종 전자 상거래 예제의 고객 ID나 주문 ID와 같은 비즈니스 키를 통한 검색이 포함된다. **허브**는 데이터 볼트에 로드된 모든 고유한 비즈니스 키의 레코드를 보관하는 데이터 볼트의 중심 엔티다다.

....

13 데이터 볼트의 버전은 1.0과 2.0의 두 가지가 있다. 이 절에서는 데이터 볼트 2.0을 중점적으로 설명하지만, 간략하게 설명하고자 데이터 볼트라 부를 것이다.

허브는 항상 다음과 같은 표준 필드를 포함한다.

해시 키

시스템 간에 데이터를 조인하는 데 사용되는 기본 키. 계산된 해시 필드(MD5 등)이다.

로드 날짜

데이터가 허브에 로드된 날짜

레코드 소스

고유한 레코드를 취득한 소스

비즈니스 키

하나의 고유한 레코드를 식별하는 데 사용되는 키

허브는 입력 전용이며 허브에서 데이터는 변경되지 않는다는 점이 중요하다. 일단 데이터가 허브에 로드되면 이는 영구 유지된다.

허브를 설계할 때는 비즈니스 키를 식별하는 것이 중요하다. 스스로 자문해보자. **식별 가능한 비즈니스 요소**란 과연 무엇인가?[14] 다시 말해, 사용자는 일반적으로 어떻게 데이터를 찾는가? 이상적으로는 조직의 개념 데이터 모델을 구축할 때와 데이터 볼트 구축을 시작하기 전에 발견하는 것이다.

전자 상거래 시나리오를 사용해 제품 허브의 예를 살펴보자. 먼저 제품 허브의 물리적 설계를 살펴보겠다(표 8-14).

표 8-14 제품 허브용 물리적 설계

HubProduct
ProductHashKey
LoadDate
RecordSource
ProductID

---

14 Kent Graziano, 'Data Vault 2.0 Modeling Basics,' Vertabelo, October 20, 2015, https://oreil.ly/iuW1U

실제로 제품 허브는 데이터로 채워졌을 때 [표 8-15]처럼 보인다. 이 예에서는 두 개의 다른 날짜에 세 개의 서로 다른 제품이 ERP 시스템에서 허브로 로드된다.

표 8-15 데이터가 채워진 제품 허브

ProductHashKey	LoadDate	RecordSource	ProductID
4041fd80ab...	2020-01-02	ERP	1
de8435530d...	2021-03-09	ERP	2
cf27369bd8...	2021-03-09	ERP	3

이왕이면 HubProduct와 동일한 스키마를 사용해 또 다른 주문용 허브(표 8-16)를 만들고 샘플 주문 데이터로 채워보겠다.

표 8-16 데이터가 채워진 주문 허브

OrderHashKey	LoadDate	RecordSource	OrderID
f899139df5...	2022-03-01	Website	100
38b3eff8ba...	2022-03-01	Website	101
ec8956637a...	2022-03-01	Website	102

링크

링크 테이블link table은 허브 간 비즈니스 키의 관계를 추적한다. 링크 테이블은 이상적으로는 가능한 한 낮은 그레인으로 허브를 연결한다. 링크 테이블은 다양한 허브의 데이터를 연결하므로 다대다 관계다. 데이터 볼트 모델의 관계는 간단하며 링크 변경을 통해 처리된다. 이는 기본 데이터가 변경되는 불가피한 상황에 탁월한 유연성을 제공한다. 비즈니스 개념(또는 허브)을 연결해 새로운 관계를 나타내는 새로운 링크를 작성하기만 하면 된다. 그게 전부다! 이제 위성을 사용해 데이터를 컨텍스트별로 보는 방법을 살펴보자.

전자 상거래 예시로 돌아가서, 이제 주문을 제품과 연관 짓고자 한다. 주문 및 제품에 대한 링크 테이블이 어떻게 표현되는지를 살펴보자(표 8-17).

표 8-17 제품과 주문에 대한 링크 테이블

LinkOrderProduct
OrderProductHashKey
LoadDate
RecordSource
ProductHashKey
OrderHashKey

LinkOrderProduct 테이블이 채워지면 다음 [표 8-18]과 같이 표시된다. 이 예에서는 주문 레코드 소스를 사용한다.

표 8-18 주문과 제품을 연결하는 링크 테이블

OrderProductHashKey	LoadDate	RecordSource	ProductHashKey	OrderHashKey
ff64ec193d...	2022-03-01	Website	4041fd80ab...	f899139df5...
ff64ec193d...	2022-03-01	Website	de8435530d...	f899139df5...
e232628c25...	2022-03-01	Website	cf27369bd8...	38b3eff8ba...
26166a5871...	2022-03-01	Website	4041fd80ab...	ec8956637a...

위성

키, 로드 날짜 및 레코드 원천과 관련된 허브와 링크 간의 관계를 설명했다. 이러한 관계가 무엇을 의미하는지 어떻게 알 수 있을까? **위성**은 허브에 의미와 맥락을 부여하는 기술 속성이다. 위성은 허브 또는 링크에 연결할 수 있다. 위성의 유일한 필수 필드는 부모 허브의 비즈니스 키와 로드 날짜로 구성된 기본 키뿐이다. 그 외에도 위성은 의미가 있는 많은 속성을 포함할 수 있다.

Product 허브에 대한 위성의 예를 살펴보자(표 8-19). 이 예에서 SatelliteProduct 테이블에는 제품 이름과 가격 등과 같은 제품에 대한 추가 정보가 포함되어 있다.

표 8-19 SatelliteProduct

SatelliteProduct
ProductHashKey
LoadDate
RecordSource
ProductName
Price

다음은 샘플 데이터가 포함된 **SatelliteProduct** 테이블이다(표 8–20).

표 8-20 샘플 데이터가 포함된 제품 위성 테이블

ProductHashKey	LoadDate	RecordSource	ProductName	Price
4041fd80ab...	2020-01-02	ERP	Thingamajig	50
de8435530d...	2021-03-09	ERP	Whatchamacallit	25
cf27369bd8...	2021-03-09	ERP	Whozeewhatzit	75

이 모든 것을 하나로 묶어 허브, 제품 및 링크 테이블을 데이터 볼트에 조인해보자(그림 8–16).

그림 8-16 주문 및 제품을 위한 데이터 볼트

특정 시점(PIT) 및 브리지 테이블을 비롯한 다른 유형의 데이터 볼트 테이블도 있다. 여기서는 다루지 않겠지만, 데이터 볼트는 매우 포괄적이기 때문에 이에 관해 언급한다. 데이터 볼트의 기능에 대한 개요를 간략히 설명하는 것이 목표다.

앞에서 살펴본 다른 데이터 모델링 기법과 달리, 데이터 볼트에서는 이러한 테이블의 데이터를 쿼리할 때 비즈니스 로직이 생성되고 해석된다. 데이터 볼트 모델은 다른 데이터 모델링

기법과 함께 사용할 수 있음을 알아두자. 데이터 볼트가 분석 데이터의 랜딩 영역landing zone이 되는 것은 드문 일이 아니며, 그 후에는 일반적으로 스타 스키마를 사용해 데이터 웨어하우스에서 별도로 모델링된다. 데이터 볼트 모델은 NoSQL 및 스트리밍 데이터 원천에도 적용될 수 있다. 데이터 볼트는 매우 방대한 주제이며, 이 절은 단순히 데이터 볼트의 존재를 알리기 위한 것이다.

넓은 비정규화 테이블

지금까지 살펴본 엄격한 모델링 접근 방식, 특히 킴벌과 인먼은 데이터 웨어하우스가 고가의 온프레미스이며 컴퓨팅과 스토리지가 서로 밀접하게 연계되어 리소스 제약이 심했던 시절에 개발됐다. 배치 데이터 모델링은 전통적으로 이러한 엄격한 접근 방식과 관련되어 있지만, 더 완화된 접근 방식이 점차 보편화되고 있다.

물론 여기에는 몇 가지 이유가 있다. 첫째, 클라우드의 인기에 힘입어 스토리지 비용이 매우 저렴해졌다. 스토리지에 데이터를 표현하는 최적의 방법을 고민하기보다는 데이터를 저장하는 편이 더 저렴하다. 둘째, 중첩 데이터(JSON 등)의 인기는 스키마가 원천 및 분석 시스템에서 유연함을 의미한다.

앞서 설명한 대로 데이터를 엄격하게 모델링할 수도 있고 모든 데이터를 하나의 넓은 테이블에 저장할 수도 있다. 와이드 테이블wide table이란 말 그대로 고도로 비정규화되고 매우 광범위한 여러 필드의 집합으로, 일반적으로 컬럼형 데이터베이스에 생성된다. 필드는 단일 값일 수도 있고 중첩된 데이터를 포함할 수도 있다. 데이터는 1개 또는 여러 개의 키와 함께 구성되며, 이러한 키는 데이터의 세세한 그레인과 밀접하게 관련되어 있다.

와이드 테이블은 잠재적으로 수천 개의 열을 가질 수 있지만, 관계형 데이터베이스에서는 일반적으로 100개 미만의 열을 가진다. 와이드 테이블은 보통 드문드문 채워지며, 특정 필드의 대부분의 항목은 null일 수 있다. 이러한 특징은 기존의 관계형 데이터베이스에서는 매우 값비싼 비용으로 작용할 수 있는데, 데이터베이스가 각 필드 항목에 일정한 공간을 할당하기 때문이다. null은 컬럼형 데이터베이스에서 공간을 거의 차지하지 않는다. 관계형 데이터베이스의 와이드 스키마는 각 행이 와이드 스키마에 의해 지정된 모든 공간을 할당해야 하며, 데이터베이스는 각 행의 내용을 전체적으로 읽어야 하므로 읽기 속도가 크게 느려진다. 한편, 컬럼형 데이터베이스는 쿼리에서 선택한 열만 읽으며 null을 읽는 것은 기본적으로 비용이 발생하지 않는다.

와이드 테이블은 일반적으로 스키마의 진화를 통해 생성되며, 엔지니어는 시간이 지남에 따라 점차 필드를 추가한다. 관계형 데이터베이스의 스키마 진화는 느리고 리소스가 많이 소모되는 프로세스다. 컬럼형 데이터베이스에서 필드를 추가하는 것은 처음에는 메타데이터에 대한 변경일 뿐이며, 데이터가 새 필드에 기록되면 새 파일이 열에 추가된다.

와이드 테이블에 대한 분석 쿼리는 많은 조인이 필요한 고도로 정규화된 데이터에 대한 동등한 쿼리보다 더 빨리 실행된다. 조인을 제거하면 검색 성능에 거대한 영향을 미칠 수 있다. 와이드 테이블에는 더 엄격한 모델링 접근법에서 조인했을 모든 데이터가 포함되어 있으며, 팩트와 차원이 동일한 테이블에 표시된다. 또한 데이터 모델의 엄격성이 부족하기 때문에 많은 생각이 필요 없다. 와이드 테이블에 데이터를 로드하고 쿼리를 시작해보자. 특히 원천 시스템의 스키마가 적응성과 유연성이 높아짐에 따라 이러한 데이터는 대개 대량의 트랜잭션에서 비롯되는데, 이는 데이터양이 많다는 뜻이다. 이를 분석 스토리지에 중첩된 데이터로 저장하면 많은 이점이 있다.

강경한 데이터 모델러에게는 모든 데이터를 하나의 테이블로 정리하는 것이 마치 이단처럼 보일 수 있으며, 실제로 많은 비판을 받아 왔다. 이러한 비판에는 어떤 것이 있을까? 가장 큰 비판은 데이터를 혼합했을 때 분석에서 비즈니스 논리가 손실된다는 것이다. 또 다른 단점은 배열 내의 요소 등을 갱신할 때 성능이 매우 저하된다는 것이다.

앞선 정규화 예제에서 원래 정규화되지 않은 테이블을 사용하는 와이드 테이블의 예를 살펴보겠다(표 8-21). 이 테이블에는 수백 개 이상의 열이 포함될 수 있지만, 간결하고 알기 쉽도록 몇 개의 열만 포함했다. 보이는 바와 같이 이 테이블은 날짜별 고객 주문에 따라 표현되는 다양한 데이터 유형을 결합해 표시한다.

데이터 모델링에 관심이 없거나 기존 데이터 모델링보다 더 많은 유연성이 필요한 데이터가 있는 경우에는 와이드 테이블을 사용하는 것이 좋다. 와이드 테이블은 스트리밍 데이터에도 적합한데 이에 관해서는 다음에 설명하겠다. 데이터가 빠르게 움직이는 스키마와 스트리밍 우선으로 이동함에 따라 '완화된 정규화' 같은 새로운 데이터 모델링의 물결이 일 것으로 예상된다.

표 8-21 비정규화 데이터의 예

OrderID	OrderItems	Customer ID	Customer Name	Order Date	Site	Site Region
100	(아래 JSON 참조)	5	Joe Reis	2022-03-01	abc.com	US

OrderItems 열의 내용:

```
[{
  "sku": 1,
  "price": 50,
  "quantity": 1,
  "name:":
    "Thingamajig"
}, {
  "sku": 2,
  "price": 25,
  "quantity": 2,
  "name:":
    "Whatchamacallit"
}]
```

데이터를 모델링하지 않으면 어떻게 될까?

데이터를 모델링하지 않는 선택을 할 수도 있다. 이때는 데이터 원천을 직접 쿼리한다. 이 패턴은 특히 이제 막 사업을 시작한 기업이 빠른 통찰력을 얻거나, 사용자와 분석을 공유하고자 할 때 자주 사용된다. 이러한 방식은 다양한 질문에 대한 답변을 얻을 수 있지만, 다음 사항을 고려해야 한다.

- 데이터를 모델링하지 않으면 쿼리 결과에 일관성이 있는지 어떻게 알 수 있는가?
- 원천 시스템 내의 비즈니스 로직에 대한 적절한 정의가 있는가? 본인의 쿼리가 올바른 답을 도출할 수 있는가?
- 원천 시스템에 대해 어떤 쿼리 부하를 가하고 있으며, 이는 시스템 사용자에게 어떤 영향을 미치는가?

어느 시점에 도달하면, 더 거대한 작업을 수행하기 위해 더 엄격한 배치 데이터 모델 패러다임과 원천 시스템에 의존하지 않는 전용 데이터 아키텍처로 이동하게 될 것이다.

8.2.5 스트리밍 데이터 모델링

배치 데이터의 경우 수많은 데이터 모델링 기법이 잘 확립되어 있지만, 스트리밍 데이터는 그렇지 않다. 스트리밍 데이터의 무한하고 지속적인 특성 때문에 킴벌과 같은 배치 기법을 스트리밍 패러다임으로 변환하는 게 불가능하지는 않더라도 까다로운 편이다. 예를 들어 데이터 스트림이 주어졌을 때 데이터 웨어하우스에 무리를 주지 않으면서 천천히 변화하는 유형 2 차원을 지속해 갱신하려면 어떻게 해야 할까?

세상은 배치에서 스트리밍으로, 그리고 온프레미스에서 클라우드로 진화하고 있다. 이전 배치 방식의 제약 조건은 더 이상 적용되지 않는다. 그러나 비즈니스 로직의 필요성과 유동적인 스키마 변경, 빠르게 이동하는 데이터 및 셀프서비스의 균형을 맞추기 위해 데이터를 모델링하는 방법에 대해서는 여전히 큰 의문이 남아 있다. 앞서 설명한 배치 데이터 모델 접근법과 동등한 스트리밍 데이터 모델 접근법은 무엇인가? 스트리밍 데이터 모델링에 대한 합의된 접근 방식은 아직 없다. 많은 스트리밍 데이터 시스템 전문가와 논의한 결과, 상당수가 기존의 배치 지향 데이터 모델링은 스트리밍에 적용되지 않는다는 의견을 피력했다. 일부는 데이터 스트리밍 모델링의 옵션으로 데이터 볼트를 제안했다.

앞서 이야기했듯 스트림에는 이벤트 스트림과 CDC라는 두 가지 주요 유형이 존재한다. 대부분의 경우 이러한 스트림의 데이터 형태는 JSON과 같은 반정형 구조다. 스트리밍 데이터 모델링의 문제점은 페이로드의 스키마가 즉흥적으로 변경될 수 있다는 것이다. 예를 들어 최근에 펌웨어를 업그레이드하고 새로운 필드를 도입한 IoT 장치가 있다고 가정해보자. 이때 다운스트림 대상 데이터 웨어하우스 또는 처리 파이프라인이 이러한 변경과 중단을 인식하지 못할 수 있는데, 이는 매우 좋지 않다. 또 하나의 예로 CDC 시스템에서는 필드를 다른 타입으로(예: 국제표준화기구(ISO)의 날짜/시간datetime 형식 대신 문자열로) 리캐스팅할 수 있다. 다시 말하지만, 대상은 이러한 무작위 변경을 어떻게 처리할까?

필자가 언급했던 스트리밍 데이터 전문가들은 소스 데이터의 변화를 예측하고, 유연한 스키마를 유지할 것을 강력하게 제안했다. 이는 분석용 데이터베이스에 엄격한 데이터 모델이 없다는 것을 의미한다. 대신 원천 시스템이 현재 존재하는 올바른 비즈니스 정의와 로직을 통해 올바른 데이터를 제공하고 있다고 가정한다. 그리고 스토리지는 비용이 저렴하므로 최근의 스트리밍 데이터와 저장된 이력 데이터를 함께 쿼리할 수 있는 방식으로 저장한다. 유연한 스키마로 데이터셋에 대한 포괄적인 분석을 최적화한다. 또한 보고서에 대응하는 대신, 스트리밍 데이터의 이상이나 변경에 반응할 수 있는 자동화를 구축해보는 건 어떨까?

데이터 모델링 분야는 변화하고 있으며 데이터 모델 패러다임에는 곧 큰 변화가 일어날 것이다. 이러한 새로운 접근 방식은 원천 시스템의 바로 위쪽에 위치한 스트리밍 계층에 메트릭 계층, 시맨틱 계층, 데이터 파이프라인, 그리고 기존의 분석 워크플로를 통합할 가능성이 높다. 데이터가 실시간으로 생성되므로, 원천 시스템과 분석 시스템을 두 개의 서로 다른 버킷으로 인위적으로 분리하는 개념은 데이터가 더 느리고 예측 가능하게 이동했을 때만큼 의미가 없을 수 있다.

11장에서 스트리밍 데이터의 미래에 관해 좀 더 논의를 이어갈 것이다.

8.3 변환

> 데이터 변환의 최종 결과는 데이터를 통합하고 집약하는 능력이다. 일단 데이터가 변환되면 해당 데이터를 단일 엔티티로 볼 수 있다. 그러나 데이터를 변환하지 않으면 조직 전체의 데이터를 통합적 시각으로 볼 수 없다.
>
> _ 빌 인먼[15]

쿼리와 데이터 모델링을 살펴봤으니, 이제 '데이터를 모델링하고 쿼리해 결과를 얻을 수 있다면 왜 변환을 고민해야 하는가?'라는 궁금증이 생길 것이다. 변환은 데이터를 조작, 강화 및 저장해 다운스트림에서 사용할 수 있도록 함으로써 확장 가능하고 안정적이며 비용 효율적인 방식으로 데이터의 가치를 높인다.

특정 데이터 집합의 결과를 보려고 할 때마다 쿼리를 실행한다고 가정해보자. 하루에 수십 번에서 수백 번에 걸쳐 똑같은 쿼리를 실행하게 될 것이다. 이 쿼리는 20개의 데이터 집합에 대한 파싱parsing, 클렌징, 조인, 결합, 집약 등의 내용을 포함한다. 문제를 더욱 꼬기 위해 쿼리는 실행하는 데 30분이 걸리고 상당한 리소스를 소모하며 여러 번의 반복에 걸쳐 상당한 클라우드 비용이 발생한다고 가정해보자. 여러분과 이해관계자들은 아마 정신을 못 차리게 될 것이

---

15 Bill Inmon, 'Avoiding the Horrible Task of Integrating Data,' LinkedIn Pulse, March 24, 2022, `https://oreil.ly/yLb71`

다. **다행히 쿼리 결과를 저장할 수 있고**, 연산 부하가 가장 높은 부분을 한 번만 실행할 수도 있으므로 후속 쿼리는 단순해진다.

변환은 쿼리와 다르다. **쿼리**는 필터링 및 조인 로직에 따라 다양한 원천에서 데이터를 검색한다. **변환**은 추가 변환 또는 쿼리를 통해 결과를 계속 사용할 수 있도록 유지한다. 이러한 결과는 일시적 또는 영구적으로 저장될 수 있다.

지속성 외에 변환과 쿼리를 구별하는 두 번째 측면은 복잡성이다. 여러분은 여러 원천의 데이터를 결합하고 중간 결과를 여러 최종 출력에 재사용하는 복잡한 파이프라인을 구축할 수 있다. 이러한 복잡한 파이프라인은 데이터를 정규화, 모델링, 집약 또는 기능화할 수 있다. 공통 테이블 표현식, 스크립트 또는 DAG를 사용해 단일 쿼리 내에 복잡한 데이터 흐름을 구축할 수 있지만, 이는 순식간에 통제하기 어렵고 일관성이 없으며 다루기 어려워진다. 이제 변환을 살펴보자.

변환은 이 책에서 드러나지 않는 요소 중 하나인 오케스트레이션에 매우 의존한다. 오케스트레이션은 다운스트림 변환 또는 데이터 서빙에 의해 사용되는 데이터를 일시적 또는 영구적으로 저장하는 중간 변환과 같은 수많은 개별 작업을 결합한다. 변환 파이프라인은 여러 테이블과 데이터 집합뿐만 아니라 여러 시스템에 걸쳐 점점 더 많이 사용되고 있다.

8.3.1 배치 변환

배치 변환batch transformation은 데이터가 도착하면 연속해 처리되는 스트리밍 변환과 달리 개별 데이터 청크에서 실행된다. 배치 변환은 고정된 일정(예: 매일, 매시간 또는 15분)마다 실행되어 지속적인 보고, 분석 및 ML 모델을 지원할 수 있다. 이 절에서는 다양한 배치 변환 패턴과 기술을 살펴볼 것이다.

분산 조인

분산 조인의 기본 개념은 (쿼리 로직에 의해 정의되는) **논리적 조인**logical join을 클러스터 내의 개별 서버에서 실행되는 훨씬 작은 **노드 조인**node join으로 분할해야 한다는 것이다. 기본 분산 조인 패턴은 처리 단계 간의 중간 스토리지에 대한 세부 내용이 디스크 또는 메모리에 따라 다르지만, 맵리듀스(8.3.1절 참고), 빅쿼리, 스노우플레이크 또는 스파크 중 어느 것이든 적용된다.

최선의 경우 조인의 한쪽의 데이터는 단일 노드(**브로드캐스트 조인**^{broadcast join})에 들어갈 수 있을 만큼 충분히 작다. 리소스를 많이 사용하는 **셔플 해시 조인**^{shuffle hash join}이 필요한 경우가 많다.

브로드캐스트 조인

브로드캐스트 조인은 일반적으로 비대칭이며, 하나의 큰 테이블이 여러 노드에 분산되어 있고, 하나의 작은 테이블이 하나의 노드에 쉽게 들어갈 수 있다(그림 8-17). 쿼리 엔진은 작은 테이블(A 테이블)을 모든 노드에 '브로드캐스트'해서 큰 테이블(B 테이블)의 일부에 조인한다. 브로드캐스트 조인은 셔플 해시 조인에 비해 연산 부하가 훨씬 덜 집약적이다.

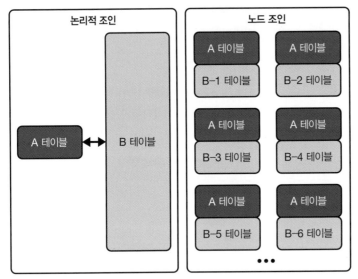

그림 8-17 브로드캐스트 조인에서 쿼리 엔진은 A 테이블을 클러스터 내의 모든 노드로 보내고 B 테이블의 다양한 부분과 조인한다.

실제로 A 테이블은 쿼리 엔진이 수집해 브로드캐스트하는 다운필터링된 큰 테이블인 경우가 많다. 쿼리 옵티마이저의 최우선 순위 중 하나는 **조인 재정렬**^{join reordering}이다. 필터를 조기에 적용하고 작은 테이블을 왼쪽으로 이동(레프트 조인)하면 각 조인에서 처리되는 데이터양을 크게 줄일 수 있다. 가능한 경우 데이터를 사전 필터링해 브로드캐스트 조인을 생성함으로써 성능을 대폭 개선하고 자원 소비를 줄일 수 있다.

셔플 해시 조인

모든 테이블이 단일 노드에 들어갈 수 없을 만큼 충분히 작지 않을 때 쿼리 엔진은 **셔플 해시 조인**을 사용한다. [그림 8-18]에서는 점선 위쪽과 아래쪽에 동일한 노드가 표시되어 있다. 점선 위 영역은 노드에 걸쳐 A 테이블과 B 테이블의 초기 파티셔닝을 나타낸다. 일반적으로 이 파티셔닝은 조인 키와 관련이 없다. 해시 스킴은 조인 키로 데이터를 다시 파티셔닝하는 데 사용된다.

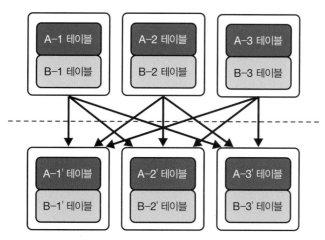

그림 8-18 해시 조인 셔플

이 예에서는 해시 스킴이 조인 키를 세 부분으로 파티셔닝하고, 각 부분이 노드에 할당된다. 그런 다음 데이터가 적절한 노드로 다시 셔플되고, 각 노드의 A 테이블과 B 테이블에 대한 새 파티션이 조인된다. 셔플 해시 조인은 일반적으로 브로드캐스트 조인보다 리소스를 많이 사용한다.

ETL, ELT, 데이터 파이프라인

3장에서 논의한 것처럼, 관계형 데이터베이스 초기부터 널리 사용되던 변환 패턴은 배치 ETL이다. 전통적인 ETL은 데이터 마트 또는 킴벌 스타 스키마와 같은 대상 스키마에 맞게 준비하면서 외부 변환 시스템에 의존해 데이터를 가져오고, 변환하고, 클렌징한다. 그런 다음 변환된 데이터를 데이터 웨어하우스와 같은 대상 시스템으로 로드해 비즈니스 분석을 수행할 수 있게 한다.

ETL 패턴 자체는 원천 시스템과 대상 시스템 양쪽의 제한에 의해 좌우됐다. 추출 단계는 소스 RDBMS의 제약으로 인해 데이터 풀링 속도가 제한되면서 큰 병목 현상이 발생하는 경향이 있었다. 또한 대상 시스템은 스토리지와 CPU 용량 모두 리소스가 매우 제한되었기 때문에, 전용 시스템에서 변환 작업을 수행해야 했다.

현재 인기를 주도하는 ETL의 진화는 ELT다. 데이터 웨어하우스 시스템의 성능과 스토리지 용량이 증가함에 따라 원천 시스템에서 원시 데이터를 추출하고, 최소한의 변환을 거쳐 데이터 웨어하우스로 가져온 다음, 웨어하우스 시스템에서 직접 데이터를 클렌징하고 변환하는 일이 일반화됐다(ETL과 ELT의 차이에 관한 자세한 내용은 3장의 데이터 웨어하우스에 대한 설명 참조).

약간 다른 두 번째 ELT 개념은 데이터 레이크의 출현과 함께 대중화됐다. 이 버전에서는 데이터가 로드될 때 변환되지 않는다. 실제로 대량의 데이터가 아무런 준비나 계획 없이 로드될 수 있다. 변환 단계는 정해지지 않은 미래의 시점에 발생하는 것으로 가정한다. 계획 없이 데이터를 수집하는 것은 데이터 늪에 빠지는 지름길이다. 또한 인면은 다음과 같이 언급했다.[16]

> 나는 항상 ETL의 팬이었다. ETL은 데이터를 사용할 수 있는 형태로 변환하기 전에 데이터를 변환하도록 강제했기 때문이다. 그러나 일부 조직에서는 단순히 데이터를 가져와 데이터베이스에 저장한 다음 변환을 수행하려고 한다. 조직에서 '일단 데이터만 넣고 나중에 변환하자'고 말하는 경우를 너무 많이 봐왔다. 그 뒤에 과연 무슨 일이 일어났을까? 6개월이 지난 지금까지도 그 데이터에는 손도 대지 않았다.

또한 데이터 레이크하우스 환경에서는 ETL과 ELT의 경계가 다소 모호해질 수 있다. 객체 스토리지를 기본 계층으로 사용하면, 데이터베이스 내부와 외부에 무엇이 있는지 더 이상 알 수 없다. 데이터 페더레이션, 가상화 및 라이브 테이블이 등장함에 따라 이러한 모호성은 더욱 심화되고 있다(이 절에서는 이러한 주제를 살펴볼 것이다).

ETL과 **ELT**라는 용어는 점차 (조직 전체에서의 변환 패턴을 나타내는) 거시적 수준macro level이 아닌, (개별 변환 파이프라인 내의) 미시적 수준micro level에만 적용되어야 한다. 조직은 더 이상 ETL 또는 ELT로 표준화할 필요가 없으며, 데이터 파이프라인을 구축할 때 적절한 기술을

---

16 Alex Woodie, 'Lakehouses Prevent Data Swamps, Bill Inmon Says,' Datanami, June 1, 2021. https://oreil.ly/XMwWc

사례별로 적용하는 데 집중할 수 있다.

SQL과 코드 기반 변환 도구

이 시점에서 SQL 기반 변환 시스템과 비 SQL 기반 변환 시스템의 차이는 다소 인위적으로 보인다. 하둡 플랫폼에 하이브가 도입된 이후 SQL은 빅데이터 생태계에서 일급 시민이 됐다. 예를 들어 스파크 SQL은 아파치 스파크의 초기 기능이었다. 카프카, 플링크, 빔 등과 같은 스트리밍 우선 프레임워크도 SQL을 지원하며 다양한 특징과 기능을 갖추고 있다.

더 강력하고 범용적인 프로그래밍 패러다임을 지원하는 도구와 비교해 SQL 전용 도구를 고려해야 한다. SQL 전용 변환 도구는 다양한 독점 및 오픈 소스 옵션을 지원한다.

선언적이지만, 여전히 복잡한 데이터 워크플로를 구축할 수 있는 SQL

SQL은 종종 '절차적'이지 않다는 이유로 묵살되는데, 기술적으로는 옳다. SQL은 선언형 언어이며, SQL 작성자는 데이터 처리 절차를 코딩하는 대신 최종 데이터의 특성을 집합론적인 언어로 규정한다. 그리고 SQL 컴파일러와 옵티마이저는 데이터를 이 상태로 만들기 위해 필요한 단계를 결정한다.

SQL은 절차적이지 않으므로 복잡한 파이프라인을 구축할 수 없다고 암시하는 이들도 많은데, 이는 거짓이다. SQL은 공통 테이블 표현식, SQL 스크립트 또는 오케스트레이션 도구를 사용해 복잡한 DAG를 구축하는 데 효과적으로 사용할 수 있다.

명확히 말하자면 SQL은 분명 한계가 있지만, 엔지니어가 SQL을 사용하면 더 쉽고 효율적으로 처리할 수 있는 작업들을 파이썬과 스파크에서 수행하는 경우를 종종 볼 수 있다. 여기서 설명하는 트레이드오프를 더 자세히 이해하기 위해 스파크와 SQL의 몇몇 예를 살펴보자.

예: 스파크에서 배치 변환을 위해 SQL을 피해야 하는 경우

스파크 SQL 또는 다른 SQL 엔진 대신 네이티브 스파크 또는 파이스파크 코드를 사용할지를 결정할 때, 다음과 같은 질문을 스스로에게 던져보자.

① SQL로 변환을 코딩하기가 얼마나 어려운가?
② 생성되는 SQL 코드는 어느 정도의 가독성과 유지 보수가 가능한가?
③ 향후 조직 전체에 걸쳐 재사용할 수 있도록 변환 코드 중 일부를 커스텀 라이브러리에 푸시해야 하는가?

질문 ①과 관련해 스파크로 코딩된 많은 변환 코드는 매우 단순한 SQL 문으로 구현될 수 있다. 한편 SQL로 변환을 구현할 수 없거나 구현이 매우 어려운 경우에는 네이티브 스파크를 사용하는 것이 좋다. 예를 들어 테이블에 단어 접미사를 배치하고, 해당 테이블에 조인하고, 파싱 함수를 사용해 단어 접미사를 찾은 다음, 부분 문자열 함수를 사용해 단어를 어간으로 줄임으로써 SQL에서 단어 어간 변환을 구현할 수 있다. 그러나 이는 매우 고려해야 할 수많은 엣지 케이스가 있는 매우 복잡한 프로세스처럼 들리며, 더 강력한 절차적 프로그래밍 언어가 여기에 적합할 수 있다.

질문 ②는 이와 밀접한 관련이 있다. 단어 어간추출 쿼리는 읽을 수도, 유지 관리할 수도 없다.

질문 ③과 관련해 SQL의 주요 한계 중 하나는 라이브러리나 재사용 가능한 코드에 대한 자연스러운 개념이 포함되어 있지 않다는 것이다. 한 가지 예외는 일부 SQL 엔진에서 데이터베이스 내의 객체로서 사용자 정의 함수(UDF)를 유지 관리할 수 있다는 점이다.[17] 그러나 이러한 기능은 배포를 관리하기 위한 외부 CI/CD 시스템이 없는 깃 저장소에 커밋되지는 않는다. 게다가 SQL은 더 복잡한 쿼리 구성 요소에 대한 재사용 가능성을 잘 인식하지 못한다. 물론 재사용 가능한 라이브러리는 스파크와 파이스파크에서 쉽게 만들 수 있다.

SQL을 재활용할 수 있는 방법은 두 가지가 있다. 첫째, 테이블에 커밋하거나 뷰를 생성함으로써 **SQL 쿼리 결과**를 쉽게 재사용할 수 있다. 이 프로세스는 소스 쿼리가 완료되면 다운스트림 쿼리를 시작할 수 있도록 에어플로와 같은 오케스트레이션 도구로 처리하는 것이 좋다. 둘째, 데이터 빌드 도구(dbt)는 SQL 문을 쉽게 재사용할 수 있도록 지원하며 커스터마이징이 쉬운 템플릿 언어를 제공한다.

예: 스파크 및 기타 처리 프레임워크 최적화

스파크 추종자들은 종종 SQL이 데이터 처리를 제어하지 못한다고 불평한다. SQL 엔진은 사용자의 문장을 가져와 최적화한 다음 처리 단계로 컴파일한다(실제로 최적화는 컴파일 전이나 후에 또는 양쪽 모두에서 발생할 수 있다).

이는 언뜻 정당한 불만처럼 보이지만, 반론 역시 존재한다. 스파크와 기타 코드 부하가 높은 처리 프레임워크에서는 코드 작성자가 SQL 기반 엔진에서 자동으로 처리되는 최적화의 대부분

---

17 여러분이 UDF를 책임감 있게 사용할 것을 당부한다. SQL UDF는 종종 상당히 잘 수행된다. 반면 자바스크립트 UDF를 사용하면 쿼리 시간이 몇 분에서 몇 시간으로 늘어나는 경우가 있다.

을 담당한다. 스파크 API는 강력하고 복잡한 만큼 재정렬, 조합 또는 분해를 위한 후보를 식별하기가 쉽지 않다. 스파크를 채택할 때 데이터 엔지니어링 팀은 특히 비용이 많이 들고 장기간 실행되는 작업의 스파크 최적화 문제에 적극적으로 대처해야 한다. 이는 팀에 최적화 전문 지식을 구축하고 각 엔지니어에게 최적화 방법을 교육해야 한다는 의미다.

네이티브 스파크로 코딩할 때 주의할 몇몇 최상위 권장 사항은 다음과 같다.

① 일찍 그리고 자주 필터링한다.
② 핵심 스파크 API에 크게 의존하고, 스파크 네이티브 작업 방식을 이해하는 방법을 익힌다. 네이티브 스파크 API가 사용 사례를 지원하지 않는 경우에는 잘 관리된 공공 라이브러리에 의존한다. 좋은 스파크 코드는 실질적으로 선언적인 코드다.
③ UDF에 주의한다.
④ SQL을 혼합하는 것을 검토한다.

권장 사항 ①은 SQL 최적화에도 적용되지만, 스파크는 SQL이 자동으로 처리하는 것들을 다시 정렬하지 못할 수도 있다. 스파크는 빅데이터 처리 프레임워크지만, 처리해야 하는 데이터가 적을수록 자원 부담이 적고 코드 성능이 개선된다.

권장 사항 ②처럼, 매우 복잡한 커스텀 코드를 작성할 때는 잠시 손을 멈추고 수행하려는 작업을 더 네이티브하게 구현할 방법이 없는지 판단해보자. 일반적인 예제를 읽고 튜토리얼을 실행해보면서 관용적인 스파크를 이해하는 방법을 배워보자. 스파크 API에 여러분이 수행하려는 작업을 성취할 수 있는 무언가가 있는가? 잘 관리되고 최적화된 공공 라이브러리가 도움이 될 수 있을까?

권장 사항 ③은 파이스파크에 매우 중요하다. 일반적으로 파이스파크는 스칼라 스파크의 API 래퍼다. 코드가 API를 호출해 JVM에서 실행되는 네이티브 스칼라 코드로 작업을 푸시한다. 파이썬 UDF를 실행하면 데이터가 처리 효율성이 떨어지는 파이썬으로 전달된다. 파이썬 UDF를 사용하는 경우에는 진행 중인 작업을 구현할 더 스파크-네이티브한 방법을 찾아 보기를 바란다. 잠시 권장 사항으로 돌아가보자. 코어 API나 잘 유지된 라이브러리를 사용해 작업을 수행하는 방법이 있는가? UDF를 사용해야 할 때는 성능을 개선하기 위해서 스칼라 또는 자바로 재작성하는 것을 검토해보자.

권장 사항 ④에 대해서는 SQL을 사용하면 스파크 카탈리스트^{Spark Catalyst} 옵티마이저를 활용할 수 있으므로 네이티브 스파크 코드보다 더 높은 성능을 얻을 수 있다. SQL은 대부분의 경우 간단한 명령을 위한 쓰기와 유지 보수가 용이하다. 네이티브 스파크와 SQL을 결합하면 강력한 범용 기능과 (해당하는 경우) 단순성을 결합한 두 가지 장점을 모두 누릴 수 있다.

이 절 대부분의 최적화 조언은 상당히 일반적이며, 예를 들면 아파치 빔에도 똑같이 적용될 수 있다. 요점은 프로그래밍 가능한 데이터 처리 API가 다소 덜 강력하고 사용하기 쉬운 SQL보다 조금 더 정교한 최적화 기술이 요구된다는 것이다.

갱신 패턴

변환은 데이터를 유지하므로, 유지되는 데이터를 적소에 갱신해야 하는 경우가 많다. 데이터 갱신은 데이터 엔지니어링 팀에게 있어 주요 골칫거리이며, 특히 데이터 엔지니어링 기술 간에 전환시에 특히 더 그렇다. 이 장 앞부분에서 소개한 SQL의 DML을 살펴보자.

이 책에서 원래 데이터 레이크의 개념은 데이터 갱신을 고려하지 않았다고 여러 번 언급한 바 있다. 지금 이 시점에서 이러한 말은 여러 가지 이유로 무의미한 것처럼 보인다. 빅데이터 커뮤니티에서는 이를 일축했지만, 오랫동안 데이터 변환 결과를 처리하는 데 있어 데이터 갱신은 핵심적인 역할을 했다. 갱신 기능이 없기 때문에 상당한 양의 작업을 다시 실행하는 것은 어리석은 일이며, 이제 데이터 레이크하우스 개념은 갱신을 기반으로 한다. 또한 GPR과 기타 데이터 삭제 표준에 따라 조직은 원시 데이터 집합에서도 목표한 방식으로 데이터를 삭제해야 한다.

이제 몇 가지 기본적인 갱신 패턴을 살펴보자.

데이터 삭제와 재적재

데이터 삭제truncate는 아무것도 갱신하지 않는 갱신 패턴이다. 그저 오래된 데이터를 삭제하기만 하면 된다. 데이터 삭제-재적재truncate-and-reload 갱신 패턴에서는, 테이블에서 데이터가 삭제되고 변환이 다시 실행되며, 이 테이블에 데이터가 로드되므로 효과적으로 새로운 테이블 버전이 생성된다.

입력 전용

입력 전용insert only은 이전 레코드를 변경하거나 삭제하지 않고 새 레코드만 삽입한다. 입력 전용 패턴은 데이터의 현재 뷰를 유지할 때 사용할 수 있는데, 예를 들면 오래된 레코드를 삭제하지 않고 새 버전의 레코드를 삽입하는 경우 등이다. 쿼리 또는 뷰는 기본 키로 최신 레코드를 검색해 현재 데이터 상태를 표시할 수 있다. 컬럼형 데이터베이스는 일반적으로 기본 키를 적용하지 않는다는 점에 유의하자. 기본 키는 테이블의 현재 상태를 유지하기 위해 엔지니어가 사용하는 구조다. 이 접근법의 단점은 쿼리 시점에 최신 레코드를 찾는 데 연산 비용이 매우 많이 들 수 있다는 것이다. 그 대신 구체화된 뷰(이 장의 뒷부분에서 설명), 모든 레코드를 유지하는 입력 전용 테이블, 데이터 서빙에 대한 현재 상태를 유지하는 데이터 삭제–재적재^{truncate-and-reload} 대상 테이블을 사용할 수도 있다.

> **CAUTION_** 컬럼형 OLAP 데이터베이스에 데이터를 입력할 때, 일반적인 문제는 행 기반 시스템에서 전환하는 엔지니어가 단일 행 삽입을 사용하려고 시도한다는 것이다. 이러한 안티 패턴은 시스템에 엄청난 부하를 준다. 또한 데이터를 여러 개의 개별 파일에 기록하게 되므로 이후 읽기에 매우 비효율적이며 나중에 데이터를 다시 클러스터링해야 한다. 대신 정기적인 마이크로배치 또는 배치 방식으로 데이터를 로드할 것을 추천한다.

자주 입력하지 말라는 조언에 대한 예외로, 스트리밍 버퍼와 컬럼형 스토리지를 혼합한 빅쿼리와 아파치 드루이드가 사용하는 향상된 람다 아키텍처를 언급하겠다. 다음에 설명하겠지만, 삭제 및 제자리 갱신^{in-place update}은 여전히 큰 비용이 들 수 있다.

삭제

원천 시스템이 데이터를 삭제하고 최근의 규제 변경 사항을 충족할 경우 삭제는 매우 중요하다. 컬럼형 시스템과 데이터 레이크에서 삭제는 입력보다 더 큰 비용이 든다.

데이터를 삭제할 때는 물리 삭제 또는 논리 삭제 중 어느 쪽을 실행할지 검토하자. **물리 삭제**^{hard delete}는 데이터베이스에서 레코드를 영구적으로 삭제하는 반면 **논리 삭제**^{soft delete}는 레코드를 '삭제됨^{deleted}'으로 표시한다. 물리 삭제는 성능상 이유로 데이터를 삭제해야 할 경우(테이블이 너무 큰 경우 등), 또는 법적인 이유나 컴플라이언스상 이유로 데이터를 삭제해야 할 때 편리하다. 논리 삭제는 레코드를 영구적으로 삭제하지 않고 쿼리 결과에서 필터링할 때 사용할 수 있다.

세 번째 삭제 방법은 논리 삭제와 밀접한 관련이 있다. **삭제 레코드 입력**^{insert deletion}은 이전 버전의 레코드를 변경하지 않고 삭제 플래그가 포함된 새 레코드를 입력한다. 이렇게 하면 입력 전용 패턴을 따르면서도 삭제 역시 고려할 수 있다. 다만 최신 테이블 상태를 확인하기 위한 쿼리는 조금 더 복잡해질 수 있다. 이제 중복을 제거하고, 키별로 각 레코드의 최신 버전을 검색하며, 최신 버전이 '삭제됨'로 표시되는 레코드는 나타나지 않아야 한다.

갱신 입력과 병합

이러한 갱신 패턴 중 데이터 엔지니어링 팀, 특히 행 기반 데이터 웨어하우스에서 열 기반 클라우드 시스템으로 전환하는 사람들에게 가장 큰 문제를 야기하는 것은 **갱신 입력**^{upsert}과 **병합**^{merge} 패턴이다.

갱신 입력은 일련의 소스 레코드 집합을 가져와서 기본 키 또는 다른 논리 조건을 사용해 타깃 테이블과 일치하는 항목을 찾는다(다시 강조하자면, 적절한 쿼리를 실행해 이 기본 키를 관리하는 것은 데이터 엔지니어링 팀의 책임이다. 대부분의 컬럼형 시스템은 고유성을 강제하지 않는다). 키가 일치하면 타깃 레코드가 갱신된다(새로운 레코드로 대체된다). 일치하는 레코드가 없으면 데이터베이스는 새 레코드를 입력한다. **병합** 패턴은 여기에 레코드를 삭제하는 기능을 추가한다.

그렇다면 무엇이 문제일까? 갱신 입력/병합 패턴은 원래 행 기반 데이터베이스용으로 설계됐다. 행 기반 데이터베이스에서 갱신은 자연스러운 프로세스다. 데이터베이스는 해당 레코드를 검색해 그 자리에서 변경한다.

반면에 파일 기반 시스템은 실제로 제자리 파일 갱신을 지원하지 않는다. 이러한 시스템은 모두 쓰기 시 복사^{copy on write}(COW)를 사용한다. 파일에서 하나의 레코드가 변경 또는 삭제된 경우, 전체 파일은 새로운 변경 사항으로 다시 작성되어야 한다.

이는 빅데이터와 데이터 레이크의 얼리 어답터들이 갱신을 거부하는 이유 중 하나다. 파일과 갱신 관리가 너무 복잡해 보이기 때문이다. 그래서 얼리 어답터들은 단순히 입력 전용 패턴을 사용하고, 데이터 소비자가 쿼리 시 또는 다운스트림 변환 시 데이터의 현재 상태를 결정할 것으로 가정했다. 실제로 버티카^{Vertica}와 같은 컬럼형 데이터베이스들은 COW의 복잡성을 사용자에게 숨김으로써 인플레이스 갱신을 오랫동안 지원해 왔다. 컬럼형 데이터베이스는 파일을 스캔하고, 관련 레코드 변경, 새 파일 쓰기 및 테이블의 파일 포인터 변경 등을 수행한다. 주요 컬럼형 클라우드 데이터 웨어하우스는 갱신과 병합를 지원하지만, 엔지니어가 이색적인 기술을 채택할 경우 갱신 지원 여부를 조사해야 한다.

여기서 몇 가지 중요한 사항을 이해해야 한다. 분산 컬럼형 데이터 시스템이 네이티브 갱신 명령을 지원하더라도 병합에는 큰 비용이 발생한다. 즉, 단일 레코드를 갱신하거나 삭제할 때 성능에 미치는 영향이 매우 클 수 있다. 한편 병합은 대규모 갱신 집합에 대해 매우 우수한 성능을 발휘할 수 있으며, 트랜잭션 데이터베이스보다 성능이 더 우수할 수도 있다.

또한 COW가 테이블 전체를 다시 쓰는 경우는 거의 없다는 것을 이해해야 한다. 문제의 데이터베이스 시스템에 따라 COW는 다양한 해상도(파티션, 클러스터, 블록)로 작동할 수 있다. 성능 기준에 맞는 갱신을 실현하려면, 사용자의 요구 사항과 해당 데이터베이스의 내부 구조에 따라 적절한 파티셔닝 및 클러스터링 전략을 개발하는 데 집중해야 한다.

입력과 마찬가지로 갱신 또는 병합 빈도에 유의하자. 많은 엔지니어링 팀이 데이터베이스 시스템을 전환하면서 이전 시스템에서와 마찬가지로 CDC에서 거의 실시간에 가까운 병합을 실행하려고 시도하지만, 이는 전혀 효과가 없다. CDC 시스템이 아무리 우수하더라도 이러한 접근 방식은 대부분의 컬럼형 데이터 웨어하우스를 무너뜨릴 것이다. 우리는 이미 매시간 병합되는 방식이 훨씬 더 합리적일 수 있는 시스템의 갱신이 몇 주씩 뒤쳐지는 것을 지켜봤다.

다양한 접근 방식을 사용하면 컬럼형 데이터베이스를 실시간에 가깝게 만들 수 있다. 예를 들어 빅쿼리를 사용하면 테이블에 새 레코드를 스트리밍으로 입력할 수 있으며, 효율적이고 거의 실시간으로 중복 제거된 테이블 뷰를 제공하는 구체화된 뷰를 지원한다. 드루이드는 2계층 스토리지와 SSD를 사용해 초고속 실시간 쿼리를 지원한다.

스키마 갱신

데이터에는 엔트로피가 있으며 사용자의 제어나 동의 없이 변경될 수 있다. 외부 데이터 원천이 스키마를 변경하거나, 애플리케이션 개발 팀이 스키마에 새 필드를 추가할 수도 있다. 행 기반 시스템과 비교했을 때 컬럼형 시스템의 한 가지 장점은 데이터 갱신은 더 어렵지만, 스키마 갱신은 더 쉽다는 것이다. 열은 일반적으로 추가, 삭제, 이름 변경이 가능하다.

이러한 기술적인 개선에도 불구하고 실질적인 조직 스키마 관리는 더 까다롭다. 일부 스키마 갱신이 자동화될 것인가? (이는 파이브트랜Fivetran이 소스에서 복제할 때 사용하는 접근법이다.) 편리하게 들리긴 하겠지만, 다운스트림 변환이 중단될 위험이 존재한다.

간단한 스키마 갱신 요청 프로세스가 있는가? 데이터 과학 팀이 이전에는 수집되지 않았던 소스의 열을 추가하려 한다고 가정해보자. 코드 리뷰 프로세스는 어떻게 되는가? 다운스트림 프로세스가 중단되는가? (명시적인 열 선택을 사용하지 않고 **SELECT ***를 실행하는 쿼리가 있는가? 이는 일반적으로 컬럼형 데이터베이스의 잘못된 관행이다.) 변경 내용을 구현하는 데 시간이 얼마나 걸리는가? 이 프로젝트에 특화된 새로운 테이블 버전을 만들 수 있는가?

반정형 데이터에 대한 새로운 흥미로운 옵션이 등장했다. 도큐먼트 저장소에서 아이디어를 차용해, 많은 클라우드 데이터 웨어하우스는 이제 임의의 JSON 데이터를 인코딩하는 데이터 유형을 지원한다. 한 가지 접근법은 필드에 원시 JSON을 저장하고, 자주 접근하는 데이터는 인접한 **평면화된 필드**^{flattened field}에 저장하는 것이다. 따라서 스토리지 공간이 추가로 필요하지만, 고급 사용자를 위한 반정형 데이터의 유연성과 함께 **평면화된 데이터**^{flattened data}를 편리하게 사용할 수 있다. JSON 필드의 자주 접근하는 데이터는 시간이 지남에 따라 스키마에 직접 추가할 수 있다.

이러한 접근 방식은 데이터 엔지니어가 스키마가 자주 변경되는 애플리케이션 도큐먼트 저장소에서 데이터를 수집해야 할 때 매우 적합하다. 데이터가 더 이상 행과 열에 얽매이지 않기 때문에, 데이터 웨어하우스에서 일급 시민으로서 사용할 수 있는 반정형 데이터는 매우 유연하며 데이터 분석가 및 데이터 과학자에게 새로운 기회를 제공한다.

데이터 랭글링

데이터 랭글링^{data wrangling}은 지저분하고 잘못된 형식의 데이터를 유용하고 깨끗한 데이터로 변환하는 작업으로, 일반적으로 배치 변환 프로세스다.

데이터 랭글링은 오랫동안 데이터 엔지니어의 골칫거리였지만, 한편으로는 데이터 엔지니어의 직업 안정성을 그만큼 계속 높여주는 주요 요인이었다. 예를 들어 개발자가 협력업체로부터 거래 및 송장에 관한 EDI 데이터(7장 참고)를 제공받는다고 가정했을 때, 이 데이터에는 잠재적으로 정형 데이터와 텍스트가 혼합되어 있을 수 있다. 이 데이터를 랭글링하는 일반적인 과정에는 먼저 데이터를 수집하려는 시도가 포함된다. 이때 데이터의 형식이 지나치게 변형되어 있는 경우가 많으므로 많은 양의 텍스트 전처리가 필요하다. 개발자는 데이터를 단일 텍스트 필드 테이블로 수집(즉, 전체 행이 단일 필드로 수집)되도록 선택할 수 있다. 그런 다음 데이터를 파싱하고 분할하기 위한 쿼리를 작성하기 시작한다. 시간이 지남에 따라 개발자들은 데이터 이상 징후와 에지 케이스를 발견하게 되고, 결국 데이터를 대략적인 형태로 만들 것이다. 그래야만 다운스트림 변환 프로세스를 시작할 수 있다.

데이터 랭글링 도구의 목표는 이러한 프로세스의 상당 부분을 단순화하는 것이다. 이러한 도구들은 종종 '노 코드'를 주장하여 데이터 엔지니어들이 꺼려하도록 만드는데, 이는 사실 매우 단순한 생각처럼 들린다. 데이터 랭글링 도구는 잘못된 형식의 데이터를 위한 통합 개발 환경(IDE)이라고 생각하는 것이 좋다. 실제로 데이터 엔지니어는 지저분한 데이터를 파싱하는 데 너무 많은 시간을 소비한다. 이때 자동화 도구를 사용하면 데이터 엔지니어는 더 흥미로운 작업에 시간을 할애할 수 있다. 또한 랭글링 도구는 엔지니어가 분석가에게 파싱 및 수집 작업을 넘길 수 있도록 해준다.

그래픽 데이터 랭글링 도구는 일반적으로 추론된 유형, 분포를 포함한 통계, 이상 데이터, 특잇값 및 null과 함께 시각적 인터페이스에 데이터 샘플을 표시한다. 그런 다음 사용자는 데이터 문제를 해결하기 위해 처리 단계를 추가할 수 있다. 단계는 잘못 입력된 데이터를 처리하거나, 텍스트 필드를 여러 부분으로 분할하거나, 룩업 테이블을 결합하는 지침을 제공할 수 있다.

사용자는 전체 작업이 준비되면 전체 데이터 집합에 대한 단계를 실행할 수 있다. 일반적으로 잡은 대규모 데이터셋일 때 스파크와 같은 확장 가능한 데이터 처리 시스템으로 푸시된다. 잡이 실행되면 오류 및 처리되지 않은 예외가 반환된다. 사용자는 이러한 특잇값을 다루기 위해 레시피를 더욱 정교하게 만들 수 있다.

야심찬 엔지니어나 경험이 풍부한 엔지니어 모두 랭글링 도구를 사용해보는 것이 좋다. 주요 클라우드 제공업체는 자사 버전의 데이터 랭글링 도구를 판매하고 있으며, 많은 서드파티 옵션을 이용할 수 있다. 데이터 엔지니어는 이러한 도구 덕분에 업무의 특정 부분을 대폭 효율화할 수 있다. 조직적 차원에서, 데이터 엔지니어링 팀은 복잡하고 새로운 데이터 원천에서 자주 데이터를 수집하는 경우 데이터 랭글링에 대한 전문가를 양성하는 것을 고려할 수 있다.

예: 스파크에서의 데이터 변환

이제 데이터 변환의 실용적이고 구체적인 예를 살펴보자. 세 개의 API 소스에서 JSON 형식의 데이터를 수집하는 파이프라인을 구축한다고 가정해보자. 이 초기 수집 단계는 에어플로에서 처리되며, 각 데이터 원천은 S3 버킷에서 접두사(파일 경로)prefix를 가져온다.

그다음 에어플로가 API를 호출해 스파크 잡을 트리거한다. 이 스파크 잡은 세 가지 소스 각각을 데이터 프레임으로 수집한 다음, 특정 열에 중첩을 사용하여 데이터를 관계 형식으로 변환한다. 스파크 잡은 세 개의 소스를 단일 테이블로 결합한 다음 SQL 문을 사용해 결과를 필터링한다. 결과는 최종적으로 S3에 저장된 파케이 형식의 델타 레이크 테이블에 기록된다.

실제로 스파크는 데이터를 수집, 조인 및 쓰기 위해 작성하는 코드를 기반으로 DAG 단계를 생성한다. 데이터 원천 중 하나는 수집 프로세스 중에 디스크로 유출되어야 할 만큼 충분히 크지만, 기본적인 데이터 수집은 클러스터 메모리에서 이루어진다(이 데이터는 클러스터 스토리지에 기록되고 후속 처리 단계를 위해 메모리에 다시 로드된다).

조인에는 셔플 작업이 필요하다. 키는 클러스터 전체에 데이터를 재배포하는 데 사용되며, 데이터가 각 노드에 기록될 때, 다시 한번 디스크로 유출이 발생한다. SQL 변환은 메모리 내의 행을 필터링하고 사용되지 않은 행을 폐기한다. 마지막으로 스파크는 데이터를 파케이 형식으로 변환해 압축한 다음 S3에 다시 쓴다. 에어플로는 정기적으로 스파크를 호출해 작업이 완료되었는지 확인한다. 작업이 완료된 것을 확인하면 전체 에어플로 DAG가 완료된 것으로 표시된다(여기에는 에어플로 DAG와 스파크 잡에 고유한 DAG라는 두 가지 DAG 구조가 존재함에 유의하자).

비즈니스 로직과 파생 데이터

변환의 가장 일반적인 사용 사례 중 하나는 비즈니스 로직을 렌더링하는 것이다. 이러한 유형의 변환이 가장 자주 발생하는 곳인 만큼 배치 변환을 설명했지만, 스트리밍 파이프라인에서도 이러한 변환이 발생할 수 있다는 점에 유의하자.

한 회사가 여러 개의 특수 내부 수익 연산을 사용한다고 가정해보자. 어떤 버전은 마케팅 비용보다 이익을 먼저 보고, 다른 버전은 마케팅 비용을 뺀 후의 이익을 볼 수 있다. 간단한 회계 작업처럼 보이지만, 이러한 각각의 지표는 렌더링하기가 매우 복잡하다.

마케팅 비용 발생 이전 수익은 사기 주문을 고려해야 할 수도 있다. 이전 영업일의 이익 추정치를 합리적으로 결정하려면, 사기 팀이 의심스러운 주문을 조사할 때 향후 며칠간 취소된 주문 때문에 궁극적으로 몇 퍼센트의 매출과 수익에 대한 손실이 발생할지를 추정해야 한다. 데이터베이스에 사기 가능성이 높은 주문 또는 자동 취소된 주문을 나타내는 특별한 플래그가 있는가? 특정 주문에 대한 사기 리스크 평가 프로세스가 완료되기 전이라 해도, 일정 비율의 주문이 부정으로 취소될 것이라 가정하는가?

마케팅 비용 발생 이후의 수익에 대해서는 이전 측정 기준의 복잡성과 특정 주문에 따른 마케팅 비용을 모두 고려해야 한다. 회사는 단순한 기여 모델(예: 가격에 따라 가중치가 부여되는 품목에 대한 마케팅 비용)을 사용하는가? 마케팅 비용은 부서별, 아이템 카테고리별 또는 (가장 정교한 조직에서는) 사용자 광고 클릭에 따른 개별 아이템별로 산출될 수도 있다.

이렇게 미묘한 버전의 수익을 창출하는 비즈니스 로직 변환은, 주문을 특정 광고 및 광고 비용에 연결하는 모델 등과 같은 기여의 모든 중요한 세부 요소를 통합해야 한다. 기여 데이터는 ETL 스크립트의 내부에 저장되어 있는가? 아니면 광고 플랫폼 데이터에서 자동으로 생성되는 테이블에서 추출되는가?

이러한 유형의 보고 데이터는 데이터 시스템에 저장된 다른 데이터에서 계산된 데이터인 **파생 데이터**의 전형적인 사례다. 파생 데이터 비평가들은 ETL이 파생 측정 지표의 일관성을 유지하기 어렵다고 지적할 것이다.[18] 예를 들어 회사가 기여 모델을 갱신할 경우, 이 변경 사항은 보고를 위해 많은 ETL 스크립트에 통합해야 할 수 있다(ETL 스크립트는 DRY 원칙을 위반하는 것으로 악명이 높다). 이러한 ETL 스크립트를 갱신하는 것은 수동적이고 노동 집약적인 프로세스로, 로직 처리 및 이전의 변경에 관한 도메인 전문 지식이 필요하다. 또한 갱신된 스크립트는 일관성과 정확성이 검증되어야 한다.

이러한 비판은 정당할 수 있지만, 이 사례에서 파생된 데이터에 대한 대안도 똑같이 불쾌감을 주기 때문에 반드시 건설적인 것은 아니다. 수익 로직을 포함해 수익 데이터가 데이터 웨어하우스에 저장되지 않은 경우, 분석가는 보고 쿼리를 실행해야 한다. 비즈니스 로직의 변경을 정확하게 표현하기 위해 복잡한 ETL 스크립트를 갱신하는 것은 매우 번거롭고 노동 집약적인 작업이지만, 분석가가 보고서 쿼리를 일관되게 갱신하도록 하는 것은 거의 불가능에 가깝다.

흥미로운 대안 중 하나는 비즈니스 로직을 **메트릭 계층**metric layer[19]에 적용하되, 데이터 웨어하우스 또는 기타 도구를 활용해 계산 부하가 높은 작업을 수행하는 것이다. 메트릭 계층은 비즈니스 로직을 인코딩하고 분석가와 대시보드 사용자가 정의된 메트릭 라이브러리에서 복잡한 분석을 구축할 수 있도록 해준다. 메트릭 계층은 측정 지표에서 쿼리를 생성하고 데이터베이스로 보낸다. 9장에서 시맨틱과 메트릭 계층을 더 자세히 설명할 것이다.

---

18 Michael Blaha, 'Be Careful with Derived Data,' Dataversity, December 5, 2016, https://oreil.ly/garoL

19 Benn Stancil, 'The Missing Piece of the Modern Data Stack,' benn.substack, April 22, 2021, https://oreil.ly/GYf3Z

맵리듀스

배치 변환에 대한 논의는 맵리듀스를 언급하지 않고서는 완료할 수 없다. 이는 맵리듀스가 오늘날 데이터 엔지니어들이 널리 사용하기 때문이어서가 아니다. 맵리듀스는 빅데이터 시대의 결정적인 배치 데이터 변환 패턴이었고, 오늘날에도 데이터 엔지니어가 많은 분산 시스템을 사용하는 데 영향을 미치고 있으며, 데이터 엔지니어가 기본적인 수준에서 이해하는 데 유용하다. 맵리듀스는 구글이 GFS에 관한 논문의 후속편에서 소개했다. 처음에는 6장에서 소개한 GFS의 오픈 소스 아날로그 기술인 하둡의 사실상 처리 패턴이었다.

간단한 맵리듀스 잡은 노드 전체에 걸쳐 흩어진 개별 데이터 블록을 읽는 맵 작업^{task} 모음과 클러스터 전체에 결과 데이터를 재배포하는 셔플, 그리고 각 노드의 데이터를 집약하는 단계로 구성된다. 예를 들어 다음 SQL 쿼리를 실행한다고 가정해보자.

```sql
SELECT COUNT(*), user_id
FROM user_events
GROUP BY user_id;
```

테이블 데이터는 데이터 블록의 여러 노드에 분산되며, 맵리듀스 잡은 블록당 하나의 맵 태스크를 생성한다. 각각의 맵 작업은 기본적으로 단일 블록에서 쿼리를 실행한다. 즉, 블록에 표시되는 각 사용자 ID의 카운트를 생성한다. 한 블록이 수백 메가바이트를 포함할 수 있는 반면에 전체 테이블의 크기는 페타바이트일 수 있다. 그러나 잡의 맵 부분은 곤란한 병렬 처리의 거의 완벽한 사례다. 전체 클러스터의 데이터 스캔 속도는 기본적으로 노드 수에 따라 선형적으로 확장된다.

그다음 전체 클러스터에서 결과를 수집하기 위해 집계(리듀스)해야 한다. 단일 노드에 결과를 수집하는 것이 아니라 키별로 결과를 재분배해 각 키가 하나의 노드에만 도달하도록 한다. 이것이 바로 셔플 단계로, 대부분의 경우에는 키에 대한 해싱 알고리즘을 사용해 실행된다. 맵 결과가 셔플되면 각 키에 대한 결과를 합산한다. 키/카운트 쌍은 키/카운트 쌍이 계산되는 노드의 로컬 디스크에 기록할 수 있다. 노드 전체에 걸쳐 저장된 결과를 수집하고 전체 쿼리 결과를 표시한다.

실무에서의 맵리듀스 잡은 여기서 설명한 내용보다 훨씬 복잡할 수 있다. WHERE 절로 필터링하는 복잡한 쿼리는 3개의 테이블을 조인하고, 다수의 맵과 리듀스 단계로 이루어진 윈도 함수를 적용한다.

맵리듀스 이후

구글의 원래 맵리듀스 모델은 매우 강력하지만, 지금은 지나치게 경직된 것으로 간주된다. 이 모델은 디스크에서 읽고 디스크에 쓰는, 수명이 짧은 수많은 임시 작업을 사용한다. 특히 중간 상태는 메모리에 보존되지 않는다. 모든 데이터는 디스크에 저장하거나 네트워크를 통해 전송함으로써 작업 간에 전송된다. 따라서 상태 및 워크플로 관리가 단순해지고 메모리 사용량을 최소한으로 줄일 수 있지만, 디스크 대역폭 사용률이 높아져 처리 시간이 길어진다.

맵리듀스 패러다임은 자기 디스크 용량과 대역폭이 매우 저렴하므로 초고속 쿼리를 실현하기 위해 대량의 디스크를 데이터에 투입하는 게 합리적이라는 아이디어를 기반으로 구축됐다. 이는 어느 정도 효과가 있었으며, 맵리듀스는 하둡의 초창기 동안 데이터 처리 레코드를 반복해서 설정했다.

그러나 우리는 꽤 오랫동안 맵리듀스 이후의 시대를 살고 있다. 맵리듀스 이후의 처리는 실제로 맵리듀스를 폐기하는 것은 아니다. 맵리듀스에는 여전히 맵, 셔플, 리듀스 요소가 포함되지만, 인메모리 캐싱이 가능하도록 맵리듀스의 제약은 완화됐다.[20] 램은 전송 속도와 탐색 시간 측면에서 SSD와 HDD보다 훨씬 빠르다는 사실을 상기하자. 신중하게 선택된 아주 소량의 데이터를 메모리에 유지하면 특정 데이터 처리 작업의 속도를 크게 높일 수 있으며 맵리듀스의 성능을 완전히 압도할 수 있다.

예를 들어 스파크, 빅쿼리 및 기타 다양한 데이터 처리 프레임워크는 인메모리 처리를 중심으로 설계됐다. 이러한 프레임워크는 데이터를 메모리에 상주하는 분산된 집합으로 처리한다. 데이터가 사용 가능한 메모리를 초과하면 **디스크로의 유출**이 발생한다. 디스크는 여전히 매우 가치 있지만, 처리를 위한 2등급 데이터 스토리지 계층으로 취급된다.

클라우드는 메모리 캐싱을 광범위하게 채택하는 원동력 중 하나다. 특정 처리 잡 중에 메모리를 임대하는 것이 24시간 보유하는 것보다 훨씬 효과적이다. 변환을 위한 메모리 활용의 진보는 가까운 미래에도 계속해 이익을 가져다줄 것이다.

----

20 'What Is the Difference Between Apache Spark and Hadoop MapReduce?,' Knowledge Powerhouse YouTube video, May 20, 2017, https://oreil.ly/WN0eX

8.3.2 구체화된 뷰, 페더레이션, 쿼리 가상화

이 절에서는 쿼리 결과를 테이블 등의 객체로 표시해 가상화하는 몇 가지 기술을 설명한다. 이러한 기술은 변환 파이프라인의 일부가 될 수도 있고 최종 사용자의 데이터 사용 직전에 배치될 수도 있다.

뷰

먼저 뷰를 검토하고 구체화된 뷰를 위한 단계를 설정해보자. **뷰**view는 다른 테이블과 마찬가지로 선택할 수 있는 데이터베이스 객체다. 실제로 뷰는 다른 테이블을 참조하는 쿼리일 뿐이다. 우리가 뷰에서 조회하면, 해당 데이터베이스는 뷰 서브 쿼리를 우리의 쿼리와 결합하는 새 쿼리를 생성한다. 그런 다음 쿼리 옵티마이저는 전체 쿼리를 최적화하고 실행한다.

뷰는 데이터베이스에서 다양한 역할을 수행한다. 첫째, 뷰는 보안 역할을 수행할 수 있다. 예를 들어 뷰는 특정 열만 선택하고 행을 필터링할 수 있으므로 데이터 접근이 제한된다. 사용자 데이터 접근에 따라 직무 역할에 대한 다양한 뷰를 생성할 수 있다.

둘째, 뷰를 사용해 중복이 제거된 데이터의 현재 모습을 제공할 수 있다. 입력 전용 패턴을 사용할 때는 뷰를 통해 각 레코드의 최신 버전만 표시하는 중복 제거된 테이블 버전을 반환할 수 있다.

셋째, 뷰는 공통 데이터 접근 패턴을 표시할 수 있다. 마케팅 분석가가 5개의 테이블을 조인하는 쿼리를 자주 실행해야 한다고 가정해보자. 이 5개의 테이블을 하나의 와이드 테이블로 조인하는 뷰를 작성할 수 있다. 그런 다음 분석가는 이 뷰를 기반으로 필터링 및 집계 쿼리를 작성할 수 있다.

구체화된 뷰

쿼리 캐싱에 대한 이전 설명에서 구체화된 뷰를 언급했다. (구체화되지 않은) 뷰의 잠재적인 단점은 사전 연산을 수행하지 않는다는 것이다. 5개의 테이블을 조인하는 뷰의 예에서는 마케팅 분석가가 이 뷰에 대한 쿼리를 실행할 때마다 조인을 실행해야 하므로 조인 비용이 매우 많이 들 수 있다.

구체화된 뷰는 뷰의 일부 또는 전부를 미리 연산한다. 이 예에서는 구체화된 뷰가 소스 테이블에서 변경이 발생할 때마다 5개의 테이블 조인 결과를 저장할 수 있다. 그런 다음 사용자가 뷰를 참조할 때 미리 조인된 데이터에서 쿼리한다. 구체화된 뷰는 사실상 변환 단계지만, 데이터베이스는 편의를 위해 실행을 관리한다.

구체화된 뷰는 직접 참조하지 않는 쿼리의 경우에도 데이터베이스에 따라 중요한 쿼리 최적화 역할을 수행할 수 있다. 많은 쿼리 옵티마이저는 구체화된 뷰와 '유사한' 쿼리를 식별할 수 있다. 분석가는 구체화된 뷰에 나타나는 필터를 사용하는 쿼리를 실행할 수 있다. 옵티마이저는 미리 연산된 결과에서 조회할 수 있도록 쿼리를 다시 작성한다.

구성 가능한 구체화된 뷰

일반적으로 구체화된 뷰는 구성을 허용하지 않는다. 즉, 구체화된 뷰에서 다른 구체화된 뷰를 조회할 수 없음을 의미한다. 그러나 최근에는 이 기능을 지원하는 도구가 등장했다. 예를 들어 데이터브릭스는 라이브 테이블live table이라는 개념을 도입했다. 각 테이블은 소스로부터 데이터가 도착하면 갱신되며, 데이터는 비동기적으로 후속 테이블로 흘러간다.

페더레이션 쿼리

페더레이션 쿼리federated query는 OLAP 데이터베이스가 객체 스토리지나 RDBMS 등의 외부 데이터 원천에서 조회할 수 있도록 허용해주는 데이터베이스 기능이다. 예를 들어 객체 스토리지 전반의 데이터와 MySQL 및 PostgreSQL의 다양한 테이블을 결합해야 한다고 가정해보자. 데이터 웨어하우스는 이러한 소스에 대해 페더레이션 쿼리를 실행하고 결합된 결과를 반환할 수 있다(그림 8-19).

또 다른 예로 스노우플레이크는 S3 버킷에 정의된 외부 테이블 개념을 지원한다. 테이블을 생성할 때 외부 데이터 위치와 파일 형식이 정의되지만, 아직 테이블로 데이터가 수집되지는 않았다. 외부 테이블을 쿼리하면 스노우플레이크는 S3에서 읽어내 테이블 생성 시 설정된 파라미터에 따라 데이터를 처리한다. S3 데이터를 내부 데이터베이스 테이블에 조인할 수도 있다. 이는 스노우플레이크 및 유사한 데이터베이스가 데이터 레이크 환경과 더 잘 호환될 수 있게 만들어준다.

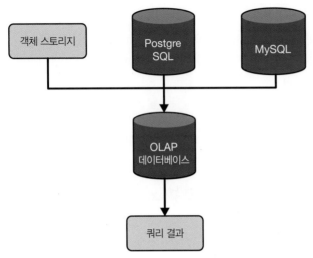

그림 8-19 OLAP 데이터베이스는 객체 스토리지, MySQL, PostgreSQL에서 데이터를 가져오는 통합 쿼리를 실행하며, 결합된 데이터가 포함된 쿼리 결과를 반환한다.

일부 OLAP 시스템에서는 페더레이션 쿼리를 구체화된 뷰로 변환할 수 있다. 이를 통해 외부 소스가 변경될 때마다 수동으로 데이터를 수집할 필요 없이 네이티브 테이블의 성능을 크게 향상시킬 수 있다. 구체화된 뷰는 외부 데이터가 변경될 때마다 갱신된다.

데이터 가상화

데이터 가상화data virtualization는 페더레이션 쿼리와 밀접하게 관련되어 있지만, 일반적으로는 데이터를 내부에 저장하지 않는 데이터 처리 및 쿼리 시스템을 수반한다. 현시점에서는 트리노Trino(예: 스타버스트)와 프레스토Presto가 가장 뛰어난 데이터 가상화 사례다. 외부 테이블을 지원하는 모든 쿼리/처리 엔진은 데이터 가상화 엔진으로 사용할 수 있다. 데이터 가상화에서 가장 중요한 고려 사항은 지원되는 외부 소스와 성능이다.

이와 밀접하게 관련된 개념이 **쿼리 푸시다운**query pushdown 개념이다. 스노우플레이크로부터 데이터를 쿼리하고, MySQL 데이터베이스의 데이터를 조인하고, 결과를 필터링하려 한다고 가정해보자. 쿼리 푸시다운은 가능한 한 많은 작업을 소스 데이터베이스로 이동하는 것이 목표다. 엔진은 원천 시스템의 쿼리에 필터링 조건절을 푸시하는 방법을 찾을 수 있다. 이는 두 가지 목적으로 사용된다. 첫째, 소스의 쿼리 성능을 활용해 가상화 계층에서 연산의 부하를 줄인다. 둘째, 가상화 성능의 중요한 병목 현상인 네트워크를 통해 전송해야 하는 데이터양을 잠재적으로 줄일 수 있다.

데이터 가상화는 다양한 데이터 원천에 저장된 데이터를 가진 조직에 적합한 설루션이지만, 이를 무작위로 사용하지 않아야 한다. 예를 들어 운영 MySQL 데이터베이스를 가상화한다고 해도, 운영 시스템에 악영향을 미치는 분석 쿼리에 대한 핵심적인 문제가 해결되지는 않는다. 이는 트리노가 데이터를 내부에 저장하지 않아서 쿼리를 실행할 때마다 MySQL에서 데이터를 가져오기 때문이다.

그 대신 데이터 가상화는 데이터 수집 및 처리 파이프라인의 구성 요소로 사용할 수 있다. 예를 들어 트리노를 사용하면 운영 시스템의 부하가 낮은 자정에 MySQL에서 하루에 한 번 데이터를 조회할 수 있다. 그 결과는 S3에 저장되어 다운스트림 변환 및 일일 쿼리를 통해 직접 분석 쿼리로부터 MySQL을 보호할 수 있다.

데이터 가상화는 조직 단위 간에 데이터를 사일로화하는 데 쓰이는 장벽을 추상화함으로써 데이터 레이크를 더 많은 소스로 확장하는 도구라고 할 수 있다. 조직은 자주 접근하고 변환하는 데이터를 S3에 저장하고, 회사 내 여러 부문 간의 접근을 가상화할 수 있다. 이는 **데이터 메시**data mesh 개념(3장에서 설명)과 밀접하게 연결되는데, 이 개념에서는 소규모 팀이 분석을 위해 데이터를 준비하고 이를 다른 팀과 공유할 책임이 있다. 가상화는 실질적인 공유를 위한 중요한 접근 계층 역할을 수행할 수 있다.

8.3.3 스트리밍 변환과 처리

이미 쿼리의 맥락에서 스트림 처리를 논의했다. 스트리밍 변환과 스트리밍 쿼리의 차이점은 미묘하므로 더 많은 설명이 필요하다.

기본

스트리밍 쿼리는 이전에 설명했듯이 동적으로 실행되어 데이터의 현재 뷰를 표시한다. **스트리밍 변환**streaming transformation은 다운스트림 사용을 위해 데이터를 준비하는 것이 목표다.

예를 들어 데이터 엔지니어링 팀은 IoT 소스로부터의 이벤트를 전달하는 수신 스트림을 가질 수 있다. 이러한 IoT 이벤트에는 장치 ID와 이벤트 데이터가 포함된다. 이러한 이벤트를 별도의 데이터베이스에 저장된 다른 장치 메타데이터를 사용해 동적으로 강화하고자 한다. 스트림 처리 엔진은 이 메타데이터를 포함하는 별도의 데이터베이스를 장치 ID별로 쿼리하고, 추가된 데이터로 새 이벤트를 생성한 다음 다른 스트림에 전달한다. 라이브 쿼리와 트리거된 측정 지표는 이 강화된 스트림에서 실행된다(그림 8-20).

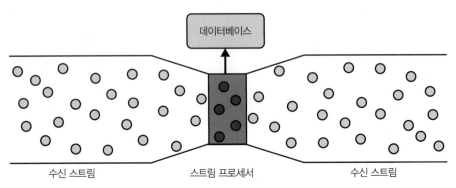

그림 8-20 수신 스트림은 스트리밍 이벤트 플랫폼에 의해 운반되고 스트림 프로세서로 전달된다.

변환과 쿼리는 연속체

변환과 쿼리의 경계는 배치 처리에서도 모호하지만, 스트리밍 영역에서는 차이가 더욱 미묘해진다. 예를 들어 윈도의 롤업 통계를 동적으로 계산한 다음 출력을 타깃 스트림으로 전송할 경우 이는 변환일까 아니면 쿼리일까?

언젠가는 실제 사용 사례를 더 잘 표현하는 새로운 스트림 처리 용어를 채택할 수도 있다. 일단 지금은 현재 보유하고 있는 용어로 최선을 다해 살펴보겠다.

스트리밍 DAG

스트림 강화 및 조인과 밀접하게 관련된 하나의 흥미로운 개념은 **스트리밍 DAG**streaming DAG이다.[21] 이 아이디어는 2장의 오케스트레이션에 관한 논의에서 처음 언급한 바 있다. 오케스트레이션은 기본적으로 배치 개념이지만, 여러 스트림을 실시간으로 강화, 병합 및 분할하려면 어떻게 해야 할까?

---

21 스트리밍 DAG의 개념에 대한 상세한 내용은 심바 흐사드(Simba Khsad)의 '아파치 카프카에서 아파치 펄사로 전환한 이유'를 참조하자. https://oreil.ly/Rxfko

스트리밍 DAG가 유용한 간단한 사례를 살펴보겠다. 웹사이트 클릭스트림 데이터를 IoT 데이터와 결합하려 한다고 가정해보자. 그렇게 하면 IoT 이벤트와 클릭을 결합해 사용자 활동에 대한 통합된 뷰를 얻을 수 있다. 게다가 각 데이터 스트림은 표준 형식으로 전처리되어야 한다 (그림 8-21).

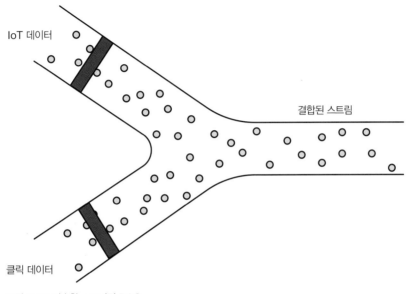

그림 8-21 단순한 스트리밍 DAG

이는 스트리밍 저장소(예: 카프카)와 스트림 프로세서(예: 플링크)를 결합함으로써 오랫동안 가능했다. DAG의 생성은 수많은 토픽과 처리 잡이 연결된 복잡한 루브 골드버그 장치Rube Goldberg machine를 구축하는 것과 같았다.

펄사는 DAG를 핵심 스트리밍 추상화로 처리함으로써 이 프로세스를 획기적으로 간소화한다. 엔지니어는 여러 시스템에 걸쳐 있는 흐름을 관리하는 대신, 스트리밍 DAG를 단일 시스템 내에서 코드로 정의할 수 있다.

마이크로배치 vs 진정한 스트리밍

마이크로배치micro-batch와 진정한 스트리밍 접근법에 대한 논쟁은 오랫동안 이어져 왔다. 기본적으로 사용 사례, 성능 요구 사항 및 해당 프레임워크의 성능 기능을 이해하는 것이 중요하다.

마이크로배치는 배치 지향 프레임워크를 스트리밍 상황에 적용하는 방법으로, 2분 간격에서 1초 간격까지 실행할 수 있다. 일부 마이크로배치 프레임워크(예: 아파치 스파크 스트리밍)는 이 사용 사례에 맞게 설계되어 높은 배치 빈도로 자원을 적절히 할당하면 뛰어난 성능을 발휘한다(실제로 DBA와 엔지니어는 오랫동안 더 전통적인 데이터베이스와 함께 마이크로배치를 사용했으며, 이는 종종 끔찍한 성능과 자원 소모로 이어졌다).

진정한 스트리밍 시스템(예: 빔과 플링크)은 한 번에 하나의 이벤트를 처리하도록 설계됐다. 그러나 여기에는 상당한 오버헤드가 따른다. 또한 이러한 진정한 스트리밍 시스템에서도 여전히 많은 프로세스가 배치로 발생한다는 점에 유의해야 한다. 개별 이벤트에 데이터를 추가하는 기본적인 강화 프로세스에서는 지연 시간이 짧은 이벤트를 한 번에 하나씩 전달할 수 있다. 그러나 윈도에서 트리거된 측정 지표는 초 간격 또는 분 간격으로 실행될 수 있다.

윈도와 트리거를 사용(즉, 배치 처리)할 때 윈도 빈도는 얼마나 되는가? 허용되는 대기 시간은 얼마나 되는가? 수 분 간격으로 발행되는 블랙 프라이데이 판매 지표를 수집할 경우 적절한 마이크로배치 빈도를 설정하기만 하면 마이크로배치가 가능하다. 한편으로 운영 팀이 DDoS 공격을 탐지하기 위해 1초마다 지표를 계산하고 있다면 진정한 스트리밍이 필요할 수 있다.

여러분은 언제 어느 쪽을 사용해야 할까? 솔직히 보편적인 정답은 없다. 마이크로배치라는 용어는 경쟁 기술을 배제하기 위해 자주 사용되어 왔지만, 사용 사례에 따라서는 적합할 수도 있고 여러분의 요구 사항에 따라 여러 측면에서 더 우수할 수도 있다. 이미 스파크에 대한 전문 지식이 있다면 스파크(마이크로배치) 스트리밍 설루션을 매우 빠르게 구축할 수 있다.

도메인의 전문 지식과 실무에서의 테스트를 대신할 수 있는 것은 없다. 공평한 의견을 제시할 수 있는 전문가와 상담하자. 클라우드 인프라에 대한 테스트 속도를 높여 대체 설루션을 쉽게 테스트할 수도 있다. 또한 벤더가 제공하는 가짜 벤치마크도 주의하자. 벤더는 체리 피킹 벤치마크[22]와 실제 현실에 맞지 않는 인위적인 예를 제시하는 것으로 악명이 높다(4장에서 살펴본 벤치마크를 다시 떠올려보자). 벤더는 벤치마크 결과에서 엄청난 이점을 보여주지만, 실제 사용 사례에 맞는 제품을 제공하지 못하는 경우가 많다.

---

22 옮긴이_ 체리 피킹(증거 은닉의 오류 또는 불완전한 증거의 오류)은 모순될 만한 중요한 비율과 관련이 있는 개별 사례, 특정 상황과 관련된 해당 사례나 해당 입장과 상충될 수 있는 자료의 상당 부분을 무시하고 본인의 논증에 유리한 사례만 선택하는 논리 오류를 가리킨다(출처_위키백과). 즉, 체리 피킹 벤치마크는 본인의 제품 또는 설루션을 유리하게 보이도록 유리한 사례만 채택해서 벤치마크를 하는 것을 의미한다.

8.4 함께 일할 담당자

쿼리, 변환 및 모델링은 데이터 엔지니어링 수명 주기 전반에 걸쳐 모든 이해관계자에게 영향을 미친다. 데이터 엔지니어는 수명 주기의 이 단계에서 여러 가지 일을 담당한다. 기술적인 관점에서 데이터 엔지니어는 데이터를 쿼리하고 변환하는 시스템의 무결성을 설계, 구축 및 유지한다. 데이터 엔지니어는 또한 시스템 내에 데이터 모델을 구현한다. 이 단계는 작동하는 시스템과 믿을 수 있고 신뢰성 높은 데이터 측면에서 가능한 한 많은 가치를 추가하는 것에 중점을 두는 가장 '완전한 접촉' 단계다.

8.4.1 업스트림 이해관계자

변환의 관점에서 업스트림 이해관계자는 비즈니스 정의를 관리하는 관계자와 데이터를 생성하는 시스템을 관리하는 관계자의 두 가지 범주로 나눌 수 있다.

업스트림 이해관계자와 비즈니스 정의 및 논리에 대해 상호 작용할 때는 데이터 원천이 무엇이고, 어떻게 사용되며, 관련된 비즈니스 로직 및 정의는 무엇인지를 알아야 한다. 데이터 엔지니어는 이러한 원천 시스템을 담당하는 엔지니어 및, 상호 보완적 제품과 애플리케이션을 감독하는 비즈니스 관계자와 협업한다. 데이터 엔지니어는 '비즈니스' 및 기술 관계자와 함께 데이터 모델에 대해 작업할 수 있다.

비즈니스 로직의 변경이나 새로운 프로세스 때문에 데이터 엔지니어는 데이터 모델 설계와 향후 갱신에 참여해야 한다. 변환은 충분히 간단한 작업이다. 쿼리를 작성하고 결과를 테이블이나 뷰에 배치하기만 하면 된다. 성능과 비즈니스 가치를 모두 충족하도록 설계하는 것은 또 다른 문제다. 데이터를 변환할 때는 항상 비즈니스 요구 사항과 기대치를 염두에 두어야 한다.

업스트림 시스템의 이해관계자는 쿼리 및 변환이 시스템에 미치는 영향을 최소화하기를 원한다. 원천 시스템의 데이터 모델 변경(예: 열 또는 인덱스 변경)에 대한 양방향 커뮤니케이션은 쿼리, 변환 및 분석 데이터 모델에 직접적인 영향을 미칠 수 있다. 데이터 엔지니어는 필드 추가, 삭제, 데이터 유형 변경, 데이터 쿼리 및 데이터 변환 기능에 중대한 영향을 미칠 수 있는 기타 모든 스키마 변경에 관해 알아야 한다.

8.4.2 다운스트림 이해관계자

변환 단계는 데이터가 다운스트림 이해관계자에게 유용성을 제공하기 시작하는 지점이다. 다운스트림 관계자에는 데이터 분석가, 데이터 과학자, ML 엔지니어, '비즈니스' 등 많은 사람이 포함된다. 이들과 협력해 제공하는 데이터 모델 및 변환이 성능과 유용함을 갖추도록 보장하자. 먼저 **성능** 측면에서는 쿼리가 가장 비용 효율적인 방법으로 최대한 신속하게 실행되어야 한다. 그럼 **유용함**이란 무엇을 의미할까? 분석가, 데이터 과학자 및 ML 엔지니어는 데이터가 최고 품질과 완전성을 갖추고 있으며 워크플로와 데이터 제품에 통합될 수 있다는 확신을 가지고 데이터 원천을 조회할 수 있어야 한다. 비즈니스는 변환된 데이터가 정확하고 실행 가능한 데이터라는 것을 신뢰할 수 있어야 한다.

8.5 드러나지 않는 요소

변환 단계에서는 데이터가 비즈니스에 유용한 형태로 변형되고 변모한다. 유동적인 부분이 많은 만큼 특히 이 단계에서는 드러나지 않는 요소가 중요하다.

8.5.1 보안

쿼리와 변환은 서로 다른 데이터 집합을 새로운 데이터 집합으로 결합한다. 누가 이 새로운 데이터 집합에 접근할 수 있을까? 만약 누군가가 데이터 집합에 대한 접근 권한이 있다면, 데이터 집합의 열, 행, 셀 수준 접근 권한을 가진 사용자를 계속 제어하도록 한다.

쿼리할 때는 데이터베이스에 대한 공격 벡터에 주의하자. 데이터베이스에 대한 읽기/쓰기 권한은 엄격하게 모니터링하고 제어해야 한다. 데이터베이스에 대한 쿼리 접근은 조직의 시스템 및 환경에 대한 접근을 일반적으로 제어하는 것과 동일한 방식으로 제어해야 한다.

자격 증명을 숨김 상태로 유지하자. 암호, 접근 토큰 또는 기타 자격 증명을 코드 또는 암호화되지 않은 파일에 복사해 붙여넣지 않도록 하자. 데이터베이스 사용자 이름과 비밀번호를 코드베이스에 직접 붙여넣은 코드를 깃허브 저장소에서 발견하는 일은 충격적일 정도로 흔하다! 다른 사용자와 비밀번호를 공유하지 않도록 하자. 마지막으로, 안전하지 않거나 암호화되지 않은 데이터가 공용 인터넷을 통과하는 것을 허용하지 말자.

8.5.2 데이터 관리

데이터 관리는 원천 시스템 단계(를 비롯해 데이터 엔지니어링 수명 주기의 다른 모든 단계)에서 필수적이지만, 특히 변환 단계에서는 더 중요하다. 변환은 본질적으로 관리해야 하는 새로운 데이터셋을 생성한다. 데이터 엔지니어링 수명 주기의 다른 단계와 마찬가지로 모든 이해관계자가 데이터 모델 및 변환에 참여하고 그 기대치를 관리하는 것이 중요하다. 또한 데이터의 각 비즈니스 정의에 맞는 명명 규칙에 모두가 동의하는지 확인하자. 적절한 명명 규칙은 알기 쉬운 필드명으로 반영되어야 한다. 또한 사용자는 데이터 카탈로그에서 필드가 생성된 시점, 데이터셋을 유지 관리하는 사용자 및 기타 관련 정보를 더 명확하게 확인할 수 있다.

변환 단계에서는 정의적 정확성을 고려하는 것이 중요하다. 변환이 예상되는 비즈니스 논리에 부합하는가? 변환과는 독립적으로 존재하는 시맨틱 계층 또는 메트릭 계층이라는 개념이 점점 더 대중화되고 있다. 런타임 시 변환에서 비즈니스 로직을 적용하는 대신, 이러한 정의를 변환 계층 이전에 독립 실행형 단계로 유지하는 것은 어떨까? 아직 초기 단계이기는 하지만, 데이터 엔지니어링 및 데이터 관리에서 시맨틱 및 메트릭 계층은 점점 더 보편화되고 있다.

변환에는 데이터의 변형이 수반되므로, 사용 중인 데이터에 결함이 없고 실제 데이터를 정확히 나타내는지 확인하는 것이 매우 중요하다. 회사에 MDM을 사용할 수 있는 옵션이 있다면 그 구현을 추진하자. 규격화된 차원 및 기타 변환은 데이터의 원래 무결성과 기준 정보를 유지하기 위해 MDM에 의존한다. MDM이 불가능하다면 데이터를 제어하는 업스트림 이해관계자와 협력해 변환하는 데이터가 정확하고 합의된 비즈니스 로직을 준수하는지 확인하자.

데이터 변환 때문에 데이터 집합이 동일한 경로에서 어떻게 파생되었는지를 알기 어려울 수 있다. 앞서 6장에서는 데이터 카탈로그를 살펴봤다. 데이터를 변환할 때 **데이터 계보**data lineage 도구는 매우 중요하다. 데이터 계보 도구는 새로운 변환을 작성할 때 이전 변환 단계를 이해해야 하는 데이터 엔지니어와, 쿼리를 실행하고 보고서를 작성할 때 데이터의 출처를 파악해야 하는 분석가 모두에게 도움이 된다.

마지막으로 데이터 모델 및 변환에 대한 법령 준수는 어떤 영향을 미칠까? 중요한 필드 데이터는 필요에 따라 마스킹 또는 난독화되어 있는가? 삭제 요청에 따라 데이터를 삭제할 수 있는가? 데이터 계보를 추적하면 삭제된 데이터에서 파생된 데이터를 확인하고 변환을 다시 실행해 원시 소스의 다운스트림 데이터를 제거할 수 있는가?

8.5.3 데이터옵스

쿼리 및 변환과 관련해 데이터옵스는 데이터와 시스템이라는 두 가지 관심 영역을 가진다. 이러한 영역의 변경 또는 이상을 모니터링하고 경고에 대한 알람을 받아야 한다. 데이터 신뢰성에 중점을 둔 데이터 관찰 가능성data observability 분야는 현재 폭발적으로 성장하고 있다. 최근에는 **데이터 신뢰성 엔지니어**data reliability engineer라는 직책도 있다. 이 절에서는 쿼리 및 변환 단계에 초점을 맞춘 데이터 관찰 가능성과 데이터 상태를 강조한다.

먼저 데이터옵스의 데이터 측면부터 살펴보자. 데이터를 쿼리할 때 입력과 출력이 올바른지 확인하려면 어떻게 알 수 있을까? 이 쿼리가 테이블에 저장될 경우 스키마는 올바른 것일까? 데이터 형태와 최솟값/최댓값, null 개수 등의 관련 통계는 어떨까? 입력된 데이터셋과 변환된 데이터셋에 대해 데이터 품질 테스트를 실행해서 데이터가 업스트림 및 다운스트림 사용자의 기대를 충족하는지를 확인해야 한다. 변환에 데이터 품질의 문제가 있다면 이 문제에 플래그를 붙이고 변경을 롤백하며 근본 원인을 조사할 수 있어야 한다.

이제 데이터옵스의 옵스Ops 부분을 살펴보자. 시스템의 성능은 어떤가? 쿼리 대기열 길이, 쿼리 동시성, 메모리 사용량, 스토리지 사용률, 네트워크 지연 시간 및 디스크 I/O 같은 지표를 모니터링한다. 지표 데이터를 사용해 리팩터링 및 튜닝의 대상이 될 수 있는 병목 현상 및 성능 저하 쿼리를 찾아낸다. 쿼리가 완벽하게 정상일 때는 데이터베이스 자체를 어디에 조정해야 하는지 잘 알 수 있다(예를 들어 빠른 검색 성능을 위해 테이블을 클러스터링하는 등). 또는 데이터베이스의 연산 자원을 업그레이드해야 할 수도 있다. 오늘날의 클라우드 및 SaaS 데이터베이스는 시스템을 신속하게 업그레이드 및 다운그레이드 할 수 있는 유연함을 제공한다. 데이터 중심 접근 방식을 취하고 관찰 가능성 지표를 사용해 쿼리 또는 시스템 관련 문제가 있는지 여부를 정확하게 파악한다.

SaaS 기반 분석 데이터베이스로의 전환은 데이터 소비의 비용 프로파일을 변화시킨다. 온프레미스 데이터 웨어하우스가 있던 시절에는 시스템과 라이선스를 추가 사용 비용 없이 미리 구매했다. 기존 데이터 엔지니어는 값비싼 구매에서 최대의 효용성을 이끌어내기 위해 성능 최적화에 주력하는 반면, 데이터 엔지니어는 비용 관리 및 비용 최적화에 주력해야 하며 바로 이것이 **핀옵스**FinOps의 관행이다(4장 참조).

8.5.4 데이터 아키텍처

3장에서 살펴본 우수한 데이터 아키텍처의 일반적인 규칙들은 변환 단계에도 적용된다. 데이터를 파괴하지 않고 처리 및 변환할 수 있는 강력한 시스템을 구축하자. 수집 및 스토리지 관련 선택은 신뢰할 수 있는 쿼리 및 변환을 수행하는 일반 아키텍처의 기능에 직접적인 영향을 미친다. 수집 및 스토리지가 쿼리 및 변환 패턴에 적합한 때는 최적의 위치에 있어야 한다. 한편, 쿼리와 변환이 업스트림 시스템에서 제대로 작동하지 않는 경우에는 곤란한 상황에 처할 수 있다.

예를 들어 데이터 팀이 잡에 잘못된 데이터 파이프라인과 데이터베이스를 사용하는 경우가 많다. 데이터 팀은 실시간 데이터 파이프라인을 RDBMS 또는 일래스틱서치Elasticsearch에 연결해 데이터 웨어하우스로 사용할 수 있다. 이러한 시스템은 대량의 집약된 OLAP 쿼리에 최적화되어 있지 않으므로 이 워크로드에 의해 중단된다. 데이터 팀은 아키텍처 선택이 쿼리 성능에 어떤 영향을 미치는지 분명히 이해하지 못했다. 시간을 들여 아키텍처 선택에 따른 트레이드오프를 이해하고, 데이터 모델이 수집 및 스토리지 시스템과 어떻게 연동되는지, 그리고 쿼리가 어떻게 수행되는지를 명확히 파악하자.

8.5.5 오케스트레이션

데이터 팀은 종종 크론 잡cron job 같은 단순한 시간 기반 일정을 사용해 변환 파이프라인을 관리한다. 이 방법은 처음에는 상당히 잘 작동하지만, 워크플로가 복잡해짐에 따라 악몽으로 변한다. 복잡한 파이프라인을 관리하려면 의존성 기반 접근 방식을 활용해 오케스트레이션을 사용해보자. 오케스트레이션은 여러 시스템에 걸친 파이프라인을 조립할 수 있는 접착제 역할을 한다.

8.5.6 소프트웨어 엔지니어링

변환 코드를 작성할 때는 데이터 웨어하우스에서 분산 컴퓨팅 클러스터에 이르는 다양한 플랫폼과 SQL, 파이썬 및 JVM 기반 언어 등 다양한 언어를 사용할 수 있다. 각 언어와 플랫폼에는 장단점이 있는 만큼 사용 중인 도구의 모범 사례를 알아야 한다. 예를 들어 스파크 또는 대스크 등의 분산 시스템을 기반으로 구동하는 파이썬으로 데이터 변환을 작성할 수 있다. 데이터 변환을 실행할 때, 네이티브 함수가 훨씬 더 잘 작동할 수 있는데도 UDF를 사용하고 있는가? 잘 못 작성된 느린 UDF를 내장된 SQL 명령으로 대체하여 성능이 즉각적이고 획기적으로 향상된 사례가 있었다.

분석 엔지니어링의 부상은 최종 사용자에게 **코드로서의 분석**이라는 개념과 함께 소프트웨어 엔지니어링 관행을 제공한다. dbt 같은 분석 엔지니어링 변환 도구는 DBA나 데이터 엔지니어의 직접적인 개입 없이도 SQL을 사용해 데이터베이스 내 변환을 작성할 수 있게 해주므로 폭발적인 인기를 끌고 있다. 이때 데이터 엔지니어는 분석가 및 데이터 과학자가 사용하는 코드 저장소와 CI/CD 파이프라인 설정을 담당한다. 이는 과거 기본 인프라를 구축 및 관리하고 데이터 변환을 만들던 데이터 엔지니어의 역할에 큰 변화를 가져왔다. 데이터 도구의 진입 장벽이 낮아지고 데이터 팀 전체에서 민주화가 이루어짐에 따라 데이터 팀의 워크플로가 어떻게 변화하는지를 지켜보는 건 흥미로울 것이다.

GUI 기반의 로우 코드 도구를 사용하면 변환 워크플로에 대한 유용한 시각화를 얻을 수 있다. 하지만 여러분은 여전히 내부에서 무슨 일이 일어나고 있는지 이해해야 한다. 이러한 GUI 기반의 변환 도구는 종종 백그라운드에서 SQL 또는 기타 언어를 생성한다. 로우 코드 도구의 요점은 로우 레벨의 상세 내용에 관여할 필요성을 줄이는 것이지만, 이면의 코드를 이해하면 디버깅과 성능 최적화에 도움이 된다. 도구가 성능 코드를 생성한다고 맹목적으로 가정하는 것은 실수다.

데이터 엔지니어는 쿼리 및 변환 단계에서 소프트웨어 엔지니어링의 모범 사례에 특히 주의를 기울일 것을 권장한다. 데이터셋에 더 많은 프로세싱 자원을 투입하는 것은 매력적인 일이지만, 깔끔하고 성능 좋은 코드를 작성하는 방법을 아는 것이 훨씬 더 나은 방법이다.

8.6 결론

데이터 파이프라인의 중심에는 변환이 있으며, 변환의 목적을 염두에 두는 것이 중요한 일이다. 엔지니어들은 최신 기술 장난감을 가지고 놀기 위해 고용되는 게 아니라 고객에게 서비스를 제공하기 위해 고용된다. 변환은 데이터가 비즈니스에 가치와 ROI를 더한다.

필자는 흥미로운 변환 기술을 채택하고 관계자에게 서비스를 제공하는 것이 가능하다고 주장한다. 11장에서는 스트리밍 데이터 수집을 중심으로 데이터 스택을 재구성하고 변환 워크플로를 원천 시스템 애플리케이션 자체에 가깝게 만드는 라이브 데이터 스택을 설명한다. 실시간 데이터를 기술을 위한 기술로 생각하는 엔지니어링 팀은 빅데이터 시대의 실수를 되풀이할 것이다. 그러나 실제로 우리가 협력하는 대부분의 조직에는 데이터 스트리밍의 이점을 얻을 수 있는 비즈니스 활용 사례가 있다. 기술 및 복잡한 시스템을 선택하기 전에 이러한 사용 사례를 파악하고 가치에 초점을 맞추는 것이 중요하다.

9장에서는 데이터 엔지니어링 수명 주기의 서빙 단계로 넘어가면서 조직의 목표를 실현하기 위한 도구로서의 기술을 살펴본다. 현직 데이터 엔지니어라면 변환 시스템을 개선해 최종 고객에게 더 나은 서비스를 제공할 방법을 고민해보자. 이제 막 데이터 엔지니어링으로 가는 길에 들어섰다면, 기술을 통해 해결하고자 하는 비즈니스 문제는 무엇이 있을지 생각해보자.

8.7 참고 문헌

- 'Building a Real-Time Data Vault in Snowflake' (`https://oreil.ly/KiQtd`) by Dmytro Yaroshenko and Kent Graziano
- Building a Scalable Data Warehouse with Data Vault 2.0 (Morgan Kaufmann) by Daniel Linstedt and Michael Olschimke
- Building the Data Warehouse (Wiley), Corporate Information Factory, and The Unified Star Schema (Technics Publications) by W. H. (Bill) Inmon
- 'Caching in Snowflake Data Warehouse' Snowflake Community page (`https://oreil.ly/opMFi`)
- 'Data Warehouse: The Choice of Inmon vs. Kimball' (`https://oreil.ly/pjuuz`) by Ian Abramson
- The Data Warehouse Toolkit by Ralph Kimball and Margy Ross (Wiley)

- 'Data Vault—An Overview' (`https://oreil.ly/Vxsm6`) by John Ryan
- 'Data Vault 2.0 Modeling Basics' (`https://oreil.ly/DLvaI`) by Kent Graziano
- 'A Detailed Guide on SQL Query Optimization' tutorial (`https://oreil.ly/WNate`) by Megha
- 'Difference Between Kimball and Inmon' (`https://oreil.ly/i8Eki`) by manmeetjuneja5
- 'Eventual vs. Strong Consistency in Distributed Databases' (`https://oreil.ly/IU3H1`) by Saurabh.v
- 'The Evolution of the Corporate Information Factory' (`https://oreil.ly/j0pRS`) by Bill Inmon
- Gavroshe USA's 'DW 2.0' web page (`https://oreil.ly/y1lg0`)
- Google Cloud's 'Using Cached Query Results' documentation (`https://oreil.ly/lGNHw`)
- Holistics' 'Cannot Combine Fields Due to Fan—Out Issues?' FAQ page (`https://oreil.ly/r5fjk`)
- 'How a SQL Database Engine Works,' (`https://oreil.ly/V0WkU`) by Dennis Pham
- 'How Should Organizations Structure Their Data?' (`https://oreil.ly/00d2b`) by Michael Berk
- 'Inmon or Kimball: Which Approach Is Suitable for Your Data Warehouse?' (`https://oreil.ly/ghHPL`) by Sansu George
- 'Introduction to Data Vault Modeling' document, (`https://oreil.ly/3rrU0`) compiled by Kent Graziano and Dan Linstedt
- 'Introduction to Data Warehousing' (`https://oreil.ly/RpmFV`), 'Introduction to Dimensional Modelling for Data Warehousing' (`https://oreil.ly/N1uUg`), and 'Introduction to Data Vault for Data Warehousing' (`https://oreil.ly/aPDUx`) by Simon Kitching
- Kimball Group's 'Four—Step Dimensional Design Process' (`https://oreil.ly/jj2wI`), 'Conformed Dimensions' (`https://oreil.ly/A9s6x`), and 'Dimensional Modeling Techniques' (`https://oreil.ly/EPzNZ`) web pages
- 'Kimball vs. Inmon vs. Vault' Reddit thread (`https://oreil.ly/9Kzbq`)
- 'Modeling of Real—Time Streaming Data?' Stack Exchange thread (`https://oreil.ly/wC9oD`)
- 'The New 'Unified Star Schema' Paradigm in Analytics Data Modeling Review' (`https://oreil.ly/jWFHk`) by Andriy Zabavskyy
- Oracle's 'Slowly Changing Dimensions' tutorial (`https://oreil.ly/liRfT`)

- ScienceDirect's 'Corporate Information Factory' web page (`https://oreil.ly/u2fNq`)
- 'A Simple Explanation of Symmetric Aggregates or 'Why on Earth Does My SQL Look Like That?'' (`https://oreil.ly/7CD96`) by Lloyd Tabb
- 'Streaming Event Modeling' (`https://oreil.ly/KQwMQ`) by Paul Stanton
- 'Types of Data Warehousing Architecture' (`https://oreil.ly/gHEJX`) by Amritha Fernando
- US patent for 'Method and Apparatus for Functional Integration of Metadata' (`https://oreil.ly/C3URp`)
- Zentut's 'Bill Inmon Data Warehouse' web page (`https://oreil.ly/FvZ6K`)

5단계: 분석, 머신러닝 및 역 ETL을 위한 데이터 서빙

축하한다! 드디어 데이터 엔지니어링 수명 주기의 마지막 단계인 다운스트림 사용 사례에 대한 데이터 서빙(제공) 단계에 도달했다(그림 9-1). 이 장에서는 데이터 엔지니어로서 접하게 될 세 가지 주요 사용 사례의 데이터를 서빙하는 다양한 방법을 설명할 것이다.

첫째, 분석 및 BI용 데이터를 제공한다. 통계 분석, 보고서 및 대시보드 등에서 사용할 데이터를 준비할 것이다. 물론 이는 데이터 서빙의 가장 전통적인 영역이다. IT와 데이터베이스보다 더 오래되었지만, 이해관계자가 비즈니스, 조직 및 재무 프로세스에 대한 가시성을 확보하는 것은 여전히 중요하다.

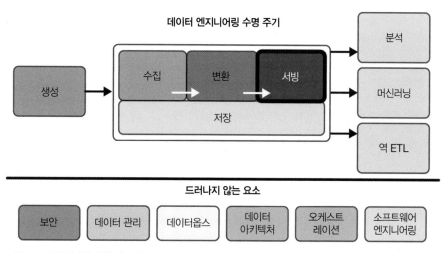

그림 9-1 사용 사례를 위한 데이터 서빙

둘째, ML 애플리케이션의 데이터를 제공한다. ML은 적절히 준비된 고품질 데이터 없이는 불가능하다. 데이터 엔지니어는 데이터 과학자 및 ML 엔지니어와 협업해 모델 학습에 필요한 데이터를 수집, 변환 및 제공한다.

셋째, 역 ETL을 통해 데이터를 제공한다. 역 ETL은 데이터를 데이터 원천으로 되돌리는 프로세스다. 예를 들어 애드테크 플랫폼에서 데이터를 수집하고, 이 데이터에 대한 통계 프로세스를 실행해 클릭당 비용을 결정하고, 이 데이터를 애드테크 플랫폼에 다시 제공할 수 있다. 역 ETL은 BI 및 ML과 밀접하게 얽혀 있다.

이 세 가지 주요 데이터 제공 방법을 살펴보기 전에 몇 가지 일반적인 고려 사항부터 살펴보도록 하자.

9.1 데이터 서빙의 일반적인 고려 사항

데이터 서빙에 관해 자세히 알아보기 전에 몇 가지 중요한 고려 사항이 있다. 가장 우선시해서 고려해야 할 사항은 '신뢰'다. 사람들은 여러분이 제공하는 데이터를 신뢰할 수 있어야 한다. 또한 사용 사례와 사용자, 생성되는 데이터 제품, 데이터 서빙 방법(셀프서비스 여부), 데이터 정의 및 로직, 데이터 메시 등을 이해해야 한다. 여기서 설명하는 고려 사항은 일반적인 것으로, 세 가지 데이터 제공 방법 중 하나에 적용된다. 이러한 고려 사항을 이해하면 데이터 고객에 대한 서비스 효율이 크게 향상한다.

9.1.1 신뢰

> 명성을 쌓는 데는 20년이 걸리지만 망치는 데는 5분이 걸린다. 이 점을 생각한다면 여러분은 일을 다른 방식으로 처리하게 될 것이다.
>
> — 워렌 버핏 Warren Buffett[1]

---

1 Quoted in Benjamin Snyder, '7 Insights from Legendary Investor Warren Buffett,' CNBC Make It, May 1, 2017, https://oreil.ly/QEqF9

무엇보다도 신뢰는 데이터 제공에 있어 가장 중요한 고려 사항이다. 최종 사용자는 수신한 데이터를 신뢰할 수 있어야 한다. 최종 사용자가 데이터를 비즈니스의 신뢰성 있는 표현이라고 생각하지 않는다면, 아무리 화려하고 정교한 데이터 아키텍처와 서비스 계층도 소용이 없다. 신뢰의 상실은 설령 수개월 또는 수년이 지나도록 프로젝트가 공식적으로 취소되지 않더라도 데이터 프로젝트에 소리 없는 사망선고를 내리는 것과 같다. 데이터 엔지니어의 역할은 가능한 한 최고의 데이터를 제공하는 것이다. 따라서 데이터 제품에 항상 고품질의 신뢰할 수 있는 데이터가 포함되어 있는지 확인해야 한다.

9장 전체에 걸쳐 데이터 서빙 방법을 학습하면서, 데이터에 대한 신뢰를 쌓는 아이디어를 강화하고 이를 실현할 실용적인 방법을 논의할 것이다. 데이터 팀은 이해관계자가 데이터를 신뢰하는지 묻지도 않고 데이터를 밀어내는 데 집착하는 경우가 너무 많다. 종종 이해관계자는 데이터에 대한 신뢰를 잃는다. 일단 신뢰를 잃으면 그것을 되찾기란 매우 어렵다. 그 결과 데이터 및 데이터 팀의 신뢰성이 떨어지면서 비즈니스가 최대한의 능력을 발휘하지 못하게 된다(또는 해체될 수도 있다).

데이터 품질을 실현하고 이해관계자의 신뢰를 구축할 수 있도록, 데이터 유효성 검사 및 데이터 관찰 가능성 프로세스를 활용하고 이해관계자와 함께 유효성을 시각적으로 검사하고 확인한다. **데이터 검증**data validation은 재무 정보, 고객과의 상호작용 및 매출을 정확하게 나타내기 위해 데이터를 분석하는 것이다. **데이터 관찰 가능성**data observability은 데이터와 데이터 프로세스에 대한 지속적인 뷰를 제공한다. 이러한 프로세스는 **데이터 엔지니어링 수명 주기 전체에 걸쳐 적용**되어야 하며, 최종 단계에 도달한 시점에서 좋은 결과를 얻을 수 있다(이에 관해서는 9.8절에서 더 자세히 설명한다).

데이터 품질에 대한 신뢰를 구축하는 것 외에도, 엔지니어는 최종 사용자 및 업스트림 이해관계자와 서비스 수준 협약(SLA) 및 서비스 수준 목표(SLO)에 대한 신뢰를 쌓아야 한다. 사용자가 비즈니스 프로세스를 수행하기 위해 데이터에 의존하게 되면, 데이터 엔지니어는 약속한 대로 데이터를 항상 사용할 수 있고 최신 상태로 유지되도록 해야 한다. 비즈니스에 중요한 결정을 내려야 할 때 예상대로 데이터를 이용할 수 없다면 고품질 데이터의 가치는 거의 없다. SLA 및 SLO는 공식 또는 비공식적으로 데이터 계약의 형태(5장 참조)를 취할 수도 있다.

5장에서 SLA에 관해 설명했지만, 여기서 다시 한번 논의해볼 만하다. SLA는 다양한 형식으로 제공되는데, 형식과 관계없이 사용자에게 데이터 제품에서 무엇을 기대할 수 있는지 알려준다.

이는 사용자와 이해관계자 간의 계약이기도 하다. SLA의 예로는 '데이터를 안정적으로 사용할 수 있고 고품질일 것'이 있다.

SLO는 SLA의 중요한 부분이며 합의한 내용과 비교해 성능을 측정하는 방법을 설명한다. 예를 들어 앞의 SLA 예시에서 SLO는 '대시보드 또는 ML 워크플로에 대한 데이터 파이프라인의 가동 시간은 99%이며 데이터의 95%에는 결함이 없다'고 말할 수 있다. 이에 대해서는 기대치를 명확히 하고, 합의된 SLA 및 SLO 매개변수 내에서 운영되는지를 확인할 수 있어야 한다.

단순히 SLA에 동의하는 것만으로는 충분하지 않다. 지속적인 소통은 좋은 SLA의 핵심 특징이다. SLA 또는 SLO 기대에 영향을 미칠 수 있는 잠재적인 문제를 전달했는가? 수정 및 개선을 위한 프로세스는 무엇일까?

신뢰가 가장 중요한 요소다. 얻는 데 많은 시간이 소요되지만 잃기는 너무나 쉽다.

9.1.2 사용 사례는 무엇이며 사용자는 누구인가?

서빙 단계는 데이터가 실제로 활용되는 단계다. 하지만 '데이터의 **생산적인 활용**이란 무엇일까?'라는 질문에 답하려면 다음 두 가지 사항을 고려해야 한다. 데이터의 **사용 사례는 무엇이며 사용자는 누구**인가?

데이터 사용 사례는 보고서와 대시보드를 보는 데 그치지 않는다. 데이터는 **행동**[action]으로 이어질 때 최상의 효과를 발휘한다. 경영진은 보고서를 보고 전략적 결정을 내릴 수 있을까? 모바일 음식 배달 앱 사용자는 앞으로 2분 안에 구매를 유도하는 쿠폰을 받을 수 있을까? 데이터는 종종 여러 사용 사례에서 사용된다. 예를 들어 리드 스코어링을 수행하고 CRM(역 ETL)을 채우는 ML 모델을 학습하는 등, 두 가지 이상의 사용 사례에 쓰이는 경우가 많다. 고품질의 영향력이 큰 데이터는 본질적으로 많은 흥미로운 사용 사례를 끌어들일 것이다. 그러나 사용 사례를 모색할 때는 항상 '이 데이터는 **어떤 행동(작업)**을 트리거하며 **누가 수행**할 것인가?'라고 질문하고, 이어서 '이 작업을 자동화할 수 있을까?'와 같은 적절한 후속 질문을 던져보자.

가능한 한 높은 ROI를 얻을 수 있는 사용 사례에 우선순위를 부여하자. 데이터 엔지니어는 목적에 대한 기본적인 질문은 무시한 채, 구축한 시스템의 기술적인 구현 세부 사항에 집착하는 것을 좋아한다. 엔지니어는 자신이 가장 잘하는 일, 즉 엔지니어링을 하기를 원한다. 엔지니어가 가치와 사용 사례에 초점을 맞출 필요성을 인식하면 자신의 역할을 훨씬 더 가치 있고 효과적으로 수행할 수 있다.

새로운 데이터 프로젝트를 시작할 때는 역방향으로 작업하는 것이 유용하다. 도구에 초점을 맞추는 것은 매력적이지만, 먼저 사용 사례와 사용자부터 시작하는 것이 좋다. 다음은 시작할 때 스스로 자문해봐야 할 몇 가지 질문이다.

- 데이터를 누가, 어떻게 사용할 것인가?
- 이해관계자는 무엇을 기대하는가?
- 데이터 이해관계자(예: 데이터 과학자, 분석가, 비즈니스 사용자)와 협력해 현재 작업 중인 데이터가 어떻게 사용되는지 이해하려면 어떻게 해야 하는가?

다시 말하지만, 항상 사용자와 사용 사례의 관점에서 데이터 엔지니어링에 접근해야 한다. 고객의 기대와 목표를 이해하면 뛰어난 데이터 제품을 더 쉽게 만들 수 있다. 잠시 시간을 내서 데이터 제품에 대한 논의를 확장해보자.

9.1.3 데이터 제품

> 데이터 제품에 대한 좋은 정의는 '데이터를 사용해 최종 목표를 달성하도록 촉진하는 제품'이다.
>
> — D. J. Patil[2]

데이터 제품은 진공 상태에서 생성되지 않는다. 지금까지 설명한 다른 많은 조직 프로세스와 마찬가지로, 데이터 제품을 만드는 일은 제품과 비즈니스의 혼합물에 기술을 융합하는 종합적인 작업이다. 데이터 제품 개발에는 주요 관계자를 참여시키는 것이 중요하다. 대부분의 기업에서 데이터 엔지니어는 데이터 제품의 최종 사용자로부터 몇 단계 떨어져 있다. 좋은 데이터 엔지니어는 데이터 분석가나 데이터 과학자 등의 직접 사용자 또는 회사 외부의 고객을 위한 결과를 완전히 이해하려 노력한다.

데이터 제품을 제작할 때는 '실행해야 할 작업'을 생각하는 것이 유용하다.[3] 사용자는 '실행해야

---

2 D. J. Patil, 'Data Jujitsu: The Art of Turning Data into Product,' O'Reilly Radar, July 17, 2012, `https://oreil.ly/IYS9x`

3 Clayton M. Christensen et al., 'Know Your Customers' 'Jobs to Be Done,'" Harvard Business Review, September 2016, `https://oreil.ly/3uU4j`

할 작업'을 위해 제품을 '고용'한다. 다시 말해 사용자가 무엇을 원하는지, 즉 제품을 '고용'하는 동기를 알아야 한다. 전형적인 엔지니어링상의 실수는 최종 사용자의 요건, 요구 사항 또는 제품/시장 적합성을 이해하지 못한 채 단순히 구축하는 것이다. 아무도 사용하지 않으려는 데이터 제품을 구축할 때 이러한 재앙이 발생한다.

좋은 데이터 제품에는 긍정적인 피드백 루프가 있다. 데이터 제품을 더 많이 사용할수록 더 유용한 데이터가 생성되고, 이 데이터는 데이터 제품을 개선하는 데 쓰인다. 즉, 무한 반복이다.

데이터 제품을 구축할 때는 다음 사항들을 고려하자.

- 사용자가 데이터 제품을 사용할 때 무엇을 달성하고자 하는가? 사용자가 기대하는 결과를 명확하게 이해하지 못한 채 데이터 제품이 만들어지는 경우가 너무 많다.
- 데이터 제품은 내부 사용자 또는 외부 사용자 중 어느 쪽에 제공되는가? 2장에서는 내부 및 외부용 데이터 엔지니어링에 관해 설명했다. 데이터 제품을 제작할 때 고객이 내부 사용자인지 외부 사용자인지를 파악하면 데이터 제공 방식에 영향을 미친다.
- 구축 중인 데이터 제품의 성과와 ROI는 어떻게 되는가?

사람들이 사용하고 좋아할 만한 데이터 제품을 구축하는 일은 매우 중요하다. 원치 않는 유틸리티와 데이터 결과물에 대한 신뢰 손실만큼 데이터 제품의 채택을 망치는 것은 없다. 데이터 제품의 채택과 사용에 유의하고 사용자가 만족할 수 있도록 기꺼이 조정하자.

9.1.4 셀프서비스 여부

사용자가 데이터 제품과 어떻게 인터페이스하는가? 비즈니스 디렉터는 데이터 팀에 보고서를 요청하는가? 아니면 간단하게 보고서를 작성할 수 있는가? 사용자가 직접 데이터 제품을 구축하는 기능을 제공하는 셀프서비스 데이터 제품은 오랫동안 데이터 사용자들의 공통된 목표였다. 최종 사용자에게 보고서, 분석 및 ML 모델을 직접 생성할 수 있는 기능을 제공하는 것보다 더 나은 것은 무엇일까?

오늘날 셀프서비스 BI와 데이터 과학은 여전히 동경의 대상이다. 기업이 데이터를 사용해 셀프서비스를 성공적으로 수행하는 경우가 종종 있지만, 이는 드문 일이다. 대부분의 경우 셀프서비스 데이터에 대한 시도는 좋은 의도로 시작되지만 결국 실패한다. 셀프서비스 데이터는 실제로 구현하기가 어렵기 때문이다. 따라서 분석가 또는 데이터 과학자는 임시 보고서를 제공하고 대시보드를 유지 관리해야 한다.

셀프서비스 데이터는 왜 이토록 어려울까? 그 답에는 미묘한 차이점이 있지만, 일반적으로 최종 사용자를 이해하는 것과 관련이 있다. 만약 사용자가 비즈니스 상황을 파악해야 하는 경영진이라면, 명확하고 실행 가능한 측정 지표로 구성된, 미리 정의된 대시보드를 원할 것이다. 그 경영진은 사용자 지정 데이터 뷰를 작성하기 위한 셀프서비스 도구를 무시할 가능성이 높다. 만약 보고서가 더 많은 의문을 불러일으킨다면 분석가를 활용해 더 심층적인 조사를 수행할 수 있다. 한편, 분석가인 사용자는 이미 SQL과 같은 더 강력한 도구를 통해 셀프서비스 분석을 추진하고 있을 수 있다. BI 계층을 통한 셀프서비스 분석은 유용하지 않다. 데이터 과학에도 동일한 고려 사항이 적용된다. '시민 데이터 과학자'에게 셀프서비스 ML을 허용하는 것은 수많은 자동화된 ML 공급업체의 목표였지만, 셀프서비스 분석과 같은 이유로 그 채택은 아직 초기 단계에 머물러 있다. 이러한 두 가지 극단적인 사례에서 셀프서비스 데이터 제품은 작업에 적합하지 않은 도구다.

성공적인 셀프서비스 데이터 프로젝트는 적절한 사용자를 확보하는 것으로 요약된다. 셀프서비스 사용자와 그들이 원하는 '작업'을 파악한다. 그들이 데이터 분석가와 협업해 작업을 수행하는 대신, 셀프서비스 데이터 제품을 사용해 달성하려는 목표는 무엇인가? 데이터 경험이 있는 임원진 그룹은 셀프서비스에 이상적인 대상 그룹이다. 이들은 낡은 SQL 스킬을 다시 배우지 않고 데이터를 직접 분석하기를 원할 것이다. 기업의 이니셔티브와 교육 프로그램을 통해 데이터 스킬을 습득하고자 시간을 투자하려는 비즈니스 리더 역시 셀프서비스를 통해 상당한 가치를 실현할 수 있다.

이러한 임원진 그룹에 데이터를 제공하는 방법을 결정한다. 새로운 데이터에 대한 임원진 그룹의 시간 요구 사항은 무엇인가? 불가피하게 더 많은 데이터를 원하거나 셀프서비스에서 필요한 데이터의 범위가 변경되면 어떻게 되는가? 데이터가 많을수록 질문이 많아지는 만큼 데이터는 더 많이 필요하다. 셀프서비스 사용자의 증가하는 요구 사항을 예측해야 한다. 또한 고객이 잘못된 결과나 혼란 없이 가치와 인사이트를 찾을 수 있도록 돕는, 유연성과 가드레일(제한성) 사이의 미세한 균형을 이해해야 한다.

9.1.5 데이터 정의 및 논리

지금까지 강조했듯이 조직 내 데이터의 유용성은 궁극적으로 데이터의 정확성과 신뢰성에 근거한다. 좀 더 비평적으로 생각해보면, 데이터의 정확성은 원천 시스템에서 이벤트 값을 충실하게 재현하는 것 이상의 의미를 가진다. 데이터 정확성에는 적절한 데이터 정의와 논리도 포함되며, 이러한 요소는 원천 시스템에서 데이터 파이프라인, BI 도구 등에 이르는 데이터 수명 주기의 모든 단계에 걸쳐 데이터에 반영되어야 한다.

데이터 정의data definition는 조직 전체에서 이해되는 데이터의 의미를 나타낸다. 예를 들어 **고객**customer은 기업 내부와 부서 간에 정확한 의미가 있다. 고객에 대한 정의가 다른 경우에는 이러한 내용을 문서화해 데이터를 사용하는 모든 사람이 이용할 수 있도록 해야 한다.

데이터 로직data logic은 데이터로부터 측정 지표(예: 총매출액 또는 고객 생애 가치)를 도출하는 공식을 규정한다. 적절한 데이터 로직은 데이터 정의와 통계 계산의 세부 사항을 인코딩해야 한다. 고객 이탈 측정 지표를 계산하려면 '고객은 누구인가?'에 대한 정의가 필요하다. 순이익을 계산하려면 총수입에서 어떤 비용을 공제해야 할지를 결정하는 일련의 논리적 규칙이 필요하다.

데이터 정의와 논리는 당연한 것으로 여겨지며, 조직 내에서 지식의 형태로 전달되는 경우도 많다. **제도적 지식**institutional knowledge은 종종 자체적인 생명력을 가지게 되는데, 이는 데이터 기반의 인사이트, 의사결정 및 행동을 대신할 일화가 되고, 오히려 이들을 대체하기도 한다. 대신 데이터 카탈로그와 데이터 엔지니어링 수명 주기 시스템 모두에서 데이터 정의와 논리를 공식적으로 선언하면 데이터의 정확성, 일관성 및 신뢰성을 보장하는 데 큰 도움이 된다.

데이터 정의는 여러 가지 방법으로 제공될 수 있는데, 때로는 명시적으로 제공되지만 대부분의 경우 암묵적으로 제공된다. 여기서 암묵적이란 쿼리, 대시보드 또는 ML 모델에 데이터를 제공할 때마다 데이터와 파생된 측정 지표가 일관되고 정확하게 표시된다는 의미다. SQL 쿼리를 작성할 때는 업스트림 파이프라인 로직 및 정의를 포함해 해당 쿼리에 대한 입력이 정확하다고 암묵적으로 가정한다. 이때 데이터 모델링(제8장에서 설명)은 여러 최종 사용자가 이해할 수 있고 사용할 수 있는 방식으로 데이터 정의와 로직을 캡처하는 데 매우 유용하다.

시맨틱 계층을 사용하면 비즈니스 정의와 논리를 재사용 가능한 방식으로 통합할 수 있다. 한 번 작성하면 어디서나 사용할 수 있다. 이 패러다임은 지표, 계산 및 논리에 대한 객체 지향 접근 방식이다. 이에 관해서는 9.5.6절에서 더 자세히 설명하겠다.

9.1.6 데이터 메시

데이터를 서빙할 때는 데이터 메시가 점점 더 중요한 고려 사항이 될 것이다. 데이터 메시는 조직 내에서 데이터를 처리하는 방법을 근본적으로 변화시킨다. 사일로화된 데이터 팀이 내부 구성 요소를 처리하는 대신, 모든 도메인 팀은 분산형 P2P 데이터 서비스의 다음 두 가지 측면을 담당한다.

첫째, 팀은 데이터를 사용할 수 있도록 준비함으로써 **다른 팀**에 데이터를 제공할 책임이 있다. 데이터는 조직 전체의 데이터 애플리케이션, 대시보드, 분석 및 BI 도구에서 사용하기 편리해야 한다. 둘째, 각 팀은 잠재적으로 **셀프서비스**를 위한 대시보드와 분석을 실행할 수 있다. 팀은 해당 도메인 내의 특정 요구 사항에 따라 조직 전체의 데이터를 소비한다. 다른 팀에서 소비되는 데이터는 임베디드 분석 또는 ML 기능을 통해 도메인 팀이 설계한 소프트웨어로 유입될 수도 있다.

이렇게 하면 서빙의 세부 사항과 구조가 극적으로 변화한다. 앞서 3장에서 데이터 메시의 개념을 소개한 바 있다. 지금까지 데이터 서빙을 위한 몇 가지 일반적인 고려 사항을 설명했으며, 이제 첫 번째 주요 영역인 '분석'을 살펴보겠다.

9.2 분석

가장 먼저 접하게 될 데이터 서빙 활용 사례는 데이터 내에서 주요 인사이트와 패턴을 발견, 탐색, 식별 및 가시화하는 **분석**analytics이다. 분석에는 여러 측면이 있으며 통계적 방법, 보고, BI 도구 등을 사용해 수행된다. 데이터 엔지니어로서 다양한 분석 유형과 기술을 아는 것이 업무를 수행하는 데 중요하다. 이 절에서는 분석을 위해 데이터를 제공하는 방법을 보여 주고, 분석가의 성공을 돕기 위해 고려해야 할 몇 가지 사항을 제시한다.

분석을 위해 데이터를 제공하기 전에 가장 먼저 해야 할 일은 최종 사용 사례를 파악하는 것이다. 사용자는 과거의 트렌드를 보고 있는가? 부정행위 경고와 같은 이상 징후가 발생하면 사용자에게 즉시 자동으로 통지해야 하는가? 누군가가 모바일 애플리케이션의 실시간 대시보드를 사용하고 있는가? 이러한 예에서는 비즈니스 분석(일반적으로 BI), 운영 분석 및 임베디드 분석 간의 차이점을 강조한다. 이러한 분석 범주에는 각각 다른 목표와 고유한 서비스 요구 사항이 존재한다. 이러한 유형의 분석을 위해 데이터를 어떻게 제공할 수 있을지 살펴보자.

9.2.1 비즈니스 분석

비즈니스 분석에서는 과거 데이터와 현재 데이터를 사용해 전략적이고 실행 가능한 결정을 내린다. 이러한 의사결정 유형은 장기적인 추세를 고려하는 경향이 있으며, 종종 도메인 전문 지식과 인간의 판단이 통계 및 추세 분석과 함께 혼합되어 사용된다. 비즈니스 분석은 과학인 동시에 예술이다.

비즈니스 분석은 일반적으로 대시보드, 보고서 및 애드혹 분석과 같은 몇 가지 큰 영역으로 나뉜다. 비즈니스 분석가는 이러한 범주 중 하나 또는 모두에 초점을 맞출 수 있다. 이러한 관행과 관련 도구의 차이를 간단하게 살펴보겠다. 분석가의 워크플로를 이해하면 데이터 엔지니어가 데이터를 제공하는 방법을 이해하는 데 도움이 된다.

대시보드^{dashboard}는 의사결정자에게 매출 및 고객 유지율 같은 몇 가지 핵심 측정 지표에 대한 조직의 성과를 간결하게 보여준다. 이러한 핵심 측정 지표는 시각화(예: 차트 또는 히트맵), 요약 통계 또는 단일 숫자로 제공된다. 이 기능은 차량 대시보드와 유사하며, 차량을 운전하는 동안 알아야 할 중요한 사항을 한눈에 파악할 수 있다. 조직에는 여러 개의 대시보드가 있을 수 있으며, 최고 경영진은 전체 대시보드를 사용하고 대시보드에서 특정 측정 지표, KPI 또는 목표 및 주요 결과(OKR)를 사용해 직접 보고서를 작성할 수도 있다. 분석가는 이러한 대시보드를 만들고 유지 관리하는 데 도움을 준다. 비즈니스 이해관계자가 대시보드를 수용하고 활용하면, 분석가는 일반적으로 측정 지표의 잠재적인 문제를 조사하거나 대시보드에 새 측정 지표를 추가하라는 요청에 응답한다. 현재 BI 플랫폼을 사용해 태블로, 루커, 시젠스^{Sisense}, 파워 BI^{Power BI} 또는 아파치 슈퍼셋^{Apache Superset}이나 아파치 프리셋^{Apache Preset} 같은 대시보드를 생성할 수 있다.

분석가는 종종 비즈니스 이해관계자로부터 **보고서**^{report} 작성을 의뢰받는다. 보고서의 목표는 데이터를 사용해 인사이트와 행동을 유도하는 것이다. 예를 들어 온라인 소매업체에서 일하는 한 분석가가 여성용 러닝 반바지의 반품률이 예상보다 높은 요인을 조사해달라는 요청을 받았다고 가정해보자. 분석가는 데이터 웨어하우스에서 몇 가지 SQL 쿼리를 실행하고 고객이 반품 이유로 제공한 반품 코드를 집계한 결과, 러닝 반바지의 원단 품질이 떨어져 몇 번 사용하면 마모되는 경우가 많다는 사실을 파악하고 제조 및 품질 관리 등의 이해관계자에게 이러한 결과를 통지한다. 한편, 이러한 조사 결과는 보고서로 요약되어 대시보드가 있는 동일한 BI 도구에 배포된다.

이 사례에서 분석가는 잠재적인 문제를 파헤치고 인사이트를 도출해달라는 요청을 받았다. 이것은 **애드혹 분석**ad hoc analysis의 한 사례다. 보고서는 보통 애드혹 요청으로 시작된다. 애드혹 분석 결과에 영향력이 있는 경우에는 보고서나 대시보드에 표시될 때가 많다. 보고서 및 애드혹 분석에 사용되는 기술은 대시보드와 유사하지만 엑셀, 파이썬, R 기반 노트북, SQL 쿼리 등이 포함될 수 있다.

우수한 분석가는 끊임없이 비즈니스에 관여하고, 데이터를 심층 분석해 질문에 답하고, 직관적이지 않은 숨겨진 동향과 인사이트를 발견한다. 또한 데이터 엔지니어와 협력해 데이터 품질, 안정성 문제 및 새로운 데이터셋 관련 요청에 대한 피드백을 제공한다. 데이터 엔지니어는 이러한 피드백을 처리하고, 분석가가 사용할 수 있는 새로운 데이터셋을 제공해야 할 책임이 있다.

러닝 반바지의 예시로 돌아가서 분석가는 조사 결과를 전달한 뒤, 러닝 반바지에 사용되는 재료에 관한 다양한 공급망 세부 정보를 얻을 수 있다는 것을 알게 되었다고 가정해보자. 데이터 엔지니어는 이 데이터를 데이터 웨어하우스로 수집하는 프로젝트를 수행한다. 공급망 데이터가 확보되면 분석가는 특정 의류 일련번호와 해당 품목에 사용된 원단 공급업체를 서로 연관시킬 수 있다. 대부분의 문제는 세 공급업체 중 한 곳과 관련되어 있다는 사실을 발견하고, 공장에서는 이 공급업체의 원단 사용을 중지한다.

비즈니스 분석을 위한 데이터는 데이터 웨어하우스 또는 데이터 레이크에서 배치 모드로 제공되는 경우가 많다. 이는 기업, 부서, 심지어 기업 내 데이터 팀에 따라 크게 다르다. 매초, 매분, 30분, 매일 또는 일주일에 한 번씩 새 데이터를 사용할 수 있다. 배치의 빈도는 여러 가지 이유로 달라질 수 있다. 한 가지 주목할 점은 분석 문제를 다루는 엔지니어가 현재와 미래의 다양한 잠재적 데이터 애플리케이션을 고려해야 한다는 것이다. 일반적으로는 데이터 갱신 빈도가 혼합되어 사용 사례를 적절하게 처리하지만, 수집 빈도는 다운스트림 빈도에 제한을 두고 있다. 데이터용 스트리밍 애플리케이션이 존재하는 경우에는 일부 다운스트림 처리 및 서비스 단계가 배치 처리되더라도 스트림으로 수집해야 한다.

물론 데이터 엔지니어는 비즈니스 분석 서비스를 제공할 때 다양한 백엔드 기술 고려 사항에 대처해야 한다. 일부 BI 도구는 데이터를 내부 스토리지 계층에 저장한다. 다른 도구는 데이터 레이크 또는 데이터 웨어하우스에 대한 쿼리를 실행한다. 이는 OLAP 데이터베이스의 성능을 최대한 활용할 수 있으므로 유용하다. 이전 장에서 설명한 바와 같이 단점은 비용, 접근 제어 및 지연 시간이다.

9.2.2 운영 분석

비즈니스 분석이 데이터를 사용해 실행 가능한 인사이트를 도출하는 것이라면, 운영 분석에서 는 데이터를 사용해 다음과 같은 **즉각적인 조치**를 취한다.

운영 분석 vs 비즈니스 분석 = 즉각적인 행동 vs 실행 가능한 인사이트

운영 분석과 비즈니스 분석의 가장 큰 차이점은 **시간**이다. 비즈니스 분석에 사용되는 데이터는 고려 중인 질문에 관해 더 장기적인 관점을 취한다. 최신 갱신은 물론 알아두면 좋지만, 품질이 나 결과에 큰 영향을 미치지는 않는다. 운영 분석은 이와 정반대의 경우로, 문제가 발생했을 때 실시간 갱신이 문제를 해결하는 데 큰 영향을 미친다.

운영 분석의 한 예로는 실시간 애플리케이션 모니터링이 있다. 많은 소프트웨어 엔지니어링 팀 은 애플리케이션의 성능을 알고 싶어 하며, 문제가 발생하면 즉시 통지받기를 원한다. 엔지니 어링 팀에는 초당 요청 수, 데이터베이스 I/O 또는 그 외 중요한 측정 지표와 같은 핵심 측정 지표를 보여주는 대시보드(예: [그림 9-2] 참조)가 있을 수 있다. 특정 조건에 따라 스케일링 이벤트가 트리거될 수 있으며, 서버에 과부하가 걸리면 용량을 더 추가할 수 있다. 특정 임곗값 을 초과할 경우 모니터링 시스템은 문자 메시지, 그룹 채팅 및 이메일을 통해 경고를 보낼 수도 있다.

비즈니스 분석과 운영 분석

비즈니스 분석과 운영 분석의 경계가 모호해지기 시작했다. 스트리밍 및 지연 시간이 짧은 데이 터가 보급됨에 따라 비즈니스 분석 문제에 운영 방식을 적용하는 것은 자연스러운 일이 됐다. 온 라인 소매업체는 블랙 프라이데이에 웹 사이트 성능을 모니터링하는 것 외에도 매출, 수익 및 광 고 캠페인의 영향을 실시간으로 분석해 제시할 수 있다.

데이터 아키텍처는 핫 데이터와 웜 데이터를 모두 한곳에 저장할 수 있는 환경에 맞게 변화한다. 여러분 자신과 이해관계자에게 항상 던져야 할 중요한 질문은 다음과 같다. 스트리밍 데이터가 있다면 이 데이터로 무엇을 할 것인가? 어떤 조치를 취해야 할까? 올바른 행동은 영향력과 가치를 창출한다. 적절한 조치가 없는 실시간 데이터는 끊임없는 방해 요소일 뿐이다.

장기적으로는 스트리밍이 배치를 대체할 것으로 예상된다. 향후 10년간 데이터 제품은 과거 데이터를 매끄럽게 혼합할 수 있는 기능을 갖춘 스트리밍 우선 제품이 될 것이다. 실시간으로 수집한 뒤에도 필요에 따라 데이터를 일괄적으로 소비하고 처리할 수 있다.

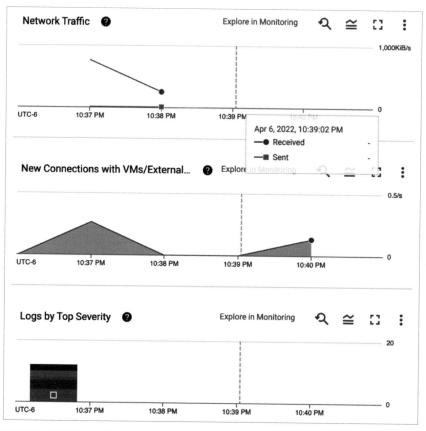

그림 9-2 구글 컴퓨트 엔진의 주요 측정 지표를 보여주는 운영 분석 대시보드

러닝 반바지의 예시로 다시 돌아가보자. 공급망의 불량 원단을 검출하기 위해 분석을 실시한

결과, 큰 성공을 거두게 된다. 이에 고무된 비즈니스 리더와 데이터 엔지니어는 제품의 품질을 개선하기 위해 데이터를 활용할 기회를 더 찾고자 한다. 데이터 엔지니어는 공장에 실시간 분석을 도입할 것을 제안한다. 이 공장에서는 이미 실시간 데이터를 스트리밍할 수 있는 다양한 기계를 사용하고 있다. 게다가 이 공장에는 제조 라인에 비디오를 녹화하는 카메라가 있다. 지금은 기술자가 실시간으로 영상을 보고 결함이 있는 제품을 찾아내며, 품목에 걸림돌이 많이 발생하는 것을 발견하면 라인 가동자에게 경고한다.

데이터 엔지니어는 기성 클라우드 머신 비전 도구를 사용해 실시간으로 결함을 자동 식별할 수 있음을 깨닫는다. 불량 데이터는 특정 품목 일련번호에 연결되고 스트리밍된다. 여기서부터 실시간 분석 프로세스를 통해 결함이 있는 품목을 조립 라인 위쪽에 있는 기계에서 스트리밍 이벤트에 연결할 수 있다.

공장 현장 분석가는 이 접근 방식을 사용해 원료 원단의 품질이 상자마다 크게 다르다는 사실을 발견한다. 모니터링 시스템에 걸림 불량률이 높은 것으로 나타나면 라인 작업자는 결함이 있는 박스를 제거하고, 이를 공급업체에 다시 청구할 수 있다.

공급업체는 이러한 품질 개선 프로젝트의 성공을 확인하고 유사한 품질 관리 프로세스를 채택하기로 한다. 소매업체의 데이터 엔지니어는 공급업체와 협력해 실시간 데이터 분석을 구현함으로써 원단 재고의 품질을 크게 개선한다.

9.2.3 임베디드 분석

비즈니스 및 운영 분석은 내부에 초점을 맞추지만, 최근의 추세는 외부 또는 임베디드 분석이다. 많은 데이터가 애플리케이션을 지원함에 따라 기업은 최종 사용자에게 분석 기능을 제공하는 경우가 늘고 있다. 이러한 대시보드를 일반적으로 **데이터 애플리케이션**^{data application}이라고 하며, 애플리케이션 자체에 분석 대시보드가 내장되는 경우가 많다. **임베디드 분석**^{embedded analytic}이라고도 하는 이러한 최종 사용자용 대시보드는 사용자에게 애플리케이션과의 관계에 대한 주요 측정 지표를 제공한다.

스마트 온도 조절기는 실시간으로 온도를 보여주는 모바일 애플리케이션과 최신 전력 소비 측정 지표를 갖추고 있어 에너지 효율이 높은 난방 및 냉방 일정을 만들 수 있다. 또 다른 예로는 서드파티 전자 상거래 플랫폼이 판매자에게 판매, 재고 및 반품에 대한 실시간 대시보드를 제공한다. 판매자는 이 정보를 사용해 고객에게 거의 실시간으로 거래를 제안할 수 있다. 두 경우 모두 사용자는 애플리케이션을 통해 데이터를 기반으로 실시간(수동 또는 자동)으로 의사결정을 내릴 수 있다.

임베디드 분석 환경은 눈덩이처럼 커지고 있으며, 향후 몇 년 이내에 이러한 데이터 애플리케이션이 점점 더 널리 보급될 것으로 예상된다. 데이터 엔지니어는 애플리케이션 개발자가 처리하는 임베디드 분석 프런트엔드를 만들지 않을 수 있다. 임베디드 분석 서비스를 제공하는 데이터베이스를 담당하므로, 임베디드 분석의 속도 및 지연 시간 요구 사항을 이해해야 한다.

임베디드 분석의 성능에는 다음과 같은 세 가지 문제가 포함된다. 첫째, 앱 사용자는 사내 분석가만큼 빈번하지 않은 배치 처리에 관대하지 않다. 채용 SaaS 플랫폼 사용자는 새로운 이력서를 업로드하는 즉시 통계의 변화를 볼 수 있기를 기대할 것이다. 이와 동시에 사용자는 짧은 **데이터 지연**data latency을 원한다. 둘째, 데이터 앱 사용자는 빠른 **쿼리 성능**query performance을 기대한다. 분석 대시보드에서 매개변수를 조정할 때 새로 고침된 결과가 몇 초 만에 나타나기를 기대한다. 셋째, 데이터 앱은 많은 대시보드와 수많은 고객에 걸쳐 매우 높은 쿼리 속도를 지원해야 한다. 즉, 높은 **동시성**concurrency이 중요하다.

구글을 비롯한 데이터 앱 분야의 초기 주요 업체들은 이러한 과제에 대처하기 위해 이색적인 기술을 개발했다. 신규 스타트업의 경우 데이터 애플리케이션에는 기존 트랜잭션 데이터베이스를 사용하는 것이 기본이지만, 고객 기반이 확장됨에 따라 초기 아키텍처에서 벗어나게 된다. 이들은 빠른 쿼리, 높은 동시성, 실시간에 가까운 갱신 등의 고성능과 비교적 사용하기 쉬운 기능(예: SQL 기반 분석)을 결합한 차세대 데이터베이스에 접근할 수 있다.

9.3 머신러닝

데이터 서빙을 위한 두 번째 주요 영역은 머신러닝(ML)이다. ML은 점점 더 보편화되고 있으므로 적어도 여러분은 이 개념에 익숙하다고 가정하겠다. 데이터 엔지니어링과 유사하지만 별개로 존재하는 ML 엔지니어링이 차츰 부상함에 따라, 데이터 엔지니어가 어떤 상황에 적합한지 자문해볼 수 있다.

물론 ML, 데이터 과학, 데이터 엔지니어링 및 ML 엔지니어링의 경계가 점점 모호해지고 있으며, 이 경계는 조직마다 크게 다르다. 일부 조직에서는 ML 엔지니어가 데이터 수집 직후부터 ML 애플리케이션의 데이터 처리를 인계받거나, 모든 ML 애플리케이션의 수명 주기 전체를 처리하는 완전히 독립된 병렬 데이터 조직을 구성할 수도 있다. 데이터 엔지니어는 다른 환경에서 모든 데이터 처리를 처리한 다음 모델 학습을 위해 ML 엔지니어에게 데이터를 전달한다. 데이터 엔지니어는 데이터의 특성화^{featurization}와 같은 ML 고유의 일부 작업도 처리할 수 있다.

온라인 소매점에서 생산하는 러닝 반바지의 품질 관리 예시로 돌아가보자. 반바지의 원단 재고를 만드는 공장에서 스트리밍 데이터를 구현했다고 가정해보자. 데이터 과학자들은 제조된 원단의 품질이 입력된 폴리에스터 원단의 특성, 온도, 습도 및 직물을 짜는 직기의 다양한 조정 가능한 매개변수에 영향을 받기 쉽다는 것을 발견한다. 데이터 과학자는 직기 매개변수를 최적화하는 기본 모델을 개발한다. ML 엔지니어는 모델 학습을 자동화하고, 입력 매개변수에 따라 자동으로 직기를 조정하는 프로세스를 설정한다. 데이터 엔지니어와 ML 엔지니어가 협력해 기능화 파이프라인을 설계하고, 데이터 엔지니어가 파이프라인을 구현 및 유지 관리한다.

9.4 데이터 엔지니어가 ML에 관해 알아야 할 사항

ML을 위한 데이터 제공을 논의하기 전에, 데이터 엔지니어로서 ML에 관해 얼마나 알아야 하는지 자문해보자. ML은 매우 방대한 주제인 만큼 이 책에서는 해당 분야를 설명하지 않는다. ML을 배울 수 있는 수많은 책과 강좌가 있으니 잘 참고하자.

데이터 엔지니어가 ML을 깊이 이해할 필요는 없지만, 고전적인 ML의 작동 방식과 딥러닝의 기본을 이해하는 것은 매우 유용하다. ML의 기본을 알면 데이터 과학자와 함께 데이터 제품을 구축하는 데 큰 도움이 된다.

다음은 데이터 엔지니어가 숙지해야 할 몇몇 ML 분야 관련 사항이다.

- 지도 학습, 비지도 학습, 준지도 학습의 차이점을 파악한다.
- 분류 기법과 회귀 기법의 차이점을 파악한다.
- 시계열 데이터를 처리하는 다양한 기술을 파악한다. 여기에는 시계열 분석 및 시계열 예측이 포함된다.
- 로지스틱 회귀, 트리 기반 학습, 지원 벡터 머신 등의 '고전적' 기법을 사용할 때와 딥러닝을 사용할 때를 판단한다. 어떤 데이터 과학자들은 과잉 학습을 한다고 판단되면 즉시 딥러닝으로 넘어가는 경우가 많다. 데이터 엔지니어로서 ML의 기본 지식이 있다면 ML 기법이 적절한지 여부를 파악하고 제공해야 할

데이터를 확장하는 데 도움을 받을 수 있다.

- 자동화된 머신러닝(AutoML)과 ML 모델을 수작업으로 사용하는 경우는 언제인가? 사용하는 데이터에 대한 각 접근 방식의 트레이드오프는 무엇인가?

- 정형 데이터와 비정형 데이터에 사용되는 데이터 랭글링data wrangling 기술은 무엇인가?

- ML에 사용되는 모든 데이터는 숫자로 변환된다. 정형 또는 반정형 데이터를 제공하는 경우 기능 엔지니어링 프로세스 중에 데이터를 적절하게 변환할 수 있는지 확인하자.

- 범주형 데이터의 인코딩 방법과, 다양한 유형의 데이터에 대한 임베딩 방법을 확인한다.

- 배치 학습과 온라인 학습의 차이점은 무엇인가? 사용 사례에 적합한 접근 방식은 무엇인가?

- 회사의 데이터 엔지니어링 수명 주기와 ML 수명 주기는 어떻게 교차하는가? 기능 저장소나 ML 관찰 가능성 등의 ML 기술에 대한 인터페이스 또는 지원을 담당하는가?

- 로컬, 클러스터 또는 엣지 훈련이 적절한 타이밍을 파악한다. 언제 CPU 대신 GPU를 사용하는가? 사용하는 하드웨어 유형은 해결 중인 ML 문제의 유형이나 사용 중인 기술 및 데이터셋의 크기에 따라 크게 달라진다.

- ML 모델에 배치 및 스트리밍 데이터를 적용할 때의 차이점을 파악한다. 예를 들어 배치 데이터는 오프라인 모델 학습에 적합하지만, 스트리밍 데이터는 온라인 학습에 적합한 경우가 많다.

- 데이터 캐스케이드data cascade란 무엇인가? ML 모델에는 어떤 영향을 미치는가?

- 결과를 실시간으로 반환하는가? 아니면 배치로 반환하는가? 예를 들어 배치 음성 전사transcription 모델은 API 호출 후 음성 샘플을 처리하고 텍스트를 일괄 반환할 수 있다. 고객이 온라인 소매 사이트와 상호작용하므로 제품 권장 모델은 실시간으로 작동해야 할 수 있다.

- 정형 데이터와 비정형 데이터를 사용한다. 표 형식의 정형 고객 데이터를 클러스터링하거나, 신경망을 사용해 이미지 형식의 비정형 데이터를 인식할 수도 있다.

ML은 **광범위한** 주제로, 이 책에서는 관련 내용이나 ML의 일반론을 다루지 않는다. ML을 자세히 알아보려면 『핸즈온 머신러닝(2판)』(한빛미디어, 2020)을 추천한다. 그 외에도 수많은 ML 강좌와 도서가 온라인에서 제공되니 참고하자.

9.5 분석 및 ML을 위한 데이터 서빙 방법

분석과 마찬가지로, 데이터 엔지니어는 데이터 과학자와 ML 엔지니어가 업무를 수행하는 데 필요한 데이터를 제공한다. 파이프라인과 프로세스가 매우 유사하므로, 여기서는 ML용 데이터 서빙과 분석을 함께 배치했다. 분석 및 ML용 데이터를 제공하는 방법으로는 파일, 데이터베이스, 쿼리 엔진 및 데이터 공유가 있다. 간단하게 하나씩 살펴보자.

9.5.1 파일 교환

파일 교환은 데이터 서빙 어디에서나 가능하다. 데이터를 처리하고 데이터 소비자에게 전달할 파일을 생성한다.

파일은 다양한 용도로 사용될 수 있다. 데이터 과학자는 고객 불만 사항의 감정을 분석하기 위해 고객 메시지의 텍스트 파일(비정형 데이터)을 로드할 수 있다. 사업부는 협력업체로부터 송장 데이터를 CSV(정형 데이터)의 집합으로 수신할 수 있으며, 분석가는 이러한 파일에 대해 통계 분석을 수행해야 한다. 또는 데이터 벤더가 온라인 소매점에 경쟁사 웹사이트(비정형 데이터)의 제품 이미지를 제공해, 컴퓨터 비전을 사용하여 자동으로 분류할 수 있다.

파일을 처리하는 방식은 다음과 같은 몇 가지 요인에 따라 달라진다.

- 사용 사례: 비즈니스 분석, 운영 분석, 임베디드 분석
- 데이터 사용자의 데이터 처리data-handling 프로세스
- 스토리지 내의 개별 파일 크기와 수
- 해당 파일에 접근하는 사용자
- 데이터 유형: 정형, 반정형, 비정형

두 번째 요점은 주요 고려 사항 중 하나다. 데이터 소비자는 공유 플랫폼을 사용할 수 없으므로 데이터 공유가 아닌 파일을 통해 데이터를 제공해야 하는 경우가 많다.

가장 간단하게 제공할 수 있는 파일은 하나의 엑셀 파일을 이메일로 보내는 것이다. 이는 파일을 공동 공유할 수 있는 시대에도 여전히 일반적인 워크플로다. 파일을 이메일로 보낼 때의 문제는 각 수신자가 각자의 버전별 파일을 받는다는 점이다. 수신인이 파일을 편집할 경우 이러한 편집은 해당 사용자의 파일에 한정되므로 파일 간 편차는 필연적으로 발생한다. 또한 수신자가 파일에 더는 접근할 수 없게 되면 어떻게 될까? 파일이 이메일로 전송되면 파일을 검색할 방법이 거의 없다. 일관된 버전의 파일이 필요하다면 마이크로소프트365 또는 구글 문서도구Google Docs와 같은 협업 플랫폼을 사용하는 것이 좋다.

물론 개별 파일을 서빙하는 것은 확장하기 어려우며, 결국 단순한 클라우드 파일 스토리지로는 요구 사항을 충족하기 어려울 것이다. 대용량 파일이 하나 둘 늘어나기 시작하면 이를 담을 객체 스토리지 버킷이 필요하고, 이러한 파일이 꾸준히 공급되면 데이터 레이크 수준은 되어야 감당할 수 있다. 객체 스토리지는 모든 유형의 BLOB 파일을 저장할 수 있으며, 특히 반정형

파일 또는 비정형 파일에 유용하다.

일반적으로 객체 스토리지(데이터 레이크)를 통한 파일 교환은 파일 교환이라기보다는 '데이터 공유'로 간주하는데, 애드혹 파일 교환보다 훨씬 확장성 있고 간소화된 과정으로 진행할 수 있기 때문이다.

9.5.2 데이터베이스

데이터베이스는 분석 및 ML을 위한 데이터 제공에 있어 중요한 계층이다. 여기서는 암시적으로 OLAP 데이터베이스(예: 데이터 웨어하우스 및 데이터 레이크)에서의 데이터 제공을 중점적으로 설명한다. 이전 장에서는 데이터베이스 쿼리(조회)에 관해 살펴봤다. 데이터 제공에는 데이터베이스를 조회한 다음 그 결과를 사용 사례에 활용하는 작업이 포함된다. 분석가나 데이터 과학자는 SQL 편집기를 사용해 데이터베이스를 쿼리하고 그 결과를 CSV 파일로 내보내 다운스트림 애플리케이션에서 사용하거나 노트북에서 결과를 분석할 수 있다(9.5.7절 참조).

데이터베이스에서 데이터를 제공하면 다양한 이점이 있다. 데이터베이스는 스키마를 통해 데이터에 순서와 구조를 부여한다. 데이터베이스는 테이블, 열, 행 수준에서 세분화된 권한 제어를 제공하므로 데이터베이스 관리자가 다양한 역할에 대해 복잡한 접근 정책을 작성할 수 있다. 또한 데이터베이스는 대규모의 계산 집약적인 쿼리와 높은 쿼리 동시성을 위한 높은 서비스 성능을 제공할 수 있다.

BI 시스템은 보통 원천 데이터베이스와 데이터 처리 워크로드를 공유하지만, 두 시스템에서 처리하는 경계는 다르다. 예를 들어 태블로 서버는 데이터베이스에서 데이터를 가져와 로컬로 저장하는 초기 쿼리를 실행한다. 기본 OLAP/BI 슬라이싱과 다이싱(대화형 interactive 필터링 및 집약)은 로컬 데이터의 복사본이 서버에서 직접 실행된다. 한편 루커(및 이와 유사한 최신 BI 시스템)는 **쿼리 푸시다운** query pushdown이라는 계산 모델에 의존한다. 루커는 데이터 처리 로직을 특수 언어(LookML)로 인코딩하고, 이를 동적 사용자 입력과 결합해 SQL 쿼리를 생성하고, 원천 데이터베이스에 대해 이러한 쿼리를 실행하고, 출력을 제공한다(9.5.6절 참조). 태블로와 루커에는 모두 결과를 캐싱하기 위한 다양한 구성 옵션이 있으므로 자주 실행되는 쿼리의 처리 부담을 줄일 수 있다.

데이터 과학자는 데이터베이스에 연결해 데이터를 추출하고 기능 엔지니어링 및 선택을 수행할 수 있다. 이렇게 변환된 데이터셋은 ML 모델에 공급되고, 오프라인 모델은 학습을 거쳐 예측 결과를 생성한다.

데이터 엔지니어는 데이터베이스 서비스 계층을 관리하는 작업을 자주 수행한다. 여기에는 성능 및 비용 관리도 포함된다. 컴퓨팅과 스토리지를 분리하는 데이터베이스의 경우 이는 고정된 사내 인프라스트럭처의 시대에 비해 다소 미묘한 최적화 문제다. 예를 들어 각 분석 또는 ML 워크로드에 대해 새로운 스파크 클러스터 또는 스노우플레이크 웨어하우스를 스핀업할 수 있다. 일반적으로는 ETL 같은 주요 사용 사례에 따라 클러스터를 최소한 분할하고 분석 및 데이터 과학에 사용할 것을 권장한다. 데이터 팀은 종종 주요 영역당 하나의 데이터 웨어하우스를 할당해 더 세밀하게 분할하는 방법을 선택한다. 이를 통해 데이터 엔지니어링 팀의 감독 아래 서로 다른 팀이 쿼리 비용을 예산으로 책정할 수 있다.

앞서 9.2.3절에서 설명한 세 가지 성능 고려 사항을 상기해보자. 데이터 지연, 쿼리 성능 및 동시성이 바로 그것으로, 스트림에서 직접 수집할 수 있는 시스템은 데이터 지연 시간을 줄일 수 있다. 또한 많은 데이터베이스 아키텍처는 SSD 또는 메모리 캐싱에 의존해 쿼리 성능과 동시성을 개선하여 임베디드 분석에 내재된 까다로운 사용 사례를 지원한다.

스노우플레이크 및 데이터브릭스 같은 데이터 플랫폼은 분석가 및 데이터 과학자가 단일 환경에서 작업할 수 있도록 지원하며, SQL 편집기와 데이터 과학 노트북을 한 지붕 아래에서 제공한다. 컴퓨팅과 스토리지는 분리되어 있으므로 분석가와 데이터 과학자는 서로 간섭하지 않고 다양한 방법으로 기본 데이터를 소비할 수 있다. 이를 통해 높은 처리량을 실현하고 이해관계자에게 데이터 제품을 더 신속하게 제공할 수 있다.

9.5.3 스트리밍 시스템

스트리밍 분석은 서비스 분야에서 점점 더 중요해지고 있다. 이러한 유형의 서비스에는 기존 쿼리와는 다른 **방출된 측정 지표**emitted metric가 포함될 수 있음을 이해해야 한다.

또한 운영 분석 데이터베이스의 역할도 차츰 커지고 있다(9.2.2절 참조). 이러한 데이터베이스를 사용하면 최신 데이터를 포함하는 광범위한 과거 데이터에 대해 쿼리를 실행할 수 있다. 기본적으로 OLAP 데이터베이스의 측면을 스트림 처리 시스템과 결합한 것이다. 스트리밍 시스템을 사용해 분석 및 ML용 데이터를 제공하는 경우가 점점 더 많아지고 있으므로 이 패러다임에 익숙해져야 한다.

지금까지 스트리밍 시스템을 살펴봤다. 스트리밍 시스템의 향후 방향성에 관해서는 11.6.1절을 살펴보자.

9.5.4 쿼리 페더레이션

8장에서 학습한 바와 같이 쿼리 페더레이션^{query federation}은 데이터 레이크, RDBMS 및 데이터 웨어하우스 등 여러 원천에서 데이터를 가져온다. 쿼리 페더레이션은 분산 쿼리 가상화 엔진이 OLAP 시스템에서 데이터를 집중 관리하지 않고도 쿼리를 처리할 수 있는 방법으로 인식됨에 따라 더욱 보편화되고 있다. 현재는 트리노^{Trino}나 프레스토^{Presto} 등의 OSS 옵션과 스타버스트^{Starburst} 등의 관리형 서비스를 이용할 수 있다. 이러한 서비스 중 일부는 데이터 메시를 활성화하는 방법이라고 설명하지만, 데이터 메시가 어떻게 전개될지는 시간이 지나야 알 수 있을 것이다.

페더레이션 쿼리용 데이터를 제공할 때는 최종 사용자가 (OLTP, OLAP, API, 파일 시스템 등) 여러 시스템을 쿼리할 수 있다는 점에 유의해야 한다(그림 9-3). 이제 하나의 시스템에서 데이터를 처리하는 것이 아니라, 각 시스템의 사용 패턴, 특이점 및 미묘한 차이를 가진 여러 시스템에서 데이터를 제공할 수 있다. 그에 따라 데이터 제공에 문제가 생길 수 있다. 페더레이션 쿼리가 실제 운영 원천 시스템에 영향을 미치는 경우, 페더레이션 쿼리가 원천의 리소스를 과도하게 소비하지 않도록 해야 한다.

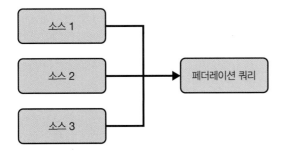

그림 9-3 세 개의 데이터 소스가 있는 페더레이션 쿼리

지금까지의 경험으로 볼 때 페더레이션 쿼리는 데이터를 유연하게 분석하고 싶거나 원천 데이터를 엄격하게 제어해야 할 때 이상적이다. 페더레이션을 사용하면 데이터 파이프라인이나 ETL을 복잡하게 설정할 필요 없이 다양한 시스템의 데이터를 혼합해 탐색 분석을 수행하는 애드혹 쿼리를 허용한다. 그에 따라 페더레이션 쿼리의 성능이 지속적인 목적에 충분한지, 아니면 일부 또는 모든 데이터 원천에서의 수집을 설정하고 OLAP 데이터베이스 또는 데이터 레이크에 데이터를 집중시킬 필요가 있는지를 확인할 수 있다.

또한 페더레이션 쿼리는 원천 시스템에 대한 읽기 전용 접근을 제공하므로 파일, 데이터베이스 접근 또는 데이터 덤프를 제공하지 않을 때 유용하다. 최종 사용자는 접근해야 할 데이터의 버전만 읽고 그 이상은 읽지 않는다. 쿼리 페더레이션은 접근과 컴플라이언스가 중요한 상황에서 살펴볼 수 있는 좋은 옵션이다.

9.5.5 데이터 공유

5장에서는 데이터 공유에 관해 광범위하게 설명했다. 대규모 조직 내 조직 또는 부서 간의 데이터 교환은 데이터 공유로 간주할 수 있다. 하지만 여기서는 클라우드 환경의 대규모 멀티테넌트 스토리지 시스템을 통한 공유를 의미한다. 데이터 공유는 일반적으로 데이터 서빙을 보안 및 접근 제어 문제로 전환시킨다.

이제 실제 쿼리는 엔지니어가 데이터를 소싱하는 엔지니어가 아닌, 데이터 소비자(분석가 및 데이터 과학자)가 처리한다. 데이터 공유는 조직 내 데이터 메시에서 데이터를 제공하든, 대중에게 데이터를 제공하든, 협력업체에 제공하든, 모두 매력적인 데이터 서빙 모델이다. 데이터 공유는 기업이 서로 안전하게 데이터를 공유할 수 있도록 해주는 스노우플레이크, 레드시프트 및 빅쿼리 같은 주요 데이터 플랫폼의 핵심 기능으로 더 많이 쓰이고 있다.

9.5.6 시맨틱과 메트릭 계층

데이터 엔지니어는 서빙에 관해 생각할 때, 자연스럽게 데이터 처리 및 스토리지 기술에 관심을 기울이게 된다(예: 스파크 또는 클라우드 데이터 웨어하우스 중 어느 쪽을 사용할 것인가? 데이터가 객체 스토리지에 저장되거나 SSD 제품군에 캐싱되어 있는가?). 그러나 방대한 데이터셋에 대해 빠른 쿼리 결과를 제공하는 강력한 처리 엔진이 본질적으로 고품질 비즈니스 분석을 제공하는 것은 아니다. 품질이 낮은 데이터 또는 품질이 낮은 쿼리를 입력하면, 강력한 쿼리 엔진은 잘못된 결과를 신속하게 반환한다.

데이터 품질이 데이터 자체의 특성과 불량 데이터를 필터링하거나 개선하기 위한 다양한 기술에 초점을 맞춘다면, 쿼리 품질은 비즈니스 질문에 정확한 답변을 반환하는 적절한 논리로 쿼리를 구축하는 데 있어 중요한 문제다. 고품질 ETL 쿼리 및 보고서 작성은 시간이 오래 걸리고 세밀한 작업이다. 다양한 도구를 사용하면 이 프로세스를 자동화하는 동시에 일관성, 유지 보수 및 지속적인 개선을 촉진할 수 있다.

기본적으로 **메트릭 계층**metric layer은 비즈니스 로직을 유지 및 계산하는 도구다(**시맨틱 계층**semantic layer은 개념적으로 매우 유사하며,[4] **헤드리스 BI**headless BI는 밀접하게 관련된 또 다른 용어다).[5] 이 계층은 BI 도구 또는 변환 쿼리를 작성하는 소프트웨어에서 사용할 수 있다. 구체적인 예로는 루커와 dbt data build tool의 두 가지 도구를 들 수 있다.

예를 들어 루커의 LookML을 사용하면 사용자는 가상의 복잡한 비즈니스 로직을 정의할 수 있다. 보고서와 대시보드는 측정 지표를 계산하기 위한 특정 LookML을 가리킨다. 루커를 사용하면 표준 측정 지표를 정의하고 많은 다운스트림 쿼리에서 참조할 수 있다. 이는 기존 ETL 스크립트의 반복과 불일치라는 기존 문제를 해결하려는 것이다. 루커는 LookML을 사용해 SQL 쿼리를 생성하고 이 쿼리는 데이터베이스로 푸시된다. 결과는 대규모 결과 집합인 경우 루커 서버 또는 데이터베이스 자체에서 유지할 수 있다.

dbt를 사용하면 루커와 마찬가지로 많은 쿼리 및 비즈니스 측정 지표의 표준 정의를 포함하는 복잡한 SQL 데이터 흐름을 정의할 수 있다. 루커와 달리 dbt는 변환 계층에서만 실행되지만, 여기에는 쿼리 시 계산된 뷰로 쿼리를 푸시하는 것이 포함될 수 있다. 루커가 쿼리 및 보고서 작성에 중점을 두는 반면, dbt는 분석 엔지니어를 위한 강력한 데이터 파이프라인 오케스트레이션 도구로 사용될 수 있다.

메트릭 계층 도구는 보급이 확대되고 더 많은 사람이 채택하면서 더욱 인기를 끌게 될 것이며, 애플리케이션의 업스트림으로 이동하게 될 것이다. 메트릭 계층 도구는 사람들이 데이터를 분석한 이래로 조직을 괴롭혀왔던 '이 수치들이 맞는가?'와 같은 분석의 핵심 질문을 해결하는 데

----

4 Srini Kadamati, 'Understanding the Superset Semantic Layer,' Preset blog, December 21, 2021, `https://oreil.ly/6smWC`

5 Benn Stancil, 'The Missing Piece of the Modern Data Stack,' benn.substack, April 22, 2021, `https://oreil.ly/wQyPb`

도움이 된다. 물론 앞서 언급한 업체들 외에도 수많은 신규 업체가 이 분야에 진출했다.

9.5.7 노트북에서의 데이터 서빙

데이터 과학자는 일상 업무에 노트북을 사용하는 경우가 많다. 데이터 과학자는 데이터 탐색, 기능 엔지니어링, 또는 모델 훈련과 같은 용도로도 노트북을 사용할 수 있다. 이 글을 작성하는 현재 가장 인기 있는 노트북 플랫폼으로는 차세대 버전인 주피터 랩^{Jupyter Lab}과 함께 주피터 노트북^{Jupyter Notebook}을 꼽을 수 있다. **주피터**^{Jupyter}는 오픈 소스이며 노트북, 서버 또는 다양한 클라우드 관리 서비스를 통해 로컬로 호스팅할 수 있다. 주피터는 **줄리아**, **파이썬** 그리고 **R**의 약자로, 그중에서도 파이썬과 R은 데이터 과학 애플리케이션, 특히 노트북에 널리 사용된다. 사용하는 언어와 관계없이 가장 먼저 고려해야 할 것은 노트북에서 데이터에 접근하는 방법이다.

데이터 과학자는 API, 데이터베이스, 데이터 웨어하우스 또는 데이터 레이크 등의 데이터 원천에 프로그래밍 방식으로 연결한다(그림 9-4). 노트북에서 모든 연결은 파일 경로에서 파일을 로드하거나, API 엔드포인트에 연결하거나, 데이터베이스에 ODBC 연결을 만들기 위해 적절한 내장형 또는 가져온 라이브러리를 사용하여 생성된다. 원격 연결을 설정하려면 올바른 자격 증명과 권한이 필요할 수 있다. 일단 연결되면 사용자는 객체 저장소에 저장된 테이블(및 행/열) 또는 파일에 대한 올바른 접근 권한이 필요할 수 있다. 데이터 엔지니어는 종종 데이터 과학자가 올바른 데이터를 찾는 데 도움을 주고, 필요한 행과 열에 접근할 수 있는 적절한 권한이 있는지 확인한다.

데이터 과학자에게는 매우 일반적인 워크플로인, 로컬 노트북을 실행하고 판다스 데이터프레임에 데이터를 로드하는 과정을 살펴보자. **판다스**^{pandas}는 데이터 조작 및 분석에 널리 사용되는 파이썬 라이브러리이며, 일반적으로 데이터(예: CSV 파일)를 주피터 노트북에 로드하는 데 사용된다. 판다스가 데이터셋을 로드할 때 해당 데이터셋을 메모리에 저장한다.

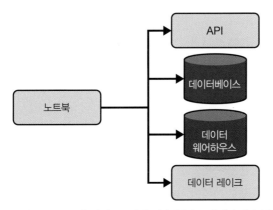

그림 9-4 노트북은 객체 스토리지, 데이터베이스, 데이터 웨어하우스, 또는 데이터 레이크 등 다양한 원천으로부터 데이터를 서빙받을 수 있다.

자격 증명 처리

노트북과 데이터 과학 코드에서 잘못 처리되는 자격 증명^{credential} 정보는 보안상의 큰 위협이 된다. 이들 영역에서 자격 증명이 잘못 처리되는 사례가 지속해 발생하고 있다. 자격 증명(인증 정보)은 일반적으로 코드에 직접 포함되는데, 이때 버전 관리 저장소로 유출되는 경우가 많다. 자격 증명이 메시지와 이메일을 통해 전달되는 경우도 빈번하다.

데이터 엔지니어에게는 데이터 과학의 보안 관행을 감사히 여기고 개선 작업에 협력할 것을 권장한다. 데이터 과학자는 이러한 대화에 관한 대안을 제시했을 때 매우 수용적으로 받아들이는 편이다. 데이터 엔지니어는 자격 증명 처리에 대한 표준을 설정해야 한다. 자격 증명을 코드에 내장해서는 안 되며, 데이터 과학자는 자격 증명 매니저 또는 CLI 도구를 사용해 접근을 관리하는 것이 이상적이다.

데이터 집합 크기가 로컬 시스템의 사용 가능한 메모리를 초과하면 어떻게 될까? 이는 랩탑과 워크스테이션의 제한된 메모리를 고려할 때 필연적으로 발생할 수밖에 없는 상황으로, 결국 데이터 과학 프로젝트가 중단될 수 있다. 이제는 확장성이 더 뛰어난 옵션을 고려해야 할 때다.

먼저, 노트북의 기본 스토리지와 메모리를 유연하게 확장할 수 있는 클라우드 기반 노트북으로 이동하자. 이 옵션에서 벗어나면 분산 실행 시스템을 살펴보자. 인기 있는 파이썬 기반 옵션으로는 대스크^{Dask}, 레이^{Ray} 및 스파크 등이 있다. 완전한 클라우드 관리형 오퍼링이 매력적이라고 생각되면 아마존 세이지메이커^{SageMaker}, 구글 클라우드 버텍스 AI^{Vertex AI} 또는 마이크로소프트 애저 머신러닝^{Microsoft Azure Machine Learning}을 사용해 데이터 과학 워크플로를 설정하는 것을 고려해보자. 마지막으로, 쿠브플로^{Kubeflow} 및 ML플로^{MLflow} 같은 오픈 소스 엔드투엔드 ML 워크플로 옵션을 사용하면 쿠버네티스와 스파크에서 각각 ML 워크로드를 쉽게 확장할 수 있다. 중요한 것은 데이터 과학자를 노트북에서 해방시키고 클라우드의 강력한 성능과 확장성을 활용하도록 하는 것이다.

데이터 엔지니어와 ML 엔지니어는 확장 가능한 클라우드 인프라로의 전환을 촉진하는 데 중요한 역할을 한다. 정확한 업무 분담은 조직의 세부 사항에 따라 크게 달라진다. 클라우드 인프라를 설정하고, 환경 관리를 감독하며, 클라우드 기반 도구에 대한 데이터 과학자 교육에 앞장서야 한다.

클라우드 환경에는 버전 및 갱신 관리, 접근 제어, SLA 유지 관리 등 상당한 운영 작업이 필요하다. 다른 운영 작업과 마찬가지로 '데이터 과학 운영'이 잘 수행되면 상당한 성과를 거둘 수 있다.

노트북은 운영 데이터 과학의 일부가 될 수도 있다. 실제로 넷플릭스에서는 노트북을 널리 배포한다. 이것은 장단점이 모두 존재하는 흥미로운 접근 방식이다. 운영형 노트북은 데이터 과학자가 작업 내용을 훨씬 더 빠르게 운영에 반영할 수 있게 하지만, 본질적으로 표준 이하의 운영 형태이기도 하다. 또 다른 방법은 ML과 데이터 엔지니어가 노트북을 운영 환경 사용 용도로 변환하도록 하는 것인데, 이들 팀에는 상당한 부담이 된다. 이러한 접근 방식을 혼합해 노트북을 '가벼운' 운영에 사용하고, 고부가가치 프로젝트에는 완전한 운영 프로세스를 사용하는 것이 이상적일 수 있다.

9.6 역 ETL

오늘날 **역 ETL**^{reverse ETL}이란 데이터를 OLAP 데이터베이스에서 원천 시스템으로 다시 적재해 제공하는 것을 나타내는 유행어다. 즉, 현장에서 몇 년 이상 근무한 데이터 엔지니어라면 누구나 역 ETL을 변형해본 경험이 있을 것이다. 역 ETL은 2010년대 후반부터 2020년대 초반에 걸쳐 인기를 끌기 시작했으며, 차츰 더 공식적인 데이터 엔지니어링 책임으로 인식되고 있다.

데이터 엔지니어는 CRM에서 고객 데이터와 주문 데이터를 가져와 데이터 웨어하우스에 저장할 수 있다. 이들 데이터는 리드 스코어링 모델을 학습하는 데 사용되며, 그 결과는 데이터 웨어하우스로 반환된다. 회사의 영업 팀은 이러한 점수화된 잠재 고객에 접근해 더 많은 매출을 창출하고자 한다. 이 리드 스코어링 모델의 결과를 영업 팀에 전달하는 몇 가지 옵션이 있다. 영업 팀이 볼 수 있도록 대시보드에 결과를 저장할 수 있고, 또는 결과를 엑셀 파일로 이메일로 보낼 수도 있다.

이러한 접근 방식의 문제점은 영업 담당자가 업무를 수행하는 CRM에 연결되지 않는다는 것다. 그렇다면 평가된(점수를 매긴) 리드를 CRM에 다시 넣으면 어떨까? 앞서 설명한 바와 같이, 성공적인 데이터 제품은 최종 사용자와의 마찰을 줄여준다. 이때 최종 사용자는 영업 팀이다.

역 ETL을 사용하고 평가된 리드를 CRM에 다시 적재하는 것이 이 데이터 제품에 대한 가장 쉽고 최선인 접근 방식이다. 역 ETL은 데이터 엔지니어링 수명 주기의 출력 측에서 처리된 데이터를 가져와 원천 시스템에 다시 공급한다(그림 9-5).

> **NOTE_** 필자들은 역 ETL 대신에, 농담 삼아 양방향 적재 및 변환(Bidirectional Load and Transform, BLT)이라고도 부른다. 사실 **역 ETL**이라는 용어는 이 프로세스에서 일어나는 일을 정확하게 설명하지 못한다. 하지만 이 용어는 대중적 상상력과 언론에 고착된 만큼, 이 책 전반에 걸쳐 사용할 것이다. 더 넓게 보면, 역 ETL이라는 용어가 계속 쓰일지 여부는 누구나 추측할 수 있지만, OLAP 시스템에서 원천 시스템으로 데이터를 다시 적재하는 관행은 여전히 중요할 것이다.

역 ETL을 사용해 데이터 서빙을 시작하려면 어떻게 해야 할까? 역 ETL 설루션을 직접 만들 수도 있겠지만, 시판되는 수많은 사용 역 ETL 옵션을 사용할 수도 있다. 오픈 소스 또는 상용 관리형 서비스를 사용할 것을 권장한다. 역 ETL 분야는 매우 빠르게 변화하고 있다. 확실한 승자는 아직 나타나지 않았으며, 많은 역 ETL 제품이 주요 클라우드 또는 기타 데이터 제품 공급업체에 흡수될 것이다. 신중하게 선택하자.

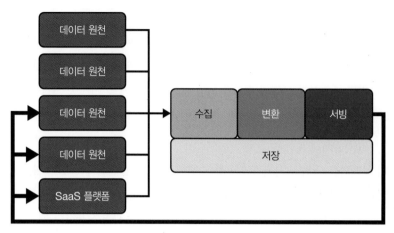

그림 9-5 역 ETL

역 ETL에 관해 몇 가지 주의할 점이 있다. 역 ETL은 본질적으로 피드백 루프를 생성한다. 예를 들어 구글 광고 데이터를 다운로드하고, 모델을 사용해 새로운 입찰가를 계산한 다음, 입찰가를 구글 광고에 다시 로드하고 프로세스를 다시 시작한다고 가정해보자. 또한 입찰가 모델의 오류로 인해 입찰가가 점점 더 높아지고 광고 클릭 수도 점점 더 많아진다고 가정해보자. 순식간에 엄청난 비용을 낭비할 수 있다! 따라서 주의를 기울이고 세심한 모니터링 및 감시 체계를 구축하자.

9.7 함께 작업하는 사람

이미 설명한 바와 같이 데이터 엔지니어는 서빙 단계에서 수많은 이해관계자와 접촉한다. 그 대상에는 다음과 같은 사람들이 포함되지만, 여기에만 국한되지는 않는다.

- 데이터 분석가
- 데이터 과학자
- MLOps/ML 엔지니어
- 비즈니스: 비데이터 또는 비기술 이해관계자, 관리자, 경영진

다시 한번 강조하자면, 데이터 엔지니어는 이러한 이해관계자를 **지원**support하는 역할을 수행하며 데이터의 최종 사용에 대해 반드시 책임을 지지는 않는다. 예를 들어 데이터 엔지니어는 분

석가가 해석하는 보고서의 데이터를 제공하지만, 데이터 엔지니어는 이러한 해석에 대한 책임을 지지 않는다. 대신 가능한 한 최고 품질의 데이터 제품을 생산할 책임이 있다.

데이터 엔지니어는 데이터 엔지니어링 수명 주기와 이해당사자의 손에 들어간 데이터의 광범위한 사용 사이의 피드백 루프를 알고 있어야 한다. 데이터가 정적인 경우는 거의 없으며, 외부 환경은 수집 및 서빙되고 재수집 및 재서빙되는 데이터에 영향을 미친다.

수명 주기의 서빙 단계에서 데이터 엔지니어가 고려할 가장 중요한 사항은 직무와 관심사를 분리하는 것이다. 초기 단계의 회사라면 데이터 엔지니어가 ML 엔지니어 또는 데이터 과학자를 겸할 수도 있지만, 이는 지속 가능하지 않다. 회사가 성장함에 따라 다른 데이터 팀원들과의 명확한 업무 분담을 설정해야 한다.

데이터 메시를 도입하면 팀의 책임이 극적으로 재편되고, 모든 도메인 팀이 서비스 측면의 책임을 떠맡게 된다. 데이터 메시가 성공하려면 각 팀이 데이터 서비스 책임을 효과적으로 수행해야 하며, 조직의 성공을 보장하려면 팀 간 협업도 효과적으로 이루어져야 한다.

9.8 드러나지 않는 요소

드러나지 않는 요소는 서빙으로 마무리된다. 데이터 엔지니어링 수명 주기는 바로 그 수명 주기임을 명심하자. 데이터가 서빙되면서 수명 주기 초기에 놓쳤던 점이 부각되는 경우가 많다. 드러나지 않는 요소가 데이터 제품을 개선하는 방법을 찾는 데 어떻게 도움이 될 수 있는지 항상 주의 깊게 살펴보자.

'데이터는 침묵의 살인자'라는 말이 있듯이, 드러나지 않는 요소는 서빙 단계에서 가장 두드러진다. 서빙은 데이터가 최종 사용자의 손에 들어가기 전에 상태를 확실하게 관리할 수 있는 마지막 기회다.

9.8.1 보안

데이터를 사람과 공유하든 시스템과 공유하든 동일한 보안 원칙이 적용된다. 데이터는 종종 접근 제어나 그 용도에 대한 고려 없이 무분별하게 공유된다. 이는 데이터 침해와 그에 따른 벌금,

악의적인 언론 보도, 일자리 손실 등 치명적인 결과를 초래할 수 있는 큰 실수다. 특히 수명 주기의 이 단계에서는 보안을 중시하자. 수명 주기의 모든 단계 중에서 서빙 단계가 가장 큰 보안 위협에 노출되어 있다.

항상 그렇듯이, 사람과 시스템 모두에 관해 최소 권한의 원칙을 행사하고, 당면한 목적과 수행해야 할 업무에 필요한 접근 권한만 제공하자. 데이터 분석가나 데이터 과학자에 비해 경영진에게 필요한 데이터는 무엇인가? ML 파이프라인 또는 역 ETL 프로세스는 어떠한가? 이러한 사용자와 대상은 각각 서로 다른 데이터 요구 사항을 가지므로, 그에 따라 접근을 제공해야 한다. 모든 사람에게 완전한 권한을 주는 것을 피하자.

데이터 서빙은 사용자 또는 프로세스가 데이터를 조회한 시스템의 데이터를 갱신할 필요가 없는 한 읽기 전용인 경우가 많다. 사람들은 자신의 역할에 쓰기 또는 갱신 접근 같은 고급 접근 권한이 필요하지 않은 한, 특정 데이터베이스 및 데이터셋에 대한 읽기 전용 접근 권한을 부여받아야 한다. 이는 사용자 그룹을 특정 IAM 역할(예: 분석가 그룹, 데이터 과학자 그룹) 또는 사용자 지정 IAM 역할과 결합해 수행할 수 있다. 시스템의 경우 비슷한 방법으로 서비스 계정과 역할을 제공한다. 필요한 경우에는 사용자와 시스템 모두에 관해 데이터 집합의 필드, 행, 열 및 셀에 대한 접근 범위를 좁게 설정한다. 접근 제어는 가능한 한 세밀하게 실시해야 하며, 접근이 필요 없게 되었을 때는 폐기해야 한다.

멀티테넌트 환경에서 데이터를 제공할 때는 접근 제어가 매우 중요하며, 사용자가 자신의 데이터에만 접근할 수 있도록 해야 한다. 좋은 접근 방식은 필터링된 보기를 통해 접근을 중재하여 공통 테이블에 대한 접근을 공유하는 데 내재된 보안 위험을 완화하는 것이다. 또 다른 제안은 워크플로에서 데이터 공유를 사용해 사용자와 데이터를 사용하는 사람 간에 읽기 전용 제어를 허용하는 것이다.

데이터 제품이 얼마나 자주 사용되는지, 특정 데이터 제품의 공유를 중단하는 것이 합당한지 확인하자. 경영진이 분석가에게 긴급하게 보고서 작성을 요청했다가 금방 사용하지 않게 되는 경우는 매우 흔하다. 데이터 제품이 사용되지 않는다면, 사용자에게 여전히 이 제품이 필요한지 문의해보자. 그렇지 않다면 데이터 제품을 폐기하자. 이를 통해 보안 취약점을 하나 줄일 수 있다.

마지막으로, 접근 제어와 보안은 서비스를 방해하는 요소가 아니라 핵심적인 지원 요소로 간주해야 한다. 복잡한 고급 데이터 시스템이 구축되어 잠재적으로 회사에 큰 영향을 미칠 수 있는 많은 사례가 있다. 보안이 제대로 구현되지 않았고, 데이터에 접근할 수 있는 사람이 거의 없었기 때문에 데이터의 활용도는 떨어졌다. 세밀하고 강력한 접근 제어를 통해 비즈니스와 고객을 보호하면서 더 흥미로운 데이터 분석과 머신러닝을 수행할 수 있다.

9.8.2 데이터 관리

데이터 엔지니어링 수명 주기에 따라 데이터 관리를 통합해 왔다면, 사람들이 데이터 제품을 사용함에 따라 이러한 노력의 영향이 곧 분명히 나타날 것이다. 서빙 단계에서는 사람들이 고품질의 신뢰할 수 있는 데이터에 접근할 수 있도록 하는 것이 주된 관심사다.

이 장의 앞부분에서 언급했듯이 신뢰는 데이터 서빙에서 가장 중요한 변수다. 사람들이 데이터를 신뢰한다면 데이터를 사용할 것이고, 신뢰하지 않는다면 사용하지 않을 것이다. 피드백 루프를 제공해 데이터 신뢰와 데이터 개선을 적극적인 프로세스로 만들어야 한다. 사용자가 데이터와 상호 작용할 때 문제를 보고하고 개선을 요청할 수 있다. 변경이 이루어지면 사용자와 적극적으로 소통하자.

사람들이 업무를 수행하려면 어떤 데이터가 필요할까? 특히 규제 및 규정 준수 문제가 데이터 팀을 압박하는 상황에서, 사람들이 제한된 필드와 행을 포함한 원시 데이터에 접근할 수 있도록 허용하면 데이터를 개인 또는 그룹과 같은 엔티티로 추적하는 데 문제가 발생한다. 다행히도 데이터 난독화의 발전으로 합성, 스크램블 또는 익명화된 데이터를 최종 사용자에게 제공할 수 있게 됐다. 이러한 '가짜' 데이터셋은 분석가나 데이터 과학자가 데이터에서 필요한 신호를 충분히 얻을 수 있게 해주지만, 보호되는 정보를 식별하기 어렵게 만드는 방식으로 제공되어야 한다. 충분한 노력을 기울이면 많은 데이터 집합을 익명화하거나 리버스 엔지니어링할 수 있는 완벽한 프로세스는 아니지만, 적어도 데이터 유출의 위험은 줄일 수 있다.

또한 비즈니스 로직과 정의를 적절히 표현하는 엄격한 데이터 모델링과 함께 시맨틱과 메트릭 계층을 서빙 계층에 통합하자. 이렇게 하면 분석, 머신러닝, 역 ETL 또는 기타 서빙 용도와 관계없이 단일 데이터 원천을 제공한다.

9.8.3 데이터옵스

데이터 품질, 거버넌스, 보안 등 데이터 관리에서 수행하는 모든 단계는 데이터옵스에서 모니터링된다. 기본적으로 데이터옵스는 데이터 관리를 운영한다. 다음은 모니터링해야 할 몇 가지 사항이다.

- 데이터 상태 및 데이터 다운타임
- 데이터를 서빙하는 시스템(대시보드, 데이터베이스 등)의 지연
- 데이터 품질
- 데이터, 시스템 보안 및 접근
- 서빙되는 데이터와 모델 버전
- SLO 달성을 위한 가동 시간

다양한 모니터링 측면을 해결하기 위해 새롭고 다양한 도구가 등장했다. 예를 들어 많은 인기 있는 데이터 관찰 가능성 도구는 **데이터 다운타임**을 최소화하고 데이터 품질을 극대화하는 것을 목표로 한다. 관찰 가능성 도구는 데이터에서 ML로 넘어가면서 모델과 모델 성능 모니터링을 지원할 수 있다. 스토리지, 변환, 서비스 간의 연결이 안정적인지를 모니터링하는 등, 더 전통적인 데브옵스 모니터링도 데이터옵스에 중요하다.

데이터 엔지니어링 수명 주기의 모든 단계에서와 마찬가지로 코드를 버전 관리하고 배포를 운영한다. 이는 분석 코드, 데이터 로직 코드, ML 스크립트 및 오케스트레이션 작업에 적용된다. 보고서 및 모델에 관해 여러 단계의 배포(개발, 테스트, 운영)를 사용한다.

9.8.4 데이터 아키텍처

데이터 서빙 단계는 다른 데이터 엔지니어링 수명 주기 단계와 동일한 아키텍처적 고려 사항이 필요하다. 데이터 서빙 단계에서는 피드백 루프가 빠르고 긴밀해야 한다. 사용자는 필요할 때 필요한 데이터에 최대한 빨리 접근할 수 있어야 한다.

데이터 과학자들은 대부분의 개발을 로컬 컴퓨터에서 수행하는 것으로 악명이 높다. 앞서 설명한 대로, 데이터 팀이 개발, 테스트 및 운영 환경에서 협업하고 적절한 운영 아키텍처를 만들 수 있는 클라우드 환경의 공통 시스템으로 이러한 워크플로를 마이그레이션하도록 장려하자. 부담 없이 데이터 인사이트를 게시할 수 있는 도구를 지원하여 분석가와 데이터 과학자의 작업을

더 수월하게 만들어보자.

9.8.5 오케스트레이션

데이터 서빙은 데이터 엔지니어링 수명 주기의 마지막 단계다. 서빙은 수많은 프로세스의 다운스트림에 위치하기 때문에 매우 복잡하게 겹치는 영역이기도 하다.

오케스트레이션은 단순히 복잡한 작업을 구성하고 자동화하는 방법이 아니라, 약속된 시간에 소비자에게 데이터를 제공할 수 있도록 팀 간에 데이터 흐름을 조정하는 수단이다.

오케스트레이션에 대한 소유권은 조직의 핵심적인 결정이다. 오케스트레이션은 중앙 집중식인가? 아니면 분산식인가? 분산형 접근 방식을 사용하면 소규모 팀도 데이터 흐름을 관리할 수 있지만, 팀 간 조율에 대한 부담이 커질 수 있다. 단순히 단일 시스템 내에서 흐름을 관리하고 다른 팀에 속한 DAG 또는 작업의 완료를 직접 트리거하는 대신, 팀은 시스템 간에 메시지나 쿼리를 전달해야 한다.

중앙 집중식 접근 방식은 작업을 조정하기가 더 쉽다는 것을 의미하지만, 단일 운영 자산을 보호하기 위해 중요한 게이트키핑도 존재해야 한다. 예를 들어 잘못 작성된 DAG는 에어플로를 중단시킬 수 있다. 중앙 집중식 접근 방식은 데이터 프로세스를 중단하고 조직 전체에 서비스를 제공해야 한다는 것을 의미한다. 중앙 집중식 오케스트레이션 관리에는 높은 표준, 자동화된 DAG 테스트, 게이트키핑이 필요하다.

오케스트레이션이 중앙 집중화되면 누가 오케스트레이션을 소유할까? 회사에 데이터 운영 팀이 있는 경우 오케스트레이션은 보통 해당 팀에서 담당한다. 서빙을 담당하는 팀은 모든 데이터 엔지니어링 수명 주기 단계에 대해 상당히 전체적인 관점을 가지므로 자연스러운 경우가 많다. 여기에는 DBA, 분석 엔지니어, 데이터 엔지니어 또는 ML 엔지니어가 포함될 수 있다. ML 엔지니어는 복잡한 모델 학습 프로세스를 조율하지만, 이미 바쁜 업무에 오케스트레이션 관리라는 운영상의 복잡성을 추가하기를 원할 수도 있고 원하지 않을 수도 있다.

9.8.6 소프트웨어 엔지니어링

몇 년 전과 비교하면 데이터 제공이 훨씬 더 간단해졌다. 코드 작성의 필요성은 대폭 간소화됐다. 데이터 제공을 간소화하는 데 중점을 둔 오픈 소스 프레임워크가 확산되면서 데이터도 코드 우선주의가 더욱 강화됐다. 최종 사용자에게 데이터를 제공하는 방법은 다양하며, 데이터 엔지니어는 이러한 시스템의 작동 방식과 데이터 전달 방식을 파악하는 데 중점을 두어야 한다.

데이터 제공의 단순성에도 불구하고, 코드가 관련된 경우 데이터 엔지니어는 여전히 주요 제공 인터페이스의 작동 방식을 이해해야 한다. 예를 들어 데이터 엔지니어는 데이터 과학자가 노트북에서 로컬로 실행 중인 코드를 변환translate하고 보고서나 기본 ML 모델로 전환convert해 작동시켜야 할 수 있다.

데이터 엔지니어가 유용하게 활용할 수 있는 또 다른 영역은 코드와 쿼리가 스토리지 시스템에서 어떻게 수행될지 그 영향을 이해하는 것이다. 분석가는 LookML, dbt를 통한 진자Jinja, 다양한 객체 관계형 매핑(ORM) 도구, 메트릭 계층 등 다양한 프로그래밍 방식으로 SQL을 생성할 수 있다. 이러한 프로그래매틱 계층이 SQL로 컴파일되면 이 SQL은 어떻게 수행될까? 데이터 엔지니어는 SQL 코드가 수기로 작성된 SQL보다 성능이 좋지 않을 경우 최적화를 제안할 수 있다.

분석과 ML IaC의 부상은 코드 작성의 역할이 데이터 과학자와 분석가를 지원하는 시스템을 구축하는 쪽으로 이동하고 있음을 의미한다. 데이터 엔지니어는 CI/CD 파이프라인을 설정하고 데이터 팀을 위한 프로세스를 구축하는 일을 담당할 수 있다. 또한 데이터 팀이 최대한 자급 자족할 수 있도록 데이터 팀이 구축한 데이터/MLOps 인프라를 사용할 수 있게 교육하고 지원해야 할 것이다.

임베디드 분석의 경우 데이터 엔지니어는 애플리케이션 개발자와 협력해 쿼리가 신속하고 비용 효율적으로 반환되도록 해야 할 수 있다. 애플리케이션 개발자는 사용자가 처리하는 프론트엔드 코드를 제어한다. 데이터 엔지니어는 개발자가 요청한 대로 올바른 페이로드를 받을 수 있도록 보장한다.

9.9 결론

데이터 엔지니어링 수명 주기는 논리적으로 서빙 단계에서 종결되며, 모든 수명 주기와 마찬가지로 피드백 루프가 발생한다(그림 9-6). 서빙 단계는 무엇이 효과가 있고 무엇이 개선될 수 있는지 배울 기회로 바라볼 수 있어야 한다. 이해관계자의 의견을 경청하도록 하고, 그들이 (불가피하게) 문제를 제기하더라도 공격적인 태도로 대하지 않도록 노력하자. 대신 지금까지 구축한 것을 개선할 기회로 활용하자.

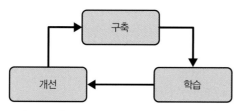

그림 9-6 구축, 학습, 개선

홀륭한 데이터 엔지니어는 항상 새로운 피드백에 대해 열려 있으며, 자신의 기술을 개선할 방법을 끊임없이 찾는다. 데이터 엔지니어링 수명 주기를 살펴보았으므로, 이제 여러분은 데이터 엔지니어링 시스템과 제품을 설계, 아키텍처, 구축, 유지 관리 및 개선하는 방법을 알게 됐다. 3부에서는 데이터 엔지니어링에 관해 끊임없이 질문을 받고 더 많은 관심을 기울일 필요가 있는 몇 가지 측면을 다뤄보겠다.

9.10 참고 문헌

- 'Data as a Product vs. Data Products: What Are the Differences?' (`https://oreil.ly/fRAA5`) by Xavier Gumara Rigol
- 'Data Jujitsu: The Art of Turning Data into Product' (`https://oreil.ly/5TH6Q`) by D. J. Patil Data Mesh by Zhamak Dehghani (O'Reilly)
- 'Data Mesh Principles and Logical Architecture' (`https://oreil.ly/JqaW6`) by Zhamak Dehghani
- 'Designing Data Products' (`https://oreil.ly/BKqu4`) by Seth O'Regan
- 'The Evolution of Data Products' (`https://oreil.ly/DNk8x`) and 'What Is Data Science' (`https://oreil.ly/xWL0w`) by Mike Loukides
- Forrester's 'Self-Service Business Intelligence: Dissolving the Barriers to Creative Decision Support Solutions' blog article (`https://oreil.ly/c3bp0`)
- 'Fundamentals of Self-Service Machine Learning' (`https://oreil.ly/aALpB`) by

Paramita (Guha) Ghosh

- 'The Future of BI Is Headless' (https://oreil.ly/INa17) by ZD
- 'How to Build Great Data Products' (https://oreil.ly/9cI55) by Emily Glassberg Sands
- 'How to Structure a Data Analytics Team' (https://oreil.ly/mGtii) by Niall Napier
- 'Know Your Customers' 'Jobs to Be Done'' (https://oreil.ly/1W1JV) by Clayton M. Christensen et al.
- 'The Missing Piece of the Modern Data Stack' (https://oreil.ly/NYs1A) and 'Why Is Self Serve Still a Problem?' (https://oreil.ly/0vYvs) by Benn Stancil
- 'Self–Service Analytics' in the Gartner Glossary (https://oreil.ly/NG1yA)
- Ternary Data's 'What's Next for Analytical Databases? w/ Jordan Tigani (Mother–Duck)' video (https://oreil.ly/8C4Gj)
- 'Understanding the Superset Semantic Layer' (https://oreil.ly/YqURr) by Srini Kadamati
- 'What Do Modern Self–Service BI and Data Analytics Really Mean?' (https://oreil.ly/Q9Ux8) by Harry Dix
- 'What Is Operational Analytics (and How Is It Changing How We Work with Data)?' (https://oreil.ly/5yU4p) by Sylvain Giuliani
- 'What Is User–Facing Analytics?' (https://oreil.ly/HliJe) by Chinmon Soman

Part **III**

보안, 개인정보보호 및
데이터 엔지니어링의 미래

3부에서는 추가 주제를 다룬다. 10장에서는 보안과 개인정보보호를 논의한다. 보안은 데이터 엔지니어링 업계에서 늘 중요한 요소였지만, 영리 목적의 해킹과 국가가 지원하는 사이버 공격이 증가하면서 더욱 중요해졌다. 그렇다면 개인정보보호에 관해 구체적으로 무엇을 이야기할 수 있을까? 기업 프라이버시 허무주의의 시대는 끝났다. 어떤 회사도 엉성한 프라이버시 관행에 관한 기사의 헤드라인에 자사가 언급되는 걸 원하지 않는다. 개인 데이터의 무분별한 취급은 GDPR, CCPA 및 기타 규정의 출현과 함께 중대한 법적 결과를 초래할 수 있다. 즉, 보안 및 개인정보보호는 모든 데이터 엔지니어링 작업에서 최우선 순위가 되어야 한다. 11장은 데이터 엔지니어링의 미래에 대한 필자들의 개인적 생각을 요약해 제시한다.

Part III

보안, 개인정보보호 및 데이터 엔지니어링의 미래

CHAPTER 10

보안과 개인정보보호

이제 데이터 엔지니어링 수명 주기에 관해 알아보았으니, 보안의 중요성을 다시 한번 강조하고 일상적인 워크플로에 통합할 수 있는 몇 가지 사례를 함께 살펴보고자 한다.

보안은 데이터 엔지니어링 업무에 필수적이다. 너무나 당연한 말이지만, 데이터 엔지니어들이 보안을 뒷전으로 미루는 경우가 얼마나 많은지를 알면 늘 놀라게 된다. 데이터 엔지니어가 그들 업무의 모든 측면에서, 그리고 데이터 엔지니어링 수명 주기의 모든 단계에서 가장 먼저 고려해야 할 점은 보안이다. 여러분은 매일 민감한 데이터, 정보 및 접근을 처리한다. 조직, 고객, 비즈니스 파트너는 이러한 귀중한 자산이 최대한의 주의와 관심을 기울여 처리되기를 기대한다. 단 한 번의 보안 침해나 데이터 유출로 인해 비즈니스가 중단될 수 있으며, 본인의 잘못 때문에 경력과 평판이 손상될 수 있다.

보안은 개인정보보호의 핵심 요소다. 엔지니어는 직간접적으로 사람들의 사생활과 관련된 데이터를 다루므로, 개인정보보호는 기업 정보 기술 분야에서 오랫동안 신뢰성을 판단하는 핵심 요소로 여겨져 왔다. 여기에는 금융 정보, 개인 통신 데이터(이메일, 문자, 전화 통화), 병력, 학습 기록 및 직업 경력 기록이 포함된다. 이러한 정보를 유출하거나 오용한 기업은 정보 유출이 드러나면 비난을 피할 수 없게 된다.

개인정보보호는 점점 더 법적으로 중요한 사안이 되고 있다. 예를 들어 미국에서는 1970년대에 가족교육권 및 개인정보보호법(FERPA)이 발효되었고, 1990년대에는 의료보험의 양도 및 책임에 관한 법률(HIPAA)이, 2010년대 중반에는 유럽에서 일반 개인정보보호법(GDPR)이 통과됐다. 또한 미국을 기반으로 하는 여러 개인정보보호 법안이 통과되었거나 곧 통과될 예정이다. 이는 개인정보보호 관련 법안 중 극히 일부에 불과하며 개인정보보호에 대한 법적인 움직임은 이제 시작 단계에 불과하다. 그럼에도 불구하고 이러한 법률 위반에 대한 처벌은 기업에 중대하고 심지어 파괴적인 피해를 입힐 수 있다. 또한 데이터 시스템은 교육, 의료 및 비즈니스 구조에 얽혀 있기 때문에, 데이터 엔지니어는 이러한 각 법률과 관련된 민감한 데이터를 처리한다.

데이터 엔지니어의 보안 및 개인정보보호에 대한 정확한 책임은 조직마다 크게 다를 수 있다. 소규모 스타트업에서는 데이터 엔지니어가 데이터 보안 엔지니어를 겸직할 수도 있다. 대형 기술 기업에는 다수의 보안 엔지니어와 보안 연구원이 있을 것이다. 이러한 상황에서도 데이터 엔지니어는 전담 보안 담당자와 협력해 보고하고 완화할 수 있는 팀과 시스템 내의 보안 관행과 기술 취약성을 식별할 수 있는 경우가 많다.

보안과 개인정보보호는 데이터 엔지니어링에 매우 중요하므로(보안은 드러나지 않는 요소이다), 보안과 개인정보보호에 관해 더 자세히 알아보고자 한다. 이 장에서는 보안과 관련해 데이터 엔지니어가 특히 '사람, 프로세스, 기술' 관련해 고려할 몇 가지 사항을 설명한다. 완전한 목록은 아니지만, 필자의 경험을 바탕으로 개선되기를 바라는 주요 사항을 정리했다.

10.1 사람

보안과 개인정보보호에서 가장 취약한 고리는 바로 **여러분**you이다. 보안은 종종 '사람' 단계에서 위태로워지므로, 항상 여러분 자신을 보안에 위협이 되는 목표물로 생각하고 행동해야 한다. 봇이나 인간 행위자는 언제든지 사용자의 민감한 자격 증명과 정보에 침투하려 한다. 이는 보안을 위협하는 우리의 현실이며, 절대 사라지지 않을 것이다. 온라인과 오프라인에서 수행하는 모든 일에 방어적인 자세를 취하자. 부정적인 사고의 힘을 의식적으로 연습하고 항상 편집증적인 태도를 취하자.

10.1.1 부정적인 사고의 힘

긍정적인 사고에 집착하는 세상에서 부정적인 사고는 혐오스러운 존재다. 하지만 미국의 외과 의사 어툴 거완디 Atul Gawande는 2007년 뉴욕타임즈에 바로 이 주제에 대한 글을 기고했다.[1] 그의 핵심 논지는 긍정적인 사고가 테러 공격이나 응급 상황의 가능성에 대해 눈을 멀게 하고 대비를 방해할 수 있다는 것이다. 하지만 부정적인 사고는 재앙적인 시나리오를 고려하고 이를 예방하기 위해 행동하도록 해준다.

데이터 엔지니어는 데이터 활용 시나리오를 적극적으로 검토하고 다운스트림에서 실제로 필요한 경우에만 민감한 데이터를 수집해야 한다. 개인정보와 민감한 데이터를 보호하는 가장 좋은 방법은 애초에 이러한 데이터를 수집하지 않는 것이다.

데이터 엔지니어는 그들이 사용하는 데이터 파이프라인이나 스토리지 시스템의 공격 및 유출 시나리오를 고려해야 한다. 보안 전략을 결정할 때는 단순히 여러분의 접근 방식이 안전하다고 착각하는 대신, 적절한 보안을 제공하는지 확인해야 한다.

10.1.2 항상 편집증적인 자세 유지하기

누군가 자격 증명을 요청할 때는 항상 주의를 기울이자. 의심스러운 경우(자격 증명을 요청할 때는 항상 극도로 의심해야 한다)에는 잠시 보류하고 동료나 친구에게 또 다른 의견을 구하는 것이 좋다. 다른 사람들에게 요청이 정말 합법적인지 확인해보자. 이메일 클릭을 통한 랜섬웨어 공격보다 간단한 채팅이나 전화 통화가 더 저렴하다. 동료를 포함해 자격 증명, 민감한 데이터 또는 기밀 정보를 요청할 때 그 누구도 액면 그대로 믿지 말자.

여러분은 개인정보보호와 윤리를 지키는 첫 번째 방어선이기도 하다. 수집해야 하는 민감한 데이터 때문에 불편한 점이 있는가? 프로젝트에서 데이터를 처리하는 방식에 윤리적 의문이 드는가? 그렇다면 동료 및 경영진에게 우려 사항을 제기하자. 업무가 법규를 준수하고 윤리적인지 확인하자.

---

1 https://oreil.ly/UtwPM

10.2 프로세스

사람들이 정규 보안 프로세스를 따르면 보안은 곧 업무의 일부가 된다. 보안을 습관화하고, 정기적으로 실제 보안을 실천하고, 최소 권한 원칙을 연습하고, 클라우드에서의 공유 책임 모델을 이해하자.

10.2.1 보여주기식 보안 vs 습관화된 보안

기업 고객들은 규정 준수(내부 규정, 법률, 표준 기관의 권고 사항)에만 집중하는 반면, 잠재적으로 발생할 수 있는 나쁜 시나리오에 대해서는 충분한 주의를 기울이지 않는다. 안타깝게도 이러한 접근 방식은 보안에 대한 환상을 불러일으키지만, 몇 분만 숙고해보면 명백히 드러날 수 있는 허점을 남기는 경우가 많다는 걸 알 수 있다.

보안은 조직 전체에서 습관화될 수 있을 만큼 간단하고 효과적이어야 한다. 아무도 읽지 않는 (수백 페이지에 달하는) 보안 정책과 보안 감사에 대한 체크 박스에 단순히 체크만 하고 끝내는 연례 보안 정책 검토를 시행하는 기업이 얼마나 많은지를 안다면 놀랄 것이다. 이것이 바로 보여주기식 보안이며, 보안은 실질적인 노력 없이 규정 준수 서신(SOC-2, ISO 27001 및 관련 사항)으로만 이뤄진다.

대신 진정성 있고 습관화된 보안의 정신을 추구하고 보안 마인드셋을 문화로 정착시켜보자. 보안은 복잡할 필요가 없다. 예를 들어 회사에서는 한 달에 한 번 이상 보안 교육과 정책 검토를 실시하고, 보안을 팀의 DNA로 뿌리내리고 개선할 수 있는 보안 관행에 대해 서로에게 업데이트한다. 데이터 팀에게 보안은 뒷전으로 밀려서는 안 된다. 모두가 책임이 있고 각자의 역할이 있다. 보안은 여러분과 함께 일하는 모든 사람에게 우선순위가 되어야 한다.

10.2.2 능동 보안

다시 부정적인 사고의 개념으로 돌아가서, **능동 보안**active security은 역동적으로 변화하는 세상에서 보안 위협에 대해 생각하고 연구하는 것을 수반한다. 단순히 예정된 모의 피싱 공격을 배포하는 대신, 성공적인 피싱 공격을 연구하고 조직의 보안 취약점을 파악함으로써 능동적인 보안 태세를 취할 수 있다. 단순히 표준 규정 준수 체크리스트를 채택하는 대신, 조직 고유의 내부 취약성과 직원들이 개인정보를 유출하거나 오용할 수 있는 인센티브에 관해 생각해볼 수 있다. 능동 보안의 자세한 내용은 10.3절에서 확인할 수 있다.

10.2.3 최소 권한 원칙

최소 권한 원칙principle of least privilege은 개인이나 시스템에 당면한 작업을 완료하는 데 필요한 권한과 데이터만 부여하고 그 이상의 권한은 부여하지 않아야 한다는 원칙이다. 클라우드에서는 사용자가 업무를 수행하는 데 몇몇 IAM 역할만 필요할 수 있는데도, 종종 그 사용자에게 모든 것에 대한 관리 접근 권한이 부여되는 소위 '안티 패턴'을 볼 수 있다. 일반 사용자에게 모든 관리 접근 권한을 부여하는 것은 큰 실수이며 최소 권한 원칙에 따라 절대로 해서는 안 되는 행위다.

대신 사용자(또는 그들이 속한 그룹)가 필요로 할 때 해당 IAM 역할을 제공하도록 하고, 이러한 역할이 더 이상 필요하지 않으면 제거하자. 서비스 계정에도 동일한 규칙이 적용된다. 인간과 기계를 동일하게 바라보고, 업무를 수행하는 데 필요한 권한과 데이터를 필요한 기간만 제공한다.

물론 최소 권한 원칙은 개인정보보호에도 매우 중요하다. 사용자와 고객은 사람들이 필요한 경우에만 자신의 민감한 데이터를 볼 것이라고 기대하므로, 이 경우에 해당하는지 확인하자. 민감한 데이터에 대해 열, 행, 셀 수준 접근 제어를 구현하고, PII와 기타 민감한 데이터를 마스킹하고, 뷰어가 접근해야 하는 정보만 포함하는 뷰를 만드는 것을 고려하자. 일부 데이터는 보유하되 비상시에만 접근해야 한다. 사용자는 문제를 해결하거나 중요한 기록 정보를 쿼리하는 등 긴급한 경우에만 긴급 승인 프로세스를 거친 후에 이러한 데이터에 접근할 수 있다. 작업이 완료되면 접근 권한은 즉시 회수된다.

10.2.4 클라우드에서의 책임 공유

보안은 클라우드에서 공동의 책임이다. 클라우드 공급업체는 데이터 센터와 하드웨어의 물리적 보안을 보장할 책임이 있다. 동시에 여러분은 클라우드에서 빌드하고 유지 관리하는 애플리케이션과 시스템의 보안에 대한 책임이 있다. 대부분의 클라우드 보안 침해는 클라우드가 아닌 최종 사용자에 의해 발생한다. 보안 침해는 의도하지 않은 잘못된 구성, 실수, 감독 소홀, 부주의로 인해 발생한다.

10.2.5 항상 데이터를 백업하라

데이터는 사라진다. 때때로 하드디스크 드라이브나 서버가 고장 나기도 하고, 누군가 실수로 데이터베이스나 객체 스토리지 버킷을 삭제하는 경우도 있다. 악의적인 공격자가 데이터를 잠글 수도 있다. 랜섬웨어 공격은 요즘 널리 퍼져 있다. 일부 보험사는 공격이 발생할 경우 보험금 지급을 줄여, 데이터를 복구하고 데이터를 인질로 잡고 있는 악의적인 공격자에게 돈을 지불해야 하는 상황에 처할 수 있다. 랜섬웨어 공격으로 데이터 버전이 손상된 경우에는 재해 복구와 비즈니스 운영의 연속성을 위해 정기적으로 데이터를 백업해야 한다. 또한 정기적으로 데이터 백업 복원을 테스트하자.

데이터 백업은 엄밀히 말해 보안과 개인정보보호 관행에 속하지 않고 **재해 방지**라는 큰 범주에 속하지만, 특히 랜섬웨어 공격이 빈번한 요즘에는 보안과 밀접한 관련이 있다.

10.2.6 보안 정책 예시

이 절에서는 자격 증명, 장치, 민감한 정보에 관한 보안 정책 예시를 소개한다. 너무 복잡하게 설명하는 대신, 사람들이 즉시 취할 수 있는 실용적인 조치의 짧은 목록을 제공한다는 점에 유의하자.

보안 정책 예시

자격 증명 보호

어떤 대가를 치르더라도 자격 증명을 보호하자. 다음은 자격 증명에 대한 몇 가지 기본 규칙이다.

- 모든 작업에 통합 인증single-sign-on(SSO)을 사용한다. 가급적 비밀번호를 사용하지 말고 SSO를 기본으로 사용한다.
- SSO와 함께 다단계 인증을 사용한다.
- 비밀번호나 자격 증명을 공유하지 않는다. 여기에는 클라이언트 비밀번호와 자격 증명이 포함된다. 의심스러운 경우에는 보고하는 사람에게 문의하고, 그 사람도 의심스럽다면 답을 찾을 때까지 계속 파헤친다.
- 피싱 및 사기 전화에 주의한다. 절대로 비밀번호를 알려주지 않는다(다시 한번 강조하지만 SSO를 우선시하자).

- 이전 자격 증명을 비활성화하거나 삭제한다. 되도록 후자가 좋다.
- 자격 증명을 코드에 포함하지 않는다. 기밀사항은 구성으로 처리하고 버전 관리에 커밋하지 않는다. 가능하면 시크릿 관리자를 사용한다.
- 항상 최소 권한 원칙을 실천하자. 업무 수행에 필요한 것보다 더 많은 접근 권한을 부여하지 않는다. 이는 클라우드와 온프레미스의 모든 자격 증명과 권한에 적용된다.

장치 보호
- 직원이 사용하는 모든 장치에 장치 관리를 사용한다. 직원이 퇴사하거나 장치를 분실한 경우 원격으로 장치를 초기화할 수 있다.
- 모든 장치에 다단계 인증을 사용한다.
- 회사 이메일 자격 증명을 사용해 장치에 로그인한다.
- 자격 증명 및 행동에 관한 모든 정책이 장치에 적용된다.
- 장치를 본인의 연장선으로 생각한다. 할당된 장치가 시야에서 벗어나지 않도록 주의한다.
- 화면을 공유할 때는 민감한 정보 및 커뮤니케이션을 보호하기 위해 공유 대상을 정확히 인지한다. 단일 문서, 브라우저 탭 또는 창만 공유하고, 전체 데스크톱을 공유하지 않도록 한다. 요점을 전달하는 데 필요한 내용만 공유한다.
- 영상 통화 시 '방해 금지' 모드를 사용하면 통화 또는 녹화 중에 메시지가 표시되지 않는다.

소프트웨어 갱신 정책
- 갱신 알림이 표시되면 웹 브라우저를 다시 시작한다.
- 회사 및 개인 장치에서 마이너 OS 갱신을 실행한다.
- 회사에서 중요한 주요 OS 갱신을 식별하고 안내를 제공한다.
- 베타 버전의 OS를 사용하지 않는다.
- 새로운 메이저 OS 버전이 릴리스될 때까지 1~2주 정도 기다린다.

이는 보안이 얼마나 간단하고 효과적일 수 있는지 보여주는 몇 가지 기본적인 예시다. 회사의 보안 프로필에 따라 사람들이 따라야 할 요구 사항을 더 추가해야 할 수도 있다. 다시 한번 강조하지만, 보안의 가장 약한 연결 고리는 사람이라는 점을 항상 기억하자.

10.3 기술

사람과 프로세스를 통해 보안 문제를 해결했다면, 이제는 기술을 활용해 시스템과 데이터 자산을 보호하는 방법을 살펴볼 차례다. 다음은 우선순위를 정해야 할 몇 가지 중요한 영역이다.

10.3.1 패치와 시스템 갱신

소프트웨어는 오래되면 보안 취약점이 지속해 발견된다. 사용 중인 이전 버전의 도구에서 보안 결함이 노출되는 것을 방지하려면, 새로운 갱신이 나올 때마다 항상 운영 체제와 소프트웨어를 패치하고 갱신하자. 다행히도 많은 SaaS 및 클라우드 관리형 서비스는 사용자 개입 없이 업그레이드와 기타 유지 관리를 자동으로 수행한다. 자체 코드와 종속성을 갱신하려면 빌드를 자동화하거나 릴리스 및 취약성에 대한 알림을 설정해 수동으로 갱신을 수행하라는 메시지가 표시되도록 하자.

10.3.2 암호화

암호화가 마법의 총알은 아니다. 인증 정보에 대한 접근 권한을 부여하는 **인적 보안 침해**가 발생하는 경우 사용자를 보호하는 데는 거의 도움이 되지 않는다. 암호화는 보안과 개인정보보호를 존중하는 모든 조직의 기본 요구 사항이다. 암호화는 네트워크 트래픽 가로채기와 같은 기본적인 공격으로부터 사용자를 보호한다.

미사용 암호화와 전송 중인 암호화를 각각 따로 살펴보자.

미사용 암호화

데이터가 저장 장치에 유휴 상태일 때 암호화되었는지 확인하자. 회사 노트북에는 전체 디스크 암호화를 활성화해 장치를 도난당했을 때 데이터를 보호해야 한다. 클라우드의 서버, 파일 시스템, 데이터베이스, 객체 스토리지에 저장된 모든 데이터에 서버 측 암호화를 구현하자. 보관 목적의 모든 데이터 백업도 암호화해야 한다. 마지막으로, 해당하는 경우 애플리케이션 수준 암호화를 통합한다.

유선을 통한 암호화

현재 프로토콜에서는 유선을 통한 암호화가 기본값이다. 예를 들어 최신 클라우드 API에는 일반적으로 HTTPS가 필요하다. 잘못된 키 처리는 데이터 유출의 중요한 원인이므로 데이터 엔지니어는 항상 키가 어떻게 처리되는지 알고 있어야 한다. 또한 지난 10여 년간 여러 데이터 관련 사건들의 또 다른 원인이었던 버킷 권한이 공개된 경우 HTTPS는 데이터를 보호하는 데 아무런 역할을 하지 못한다.

또한 엔지니어는 구형 프로토콜의 보안 한계에 대해서도 알고 있어야 한다. 예를 들어 FTP는 공용 네트워크에서 안전하지 않다. 데이터가 이미 공개된 경우에는 문제가 되지 않을 수 있지만, FTP는 공격자가 다운로드한 데이터를 가로채서 클라이언트에 도착하기 전에 변경하는 중간자 공격^{man in the middle attack}(MITM)에 취약하므로 FTP를 사용하지 않는 것이 가장 좋다.

레거시 프로토콜을 사용하더라도 유선을 통해 모든 것이 암호화되었는지 확인하자. 확실하지 않은 경우에는 암호화가 내장된 강력한 기술을 사용하는 것이 좋다.

10.3.3 로깅, 모니터링, 알림

해커와 악의적인 공격자는 일반적으로 시스템에 침입했다는 사실을 알리지 않는다. 대부분의 기업은 보안 사고가 발생한 후에야 보안 사고에 관해 알게 된다. 데이터옵스의 업무 중 일부는 사고를 관찰, 탐지 및 경고하는 것이다. 데이터 엔지니어로서 여러분은 시스템에서 특이한 이벤트가 발생할 때 이를 인지할 수 있도록 자동화된 모니터링, 로깅 및 알림을 위한 환경을 구성해야 한다. 가능하면 이상 징후를 자동으로 탐지할 수 있는 환경을 구성할 수 있도록 한다.

다음은 모니터링해야 할 몇 가지 영역이다.

접근

누가 언제, 어디서, 무엇에 접근하는가? 어떤 새로운 접근 권한이 부여되었는가? 현재 사용자에게 평소에는 접근하지 않거나 접근해서는 안 되는 시스템에 접근하려고 시도하는 등 계정이 손상되었음을 나타내는 이상한 패턴이 있는가? 알 수 없는 새로운 사용자가 시스템에 접근하는 것이 보이는가? 접근 로그, 사용자 및 사용자 역할을 정기적으로 살펴보고 모든 것이 정상적으로 보이는지 확인하자.

리소스

디스크, CPU, 메모리, I/O에서 평소와 다른 패턴이 있는지 모니터링하자. 리소스가 갑자기 변경되었는가? 그렇다면 보안 침해의 징후일 수 있다.

청구

특히 SaaS 및 클라우드 관리형 서비스의 경우 비용을 감독해야 한다. 예산 알림을 설정해 지출이 예상 범위 내에 있는지 확인한다. 청구액이 예기치 않게 급증하는 경우에는 누군가 또는 무언가가 악의적인 목적으로 자원을 사용하고 있다는 신호일 수 있다.

초과 권한

점점 더 많은 공급업체에서 일정 기간 동안 사용자 또는 서비스 계정에서 사용하지 않는 권한을 모니터링하는 도구를 제공하고 있다. 이러한 도구는 지정된 시간이 경과하면 관리자에게 자동으로 알림을 보내거나 권한을 제거하도록 구성할 수 있다.

예를 들어 특정 분석가가 6개월 동안 레드시프트에 접근하지 않았다고 가정해보자. 이러한 권한을 제거해 잠재적인 보안 허점을 차단할 수 있다. 분석가가 향후에 레드시프트에 접근해야 하는 경우, 티켓을 제출해 권한을 다시 획득할 수 있다.

모니터링에서 이러한 영역을 결합해 자원, 접근 및 청구 프로필을 단면적으로 파악하는 것이 가장 좋다. 데이터 팀의 모든 사람이 모니터링 내용을 보고 비정상적인 사항이 발견되면 경고를 받을 수 있도록 대시보드를 설정하는 것이 좋다. 이를 효과적인 사고 대응 계획과 결합해 보안 침해가 발생했을 때 관리하고, 정기적으로 계획을 실행해 대비하자.

10.3.4 네트워크 접근

데이터 엔지니어들이 네트워크 접근과 관련해 꽤나 거친 작업을 하는 것을 종종 볼 수 있다. 공개적으로 사용 가능한 아마존 S3 버킷에 수많은 민감한 데이터가 저장된 경우도 여러 번 발견할 수 있었다. 또한 전 세계 0.0.0.0/0(모든 IP)에 관해 인바운드 SSH 접근이 개방된 아마존 EC2 인스턴스나 공용 인터넷을 통해 모든 인바운드 요청에 대한 접근이 개방된 데이터베이스를 목격하기도 했다. 이는 끔찍한 네트워크 보안 관행의 몇 가지 예에 불과하다.

네트워크 보안은 원칙적으로 회사의 보안 전문가에게 맡겨야 한다(실제로 소규모 회사에서는 네트워크 보안에 관해 상당한 책임을 져야 할 수도 있다). 데이터 엔지니어는 데이터베이스, 객체 스토리지, 서버를 자주 접하게 되므로, 최소한 올바른 네트워크 접근 관행을 준수하기 위해 취할 수 있는 간단한 조치를 알고 있어야 한다. 어떤 IP와 포트가 누구에게, 왜 개방되었는지 파악하자. 이러한 포트에 접근할 시스템과 사용자의 수신 IP 주소를 허용하고(일명 화이트리스트 IP), 어떤 이유로든 연결을 광범위하게 개방하지 않도록 하자. 클라우드 또는 SaaS 도구에 접근할 때는 암호화된 연결을 사용하자. 예를 들어 커피숍에서 암호화되지 않은 웹사이트를 사용하지 않아야 한다.

또한 이 책에서는 거의 전적으로 클라우드에서 워크로드를 실행하는 데 중점을 두었지만, 여기서는 온프레미스 서버 호스팅에 대한 간략한 내용을 추가한다. 3장에서 강화된 경계와 제로 트러스트 보안의 차이점에 관해 논의했던 것을 기억하자. 클라우드는 일반적으로 모든 작업에 인증이 필요한 제로 트러스트 보안에 더 가깝다. 클라우드는 제로 트러스트 관행을 적용하고 퍼블릭 클라우드에 고용된 보안 엔지니어를 활용할 수 있기 때문에 대부분의 조직에서 클라우드가 더 안전한 옵션이라고 생각한다.

그러나 때로는 강화된 경계 보안이 여전히 의미가 있을 때도 있다. 예를 들어 핵미사일 사일로가 에어 갭(어떤 네트워크에도 연결되지 않은 상태)이라는 사실에서 위안을 얻을 수 있다. 에어 갭 서버는 강화된 보안 경계의 궁극적인 예다. 다만, 온프레미스에 있더라도 에어 갭 서버는 사람 보안 실패에 취약하다는 점을 명심하자.

10.3.5 로우 레벨 데이터 엔지니어링을 위한 보안

데이터 저장 및 처리 시스템의 핵심을 담당하는 엔지니어의 경우 모든 요소의 보안 영향을 고려하는 것이 중요하다. 모든 소프트웨어 라이브러리, 스토리지 시스템, 컴퓨팅 노드에는 잠재적인 보안 취약점이 존재한다. 잘 알려지지 않은 로깅 라이브러리의 결함 때문에 공격자가 접근 제어나 암호화를 우회할 수 있다. CPU 아키텍처와 마이크로코드microcode에도 잠재적인 취약점이 존재하며, 민감한 데이터가 메모리나 CPU 캐시에 저장되어 있을 때 취약해질 수 있다. 체인의 어떤 링크도 당연한 것으로 간주할 수 없다.

물론 이 책은 주로 전체 수명 주기를 다루기 위한 도구들을 조합하는 고수준 데이터 엔지니어링에 관한 것이다. 따라서 자세한 기술적인 내용은 여러분의 몫으로 남겨두겠다.

내부 보안 연구

앞서 10.2절에서 **능동 보안**에 대한 아이디어를 논의했다. 이 책에서는 또한 기술에 관해 능동 보안 접근 방식을 채택할 것을 적극 권장한다. 특히 이는 모든 기술 직원이 보안 문제에 관해 생각해야 한다는 것을 의미한다.

이것이 왜 중요할까? 모든 기술 기여자는 각자의 전문 기술 영역을 개발한다. 회사에서 수많은 보안 연구원을 고용하고 있더라도, 데이터 엔지니어는 자신이 담당하는 특정 데이터 시스템과 클라우드 서비스에 관해 잘 알고 있을 것이다. 특정 기술의 전문가는 해당 기술의 보안 허점을 식별하는 데 유리한 위치에 있다.

모든 데이터 엔지니어가 보안에 적극적으로 참여하도록 장려하자. 시스템에서 잠재적인 보안 위험을 식별하면 완화 조치를 고려하고 이를 배포하는 데 적극적인 역할을 수행해야 한다.

10.4 결론

보안은 마음가짐과 행동의 습관으로 내재되어야 하며, 데이터를 지갑이나 스마트폰처럼 취급해야 한다. 회사의 보안을 직접 담당하지는 않더라도 기본 보안 수칙을 숙지하고 보안을 최우선으로 생각하면 조직에서 데이터 보안 침해 위험을 줄이는 데 도움이 될 것이다.

10.5 참고 문헌

- Building Secure a nd Reliable Systems by Heather Adkins et al. (O'Reilly)
- Open Web Application Security Project (OWASP) publications (`https://owasp.org`)
- Practical Cloud Security by Chris Dotson (O'Reilly)

CHAPTER 11

데이터 엔지니어링의 미래

이 책은 이 분야의 급격한 변화에 따라 기존의 데이터 엔지니어, 데이터 엔지니어링 분야로 커리어를 전환하려는 사람, 기술 관리자, 그리고 데이터 엔지니어링이 그들의 회사에 어떻게 적용되는지를 더 잘 이해하려는 경영진에게 상당한 지식 격차가 발생한다는 필자들의 인식에서 출발했다. 이 책을 어떻게 구성할지 고민하던 중 '이렇게 빠르게 변화하는 분야에 관해 감히 어떻게 글을 쓸 수 있느냐?'라며 반발하는 지인들이 꽤 있었고, 사실 여러 가지 측면을 고려하면 그 말이 옳다고 생각한다. 데이터 엔지니어링 분야는(그리고 데이터와 관련된 모든 분야가) 매일매일 변화하는 건 분명한 사실이다. 이 책을 정리하고 집필하는 과정에서 가장 어려웠던 부분은 잡음을 걸러내고 **변화하지 않을 것 같은 신호**를 찾는 일이었다.

이 책은 향후 몇 년 동안 유용하리라 생각되는 큰 아이디어, 즉 데이터 엔지니어링 수명 주기의 연속성과 그 드러나지 않는 요소에 초점을 맞췄다. 작업 순서와 모범 사례 및 기술의 이름은 바뀔 수 있지만, 수명 주기의 주요 단계는 앞으로 수년 동안 그대로 유지될 것이다. 우리는 기술이 지칠 줄 모르는 속도로 계속 변화하고 있다는 사실을 잘 알고 있다. 현재 기술 분야에서 일한다는 것은 롤러코스터를 타는 것처럼 느껴지거나 거울의 방에 있는 것처럼 느껴질 수도 있다.

수년 전만 해도 데이터 엔지니어링은 개별 분야나 별도의 직책으로 존재하지 않았다. 하지만 이제 여러분은 이 책을 읽고 있다! 데이터 엔지니어링의 수명 주기, 드러나지 않는 요소, 기술, 모범 사례 등 데이터 엔지니어링의 기본 사항을 모두 배웠다. 아마 여러분은 데이터 엔지니어링의 다음 단계는 무엇일지 자문해볼 것이다. 누구도 미래를 예측할 수는 없지만, 우리는 과거와 현재, 그리고 최신 트렌드를 잘 파악하고 있다. 우리는 운 좋게도 데이터 엔지니어링의 기원과 진화를 맨 앞자리에 앉아 지켜볼 수 있었다. 이 마지막 장에서는 현재 진행 중인 발전에 대한 관찰과 미래에 대한 추측을 포함하여 미래에 대한 나름의 의견을 제시한다.

11.1 사라지지 않는 데이터 엔지니어링 수명 주기

최근 몇 년 동안 데이터 과학이 많은 주목을 받았지만, 데이터 엔지니어링은 뚜렷하고 눈에 띄는 분야로 빠르게 성숙하고 있다. 데이터 엔지니어링은 기술 분야에서 가장 빠르게 성장하는 직업 중 하나이며, 그 성장세는 꺾일 기미가 보이지 않는다. 기업들이 AI나 ML 같은 '더 섹시한' 기술로 전환하기 전에 먼저 데이터 기반을 구축해야 한다는 사실을 깨닫게 되면서, 데이터 엔지니어링의 인기와 중요성은 계속 커질 것이다. 이러한 발전은 데이터 엔지니어링 수명 주기를 중심으로 이뤄진다.

어떤 사람들은 점점 더 단순해지는 도구와 관행들 때문에 데이터 엔지니어가 사라질지도 모른다는 의문을 제기한다. 하지만 이러한 생각은 다소 얕고 게으르면서 근시안적이다. 조직이 새로운 방식으로 데이터를 활용하게 되면, 이러한 요구를 해결하기 위해 새로운 기반과 시스템, 워크플로가 필요해질 것이다. 데이터 엔지니어는 이러한 시스템의 디자인, 설계, 구축 및 유지 관리의 중심에 있다. 도구를 더 쉽게 사용할 수 있게 되면 데이터 엔지니어는 더 높은 수준의 작업에 집중하기 위해 가치 사슬의 위쪽으로 올라간다. 데이터 엔지니어링 수명 주기는 이른 시일 내에 사라지지는 않을 것이다.

11.2 복잡성의 감소와 사용하기 쉬운 데이터 도구의 부상

단순화되고 사용하기 쉬운 도구는 데이터 엔지니어링의 진입 장벽을 계속 낮추고 있다. 이는 특히 앞서 언급한 데이터 엔지니어의 부족을 고려할 때 매우 좋은 일이다. 단순성을 추구하는 움직임은 계속될 것이다. 데이터 엔지니어링은 특정 기술이나 데이터 크기에 의존하지 않으며, 또한 대기업만을 위한 것도 아니다. 2000년대에는 '빅데이터' 기술을 배포하려면 대규모 팀과 막대한 자금이 필요했지만, SaaS 관리형 서비스의 등장으로 다양한 '빅데이터' 시스템의 핵심을 이해하는 데 따르는 복잡성이 상당 부분 제거됐다. 이제 데이터 엔지니어링은 모든 기업이 할 수 있는 일이 됐다.

빅데이터는 엄청난 성공의 희생양이다. 예를 들어 GFS와 맵리듀스의 후손인 구글 빅쿼리는 페타바이트 단위의 데이터를 쿼리할 수 있다. 한때 구글 내부용으로만 사용되던 이 엄청나게 강력한 기술은 이제 GCP 계정이 있는 사람이라면 누구나 사용할 수 있다. 사용자는 대규모 인프라 스택을 구축할 필요 없이, 저장하고 쿼리하는 데이터에 대한 비용만 지불하면 된다. 스노우플레이크, 아마존 EMR, 그리고 기타 확장성이 뛰어난 다른 많은 클라우드 데이터 솔루션이 이 분야에서 경쟁하고 있으며 비슷한 기능을 제공한다.

클라우드는 오픈 소스 도구의 사용 방식에 큰 변화를 가져왔다. 2010년대 초반만 해도 오픈 소스를 사용하려면 일반적으로 코드를 다운로드하고 직접 환경을 구성해야 했다. 오늘날에는 수많은 오픈 소스 데이터 도구가 독점 서비스와 직접 경쟁하는 관리형 클라우드 서비스로 제공된다. 리눅스는 모든 주요 클라우드의 서버 인스턴스에 사전 구성 및 설치되어 제공된다. AWS 람다와 구글 클라우드 펑션 같은 서버리스 플랫폼을 사용하면, 백그라운드로 리눅스에서 실행되는 파이썬, 자바, 고^{Go} 등의 주류 언어를 사용해 이벤트 기반 애플리케이션을 몇 분 안에 배포할 수 있다. 아파치 에어플로를 사용하려는 엔지니어는 구글의 클라우드 컴포저^{Cloud Composer} 또는 AWS의 관리형 에어플로 서비스를 채택할 수 있으며, 관리형 쿠버네티스를 사용하면 확장성이 뛰어난 마이크로서비스 아키텍처를 구축할 수 있다. 그 외에도 많은 것이 존재한다.

이는 오픈 소스 코드에 대한 논의를 근본적으로 변화시킨다. 대부분의 경우 관리형 오픈 소스는 독점 서비스 경쟁 제품만큼이나 사용하기 쉽다. 고도로 전문화된 요구 사항이 있는 기업도 관리형 오픈 소스를 배포한 다음 나중에 기본 코드를 사용자 지정해야 할 때 자체 관리형 오픈 소스로 전환할 수 있다.

또 다른 중요한 추세는 기성품 형태의 상용 데이터 커넥터의 인기가 높아지고 있다는 점이다 (이 책을 쓰는 시점에 인기 있는 커넥터로는 파이브트랜과 에어바이트가 있다). 데이터 엔지니어는 전통적으로 외부 데이터 원천에 연결하기 위한 파이프라인을 구축하고 유지 관리하는 데 많은 시간과 자원을 소비해 왔다. 차세대 관리형 커넥터는 고도의 기술력을 갖춘 엔지니어들에게도 매우 매력적인데, 다른 프로젝트를 위해 시간과 정신적인 대역폭을 확보하는 것의 가치를 인지하기 시작했기 때문이다. 데이터 엔지니어가 비즈니스를 주도하는 고유한 문제에 집중할 수 있도록 API 커넥터는 점차 아웃소싱 논의 대상이 될 것이다.

데이터 도구 분야의 치열한 경쟁과 데이터 엔지니어의 증가가 맞물리면서 데이터 도구의 복잡성은 계속 줄어드는 반면 더 많은 기능과 특징이 추가될 것이다. 점점 더 많은 기업이 데이터에서 가치를 발견할 기회를 찾음에 따라 이러한 단순화는 데이터 엔지니어링의 관행을 더욱 성장시킬 것이다.

11.3 클라우드 규모의 데이터 OS와 향상된 상호 운용성

(단일 장치) 운영 체제의 내부 작동 방식을 간단히 살펴본 다음, 이를 데이터 및 클라우드와 다시 연결해보자. 스마트폰, 노트북, 애플리케이션 서버, 스마트 온도 조절기 등 어떤 기기를 사용하든 이러한 장치는 운영 체제를 통해 필수 서비스를 제공하고 작업과 프로세스를 조율한다. 예를 들어 필자가 타이핑하는 맥북 프로에서는 약 300개의 프로세스가 실행 중인 것을 볼 수 있으며, 무엇보다도 윈도 서버(그래픽 인터페이스에서 윈도를 제공하는 역할)나 코어 오디오(로우 레벨의 오디오 기능을 제공하는 역할) 같은 서비스가 눈에 띈다.

이 컴퓨터에서 애플리케이션을 실행하면 사운드 및 그래픽 하드웨어에 직접 접근하지 않는다. 대신 윈도를 열고 소리를 재생하기 위해 운영 체제 서비스에 명령을 보낸다. 이러한 명령은 표준 API로 전달되며, 사양은 소프트웨어 개발자에게 운영 체제 서비스와 통신하는 방법을 알려준다. 운영 체제는 이러한 서비스를 제공하기 위해 부팅 프로세스를 조율해 서비스 간 종속성에 따라 올바른 순서로 각 서비스를 시작하고, 서비스를 모니터링하며, 장애 발생 시 올바른 순서로 다시 시작해 서비스를 유지 관리한다.

이제 클라우드의 데이터로 돌아가보자. 이 책 전체에 걸쳐 언급했던 간소화된 데이터 서비스(예: 구글 클라우드 빅쿼리, 애저 블롭 스토리지, 스노우플레이크, AWS 람다)는 운영 체제 서비스와 비슷하지만, 단일 서버가 아닌 여러 머신에서 실행되는 훨씬 더 큰 규모를 자랑한다.

이제 이러한 간소화된 서비스를 사용할 수 있게 되었으므로, 클라우드 데이터 운영 체제라는 개념의 다음 진화 단계는 더 높은 수준의 추상화에서 이루어질 것이다. 벤 스탠실Benn Stancil은 데이터 파이프라인과 데이터 애플리케이션을 구축하기 위한 표준화된 데이터 API의 출현을 촉구했다.[1] 데이터 엔지니어링은 점차 소수의 데이터 상호운용성 표준을 중심으로 통합될 것이

---

1 Benn Stancil, 'The Data OS,' benn.substack, September 3, 2021. https://oreil.ly/HetE9

다. 클라우드의 객체 스토리지는 다양한 데이터 서비스 간의 배치 인터페이스 계층으로서 그 중요성이 커질 것이다. 차세대 파일 형식(예: 파케이 및 아브로)이 이미 클라우드 데이터 교환을 위해 사용되고 있으며, CSV의 끔찍한 상호 운용성과 원시 JSON의 열악한 성능을 크게 개선하고 있다.

데이터 API 생태계의 또 다른 중요한 요소는 스키마와 데이터 계층 구조를 설명하는 메타데이터 카탈로그다. 현재 이 역할은 대부분 기존 하이브 메타스토어가 담당하고 있는데, 그 자리를 대신할 새로운 참가자가 등장하리라 예상된다. 메타데이터는 애플리케이션과 시스템, 클라우드와 네트워크 전반의 데이터 상호 운용성에서 중요한 역할을 담당하며 자동화와 간소화를 촉진할 것이다.

또한 클라우드 데이터 서비스를 관리하는 스캐폴딩(초기 프로젝트의 뼈대를 임시로 만드는 행위)도 크게 개선될 것이다. 아파치 에어플로는 최초의 진정한 클라우드 지향 데이터 오케스트레이션 플랫폼으로 부상했지만, 이제 상당한 개선의 정점에 와 있다. 에어플로는 막대한 인지도를 기반으로 그 기능이 더욱 확장될 것이다. 대그스터와 프리펙트 같은 새로운 참가자들은 오케스트레이션 아키텍처를 처음부터 다시 구축해 경쟁할 것이다.

이 차세대 데이터 오케스트레이션 플랫폼의 특징은 향상된 데이터 통합과 데이터 인식 기능이다. 오케스트레이션 플랫폼은 데이터 카탈로그 및 계보와 통합되어 그 과정에서 훨씬 더 많은 데이터를 인식하게 될 것이다. 또한, 오케스트레이션 플랫폼은 (테라폼과 유사한) IaC 기능과 (깃허브 액션^{GitHub Actions} 및 젠킨스^{Jenkins} 같은) 코드 배포 기능을 구축할 것이다. 이를 통해 엔지니어는 파이프라인을 코딩한 다음 오케스트레이션 플랫폼에 전달해 자동으로 빌드, 테스트, 배포 및 모니터링 할 수 있다. 엔지니어는 인프라 사양을 파이프라인에 직접 작성할 수 있으며, 누락된 인프라 및 서비스(예: 스노우플레이크 데이터베이스, 데이터브릭스 클러스터, 아마존 키네시스 스트림)는 파이프라인이 처음 실행될 때 배포된다.

또한 스트리밍 데이터를 수집하고 쿼리할 수 있는 스트리밍 파이프라인과 데이터베이스 같은 **라이브 데이터**^{live data} 영역에서도 상당한 개선이 이루어질 것이다. 과거에는 스트리밍 DAG를 구축하는 것이 매우 복잡하고 지속적인 운영 부담이 큰 프로세스였다(8장 참조). 아파치 펄사와 같은 도구는 비교적 간단한 코드를 사용하여 복잡한 변환을 통해 스트리밍 DAG를 배포함으로써 미래로 나아가는 길을 제시한다. 우리는 이미 관리형 스트림 프로세서(예: 아마존 키네시스 데이터 분석 및 구글 클라우드 데이터플로)의 출현을 보았지만, 이러한 서비스를 관리하고,

함께 연결하고, 모니터링하기 위한 차세대 오케스트레이션 도구가 등장할 것이다. 라이브 데이터에 대해서는 11.6.1절에서 논의한다.

이러한 향상된 추상화는 데이터 엔지니어에게 어떤 의미가 있을까? 이 장에서 이미 주장했듯이, 데이터 엔지니어의 역할은 사라지지는 않겠지만 크게 진화할 것이다. 견주어 보건대, 모바일 운영 체제와 프레임워크가 더욱 정교해졌다고 해서 모바일 앱 개발자가 사라진 것은 아니다. 대신 모바일 앱 개발자는 이제 더 나은 품질의 정교한 애플리케이션을 만드는 데 집중할 수 있다. 클라우드 규모의 데이터 OS 패러다임이 다양한 애플리케이션과 시스템 전반에서 상호 운용성과 단순성을 개선함에 따라 데이터 엔지니어링도 비슷한 발전을 이룰 것이다.

11.4 '엔터프라이즈' 데이터 엔지니어링

데이터 도구가 점점 더 간소화되고 모범 사례의 출현과 문서화가 이루어지는 상황은 데이터 엔지니어링이 더욱 '기업적 enterprisey'이 될 것임을 의미한다.[2] 아마 여러분은 이 문장을 읽는 순간 순간적으로 크게 움찔했을 것이다. 일부 독자들은 엔터프라이즈 enterprise라는 용어를 보면서 무미건조한 파란색 셔츠와 카키색 카디건을 입은 얼굴 없는 위원회, 끝없는 레드 테이프, 일정이 계속 미뤄지고 예산이 폭포수처럼 쏟아지는 개발 프로젝트에 대한 카프카식 악몽을 떠올릴 수 있다. 요컨대 여러분 중 일부는 '기업'이라는 하는 순간 혁신이 죽어가는 영혼 없는 곳을 상상할 것이다.

다행히도 이 책에서는 그러한 이야기를 하려는 것은 아니다. 우리는 대기업이 데이터 관리, 운영, 거버넌스 및 기타 '지루한' 업무에 대해 수행하는 몇 가지 좋은 일을 언급하고 있다. 우리는 현재 '기업적' 데이터 관리 도구의 황금기를 맞이하고 있다. 한때 거대 조직의 전유물이었던 기술과 관행이 다운스트림으로 흐르고 있다. 빅데이터와 스트리밍 데이터의 어려운 부분은 이제 대부분 추상화되어 사용 편의성, 상호 운용성 및 기타 개선 사항으로 초점이 옮겨가고 있다.

이를 통해 새로운 도구를 개발하는 데이터 엔지니어는 데이터 관리, 데이터옵스 및 기타 데이터 엔지니어링의 모든 추상화에서 기회를 찾을 수 있다. 말이 나온 김에 언급하자면, 데이터 엔지니어는 '기업적'이 될 것이다.

---

2 Ben Rogojan, 'Three Data Engineering Experts Share Their Thoughts on Where Data Is Headed,' Better Programming, May 27, 2021, https://oreil.ly/IsY4W

11.5 직책과 책임의 변화

데이터 엔지니어링 수명 주기가 곧 사라지지는 않겠지만, 소프트웨어 엔지니어링, 데이터 엔지니어링, 데이터 과학, ML 엔지니어링 사이의 경계는 점점 더 모호해지고 있다. 실제로 필자와 같은 수많은 데이터 과학자가 유기적인 과정을 통해 데이터 엔지니어로 변신하고 있다. '데이터 과학'을 수행해야 하지만 업무에 필요한 도구가 부족한 경우에는 데이터 엔지니어링 수명 주기에 맞는 시스템을 설계하고 구축하는 일을 맡게 된다.

단순성이 스택 위쪽으로 올라갈수록 데이터 과학자는 데이터를 수집하고 조합하는 데 더 적은 시간을 할애하게 될 것이다. 그러나 이러한 추세는 데이터 과학자를 넘어 그 이상으로 확장될 것이다. 또한 단순화는 데이터 엔지니어가 데이터 엔지니어링 수명 주기의 로우 레벨 작업(서버 관리, 구성 등)에 드는 시간이 줄어들고, '기업적' 데이터 엔지니어링이 더욱 널리 보급될 것임을 의미한다.

데이터가 모든 비즈니스 프로세스에 더욱 긴밀하게 통합됨에 따라 데이터와 알고리즘 영역에서 새로운 역할이 등장할 것이다. 한 가지 가능성은 ML 엔지니어링과 데이터 엔지니어링 사이에 위치하는 역할이다. ML 도구 셋의 사용이 쉬워지고 관리형 클라우드 ML 서비스의 기능이 향상함에 따라 ML은 임시 탐색 및 모델 개발에서 벗어나 운영 분야로 전환되고 있다.

이 두 분야를 아우르는 새로운 ML 중심 엔지니어는 알고리즘, ML 기술, 모델 최적화, 모델 모니터링, 데이터 모니터링에 관해 잘 알고 있어야 한다. 그러나 이들의 주요 역할은 모델을 자동으로 학습시키고, 성능을 모니터링하며, 잘 이해된 모델 유형에 대한 전체 ML 프로세스를 운영하는 시스템을 만들거나 활용하는 것이다. 또한 데이터 파이프라인과 품질을 모니터링해 현재의 데이터 엔지니어링 영역과 겹치는 부분도 담당하게 될 것이다. ML 엔지니어는 연구에 더 가깝고 잘 이해되지 않은 모델 유형에 대해 작업할 수 있도록 더 전문화될 것이다.

직책이 변화할 수 있는 또 다른 영역은 소프트웨어 엔지니어링과 데이터 엔지니어링의 교차점이다. 기존 소프트웨어 애플리케이션과 분석이 결합된 데이터 애플리케이션이 이러한 추세를 주도할 것이다. 소프트웨어 엔지니어는 데이터 엔지니어링에 관해 훨씬 더 깊이 이해해야 할 것이다. 스트리밍, 데이터 파이프라인, 데이터 모델링, 데이터 품질과 같은 전문 지식을 개발할 것이다. 현재 널리 퍼져 있는 '사전 협의 없이 다른 사람이나 부서에 프로젝트나 문제를 넘겨주는' 접근 방식에서 벗어나게 될 것이다. 데이터 엔지니어는 애플리케이션 개발 팀에 통합되고 소프트웨어 개발자는 데이터 엔지니어링 기술을 습득하게 될 것이다. 스트리밍 및 이벤트 기반 아키텍처를 통한 긴밀한 통합을 통해 애플리케이션 백엔드 시스템과 데이터 엔지니어링 도구 사이에 존재하는 경계도 낮아질 것이다.

11.6 모던 데이터 스택을 넘어 라이브 데이터 스택으로

솔직히 이야기하자면 모던 데이터 스택(MDS)은 그다지 모던하지 않다. 강력한 데이터 도구를 대중에게 제공하고, 가격을 낮추며, 데이터 분석가가 데이터 스택을 제어할 수 있도록 권한을 부여한 MDS에 박수를 보낸다. ELT의 부상, 클라우드 데이터 웨어하우스, SaaS 데이터 파이프라인의 추상화는 확실히 많은 기업의 판도를 바꾸어 놓았으며 BI, 분석, 데이터 과학을 위한 새로운 동력을 불어넣었다.

그렇긴 하지만 MDS는 기본적으로 오래된 데이터 웨어하우스 관행을 최신 클라우드 및 SaaS 기술을 사용해 재패키징한 것이다. MDS가 클라우드 데이터 웨어하우스 패러다임을 기반으로 구축되었기 때문에, 차세대 실시간 데이터 애플리케이션의 잠재력과 비교할 때 몇 가지 심각한 한계가 있다. 필자의 관점에서 이 세상은 데이터 웨어하우스 기반의 내부용 분석 및 데이터 과학을 사용하는 것을 넘어, 차세대 실시간 데이터베이스를 통해 전체 비즈니스와 애플리케이션을 실시간으로 지원하는 방향으로 나아가고 있다.

이러한 변화를 이끄는 원동력은 과연 무엇일까? 많은 경우 분석(BI와 운영 분석)은 자동화로 대체될 것이다. 현재 대부분의 대시보드와 보고서는 **무엇**what과 **언제**when에 관한 질문에 답한다. 스스로에게 자문해보자. '무엇' 또는 '언제'를 질문한다면 그다음에 어떤 조치를 취해야 할까? 그 조치가 반복적인 작업이라면 자동화를 고려할 수 있다. 발생하는 이벤트에 따라 해당되는 조치를 자동화할 수 있는데, 왜 보고서를 보고 작업을 수행할지를 결정해야 할까?

더 나아가 틱톡TikTok, 우버Uber, 구글, 도어대시DoorDash와 같은 제품을 사용하는 것이 마법처럼 느껴지는 이유는 무엇일까? 버튼 클릭 한 번으로 짧은 동영상을 시청하고, 차량 서비스나 음식을 주문하고, 검색 결과를 찾을 수 있는 것처럼 보이지만, 사실 그 이면에서는 많은 일이 일어나고 있다. 이러한 제품은 진정한 실시간 데이터 애플리케이션의 사례로, 버튼 클릭 한 번으로 필요한 작업을 제공하는 동시에 매우 정교한 데이터 처리와 머신러닝을 백그라운드에서 아주 짧은 지연 시간으로 수행한다. 현재 이러한 수준의 정교함은 대형 기술 기업의 맞춤형 기술 뒤에 숨어 있지만, MDS가 클라우드 규모의 데이터 웨어하우스와 파이프라인을 대중에게 제공한 방식과 유사하게 이러한 정교함과 성능은 대중화되고 있다. 데이터 세상은 곧 '라이브'가 될 것이다.

11.6.1 라이브 데이터 스택

이러한 실시간 기술의 민주화는 MDS의 후속 버전으로 이어질 것이며, **라이브 데이터 스택**live data stack은 곧 접근 가능해지고 널리 보급될 것이다. [그림 11-1]에 묘사된 라이브 데이터 스택은 스트리밍 기술을 써서 실시간 분석과 ML을 애플리케이션에 융합해 애플리케이션 원천 시스템에서 데이터 처리, ML에 이르는 전체 데이터 수명 주기를 포괄한다.

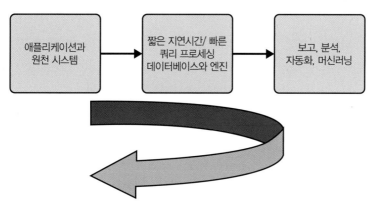

그림 11-1 라이브 데이터 스택에서 데이터와 인텔리전스는 애플리케이션과 지원 시스템 간에 실시간으로 이동한다.

MDS가 클라우드를 활용해 온프레미스 데이터 웨어하우스와 파이프라인 기술을 대중에게 제공한 것처럼, 라이브 데이터 스택은 엘리트 기술 기업에서 사용되는 실시간 데이터 애플리케이션 기술을 모든 규모의 기업이 사용하기 쉬운 클라우드 기반 오퍼링으로 사용할 수 있도록 한다. 이를 통해 더 나은 사용자 경험과 비즈니스 가치를 창출할 새로운 가능성의 세계가 열릴 것이다.

11.6.2 스트리밍 파이프라인과 실시간 분석 데이터베이스

MDS는 데이터를 경계가 있는 것으로서 다루는 배치 기법으로 제한한다. 한편 실시간 데이터 애플리케이션은 데이터를 경계가 없는 연속적인 스트림으로 취급한다. 스트리밍 파이프라인과 실시간 분석 데이터베이스는 MDS에서 라이브 데이터 스택으로의 전환을 촉진하는 두 가지 핵심 기술이다. 이러한 기술은 한동안 사용되어 왔지만, 관리형 클라우드 서비스가 빠르게 성숙함에 따라 훨씬 더 광범위하게 배포될 것이다.

스트리밍 기술은 당분간 성장을 거듭할 것이다. 이는 스트리밍 데이터의 비즈니스 효용성에 대한 더 명확한 초점과 함께 이루어질 것이다. 지금까지 스트리밍 시스템은 종종 값비싼 신기한 제품이거나 또는 A에서 B로 데이터를 전송하는 멍청한 파이프처럼 취급됐다. 하지만 앞으로는 스트리밍이 조직의 기술과 비즈니스 프로세스를 근본적으로 변화시킬 것이며, 데이터 설계자와 엔지니어가 이러한 근본적인 변화를 주도하게 될 것이다.

실시간 분석 데이터베이스를 사용하면 이러한 데이터에 대한 빠른 수집과 1초 미만의 쿼리가 모두 가능해진다. 이러한 데이터는 보강되거나 과거 데이터셋과 결합할 수 있다. 스트리밍 파이프라인과 자동화 또는 실시간 분석이 가능한 대시보드와 결합하면 완전히 새로운 차원의 가능성이 열린다. 더는 느리게 실행되는 ELT 프로세스, 15분 단위의 업데이트 또는 기타 느리게 움직이는 부분의 제약을 받지 않아도 된다. 데이터는 연속적인 흐름으로 이동한다. 스트리밍 수집이 보편화됨에 따라 배치 수집은 점점 더 줄어들 것이다. 데이터 파이프라인의 맨 앞에 배치 병목 현상을 만드는 이유는 무엇일까? 결국 우리는 요즘 시대에 옛날 전화 접속 모뎀을 바라보는 것과 같은 시선으로 배치 수집을 바라보게 될 것이다.

스트림의 부상과 함께 데이터 변환 측면에서도 미래 지향적인 순간이 도래하리라 예상한다. 데이터베이스 변환인 ELT에서 벗어나, ETL과 더 유사한 방식으로 전환할 것이다. 이 책에서는 잠정적으로 스트림–변환–적재^{stream–transform–load} (STL)라고 부른다. 스트리밍 맥락에서 추출은 진행 중인 연속 프로세스다. 물론 배치 변환이 완전히 사라지지는 않을 것이며, 여전히 모델 학습, 분기별 보고 등에 매우 유용할 것다. 하지만 스트리밍 변환이 표준이 될 것이다.

데이터 웨어하우스와 데이터 레이크는 대량의 데이터를 저장하고 임시 쿼리를 수행하는 데는 적합하지만, 지연 시간이 짧은 데이터 수집이나 빠르게 이동하는 데이터에 대한 쿼리에는 최적화되어 있지 않다. 라이브 데이터 스택은 스트리밍을 위해 특별히 구축된 OLAP 데이터베이스로 구동된다. 오늘날 드루이드, 클릭하우스^{ClickHouse}, 록셋^{Rockset}, 파이어볼트^{Firebolt}와 같은 데이터베이스는 차세대 데이터 애플리케이션의 백엔드를 구동하는 데 앞장서고 있다. 앞으로도 스트리밍 기술은 빠르게 발전하고 새로운 기술이 확산될 것으로 예상된다.

2000년대 초반 이후 큰 혁신이 없었던 데이터 모델링도 혁신이 무르익은 분야로 보인다. 8장에서 살펴본 기존의 배치 지향 데이터 모델링 기법은 스트리밍 데이터에는 적합하지 않다. 새로운 데이터 모델링 기법은 데이터 웨어하우스가 아니라 데이터를 생성하는 시스템에서 발생할 것이다. 데이터 모델링에는 의미론, 측정 지표, 계보 및 데이터 정의를 포함하는 업스트림 정의 계층이라는 개념이 애플리케이션 내에 데이터가 생성되는 곳부터 포함될 것으로 예상된다(9장 참조). 또한 전체 수명 주기에 걸쳐 데이터가 흐르고 발전함에 따라 모든 단계에서 모델링이 이루어질 것이다.

11.6.3 데이터와 애플리케이션의 융합

다음 혁명은 애플리케이션과 데이터 계층의 융합이 되리라 기대한다. 지금은 애플리케이션이 한 영역에 존재하고, MDS가 다른 영역에 위치한다. 설상가상으로, 데이터가 분석에 어떻게 사용될지 고려하지 않은 채 데이터가 생성된다. 따라서 시스템이 서로 통신하려면 수많은 강력 접착테이프가 필요하다. 이렇게 조각보들을 잇대어 만든 사일로화된 구성은 어색하고 효율적이지 못하다.

곧 애플리케이션 스택이 데이터 스택이 될 것이며, 그 반대의 경우도 가능할 것이다. 애플리케이션은 스트리밍 파이프라인과 ML을 기반으로 실시간 자동화와 의사결정을 통합할 것이다. 데이터 엔지니어링 수명 주기는 반드시 변하지는 않겠지만, 수명 주기 단계 사이의 시간은 크게 단축될 것이다. 라이브 데이터 스택 엔지니어링 경험을 개선할 새로운 기술과 관행에서 많은 혁신이 일어날 것이다. OLTP와 OLAP 사용 사례의 혼합을 처리하도록 설계된 새로운 데이터베이스 기술에 주목하자. 피처^{feature} 저장소도 ML 사용 사례에서 비슷한 역할을 할 수 있다.

11.6.4 애플리케이션과 ML 간의 긴밀한 피드백

우리가 기대하는 또 다른 분야는 애플리케이션과 ML의 융합이다. 오늘날 애플리케이션과 ML은 애플리케이션과 분석처럼 서로 분리된 시스템이다. 소프트웨어 엔지니어는 이쪽에서, 데이터 과학자와 ML 엔지니어는 저쪽에서 각자의 업무를 수행한다.

ML은 사람이 수작업으로 처리할 수 없을 만큼 빠른 속도와 양으로 데이터가 생성되는 시나리오에 매우 적합하다. 데이터의 크기와 속도가 증가함에 따라 이는 모든 시나리오에 적용된다. 정교한 워크플로 및 액션과 결합된 빠르게 움직이는 대량의 데이터는 ML에 적합한 후보다. 데이터 피드백 루프가 짧아짐에 따라 대부분의 애플리케이션이 ML을 통합할 것으로 예상된다. 데이터가 더 빠르게 이동함에 따라 애플리케이션과 ML 간의 피드백 루프는 더욱 긴밀해질 것이다. 라이브 데이터 스택의 애플리케이션은 지능적이며 데이터의 변화에 실시간으로 적응할 수 있다. 이는 애플리케이션을 더욱 스마트하게 만들고 비즈니스 가치를 증가시키는 사이클을 만들어낸다.

11.6.5 암흑 물질 데이터와 스프레드시트의 부상

빠르게 움직이는 데이터와 애플리케이션, 데이터, ML이 더욱 긴밀하게 상호 작용함에 따라 피드백 루프가 어떻게 축소되는지에 관해 이야기했다. 이 절에서는 (이상하게 보일 수 있지만) 오늘날의 데이터 세계에서 특히 엔지니어들이 널리 무시하는 것을 다룰 필요가 있다.

가장 널리 쓰이는 데이터 플랫폼으로는 스프레드시트spreadsheet를 꼽을 수 있다. 추정치에 따르면 스프레드시트 사용자 수는 7억 명에서 20억 명에 달한다. 스프레드시트는 데이터 세계의 암흑 물질이다. 많은 데이터 분석이 스프레드시트에서 실행되지만, 이 책에서 설명하는 정교한 데이터 시스템에는 적용되지 않는다. 많은 조직에서 스프레드시트는 재무 보고, 공급망 분석, 심지어 CRM까지 처리한다.

스프레드시트란 무엇일까? 스프레드시트는 복잡한 분석을 지원하는 대화형 데이터 애플리케이션이다. 파이썬 데이터 분석 라이브러리인 판다스pandas 같은 순수 코드 기반 도구와 달리, 스프레드시트는 파일을 열고 보고서를 보는 방법만 아는 사용자부터 정교한 절차적 데이터 처리를 스크립팅할 수 있는 고급 사용자에 이르기까지 모든 범위의 사용자가 접근할 수 있다. 지금까지의 BI 도구는 데이터베이스에 비교할 만한 상호 작용 기능을 제공하지 못했다. UI와 상호 작용하는 사용자는 일반적으로 범용 프로그래밍이 가능한 분석이 아닌, 특정 가드레일 내에서 데이터를 쪼개어 분석하는 것으로 제한된다.

우리는 스프레드시트의 대화형 분석 기능과 클라우드 OLAP 시스템의 백엔드 성능을 결합한 새로운 종류의 도구가 등장할 것으로 예상하며, 실제로 몇몇 후보가 이미 출사표를 던진 상태다. 이 제품 부문의 최종 승자는 스프레드시트 패러다임을 계속 사용할 수도 있고, 데이터와 상호 작용하기 위한 완전히 새로운 인터페이스 관용구를 정의할 수도 있다.

11.7 결론

데이터 엔지니어링을 통한 여정에 함께 해주어 감사한 마음이다. 이 책에서는 좋은 아키텍처, 데이터 엔지니어링 수명 주기의 단계, 보안 모범 사례를 살펴봤다. 우리 분야가 놀라운 속도로 계속 변화하고 있는 이 시기에 기술을 선택하는 전략에 관해 논의했다. 특히 이 장에서는 가까운 미래와 중기적인 미래에 대한 우리의 추측을 정리했다.

예측의 일부 측면은 비교적 안전한 기반 위에 놓여 있다. 이 책을 집필하는 동안 관리 도구의 간소화와 '기업적' 데이터 엔지니어링의 부상은 나날이 진전되어 왔다. 다른 예측은 본질적으로 훨씬 더 추측에 가깝다. 우리는 새로운 **라이브 데이터 스택**에 대한 힌트를 볼 수 있지만, 이는 개별 엔지니어와 이들을 고용하는 조직 모두에게 중요한 패러다임 전환을 수반한다. 아마도 실시간 데이터에 대한 추세는 다시 한번 주춤할 것이며, 대부분의 기업은 기본적인 배치 처리에 계속 집중할 것이다. 물론 우리가 완전히 파악하지 못한 다른 트렌드가 존재할 수도 있다. 기술의 진화에는 기술과 문화의 복잡한 상호작용이 수반되며, 양쪽 다 예측할 수 없다.

데이터 엔지니어링은 방대한 주제인 만큼 개별 영역을 기술적으로 깊이 있게 다루지는 못했다. 다만 현재의 데이터 엔지니어, 미래의 데이터 엔지니어, 그리고 이 분야와 인접한 분야에서 일하는 사람들이 유동적인 영역에서 길을 찾는 데 도움이 되는 일종의 여행 안내서를 만드는 데는 성공했기를 바란다. 독자 여러분이 앞으로도 스스로 계속 탐색해 보기를 권한다. 이 책에서 흥미로운 주제와 아이디어를 발견하면 커뮤니티의 일원으로 대화를 계속 이어가도록 하자. 최신 기술 및 사례의 강점과 함정을 파악하는 데 도움을 줄 수 있는 도메인 전문가를 찾아보기도 하고, 최신 서적과 블로그 게시물, 논문을 광범위하게 살펴보자. 밋업에 참여해 다양한 이야기를 들어보자. 질문하고 자신의 전문 지식을 공유하는 것도 좋다. 공급업체의 발표를 주시해 최신 개발 동향을 파악하고, 모든 주장을 신중하게 받아들이도록 하자.

여러분은 이 과정을 통해 기술을 선택할 수 있다. 그다음에는 기술을 채택하고 전문성을 개발해야 하는데, 이는 개인 기여자로서, 팀 내의 리더로서, 전체 기술 조직에서 이루어질 수 있다.

이 과정에서 데이터 엔지니어링의 더 큰 목표를 놓치지 않도록 하자. 수명 주기, 내/외부 고객에 대한 서비스, 비즈니스, 서빙 및 더욱 큰 목표에 집중하자.

독자 여러분의 대다수가 앞으로 다가올 미래를 결정하는 데 중요한 역할을 할 것이다. 기술 트렌드는 기반 기술을 만드는 사람뿐만 아니라 이를 채택하고 잘 활용하는 사람들에 의해 정의된다. 성공적인 도구 사용은 도구를 만드는 것^{creation}만큼이나 중요하다. 사용자 경험을 개선하고 가치를 창출하며 완전히 새로운 유형의 애플리케이션을 정의할 수 있는 실시간 기술을 적용할 기회를 찾아보자. 이러한 종류의 실용적인 애플리케이션이 라이브 데이터 스택을 새로운 업계 표준으로 구체화할 수도 있고, 우리가 미처 파악하지 못한 다른 새로운 기술 트렌드가 그날을 맞이할 수도 있다.

마지막으로, 여러분의 흥미로운 경력을 기원한다. 필자가 데이터 엔지니어링 분야에서 일하고, 컨설팅하고, 이 책을 쓰기로 한 것은 단순히 트렌디해서가 아니라 이 분야에 매료되었기 때문이다. 이 분야에서 일하면서 느낀 기쁨을 여러분께 조금이나마 전달할 수 있었기를 바란다.

직렬화와 압축 기술 상세

클라우드에서 작업하는 데이터 엔지니어는 일반적으로 객체 스토리지 시스템 관리의 복잡성에서 벗어날 수 있지만, 직렬화와 역직렬화 형식에 대한 세부 사항에 대해서는 이해해야 한다. 6장에서 스토리지 구성 요소에 관해 언급했듯이, 직렬화와 압축 알고리즘은 서로 밀접하게 연관되어 있다.

A.1 직렬화 형식

데이터 엔지니어는 많은 직렬화 알고리즘과 형식을 사용할 수 있다. 풍부한 옵션은 데이터 엔지니어링에서 상당한 골칫거리의 원인이 되기도 하지만, 성능을 개선할 수 있는 엄청난 기회이기도 하다. CSV에서 파케이 직렬화로 전환하는 것만으로도 작업 성능이 100배나 향상하는 것을 본 적도 있다. 데이터가 파이프라인을 통해 이동함에 따라 엔지니어는 한 형식에서 다른 형식으로의 재직렬화 변환도 관리하게 된다. 때때로 데이터 엔지니어는 오래된 지저분한 형식의 데이터를 받아들일 수밖에 없는데, 이러한 형식을 역직렬화하고 예외를 처리하는 프로세스를 설계한 다음, 일관되고 빠른 다운스트림 처리와 소비를 위해 데이터를 정리하고 변환해야 한다.

A.1.1 행 기반 직렬화

이름에서 알 수 있듯이 **행 기반 직렬화**row-based serialization는 데이터를 행 단위로 구성한다. CSV 형식은 전형적인 행 기반 형식이다. 반정형 데이터(중첩과 스키마 변형을 지원하는 데이터 객체)의 경우 행 기반 직렬화는 각 객체를 하나의 단위로 저장하는 것을 수반한다.

CSV: 비표준적인 표준

우리는 7장에서 CSV에 관해 논의한 바 있다. **CSV**는 데이터 엔지니어들이 가장 싫어하는 직렬화 형식이다. CSV라는 용어는 기본적으로 구분된 텍스트를 통칭하는 것이지만 이스케이프, 인용 문자, 구분 문자 등의 규칙에는 유연성이 있다.

데이터 엔지니어는 오류가 발생하기 쉽고 성능이 저하될 수 있기 때문에 파이프라인에서 CSV 파일을 사용하지 않아야 한다. 엔지니어는 종종 자신이 제어할 수 없는 시스템 및 비즈니스 프로세스와 데이터를 교환하기 위해 CSV 형식을 사용해야 한다. CSV는 데이터 보관을 위한 일반적인 형식이다. 아카이브에 CSV를 사용하는 경우, 향후 소비자가 데이터를 수집할 수 있도록 파일의 직렬화 구성에 대한 완전한 기술 설명을 포함하자.

XML

확장 가능한 마크업 언어인 XML은 HTML과 인터넷이 처음 등장했을 때 널리 사용되었지만, 지금은 레거시로 간주되며 일반적으로 데이터 엔지니어링 애플리케이션에서 역직렬화와 직렬화를 하기에는 속도가 느리다. XML은 데이터 엔지니어가 레거시 시스템 및 소프트웨어와 데이터를 주고받을 때 종종 상호 작용해야 하는 또 다른 표준이다. JSON은 일반 텍스트 객체 직렬화를 위해 XML을 대부분 대체했다.

JSON 및 JSONL

JSONJavaScript Object Notation은 API를 통한 데이터 교환의 새로운 표준으로 부상했으며, 데이터 저장에 있어서도 매우 인기 있는 형식이 됐다. 데이터베이스 컨텍스트에서 몽고DB와 기타 도큐먼트 스토어가 등장하면서 JSON의 인기는 더욱 높아졌다. 스노우플레이크, 빅쿼리, SQL 서버와 같은 데이터베이스도 광범위한 기본 지원을 제공해 애플리케이션, API, 데이터베이스 시스템 간에 쉽게 데이터를 교환할 수 있다.

JSONL$^{JSON Lines}$은 대량의 반정형 데이터를 파일에 저장하기 위한 특수한 버전의 JSON이다. JSONL은 줄 바꿈으로 구분된 객체와 함께 일련의 JSON 객체를 저장한다. 우리 관점에서 볼 때 JSONL은 API나 애플리케이션에서 데이터를 수집한 직후에 데이터를 저장하는 데 매우 유용한 형식이다. 그러나 많은 컬럼 형식이 훨씬 더 나은 성능을 제공한다. 중간 파이프라인 단계와 서빙을 위해 다른 형식으로 전환하는 것을 고려하자.

아브로

아브로는 RPCs 및 데이터 직렬화를 위해 설계된 행 지향 데이터 형식이다. 아브로는 데이터를 바이너리 형식으로 인코딩하며, 스키마 메타데이터는 JSON으로 지정된다. 아브로는 하둡 생태계에서 널리 사용되며 다양한 클라우드 데이터 도구에서도 지원된다.

A.1.2 컬럼형 직렬화

지금까지 우리가 논의한 직렬화 형식은 행 기반이다. 데이터는 완전한 릴레이션(CSV) 또는 도큐먼트(XML 및 JSON)로 인코딩되며, 이러한 형식은 순차적으로 파일에 기록된다.

컬럼형 직렬화$^{columnar serialization}$를 사용하면 기본적으로 각 열을 고유한 파일 집합에 저장함으로써 데이터 구성이 피벗된다. 열 형식 저장의 분명한 장점 중 하나는 전체 행을 한 번에 읽을 필요 없이 필드의 하위집합에서만 데이터를 읽을 수 있다는 것이다. 이는 분석 애플리케이션에서 흔히 볼 수 있는 시나리오이며 쿼리를 실행하기 위해 스캔해야 하는 데이터의 양을 크게 줄일 수 있다. 또한 데이터를 열로 저장하면 비슷한 값을 나란히 배치할 수 있으므로 열 형식의 데이터를 효율적으로 인코딩할 수 있다. 일반적인 기법 중 하나는 반복되는 값을 찾아 토큰화하는 것으로, 반복되는 값이 많은 열에 관해 간단하지만 매우 효율적인 압축 방법이다.

열에 반복되는 값이 많이 포함되지 않더라도 높은 중복성, 즉 중복성을 보일 수 있다. 고객 지원 메시지를 하나의 데이터 컬럼으로 정리했다고 가정해보자. 이러한 메시지에는 동일한 주제와 문구가 반복해서 나타나므로 데이터 압축 알고리즘이 높은 비율을 실현할 수 있다. 이러한 이유로 컬럼형 스토리지는 일반적으로 압축과 결합되어 디스크 및 네트워크 대역폭 자원을 최대화할 수 있다.

컬럼형 스토리지와 및 압축에는 몇 가지 단점도 있다. 개별 데이터 레코드에 쉽게 접근할 수 없으며, 여러 열 파일에서 데이터를 읽어 레코드를 재구성해야 한다. 레코드 갱신도 어렵다. 하나의 레코드에서 하나의 필드를 변경하려면 열 파일의 압축을 풀고 수정한 다음 다시 압축한 뒤 스토리지에 다시 써야 한다. 갱신할 때마다 전체 열을 다시 작성하지 않기 위해 일반적으로 테이블의 쿼리 및 갱신 패턴에 따라 데이터를 구성하는 파티셔닝 및 클러스터링 전략을 사용해 열을 여러 파일로 분할한다. 그럼에도 여전히 단일 행을 갱신하는 데 드는 오버헤드는 끔찍하다. 컬럼형 데이터베이스는 트랜잭션 워크로드에 적합하지 않기 때문에, 트랜잭션 데이터베이스는 일반적으로 행 기반 또는 레코드 기반 스토리지를 활용한다.

파케이

파케이parquet는 데이터를 열 형식으로 저장하며 데이터 레이크 환경에서 뛰어난 읽기 및 쓰기 성능을 구현하도록 설계되었다. 파케이는 데이터 엔지니어를 괴롭히는 몇 가지 문제를 해결해준다. 파케이로 인코딩된 데이터는 스키마 정보로 구축되며, CSV와 달리 기본적으로 중첩된 데이터를 지원한다. 또한 파케이는 이식성이 뛰어나다. 빅쿼리나 스노우플레이크 같은 데이터베이스는 데이터를 독점적인 열 형식으로 직렬화하고 내부에 저장된 데이터에 관해 뛰어난 쿼리 성능을 제공하지만 외부 도구와 상호 운용할 때 성능이 크게 저하된다. 데이터를 역직렬화하고, 교환 가능한 형식으로 다시 직렬화하고, 내보내야만 스파크나 프레스토와 같은 데이터 레이크 도구를 사용할 수 있다. 데이터 레이크의 파케이 파일은 폴리글랏 도구 환경에서 독점 클라우드 데이터 웨어하우스보다 더 나은 옵션이 될 수 있다.

파케이 형식은 다양한 압축 알고리즘과 함께 사용되며, 특히 (이 부록의 뒷부분에서 설명할) 스내피Snappy와 같은 속도에 최적화된 압축 알고리즘이 널리 사용된다.

ORC

ORCOptimized Row Columnar는 파케이와 유사한 열 형식 스토리지다. ORC는 아파치 하이브와 함께 사용하는 과정에서 인기를 얻었고 여전히 널리 사용되고 있다. 하지만 일반적으로 아파치 파케이만큼 활용되지는 않으며 최신 클라우드 생태계 도구에서도 다소 덜 지원된다. 예를 들어 스노우플레이크와 빅쿼리는 파케이 파일 임포트 및 익스포트를 지원하지만, 두 도구 모두 ORC 파일에서 읽기는 가능하되 ORC로 내보낼 수는 없다.

아파치 애로 또는 인메모리 직렬화

이 장의 서두에서 스토리지 구성 요소로서 직렬화를 소개할 때, 소프트웨어가 메모리에 흩어져 포인터로 연결된 복잡한 객체나 포트란 및 C 배열과 같은 더 질서정연하고 조밀하게 패킹된 구조에 데이터를 저장할 수 있다고 언급했다. 일반적으로 조밀하게 패킹된 인메모리 데이터 구조는 단순한 유형(예: INT64) 또는 고정 폭 데이터 구조(예: 고정 폭 문자열)로 제한됐다. 더 복잡한 구조(예: JSON 도큐먼트)는 메모리에 조밀하게 저장할 수 없었고 시스템 간 저장과 전송을 위해 직렬화가 필요했다.

아파치 애로의 아이디어는 인메모리 처리와 익스포트에 모두 적합한 바이너리 데이터 형식을 활용해 직렬화를 다시 생각해보는 것이다.[1] 이를 통해 직렬화 및 역직렬화의 오버헤드를 피할 수 있으며 인메모리 처리, 네트워크를 통한 익스포트 및 장기 저장에 동일한 형식을 사용하기만 하면 된다. 애로는 기본적으로 각 열에 고유한 메모리 청크를 할당하는 컬럼형 스토리지를 사용한다. 중첩된 데이터의 경우에는 JSON 도큐먼트의 스키마에서 각 위치를 별도의 열로 매핑하는 **슈레딩**shredding이라는 기술을 사용한다.

이 기술은 데이터 파일을 디스크에 저장하고 가상 메모리를 사용해 프로그램 주소 공간으로 직접 스왑한 다음 역직렬화 오버헤드 없이 데이터에 대한 쿼리를 실행할 수 있다는 것을 의미한다. 실제로 파일을 스캔할 때 파일의 청크를 메모리로 스왑한 다음 다시 스왑해 대용량 데이터셋의 메모리 부족을 방지할 수 있다.

이 접근 방식에서 한 가지 분명한 골칫거리는 프로그래밍 언어마다 데이터를 직렬화하는 방식이 다르다는 것이다. 이 문제를 해결하기 위해 애로 프로젝트는 다양한 프로그래밍 언어(C, 고, 자바, 자바스크립트, MATLAB, 파이썬, R, 러스트 포함)를 위한 소프트웨어 라이브러리를 만들어 이러한 언어가 메모리에서 애로 데이터와 상호 운용할 수 있도록 했다. 경우에 따라 이러한 라이브러리는 선택한 언어와 다른 언어(예: C)의 저수준 코드 간 인터페이스를 사용해 애로에서 읽고 쓸 수 있다. 이를 통해 추가적인 직렬화 오버헤드 없이 언어 간 높은 상호 운용성을 구현할 수 있다. 예를 들어 스칼라 프로그램에서 자바 라이브러리를 사용해 화살표 데이터를 작성한 다음, 파이썬 프로그램에 메시지로 전달할 수 있다.

애로는 아파치 스파크와 같은 다양한 인기 프레임워크와 함께 빠르게 채택되고 있다. 또한

---

1 Dejan Simic, 'Apache Arrow: Read DataFrame with Zero Memory,' Towards Data Science, June 25, 2020, `https://oreil.ly/TDAdY`

애로는 새로운 데이터 웨어하우스 제품인 드레미오^{Dremio}를 출시했는데, 이는 빠른 쿼리를 지원하기 위해 애로 직렬화를 중심으로 구축된 쿼리 엔진 및 데이터 웨어하우스다.

A.1.3 하이브리드 직렬화

하이브리드 직렬화hybrid serialization라는 용어는 여러 직렬화 기술을 결합하거나 직렬화를 스키마 관리와 같은 추가 추상화 계층과 통합하는 기술을 지칭할 때 사용한다. 그 예로 아파치 후디와 아파치 아이스버그를 들 수 있다.

후디

후디Hudi는 하둡 갱신 삭제 증분(Hadoop Update Delete Incremental)의 약어다. 이 테이블 관리 기술은 여러 직렬화 기술을 결합해 분석 쿼리에 대한 컬럼형 데이터베이스 성능을 허용하는 동시에 원자적 트랜잭션 갱신도 지원한다. 일반적인 후디 애플리케이션은 트랜잭션 애플리케이션 데이터베이스의 CDC 스트림에서 갱신되는 테이블이다. 스트림은 행 중심의 직렬화 형식으로 캡처되지만, 테이블의 대부분은 컬럼 형식으로 유지된다. 쿼리는 컬럼 및 행 지향 파일 모두에 대해 실행되어 테이블의 현재 상태에 대한 결과를 반환한다. 쿼리 효율성을 극대화하기 위해 주기적으로 행 파일과 열 파일을 갱신된 컬럼형 파일로 결합하는 리패킹 프로세스가 실행된다.

아이스버그

후디와 마찬가지로 아이스버그는 테이블 관리 기술이다. 아이스버그는 테이블을 구성하는 모든 파일을 추적할 수 있다. 또한 시간 경과에 따라 각 테이블 스냅숏의 파일을 추적할 수 있어 데이터 레이크 환경에서 테이블 시간 이동이 가능하다. 아이스버그는 스키마 진화를 지원하며 페타바이트 규모의 테이블을 손쉽게 관리할 수 있다.

A.2 데이터베이스 스토리지 엔진

직렬화에 대한 논의를 마무리하기 위해 데이터베이스 저장 엔진에 관해 간략히 설명한다. 모든 데이터베이스에는 기본 스토리지 엔진이 있으며, 많은 데이터베이스가 스토리지 엔진을 별도의 추상화(예: 빅쿼리, 스노우플레이크)로 노출하지 않는다. 일부(특히 MySQL)는 완전히 플러그 가능한 스토리지 엔진을 지원한다. 다른 것(예: SQL 서버)은 데이터베이스 동작에 큰 영향을 미치는 주요 스토리지 엔진 구성 옵션(열 기반 스토리지 vs 행 기반 스토리지)을 제공한다.

일반적으로 스토리지 엔진은 쿼리 엔진과는 구별되는 별도의 소프트웨어 계층이다. 스토리지 엔진은 직렬화, 데이터의 물리적 배열, 인덱스 등을 포함하여 데이터가 디스크에 저장되는 방식의 모든 측면을 관리한다.

스토리지 엔진은 2000년대와 2010년대 들어 상당한 혁신을 거듭했다. 과거의 스토리지 엔진은 스피닝 디스크에 직접 접근하는 데 최적화되어 있었지만, 최신 스토리지 엔진은 SSD의 성능 특성을 지원하도록 훨씬 더 잘 최적화되어 있다. 또한 스토리지 엔진은 가변 길이 문자열, 배열, 중첩 데이터와 같은 최신 유형과 데이터 구조에 대한 지원도 개선됐다.

스토리지 엔진의 또 다른 주요 변화는 분석 및 데이터 웨어하우스 애플리케이션을 위한 컬럼형 스토리지로의 전환이다. SQL 서버, PostgreSQL, MySQL은 강력한 컬럼형 스토리지를 지원한다.

A.3 압축: gzip, bzip2, 스내피 등

데이터에서 중복과 반복을 찾아낸 다음 데이터를 다시 인코딩해 중복을 줄인다는 압축 알고리즘의 기본 개념은 이해하기 쉽다. 원시 데이터를 읽으려면 알고리즘을 역으로 적용하여 압축을 풀고, 중복된 부분을 다시 넣는다.

예를 들어 이 책을 읽다가 특정 단어가 반복해 등장하는 것을 발견했다고 가정해보자. 텍스트에 대한 몇 가지 간단한 분석을 실행하면 가장 자주 등장하는 단어를 식별하고 해당 단어에 대한 단축 토큰을 만들 수 있다. 압축하려면 자주 등장하는 단어를 해당 토큰으로 바꾸고, 압축을 풀려면 해당 토큰을 해당 단어로 바꾸면 된다.

어쩌면 이 순진한 기술을 사용해 2:1 이상의 압축률을 실현할 수 있을지도 모른다. 압축 알고리즘은 더 정교한 수학적 기법을 사용해 중복성을 식별하고 제거하며, 텍스트 데이터에서 10:1의 압축률을 실현할 수 있다.

지금 **무손실 압축 알고리즘**^{lossless compression algorithm}에 관해 이야기하고 있다는 점에 유의하자. 무손실 알고리즘으로 인코딩된 데이터를 압축 해제하면 원본 데이터의 정확한 복사본을 비트 단위로 복구한다. 오디오, 이미지, 비디오의 **손실 압축 알고리즘**^{lossy compression algorithm}은 감각적인 충실도를 목표로 하며, 압축을 풀면 원본과 같거나 비슷하게 들리지만 정확한 복사본이 아닌 것을 복구한다. 데이터 엔지니어는 미디어 처리 파이프라인에서 손실 압축 알고리즘을 처리할 수 있지만, 정확한 데이터 충실도가 요구되는 분석용 직렬화에서는 손실 압축 알고리즘을 처리하지 않을 수 있다.

gzip과 bzip2 같은 기존 압축 엔진은 텍스트 데이터를 매우 잘 압축하며 JSON, JSONL, XML, CSV 및 기타 텍스트 기반 데이터 형식에 자주 적용된다. 엔지니어들은 최근 몇 년 동안 압축률을 넘어 속도와 CPU 효율성을 우선시하는 차세대 압축 알고리즘을 개발했으며, 대표적인 예로는 스내피, Zstandard, LZFSE, LZ4 등이 있다. 이러한 알고리즘들은 빠른 쿼리 성능을 최적화하기 위해 데이터 레이크 또는 컬럼형 데이터베이스의 데이터를 압축하는 데 자주 사용된다.

클라우드 네트워킹

부록 B에서는 데이터 엔지니어가 클라우드 내의 네트워킹에 관해 고려할 사항을 논의할 것이다. 데이터 엔지니어는 업무상 네트워킹을 자주 접하지만, 그 중요성이 높은데도 종종 이를 무시하는 경우가 많다.

B.1 클라우드 네트워크 토폴로지

클라우드 네트워크 토폴로지cloud network topology는 클라우드 서비스, 네트워크, 위치(영역zone, 리전region) 등과 같은 클라우드의 다양한 요소가 어떻게 배치되고 연결되는지를 나타낸다. 데이터 엔지니어는 그들이 구축하는 데이터 시스템 전반에 걸친 연결에 클라우드 네트워크 토폴로지가 어떤 영향을 미치는지 항상 알고 있어야 한다. 마이크로소프트 애저, GCP, AWS는 모두 가용 영역과 리전으로 구성된, 놀랍도록 유사한 리소스 계층 구조를 사용한다. 이 글을 작성하는 시점에 GCP는 하나의 계층을 추가했다(이에 대해서는 B.1.4절에서 논의할 것이다).

B.1.1 데이터 이그레스 비용

4장에서는 클라우드의 경제성과 더불어 실제 공급자 비용이 반드시 클라우드 가격 책정에 영향을 미치지 않는 이유에 관해 설명했다. 네트워킹과 관련해 클라우드는 인바운드 트래픽은 무료로 허용하지만 인터넷으로 나가는 아웃바운드 트래픽에 대해서는 요금을 부과한다. 아웃바운드 트래픽이 본질적으로 더 저렴한 것은 아니지만, 클라우드는 이 방법을 사용해 서비스를 둘러싼 해자를 만들고 저장된 데이터의 고착성을 높여왔으며, 이는 널리 비판받아 온 관행이기도 하다.[1] 데이터 이그레스 요금은 클라우드 내의 가용 영역과 리전들 사이에 전달되는 데이터에도 적용될 수 있다는 점에 유의하자.

B.1.2 가용 영역

가용 영역availability zone은 퍼블릭 클라우드에서 고객에게 표시되는 네트워크 토폴로지의 최소 단위다(그림 B-1). 하나의 가용 영역은 잠재적으로 여러 데이터 센터로 구성될 수 있지만, 클라우드 고객은 이 수준에서 자원 배치를 제어할 수는 없다.

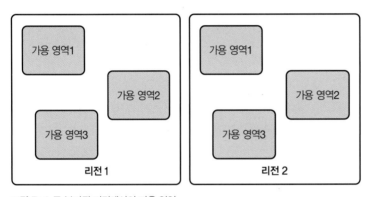

그림 B-1 두 분리된 리전에서의 가용 영역

일반적으로 클라우드는 영역 내 시스템과 서비스 사이에 가장 높은 네트워크 대역폭과 가장 낮은 지연 시간을 지원한다. 처리량이 많은 데이터 워크로드는 성능 및 비용상 이유로 단일 영역에 위치한 클러스터에서 실행되어야 한다. 예를 들어 임시 아마존 EMR 클러스터는 일반적으로 단일 가용 영역에 있어야 한다.

또한 영역 내 VM으로 전송되는 네트워크 트래픽은 무료지만, 중요한 주의 사항을 알려주자면 트래픽은 프라이빗 IP 주소로 전송되어야 한다는 점이다. 주요 클라우드는 **가상 프라이빗 클라**

---

1 Matthew Prince and Nitin Rao, 'AWS's Egregious Egress,' The Cloudflare Blog, July 23, 2021, https://oreil.ly/NZqKa

우드 ^virtual private cloud (VPC)라 알려진 가상 네트워크를 활용한다. 가상 머신들은 VPC 내에 프라이빗 IP 주소를 가진다. 또한 외부와 통신하고 인터넷에서 트래픽을 수신하기 위해 퍼블릭 IP 주소를 할당할 수 있지만, 외부 IP 주소를 사용하는 통신은 데이터 이그레스 요금이 발생할 수 있다.

B.1.3 리전

리전 ^region 이란 두 개 이상의 가용 영역으로 구성된 모음이다. 데이터 센터를 운영하려면 많은 자원(전력, 물 등)이 필요한데, 분리된 가용 영역의 자원은 독립적이므로 로컬 정전 때문에 여러 가용 영역이 중단되지는 않는다. 엔지니어는 여러 영역에서 서버를 실행하거나 자동화된 교차─영역 시스템 대체 작동 프로세스를 생성함으로써 단일 리전 내에서도 높은 복원력을 가진 별도의 인프라를 구축할 수 있다.

엔지니어는 여러 리전을 제공함으로써 자원을 모든 사용자에게 가까운 곳에 배치할 수 있다. '가깝다'는 말의 의미는 사용자가 서비스에 연결할 때 네트워크 경로를 따라 물리적 거리를 최소화하고 라우터를 통과하는 홉 수를 최소화해 우수한 네트워크 성능을 실현할 수 있음을 의미한다. 물리적인 거리와 네트워크 홉 모두 지연 시간을 늘리고 성능을 낮출 수 있다. 주요 클라우드 제공업체는 계속 새로운 리전을 추가하고 있다.

일반적으로 리전은 영역 간 지연 시간이 짧은 빠른 네트워킹을 지원하지만, 영역 간 네트워킹 성능은 단일 영역 내보다 떨어지며 VM 간에는 소액의 데이터 인그레스 요금이 발생한다. 리전 간 네트워크 데이터 이동은 훨씬 더 느리고 인그레스 수수료가 더 많이 발생할 수 있다.

일반적으로 객체 스토리지는 리전 리소스다. 일부 데이터는 가상 머신에 도달하기 위해 영역 간을 통과할 수 있지만, 이는 주로 클라우드 고객에게 보이지 않으며 이에 대한 직접적인 네트워킹 요금이 부과되지 않는다(물론 객체 접근 비용은 여전히 고객이 부담해야 한다)

리전의 지리적 중복성 설계에도 불구하고 많은 주요 클라우드 서비스 장애가 전체 리전에 영향을 미쳤으며, 이는 **상호 연관된 장애**의 사례다. 엔지니어는 종종 코드와 구성을 전체 리전에 배포하는데, 우리가 관찰한 리전 장애는 일반적으로 리전 수준에서 발생한 코드 또는 구성 문제 때문에 발생했다.

B.1.4 GCP-특정 네트워킹과 다중 리전 중복

GCP는 이 클라우드에서 작업하는 엔지니어가 알아야 할 몇 가지 고유한 추상화를 제공한다. 그중 첫 번째는 리소스 계층 내에서 하나의 계층인 **다중 리전**multiregion이다. 다중 리전은 여러 리전을 포함한다. 현재 다중 리전은 US(미국 데이터 센터), EU(유럽연합 회원국 데이터 센터) 및 ASIA이다.

클라우드 스토리지와 빅쿼리를 비롯한 여러 GCP 자원이 다중 리전을 지원한다. 데이터는 다중 리전 내의 다중 영역에 지리적 중복 방식으로 저장되므로, 리전 단위의 장애 발생 시에도 사용 가능한 상태로 유지된다. 또한 다중 리전 스토리지는 리전 간에 복잡한 복제 프로세스를 설정하지 않고도 다중 리전 내의 사용자에게 데이터를 효율적으로 제공하도록 설계됐다. 게다가 다중 리전의 VM이 동일한 다중 리전의 클라우드 스토리지 데이터에 접근하는 데 필요한 데이터 이그레스 수수료도 없다.

클라우드 고객은 AWS 또는 애저에 다중 리전 인프라를 설정할 수 있다. 데이터베이스 또는 객체 스토리지의 경우 중복성을 높이고 데이터를 사용자에게 더 가깝게 하려면 리전 간에 데이터를 복제해야 한다.

구글은 기본적으로 다른 클라우드 공급자보다 훨씬 더 많은 글로벌 규모의 네트워킹 자원을 소유하고 있으며, 이를 고객에게 **프리미엄 수준의 네트워킹**premium-tier networking이라는 이름으로 제공한다. 프리미엄 수준의 네트워킹을 사용하면 퍼블릭 인터넷을 통과하지 않고도 구글 소유 네트워크를 통해 영역과 리전 간의 트래픽이 완전히 통과될 수 있다.

B.1.5 클라우드로의 직접 네트워크 연결

각각의 주요 퍼블릭 클라우드는 향상된 연결 옵션을 제공하여 고객 dl 그들의 네트워크를 클라우드 리전 또는 VPC와 직접 통합할 수 있도록 한다. 예를 들어 아마존은 AWS 다이렉트 커넥트AWS Direct Connect를 제공한다. 이러한 연결 옵션은 더 높은 대역폭과 짧은 지연 시간을 제공할 뿐만 아니라 데이터 이그레스 요금을 대폭 할인해 주는 경우가 많다. 미국의 일반적인 시나리오에서 AWS 이그레스 요금은 퍼블릭 인터넷을 통해 기가바이트당 9센트에서 직접 연결을 통해 기가바이트당 2센트로 떨어질 수 있다.

B.2 CDNs

콘텐츠 전송 네트워크^{content delivery network}(CDNs)는 공공(대중)이나 고객에게 데이터 자산을 전송할 때 획기적인 성능 향상과 할인 혜택을 제공할 수 있다. 클라우드 제공업체는 CDN 옵션을 비롯해 클라우드플레어^{Cloudflare} 같은 다양한 공급자를 제공한다. CDN은 동일한 데이터를 반복해 전송할 때 가장 효과적이지만, 세부 조항들을 확인해야 한다. CDN이 어느 곳에서든 작동하는 것은 아니며, 특정 국가에서는 인터넷 트래픽과 CDN 전송을 차단할 수 있다는 점을 명심하자.

B.3 데이터 이그레스 비용의 미래

데이터 이그레스 비용은 상호 운용성, 데이터 공유, 클라우드로의 데이터 이동을 방해하는 중대한 장애 요소다. 현재 데이터 이그레스 비용은 퍼블릭 클라우드 고객이 다른 여러 클라우드에 걸쳐 이동하거나 배포하는 것을 막기 위해 설계된 해자[2] 역할을 한다.

하지만 흥미로운 신호들은 변화가 곧 다가올 수 있음을 시사한다. 특히 코로나19 팬데믹이 시작되던 2020년에 줌^{Zoom}이 클라우드 인프라 공급업체로 오라클을 선택했다는 발표는 많은 클라우드 관계자의 관심을 끌었다.[3] 오라클은 어떻게 클라우드 강자들을 제치고 중요한 원격 근무 인프라를 위한 이 중요한 클라우드 계약을 따낼 수 있었을까? AWS 전문가 코리 퀸^{Corey Quinn}은 비교적 간단한 해답을 제시한다.[4] 그가 어림잡아 계산한 결과, 줌의 AWS 월 데이터 이그레스 요금은 정가 기준으로 1,100만 달러를 초과했으며 오라클은 200만 달러 미만이다.

향후 몇 년 내에 GCP, AWS 또는 애저가 이그레스 비용의 대폭적인 인하를 발표할 것으로 예상되며, 이는 클라우드 비즈니스 모델의 지각 변동으로 이어질 것이다. 또한 수십 년 전 제한적이고 비싼 휴대폰 통화 시간이 사라진 것처럼 이그레스 비용이 완전히 사라질 가능성도 있다.

---

2 옮긴이_ 해자란 외부의 침입을 막기 위해 성 주변 등의 땅을 파서 경계로 삼은 구덩이를 말한다.

3 Mark Haranas and Steven Burke, 'Oracle Bests Cloud Rivals to Win Blockbuster Cloud Deal,' CRN, April 28, 2020, https://oreil.ly/LkqOi

4 Corey Quinn, 'Why Zoom Chose Oracle Cloud Over AWS and Maybe You Should Too,' Last Week in AWS, April 28, 2020, https://oreil.ly/Lx5uu

이 책을 번역하는 과정에서, 현장에서 내가 겪었던 아찔했던 기억들을 새삼 돌이켜볼 수 있었다. 당시에는 그냥 넘어갔지만, 이제 와서 생각해보면 움찔하게 만드는 순간들이었다.

매력적인 '이력서 주도 개발'의 함정

기술을 선택하는 과정은 언제나 오묘하며 깔끔하지 않을 때가 많다. 특정 기술을 검토할 충분한 시간이 주어지더라도 어느 한 측면이 내내 마음에 걸릴 수 있고, 또 다른 매력적인 측면이 오랫동안 마음을 사로잡을 수도 있다. 그러한 상황에서 누군가 이력서 주도 개발resume driven development을 시작하면, 기술 선택은 매우 색다른 국면으로 접어들게 된다.

'빅데이터 프로젝트'나 '대용량 트래픽 처리' 같은 멋진 키워드는 매력적인 커리어를 쌓고 싶은 사람이라면 그냥 지나칠 수 없는 강렬한 유혹과 같다. 문제는 그러한 키워드가 어울리는 프로젝트가 생각처럼 많지 않다는 점이다. '빅데이터'나 '대용량 트래픽'은 어디까지나 상대적으로 해석되는 용어로, 대부분의 프로젝트는 해당 용어에 어울리지 않는 규모에 그친다.

이 책의 1.2.1절에서는 데이터 성숙도와 데이터 엔지니어에 관해 살펴보고, 본인이 속한 조직의 데이터 성숙도에 따라 어떤 작업을 수행해야 하는지를 간략히 소개한다. 예를 들어 데이터 팀이 처음 만들어진 경우라면 해당 절에서 소개하는 '1단계: 데이터로 시작하기' 관련 사항들을 먼저 수행해야 한다. 즉, 데이터 조직이 그 자체로 계속 인정받고 유지될 수 있도록 데이터 조직이 기여할 수 있는 업무를 찾아내고 기초를 세워나가야 한다.

데이터 조직에 기대하는 경영진의 흔한 착각 중 하나가 "데이터로 뭔가 멋있는 것을 바로 만들어서 보여주겠지?"와 같은 것이라면, 기술 실무자의 착각은 "잘 나가는 오픈 소스를 도입해서 멋진 이력서를 만들어볼 수 있겠지?"일 것이다. 하지만 '데이터로 시작하는' 단계에서 하둡이나 스파크 같은 매력적인 키워드보다 더 필요한 것은 다양한 실무 팀에서 실제로 필요로 하는 데이터 작업이 있는지, 그리고 주기적으로 발생할 수 있는 업무는 무엇인지를 확인하는 것이다. 그다음 스텝은 장기적으로 팀 또는 조직에 기여할 수 있는 방안을 고민하는 것이다(보통은

DW를 구축하는 일이 이에 해당한다).

실제로 나 역시 상대적으로 넉넉한 용량의 RDBMS와 cron job으로 충분히 해결할 수 있는 작업들을 '굳이' 하둡으로 구현하는 바람에 해당 프로젝트가 많은 위기를 겪는 과정을 지켜본 경험이 있다. 레거시 기술을 쓰면 해당 프로젝트는 실패라고 규정짓는 듯한 분위기 속에서 프로젝트는 상상 이상으로 많은 시간을 소요하며 진행되었고, 결국 서비스 오픈 후 수많은 장애를 겪고 나서야 구현 가능한 레거시 기술로 회귀하면서 사태가 마무리될 수 있었다.

고품질로 이어지는 '데이터 책임'의 중요성

현장에서 문제가 발생하기 전까지는 꼭 필요할까 싶지만, 결국 문제가 터지면 찾게 되는 존재가 바로 '책임자'다. 그런 의미에서 이 책의 2.2.2절에서 다루는 '데이터 책임'은 짧은 구절이지만 매우 중요한 항목이기도 하다.

데이터 관련 작업은 여러 명이 함께 수행할 때도 있고 1~2명의 소수 팀원이 수행할 때도 있다. 어느 쪽도 정답이라고 단언할 수는 없지만, 중요한 것은 협업하는 과정에서 발생하는 '소통'과 '책임'이다. 근래 수년간 인기를 끌고 있는 오케스트레이션 도구인 에어플로는 이러한 데이터 책임의 중요성을 일깨워준 사례라고 할 수 있다.

데이터 프로젝트 초기에 데이터를 여기저기서 수집하다 보면 그만큼 에어플로의 DAG이 점점 늘어난다. 여러 명이 함께 작업하면 그만큼 작업 스타일coding convention이 다양해지는데, 그러한 과정에서 많은 문제가 발생한다. 나 역시 이러한 상황에 맞닥뜨린 적이 한두 번이 아니었다. DAG에서 공통으로 사용하는 값들을 잘못 설정하는 바람에 엉뚱한 목적지destination에 데이터가 쌓일 때도 있었고, 누군가의 DB 패스워드 변경으로 인해 DAG가 계속 실패하는 것을 며칠간 방치했던 때도 있었다.

그러한 문제를 어째서 빨리 처리하지 않았는지 궁금할 것이다. 하지만 누구나 DAG을 만질 수 있고, 누구나 DB에 접속할 수 있는 상황에서 책임 관계는 애매했고 작업 이력history 역시 묘연

했다. 결국 데이터 관련 작업의 전체적인 정책을 결정하고 프로젝트를 이끌어줄 담당 리더를 뽑은 뒤, 하나씩 체계를 정립해나감으로써 문제를 해결할 수 있었다.

흥미롭고 경쟁력 있는 기술로 이력서를 채우는 일에 민감한 엔지니어에게 '데이터 책임자'라는 용어는 다소 지루하게 들릴 수도 있지만, 그 책임은 매우 크며 프로젝트의 많은 부분을 살필 수 있는 능력이 요구된다. 흔히 애자일이라고 생각하는 '빠르게 작업하고 빠르게 반영하는' 스타일 대신 반 박자 정도 템포를 늦추고, 정책적으로 설정한 스타일에 맞춰 작업물을 생성하며, 테스트를 통해 신중하게 반영하는 기조가 자리 잡게 된 것도 데이터 책임자를 뽑은 뒤부터였다.

'데이터 책임'을 인지하고 그 담당자를 정하는 행위는 왠지 레거시 문화처럼 보이고 작업 속도를 늦추는 것 같지만, 시간이 흐르면서 누적되는 데이터 품질과 그러한 데이터로 파생되는 여러 가지 결과물은 결국 '데이터 책임' 유무에 달려 있다는 것을 현장에서의 경험을 통해 비로소 깨달을 수 있었다.

잘못된 관행에 따른 데이터 처리 문제

데이터 조직 또는 데이터 프로젝트는 경영진(또는 팀장급)에게 상대적으로 많은 주목을 받기 마련이다. 데이터는 곧 해당 기업의 실체이자 민낯인 만큼, 대부분 설레는 마음(또는 지금까지 겪어본 적 없는 걱정)으로 데이터 결과물을 기다린다. 하지만 실제로 기대에 부응하는 고품질의 결과물을 얻으려면 먼저 '데이터 사일로 허물기'부터 시작해야 한다.

데이터 사일로는 데이터 기반 조직이 아직 존재하지 않거나 데이터 기반 사업을 해본 적 없는 조직에서 흔히 발생하는 현상의 하나다. 데이터로 업무를 시작하는 첫 번째 단계가 '전사의 모든 데이터를 한데 모아' 해당 조직의 현재 상태를 파악하는 것이기에, 데이터 사일로만큼 조직의 데이터 성숙도를 파악하기에 좋은 지표도 없다.

이러한 데이터 사일로를 허물고 새로운 데이터 체계를 갖추는 과정에서 수많은 데이터 장애를 경험할 수 있는데, 그중 하나가 '정확하지 않은 데이터 문제'다. 이러한 문제는 각 부서에서 데이터를 집계하는 특유의 방식에서 비롯되는데, 예를 들면 다음과 같다.

- 해당 업무를 몇몇 특정 인원이 오랜 기간 전담했다. 담당자가 항상 알아서 해왔기에 굳이 다른 사람이 건드리지 않았고, 실제로 대체할 사람도 없었다.
- 집계할 때마다 담당 임원의 요청으로 특정 조건이 계속 발생했는데, 그 조건이 일정하지 않았다.
- 임원보고 때마다 매출을 당겨 집계했기에, 실제 원시 데이터raw data를 맞춰보면 전부 결과가 달랐다.
- 10분기째 매출이 하락하는 가운데, OO 부문 임원의 요청에 따라 매출 데이터를 살짝 반등하는 방향으로 수정했다.

이러한 상황은 (믿기지 않겠지만) 실제로 꽤 다양한 현장에서 발생하는데, 대부분 그냥 지나치고 만다. 데이터 사일로는 곧 소통의 부재인 만큼, 데이터 처리에 대한 공통된 이해가 전제되지 않으면 이러한 상황은 계속해 반복될 수밖에 없다. 문제는 데이터 전담 조직이 기존 데이터를 긁어모아 그동안의 누적 데이터를 데이터 웨어하우스에 쌓고 시각화하는 과정에서, 기존 데이터와는 매우 이질적인 데이터를 마주하게 된다는 점이다.

기존 관행에 문제가 있었음을 솔직히 인지하고 새로운 데이터 처리 방식을 지지한다면 문제를 해결할 수 있겠지만, 기존 이해관계자와의 충돌이 잦고 데이터 결과물을 부정한다면 이러한 문제의 실타래를 푸는 데만 매우 많은 시간을 소모할 것이다.

김인범

INDEX

INDEX

INDEX

INDEX

INDEX

INDEX

INDEX

INDEX